文 / 白 / 对 / 照

資治通鑑

第十七册

〔宋〕司马光　　编撰
〔清〕康熙　乾隆　御批
〔清〕申涵煜　　点评
　　萧祥剑　　主编
　　中华文化讲堂　译

团结出版社

目 录

资治通鉴卷第一百九十九　唐纪十五

起著雍涒滩四月，尽阏蒙单阏九月，凡七年有奇。

【译文】起戊申（公元648年）四月，止乙卯（公元655年）九月，共七年六个月。

【题解】　本卷记录了公元648年四月至655年九月的史事，共七年五个月，正当太宗贞观二十二年至高宗永徽六年。此时期最大的事件是太宗李世民驾崩，高宗李治即位。太宗贞观之治，四夷归服，盛极一时，但直到太宗晚年，始终没有让高丽臣服，是太宗的一大遗憾。太宗晚年猜忌心重，因听信民间传言而想要杀尽后宫，致使大臣李君羡因小名“五娘”而被枉杀。高宗继位，初期勤政爱民，减缓刑狱，优待大臣，君臣和睦，百姓富足，有贞观之遗风。可惜好景不长，武则天出感业寺蓄发入宫，不久立为昭仪，野心勃勃，不惜杀死亲生女儿以谋夺皇后之位，对内贿赂宫中嫔妃，对外结交大臣李义府、许敬宗、崔义玄、袁公瑜，以此来对抗顾命大臣长孙无忌、褚遂良为首的官僚集团。

太宗文武大圣大广孝皇帝下之下

贞观二十二年（戊申，公元六四八年）夏，四月，丁巳，右武候将军梁建方击松外蛮，破之。

初，嶲州都督刘伯英上言：“松外诸蛮暨降复叛，请出师讨之，以通西洱、天竺之道。"敕建方发巴蜀十二州兵讨之。蛮酋双舍帅众拒战，建方击败之，杀获千馀人。群蛮震慑，亡窜山谷。建方分遣使者谕以利害，皆来归附，前后至者七十部，户十万九千三百，建方署其酋长蒙和等为县令，各统所部，莫不感悦。因遣使诣西洱河，其帅杨盛大骇，具船将遁，使者晓谕以威信，盛遂请降。其地有杨、李、赵、董等数十姓，各据一州，大者六百，小者二、三百户，无大君长，不相统壹，语虽小讹，其生业、风俗，大略与中国同，自云本皆华人，其所异者以十二月为岁首。

【译文】 贞观二十二年（戊申，公元648年）夏季，四月，丁巳日（初七），右武候将军梁建方攻打松外蛮，击败了对方。

起初，巂州都督刘伯英上书说："松外各蛮族暂时投降如今又反叛，请求出动军队加以征讨，以便打通前往西洱、天竺的道路。"唐太宗下敕令命梁建方调动巴蜀十三州的士兵加以讨伐。蛮族酋长双舍带领部众抵抗，梁建方击败对方，杀死及俘获一千多人。各蛮族震惊恐惧，逃亡到山谷里。梁建方分别派遣使者向他们晓谕利害，各蛮族都来归附了，前后来归顺的有七十部，十万九千三百户。梁建方任命各蛮族酋长蒙和等人为县令，各自统率所属的部众，众人感激涕零。梁建方顺便派遣使者前往西洱河，统帅杨盛十分害怕，准备好船只要逃跑，使者向他晓谕大唐的威信，杨盛请求投降。那地方共有杨、李、赵、董等好几十个姓，每姓都据守一州，大的有六百户，小的有二三百户，没有大君长，彼此互不统属，方言土语虽然有所不同，但他们的生产、风俗，大体上和中原相同，他们说自己本来就是中原人，所不同的是他们以十二月为一年的开始。

己未，契丹辱纥主曲据帅众内附。以其地置玄州，以曲据为刺史，隶营州都督府。

甲子，乌胡镇将古神感将兵浮海击高丽，遇高丽步骑五千，战于易山，破之。其夜，高丽万馀人袭神感船，神感设伏，又破之而还。

初，西突厥乙毗咄陆可汗以阿史那贺鲁为叶护，居多逻斯水，在西州北千五百里，统处月、处密、始苏、歌逻禄、失毕五姓之众。乙毗咄陆奔吐火罗，乙毗射匮可汗遣兵迫逐之，部落亡散。乙亥，贺鲁帅其馀众数千帐内属，诏处之于庭州莫贺城，拜左骁卫将军。贺鲁闻唐兵讨龟兹，请为乡导，仍从数十骑入朝。上以为昆丘道行军总管，厚宴赐而遣之。

【译文】己未日（初九），契丹辱纥主曲据率领众人归附，唐朝在当地设置玄州，任命曲据担任刺史，隶属于营州都督府。

甲子日（十四日），乌胡镇将古神感率领军队渡海攻打高丽，遇到高丽步兵、骑兵五千人，双方在易山交战，古神感将对方打败。当天夜晚，高丽一万多人偷袭古神感的船只，古神感设下埋伏，又击败了对方才返回。

起初，西突厥乙毗咄陆可汗任命阿史那贺鲁担任叶护，住在多逻斯水，在西州北方一千五百里，统率处月、处密、始苏、歌逻禄、失毕等五姓的部众。乙毗咄陆可汗逃到吐火罗，乙毗射匮可汗派遣士卒侵迫、追逐，乙毗咄陆的部落因而逃亡离散。乙亥日（二十五日），贺鲁率领剩余的部众好几千帐归附大唐，唐太宗下诏令将他们安置在庭州莫贺城，任命贺鲁担任左骁卫将军。贺鲁听说唐兵征讨龟兹，请求作为向导，带领几十个骑兵入朝见唐太宗。唐太宗任命他为昆丘道行军总管，优厚地宴请赏赐他，派他前去。

五月，庚子，右卫率长史王玄策击帝那伏帝王阿罗那顺，大破之。

初，中天竺王尸罗逸多兵最强，四天竺皆臣之，玄策奉使至天竺，诸国皆遣使入贡。会尸罗逸多卒，国中大乱，其臣阿罗那顺自立，发胡兵攻玄策；玄策帅从者三十人与战，力不敌，悉为所擒，阿罗那顺尽掠诸国贡物。玄策脱身宵遁，抵吐蕃西境，以书征邻国兵，吐蕃遣精锐千二百人、泥婆国遣七千馀骑赴之。玄策与其副蒋师仁帅二国之兵进至中天竺所居茶镈和罗城，连战三日，大破之，斩首三千馀级，赴水溺死者且万人。阿罗那顺弃城走，更收馀众，还与师仁战；又破之，擒阿罗那顺。馀众奉其妃及王子，阻乾陀卫江，师仁进击之，众溃，获其妃及王子，虏男女万二千人。于是，天竺响震，城邑聚落降者五百八十馀所，俘阿罗那顺以归。以玄策为朝散大夫。

资治通鉴

【译文】五月，庚子日（二十日），右卫率长史王玄策攻打帝那伏帝王阿罗那顺，将对方打得大败。

起初，中天竺王尸罗逸多军队最为强大，四天竺全都臣服于他，王玄策奉令出使天竺，各国全都派遣使者入朝进贡。恰好尸罗逸多死了，全国大乱，大臣阿罗那顺自立为王，调动胡人士兵攻打王玄策，王玄策率领随从三十人和阿罗那顺作战，敌不过对方，全部被俘虏，阿罗那顺将各国进贡的物资全部劫走。王玄策在夜晚逃脱，到达吐蕃西部国境，发文书征调邻国的兵马，吐蕃派遣精锐士兵一千二百人，泥婆国派遣七千多骑兵前往。王玄策和副将蒋师仁带领两个国家的士兵，进攻到中天竺所住的茶镈和罗城，连续作战三天，大败中天竺，斩杀三千多敌人，淹死在水里的将近一万人。阿罗那顺丢弃茶镈和罗城逃走，再次收聚剩余部众，回头和蒋师仁作战，蒋师仁又打败对方，活捉了阿罗那顺。剩余的部众事奉阿罗那顺的妃子和王子，以乾陀卫江为险阻进行抵抗，蒋师仁加以进击，将对方击溃，擒获阿罗那顺的妃子和王子，俘虏男女一万两千人。于是天竺震动惊惧，城邑部落投降的有五百八十几处，王玄策等人俘虏了阿罗那顺，班师回朝。唐朝廷任命王玄策为朝散大夫。

六月，乙丑，以白雨部为居延州。

癸酉，特进宋公萧瑀卒，太常议谥曰"德"，尚书议谥曰"肃"。上曰："谥者，行之迹，当得其实，可谥曰贞褊公。"子锐嗣，尚上女襄城公主。上欲为之营第，公主固辞，曰："妇事舅姑，当朝夕侍侧，若居别第，所阙多矣。"上乃命即瑀第而营之。

上以高丽困弊，议以明年发三十万众，一举灭之。或以为大军东征，须备经岁之粮，非畜乘所能载，宜具舟舰为水运。隋末剑南独无寇盗，属者辽东之役，剑南复不预及，其百姓富庶，宜使之造舟舰。上从之。秋，七月，遣右领左右府长史强伟于剑南道伐木造舟舰，大者或长百尺，其广半之。别遣使行水道，自巫峡抵江、扬，趣莱州。

【译文】六月，乙丑日（十六日），唐朝在白雨部所在地设立居延州。

癸酉日（二十四日），特进宋公萧瑀去世，太常建议的谥号为"德"，尚书建议的谥号为"肃"。唐太宗说："谥号是品行的表现，应当要真实。可以给他的谥号是贞褊公。"萧瑀的儿子萧锐继位，娶了唐太宗的女儿襄城公主。唐太宗要为他们建造宅第，公主再三辞谢，说："媳妇事奉公婆，应该早晚侍奉在旁，假如住在别的宅第，那么对公婆的侍奉就会有很多缺失了。"唐太

5

宗命令就在萧瑀的原住所为他们营建新居。

唐太宗因为高丽困窘疲敝，想利用机会，在第二年调动三十万部众，一次就加以消灭。有人认为大军讨伐东方，一定要储备一年的粮食，而这些粮食不是靠牲畜车辆所能运输的，应当准备舟舰，利用水路运输。隋朝末年只有剑南地区没有流寇盗贼，后来的辽东战役，剑南地区也没有受到波及，百姓富庶，可以命令剑南百姓建造舟舰。唐太宗接受了这个建议。秋季，七月，唐太宗派遣右领左右府长史强伟在剑南道砍伐木材，用来制造舟舰，大的长度有一百尺，宽度减半。造好后，另外派遣使者走水路，从巫峡抵达江、扬，再驶往莱州。

庚寅，西突厥相屈利啜请帅所部从讨龟兹。

初，左武卫将军武连县公武安李君羡直玄武门，时太白屡昼见，太史占云："女主昌。"民间又传《秘记》云："唐三世之后，女主武王代有天下。"上恶之。会与诸武臣宴宫中，行酒令，使各言小名。君羡自言名五娘，上愕然，因笑曰："何物女子，乃尔勇健！"又以君羡官称封邑皆有"武"字，深恶之，后出为华州刺史。有布衣员道信，自言能绝粒，晓佛法，君羡深敬信之，数相从，屏人语。御史奏君羡与妖人交通，谋不轨。壬辰，君羡坐诛，籍没其家。

【译文】庚寅日，西突厥宰相屈利啜请求率领部众，跟随讨伐龟兹。

起初，左武卫将军武连县公武安人李君羡掌管玄武门（北门）宿卫，那时候太白星多次在白天出现，太史占卜的结果说："女皇帝兴起。"民间又传布《秘记》说："唐三代以后，女帝武王将取代李氏而据有天下。"唐太宗听了十分厌恶。恰好和武臣们在宫中宴客，行酒令为乐，要每个人说出自己的小名。李君羡自称名叫五娘，唐太宗十分惊讶，就笑着说："什么女人，怎么会这么勇敢强健？"又因为李君羡官位称号和所封县邑都有"武"字，非常厌恶，就将他外放为华州刺史。有个百姓名叫员道信，自称能够不食五谷，通晓佛法，李君羡特别尊敬他相信他，好几次在一起时，都屏退左右，讲些秘密话。御史奏报李君羡和妖人来往，有图谋不轨的行为。壬辰日（十三日），李君羡坐罪被杀，全家被抄没。

【康熙御批】 谶纬之说本不足据，如唐太宗以疑诛李君羡，既失为政之体而又无益于事，可为信谶者之戒。

【译文】 谶纬的说法根本没有凭据，如唐太宗因怀疑而诛杀李君羡，既失去为政德大体而又无益于事，可以作为相信谶纬之说的借鉴。

上密问太史令李淳风："《秘记》所云，信有之乎？"对曰："臣仰稽天象，俯察历数，其人已在陛下宫中，为亲属，自今不过三十年，当王天下，杀唐子孙殆尽，其兆既成矣。"上曰："疑似者尽杀之，何如？"对曰："天之所命，人不能违也。王者不死，徒多杀无辜。且自今以往三十年，其人已老，庶几颇有慈心，为祸或浅。今借使得而杀之，天或生壮者肆其怨毒，恐陛下子孙，无遗类矣。"上乃止。

【译文】 唐太宗暗中问太史令李淳风说："《秘记》所说的，是真的吗？"李淳风回答说："臣仰观天象，俯察历数，这个人已经在陛下的宫廷里，是陛下亲近的下属，从现在起不超过三十年，就会在天下称王，将大唐的子孙杀得快要完尽，征兆已经形成了。"唐太宗说："将所有类似的女子都杀掉，怎么样？"

李淳风回答说："这是天命，人力是无法违抗的。那个人不会被杀死，只不过多杀些无辜的人罢了。况且从现在起三十年后，那个人已经老了，或者还能有些仁慈心，为祸天下可能较为轻微。现在假如将那个人杀了，上天或许会降生更年轻的，来扩大怨恨狠毒，那时恐怕陛下的子孙，就没有能够遗留下来的了！"唐太宗听了才打消念头。

【乾隆御批】 太宗与淳风问对，事揆之于理不应有，盖术数家假托以神奇其说耳。藉令淳风果有前知，既据《秘记》以告，且云已在宫中。太宗之英明何难按籍而来为子孙除害，而竟为淳风王者不死之言所沮乎？即君羡伏诛，亦因其谋为不轨，小字、官邑之疑与太宗平日所为不类，或其家造为不根之谈，以掩饰恶迹遂尔过甚其词耶？

【译文】 唐太宗和李淳风的这场对话，按照事理推测是不应该有的，只不过是术数家为了吹嘘他的本事如何神验而编造的托词罢了。要是李淳风真的能事先知道，既然能根据《秘记》来告诉皇帝，并说此人已在宫中，像唐太宗这样卓越而有见识的人，照着书上所说去寻找这人有什么困难的，岂不为子孙除去祸害，而竟然被李淳风所说的能登上皇位的人是不会死的言论吓唬住呢？即使李君羡被杀，也是因为他图谋不轨，所说的小名、封邑的怀疑与太宗平时的所作所为很不一致，也许是他们家编造的谎话，目的是为了掩盖他恶劣的行迹，于是就夸大其词了。

司空梁文昭公房玄龄留守京师，疾笃，上徵赴玉华宫，肩舆入殿，至御座侧乃下，相对流涕，因留宫下，闻其小愈则喜形于色，加剧则忧悴。玄龄谓诸子曰："吾受主上厚恩，今天下无事，唯东征未已，群臣莫敢谏，吾知而不言，死有馀责。"乃上表谏，以为："《老子》曰：'知足不辱，知止不殆。'陛下功名威德亦可足矣，拓地开疆亦可止矣！且陛下每决一重囚，必令三覆五奏，进素膳，止音乐者，重人命也。今驱无罪之士卒，委之锋刃之下，使肝脑涂地，独不足愍乎！向使高丽违失臣节，诛之可也；侵扰百姓，灭之可也；它日能为中国患，除之可也。今无此三条而坐烦中国，内为前代雪耻，外为新罗报仇，岂非所存者小，所损者太乎！愿陛下许高丽自新，焚陵波之船，罢应募之众，自然华、夷庆赖，远肃迩安。臣旦夕入地，傥蒙录此哀鸣，死且不朽！"玄龄之遗爱尚上女高阳公主，上谓公主曰："彼病笃如此，尚能忧我国家。"上自临视，握手与诀，悲不自胜。癸卯，薨。

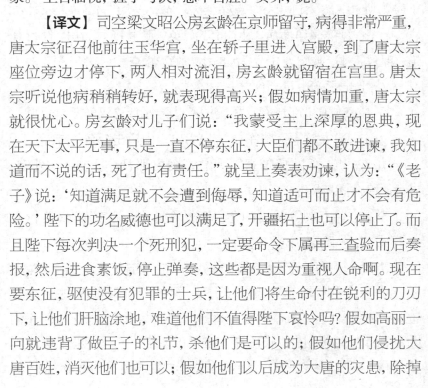

【译文】司空梁文昭公房玄龄在京师留守，病得非常严重，唐太宗征召他前往玉华宫，坐在轿子里进入宫殿，到了唐太宗座位旁边才停下，两人相对流泪，房玄龄就留宿在宫里。唐太宗听说他病稍稍转好，就表现得高兴；假如病情加重，唐太宗就很忧心。房玄龄对儿子们说："我蒙受主上深厚的恩典，现在天下太平无事，只是一直不停东征，大臣们都不敢进谏，我知道而不说的话，死了也有责任。"就呈上奏表劝谏，认为："《老子》说：'知道满足就不会遭到侮辱，知道适可而止才不会有危险。'陛下的功名威德也可以满足了，开疆拓土也可以停止了。而且陛下每次判决一个死刑犯，一定要命令下属再三查验而后奏报，然后进食素饭，停止弹奏，这些都是因为重视人命啊。现在要东征，驱使没有犯罪的士兵，让他们将生命付在锐利的刀刃下，让他们肝脑涂地，难道他们不值得陛下哀怜吗？假如高丽一向就违背了做臣子的礼节，杀他们是可以的；假如他们侵扰大唐百姓，消灭他们也可以；假如他们以后成为大唐的灾患，除掉他们也可以。现在他们并没有做这些事，却要无故烦劳中原百姓，对内说是为前朝复仇雪耻，对外说是替新罗报仇，这不是收益少而损失大的一件事吗？希望陛下允许高丽改过自新，将能凌波前进的船舰烧掉，停止招募士卒，那么华、夷自然就庆幸有了仰赖，远近平静安定。臣时日已经不多了，假如陛下能够接受臣临死前的这一番话，那么臣到死也不会忘了陛下的恩情！"房玄龄儿子房遗爱娶了唐太宗的女儿高阳公主，唐太宗对公主说："他病得那么严重，还能够忧虑国家。"唐太宗亲自前往探视，和他握手诀别，悲伤得不能自已。癸卯日（二十四日），房玄龄去世。

◆柳芳曰：玄龄佐太宗定天下，及终相位，凡三十二年，天下号为贤相；然无迹可寻，德亦至矣。故太宗定祸乱而房、杜不言功，王、魏善谏诤而房、杜让其贤，英、卫善将兵而房、杜行其道，理致太平，善归人主。为唐宗臣，宜哉！◆

八月，己酉朔，日有食之。

丁丑，敕越州都督府及婺、洪等州造海船及双舫千一百艘。

辛未，遣左领军大将军执失思力出金山道击薛延陀馀寇。

九月，庚辰，昆丘道行军大总管阿史那社尔击处月、外密，破之，馀众悉降。

癸未，薛万彻等伐高丽还。万彻在军中，使气陵物，裴行方奏其怨望，坐除名，流象州。

【译文】◆柳芳说：房玄龄辅佐太宗平定天下，直到死在宰相之位上，总共有三十二年，天下人称为贤相；可是无法寻求事迹形容他的伟大，德行可说是相当高深了。所以太宗平定外祸内乱，而房玄龄、杜如晦不谈论自己的功劳，王珪、魏徵劝谏国君，而房玄龄、杜如晦让位给他们，李勣、李靖善于统御军队而

房玄龄、杜如晦采纳他们的意见，使得政治太平，却将善处归给国君。说他们是唐朝的宗社大臣，是很恰当的。◆

八月，己酉朔日（初一），出现日食。

丁丑日（二十九日），唐太宗下敕令命越州都督府以及婺、洪等州建造海船和双舫（两船相连）一千一百艘。

辛未日（二十三日），唐太宗派遣左领军大将军执失思力从金山道出发，攻打薛延陀剩余的部众。

九月，庚辰日（初二），昆丘道行军大总管阿史那社尔攻打处月、处密，击败对方，余下的部众全都投降。

癸未日（初五），薛万彻等人讨伐高丽归来。薛万彻在军队中恃才傲物，盛气凌人，裴行方奏报他对朝廷埋怨发牢骚，因而坐罪被除去官位，流放到象州。

己丑，新罗奏为百济所攻，破其十三城。

己亥，以黄门侍郎褚遂良为中书令。

强伟等发民造船，役及山獠，雅、邛、眉三州獠反。壬寅，遣茂州都督张士贵、右卫将军梁建方发陇右、峡中兵二万馀人以击之。蜀人苦造船之役，或乞输直雇潭州人造船；上许之。州县督迫严急，民至卖田宅、鬻子女不能供，谷价踊贵，剑外骚然。上闻之，遣司农少卿长孙知人驰驿往视之。知人奏称："蜀人脆弱，不耐劳剧。大船一艘，庸绢二千二百三十六匹。山谷已伐之木，挽曳未毕，复徵船庸，二事并集，民不能堪，宜加存养。"上乃敕潭州船庸皆从官给。

【译文】己丑日（十一日），新罗奏报被百济攻击，有十三城被攻陷。

己亥日（二十一日），唐太宗任命黄门侍郎褚遂良担任中书令。

强伟等人征召百姓建造船只，徭役波及山獠，雅、邛、眉三州的獠人造反。壬寅日（二十四日），唐太宗派遣茂州都督张士贵、右卫将军梁建方调动陇右、峡中士兵两万多人攻打獠人。蜀人苦于造船的徭役，有人请求输纳工钱来雇请潭州人建造船只，唐太宗答应了。州县政府督促逼迫得十分紧急，老百姓卖田宅、子女也不能交付，使得粮谷价格大涨，剑外的百姓都骚动起来。唐太宗听到消息，派遣司农少卿长孙知人飞马前往巡视。长孙知人奏报说："蜀地人身体虚弱，承受不了繁重的劳役。一艘大船，雇工要支付一千一百三十六匹绢。山谷里面已经砍伐的木材，还没拖拽完毕，又征收造船的佣工之费，这两件事加一起，百姓们承受不了。应当都加以存恤安养。"唐太宗就下令潭州造船所雇佣工的钱，全部由官府出。

冬，十月，癸丑，车驾还京师。

回纥吐迷度兄子乌纥蒸其叔母。乌纥与俱陆莫贺达官俱罗勃，皆突厥车鼻可汗之婿也，相与谋杀吐迷度以归车鼻。乌纥夜引十馀骑袭吐迷度，杀之。燕然副都护元礼臣使人诱乌纥，许奏以为瀚海都督，乌纥轻骑诣礼臣谢，礼臣执而斩之，以闻。上恐回纥部落离散，遣兵部尚书崔敦礼往安抚之。久之，俱罗勃入见，上留之不遣。

【译文】冬季，十月，癸丑日（初六），唐太宗车驾返回京师。

回纥吐迷度兄长的儿子乌纥娶其婶婶为妻。乌纥和俱陆莫贺达官俱罗勃，均是突厥车鼻可汗的女婿，两人互相谋划杀死吐迷度，来归顺车鼻可汗。乌纥在夜里带领十几个骑兵偷袭吐迷度，将吐迷度杀了。燕然副都护元礼臣派人引诱乌纥，答应乌纥向朝廷奏报任命他担任瀚海都督，乌纥就骑着马拜见元礼臣，元礼臣将他捉起来斩了，然后向朝廷禀告。唐太宗担心回纥部落分崩离析，就派遣兵部尚书崔敦礼前去安抚。过了好久，俱罗勃入朝觐见唐太宗，唐太宗将其留滞，不放他回去。

阿史那社尔既破处月、处密，引兵自焉耆之西趋龟兹北境，分兵为五道，出其不意，焉耆王薛婆阿那支弃城奔龟兹，保其东境。社尔遣兵追击，擒而斩之，立其从父弟先那准为焉耆王，使修职贡。龟兹大震，守将多弃城走。社尔进屯碛口，去其都城三百里，遣伊州刺史韩威帅千馀骑为前锋，骁卫将军曹继叔次之。至多褐城，龟兹王诃利布失毕、其相那利、羯猎颠帅众五万拒战。锋刃甫接，威引兵伪遁，龟兹悉众追之，行三十里，与继叔军合。龟兹惧，将却，继叔乘之，龟兹大败，逐北八十里。

甲戌，以回纥吐迷度子翊左郎将婆闰为左骁卫大将军、大俟利发、瀚海都督。

【译文】阿史那社尔已经攻陷处月、处密，率军从焉耆西方直达龟兹北方边境，将军队分成五路，乘对方不注意时进攻，焉耆王薛婆阿那支丢弃城池，逃奔到龟兹，保护东面的边境。阿史那社尔派遣军队追击，抓到薛婆阿那支，将他杀掉，立他的堂弟先那准为焉耆王，命先那准向唐朝称臣进贡。龟兹受到很大震动，守将大多放弃守城逃走。阿史那社尔进兵屯驻在碛口，距离都城三百里，派遣伊州刺史韩威带领一千多骑兵作为前锋，右骁卫将军曹继叔跟随在韩威后面。到了多褐城，龟兹王诃利布失毕、宰相那利、羯猎颠率领五万部众抵抗。双方刚刚打起来，韩威就率军假装逃走，龟兹所有部众都去追击，走了三十里，韩威的部众和曹继叔部队会合。龟兹害怕，要退却，曹继叔乘机进攻，龟兹大败，曹继叔向北追赶了八十里。

甲戌日（二十七日），唐太宗任命回纥吐迷度的儿子翊左郎将婆闰为左骁卫大将军、大俟利发、瀚海都督。

十一月，庚子，契丹帅窟哥、奚帅可度者并帅所部内属。以契丹部为松漠府，以窟哥为都督；又以其别帅达稽等部为峭落等九州，各以其辱纥主为刺史。以奚部为饶乐府，以可度者为都督；又以其别帅阿会等部为弱水等五州，亦各以其辱纥主为刺史。辛丑，置东夷校尉官于营州。

十二月，庚午，太子为文德皇后作大慈恩寺成。

【译文】十一月，庚子日（二十三日），契丹的将帅窟哥、奚部的将帅可度者一起带领所属部队归附大唐。朝廷在契丹部落所在地设立松漠府，任命窟哥担任都督；又在契丹的别将达稽等的部落所在地设立峭落等九州，各自任命他们的辱纥主担任刺史。在奚部所在地设立饶乐府，任命可度者担任都督；又在别将阿会等部落所在地设立弱水等五州，也各自任命他们的辱纥主担任刺史。辛丑日（二十四日），朝廷在营州设置东夷校尉官。

十二月，庚午日（二十四日），皇太子为文德皇后所建造的大慈恩寺完成。

龟兹王布失毕既败，走保都城，阿史那社尔进军逼之，布失毕轻骑西走。社尔拔其城，使安西都护郭孝恪守之。沙州刺史苏海政、尚辇奉御薛万备帅精骑追布失毕，行六百里，布失毕窘

资治通鉴

急，保拨换城，社尔进军攻之四旬，闰月，丁丑，拔之，擒布失毕及羯猎颠。那利脱身走，潜引西突厥之众并其国兵万馀人，袭击孝恪。孝恪营于城外，龟兹人或告之，孝恪不以为意。那利奄至，孝恪帅所部千馀人将入城，那利之众已登城矣。城中降胡与之相应，共击孝恪，矢刃如雨。孝恪不能敌，将复出，死于西门。城中大扰，仓部郎中崔义超召募得二百人，卫军资财物，与龟兹战于城中，曹继叔、韩威亦营于城外，自城西北隅击之。那利经宿乃退，斩首三千馀级，城中始定。后旬馀日，那利复引山北龟兹万馀人趣都城，继叔逆击，大破之，斩首八千级。那利单骑走，龟兹人执之，以诣军门。

【译文】 龟兹王布失毕失败后，退守都城，阿史那社尔命士兵前进，布失毕轻装乘骑向西逃走。阿史那社尔攻克都城，命令安西都护郭孝恪留下守城。沙帅史苏海政、尚辇奉御薛万备带领精锐骑兵迫击布失毕，走了六百里路，布失毕被追得困窘急迫，据守拨换城，阿史那社尔命令士兵前进，攻打了四十天，在闰月，丁丑日（初一）时，将城被攻克，俘虏了布失毕和羯猎颠。那利脱身逃走，暗中率领西突厥的部众和他自己国家的士兵一万多人进攻郭孝恪的守城。郭孝恪在城外安营，有龟兹人告诉他情形，他毫不在意。那利突然攻到，郭孝恪率领部众一千多人要入城，但那利的部众已经先登上都城了，都城里投降的胡人和那利相应和，一起攻打郭孝恪，箭矢和刀刃如同雨一样射下来，郭孝恪无法对抗，想要再出城，被射死在西门。城中大乱，仓部郎中崔义超招募二百人，保卫军需物资，和龟兹在城中激战，曹继叔、韩威也在城外扎了营，从城的西北角进攻。那利打了一晚才退兵，唐军斩杀龟兹士兵三千多人，城里才安定下来。十几天后，那利又率领山北的龟兹士兵一万多人攻向都城，曹继叔迎头痛击，大败那利，斩杀八千人。那利单骑逃走，被龟兹人抓到，送到军门。

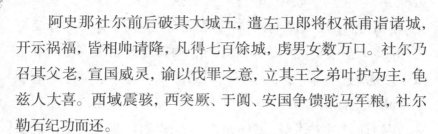

阿史那社尔前后破其大城五，遣左卫郎将权祗甫诣诸城，开示祸福，皆相帅请降，凡得七百馀城，虏男女数万口。社尔乃召其父老，宣国威灵，谕以伐罪之意，立其王之弟叶护为主，龟兹人大喜。西域震骇，西突厥、于阗、安国争馈驼马军粮，社尔勒石纪功而还。

戊寅，以昆丘道行军总管、左骁卫将军阿史那贺鲁为泥伏沙钵罗叶护，赐以鼓纛，使招讨西突厥之未服者。

癸未，新罗相金春秋及其子文王入见。春秋，真德之弟也。上以春秋为特进，文王为左武卫将军。春秋请改章服从中国，内出冬服赐之。

【译文】阿史那社尔前后攻陷龟兹五座大城，派遣左卫郎将权祗甫前往各个城市，向他们申明避祸趋福之道，每个城市都相继请求投降，一共得到七百多个城市，俘虏的男女有几万人。阿史那社尔就招来他们的父老，宣示大唐的声威，向他们讲明讨伐有罪的心意，又立龟兹王的弟弟叶护为王，龟兹人十分高兴。西域知道后，震惊恐惧，西突厥、于阗、安国抢着进贡骆驼、马匹和军粮，阿史那社尔刻石纪念军功，然后班师回朝。

戊寅日（初二），唐太宗任命昆丘道行军总管、左骁卫将军阿史那贺鲁担任泥伏沙钵罗叶护，赐给他鼓和旗，命令他招抚讨伐还没有降服的西突厥。

癸未日（初七），新罗宰相金春秋和他的儿子金文王入朝觐见。金春秋是金真德的弟弟。唐太宗任命金春秋为特进，金文王为左武卫将军。金春秋请求放弃新罗的章徽衣服而改从唐朝的衣饰，唐太宗就拿出冬服赐给他。

贞观二十三年（己酉，公元六四九年）春，正月，辛亥，龟兹王布失毕及其相那利等至京师，上责让而释之，以布失毕为左武卫中郎将。

西南徒莫祇等蛮内附，以其地为傍、望、览、丘四州，隶朗州都督府。

上以突厥车鼻可汗不入朝，遣右骁卫郎将高侃发回纥、仆骨等兵袭击之。兵入其境，诸部落相继来降。拔悉密吐屯肥罗察降，以其地置新黎州。

二月，丙戌，置瑶池都督府，隶安西都护；戊子，以左卫将军阿史那贺鲁为瑶池都督。

三月，丙辰，置丰州都督府，使燕然都护李素立兼都督。

去冬旱，至是始雨。辛酉，上力疾至显道门外，赦天下。丁卯，敕太子于金液门听政。

【译文】贞观二十三年（己酉，公元649年）春季，正月，辛亥日（初六），龟兹王布失毕和宰相那利等人抵达京师，唐太宗责备他们，但又开释他们，任命布失毕担任左武卫中郎将。

西南徒莫祇等蛮族归附大唐，唐朝廷在那里设置傍、望、览、丘四州，隶属于朗州都督府。

唐太宗因为突厥车鼻可汗不入朝拜见，就派遣右骁卫郎将高侃调动回纥、仆骨等士兵打车鼻可汗。军队一进入突厥境内，各部落都陆续前来投降。拔悉密的首领肥罗察投降，唐朝在拔悉密设置新黎州。

二月，丙戌日（十一日），唐朝设置瑶池都督府，隶属于安西都护。戊子日（十三日），唐太宗任命左卫将军阿史那贺鲁担任瑶池都督。

三月，丙辰日（十二日），唐朝设置丰州都督府，唐太宗命令燕然都护李素立兼任都督。

去年冬天天旱，到这时才下雨。辛酉日（十七日），唐太宗带着疾病，奋力到了显道门外，宣示大赦天下。丁卯日（二十三日），唐太宗下敕令命太子在金液门听断政事。

夏，四月，乙亥，上行幸翠微宫。

上谓太子曰："李世勣才智有馀，然汝与之无恩，恐不能怀服。我今黜之，若其即行，俟我死，汝于后用为仆射，亲任之；若徘徊顾望，当杀之耳。"五月，戊午，以同中书门下三品李世勣为叠州都督；世勣受诏，不至家而去。

辛酉，开府仪同三司卫景武公李靖薨。

上苦利增剧，太子昼夜不离侧，或累日不食，发有变白者。上泣曰："汝能孝爱如此，吾死何恨！"丁卯，疾笃，召长孙无忌入含风殿。上卧，引手扪无忌颐，无忌哭，悲不自胜；上竟不得有所言，因令无忌出。己巳，复召无忌及褚遂良入卧内，谓之曰："朕今悉以后事付公辈。太子仁孝，公辈所知，善辅导之！"谓太子曰："无忌、遂良在，汝勿忧天下！"又谓遂良曰："无忌尽忠于我，我有天下，多其力也。我死，勿令谗人间之。"仍令遂良草遗诏。有顷，上崩。

【译文】夏季，四月，乙亥日（初一），唐太宗前往翠微宫。

唐太宗对太子说："李勣才智很高，可是你对他没有恩德，恐怕无法让他心服。我现在就罢黜他，假如他马上就走，等我死后，你就任用他为仆射，信任亲近他；假如他徘徊观望，就杀了他。"五月，戊午日（十五日），唐太宗任命同中书门下三品李勣担任叠州都督。李勣接受诏令，没有回家就前往叠州上任。

　　辛酉日（十八日），唐开府仪同三司卫景武公李靖去世。

　　唐太宗痢疾痛得更厉害，太子日夜不离唐太宗身旁，有时候好几天不吃东西，头发有的都变白了。唐太宗哭泣说："你能够这样孝顺敬爱我，我死了也没有遗憾！"丁卯日（二十四日），唐太宗病情加重，将长孙无忌召入含风殿。唐太宗躺着，用手摸着长孙无忌的面颊，长孙无忌痛哭，不胜悲痛。唐太宗竟然说不出话，就命令长孙无忌出去。己巳日（二十六日），唐太宗又召长孙无忌和褚遂良进入内室，对他们说："朕现在将以后的事情全部托付你们两位。太子仁爱孝顺，你们是知道的，好好辅佐他吧！"又对太子说："只要长孙无忌、褚遂良还在，你就不必担忧天下事！"又对褚遂良说："长孙无忌对我尽忠，我拥有天下，大多依靠他的力量，我死之后，不要让谗人离间他。"又命令褚遂良草写遗嘱。没过多久，唐太宗驾崩了。

　　【乾隆御批】 太宗之待臣下，未尝不任权术。厥后，陛下家事，一言及贻宗社之祸。究之权术有何益乎？

　　【译文】 唐太宗对待大臣，并不是不使用权术。后来，李勣一句这是陛下的家务事，只因这一句话而导致了国家败亡。仔细推究，权术对治理国家有什么好处呢？

　　【申涵煜评】 尝怪勣于立武后事，逢君之恶，有负太宗剪须深恩。及按太宗临终语太子之言，使出勣外任，稍顾望，便当杀之，而勣得诏，果不至家而去，始知其君臣相与，全是一片机械心，后日亦偏怪勣不得。

　　【译文】 我曾经责怪李勣在立武后的事情上逢迎君王的过错，有负太宗剪须深恩。但唐太宗临死对太子的话，让他派遣李勣出外任职，如果李勣稍微有点观望的态度，就要杀了他。而李勣得到诏书后，果然不回家就直接去了，才知道他们君臣之间相交，全是一片机械心。以后的事情也怪不得李勣。

太子拥无忌颈，号恸将绝。无忌揽涕，请处分众事以安内外，太子哀号不已，无忌曰："主上以宗庙社稷付殿下，岂得效匹夫唯哭泣乎！"乃秘不发丧。庚午，无忌等请太子先还，飞骑、劲兵及旧将皆从。辛未，太子入京城；大行御马舆，侍卫如平日，继太子而至，顿于两仪殿。以太子左庶子于志宁为侍中，少詹事张行成兼侍中，以检校刑部尚书、右庶子、兼吏部侍郎高季辅兼中书令。壬申，发丧太极殿，宣遗诏，太子即位。军国大事，不可停阙；平常细务，委之有司。诸王为都督、刺史者，并听奔丧，濮王泰不在来限。罢辽东之役及诸土木之功。四夷之人入仕于朝及来朝贡者数百人，闻丧皆恸哭，剪发、劙面、割耳，流血洒地。

【译文】太子抱住长孙无忌，痛哭哀号得死去活来。长孙无忌收了眼泪，请求处理所有事务，安定朝廷内外。太子仍旧不停地哀哭号叫，长孙无忌说："皇上将宗庙社稷付托给殿下，怎么可以如同匹夫一样，只知道痛哭呢？"于是秘不发丧。庚午日（二十七日），长孙无忌等人请求太子先回皇宫，飞骑、劲兵和旧将都在身旁跟随。辛未日（二十八日），太子进入京城；马舆载着大行皇帝（死去的太宗）的灵柩，好像平常一样护卫着，在太子后面抵达，安顿在两仪殿里。任命太子左庶子于志宁担任侍中，少詹事张行成兼任侍中，任命检校刑部尚书、右庶子、兼吏部侍郎高季辅兼任中书令。壬申日（二十九日），在太极殿举行丧礼，宣读唐太宗遗嘱，太子即帝位。军事、政治大事，不可以停下不办；日常细碎事务，委托给有关官员办理。在外地担任都督、刺史的诸王，都听凭他们前来奔丧，但濮王李泰不在奔丧的范围内。停止辽东的战役和各项土木工程。在朝担任官职的四方夷人和前来朝贡的夷人共有好几百人，听说唐太宗去世都痛哭起来，他们伤心得剪掉头发、割伤耳朵、面部，血洒满了地面。

六月，甲戌朔，高宗即位，赦天下。

丁丑，以叠州都督李勣为特进、检校洛州刺史、洛阳宫留守。

先是，太宗二名，令天下不连言者勿避；至是，始改官名犯先帝讳者。

癸未，以长孙无忌为太尉，兼检校中书令，知尚书、门下二省事。无忌固辞知尚书省事，帝许之，仍令以大尉同中书门下三品。

癸巳，以李勣为开府仪同三司、同中书门下三品。

阿史那社尔之破龟兹也，行军长史薛万备请因兵威说于阗王伏阇信入朝，社尔从之。秋，七月，己酉，伏阇信随万备入朝，诏入谒梓宫。

【译文】六月，甲戌朔日（初一），唐高宗即帝位，大赦天下。

丁丑日（初四），唐高宗任命叠州都督李勣担任特进、检校洛州刺史、洛阳宫留守。

起初，太宗有两个名字，下令天下人只要两字不连用，就可以不避讳。到此时，才将犯先帝名讳的官名改掉。

癸未日（初十），唐高宗任命长孙无忌为太尉，兼检校中书令，掌管尚书、门下二省的事。长孙无忌再三辞谢掌管尚书省的事情，唐高宗答应了，仍旧任命他为太尉同中书门下三品。

癸巳日（二十日），唐高宗任命李勣为开府仪同三司、同中书门下三品。

阿史那社尔击败龟兹时，行军长史薛万备请求趁兵威大振的时候，游说于阗王伏阇信入朝归顺，阿史那社尔接受了。秋季，七月，己酉日（初六），伏阇信随着薛万备入朝归顺，唐高宗下诏令让他入宫觐见先帝之棺。

八月，癸酉，夜，地震，晋州尤甚，压杀五千馀人。

庚寅，葬文皇帝于昭陵，庙号太宗。阿史那社尔、契苾何力请杀身殉葬，上遣人谕以先旨不许。蛮夷君长为先帝所擒服者颉利等十四人，皆琢石为其像，刻名列于北司马门内。

丁酉，礼部尚书许敬宗奏弘农府君庙应毁，请藏主于西夹室；从之。

九月，乙卯，以李勣为左仆射。

冬，十月，以突厥诸部置舍利等五州隶云中都督府，苏农等六州隶定襄都督府。

【译文】八月，癸酉日（初一），夜晚，发生地震，晋州灾情尤其严重，压死了五千多人。

庚寅日（十八日），唐高宗将文皇帝埋葬在昭陵，庙号太宗。阿史那社尔、契苾何力请求自杀殉葬，唐高宗派人告诉他们先帝不允许。蛮夷君长被先帝所俘虏而归顺的颉利可汗等十四个人，都为先帝雕琢石像，并且刻下自己的姓名，陈列在北司马门内。

丁酉日（二十五日），礼部尚书许敬宗奏报弘农府君（高宗七世祖）的庙位应当毁掉，将供奉的神主藏在太庙的西夹室，唐高宗依准。

九月，乙卯日（十三日），唐高宗任命李勣为左仆射。

冬季，十月，唐朝廷在突厥各部落所在地设置舍利等五个州（舍利、思辟、阿史那、绰、白登共五州），隶属于云中都督府，又设置苏农等六个州（苏农、阿德、执失、拔延，其他二州州名为逸），隶属于定襄都督府。

乙亥，上问大理卿唐临系囚之数，对曰："见囚五十馀人，唯二人应死。"上悦。上尝录系囚，前卿所处者多号呼称冤，临所处者独无言。上怪，问其故。囚曰："唐卿所处，本自无冤。"上叹息良久，曰："治狱者不当如是邪！"

上以吐蕃赞普弄赞为驸马都尉，封西海郡王。赞普致书于长孙无忌等云："天子初即位，臣下有不忠者，当勒兵赴国讨除之。"

十二月，诏濮王泰开府置僚属，车服珍膳，特加优异。

【译文】乙亥日（初四），唐高宗询问大理寺卿唐临被拘禁的犯人数，唐临回答说："现在拘囚五十多人，只有二人应当处死。"唐高宗十分高兴。唐高宗曾经审问犯人，前任大理寺卿所判决的犯人很多都哭着说冤枉，但现在唐临所判决的犯人却不叫。唐高宗感到奇怪，询问犯人为什么不叫。犯人说："唐卿判决的犯人，本来就没有冤枉的。"唐高宗感叹了很久，说："治理狱讼不是应该像唐临一样吗？"

唐高宗任命吐蕃赞普弄赞为驸马都尉，封为西海郡王。赞普弄赞送书信给长孙无忌等人说："天子刚刚即帝位，有不忠心的臣下，就要率兵前往征讨。"

十二月，唐高宗下诏令让濮王李泰开府第，设置僚属、车驾、服饰、珍馐等，特别加宠，和其他皇子不一样。

高宗天皇大圣大弘孝皇帝上之上

永徽元年（庚戌，公元六五〇年）春，正月，辛丑朔，改元。

丙午，立妃王氏为皇后。后，思政之孙也。以后父仁祐为特进、魏国公。

己未，以张行成为侍中。

辛酉，上召朝集使，谓曰："朕初即位，事有不便于百姓者悉宜陈，不尽者更封奏。"自是日引刺史十人入阁，问以百姓疾苦，及其政治。

有洛阳人李弘泰诬告长孙无忌谋反，上立命斩之。无忌与褚遂良同心辅政，上亦尊礼二人，恭己以听之，故永徽之政，百姓阜安，有贞观之遗风。

太宗女衡山公主应适长孙氏，有司以为服既公除，欲以今秋成昏。于志宁上言："汉文立制，本为天下百姓。公主服本斩衰，纵使服随例除，岂可情随例改，请俟三年丧毕成昏。"上从之。

【译文】 永徽元年（庚戌，公元650年）春季，正月，辛丑朔日（初一），唐高宗改年号为永徽。

丙午日（初六），唐高宗立妃王氏为皇后。王氏是王思政的孙女。唐高宗任命皇后的父亲王仁祐为特进、魏国公。

己未日（十九日），唐高宗任命张行成为侍中。

辛酉日（二十一日），唐高宗召见各地方所派来的朝集使，对他们说："朕刚即帝位，有对百姓不利的事情请详细陈述，说不完的回去之后再上密封奏报。"从此每天接见十个刺史，询问他们百姓的疾苦以及从政的措施。

有个洛阳人李弘泰诬告长孙无忌计划谋反，唐高宗命令立即斩杀李弘泰。长孙无忌和褚遂良同心协力，一起辅佐政事，唐高宗也尊敬礼待他们两人，非常尊敬地听从他们的意见，因此永徽时期的政治，百姓丰阜安康，有贞观遗留下来的政风。

唐太宗的女儿衡山公主应当嫁给长孙氏，有司认为丧服既然为了国家行事方便而解除了，就计划在今年秋天让公主完婚。于志宁上书说："汉文帝立下的制度（指丧服随例解除），本来是为百姓方便。现在公主本来服的是五服重服斩衰，纵使丧服随着国家大事除去，但感情怎么可以随着事例而改变呢？请求三年丧服完毕后再完成婚事。"唐高宗接受了他的建议。

二月，辛卯，立皇子孝为许王，上金为杞王，素节为雍王。

夏，五月，壬戌，吐蕃赞普弄赞卒，其嫡子早死，立其孙为赞普。赞普幼弱，政事皆决于国相禄东赞。禄东赞性明达严重，行兵有法，吐蕃所以强大，威服氐、羌，皆其谋也。

六月，高侃击突厥，至阿息山。车鼻可汗召诸部兵皆不赴，与数百骑遁去。侃帅精骑追至金山，擒之以归，其众皆降。

初，阿史那社尔虏龟兹王布失毕，立其弟为王。唐兵既还，其酋长争立，更相攻击。秋，八月，壬午，诏复以布失毕为龟兹王，遣归国，抚其众。

【译文】二月，辛卯日（二十二日），唐高宗立皇子李孝为许王，李上金为杞王，李素节为雍王。

夏季，五月，壬戌日（二十四日），吐蕃赞普弄赞去世，由于嫡子早就死了，就立他的孙子为赞普。赞普年幼，政事都由宰相禄东赞决定。禄东赞性情豁达、严肃稳重，统率部队合乎兵法，吐蕃能够强大，让氐、羌畏服，都是他的计谋。

六月，高侃攻打突厥，直攻到阿息山。车鼻可汗召集各部落的士兵，没有人前往，车鼻可汗只好率领几百个骑兵逃走。高侃率领精锐骑兵追到金山，将他捉住返回，车鼻可汗的部众大多投降了。

起初，阿史那社尔俘虏了龟兹王布失毕，立布失毕的弟弟为王。唐兵返回后，酋长们抢着自立为王，相互攻击。秋季，八月，壬午日（十六日），唐高宗下诏令又封布失毕为龟兹王，遣送他回国，安抚部众。

九月，庚子，高侃执车鼻可汗至京师，释之，拜左武卫将军，处其馀众于郁督军山，置狼山都督府以统之。以高侃为卫将军。于是，突厥尽为封内之臣，分置单于、瀚海二都护府。单于领狼山、云中、桑干三都督，苏农等一十四州；瀚海领瀚海、金徽、新黎等七都督，仙萼等八州；各以其酋长为都督、刺史。

癸亥，上出畋，遇雨，问谏议大夫昌乐谷那律曰："油衣若为则不漏？"对曰："以瓦为之，必不漏。"上悦，为之罢猎。

李勣固求解职；冬，十月，戊辰，解勣左仆射，以开府仪同三司、同中书门下三品。

【译文】九月，庚子日（初四），高侃将车鼻可汗押送到京师，唐高宗释放了他，任命他担任左武卫将军，将他的部众安置在郁督军山，设置狼山都督府加以管辖。任用高侃为卫将军。于是突厥全部成为大唐国境内的臣民，唐朝分别设置单于、瀚海两个都护府。单于都护府统领狼山、云中、桑干三个都督，苏农等共十四州；瀚海都护府统领瀚海、金徽、新黎等七个都督，仙莘等共八州。各自任命他们部落酋长担任刺史、都督。

癸亥日（二十七日），唐高宗出发畋猎，遇到大雨，就问谏议大夫昌乐人谷那律说："油衣要怎样才能不漏水？"谷那律回答说："用瓦片做的，一定不会漏水。"唐高宗十分高兴，就停止了打猎。

李勣再三请求解除职务；冬季，十月，戊辰日（初三），唐高宗将李勣左仆射职务解除，任命他为开府仪同三司、同中书门下三品。

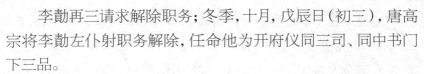

己未，监察御史阳武韦思谦劾奏中书令褚遂良抑买中书译语人地。大理少卿张睿册以为准估无罪。思谦奏曰："估价之设，备国家所须，臣下交易，岂得准估为定！叡册舞文，附下罔上，罪当诛。"是日，左迁遂良为同刺史，叡册循州刺史。思谦名仁约，以字行。

十二月，庚午，梓州都督谢万岁、兖州都督谢法兴与黔州都督李孟尝讨琰州叛獠；万岁、法兴入洞招慰，为獠所杀。

【译文】 己未日（十月无此日），监察御史阳武人韦思谦弹劾中书令褚遂良压低价钱购买中书译语人（负责四夷使者语言翻译）的土地。大理寺少卿张睿册认为是按照估定的价钱购买，并没有犯罪。韦思谦奏报说："设定估定价格，是准备国家需要时征收用的，私下的交易，怎么可以依照估定的价格呢？张睿册舞弄法令条文，依附大臣来欺罔君上，所犯的罪应该处斩。"当天，唐高宗将褚遂良贬为同州刺史，将张睿册贬为循州刺史。韦思谦名叫仁约，以字号通行于世。

十二月，庚午日（初五），梓州都督谢万岁、兖州都督谢法兴和黔州都督李孟尝一起征讨琰州背叛的獠人。谢万岁、谢法兴进入各洞（獠的部落称为洞）里招降抚慰，被獠人所杀害。

永徽二年（辛亥，公元六五一年）春，正月，乙巳，以黄门侍郎宇文节、中书侍郎柳奭并同中书门下三品。奭，亨之兄子，王皇后之舅也。

左骁卫将军、瑶池都督阿史那贺鲁招集离散，庐帐渐盛，闻太宗崩，谋袭取西、庭二州。庭州刺史骆弘义知其谋，表言之，上遣通事舍人桥宝明驰往慰抚。宝明说贺鲁，令长子咥运入宿卫，授右骁卫中郎将，寻复遣归。咥运乃说其父拥众西走，击破乙毗射匮可汗，并其众，建牙于双河及千泉，自号沙钵罗可汗，咄陆五啜、努失毕五俟斤皆归之，胜兵数十万，与乙毗咄陆可汗连兵，处月、处密及西域诸国多附之。以咥运为莫贺咄叶护。

焉耆王婆伽利卒，国人表请复立故王突骑支；夏，四月，诏加突骑支右武卫将军，遣还国。

【译文】永徽二年（辛亥，公元651年）春季，正月，乙巳日（十一日），唐高宗任命黄门侍郎宇文节、中书侍郎柳奭为同中书门下三品。柳奭是柳亨哥哥的儿子，王皇后的舅舅。

左骁卫将军、瑶池都督阿史那贺鲁召集离散的部属，毡庐帐幕渐渐多了起来，听说唐太宗去世，计划偷袭，来夺取西、庭两州。庭州刺史骆弘义知道了阿史那贺鲁的计划，上表向唐高宗报告，唐高宗派遣通事舍人桥宝明飞驰前往宣慰安抚。桥宝明游说贺鲁让他的长子咥运入朝担任宿卫，唐高宗任用咥运为右骁卫中郎将，不久又派遣他返回故国。咥运劝他父亲率领部众向西遁走，击败了乙毗射匮可汗，合并了乙毗射匮的部落，在双河和千泉建立牙帐，自称沙钵罗可汗，咄陆五啜、努失毕五俟斤全都归附他，军队超过好几十万，和乙毗咄陆可汗的兵力联合，处月、处密和西域各国大多归附他。任命哐运为莫贺咄叶护。

焉耆王婆伽利去世，国人上表请求再封故王突骑支为王。夏季，四月，唐高宗下诏令加封突骑支为右武卫将军，派他返回国土。

金州刺史滕王元婴骄奢纵逸，居亮阴中，畋游无节，数夜开城门，劳扰百姓，或引弹弹人，或埋人雪中以戏笑。上赐书切让之，且曰："取适之方，亦应多绪，晋灵荒君，何足为则！朕以王至亲，不能致王于法，今书王下上考以愧王心。"

元婴与蒋王恽皆好聚敛，上尝赐诸王帛各五百段，独不及二王，敕曰："滕叔、蒋兄自能经纪，不须赐物；给麻两车以为钱贯。"二王大惭。

秋，七月，西突厥沙钵罗可汗寇庭州，攻陷金岭城及蒲类县，杀略数千人。诏左武候大将军梁建方、右骁卫大将军契苾何力为弓月道行军总管，右骁卫将军高德逸、右武候将军薛孤吴仁为副，发秦、成、岐、雍府兵三万人及回纥五万骑以讨之。

癸巳，诏诸礼官学士议明堂制度，以高祖配五天帝，太宗配五人帝。

【译文】金州刺史滕王李元婴骄纵淫逸，在守天子丧中，仍旧打猎邀游没有节制，好几次夜晚打开城门，惊扰百姓，有时拉弹弓加丸弹射人，有时候将人埋在雪里取乐。唐高宗赐给他书信，加以严切责备，并且说："取得快乐的方法，应当有多种，晋灵公是荒淫的国君，他的所作所为，怎么可以仿效呢？朕因为你是朕最亲近的人，不能将你惩之以法，现在将你考核为下等内的上级，为让你感到羞愧而能够自我反省。"

李元婴和蒋王李恽都喜好聚敛财物，唐高宗曾经赐给各王五百段绢帛，单单不赐给二王，下敕令说："皇叔滕王、皇兄蒋王能够经营财物，不必再行赏赐；就给他们两车麻，作为穿钱的绳贯。"二王心中十分羞愧。

秋季，七月，西突厥沙钵罗可汗进犯庭州，攻克了金岭城和蒲类县，杀伤掠夺好几千人。唐高宗下诏令任命左武候大将军梁建方、右骁卫大将军契苾何力担任弓月道行军总管，右骁卫将军高德逸、右武候将军薛孤、吴仁担任副大总管，调动秦、成、岐、雍等各府的士兵三万人以及回纥五万名骑兵加以征讨。

癸巳日（初二），唐高宗下诏令各礼官学士讨论明堂制度，将唐高祖和五天帝配祭。唐太宗和五人帝（东方帝太嗥、西方帝少嗥、南方帝炎帝、北方帝颛顼、中央帝黄帝）配祭。

八月，己巳，以于志宁为左仆射，张行成为右仆射，高季辅为侍中；志宁、行成仍同中书门下三品。

己卯，郎州白水蛮反，寇麻州，遣左领军将军赵孝祖等发兵讨之。

九月，癸巳，废玉华宫为佛寺。戊戌，更命九成宫为万年宫。

庚戌，左武候引驾卢文操逾墙盗左藏物，上以引驾职在纠绳，乃自为盗，命诛之。谏议大夫萧钧谏曰："文操情实难原，然法不至死。"上乃免文操死，顾侍臣曰："此真谏议也！"

闰月，长孙无忌等上所删定律令式，甲戌，诏颁之四方。

上谓宰相曰："闻所在官司，行事犹互观颜面，多不尽公。"长孙无忌对曰："此岂敢言无；然肆情曲法，实亦不敢。至于小小收取人情，恐陛下尚不能免。"无忌以元舅辅政，凡有所言，上无不嘉纳。

【译文】八月，己巳日（初八），唐高宗任命于志宁为左仆射，张行成为右仆射，高季辅为侍中。于志宁、张行成仍旧是同中书门下三品。

己卯日（十八日），郎州白水蛮造反，进犯麻州，唐高宗派遣左领军将军赵孝祖等人调动军队讨伐。

九月，癸巳日（初三），唐高宗将玉华宫废为佛寺。戊戌日（初八），唐高宗将九成宫改名为万年宫。

庚戌日（二十日），左武候引驾（官名，谓导引大驾）卢文操跳墙窃取国库的财物。唐高宗认为引驾的职责在于纠正非法的人，却自己做强盗，就下令加以诛杀。谏议大夫萧钧劝谏说："卢文操犯罪情形虽然不可原谅，但是依照法令却还不至于判处死刑。"唐高宗就免了卢文操的死罪，对身边的侍臣说："这是真正的谏议大夫应该做的事啊！"

闰月，长孙无忌等人呈上删定的律令规范。甲戌日（十四日），唐高宗下诏令在四方颁布施行。

唐高宗对宰相说："听说各官司办事时相互看对方情面，大多无法做到公正无私。"长孙无忌回答说："这种情形是不敢说没有的；可是假如说完全徇私枉法，事实上也不敢做。至于说小小地收取对方人情，这种事恐怕陛下也免不了。"长孙无忌凭大舅的身份辅佐政事，凡是有所建议，唐高宗没有不嘉许采纳的。

冬，十一月，辛酉，上祀南郊。

癸酉，诏："自今京官及外州有献鹰隼及犬马者，罪之。"

戊寅，特浪羌酋董悉奉求、辟惠羌酋卜檐莫各帅种落万馀户诣茂州内附。

窦州、义州蛮酋李宝诚等反，桂州都督刘伯英讨平之。

郎州道总管赵孝祖讨白水蛮，蛮酋秃磨蒲及俭弥于帅众据险拒战，孝祖皆击斩之。会大雪，蛮饥冻，死亡略尽。孝祖奏言："贞观中讨昆州乌蛮，始开青蛉、弄栋为州县。弄栋之西有小勃弄、大勃弄二川，恒扇诱弄栋，欲使之反。其勃弄以西与黄瓜、叶榆、西洱河相接，人众殷实，多于蜀川，无大酋长，好结仇怨，今因破白水之兵，请随便四讨，抚而安之。"敕许之。

十二月，壬子，处月朱邪孤注杀招慰使单道惠，与突厥贺鲁相结。

是岁，百济遣使入贡，上戒之，使"勿与新罗、高丽相攻，不然，吾将发兵讨汝矣。"

【译文】冬季，十一月，辛酉日（初二），唐高宗在南郊祭祀。

癸酉日（十四日），唐高宗下诏令："从现在起京官和外州有人进献鹰隼和犬马的话，依犯罪论处。"

戊寅日（十九日），特浪羌酋长董悉奉求、辟惠羌酋长卜檐莫各自率领部落一万多户前往茂州归附唐朝。

窦州、义州的蛮族酋长李宝诚等人造反，桂州都督刘伯英加以讨伐平定。

郎州道总管赵孝祖征讨白水蛮，蛮族酋长秃磨蒲和俭弥于带领部众据守险要反抗，赵孝祖都加以攻击斩杀。恰好遇到大雪，蛮人又冷又饿，死得差不多了。赵孝祖奏报说："贞观中期征讨昆州乌蛮，才开辟青蛉、弄栋为州县。弄栋的西面有小勃弄、大勃弄两个川蛮，常常煽动引诱弄栋，要让弄栋造反。勃弄西面和黄瓜、叶榆、西洱河相交接，百姓富足，超过蜀川，没有大的首领，因而容易结下仇怨，现在就利用击败白水的军队，请求乘机向西方讨伐，抚慰他们，让他们安定。"唐高宗下敕令准了赵孝祖的请求。

十二月，壬子日（二十四日），处月朱邪孤注杀死招降抚慰的大使单道惠，和突厥贺鲁相互勾结。

这一年，百济派遣使者入朝进贡，唐高宗警告百济，要百济"不要和新罗、高丽相互攻击，不然的话，我就调动军队讨伐你们"。

永徽三年（壬子，公元六五二年）春，正月，己未朔，吐谷浑、新罗、高丽、百济并遣使入贡。

癸亥，梁建方、契苾何力等大破处月朱邪孤注于牢山。孤注夜遁，建方使副总管高德逸轻骑追之，行五百馀里，生擒孤注，斩首九千级。军还，御史劾奏梁建方兵力足以追讨，而逗留不进；高德逸敕令市马，自取骏者。上以建方等有功，释不问。大理卿李道裕奏言："德逸所取之马，筋力异常，请实中厩。"上谓侍臣曰："道裕法官，进马非其本职，妄希我意；岂朕行事不为臣下所信邪！朕方自咎，故不复黜道裕耳。"

己巳，以同州刺史褚遂良为吏部尚书、同中书门下三品。

丙子，以飨太庙；丁亥，飨先农，躬耕藉田。

【译文】永徽三年（壬子，公元652年）春季，正月，己未朔日（初一），吐谷浑、新罗、高丽、百济全都派遣使者入朝进贡。

癸亥日（初五），梁建方、契苾何力等人在牢山将处月朱邪孤注打得大败。朱邪孤注乘夜晚逃走，梁建方派副总管高德逸率领轻便骑兵追击，追了五百多里，生擒了朱邪孤注，斩杀九千人。军队返回后，御史弹劾梁建方兵力足以追击讨伐，却逗留不进攻；高德逸在奉陛下命令买马时，自己取用好马。唐高宗因为梁建方等人有功，就释放他们不加查问。大理寺卿李道裕奏报说:"高德逸的马,筋骨力量和一般马不一样,请他交出,来充实内宫马厩。"唐高宗对侍臣说:"李道裕是个执法官吏,进用马匹不是他的职责,随便猜测天子的心意;难道朕所做的事不被臣下所信任吗?朕正在自责的时候,所以不愿再贬黜李道裕罢了。"

己巳日(十一日),唐高宗任命同州刺史褚遂良担任吏部尚书、同中书门下三品。

丙子日(十八日),唐高宗在太庙祭飨;丁亥日(二十九日),祭祀神农,唐高宗亲自在藉田耕种。

二月,甲寅,上御安福门楼,观百戏。乙卯,上谓侍臣曰:"昨登楼,欲以观人情及风谷奢俭,非为声乐。朕闻胡人善为击鞠之戏,尝一观之。昨初升楼,即有群胡击鞠,意谓朕笃好之也。帝王所为,岂宜容易。朕已焚此鞠,冀杜胡人窥望之情,亦因以自诫。"

三月,辛巳,以宇文节为侍中,柳奭为中书令,以兵部侍郎三原韩瑗守黄门侍郎、同中书门下三品。

夏,四月,赵孝祖大破西南蛮,斩小勃弄酋长殁盛,擒大勃弄酋长杨承颠。自馀皆屯聚保险,大者有众数万,小者数千人,孝祖皆破降之,西南蛮遂定。

甲午,澧州刺史彭思王元则薨。

【译文】二月,甲寅日(二十七日),唐高宗前往安福门楼上,观赏各类不同的戏剧。乙卯日(二十八日),唐高宗对随从说:"昨天朕登上安福门楼,是要察看人情和风俗的奢俭情形,并不是为了欣赏声色美乐。朕听说胡人特别会踢毽子,曾经看过一次。昨天朕登上城楼,就有许多胡人踢毽子,好像认为朕很喜欢踢，所以踢给朕看。帝王的所作所为，怎么可以那么随便轻率。朕已经将毽子烧了，希望胡人断绝窥测模仿朕嗜好的心理，也以此作为警戒。"

三月，辛巳日（二十四日），唐高宗任命宇文节为侍中，柳奭为中书令，任命兵部侍郎三原人韩瑗守（以卑位代理高位）为黄门侍郎、同中书门下三品。

夏季，四月，赵孝祖大败西南蛮，斩杀小勃弄酋长殁盛，生擒大勃弄酋长杨承颠。从此西南蛮余下的部众全都屯驻聚集，来据守险要地方，大的有部众几万人，小的有几千人，赵孝祖都加以击败降服，西南蛮就全部平定了。

甲午日（初七），唐澧州刺史彭思王李元则去世。

六月，戊申，遣兵部尚书崔敦礼等将并、汾步骑万人往茂州。发薛延陀馀众渡河，置祁连州以处之。

秋，七月，丁巳，立陈王忠为皇太子，赦天下。王皇后无子，柳奭为后谋，以忠母刘氏微贱，劝后立忠为太子，冀其亲己；外则讽长孙无忌等使请于上。上从之。乙丑，以于志宁兼太子少师，张行成兼少傅，高季辅兼少保。

丁丑，上问户部尚书高履行："去年进户多少？"履行奏："去年进户总一十五万。"因问隋代及今日见户，履行奏："隋开皇中，户八百七十万，即今户三百八十万。"履行，士廉之子也。

九月，守中书侍郎来济同中书门下三品。

冬，十一月，庚寅，弘化长公主自吐谷浑来朝。

癸巳，濮恭王泰薨于均州。

【译文】六月，戊申日（二十二日），唐高宗派遣兵部尚书崔敦礼等人统领并、汾的步兵、骑兵一万人前往茂州。征调薛延陀剩余的部众渡过黄河，设置祁连州来安置他们。

秋季，七月，丁巳日（初二），唐高宗立陈王李忠为皇太子，大赦天下。王皇后没有儿子，柳奭为王皇后谋划，认为李忠的母亲刘氏卑贱低微，劝王皇后将李忠立为太子，希望李忠能够感恩而亲近自己；在宫外又暗示长孙无忌等人，要他们向唐高宗请求。唐高宗依从了。乙丑日（初十），唐高宗任命于志宁兼任太子少师，张行成兼任少傅，高季辅兼任少保。

丁丑日（二十二日），唐高宗询问户部尚书高履行说："去年新增加的户口有多少？"高履行奏答说："去年新增加的户口总共有一十五万。"又问高履行隋代和现在户口数目，高履行奏答说："隋朝开皇中期，有户口八百七十万，现在有户口三百八十万。"高履行是高士廉的儿子。

九月，唐高宗任命代理中书侍郎来济为同中书门下三品。

冬季，十一月，庚寅日（十一月无此日），弘化长公主从吐谷浑来朝见唐高宗。

癸巳日（十一月无此日），唐濮王李泰在均州去世。

散骑常侍房遗爱尚太宗女高阳公主，公主骄恣甚，房玄龄薨，公主教遗爱与兄遗直异财，既而反谮遗直。遗直自言，太宗深责让主，由是宠衰，主怏怏不悦。会御史劾盗，得浮屠辩机宝枕，云主所赐。主与辩机私通，饷遗亿计，更以二女子侍遗爱。太宗怒，腰斩辩机，杀奴婢十馀人；主益怨望，太宗崩，无戚容。上即位，主又令遗爱与遗直更相讼，遗爱坐出为房州刺史，遗直为隰州刺史。又，浮屠智勖等数人私侍主，主使掖庭令陈玄运伺宫省禨祥。

【译文】散骑常侍房遗爱娶了唐太宗的女儿高阳公主，公主非常骄纵，房玄龄去世，公主教房遗爱和兄长房遗直分家，不久又反过来诬告房遗直。房遗直向唐太宗解释，唐太宗严厉地责备公主，从此对公主的宠爱就少了；公主内心十分不满。恰好御史在查劾盗贼，搜到和尚辩机的宝枕，和尚辩机说是公主所赐。公主和辩机私通，赠给辩机的财物以亿来计算，又改让另外用两个女子侍候房遗爱。唐太宗十分生气，将辩机腰斩，杀死十几个奴婢；公主更加怨恨，因此在唐太宗去世时，没有哀伤。唐高宗即位后，公主又命令房遗爱和房遗直两人互相诉讼分家产，房遗爱因而获罪，被外放为房州刺史，房遗直被外放为隰州刺史。此外，又有和尚智勖等人私下侍候公主，公主命令掖庭令（官名，掌宫禁女工的事）陈玄运窥探宫里的吉凶消息。

先是，驸马都尉薛万彻坐事除名，徙宁州刺史，入朝，与遗爱款昵，对遗爱有怨望语，且曰："今虽病足，坐置京师，鼠辈犹不敢动。"因与遗爱谋："若国家有变，当奉司徒荆王元景为主。"元景女适遗爱弟遗则，由是与遗爱往来。元景尝自言，梦手把日月。驸马都尉柴令武，绍之子也，尚巴陵公主，除卫州刺史，托以主疾留京师求医，因与遗爱谋议相结。高阳公主谋黜遗直，夺其封爵，使人诬告遗直无礼于己。遗直亦言遗爱及主罪，云："罪盈恶稔，恐累臣私门。"上令长孙无忌鞫之，更获遗爱及主反状。

司空、安州都督吴王恪母，隋炀帝女也。恪有文武才，太宗常以为类己，欲立为太子，无忌固争而止，由是与无忌相恶。恪名望素高，为物情所向，无忌深忌之，欲因事诛恪以绝众望。遗爱知之，因言与恪同谋，冀如纥干承基得免死。

【译文】起初，驸马都尉薛万彻因罪而被除去原有名位，降职为宁州刺史，到京城来，和房遗爱关系亲厚，对房遗爱有埋怨朝廷的话语，又说："如今我虽然有脚病，安居在京城，那些人还不敢动我分毫呢！"就和房遗爱谋划，"假如国家有什么变故发生，应该尊奉司徒荆王李元景为国君"。李元景的女儿嫁给房遗爱的弟弟房遗则，因此就和房遗爱来往。李元景曾经说，做梦用手抓住太阳、月亮。驸马都尉柴令武是柴绍的儿子，娶了巴陵公主，被任命为卫州刺史，托词因为公主生病，留在京师医治，乘机和房遗爱互相串通谋划。高阳公主计划黜退房遗直，夺取房遗直的封号爵位，派人诬告房遗直对自己无礼。房遗直也告房遗爱和公主的罪，说："罪恶已经形成，恐怕会连累臣下的家门。"唐高宗命令长孙无忌查办，查获房遗爱和公主谋反的证据。

司空、安州都督吴王李恪的母亲是隋炀帝的女儿，李恪文武全才，唐太宗常常认为他很像自己，想要立他为太子，但因为长孙无忌再三劝谏而停止，因此李恪和长孙无忌就相互交恶。李恪的名位声望一向很高，是人心所归附的，长孙无忌十分忌惮他，想找寻机会将李恪杀掉，以断绝众人对他的期望。房遗爱知道长孙无忌要杀李恪这件事，便自称和李恪是同谋，借着密告李恪谋反，希望能像纥干承基密告太子李承乾谋反一样，免掉一死。

【申涵煜评】 玄龄贤相，不幸而以遗爱为之子，又有高阳主之淫纵，柴令武之党恶，遂至败家。大都一班男女皆从骄奢淫逸中来，独可惜薛万彻，名将亦堕网内。

【译文】 房玄龄是一代贤相，不幸的是有房遗爱这样的儿子，又有高阳公主的过分放纵，柴令武这样邪恶的同党，于是导致家败。大都是因为这一班男女，都是从骄奢淫逸中过来的。只可惜薛万彻，一代名将也堕入网内。

永徽四年（癸丑，公元六五三年）春，二月，甲申，诏遗爱、万彻、令武皆斩，元景，恪、高阳、巴陵公主并赐自尽。上泣谓侍臣曰："荆王，朕之叔父，吴王，朕兄，欲匄其死，可乎？"兵部尚书崔敦礼以为不可，乃杀之。万彻临刑大言曰："薛万彻大健儿，留为国家效死力，岂不佳，乃坐房遗爱杀之乎！"吴王恪且死，骂曰："长孙无忌窃弄威权，构害良善，宗社有灵，当族灭不久！"

乙酉，侍中兼太子詹事宇文节，特进、太常卿江夏王道宗、左骁卫大将军驸马都尉执失思力并坐与房遗爱交通，流岭表。节与遗爱亲善，及遗爱下狱，节颇左右之。江夏王道宗素与长孙无忌、褚遂良不协，故皆得罪。戊子，废恪母弟蜀王愔为庶人，置巴州；房遗直贬春州铜陵尉，万彻弟万备流交州；罢房玄龄配飨。

【译文】永徽四年（癸丑，公元653年）春季，二月，甲申日（初二），唐高宗下诏令将房遗爱、薛万彻、柴令武处斩，李元景、李恪、高阳公主、巴陵公主都赐自尽。唐高宗哭泣着对侍臣说："荆王是朕的叔父，吴王是朕的兄长，朕想免他们一死，可以吗？"兵部尚书崔敦礼认为不可以，于是杀了他们。薛万彻临刑时大声地说："薛万彻是个男子汉，留下来为国尽忠效死，不是很好吗？居然被房遗爱牵连受死！"吴王李恪将死时，骂道："长孙无忌窃夺君威，耍弄权术，残害忠良，宗庙社稷假如有灵的话，不久他会遭到灭族！"

乙酉日（初三），侍中兼太子詹事宇文节，特进、太常卿江夏王李道宗、左骁卫大将军驸马都尉执失思力因为和房遗爱交往，同时被流放到岭表。宇文节和房遗爱亲近友善，房遗爱被关进监狱之后，宇文节常常为他开脱。江夏王李道宗一向和长孙无忌、褚遂良不和睦，所以也获罪了。戊子日（初六），唐高宗将李恪同母的弟弟蜀王李愔的王位废去，贬为庶人，安置在巴州；房遗直被贬为春州铜陵尉，薛万彻的弟弟薛万备被流放到交州。取消房玄龄在太宗庙陪从受祭的殊荣。

开府仪同三司李勣为司空。

初，林邑王范头利卒，子真龙立，大臣伽独弑之，尽灭范氏。伽独自立，国人弗从，乃立头利之婿婆罗门为王。国人咸思范氏，复罢婆罗门，立头利之女为王。女不能治国，有诸葛地者，头利之姑子也，父为头利所杀，南奔真腊，大臣可伦翁定遣使迎而立之，妻以女王，众然后定。夏，四月，戊子，遣使入贡。

秋，九月，壬戌，右仆射北平定公张行成薨。甲戌，以褚遂良为右仆射，同中书门下三品如故，仍知选事。

【译文】唐高宗任命开府仪同三司李勣为司空。

起初，林邑王范头利死了，儿子真龙被立为王，大臣伽独将真龙杀掉，并把范氏全部消灭。伽独自立为王，国人不服从他，就拥立范头利的女婿婆罗门为王。国人都想念范氏，又将婆罗门废了，拥立范头利的女儿为王。但范头利的女儿无法治理好国家，有一个名叫诸葛地的人，是范头利姑姑的儿子，父亲被范头利杀掉，逃奔到南方的真腊，林邑大臣可伦翁定派遣使者到真腊迎接他回来，立他为王，将女王嫁给他，国人才安定下来。夏季，四月，戊子日（初七），诸葛地派遣使者入朝进贡。

秋季，九月，壬戌日（十三日），右仆射北平定公张行成去世。甲戌日（二十五日），唐高宗任命褚遂良为右仆射，同中书门下三品和从前一样，仍旧掌理选拔人才的事务。

冬，十月，庚子，上幸骊山温汤；乙巳，还宫。

初，睦州女子陈硕贞以妖言惑众，与妹夫章叔胤举兵反，自称文佳皇帝，以叔胤为仆射。甲子夜，叔胤帅众攻桐庐，陷之。硕贞撞钟焚香，引兵二千攻陷睦州及於潜，进攻歙州，不克。敕扬州刺史房仁裕发兵讨之。硕贞遣其党童文宝将四千人寇婺州，刺史崔义玄发兵拒之。民间讹言硕真有神，犯其兵者必灭族，士众凶惧。司功参军崔玄籍曰："起兵仗顺，犹且无成，况凭妖妄，其能久乎！"义玄以玄籍为前锋，自将州兵继之，至下淮戍，遇贼，与战。左右以楯蔽义玄，义玄曰："刺史避箭，人谁致死！"命撤之。于是，士卒齐奋，贼众大溃，斩首数千级。听其馀众归首；进至睦州境，降者万计。十一月，庚戌，房仁裕军合，获硕贞、叔胤，斩之，馀党悉平。义玄以功拜御史大夫。

【译文】冬季，十月，庚子日（二十二日），唐高宗前往骊山温泉；乙巳日（二十七日），唐高宗回宫。

起初，睦州女子陈硕贞利用妖言迷惑百姓，和妹夫章叔胤起兵造反，自称文佳皇帝，任命章叔胤为仆射。甲子日（十月无此日）夜晚，章叔胤率领部众攻打桐庐，将桐庐攻克。陈硕贞撞打着钟，点着香，率领士兵两千人攻克睦州和於潜；进攻歙州时，没有攻下。唐高宗下敕令命扬州刺史房仁裕调动部队讨伐。陈硕贞派遣党羽童文宝率领四千人进犯婺州，刺史崔义玄调动士兵抵抗。民间谣传陈硕贞有神法，冒犯她的士兵的人会被杀光全家，士兵部众都十分害怕。司功参军崔玄籍说："起兵作战一切都合乎正理，尚且有不成功的，更何况凭借妖言妄语作战，怎么会长久呢？"崔义玄任命崔玄籍为先锋，自己率领州里的士兵跟在后面，到了下淮戍，遇到贼人，双方作战。身边的卫士掌着盾保护崔义玄，崔义玄说："身为刺史却躲避箭矢，有谁愿意效死！"命令亲信将盾拿开。于是士卒们都振作起来，贼人部众因此溃败，斩杀敌人好几千人。听任剩下的部众归顺投降；军队进攻睦州境内，投降的人以万来计算。十一月，庚戌日（初二），房仁裕的军队前来会合，俘虏了陈硕贞、章叔胤，加以斩杀，剩余的党羽都被平定了。崔义玄因为功劳大而被任命为御史大夫。

癸丑，以兵部尚书崔敦礼为侍中。

十二月，庚子，侍中蓨宪公高季辅薨。

是岁，西突厥乙毗咄陆可汗卒，其子颉苾达度设号真珠叶护，始与沙钵罗可汗有隙，与五弩失毕共击沙钵罗，破之，斩首千馀级。

【译文】癸丑日（初五），唐高宗任命兵部尚书崔敦礼为侍中。

十二月，庚子日（二十三日），唐侍中蓨宪公高季辅去世。

这一年，西突厥乙毗咄陆可汗去世，他的儿子颉苾达度设号为真珠叶护，开始和沙钵罗可汗有嫌隙，和五个弩失毕一起攻打沙钵罗，将沙钵罗打败，斩杀一千多人。

永徽五年（甲寅，公元六五四年）春，正月，壬戌，羌酋冻就内附，以其地置剑州。

三月，戊午，上行幸万年宫。

庚申，加赠武德功臣屈突通等十三人官。

初，王皇后无子，萧淑妃有宠，王后疾子。上之为太子也，入侍太宗，见才人武氏而悦之。太宗崩，武氏随众感业寺为尼。

忌日，上诣寺行香，见之，武氏泣，上亦泣。王后闻之，阴令武氏长发，劝上内之后宫，欲以间淑妃之宠。武氏巧慧，多权数，初入宫，卑辞屈体以事后；后爱之，数称其美于上。未几大幸，拜为昭仪，后及淑妃宠皆衰，更相与共潛之，上皆不纳。昭仪欲追赠其父而无名，故托以褒赏功臣，遍赠屈突通等，而武士彟预焉。

【译文】永徽五年（甲寅，公元654年）春季，正月，壬戌日（十五日），羌族酋长冻就归顺唐朝，唐高宗在他们的土地设置剑州。

三月，戊午日（十二日），唐高宗前往万年宫。

庚申日（十四日），唐高宗加赠武德时功臣屈突通等十三个人官位。

起初，王皇后没有儿子，萧淑妃获得唐高宗宠爱，王皇后嫉恨她。唐高宗是太子时，侍候唐太宗，看到才人武氏就喜欢上了。唐太宗去世，武氏和众人一起在感业寺做尼姑。唐太宗忌日，唐高宗到感业寺上香祭祀，看到武氏，武氏哭泣着，唐高宗也跟着哭泣。王皇后听说后，暗中命令武氏蓄长发，劝唐高宗将她接进后宫，要借武氏来疏离唐高宗对萧淑妃的宠爱。武氏心思聪慧，很会耍弄权变术数，刚入宫时，言辞卑逊、谦恭有礼地侍奉王皇后；王皇后很喜欢她，好几次在唐高宗面前赞美她。没过多久，武氏获得宠幸，被任命为昭仪，唐高宗对王皇后和萧淑妃的宠爱因此都减少了，两人反过来一起说武氏的坏话，但唐高宗都不听了。武昭仪想要追赠她父亲，但没有理由，就借口要褒奖功臣，武士彟也因此得到追赠。

乙丑，上幸凤泉汤；己巳，还万年宫。

夏，四月，大食发兵击波斯，杀波斯王伊嗣侯，伊嗣侯之子卑路斯奔吐火罗。大食兵去，吐火罗发兵立卑路斯为波斯王而还。

闰月，丙子，以处月部置金满州。

丁丑，夜，大雨，山水涨溢，冲玄武门，宿卫士皆散走。右领军郎将薛仁贵曰："安有宿卫之士，天子有急而敢畏死乎！"乃登门桄大呼以警宫内。上遽出乘高，俄而水入寝殿，水漂溺卫士及麟游居人，死者三千馀人。

壬辰，新罗女王金真德卒，诏立其弟春秋为新罗王。

【译文】乙丑日（十九日），唐高宗前往凤泉汤。乙巳日（三月无此日），唐高宗返回万年宫。

夏季，四月，大食调动部队进攻波斯，杀死波斯王伊嗣侯，伊嗣侯的儿子卑路斯逃到吐火罗。大食的军队一退回去，吐火罗就调动军队，立卑路斯为波斯王之后才返回。

闰月，丙子日（初二），唐高宗在处月部辖地设置金满州。

丁丑日（初三）夜晚，天下大雨，山洪暴发，河水大涨，溢出堤岸，直冲到玄武门，宿卫的士卒都四散逃走。右领军郎将薛仁贵说："宿卫的武士怎么能在天子有急难时却贪生怕死的呢？"于是爬到门前横木上大叫，警告宫里的人。唐高宗很快出来，爬到高处，不久洪水冲入唐高宗睡觉的宫殿，溺死的卫士和住在麟游县的人，一共有三千多。

壬辰日（十八日），新罗女王金真德去世，唐高宗下诏令立她的弟弟金春秋为新罗王。

六月，丙午，恒州大水，呼沱溢，漂溺五千三百家。

中书令柳奭以王皇后宠衰，内不自安，请解政事；癸亥，罢为吏部尚书。

秋，九月，丁酉，车驾至京师。

戊戌，上谓五品以上曰："顷在先帝左右，见五品以上论事，或仗下面陈，或退上封事，终日不绝；岂今日独无事邪，何公等皆不言也？"

冬，十月，雇雍州四万一千人筑长安外郭，三旬而毕。癸丑，雍州参军薛景宣上封事，言："汉惠帝城长安，寻晏驾；今复城之，必有大咎。"于志宁等以景宣言涉不顺，请诛之。上曰："景宣虽狂妄，若因上封事得罪，恐绝言路。"遂赦之。

【译文】六月，丙午日（初二），恒州发生大水灾，呼沱河的水流溢出河道，淹没民宅五千三百家。

中书令柳奭因为唐高宗对王皇后的宠爱减少，内心很不安，请求解除政事。癸亥日（十九日），柳奭被免去原职，改任吏部尚书。

秋季，七月，丁酉日（二十四日），唐高宗车驾前往京师。

戊戌日（二十五日），唐高宗对五品以上的官吏说："从前在先帝身边时，看到五品以上官员讨论政事，有的在卫仗之下当面陈述，有的退朝之后呈上密封奏章，可以说整天不停，难道现在没有事吗？为什么各位都不再奏言了呢？"

冬季，十月，唐朝廷招雇雍州四万一千人建筑长安的外城，三十天就修好了。癸丑日（十一日），雍州参军薛景宣上密封奏章说："汉惠帝修建长安城，不久就去世；现在又营建，一定会有大灾祸。"于志宁等人认为薛景宣讲话不恭顺，请求将他杀掉。唐高宗说："薛景宣虽然狂妄，假如因为上封事而获罪的话，恐怕会断绝进言的路。"就宽赦了他。

高丽遣其将安固将高丽、靺鞨兵击契丹；松漠都督李窟哥御之，大败高丽于新城。

是岁大稔，洛州粟米斗两钱半，秔米斗十一钱。

王皇后、萧淑妃与武昭仪更相谮诉，上不信后、淑妃之语，独信昭仪。后不能曲事上左右，母魏国夫人柳氏及舅中书令柳奭入见六宫，又不为礼。武昭仪伺后所不敬者，必倾心与相结，所得赏赐分与之。由是后及淑妃动静，昭仪必知之，皆以闻于上。

【译文】高丽派遣大将安固带领高丽、靺鞨的军队攻打契丹；松漠都督李窟哥领兵抵抗，在新城大败高丽。

这一年大丰收，洛州粮谷一斗才值两钱半，稻米一斗十一钱。

王皇后、萧淑妃和武昭仪相互进谗言毁谤，唐高宗不相信王皇后、萧淑妃的话，只相信武昭仪。王皇后不能委屈自己善待唐高宗身边的人，母亲魏国夫人柳氏和舅舅中书令柳奭进入皇宫拜见皇后时，又不礼待嫔妃。武昭仪看到王皇后不尊敬的人，用诚心和他们结交，将所得到的赏赐分送他们。因此王皇后和萧淑妃的一举一动，武昭仪一定知道，并将她们的行为向唐高宗报告。

后宠虽衰，然上未有意废也。会昭仪生女，后怜而弄之，后出，昭仪潜扼杀之，覆之以被。上至，昭仪阳欢笑，发被观之，女已死矣，即惊啼。问左右，左右皆曰："皇后适来此。"上大怒曰："后杀吾女！"昭仪因泣诉其罪。后无以自明，上由是有废立之志。又畏大臣不从，乃与昭仪幸太尉长孙无忌第，酣饮极欢，席上拜无忌宠姬子三人皆为朝散大夫，仍载金宝缯锦十车以赐无忌。上因从容言皇后无子以讽无忌，无忌对以他语，竟不顺旨，上及昭仪皆不悦而罢。昭仪又令母杨氏诣无忌第，屡有祈请，无忌终不许。礼部尚书许敬宗亦数劝无忌，无忌厉色折之。

【译文】 唐高宗对王皇后的宠爱虽然衰减，但没有要废掉她的皇后之位之心。恰好武昭仪生下女儿，王皇后因怜爱而逗弄武昭仪女儿，王皇后出去后，武昭仪偷偷地将女儿杀了，用棉被盖着。唐高宗到时，武昭仪假装很开兴，将棉被打开一看，女儿已经死了，就惊恐地哭泣。问身边的人，身边的人都说："皇后刚刚来过这里。"唐高宗很生气地说："皇后将我女儿杀了！"武昭仪于是哭着述说王皇后的罪过。王皇后无法证明自己的清白，唐高宗因而有废后另立的心思。又担心大臣不接受，就和武昭仪前往太尉长孙无忌的家，酒喝得十分高兴，就在筵席上任命长孙无忌宠姬的三个儿子为朝散大夫，又用十辆车载了许多金银珠宝、缯帛锦缎赐给长孙无忌。唐高宗就很从容自然地谈到王皇后没有儿子，来暗示长孙无忌，但长孙无忌用其他话题回答，始终不承顺唐高宗的心意讲话，唐高宗和武昭仪都很不高兴地罢席回去。武昭仪又命母亲杨氏前往长孙无忌家，好几次向长孙无忌请求，长孙无忌始终不答应。礼部尚书许敬宗也好几次劝长孙无忌，但长孙无忌疾言厉色地反驳他。

永徽六年（乙卯，公元六五五年）春，正月，壬申朔，上谒昭陵；甲戌，还宫。

己丑，巂州道行军总管曹继叔破胡丛、显养、车鲁等蛮于斜山，拔十馀城。

庚寅，立皇子弘为代王，贤为潞王。

高丽与百济、靺鞨连兵，侵新罗北境，取三十三城；新罗王春秋遣使求援。二月，乙丑，遣营州都督程名振、左卫中郎将苏定方发兵击高丽。

夏，五月，壬午，名振等度辽水，高丽见其兵少，开门渡贵端水逆战。名振等奋击，大破之，杀获千馀人，焚其外郭及村落而还。

癸未，以右屯卫大将军程知节为葱山道行军大总管，以讨西突厥沙钵罗可汗。

【译文】 永徽六年（乙卯，公元655年）春季，正月，壬申朔日（初一），唐高宗进谒昭陵；甲戌日（初三），唐高宗回宫。

己丑日（十八日），巂州道行军总管曹继叔在斜山打败胡丛、显养、车鲁等蛮族，攻下十几个城市。

庚寅日（十九日），唐高宗封皇子李弘为代王，李贤为潞王。

高丽和百济、靺鞨联合军队，进犯新罗北面边境，夺取三十三个城市，新罗王金春秋派遣使者到朝廷请求援助。二月，乙丑日（二十五日），唐高宗派遣营州都督程名振、左卫中郎将苏定方调动军队攻打高丽。

夏季，五月，壬午日（十三日），程名振等人渡过辽水，高丽看到他兵员少，就打开城门渡过贵端水和程名振正面对抗，程名振等人奋勇进击，大败高丽，杀死和俘获一千多人，焚毁了他们的外城和村落才返回。

癸未日（十四日），唐高宗任命右屯卫大将军程知节为葱山道行军大总管，征讨西突厥沙钵罗可汗。

壬辰，以韩瑗为侍中，来济为中书令。

六月，武昭仪诬王后与其母魏国夫人柳氏为厌胜，敕禁后母柳氏不得入宫。秋,七月,戊寅,贬吏部尚书柳奭为遂州刺史。奭行至扶风,岐州长史于承素希旨奏奭漏泄禁中语,复贬荣州刺史。

唐因隋制,后宫有贵妃、淑妃、德妃、贤妃皆视一品。上欲特置宸妃,以武昭仪为之,韩瑗、来济谏,以为故事无之,乃止。

中书舍人饶阳李义府为长孙无忌所恶,左迁壁州司马。敕未至门下,义府密知之,问计于中书舍人幽州王德俭,德俭曰:"上欲立武昭仪为后,犹豫未决者,直恐宰臣异议耳。君能建策立之,则转祸为福矣。"义府然之,是日,代德俭直宿,叩阁上表,请废皇后王氏,立武昭仪,以厌兆庶之心。上悦,召见,与语,赐珠一斗,留居旧职。昭仪又密遣使劳勉之,寻超拜中书侍郎。于是,卫尉卿许敬宗、御义大夫崔义玄、中丞袁公瑜皆潜布腹心于武昭仪矣。

【译文】壬辰日(二十三日),唐高宗任命韩瑗为侍中,来济为中书令。

六月,武昭仪诬告王皇后和她母亲魏国夫人柳氏用诅咒之术压伏人,唐高宗下敕令禁止王皇后母亲柳氏入宫。秋季,七月,戊寅日(初十),唐高宗将吏部尚书柳奭贬为遂州刺史。柳奭走到扶风,岐州长史于承素迎合武昭仪的旨意,奏报柳奭泄露了宫禁中的话,又被贬为荣州刺史。

唐朝因袭隋朝制度,后宫设有贵妃、淑妃、德妃、贤妃等,都比照一品官。唐高宗要特别设置宸妃,封给武昭仪,韩瑗、来济都加以劝谏,认为旧制度里并没有宸妃,唐高宗才打消了念头。

饶阳的中书舍人李义府为长孙无忌所厌恶,被贬为壁州司马。敕令还没有到达门下省,李义府就已经知道了,于是向幽州的中书舍人王德俭请教该怎么办，王德俭说："陛下要立武昭仪为皇后，一直在犹豫不敢决定的原因，只是担心宰相大臣们反对罢了。您假如能够建议立武昭仪为皇后，那么就可以将灾祸转为福运了。"李义府认为很对，就在当天，他代替王德俭轮值宿卫，趁机拜见唐高宗呈上奏表，请求废掉王皇后，另立武昭仪为皇后，来满足众人的愿望。唐高宗十分高兴，召见李义府，和他谈话，赐给他一斗珍珠，仍旧留任原有的职位。武昭仪又暗中派遣使者慰劳嘉勉他，不久李义府就被越级升为中书侍郎。于是卫尉卿许敬宗、御史大夫崔义玄、中丞袁公瑜都暗中向武昭仪表达支持她的诚心。

资治通鉴

乙酉，以侍中崔敦礼为中书令。

八月，尚药奉御蒋孝璋员外特置，仍同正员。员外同正自孝璋始。

长安令裴行俭闻将立武昭仪为后，以国家之祸必由此始，与长孙无忌、褚遂良私议其事。袁公瑜闻之，以告昭仪母杨氏，行俭坐左迁西州都督府长史。行俭，仁基之子也。

九月，戊辰，以许敬宗为礼部尚书。

【译文】乙酉日（十七日），唐高宗任命侍中崔敦礼为中书令。

八月，尚药奉御蒋孝璋成为正式员额之外特别设置人员，品级仍旧和正式官员相同。这种正式员额之外特别设置人员和正式官员相同的情形，是从蒋孝璋开始的。

长安令裴行俭听闻要立武昭仪为皇后，认为国家的祸害一定从此开始，和长孙无忌、褚遂良私下议论这件事。袁公瑜听到了，告诉武昭仪的母亲杨氏，裴行俭因而被降职为西州都督府长史。裴行俭是裴仁基的儿子。

九月，戊辰日（初一），唐高宗任命许敬宗为礼部尚书。

上一日退朝，召长孙无忌、李勣、于志宁、褚遂良入内殿。遂良曰："今日之召，多为中宫，上意既决，逆之必死。太尉元舅，司空功臣，不可使上有杀元舅及功臣之名。遂良起于草茅，无汗马之劳，致位至此，且受顾托，不以死争之，何以下见先帝！"勣称疾不入。无忌等至内殿，上顾谓无忌曰："皇后无子，武昭仪有子，今欲立昭仪为后，何如？"遂良对曰："皇后名家，先帝为陛下所娶。先帝临崩，执陛下手谓臣曰：'朕佳儿佳妇，今以付卿。'此陛下所闻，言犹在耳。皇后未闻有过，岂可轻废！臣不敢曲从陛下，上违先帝之命！"上不悦而罢。明日又言之，遂良曰："陛下必欲易皇后，伏请妙择天下令族，何必武氏！武氏经事先帝，众所共知，天下耳目，安可蔽也。万代之后，谓陛下为如何！愿留三思！臣今忤陛下，罪当死。"因置笏于殿阶，解巾叩头流血曰："还陛下笏，乞放归田里。"上大怒，命引出。昭仪在帘中大言曰："何不扑杀此獠！"无忌曰："遂良受先朝顾命，有罪不可加刑。"于志宁不敢言。

【译文】唐高宗有一天退朝，将长孙无忌、李勣、于志宁、褚遂良召入内殿。褚遂良说："今天陛下召见我们，多半是为皇后废立的事，陛下心意既然已经决定，违逆陛下心意的人一定会死。太尉是陛下的舅舅，司空是功臣，不能让陛下有杀舅舅和功臣的罪名，我褚遂良出身草莽之间，没有作战的功劳，得到这么好的地位，而且接受先帝临终的托付，不用生命力争到底，有什么颜面到地下去见先帝！"李勣借口生病没有入宫。长孙无忌等

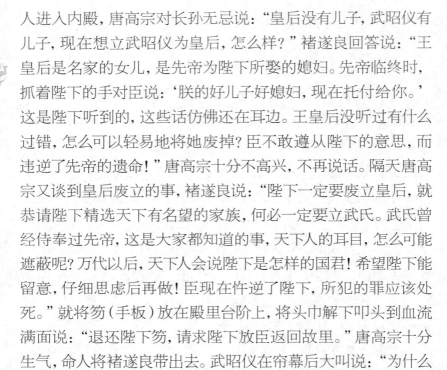

人进入内殿，唐高宗对长孙无忌说："皇后没有儿子，武昭仪有儿子，现在想立武昭仪为皇后，怎么样？"褚遂良回答说："王皇后是名家的女儿，是先帝为陛下所娶的媳妇。先帝临终时，抓着陛下的手对臣说：'朕的好儿子好媳妇，现在托付给你。'这是陛下听到的，这些话仿佛还在耳边。王皇后没听过有什么过错，怎么可以轻易地将她废掉？臣不敢遵从陛下的意思，而违逆了先帝的遗命！"唐高宗十分不高兴，不再说话。隔天唐高宗又谈到皇后废立的事，褚遂良说："陛下一定要废立皇后，就恭请陛下精选天下有名望的家族，何必一定要立武氏。武氏曾经侍奉过先帝，这是大家都知道的事，天下人的耳目，怎么可能遮蔽呢？万代以后，天下人会说陛下是怎样的国君！希望陛下能留意，仔细思虑后再做！臣现在忤逆了陛下，所犯的罪应该处死。"就将笏（手板）放在殿里台阶上，将头巾解下叩头到血流满面说："退还陛下笏，请求陛下放臣返回故里。"唐高宗十分生气，命人将褚遂良带出去。武昭仪在帘幕后大叫说："为什么不将这可恶的东西杀掉？"长孙无忌说："褚遂良接受先帝的遗命，有罪也不可以用刑。"于志宁不敢讲话。

韩瑗因间奏事，涕泣极谏，上不纳。明日又谏，悲不自胜，上命引出。瑗又上疏谏曰："匹夫匹妇，犹相选择，况天子乎！皇后母仪万国，善恶由之，故媭母辅佐黄帝，妲己倾覆殷王，《诗》云：'赫赫宗周，褒姒灭之。'每览前古，常兴叹息，不谓今日尘黩圣代。作而不法，后嗣何观！愿陛下详之，无为后人所笑！使臣有以益国，菹醢之戮，臣之分也！昔吴王不用子胥之言而麋鹿游于姑苏。臣恐海内失望，棘荆生于阙庭，宗庙不血食，期有日矣！"来济上表谏曰："王者立后，上法乾坤，必择礼教名家，幽闲令淑，副四海之望，称神祇之意。是故周文造舟以迎太姒，而兴《关雎》之化，百姓蒙祚；孝成纵欲，以婢为后，使皇统亡绝，社稷倾沦。有周之隆既如彼，大汉之祸又如此，惟陛下详察！"上皆不纳。

【译文】 韩瑗乘有空闲时向唐高宗奏报，哭着劝谏，唐高宗仍不采纳。隔天又劝谏，不胜悲痛，唐高宗下令将他带出。韩瑗又上疏劝谏说："一般平民，还要选择合适对象才结合，何况是天子！皇后为万国妇女所效法，善恶好坏都从皇后产生，所以嫫母辅佐黄帝，妲己倾覆殷朝，《诗经》说：'伟大的周代，就灭在褒姒之手。'每次观览这些前朝史实，都会兴起感慨，但想不到这种事又要污渎了我们现在圣明的国君。所作所为不合礼法，让后代子孙观瞻什么！希望陛下仔细思虑，不要被后代人所讥笑！倘若臣这些话有益国家，就是被杀，也是臣应当做的！从前吴王不采用伍子胥的话，因而姑苏变成废墟，麋鹿到处漫游。臣担心四海臣民都失望之后，国家残破，宫庭长满荆棘，宗庙得不到子孙祭祀，这日子就已经为时不远了！"来济上表劝谏说："国君立皇后，应当效法乾坤之道，一定要选择有礼教的名门之女，幽静、闲雅、令美、淑善的女子，才能符合四海臣民的愿望，让神祇称心满意。所以周文王造船来迎接太姒，才能带来《关雎》所歌颂的美德教化，让百姓蒙受福泽；汉成帝放纵情欲，将婢女升为皇后，使得王者的大统沦亡断绝，社稷因而倾覆灭亡。周代的政治是那么兴隆，大汉的政治又是那么多灾祸，希望陛下仔细考虑！"唐高宗都不采纳。

它日，李勣入见，上问之曰："朕欲立武昭仪为后，遂良固执以为不可。遂良既顾命大臣，事当且已乎？"对曰："此陛下家事，何必更问外人!"上意遂决。许敬宗宣言于朝曰:"田舍翁多收十斛麦,尚欲易妇;况天子欲立一后,何豫诸人事而妄生异议乎!"昭仪令左右以闻。庚午,贬遂良为潭州都督。

【译文】 过了几天,李勣入宫觐见唐高宗,唐高宗向他说:"朕要立武昭仪为皇后,褚遂良一直固执认为不可以。褚遂良是先帝遗命要重用的大臣,事情应该就此停止了吗?" 李勣回答说:"这是陛下的家务事,何必再问外人呢?"唐高宗心意就此决定。许敬宗在朝廷上大声说:"小小的农夫多收百多斗的麦子,尚且想要换老婆;何况天子要立皇后,和别人有什么相干,而要随意发表反对的言论呢?"武昭仪命令身边的人将许敬宗的话报告唐高宗。庚午日(初三),唐高宗将褚遂良贬为潭州都督。

资治通鉴卷第二百　唐纪十六

　　起旃蒙单瘀十月，尽玄勃阉茂七月，凡六年有奇。

　　【译文】起乙卯（公元655年）十月，止壬戌（公元662年）七月，共六年十个月。

　　【题解】　本卷记录了公元655年十月至662年七月的史事，共六年又十个月，正当唐高宗永徽六年至龙朔二年。此时期最重大的历史事件是唐高宗李治废王皇后，新立武则天为皇后，伴随皇后的废立，接着产生了两大政治事件：其一，是武则天残酷迫害王皇后和萧淑妃。其二，是武氏党羽许敬宗、李义府等以谋反罪彻底毁灭了长孙无忌等士族集团的执政。唐高宗命人重修《氏族志》，以官品定门第高低，从根本上铲除了士族集团东山再起的社会基础，结束了门阀政治，对社会变迁产生了重大影响。这一时期也是唐高宗执政获得文治武功最鼎盛的时期。在军事上，唐高宗在北方平定铁勒九姓，巩固了对西域的统治，设置了安西都护府。在东方发重兵征讨高丽，灭百济，但唐军最终未能取胜。唐高宗因患风疾，大权逐渐落入皇后武则天之手。

高宗天皇大圣大弘孝皇帝上之下

　　永徽六年（乙卯，公元六五五年）冬，十月，己酉，下诏称："王皇后、萧淑妃谋行鸩毒，废为庶人，母及兄弟，并除名，流岭南。"许敬宗奏："故特进赠司空王仁祐告身尚存，使逆乱馀孽犹得为荫，并请除削。"从之。

乙卯，百官上表请立中宫，乃下诏曰："武氏门著勋庸，地华缨黻，往以才行选入后庭，誉重椒闱，德光兰掖。朕昔在储贰，特荷先慈，常得待从，弗离朝夕，宫壸之内，恒自饬躬，嫔嫱之间，未尝迕目，圣情鉴悉，每垂赏叹，遂以武氏赐朕，事同政君，可立为皇后。"

丁巳，赦天下。是日，皇后上表称："陛下前以妾为宸妃，韩瑗、来济面折庭争，此既事之极难，岂非深情为国！乞加褒赏。"上以表示瑗等，瑗等弥忧惧，屡请去位，上不许。

【译文】永徽六年（乙卯，公元655年）冬季，十月，己酉日（十三日），唐高宗下诏令说："王皇后、萧淑妃计划毒死天子，将她们废为庶人，她们的母亲和兄弟，全都废掉原有的名位，流放到岭南。"许敬宗奏报说："从前特进加赠司空的王皇后的父亲王仁祐官符还在，这等于是让逆乱的子孙还可以享受祖先余荫，这是不合理的，请求一并将王仁祐的官符除掉。"唐高宗接受请求。

乙卯日（十九日），百官呈上奏表请求立皇后，唐高宗就下诏令说："武氏家门显赫，功勋彪炳，出身良好高贵，从前因为才德美行被选入后宫，誉满宫闱，德被后庭。朕那时还是太子，特别蒙受先皇的恩宠，而得以侍候先皇，早晚不离身边。武氏在后宫之内，一言一行常深自反省，周旋在嫔嫱之间，从没有发生反目不愉快的事，先皇清楚了解武氏的为人，经常称赏赞叹，就将武氏赐给朕，就像汉宣帝替太子立王政君为太子妃一样，可立武氏为后。"

丁巳日（二十一日），唐高宗大赦天下。当天，皇后呈上奏表说："陛下从前任命妾为宸妃时，韩瑗、来济在朝堂上当着陛下面折挠力争，这件事是那么凶险，他们力争阻挠，难道不是尽心为国吗？请求对他们加以褒奖封赏。"唐高宗将奏表给韩瑗等人看，他们都知晓皇后的心意，更加忧虑恐惧起来，多次请求辞官，但唐高宗不允许。

十一月，丁卯朔，临轩命司空李勣赍玺绶册皇后武氏。是日，百官朝皇后于肃义门。

故后王氏、故淑妃萧氏，并囚于别院，上尝念之，间行至其所，见其室封闭极密，惟窍壁以通食器，恻然伤之，呼曰："皇后、淑妃安在？"王氏泣对曰："妾等得罪为宫婢，何得更有尊称！"又曰："至尊若念畴昔，使妾等再见日月，乞名此院为回心院。"上曰："朕即有处置。"武后闻之，大怒，遣人杖王氏及萧氏各一百，断去手足，捉酒瓮中，曰："令二妪骨醉！"数日而死，又斩之。王氏初闻宣敕，再拜曰："愿大家万岁！昭仪承恩，死自吾分。"淑妃骂曰："阿武妖猾，乃至于此！愿它生我为猫，阿武为鼠，生生扼其喉。"由是宫中不畜猫。寻又改王氏姓为蟒氏，萧氏为枭氏。武后数见王、萧为祟，被发沥血如死时状。后徙居蓬莱宫，复见之，故多在洛阳，终身不归长安。

【译文】十一月，丁卯朔日（初一），唐高宗临轩（天子不御正座而御平台，称为临轩）命令司空李勣携带玉玺印绶册封武氏为皇后。当天，文武百官都在肃义门朝拜皇后。

前任皇后王氏和淑妃萧氏，一同被囚禁在别院，唐高宗曾经因为想念她们，私下行走到囚禁她们的别院，看到房间封闭得十分严密，只在墙壁上挖个洞传递食物，唐高宗心里哀恻悲伤，喊道："皇后、淑妃在哪里？"王氏哭泣着答复说："妾等犯罪，被贬为宫婢，怎么能够再有皇后、淑妃的尊称！"又说："陛下假如还怀念以往的一段感情，让妾等重见天日的话，就请求陛下将这别院命名为回心院吧！"唐高宗说："朕马上安排。"武后听了这个消息，十分生气，派人将王氏和萧氏各杖打一百下，砍断了她们的手足，放入酒瓮中，说："把这两个老太婆骨头都浸醉！"几天之后两人都死了，又将她们的尸体斩首。王氏起先听到唐高宗的敕令时，再拜说："愿陛下万岁！武昭仪蒙受恩宠，我自然难免一死。"萧淑妃骂道："阿武妖惑狡猾，居然到如此地步！希望下辈子我变成猫，阿武变成老鼠，生生世世扼住阿武的咽喉。"从此宫内不再养猫。不久又将王氏的姓改为蟒氏，萧氏改为枭氏。武后好几次看见王氏、萧氏的鬼魂作祟，她们披散头发滴着血仿佛死时一样。武后后来迁居到蓬莱宫，又看到她们的鬼魂，因此武后一直住在洛阳，终其一生都没再回长安。

己巳，许敬宗奏曰："永徽爰始，国本未生，权引彗星，越升明两。近者元妃载诞，正胤降神，重光日融，爝晖宜息。安可反植枝干，久易位于天庭；倒袭裳衣，使违方于震位！又，父子之际，人所难言，事或犯鳞，必婴严宪，煎膏染鼎，臣亦甘心。"上召见，问之，对曰："皇太子，国之本也，本犹未正，万国无所系心。且在东宫者，所出本微，今知国家已有正嫡，必不自安。窃位而怀自疑，恐非宗庙之福，愿陛下熟计之。"上曰："忠已自让。"对曰："能为太伯，愿速从之。"

【译文】己巳日（初三），许敬宗奏报说："永徽初年，国家的根本还未产生（喻太子未立），暂时引用彗星，使之越升为日、月（喻永徽三年暂时立陈王忠为太子）。现在皇后即位，正统的子孙应当降临（喻武后之子代王李弘应该立为太子），让日月更加光明，而爝火自该熄灭。怎么可以让枝、干相反，好像天庭的日月、彗星地位互换；又像上衣下裳相互颠倒，使得嫡长子不得其位呢？况且父子之间的感情，别人是很难理解的，将来假如发生冒犯天威的事，一定会遭到严法酷刑。臣的话假如陛下不听，将臣放在鼎俎煎煮蒸染，臣死也无憾。"唐高宗召见许敬宗，询问他奏表的含意，许敬宗回答说："皇太子是国家的根本，根本还没有端正的话，天下人心必然无所归依。而且住在东宫的现任太子，出身本来就十分低微，他知晓现在国家已有正统的嫡长子，心里必定不会安宁。他窃据太子位而内心又抱着猜忌，可能做出不是宗庙之福的事情，希望陛下仔细加以谋划。"唐高宗说："陈王李忠已经自我让位了。"许敬宗回答说："他能效法周太伯的做法，希望陛下赶快接受。"

西突厥頡苾达度设数遣使请兵讨沙钵罗可汗。甲戌，遣丰州都督元礼臣册拜頡苾达度设为可汗。礼臣至碎叶城，沙钵罗发兵拒之，不得前。頡苾达度设部落多为沙钵罗所并，馀众寡弱，不为诸姓所附，礼臣竟不册拜而归。

中书侍郎李义府参知政事。义府容貌温恭，与人语，必嬉怡微笑，而狡险忌克，故时人谓义府笑中有刀；又以其柔而害物，谓之李猫。

【译文】西突厥頡苾达度设好几次派遣使者请求朝廷出兵征讨沙钵罗可汗。甲戌日（初八），唐高宗派遣丰州都督元礼臣前往册封頡苾达度设为可汗。元礼臣到了碎叶城，沙钵罗调动军队抵抗，使得元礼臣无法前进。頡苾达度设的部落大多被沙钵罗吞并，剩下的部众既少又弱，頡苾达度设不被其他族姓所归附，元礼臣竟然无法册封而回去了。

中书侍郎李义府担任参知政事。李义府容貌温和恭敬，和人说话时面带微笑，而实际上却十分狡诈、阴险、忌妒、刻薄，因此当时人都说李义府笑里藏刀；又因为他表面温柔而内心狠毒，和猫相同，所以称他李猫。

显庆元年（丙辰，公元六五六年）春，正月，辛未，以皇太子忠为梁王、梁州刺史，立皇后子代王弘为皇太子，生四年矣。忠既废，官属皆惧罪亡匿，无敢见者；右庶子李安仁独候忠，泣涕拜辞而去。安仁，纲之孙也。

壬申，赦天下，改元。

二月，辛亥，赠武士彟司徒，赐爵周国公。

三月，以度支侍郎杜正伦为黄门侍郎、同三品。

【译文】 显庆元年（丙辰，公元656年）春季，正月，辛未日（初六），唐高宗任命皇太子李忠为梁王、梁州刺史；立皇后的儿子代王李弘为皇太子，太子当时四岁。李忠被废之后，他的属官都害怕罹罪而逃避躲藏起来，没有人敢与李忠见面；右庶子李安仁独自侍候李忠，李忠被任命为梁王、梁州刺史之后，李安仁才哭泣拜别离开。李安仁是李纲的孙子。

壬申日（初七），唐高宗大赦天下，改年号为显庆。

二月，辛亥日（十七日），唐高宗赠武士彟司徒的官位，并且赐给他爵位周国公。

三月，唐高宗任命度支侍郎杜正伦担任黄门侍郎、同三品。

夏，四月，壬子，矩州人谢无灵举兵反，黔州都督李子和讨平之。

己未，上谓侍臣曰："朕思养人之道，未得其要，公等为朕陈之！"来济对曰："昔齐桓公出游，见老而饥寒者，命赐之食，老人曰：'愿赐一国之饥者。'赐之衣，曰：'愿赐一国之寒者。'公曰：'寡人之廪府安足以周一国之饥寒！'老人曰'君不夺农时，则国人皆有馀食矣；不夺蚕要，则国人皆有馀衣矣！'故人君之养人，在省其征役而已。今山东役丁，岁别数万，役之则人大劳，取庸则人大费。臣愿陛下量公家所须外，馀悉免之。"上从之。

【译文】 夏季，四月，壬子日（十八日），矩州人谢无灵举兵反叛，黔州都督李子和讨伐并加以平定。

己未日（二十五日），唐高宗对侍候的大臣说："朕思考养育百姓的办法，但没有能够找到要领，各位为朕说明一下！"来济回答说："从前齐桓公出游，看到年老而挨饿受冻的人，就下令赐给老人食物，老人说：'希望能赐给全国挨饿的百姓。'齐桓公又赐给老人衣服，老人说：'希望能赐给全国受冻的百姓。'齐桓公说：'寡人的仓廪府库，怎么够用来赈济全国挨饿受冻的百姓呢？'老人说：'只要国君不侵夺百姓耕种的时间，那么全国人都有足够的粮食了；不侵夺百姓养蚕织布的要事，那么全国人都有足够的衣物了！'因而国君养育百姓，就在减省征召徭役罢了。现在山东服徭役的壮丁，每年增加数万，役使这些壮丁，百姓就大为劳苦；收取雇佣的金钱，百姓就耗费太大。所以臣希望陛下考量公家所需要的役丁数目，除所需要之外，其余都加以免除不再征召。"唐高宗接受了他的建议。

六月，辛亥，礼宫奏停太祖、世祖配祀，以高祖配昊天于圜丘，太宗配五帝于明堂；从之。

秋，七月，乙丑，西洱蛮酋长杨栋附、显和蛮酋长王罗祁、郎、昆、梨、盘四州酋长王伽冲等帅众内附。

癸未，以中书令崔敦礼为太子少师、同中书门下三品。

八月，丙申，固安昭公崔敦礼薨。

辛丑，葱山道行军总管程知节击西突厥，与歌逻、处月二部战于榆慕谷，大破之，斩首千馀级。副总管周智度攻突骑施、处木昆等部于咽城，拔之，斩首三万级。

乙巳，龟兹王布失毕入朝。

【译文】六月，辛亥日（十八日），礼官上奏请求停止太祖、世祖的配祀。在圜丘祭祀昊天时，以唐高祖配祀；在明堂祭祀五帝时，以太宗配祀。唐高宗接受了建议。

秋季，七月，乙丑日（初三），西洱蛮酋长杨栋附、显和蛮酋长王罗祁以及郎、昆、梨、盘四州酋长王伽冲等都率领部众归附大唐。

癸未日（二十一日），唐高宗任命中书令崔敦礼为太子少师、同中书门下三品。

八月，丙申日（初四），唐固安昭公崔敦礼去世。

辛丑日（初九），葱山道行军总管程知节攻打西突厥，和歌逻、处月两部在榆慕谷作战，将歌逻、处月打得大败，斩杀敌人一千多人。副总管周智度在咽城攻打突骑施、处木昆等部落，加以消灭，斩杀敌人三万人。

乙巳日（十三日），龟兹王布失毕入京朝拜唐高宗。

李义府恃宠用事。洛州妇人淳于氏，美色，系大理狱，义府属大理寺丞毕正义枉法出之，将纳为姜，大理卿段宝玄疑而奏之。上命给事中刘仁轨等鞫之，义府恐事泄，逼正义自缢于狱中。上知之，原义府罪不问。

侍御史涟水王义方欲奏弹之，先白其母曰："义方为御史，视奸臣不纠则不忠，纠之则身危而忧及于亲为不孝，二者不能自决，奈何？"母曰："昔王陵之母，杀身以成子之名。汝能尽忠以事君，吾死不恨！"义方乃奏称："义府于辇毂之下，擅杀六品寺丞；就云正义自杀，亦由畏义府威，杀身以灭口。如此，则生杀之威，不由上出，渐不可长，请更加勘当！"于是对仗，叱义府令下；义府顾望不退。义方三叱，上既无言，义府始趋出，义方乃读弹文。上释义府不问，而谓义方毁辱大臣，言辞不逊，贬莱州司户。

【译文】李义府因得到尊宠而专权用事。洛州妇人淳于氏容貌姣好，被拘禁在大理寺监狱里，李义府嘱咐大理寺丞毕正义枉法开脱淳于氏，准备纳她为妾，大理寺卿段宝玄产生怀疑而奏报唐高宗。唐高宗命令给事中刘仁轨等人加以审察，李义府担心事情外泄，逼迫毕正义在狱中自缢。唐高宗知道后，原谅李义府的罪不加过问。

侍御史涟水人王义方想弹劾李义府，先告诉他母亲说："义方身为御史，眼看奸臣作恶而不纠正，那就是不忠；但如果加以纠正却有被杀的危险，而让母亲忧虑，那是不孝。这两件事自己不能决定怎样做才好，怎么办？"母亲说："从前王陵的母亲牺牲自己而成就儿子的声名。你能够竭尽忠心侍奉君主，我就是死了也不会感到遗憾！"王义方就向唐高宗奏报说："李义府在陛下辇驾之旁，擅自杀害了六品寺丞；纵使毕正义是自杀而死，也是担心李义府靠权势杀他灭口才自杀的。这么一来，对臣子生杀的大权，不从陛下颁出，这种情势不能让它慢慢滋长，请求陛下再加勘验，以求确当！"于是王义方面对卫仗，呵斥叱李义府命他退下；李义府观望着不愿退下。王义方呵斥三声，唐高宗都没有说话，李义府才快步退出，王义方就开始诵读弹劾李义府的奏章。但唐高宗还是释放李义府不加追问，却反说王义方毁谤侮辱大臣，言语文辞不恭逊，将他贬为莱州司户。

九月，括州暴风，海溢，溺四千馀家。

冬，十一月，丙寅，生羌酋长浪我利波等帅众内附，以其地置柘、枳二州。

十二月，程知节引军至鹰娑川，遇西突厥二万骑，别部鼠尼施等二万馀骑继至，前军总管苏定方帅五百骑驰往击之，西突厥大败，追奔二十里，杀获千五百馀人，获马及器械，绵亘山野，不可胜计。副大总管王文度害其功，言于知节曰："今兹虽云破贼，官军亦有死伤，乘危轻脱，乃成败之法耳，何急而为此！自今当结方陈，置辎重在内，遇贼则战，此万全策也。"又矫称别得旨，以知节恃勇轻敌，委文度为之节制，遂收军不许深入。士卒终日跨马被甲结陈，不胜疲顿，马多瘦死。定方言于知节曰："出师欲以讨贼，今乃自守，坐自困敝，若遇贼必败；懦怯如此，何以立功！且主上以公为大将，岂可更遣军副专其号令，事必不然。请囚文度，飞表以闻。"知节不从。

【译文】九月，括州有暴风吹袭，海水涨溢，淹死了四千多家。

冬季，十一月，丙寅日（初六），生羌酋长浪我利波等人率领部众归附大唐，唐朝在那里设置柘州、枳州。

十二月，程知节领兵到达鹰娑川，遇到西突厥两万骑兵，其他部落鼠尼施等人也率领两万多的骑兵相继到达，前军总管苏定方带领五百名骑兵前往攻击，西突厥大败，苏定方追击逃奔的敌兵二十里，杀死俘虏的敌兵有一千五百多人，获得的马匹和兵械器物，堆满整个山野，数也数不清。副大总管王文度妒忌苏定方的功劳，对程知节说："现在虽说击败贼人，但官军也有死亡和受伤的，冒险进攻有失谨慎，可以成功也可能失败，何必急急做冒险的事情！从现在起集结好方形阵势，将辎重车放在阵势之内，遇到敌人才作战，这是最安全的计策。"又假装另外得到圣旨，认为程知节依恃勇力，轻敌冒进，因此委任王文度节度制裁，王文度就收聚部队，不允许深入敌境。士卒整天跨骑马匹，披挂甲衣来演练阵势，马匹受不了疲劳困顿，大都因瘦弱而死。苏定方对程知节说："出动军队的目的就是征讨贼寇，现在却困守在这里，等着让自己疲惫困乏，假如遇到敌人必定败亡；这样懦弱胆怯，又怎么能建立功勋？况且国君任命你为大将，怎么会再让副大总管专擅号令？事情一定不是这样的。请将王文度囚禁起来，用奏表飞快地向国君报告。"但程知节没有接受。

至恒笃城，有群胡归附，文度曰："此属伺我旋师，还复为贼，不如尽杀之，取其资财。"定方曰："如此乃自为贼耳，何名伐叛！"文度竟杀之，分其财，独定方不受。师旋，文度坐矫诏当死，特除名；知节亦坐逗遛追贼不及，减死免官。

【译文】唐军到达恒笃城时，有许多胡人归附。王文度说："这些人等我们回师时，找机会再恢复贼寇面目，不如将他们全部杀了，夺取他们的物资钱财。"苏定方说："这样一来我们自己变成强盗了，还能称为讨伐叛贼吗？"王文度还是将归附的胡人杀了，分配胡人的财物，只有苏定方没有接受。军队回朝后，王文度因为犯了假造诏命罪而被判处死刑，特赦他免除了他的名位；程知节也因为逗留不进，致使追不到贼寇，减免死罪被免官。

是岁，以太常卿驸马都尉高履行为益州长史。

韩瑗上疏，为褚遂良讼冤曰："遂良体国忘家，捐身徇物，风霜其操，铁石其心，社稷之旧臣，陛下之贤佐。无闻罪状，斥去朝廷，内外盯黎，咸嗟举措。臣闻晋武弘裕，不贻刘毅之诛；汉祖深仁，无恚周昌之直。而遂良被迁，已经寒暑，违忤陛下，其罚塞焉。伏愿缅鉴无辜，稍宽非罪，俯矜微款，以顺人情。"上谓瑗曰："遂良之情，朕亦知之。然其悖戾好犯上，故以此责之，卿何言之深也！"对曰："遂良社稷忠臣，为谗谀所毁。昔微子去而殷国以亡，张华存而纲纪不乱。陛下无故弃逐旧臣，恐非国家之福！"上不纳。瑗以言不用，乞归田里，上不许。

【译文】这一年，唐高宗任命太常卿驸马都尉高履行为益州长史。

韩瑗呈上奏疏，替褚遂良诉冤说："褚遂良忠于朝廷忘记自己，抛弃性命为国事牺牲，有风霜一样的凛然节操，铁石一般坚硬的忠心，是社稷的老臣，也是陛下贤明的辅佐。没有听说有什么罪行，就被斥责离开朝廷，使得朝堂内外的臣民，都对这件事惋惜嗟叹。臣听说晋武帝心志弘大宽容，不杀刘毅，汉高祖有深厚的仁义，不对周昌的正直愤怒生气。而褚遂良被贬，已经过了一年，他忤逆违背陛下旨意，所受的惩罚也够了。臣请求陛下能仔细考察他的无辜，稍微宽谅而不要再责罚他，矜怜他对陛下的一片忠诚，来顺应人情。"唐高宗对韩瑗说："褚遂良的心意朕也知道。但他悖逆乖戾，喜欢冒犯长上，因此才贬他官位，用来责备他，你何必说得这样严重呢？"韩瑗回答说："褚遂良是尽忠社稷的大臣，却被逸佞阿谀的小人毁谤。从前微子一离开而殷国就灭亡，张华还在，而晋的纲纪得以不乱。陛下无缘无故背弃放逐老臣，恐怕不是国家的幸事！"唐高宗没有接纳他的请求。乾瑗因为建议不被采用，请求辞官回归乡里，但唐高宗没有答应。

刘洎之子讼其父冤，称贞观之末，为褚遂良所谮而死，李义府复助之。上以问近臣，众希义府之旨，皆言其枉。给事中长安乐彦玮独曰："刘洎大臣，人主暂有不豫，岂得遽自比伊、霍！今雪洎之罪，谓先帝用刑不当乎！"上然其言，遂寝其事。

【译文】 刘洎的儿子替父亲诉冤，说他父亲在贞观末年（十九年），被褚遂良毁谤致死，李义府又帮助刘洎的儿子上诉。唐高宗问身边的近臣实际情况，那些近臣奉承李义府的心意，因而都说刘洎是冤枉的。只有给事中长安人乐彦玮说："刘洎是个大臣，国君偶有疾病，怎么就轻易自比伊尹、霍光？现在要洗雪刘洎的罪，难道说先帝用刑不当吗？"唐高宗赞同乐彦玮的话，就暂时放下了这件事。

显庆二年（丁巳，公元六五七年）春，正月，癸巳，分哥逻禄部置阴山、大漠二都督府。

闰月，壬寅，上行幸洛阳。

庚戌，以右屯卫将军苏定方为伊丽道行军总管，帅燕然都护渭南任雅相、副都护萧嗣业发回纥等兵，自北道讨西突厥沙钵罗可汗。嗣业，钜之子也。

初，右卫大将军阿史那弥射及族兄左屯卫大将军步真，皆西突厥酋长，太宗之世，帅众来降；至是，诏以弥射、步真为流沙安抚大使，自南道招集旧众。

【译文】 显庆二年（丁巳，公元657年）春季，正月，癸巳日

（正月无此日），唐高宗将哥逻禄部分置成阴山、大漠两个都督府。

闰月，壬寅日（十三日），唐高宗巡行到了洛阳。

庚戌日（二十一日），唐高宗任命左屯卫将军苏定方担任伊丽道行军总管，率领燕然都护渭南人任雅相、副都护萧嗣业调动回纥等地军队，从北方的道路出发征讨西突厥沙钵罗可汗。萧嗣业是萧钜的儿子。

起初，右卫大将军阿史那弥射和他的堂兄左屯卫大将军步真，均是西突厥的酋长，在唐太宗的时代，率领部众前来投降；这时候，唐高宗下诏令任命阿史那弥射、步真为流沙安抚大使，在南道召集旧有部众。

二月，辛酉，车驾至洛阳宫。

庚午，立皇子显为周王。壬申，徙雍王素节为郇王。

三月，甲辰，以潭州都督褚遂良为桂州都督。

癸丑，以李义府兼中书令。

夏，五月，丙申，上幸明德宫避暑。上自即位，每日视事；庚子，宰相奏天下无虞，请隔日视事；许之。

【译文】二月，辛酉日（初三），唐高宗车驾到达洛阳宫。

庚午日（十二日），唐高宗任命皇子李显为周王。壬申日（十四日），唐高宗改封雍王李素节为郇王。

三月，甲辰日（十六日），唐高宗任命潭州都督褚遂良为桂州都督。

癸丑日（二十五日），唐高宗任命李义府兼任中书令。

夏季，五月，丙申日（初九），唐高宗到明德宫避暑。唐高宗即位后，每天都处理政事；庚子日（十三日），宰相奏报说天下没有大事，请求每隔一日处理政事，唐高宗答应了。

【译文】作为君主，每日要处理无数国家大事，亲自料理，还怕事情出差错。李义府凭奸邪官居要职，迎合昏庸的君主，侍奉唐高宗安逸享乐，就如同给高宗饮毒酒自杀一样致命、有害，而他自己由此更能随意作恶，毫无顾忌。等到大权落到垂帘听政的皇后手中，他得不到好处，恰恰因此而害了自己，这就不是他当初所能想象和估计到的了。尹起莘说："高宗顺从妖后心意，使他能专享宫闱之乐。"这还不是揭露人思想的见解。

秋，七月，丁亥朔，上还洛阳宫。

王玄策之破天竺也，得方士那罗迩娑婆寐以归，自言有长生之术，太宗颇信之，深加礼敬，使合长生药。发使四方求奇药异石，又发使诣婆罗门诸国采药。其言率皆迂诞无实，苟欲以延岁月，药竟不就，乃放还。上即位，复诣长安，又遣归。玄策时为道王友，辛亥，奏言："此婆罗门实能合长年药，自诡必成，今遣归，可惜失之。"玄策退，上谓侍臣曰："自古安有神仙！秦始皇、汉武帝求之，疲弊生民，卒无所成。果有不死之人，今皆安在！"李勣对曰："诚如圣言。此婆罗门今兹再来，容发衰白，已改于前，何能长生！陛下遣之，内外皆喜。"娑婆寐竟死于长安。

【译文】秋季，七月，丁亥朔日（初一），唐高宗回到洛阳宫。

　　王玄策打败天竺时，俘虏了方士那罗迩娑婆寐回归朝廷，那罗迩娑婆寐说他有令人长生不老的方术，唐太宗十分相信他，对他很礼貌恭敬，让他配长生的药物。派遣使者到四方去寻求珍奇的药石，又派遣使者到婆罗门几个国家去采药。那罗迩娑婆寐的言论大都迂阔怪诞不切实际，不过是在拖延时日，长生药最后还是没有配成，就放他返回天竺。唐高宗即位后，那罗迩娑婆寐回到长安，唐高宗又遣他回去。王玄策那时是道王的朋友，辛亥日（二十五日），向唐高宗奏报说："这个婆罗门真能配制长生药，他一定能够配成，现在放他回去，白白丧失机会，不免遗憾。"王玄策退下后，唐高宗对侍臣说："从古到今哪有神仙！秦始皇、汉武帝为了寻找神仙，使得百姓疲惫，民生凋敝，最后一无所获。假如真有不死的人，这些人现在在哪里？"李勣回答说："真如圣上所说的一样。这个婆罗门今番再来，容貌已经衰老，头发已经斑白，和从前已经不一样了，怎么能够长生！陛下遣送他回去，朝廷内外都十分高兴。"那罗迩娑婆寐最后死在长安。

　　许敬宗、李义府希皇后旨，诬奏侍中韩瑗、中书令来济与褚遂良潜谋不轨，以桂州用武之地，授遂良桂州都督，欲以为外援。八月，丁卯，瑗坐贬振州刺史，济贬台州刺史，终身不听朝觐。又贬褚遂良为爱州刺史，荣州刺史柳奭为象州刺史。

　　遂良至爱州，上表自陈："往者濮王、承乾交争之际，臣不顾死亡，归心陛下。时岑文本、刘洎奏称'承乾恶状已彰，身在别所，其于东宫，不可少时虚旷，请且遣濮王往居东宫。'臣又抗言固争，皆陛下所见。卒与无忌等四人共定大策。及先朝大渐，独臣与无忌同受遗诏。陛下在草土之辰，不胜哀恸，臣以社稷宽譬，陛下手抱臣颈。臣与无忌区处众事，咸无废阙，数日之间，内外宁谧。力小任重，动罹愆过，蝼蚁馀齿，乞陛下哀怜。"表奏，不省。

【译文】 许敬宗、李义府奉承皇后的意旨，向唐高宗奏报，诬告侍中韩瑗、中书令来济和褚遂良暗中图谋不轨，因为桂州是古今兵家必争之地，所以让褚遂良担任桂州都督，准备以褚遂良作为外援，进行反叛。八月，丁卯日（十一日），韩瑗因罪被贬为振州刺史，来济被贬为台州刺史，终身不能再朝拜觐见唐高宗。又将褚遂良贬为爱州刺史，荣州刺史柳奭被贬为象州刺史。

褚遂良到了爱州，呈上奏章辩白："从前濮王李泰、废太子李承乾相争的时候，臣不顾死亡的危险，诚心归依陛下。那时岑文本、刘洎奏报说：'李承乾作恶的情况已经明显，被幽禁在别宫，但东宫不能有短暂的空缺，请求派遣濮王李泰住到东宫。'臣又加以抗辩极力争取，这些都是陛下所亲见。最后臣还是和长孙无忌等四个人一同确定了国家大计。后来先皇将死之时，只有臣和长孙无忌一起接受先帝的遗命。陛下正在居丧之际，内心十分哀恸，臣劝陛下以社稷为重，让陛下宽心。陛下手抱着臣的头颈，表示感激。臣和长孙无忌处置政事，使朝政没有荒弃废缺的危险，不过几天的时间，就使得朝廷内外安定平静。臣的力量虽然小但职责很重，所以一有行动就容易犯过错，蝼蚁之躯，残暮之年，乞求陛下哀怜。"表奏上去，唐高宗不准。

己巳，礼官奏："四郊迎气，存太微五帝之祀；南郊明堂，废纬书六天之义。其方丘祭地之外，别有神州，亦请合为一祀。"从之。

辛未，以礼部尚书许敬宗为侍中，兼度支尚书杜正伦为兼中书令。

冬，十月，戊戌，上行幸许州。乙巳，畋于潩水之南。壬子，至祀水曲。十二月，乙卯朔，车驾还洛阳宫。

苏定方击西突厥沙钵罗可汗，至金山北，先击处木昆部，大破之，其俟斤懒独禄等帅万馀帐来降，定方抚之，发其千骑与俱。

右领军郎将薛仁贵上言："泥孰部素不伏贺鲁，为贺鲁所破，虏其妻子。今唐兵有破贺鲁诸部得泥孰妻子者，宜归之，仍加赐赉，使彼明知贺鲁为贼而大唐为之父母，则人致其死，不遗力矣。"上从之。泥孰喜，请从军共击贺鲁。

【译文】己巳日（十三日），礼官奏报："四郊迎接五行精气，因而保存太微五帝的祭祀；南郊明堂，都祭祀昊天上帝，废弃纬书六天的说法。在方丘除祭祀地祇之外，原在北郊祭祀神州地祇，现在请求合并在方丘一同祭祀。"唐高宗批准了。

辛未日（十五日），唐高宗任命礼部尚书许敬宗为侍中，兼度支尚书杜正伦为兼中书令。

冬季，十月，戊戌日（十月无此日），唐高宗巡行到了许州。乙巳日（十月无此日），唐高宗在潩水南方打猎。壬子日（十月无此日），唐高宗到达祀水曲。十二月，乙卯朔日（初一），唐高宗车驾返回洛阳宫。

苏定方攻打西突厥沙钵罗可汗，到达金山北面，先进攻处木昆部，将他们打败了。处木昆部的俟斤（突厥大臣之称）懒独禄等人带领一万多帐前来投降，苏定方加以安抚，派遣一千骑兵和他们屯驻在一起。

右领军郎将薛仁贵上书唐高宗说："泥孰部一向不屈服于

贺鲁,被贺鲁击败,妻子儿女都被俘虏了。现在唐兵击败贺鲁各部落,而如果有俘获泥孰妻子的人,就送还给泥孰,仍旧加以赏赐,让泥孰清楚地知道贺鲁是贼寇,而大唐是他们的父母,那么他们一定会人人为唐室效忠,不加保留。"唐高宗接受了,泥孰十分高兴,请求追随唐军一同攻打贺鲁。

【乾隆御批】 "感生五帝"之说出《纬书》,郑康成取以训昊天上帝,未免失之傅会。唐初乃以祈谷常雩诸大祀并奉感生,不经甚矣。时孔颖达等皆号"通儒",何不加详议,尚待后人驳正耶?又冬至孟夏并及方丘,孟冬复有北郊之祭,亦非礼意。显庆合而为一,去繁准古,未尝非厘典善举。然不久旋复,亦何称呼?

【译文】 "感生五帝"的说法出自《纬书》,郑康成拿来解释昊天上帝,不能不说是差错在于牵强附会。唐朝初年,在经常举行的祈求丰收和祈求降雨之类的大祭祀上都供奉感生五帝,真是太过分了。当时孔颖达等人都号称"学识渊博的儒者",为什么不对此详加驳论,却还等待后人纠正错误呢?再说,冬至到初夏都在方丘祭祀,初冬又在北郊祭祀,也并不符合礼仪。显庆二年的这次变更,能够把这些合在一起,去掉繁琐而承袭古制,未必不是对祭祀盛典的改革。但是不久就又恢复了原样,这又有什么值得称道的呢?

定方至曳咥河西,沙钵罗帅十姓兵且十万来拒战。定方将唐兵及回纥万馀人击之。沙钵罗轻定方兵少,直进围之。定方令步兵据南原,攒矟外向,自将骑兵陈于北原。沙钵罗先攻步军,三冲不动,定方引骑兵击之,沙钵罗大败,追奔三十里,斩获数万人;明日,勒兵复进。于是,胡禄屋等五弩失毕悉众来降,沙钵罗独与处木昆屈律啜数百骑西走。时阿史那步真出南道，五咄陆部落闻沙钵罗败，皆诣步真降。定方乃命萧嗣业、回纥婆闰将胡兵趋邪罗斯川，追沙钵罗，定方与任雅相将新附之众继之。会大雪，平地二尺，军中咸请俟晴而行，定方曰："虏恃雪深，谓我不能进，必休息士马。亟追之可及，若缓之，彼遁逃浸远，不可复追，省日兼功，在此时矣！"乃蹋雪昼夜兼行，所过收其部众，至双河，与弥射、步真兵合，去沙钵罗所居二百里，布陈长驱，径至其牙帐。沙钵罗与其徒将猎，定方掩其不备，纵兵击之，斩获数万人，得其鼓纛，沙钵罗与其子咥运、婿阎啜等脱走，趣石国。定方于是息兵，诸部各归所居，通道路，置邮驿，掩骸骨，问疾苦，画疆场，复生业，凡为沙钵罗所掠者，悉括还之，十姓安堵如故。乃命萧嗣业将兵追沙钵罗，定方引军还。

【译文】 苏定方到了曳咥河西边，沙钵罗带领十姓的士兵将近十万，前来抵抗作战。苏定方率领唐兵和回纥兵一万多人攻击。沙钵罗轻视苏定方士兵少，径直前进加以包围。苏定方命令步兵固守南原，将长矛密集排列，锋刃向外，自己带领骑兵在北原布阵。沙钵罗先攻打南原步兵，冲锋三次不能前进，苏定方带领骑兵加以攻击，沙钵罗大败，苏定方追击了三十里，斩杀俘虏了好几万人；隔天整顿军队再次进攻。于是胡禄屋等五个弩失毕都率领部众前来投降大唐，沙钵罗单独和处木昆屈律啜带领几百名骑兵向西逃走。那时候阿史那步真从南道出发，五咄陆部落听说沙钵罗被击败，就都向阿史那步真投降。苏定方命萧嗣业、回纥婆闰带领胡人军队赶往邪罗斯川，追击沙钵罗，苏定方和任雅相带领刚刚归附的部众作为后援。恰好天下大雪，平地高起二尺，军中士卒都请求等到天晴再出发。苏定方说："敌人因为雪下得深，认为我们不能前进，必定会让士兵休息，我们快速追击可以追到，假如稍慢一些，敌人逃得更远，不可能再追得上，要能节省时间而功劳兼倍的话，就在这个时候！"说完就踏着雪，部队日夜兼程赶路。经过的地方收聚投降的部众，到了双河，与弥射、步真会合，在距离沙钵罗所住二百里的地方，排好阵势，长驱直入，直接抵达沙钵罗的牙帐。沙钵罗和徒众正准备打猎，苏定方趁他不注意，进兵加以攻打，斩杀俘虏了几万人，并得到战鼓旗帜，沙钵罗和他的儿子咥运、女婿阎啜等人逃脱遁走，前往石国。苏定方于是停止进攻，命令各部落都回到各自居住的地方，开通道路，设置驿站，埋葬士卒的骸骨，慰劳士卒的疾苦，划定区域，恢复农业生产，凡是被沙钵罗所劫夺的财物全部归还，十姓的胡人照常安居。又命令萧嗣业率军追击沙钵罗，苏定方领兵返回。

沙钵罗至石国西北苏咄城，人马饥乏，遣人赍珍宝入城市马，城主伊沮达官诈以酒食出迎，诱之入，闭门执之，送于石国。萧嗣业至石国，石国人以沙钵罗授之。

乙丑，分西突厥地置濛池、昆陵二都护府，以阿史那弥射为左卫大将军、昆陵都护、兴昔亡可汗，押五咄陆部落；阿史那步真为右卫大将军、濛池都护、继往绝可汗，押五弩失毕部落。遣光禄卿卢承庆持节册命，仍命弥射、步真与承庆据诸姓降者，准其部落大小，位望高下，授刺史以下官。

丁卯，以洛阳宫为东都，洛州官吏员品并如雍州。

【译文】沙钵罗到了石国西北的苏咄城，士卒马匹都已经饥饿困乏，派人拿着珍宝进城买马，城主伊沮达官欺骗他，拿着酒食出城迎接他，诱使他入城，然后关闭城门将他抓起来，送往石国。萧嗣业到达石国，石国人将沙钵罗交给了他。

乙丑日（十一日），唐朝将西突厥土地分开设置为濛池、昆陵两个都护府，任命阿史那弥射担任左卫大将军、昆陵都护、兴昔亡可汗，统率五咄陆部落；阿史那步真担任右卫大将军、濛池都护、继往绝可汗，统率五弩失毕部落。派遣光禄卿卢承庆拿着符节、册书前去表明圣意，仍命令弥射、步真和卢承庆根据投降的各姓部落的大小、地位声望高低，授给他们刺史以下的官职。

丁卯日（十三日），唐高宗把洛阳宫作为东都。洛州官吏人数品秩都与雍州相同。

是岁，诏：“自今僧尼不得受父母及尊者礼拜，所司明有法制禁断。”

以吏部侍郎刘祥道为黄门侍郎，仍知吏部选事。祥道以为："今选司取士伤滥，每年入流之数，过一千四百，杂色入流，曾不铨简。即日内外文武官一品至九品，凡万三千四百六十五员，约准三十年，则万三千馀人略尽矣。若年别入流者五百人，足充所须之数。望有厘革。"既而杜正伦亦言入流人太多。上命正伦与祥道详议，而大臣惮于改作，事遂寝。祥道，杜甫之子也。

【译文】 这一年，唐高宗下诏令："从现在起，僧尼不得接受父母和地位尊贵人的敬礼跪拜，主管官吏明定法令加以禁止杜绝。"

唐高宗任命吏部侍郎刘祥道为黄门侍郎，仍旧担任吏部选事。刘祥道认为："现在选拔人才的有司选用人才有浮滥之病，每年入九品流内的超过一千四百人，流外官入九品流内的，都不加以铨选。现在朝廷内外文武官中一品到九品的，一共有一万三千四百六十五名，大略以三十年后为准，一万三千多人大约将要光了（死亡或罢官）。假如每年选拔进入九品流内的有五百人，也足以充任所需要的数目了。希望对这方面有所改革。"没过多久杜正伦也说录入九品流的人太多了。唐高宗就命令杜正伦和刘祥道讨论怎样改革，但大臣们害怕变革，这件事就废止不议了。刘祥道是刘林甫的儿子。

显庆三年（戊午，公元六五八年）春，正月，戊子，长孙无忌等上所修新礼；诏中外行之。先是，议者谓贞观礼节文未备，故命无忌等修之。时许敬宗、李义府用事，所损益多希旨，学者非之。太常博士萧楚材等以为豫备凶事，非臣子所宜言；敬宗、义府深然之，遂焚《国恤》一篇，由是凶礼遂阙。

初，龟兹王布失毕妻阿史那氏与其相那利私通，布失毕不能禁，由是君臣猜阻，各有党与，互来告难。上两召之，既至，囚那利，遣左领军郎将雷文成送布失毕归国。至龟兹东境泥师城，龟兹大将羯猎颠发众拒之，仍遣使降于西突厥沙钵罗可汗。布失毕据城自守，不敢进。诏左屯卫大将军杨胄发兵讨之。会布失毕病卒，胄与羯猎颠战，大破之，擒羯猎颠及其党，尽诛之，乃以其地为龟兹都督府。戊申，立布失毕之子素稽为龟兹王兼都督。

【译文】显庆三年（戊午，公元658年）春季，正月，戊子日（初五），长孙无忌等人呈上所修订的新礼仪，唐高宗下令朝廷内外遵照施行。早先有人说贞观时期礼节尚未完备，所以才命令长孙无忌等人重修。这时候许敬宗、李义府专擅用事，所以对礼节的增减大多奉承唐高宗的旨意，一般学者多有批评。太常博士萧楚材等人认为预先准备天子驾崩的凶事，不是身为臣子的人应该说的。许敬宗、李义府深以为是，就将《国恤》一篇烧掉，从此凶礼就废缺了。

起初，龟兹王布失毕的妻子阿史那氏和他的宰相那利私通，布失毕无法禁止，从此君臣互相猜忌、阻挠，各自拥有徒众、党羽，并且互相到唐朝控告责难对方。唐高宗将两人都召来，他们来了之后，就拘禁了那利，派遣左领军郎将雷文成送布失毕回国，抵达龟兹东面边境泥师城时，龟兹的大将羯猎颠调动部众抵抗，又派遣使者向西突厥沙钵罗可汗投降。布失毕据守佳城，不敢前进。唐高宗下令左屯卫大将军杨胄调动军队讨伐。恰好布失毕病死了，杨胄和羯猎颠作战，大败羯猎颠，生擒了羯猎颠和他的党羽，全部杀掉，在当地设置了龟兹都督府。戊申日（二十五日），唐朝立布失毕的儿子素稽为龟兹王兼任都督。

二月，丁巳，上发东都；甲戌，至京师。

夏，五月，癸未，徙安西都护府于龟兹，以旧安西夏为西州都督府，镇高昌故地。

六月，营州都督兼东夷都护程名振、右领军中郎将薛仁贵将兵攻高丽之赤烽镇，拔之，斩首四百馀级，捕虏百馀人。高丽遣其大将豆方娄帅众三万拒之，名振以契丹逆击，大破之，斩首二千五百级。

秋，八月，甲寅，播罗哀獠酋长多胡桑等帅众内附。

【译文】二月，丁巳日（初四），唐高宗从东都出发。甲戌日（二十一日），唐高宗到达京师。

夏季，五月，癸未日（初二），唐朝将安西都护府迁徙到龟兹，将原先的安西又恢复为西州都督府，镇守高昌旧有的土地。

六月，营州都督兼东夷都护程名振、右领军中郎将薛仁贵率军攻打高丽的赤烽镇，攻克了赤烽镇，斩杀敌人四百多人，俘获一百多人。高丽派遣大将豆方娄带领部众三万人抵抗，程名振率领契丹士兵迎头攻击，大败对方，斩杀敌人两千五百人。

秋季，八月，甲寅日（初四），播罗哀獠酋长多胡桑等人率领部众归附大唐。

冬，十月，庚申，吐蕃赞普来请婚。

中书令李义府有宠于上，诸子孩抱者并列清贵。而义府贪冒无厌，母、妻及诸子、女婿，卖官鬻狱，其门如市，多树朋党，倾动朝野。中书令杜正伦每以先进自处，义府恃恩，不为之下，由是有隙，与义府讼于上前。上以大臣不和，两责之。十一月，乙酉，贬正伦横州刺史，义府普州刺史。正伦寻卒于横州。

阿史那贺鲁既被擒，谓萧嗣业曰："我本亡虏，为先帝所存，先帝遇我厚而我负之，今日之败，天所怒也。吾闻中国刑人必于市，愿刑我于昭陵之前以谢先帝。"上闻而怜之。贺鲁至京师，甲午，献于昭陵。敕免其死，分其种落为六都督府，其所役属诸国皆置州府，西尽波斯，并隶安西都护府。贺鲁寻死，葬于颉利墓侧。

【译文】冬季，十月，庚申日（十一日），吐蕃赞普前来朝廷请求通婚。

中书令李义府受唐高宗宠爱，还在怀抱中的小儿子也都列入显贵之列。而李义府仍旧贪求财物不知满足，母亲、妻子和儿子、女婿们出卖官爵和狱讼，门庭若市，李义府有很多朋党，声势震动朝廷内外。中书令杜正伦经常以先辈自居，而李义府恃唐高宗尊宠，对他并不尊敬，因此两人有了嫌隙，有时在唐高宗面前争执。唐高宗认为是大臣不和，因而对两人都加以责备。十一月，乙酉日（初六），唐高宗将杜正伦贬为横州刺史，将李义府贬为普州帅史。杜正伦不久死在横州。

阿史那贺鲁被生擒之后，对萧嗣业说："我原本是该死的俘虏，被先帝宽赦，先帝对我恩厚而我却辜负了他。今天的失利，是上天生气在惩罚我。我听说中原处死犯人一定在街市上，希望能将我处死在昭陵之前，以向先帝谢罪。"唐高宗听了之后十分怜悯他。阿史那贺鲁到了京师，甲午日（十五日），他在昭陵领死。唐高宗下令赦免他的死刑，将他的种族、部落分成六个都督府，在依附他的各国都设置州府，向西一直到达波斯，都隶属于安西都护府。阿史那贺鲁没多久就死了，埋葬在颉利可汗的坟墓边。

戊戌，以许敬宗为中书令，大理卿辛茂将为兼侍中。

开府仪同三司鄂忠武公尉迟敬德薨。敬德晚年闲居，学延年术，修饰池台，奏清商乐以自奉养，不交通宾客，凡十六年，年七十四，以病终，朝廷恩礼甚厚。

是岁，爱州刺史褚遂良卒。

雍州司士许祎与来济善，侍御史张伦与李义府有怨，吏部尚书唐临奏以祎为江南道巡察使，伦为剑南道巡察使。是时义府虽在外，皇后常保护之。以临为挟私选授。

【译文】戊戌日（十九日），唐高宗任命许敬宗为中书令，大理寺卿辛茂将为兼侍中。

开府仪同三司鄂忠武公尉迟敬德去世。尉迟敬德晚年闲居在家，学习长生的方术，整修园池楼台，奏唱清商歌乐来奉养自己，不与宾客相交往，一共有十六年，年龄七十四岁，因病而死，朝廷对他的恩待礼遇非常深厚。

这一年，爱州刺史褚遂良去世。

雍州司士许祎和来济友好，侍御史张伦和李义府有嫌隙，吏部尚书唐临上奏任命许祎担任江南道巡察使，张伦担任剑南道巡察使。那时候李义府虽然在朝廷外为官，皇后也经常加以保护，因此认为唐临挟带私情选任官职（李义府是普州刺史，为剑南道巡察使所管辖）。

显庆四年（己未，公元六五九年）春，二月，乙丑，免临官。

三月，壬午，西突厥兴昔亡可汗与真珠叶护战于双河，斩真珠叶护。

夏，四月，丙辰，以于志宁为太子太师、同中书门下三品；乙丑，以黄门侍郎许圉师参知政事。

武后以太尉赵公长孙无忌受重赐而不助己，深怨之。及议废王后，燕公于志宁中立不言，武后亦不悦。许敬宗屡以利害说无忌，无忌每面折之，敬宗亦怨。武后既立，无忌内不自安，后令敬宗伺其隙而陷之。

【译文】 显庆四年（己未，公元659年）春季，二月，乙丑日（十八日），唐高宗免除唐临官职。

三月，壬午日（初五），西突厥兴昔亡可汗和真珠叶护在双河交战，斩杀了真珠叶护。

夏季，四月，丙辰日（初十），唐高宗任命于志宁为太子太师、同中书门下三品；乙丑日（十九日），唐高宗任命黄门侍郎许圉师为参知政事。

武后因为太尉赵公长孙无忌接受贵重赏赐却不帮助自己，内心深深怨恨。后来讨论废黜王皇后的事，燕公于志宁中立，不替武后讲话，武后也不高兴。许敬宗多次用利害关系劝说长孙无忌，长孙无忌却经常当面给他难堪，所以许敬宗也怨恨长孙无忌。武后即任，长孙无忌内心不安，武后命令许敬宗找机会陷害长孙无忌。

会洛阳人李奉节告太子洗马韦季方、监察御史李巢朋党事，敕敬宗与辛茂将鞫之。敬宗按之急，季方自刺，不死，敬宗因诬奏季方欲与无忌构陷忠臣近戚，使权归无忌，伺隙谋反，今事觉，故自杀。上惊曰："岂有此邪！舅为小人所间，小生疑阻则有之，何至于反！"敬宗曰："臣始末推究，反状已露，陛下犹以为疑，恐非社稷之福。"上泣曰"我家不幸，亲戚间屡有异志，往年高阳公主与房遗爱谋反，今元舅复然，使朕惭见天下之人。兹事若实，如之何？"对曰："遗爱乳臭儿，与一女子谋反，势何所成！无忌与先帝谋取天下，天下服其智；为宰相三十年，天下畏其威；若一旦窃发，陛下遣谁当之？今赖宗庙之灵，皇天疾恶，因按小事，乃得大奸，实天下之庆也。臣窃恐无忌知季方自刺，窘急发谋，攘袂一呼，同恶云集，必为宗庙之忧。臣昔见宇文化及父述为炀帝所亲任，结以昏姻，委以朝政，述卒，化及复典禁兵，一夕于江都作乱，先杀不附己者，臣家亦豫其祸，于是大臣苏威、裴矩之徒，皆舞蹈马首，唯恐不及，黎明遂倾隋室。前事不远，愿陛下速决之！"上命敬宗更加审察。明日，敬宗复奏曰："去夜季方已承与无忌同反，臣又问季方：'无忌与国至亲，累朝宠任，何恨而反？'季方答云：'韩瑗尝语无忌云："柳奭、褚遂良劝公立梁王为太子，今梁王既废，上亦疑公，故出高履行于外。"自此无忌忧恐，渐为自安之计。后见长孙祥又出，韩瑗得罪，日夜与季方等谋反。'臣参验辞状，咸相符合，请收捕准法。"上又泣曰："舅若果尔，朕决不忍杀之；若果杀之，天下将谓朕何！后世将谓朕何！"敬宗对曰："薄昭，汉文帝之舅也，文帝从代来，昭亦有功，所坐止于杀人，文帝遣百官素服哭而杀之，至今天下以文帝为明主。今无忌忘两朝之大恩，谋移社稷，其罪与薄昭不可同年而语也。幸而奸状自发，逆徒引服，陛下何疑，犹不早决！古人有言：'当断不断，反受其乱。'安危之机，间不容发。无忌今之奸雄，王莽、司马懿之流也；陛下少更迁延，臣恐变生肘腋，悔无及矣！"上以为然，竟不引问无忌。戊辰，下诏削无忌太尉及封邑，以为扬州都督，于黔州安置，准一品供给。祥，无忌之从父兄子也，前此自工部尚书出为荆州长史，故敬宗以此诬之。

【译文】恰好洛阳人李奉节上告唐高宗有关太子洗马韦季方、监察御史李巢朋党的事件，唐高宗下令许敬宗和辛茂将查办。许敬宗查办得非常紧急，韦季方自杀，但没有死。许敬宗就上奏唐高宗，诬告韦季方要和长孙无忌陷害忠臣和皇亲国戚，将大权集中在长孙无忌身上，然后找机会造反，现在事情已经被发觉，因此自杀。唐高宗吃惊地说："怎会有此事？舅舅被小人所离间，和朕稍微产生些猜疑和隔阂是有的，怎么会造反呢？"许敬宗说："臣从始至终推求研究，反叛的情形已经显露，陛下却还迟疑，恐怕不是社稷的幸事。"唐高宗哭泣说："我家真不幸，亲戚间老是有造反的心意，前几年高阳公主和房遗爱计划造反，现在舅舅（指无忌）又要造反了，这些事使得朕无颜见天下人。这件事假如是事实，怎么办呢？"许敬宗回答说："房遗爱不过是乳臭未干的小孩，和一个女子计划造反，势必不可能成功。长孙无忌和先帝一起谋划而夺取了天下，天下人都佩服他的才智；他又做了三十年宰相，天下人都害怕他的权势；一旦他开始造反，陛下派遣谁去抵挡？现在靠着宗庙里的祖先神灵和皇天对他所作所为的厌恶痛恨，利用查办小事的机会，而察觉叛国的大奸人，实在是天下人的喜事。臣私下担心长孙无忌知道韦季方自杀之后，心里一急，发动反叛的计谋，登高一呼，所有为恶的同党汇聚在一起，必定会带来宗庙灭亡的灾祸。臣从前看过宇文化及父亲宇文述被隋炀帝所亲近信任，并且和他结了姻亲，将朝廷政事交托给他；宇文述去世后，宇文化及又掌管禁卫兵，但他只一个夜晚就在江都作乱反叛，先将不归附自己的人杀掉，臣的家也遭受了灾祸（许敬宗父亲许善心被宇文化及所害），于是大臣苏威、裴矩等人，都兴奋地加入其中，唯恐来不及响应，天明时就将隋室灭亡。这些事还不久远，希望陛下快点决定如何做！"唐高宗命令许敬宗更加仔细调查。第二天，许敬宗又奏告唐高宗说："昨天夜晚韦季方已经承认和长孙无忌一起造反，臣又问韦季方：'长孙无忌和天子是至亲，好几代都受尊宠信任，有什么怨恨而要造反呢？'韦季方回答说：'韩瑗曾经告诉长孙无忌说："柳奭、褚遂良劝说您立梁王为太子，现在梁王被废了，陛下也在疑心您，所以将高履行（长孙无忌舅舅的儿子）外放为官（益州刺史）。"从此以后，长孙无忌就担心害怕，慢慢地做些自我保全的计划。后来看到长孙祥又被外放为官，韩瑗也得罪朝廷，就日夜和韦季方等人计划造反了。'臣查验供词中的情状，全都彼此符合，所以请求陛下收捕他依法究办。"唐高宗又哭泣说："舅舅果然这样做，朕决不忍心杀他，假如杀了他，天下人会说我是怎样的国君，后代人又会说我是怎样的国君呢！"许敬宗回答说："薄昭是汉文帝的舅舅，汉文帝从代地来汉廷即帝位，薄昭也有功劳，所犯的罪只不过是杀人，汉文帝就命令百官穿着丧服到他门前痛哭，逼他自尽，到现在天下人还认为汉文帝是贤明的国君。现在长孙无忌忘记身受两朝的深厚恩典，阴谋改变社稷，他的罪和薄昭是无法相提并论的。幸亏他犯罪的情况已经被发现，叛逆的人自首服法了，陛下犹豫什么，还不快点决定！古人说：'应该决断

资治通鉴

时不决断，反而会遭受到祸乱。'国家安定或危险的机微，其间已经间不容发。长孙无忌是现在的奸雄，和王莽、司马懿那一类人相同；陛下如果再稍微迟延，臣担心变乱立即在身边发生，那时候再懊悔也来不及了！"唐高宗认为很对，竟然不问长孙无忌。戊辰日（二十二日），唐高宗下诏令削夺长孙无忌太尉的官衔和封邑，改为扬州都督，在黔州安置，按一品官供给俸禄。长孙祥是长孙无忌伯父的儿子，从前由工部尚书外放为荆州长史，所以许敬宗用这件事来诬陷长孙无忌。

敬宗又奏："无忌谋逆，由褚遂良、柳奭、韩瑗构扇而成；奭仍潜通宫掖，谋行鸩毒，于志宁亦党附无忌。"于是，诏追削遂良官爵，除奭、瑗名，免志宁官。遣使发道次兵援送无忌诣黔州。无忌子秘书监驸马都尉冲等皆除名，流岭表。遂良子彦甫、彦冲流爱州，于道杀之。益州长史高履行累贬洪州都督。

【译文】许敬宗又上奏说："长孙无忌计划叛逆，是由于褚遂良、柳奭、韩瑗勾结煽动而成的；柳奭仍旧和宫内同党相通，计划下毒，于志宁也结党附和长孙无忌。"唐高宗于是下诏令削夺褚遂良的官爵，除去柳奭、韩瑗的官名，罢免于志宁的官职。派遣使者调动沿路军队接送长孙无忌到黔州。长孙无忌的儿子秘书监驸马都尉长孙冲等人都被除去官名，流放到岭表。褚遂良的儿子褚彦甫、褚彦冲被流放到爱州，在路上被杀。益州长史高履行接连被贬职为洪州都督。

五月，丙申，兵部尚书任雅相、度支尚书卢承庆并参知政事。承庆，思道之孙也。

凉州刺史赵持满，多力善射，喜任侠，其从母为韩瑗妻，其舅驸马都尉长孙铨，无忌之族弟也，铨坐无忌，流巂州。许敬宗恐持满作难，诬云无忌同反，驿召至京师，下狱，讯掠备至，终无异辞，曰："身可杀也，辞不可更！"吏无如之何，乃代为狱辞结奏。戊戌，诛之，尸于城西，亲戚莫敢视。友人王方翼叹曰："栾布哭彭越，义也；文王葬枯骨，仁也。下不失义，上不失仁，不亦可乎！"乃收而葬之。上闻之，不罪也。方翼，废后之从祖兄也。长孙铨至流所，县令希旨杖杀之。

【译文】五月，丙申日（二十日），兵部尚书任雅相、度支尚书卢承庆全都任参知政事。卢承庆是卢思道的孙子。

凉州刺史赵持满，有勇力擅长射箭，喜欢做任侠的行为，他的姨母是韩瑗的妻子，舅舅驸马都尉长孙铨是长孙无忌的堂弟，长孙铨因为长孙无忌犯罪的关系，也被流放到巂州。许敬宗担心赵持满发难反抗，就诬告他和长孙无忌一同谋反，用驿马召他到京师，抓进监狱，讯问拷打都做了，始终没有造反的口供，赵持满说："性命可以不要，口供不可以改！"执法的官吏也无可奈何，就替他编造口供，而向唐高宗奏报。戊戌日（二十二日），赵持满被杀，暴尸在城西，亲戚中没有人敢探视。友人王方翼感叹说："栾布痛哭彭越，是义的表现；文王安葬枯骨，是仁的表现。在下位的臣子不失义，在上位的君王不失仁，这不是很好的现象吗！"王方翼就收赵持满的尸体加以埋葬。唐高宗听说后，也不怪罪他。王方翼是被废的王皇后的同一个曾祖的兄弟。长孙铨到了被流放的地方，县令奉承许敬宗的意思是用杖刑将他打死。

六月，丁卯，诏改《氏族志》为《姓氏录》。

初，太宗命高士廉等修《氏族志》，升降去取，时称允当。至是，许敬宗等以其书不叙武氏本望，奏请改之，乃命礼部郎中礼志约等比类升降，以后族为第一等，其馀悉以仕唐官品高下为准，凡九等。于是，士卒以军功致位五品，豫士流，时人谓之"勋格"。

许敬宗议封禅仪，己巳，奏："请以高祖、太宗俱配昊天上帝，太穆、文德二皇后俱配皇地祇。"从之。

秋，七月，命御史往高州追长孙恩，象州追柳奭，振州追韩瑗，并枷锁诣京师，仍命州县簿录其家。恩，无忌之族弟也。

壬寅，命李勣、许敬宗、辛茂将与任雅相、卢承庆更共覆按无忌事。许敬宗又遣中书舍人袁公瑜等诣黔州，再鞫无忌反状，至则逼无忌令自缢。诏柳奭、韩瑗所至斩决。使者杀柳奭于象州。韩瑗已死，发验而还。籍没三家，近亲皆流岭南为奴婢。常州刺史长孙祥坐与无忌通书，处绞。长孙恩流檀州。

【译文】 六月，丁卯日（二十二日），唐高宗下诏令改《氏族志》为《姓氏录》。

起初，唐太宗命令高士廉等人修撰《氏族志》，氏族等级的升降和废弃添加等，大多十分妥当。这时候，许敬宗等人认为《氏族志》没有记载武氏的本族声望，所以上奏唐高宗请求改正，唐高宗就命礼部郎中孔志约等按类划分氏族等级的高低，将皇后的族姓作为第一等，其他的全部以在唐朝担任官职品位的高低为准，一共分九等。于是士卒们凭借军功得到五品以上的官位，就可以参与士人之流，当时人称之为"勋格"（以功勋的高低作为升降的标准）。

许敬宗谋划封禅的礼仪，己巳日（二十四日），上奏说："请求将高祖、太宗一同和昊天上帝配祭，太穆、文德两位皇后和皇地祇配祭。"唐高宗采纳了他的意见。

秋季，七月，唐高宗命御史前往高州追捕长孙恩，前往象州追捕柳奭，前往振州追捕韩瑗，一起套上枷锁押到京师，又命令州县按簿籍所记收押他们的家人。长孙恩是长孙无忌的堂弟。

壬寅日（二十七日），唐高宗命令李勣、许敬宗、辛茂将和任雅相、卢承庆等一同再重新调查长孙无忌谋反的事。许敬宗又派遣中书舍人袁公瑜等人前往黔州，再度查问长孙无忌谋反的情形，一到就逼长孙无忌自杀。又下诏令将柳奭、韩瑗在任所斩首。使者在象州将柳奭杀了。韩瑗已经死了，发棺验尸后回京复命。抄没长孙无忌、柳奭、韩瑗三家，将他们的近亲都流放到岭南做奴婢。常州刺史长孙祥因为犯了和长孙无忌通书信的罪，被判处绞刑。长孙恩被流放到檀州。

八月，壬子，以普州刺史李义府兼吏部尚书、同中书门下三品。义府既贵，自言本出赵郡，与诸李叙昭穆；无赖之徒藉其权势，拜伏为兄叔者甚众。给事中李崇德初与同谱，及义府出为普州，即除之。义府闻而衔之，及复为相，使人诬构其罪，下狱，自杀。

乙卯，长孙氏、柳氏缘无忌、奭贬降者十三人。高履行贬永州刺史。于志宁贬荣州刺史，于氏贬者九人。自是政归中宫矣。

九月，诏以石、米、史、大安、小安、曹、拔汗那、北拔汗那、悒怛、疏勒、朱驹半等国置州县府百二十七。

【译文】八月，壬子日（初八），唐高宗任命普州刺史李义府兼任吏部尚书、同中书门下三品。李义府宠贵之后，说自己是出生在赵郡，和李氏家族叙列行辈；那些想借助他的权势，而拜他为兄、叔的无赖汉很多。给事中李崇德早先将李义府列入

资治通鉴

88

同一家谱，后来李义府外放为普州刺史，李崇德又将他从家谱中删掉。李义府听说之后，内心衔恨，后来李义府又做了宰相，就派人诬陷李崇德，将他关在监狱，李崇德自杀。

乙卯日（十一日），长孙氏、柳氏因为长孙无忌、柳奭的案件而被贬降职的有十三人。高履行被贬为永州刺史。于志宁被贬为荣州刺史，于氏被贬的有九人。自此以后，一切政事都归到皇后手上。

九月，唐高宗下诏令在石、米、史、大安、小安、曹、拔汗那、北拔汗那、悒怛、疏勒、朱驹半等国设置一百二十七个州县府。

冬，十月，丙午，太子加元服，赦天下。

初，太宗疾山东士人自矜门地，昏姻多责资财，命修《氏族志》例降一等；王妃、主婿皆取勋臣家，不议山东之族。而魏征、房玄龄、李勣家皆盛与为昏，常左右之，由是旧望不减，或一姓之中，更分某房某眷，高下悬隔。李义府为其子求昏不获，恨之，故以先帝之旨，劝上矫其弊。壬戌，诏后魏陇西李宝、太原王琼、荥阳郑温、范阳卢子迁、卢浑、卢辅、清河崔宗伯、崔元孙、前燕博陵崔懿、晋赵郡李楷等子孙，不得自为昏姻，仍定天下嫁女受财之数，毋得受陪门财。然族望为时俗所尚，终不能禁，或载女窃送夫家，或女老不嫁，终不与异姓为昏。其衰宗落谱，昭穆所不齿者，往往反自称禁婚家，益增厚价。

闰月，戊寅，上发京师，令太子监国。太子思慕不已，上闻之，遽召赴行在。戊戌，车驾至东都。

【译文】冬季，十月，丙午日（初三），唐高宗举行太子加冠礼，大赦天下。

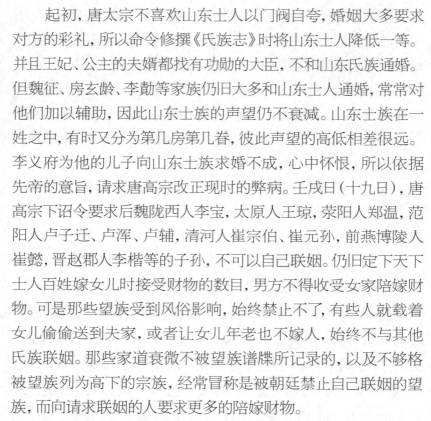

起初，唐太宗不喜欢山东士人以门阀自夸，婚姻大多要求对方的彩礼，所以命令修撰《氏族志》时将山东士人降低一等。并且王妃、公主的夫婿都找有功勋的大臣，不和山东氏族通婚。但魏征、房玄龄、李勣等家族仍旧大多和山东士人通婚，常常对他们加以辅助，因此山东士族的声望仍不衰减。山东士族在一姓之中，有时又分为第几房第几眷，彼此声望的高低相差很远。李义府为他的儿子向山东士族求婚不成，心中怀恨，所以依据先帝的意旨，请求唐高宗改正现时的弊病。壬戌日（十九日），唐高宗下诏令要求后魏陇西人李宝，太原人王琼，荥阳人郑温，范阳人卢子迁、卢浑、卢辅，清河人崔宗伯、崔元孙，前燕博陵人崔懿，晋赵郡人李楷等的子孙，不可以自己联姻。仍旧定下天下士人百姓嫁女儿时接受财物的数目，男方不得收受女家陪嫁财物。可是那些望族受到风俗影响，始终禁止不了，有些人就载着女儿偷偷送到夫家，或者让女儿年老也不嫁人，始终不与其他氏族联姻。那些家道衰微不被望族谱牒所记录的，以及不够格被望族列为高下的宗族，经常冒称是被朝廷禁止自己联姻的望族，而向请求联姻的人要求更多的陪嫁财物。

闰月，戊寅日（初五），唐高宗从京师出发外出，命令太子在朝廷监国。太子很想念唐高宗，唐高宗知道后，就用传车召太子前往他停留的地方。戊戌日（二十五日），唐高宗车驾抵达东都。

十一月，丙午，以许圉师为散骑常侍、检校侍中。

戊午，侍中兼左庶子辛茂将薨。

思结俟斤都曼帅疏勒、朱俱〔波〕、谒般陁三国反，击破于阗。癸亥，以左骁卫大将军苏定方为安抚大使以讨之。

以卢承庆同中书门下三品。

右领军中郎将薛仁贵等与高丽将温沙门战于横山，破之。

苏定方军至业叶水，思结保马头川。定方选精兵万人、骑三千匹驰往袭之，一日一夜行三百里，诘旦，至城下，都曼大惊。战于城外，都曼败，退保其城。及暮，诸军继至，遂围之，都曼惧而出降。

【译文】 十一月，丙午日（初四），唐高宗任命许圉师为散骑常侍、检校侍中。

戊午日（十六日），唐侍中兼左庶子辛茂将去世。

思结俟斤都曼率领疏勒、朱俱波、谒般陁三国造反，击败了于阗。癸亥日（二十一日），唐高宗任命左骁卫大将军苏定方担任安抚大使加以讨伐。

唐高宗任命卢承庆为同中书门下三品。

右领军中郎将薛仁贵等人和高丽将领温沙门在横山作战，击败了温沙门。

苏定方的军队抵达业叶水，思结据守马头川。苏定方挑选精锐士兵一万人、骑兵三千飞驰前往偷袭，一天一夜行军三百里，隔天天亮就到达城下，思结俟斤都曼吓了一跳。两方在城外大战，思结俟斤都曼战败，退守城池。到了黄昏，各路军马陆续赶到，包围了都曼，都曼心中害怕而出城投降。

显庆五年（庚申，公元六六〇年）春，正月，定方献俘于乾阳殿。法司请诛都曼，定方请曰：“臣许以不死，故都曼出降，愿丐其馀生。”上曰：“朕屈法以全卿之信。”乃免之。

甲子，上发东都；二月，辛巳，至并州。三月，丙午，皇后宴亲戚故旧邻里于朝堂，妇人于内殿，班赐有差。诏：“并州妇人年八十以上，皆版授郡君。”

百济恃高丽之援，数侵新罗；新罗王春秋上表求救。辛亥，以左武卫大将军苏定方为神丘道行军大总管，帅左骁卫将军刘伯英等水陆十万以伐百济。以春秋为嵎夷道行军总管，将新罗之众，与之合势。

【译文】显庆五年（庚申，公元660年）春季，正月，苏定方在乾阳殿献上俘虏。执法的有司请求将都曼杀掉。苏定方请求说：“臣答应不杀他，因而都曼才出城投降，请求饶他一命。”唐高宗说：“朕就不按照法令行事，现在就成全你的信诺。”释放了都曼。

甲子日（二十三日），唐高宗离开东都。二月，辛巳日（初十），唐高宗到了并州。三月，丙午日（初五），皇后在朝堂上宴请亲戚、故旧以及邻里。妇人在皇后所居内殿，所赐的官秩都有差别。下诏令说：“年龄八十岁以上的并州妇人，都虚授给郡君之位。”

百济依恃高丽的帮助，好几次进犯新罗；新罗王金春秋呈上奏表向唐室求救。辛亥日（初十），唐高宗任命左武卫大将军苏定方担任神丘道行军大总管，率领左骁卫将军刘伯英等水陆军十万征讨百济，任命金春秋为嵎夷道行军总管，率领新罗的部队，和苏定方等会合。

夏，四月，戊寅，上发并州；癸巳，至东都。五月，作合璧宫。壬戌，上幸合璧宫。

戊辰，以定襄都督阿史德枢宾、左武候将军延陀梯真、居延州都督李合珠并为冷岍道行军总管，各将所部兵以讨叛奚，仍命尚书右丞崔馀庆充使总护三部兵，奚寻遣使降。更以枢宾等为沙砖道行军总管，以讨契丹，擒契丹松漠都督阿卜固送东都。

六月，庚午朔，日有食之。

早午，车驾还洛阳宫。

房州刺史梁王忠，年浸长，颇不自安，或私衣妇人服以备刺客；又数自占吉凶。或告其事，秋，七月，乙巳，废忠为庶人，徙黔州，因于承乾故宅。

丁卯，度支尚书、同中书门下三品卢承庆坐科调失所免官。

【译文】 夏季，四月，丙寅日（四月无此日），唐高宗离开并州。癸巳日（二十三日），唐高宗到达东都。五月，下令建造合璧宫。壬戌日（二十二日），唐高宗到达合璧宫。

戊辰日（二十八日），唐高宗任命定襄都督阿史德枢宾、左武候将军延陀梯真、居延州都督李合珠一起担任冷岍道行军总管，各自率领所属部众来征讨叛乱的奚人，又命令尚书右丞崔馀庆监护三路兵马，奚人不久就派遣使者投降。唐高宗又任命阿史德枢宾等人担任沙砖道行军总管，来讨伐契丹，生擒了契丹松漠都督阿卜固送回东都。

六月，庚午朔日（初一），出现日食。

甲午日（二十五日），唐高宗车驾返回洛阳宫。

房州刺史梁王李忠，慢慢长大，内心非常不安定，有时甚至私下穿着妇人衣服防备刺客；又多次占卜吉凶。有人将梁王李忠的事告诉唐高宗，秋季，七月，乙巳日（初六），唐高宗将梁王李忠废为庶人，迁徙到黔州，李忠被囚禁在李承乾原来住的地方。

丁卯日（二十八日），度支尚书、同中书门下三品卢承庆因犯了调派失策的罪而被罢免官职。

八月，吐蕃禄东赞遣其子起政将兵击吐谷浑，以吐谷浑内附故也。

苏定方引军自成山济海，百济据熊津江口以拒之。定方进击破之，百济死者数千人，馀皆溃走。定方水陆齐进，直趣其都城。未至二十馀里，百济倾国来战，大破之，杀万馀人，追奔，入其郭。百济王义慈及太子隆逃于北境，定方进围其城；义慈次子泰自立为王，帅众固守。隆子文思曰："王与太子皆在，而叔遽拥兵自王，借使能却唐兵，我父子必不全矣。"遂师左右逾城来降，百姓皆从之，泰不能止。定方命军士登城立帜，泰窘迫，开门请命。于是，义慈、隆及诸城主皆降。百济故有五部，分统三十七郡、二百城、七十六万户，诏以其地置熊津等五都督府，以其酋长为都督、刺史。

【译文】八月，吐蕃禄东赞派遣儿子起政率领军队攻打吐谷浑，这是因为吐谷浑归附唐朝。

苏定方率军从成山渡海，百济固守熊津江口进行防御。苏定方击败了百济，百济死亡的有数千人，剩下的都溃败逃走。苏定方从水陆齐头并进，一直攻向百济的都城。距离都城二十几里时，百济调动全国军民作战，苏定方大败百济，杀死一万多人，追逐逃脱的人，进入城郭。百济王义慈和太子隆逃往北方边境，苏定方进一步包围都城。义慈的次子泰自封为王，率领众人固守都城。太子隆的儿子文思说："大王和太子都还在，可是叔叔突然拥兵自封为王，就算能够打退唐兵，我们父子也一定会被杀。"文思就带领亲近的士卒越过都城投降，百姓都跟随他前来，泰禁止不了。苏定方命令军士爬上城墙插上旗帜，泰很无奈，只好打开城门请求投降。于是义慈、隆和所有城主全都投降了。百济原有五部，分别统领三十七郡、二百座城池、七十六万户，唐高宗下令在百济设置熊津等五个都督府（另四个为马韩、东明、金连、德安），任命他们的酋长担任都督、刺史。

壬午，左武卫大将军郑仁泰将兵讨思结、拔也固、仆骨、同罗四部，三战皆捷，追奔百馀里，斩其酋长而还。

冬，十月，上初苦风眩头重，目不能视，百司奏事，上或使皇后决之。后性明敏，涉猎文史，处事皆称旨。由是始委以政事，权与人主侔矣。

【译文】壬午日（十四日），左武卫大将军郑仁泰带领军队征讨思结、拔也固、仆骨、同罗四个部落，三次作战都大胜，追逐敌人一百多里，将他们的酋长斩杀了才撤军。

冬季，十月，唐高宗起先因为头部昏眩沉重，十分痛苦；眼睛也看不见，官吏奏报政事，唐高宗有时就让皇后决定。皇后聪慧敏捷，又阅读过文史，所以处断政事很迎合唐高宗旨意。从此开始将政事委托给皇后处理，皇后的权力和唐高宗一样了。

【乾隆御批】壸内稍预外事，尚不免司农之索，况尽委以政柄乎？自来女宠为患，虽褒、妲不至若此之甚。发明谓"唐室之祸高宗自祸"之立论诚当。盖自隔日视事以后，积怠生疲，遂至不振。履霜坚冰其所由来渐矣。

【译文】后宫的人稍稍干预朝政，还免不了有"牝鸡司晨"的议论，更何况将全部政治权力都委托给皇后呢？自古以来，女子受宠会成为社稷的祸患，可即使是褒姒、妲己也不至于如此过分。发明说"唐朝的祸患就是高宗自己酿成的"的观点，确实恰当。因为高宗从开始隔日上朝以后，逐渐怠惰成习，产生厌烦，疏于朝政，再不能振作。本应当看到苗头就提前警戒，却由此开始，形成了不能振作的局面。

十一月，戊戌朔，上御则天门楼，受百济俘，自其王义慈以下皆释之。苏定方前后灭三国，皆生擒其主。赦天下。

甲寅，上幸许州。十二月，辛未，畋于长社。己卯，还东都。

壬午，以左骁卫大将军契苾何力为浿江道行军大总管，左武卫大将军苏定方为辽东道行军大总管，左骁卫将军刘伯英为平壤道行军大总管，蒲州刺史程名振为镂方道总管，将兵分道击高丽。青州刺史刘仁轨坐督海运覆船，以白衣从军自效。

【译文】十一月，戊戌朔日（初一），唐高宗到达则天门楼，接收百济的俘虏，从百济王义慈以下全都加以释放。苏定方前后一共消灭三个国家，都生擒了他们的国君（分别是贺鲁、都曼、义慈）。唐高宗大赦天下。

甲寅日（十七日），唐高宗到达许州。十二月，辛未日（初五），唐高宗在长社打猎。己卯日（十三日），唐高宗回到东都。

壬午日（十六日），唐高宗任命左骁卫大将军契苾何力担任浿江道行军大总管，左武卫大将军苏定方担任辽东道行军大总管，左骁卫将军刘伯英担任平壤道行军大总管，蒲州刺史程名振担任镂方道总管，率领部队分头攻打高丽。青州刺史刘仁轨坐镇督导海上运输时，因为船只倾覆失职被免官，就以普通人的身份从军效力。

龙朔元年（辛酉，公元六六一年）春，正月，乙卯，募河南北、淮南六十七州兵，得四万四千馀人，诣平壤、镂方行营。戊午，以鸿胪卿萧嗣业为夫馀道行军总管，帅回纥等诸部兵诣平壤。

二月，乙未晦，改元。

三月，丙申朔，上与群臣及外夷宴于洛城门，观屯营新教之舞，谓之《一戎大定乐》。时上欲亲征高丽，以象用武之势也。

【译文】 龙朔元年（辛酉，公元661年）春季，正月，乙卯日（十九日），唐高宗招募黄河南北、淮河以南六十七州的兵员，得到四万四千多人，到达平壤、镂方的营房。戊午日（二十二日），唐高宗任命鸿胪卿萧嗣业担任未徐道的行军总管，率领回纥等各部的兵员抵达平壤。

二月，乙未晦日（三十日），唐高宗改年号为龙朔。

三月，丙申朔日（初一），唐高宗和群臣以及外国人在洛城门举行宴会，观赏军营里新教的歌舞，命名为《一戎大定乐》。那时候唐高宗要亲自出征高丽，以表示对敌人动用武力的威势。

初，苏定方即平百济，留郎将刘仁愿镇守百济府城，又以左卫中郎将王文度为熊津都督，抚其徐众。文度济海而卒，百济僧道琛、故将福信聚众据周留城，迎故王子丰于倭国而立之，引兵围仁愿于府城。诏起刘仁轨检校带方州刺史，将王文度之众，便道发新罗兵以救仁愿。仁轨喜曰："天将富贵此翁矣！"于州司请《唐历》及庙讳以行，曰："吾欲扫平东夷，颁大唐正朔于海表！"仁轨御军严整，转斗而前，所向皆下。百济立两栅于熊津江口，仁轨与新罗兵合击，破之，杀溺死者万徐人。道琛等乃释府城之围，退保任存城；新罗粮尽，引还。道琛自称领军将军，福信自称霜岑将军，招集徒众，其势益张。仁轨众少，与仁愿合军，休息士卒。上表诏新罗出兵，新罗王春秋奉诏，遣其将金钦将兵救仁轨等，至古泗，福信邀击，败之。钦自葛岭道遁还新罗，不敢复出。福信寻杀道琛，专总国兵。

【译文】起初，苏定方平定百济之后，留下郎将刘仁愿镇守百济府城，又任命左卫中郎将王文度担任熊津的都督，安抚百济剩余的群众。王文度刚渡过海就死了，百济的和尚道琛、从前的大将福信聚合了众人固守周留城，自倭国迎接从前的太子丰立为王，率领军队在府城将刘仁愿包围了。唐高宗下令刘仁轨担任检校（检阅考核之意，正官外之加官，位高于正官）带方州刺史，率领王文度的部队，找便路调动新罗的兵众，援救刘仁愿。刘仁轨高兴地说："老天要让我这老头子富贵了！"刘仁轨向州司请领了《唐历》和宗庙名号带走，说："我要扫平东夷，将大唐的历法颁布到海外！"刘仁轨带兵严厉整齐，在各地辗转作战前进，所到的地方都攻克了。百济在熊津江口设下两个栅寨，刘仁轨和新罗军队一起进攻，击败了百济，被杀以及溺死的百济士卒有一万多人。道琛就解除了府城的包围，后退据守任存城。新罗粮食已经用尽，只好率军返回。道琛自称领军将军，福信自称霜岑将军，召集徒众，势力更加强大。刘仁轨的兵众少，所以和刘仁愿的军队会合，让士卒暂时休息。唐高宗下令新罗出动军队，新罗王金春秋接受诏令，派遣将军金钦率军援救刘仁轨等人，到了古泗，福信突然袭击，金钦被他击败，从葛岭逃回新罗，不敢再出兵。福信不久杀死道琛，独自统率全国军队。

夏，四月，丁卯，上幸合璧宫。

庚辰，以任雅相为浿江道行军总管，契苾何力为辽东道行军总管，苏定方为平壤道行军总管，与萧嗣业及诸胡兵凡三十五军，水陆分道并进。上欲自将大军继之；癸巳，皇后抗表谏亲征高丽；诏从之。

六月，癸未，以吐火罗、嚈哒、罽宾、波斯等十六国置都督府八，州七十六，县一百一十，军府一百二十六，并隶安西都护府。

秋，七月，甲戌，苏定方破高丽于浿江，屡战皆捷，遂围平壤城。

【译文】夏季，四月，丁卯日（初三），唐高宗到了合璧宫。

庚辰日（十六日），唐高宗任命任雅相担任浿江道行军总管，契苾何力担任辽东道行军总管，苏定方担任平壤道行军总管，和萧嗣业以及胡人军队一共三十五军，从水陆两路分途前进。唐高宗要亲自率领大军作为后援。癸巳日（二十九日），皇后上表劝止唐高宗亲征高丽；唐高宗下诏接受了。

六月，癸未日（十九日），唐高宗将吐火罗、嚈哒、罽宾、波斯等十六个国家，设置为八个都督府、七十六州、一百一十县、一百二十六个军府，全都隶属安西都护府。

秋季，七月，甲戌日（七月无此日），苏定方在浿江击败了高丽，多次作战都获得胜利，包围了平壤城。

九月，癸巳朔，特进新罗王春秋卒；以其子法敏为乐浪郡王、新罗王。

壬子，徙潞王贤为沛王。贤闻王勃善属文，召为修撰。勃，通之孙也。时诸王斗鸡，勃戏为《檄周王鸡文》。上见之，怒曰：“此乃交构之渐。”斥勃出沛府。

高丽盖苏文遣其子男生以精兵数万守鸭绿水，诸军不得度。契苾何力至，值冰大合，何力引众乘冰渡水，鼓噪而进，高丽大溃，追奔数十里，斩首三万级，馀众悉降，男生仅以身免。会有诏班师，乃还。

【译文】 九月，癸巳朔日（初一），特进新罗王金春秋去世；唐高宗封他的儿子金法敏为乐浪郡王、新罗王。

壬子日（二十日），唐高宗改封潞王李贤为沛王。李贤听说王勃擅长写文章，召他担任修撰。王勃是王通的孙子。当时那些王侯盛行斗鸡，王勃就用游戏笔墨写了一篇《檄周王鸡文》。唐高宗看见这篇文章之后，就生气地说："这会慢慢使人相互构陷。"就贬斥王勃离开沛王府。

高丽盖苏文派遣他的儿子男生，带领几万的精兵守住鸭绿江，使得大唐军队无法过江。契苾何力到达后，恰好冰雪凝固，契苾何力带领兵众利用凝冰渡过鸭绿江，击鼓呐喊前进，高丽大败，契苾何力追逐敌人几十里，斩杀敌人三万人，高丽其他的士卒都投降了，只剩男生脱逃。恰好唐高宗下令回师，契苾何力就率军返回。

【乾隆御批】 高宗之斥王勃似矣，然于斗鸡作檄知为交构之渐，而大酺分明角戏，自导以争门之。端明于此而暗于彼，非蔽而何？然此犹其失德之小者耳。

【译文】 高宗斥责王勃的这件事似乎是对的，但是在斗鸡之事上作檄文，高宗知道这是互相陷害的开始，而自己却在大宴饮时，把乐队分成两部分，让雍王与周王各带领一部分，互相比赛胜负来取乐，自己造成双方争斗的开端。他明白这件事却不明白那件事，这不是糊涂又是什么？然而这还是高宗过失小的方面罢了。

冬，十月，丁卯，上畋于陆浑；戊申，又畋于非山；癸酉，还宫。

回纥酋长婆闰卒，侄比粟毒代领其众，与同罗、仆固犯边，诏左武卫大将军郑仁泰为铁勒道行军大总管，燕然都护刘审礼、左武卫将军薛仁贵为副，鸿胪卿萧嗣业为仙萼道行军总管，右屯卫将军孙仁师为副，将兵讨之。审礼，德威之子也。

【译文】冬季，十月，丁卯日（初五），唐高宗在陆浑打猎；戊申日（初六），唐高宗又在非山打猎；癸酉日（十一日），唐高宗回宫。

回纥酋长婆闰去世，他的侄儿比粟毒接替他统领部众，和同罗、仆固一起进犯边境，唐高宗下令任命左武卫大将军郑仁泰担任铁勒道行军大总管，燕然都护刘审礼、左武卫将军薛仁贵担任副大总管，鸿胪卿萧嗣业担任仙萼道行军总管，右屯卫将军孙仁师担任副总管，率领军队征讨回纥。刘审礼是刘德威的儿子。

龙朔二年（壬戌，公元六六二年）春，正月，辛亥，立波斯都督卑路斯为波斯王。

二月，甲子，改百官名：以门下省为东台，中书省为西台，尚书省为中台；侍中为左相，中书令为右相，仆射为匡政，左、右丞为肃机，尚书为太常伯，侍郎为少常伯；其馀二十四司、御史台、九寺、七监、十六卫，并以义训更其名，而职任如故。

甲戌，浿江道大总管任雅相薨于军。雅相为将，未尝奏亲戚故吏从军，皆移所司补授，谓人曰："官无大小，皆国家公器，岂可苟便其私！"由是军中赏罚皆平，人服其公。

戊寅，左骁卫将军白州刺史沃沮道总管庞孝泰与高丽战于蛇水之上，军败，与其子十三人皆战死。苏定方围平壤久不下，会大雪，解围而还。

【译文】 龙朔二年（壬戌，公元662年）春季，正月，辛亥日（二十一日），唐高宗封波斯都督卑路斯为波斯王。

二月，甲子日（初四），唐朝改变百官的名称：将门下省改为东台，中书省为西台，尚书省为中台；侍中为左相，中书令为右相，仆射为匡政，左、右丞相为肃机，尚书为太常伯，侍郎为少常伯；其他的二十四司、御史台、九寺、七监、十六卫，都按照官名意义的解释而改变名称，但掌管的职责仍旧照常。

甲戌日（十四日），江道大总管任雅相在军中去世。任雅相身为将领，从没有向朝廷奏报他自己的亲戚和从前的部属来随军任职，反而将他们移交给掌管的官吏授予他们官职，他对人说："官位不分大小，都是国家公有的职位，怎么能够苟且方便自己的私欲呢？"从此军队里的赏罚都十分公平，大家都佩服任雅相的公正。

戊寅日（十八日），左骁卫将军白州刺史沃沮道总管庞孝泰和高丽在蛇水上交战，结果战败，和他的儿子十三人全都战死了。苏定方包围平壤很久，却久攻不下，恰好天下大雪，只好解除包围撤军。

三月，郑仁泰等败铁勒于天山。

铁勒九姓闻唐兵将至，合众十馀万以拒之，选骁健者数十人挑战，薛仁贵发三矢，杀三人，馀皆下马请降。仁贵悉坑之，度碛北，击其馀众，获叶护兄弟三人而还。军中歌之曰："将军三箭定天山，壮士长歌入汉关。"

思结、多滥葛等部落先保天山，闻仁泰等将至，皆迎降；仁泰等纵兵击之，掠其家以赏军士。虏相帅远遁，将军杨志追之，为虏所败。候骑告仁泰：“虏辎重在近，往可取也。”仁泰将轻骑万四千，倍道赴之，遂逾大碛，至仙萼河，不见虏，粮尽而还。值大雪，士卒饥冻，弃捐甲兵，杀马食之，马尽，人自相食，比入塞，馀兵才八百人。

【译文】三月，郑仁泰等人在天山将铁勒打败。

铁勒九姓部族听闻唐兵就要来了，集合十几万士卒对抗，挑选骁勇健壮的士卒几十个人向唐兵挑战，薛仁贵发射三箭，杀死三个人，其余的都下马请求投降。薛仁贵将其全部坑杀。唐军越过沙漠北方，攻打铁勒剩余部众，俘虏叶护兄弟三人班师回朝。军队中为此歌唱说：“将军三箭定天山，壮士长歌入汉关。”

思结、多滥葛等部落先据守天山，听说郑仁泰等人将要到达，都投降了；郑仁泰放纵士卒加以攻打，劫夺他们的财物来奖赏士卒。敌虏只好相率远遁，将军杨志派军追击，被敌虏所击败。侦候的骑兵告诉郑仁泰说：“敌人的辎重车就在附近，可以前往攻取。”郑仁泰率领轻便骑兵一万四千人，兼程赶路，越过大沙漠，到达仙萼河，看不到敌虏，粮食用尽只好返回。恰好天下大雪，士卒又冷又饿，丢弃甲衣武器，杀马吃，马被吃光，再吃人肉，等到进入边塞，剩余的士卒只剩八百人。

军还，司宪大夫杨德裔劾奏：“（文）〔仁〕泰等诛杀已降，使虏逃散，不抚士卒，不计资粮，遂使骸骨蔽野，弃甲资寇。自圣朝开创以来，未有如今日之丧败者。仁贵于所监临，贪淫自恣，虽矜所得，不补所丧。并请付法司推科。”诏以功赎罪，皆释之。

以右骁卫大将军契苾何力为铁勒道安抚使，左卫将军姜恪副之，以安辑其馀众。何力简精骑五百，驰入九姓中，虏大惊，何力乃谓曰："国家知汝皆胁从，赦汝之罪，罪在酋长，得之则已。"其部落大喜，共执其叶护及设、特勒等二百馀人以授何力，何力数其罪而斩之，九姓遂定。

甲午，车驾发东都；辛亥，幸蒲州；夏，四月，庚申朔，至京师。

【译文】军队返回之后，司宪大夫杨德裔弹劾奏报说："郑仁泰等人杀死已经投降的士卒，使得敌虏逃亡分散，不安抚士卒，也没有计算清楚粮食物资，使得尸骸遍野，丢弃了甲衣武器，助长敌人力量。从圣明的朝廷开创以来到现在，从没有遭受到像今天这样的沮丧挫败。薛仁贵在监临的职位上，贪淫放纵自己，虽然自夸所得功劳，但实际上却弥补不了损失。请求将他们一起加以推问而判处应得之罪。"唐高宗下令以功劳偿赎他们所犯的罪，将他们都释放了。

唐高宗任命右骁卫大将军契苾何力担任铁勒道安抚使，左卫将军姜恪担任副安抚使，来安抚召集剩下的部众。契苾何力挑选精良的骑兵五百人，飞驰进入九姓当中，敌虏大为惊恐，契苾何力就对他们说："朝廷知晓你们都是受胁迫才反抗的，因此要赦免你们的罪，一切的罪都在酋长一人身上，只要抓到酋长，一切事情都可以解决。"各部落十分高兴，一起将叶护和设、特勒等二百多人抓起来交给契苾何力，契苾何力数说他们的罪过而杀死他们，九姓从此安定下来。

甲午日（初五），唐高宗车驾从东都出发。辛亥日（二十二日），唐高宗到达蒲州。夏季，四月，庚申朔日（初一），唐高宗到达京师。

辛巳，作蓬莱宫。

五月，丙申，以许圉师为左相。

六月，乙丑，初令僧、尼、道士、女官致敬父母。

秋，七月，戊子朔，赦天下。

丁巳，熊津都督刘仁愿、带方州刺史刘仁轨大破百济于熊津之东，拔真岘城。

【译文】辛巳日（二十二日），唐朝建筑蓬莱宫。

五月，丙申日（初八），唐高宗任命许圉师为左相。

六月，乙丑日（初七），唐朝首次命令和尚、尼姑、道士、女官要孝敬父母。

秋季，七月，戊子朔日（初一），唐高宗大赦天下。

丁巳日（三十日），熊津都督刘仁愿、带方州刺史刘仁轨在熊津的东面大败百济，攻克真岘城。

初，仁愿、仁轨等屯熊津城，上与之敕书，以“平壤军回，一城不可独固，宜拔就新罗。若金法敏借卿留镇，宜且停彼；若其不须，即宜泛海还也。”将士咸欲西归。仁轨曰：“人臣徇公家之利，有死无贰，岂得先念其私！主上欲灭高丽，故先诛百济，留兵守之，制其心腹；虽馀寇充斥而守备甚严，宜砺兵秣马，击其不意，理无不克。既捷之后，士卒心安，然后分兵据险，开张形势，飞表以闻，更求益兵。朝廷知其有成，必命将出师，声援才接，凶丑自歼。非直不弃成功，实亦永清海表。今平壤之军既还，熊津又拔，则百济馀烬，不日更兴，高丽逋寇，何时可灭！且今以一城之地居敌中央，苟或动足，即为擒虏，纵入新罗，亦为羁客，脱不如意，悔不可追。况福信凶悖残虐，君臣猜离，行相屠戮；正宜坚守观变，乘便取之，不可动也。”众从之。时百济王丰与福信等以仁愿等孤城无援，遣使谓之曰："大使等何时西还，当遣相送。"仁愿、仁轨知其无备，忽出击之，拔其支罗城及尹城、大山、沙井等栅，杀获甚众，分兵守之。福信等以真岘城险要，加兵守之。仁轨伺其稍懈，引新罗兵夜傅城下，攀草而上，比明，入据其城，遂通新罗运粮之路。仁愿乃奏请益兵，诏发淄、青、莱、海之兵七千人以赴熊津。

【译文】起初，刘仁愿、刘仁轨等人屯驻在熊津城，唐高宗给他敕书："平壤的军队已经返回，只剩熊津一城，不可能单独保全，应当开拔军队前往新罗。假如金法敏借重你，要你留下驻守，你就留在新罗。假如无须留下，就泛海回朝吧！"将士们也都要向西返回朝廷。刘仁轨说："人臣为了国家的利益，只有为国而死没有贰心，怎么可以先想到个人的私欲？陛下要消灭高丽，因而先诛灭百济，并且留下部队守御，控制住心腹要地；虽然剩余的敌寇到处充斥并且守备森严，只要我们磨好武器，喂饱马匹，做好准备，趁他们不注意的时候进攻，按理说没有不能攻克的。等到战胜之后，士卒内心安定，然后再分散军队，固守住险要，将有利的形势先设置好，再用快表向陛下报告，再请求多派军队。朝廷知道我们有了成就，必定会命令将军出动军队，只要援军一到，凶恶的敌人自然就会被歼。这样做不只是不放弃成功的机会，而且可以使海外的反抗永远消除。现在平壤的军队已然返回，熊津的部队又要离开，那么百济反抗的余力，就好比余烬，没有几天就会再次燃烧，而高丽那些逃亡的敌寇，什么时候才能够消灭呢？况且现在因为熊津城处于中央，假如有所行动，马上就会被生擒俘虏，纵使进入新罗，也是羁旅之客，万一发生不如意的事情，再懊悔也来不及了。再加上福信凶恶悖理、凶残暴虐，君臣相互猜疑叛离，彼此屠杀；我们正好可以坚

资治通鉴

守城池，等待变化，利用便利机会攻取，还是不离开熊津城较好。"众人都接受了。那时百济王丰和福信等人认为刘仁愿等人固守孤城没有后援，就派遣使者对他们说："大使们什么时候要返回西方的朝廷，我们会派人送你们。"刘仁愿、刘仁轨知道对方没有防备，就突然出兵攻打，攻克百济的支罗城和尹城、大山、沙井等栅寨，杀死和俘虏的敌人很多，然后分散兵力加以固守。福信等人认为真岘城形势险要，增派军队防卫。刘仁轨等待他们稍稍松懈时，引导新罗的士兵在夜晚靠近城下，攀着墙边草木，爬上城墙，等到天一亮，就入城占据了真岘城，打通了新罗运输粮食的道路。刘仁愿又向朝廷奏请增派军队。唐高宗下令征召淄、青、莱、海等地的士卒七千人前往熊津。

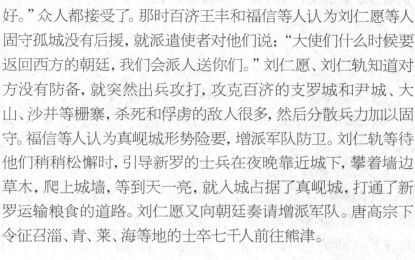

福信专权，与百济王丰浸相猜忌。福信称疾，卧于窟室，欲俟丰问疾而杀之。丰知之，帅亲信袭杀福信，遣使诣高丽、倭国乞师以拒唐兵。

【译文】 福信专权独断，和百济王丰慢慢产生猜忌。福信借口生病，躲在房中，要等待百济王丰前来问候他的病情时，杀了百济王。百济王丰知道后，带领亲信袭击，杀了福信，派遣使者前往高丽、倭国乞求增援，抵抗唐兵。

资治通鉴卷第二百一　唐纪十七

起玄黓阉茂八月，尽上章困敦，凡八年有奇。

【译文】起壬戌（公元662年）八月，止庚午（公元670年），共八年五个月。

【题解】 本卷记录了公元662年八月至670年的史事，共八年又五个月，正当唐高宗龙朔二年至咸亨元年。这一时期是唐高宗李治执政的中期，其个人事业达到了顶峰，具体表现在两个方面：一是对内颁布《麟德历》，完成了上泰山祭天，改元乾封，又完善了科举制度；二是对外征服了百济，高丽，这是隋炀帝、唐太宗两朝皇帝都没有完成的事业，因此是唐高宗最大的骄傲。此时期，也是唐高宗由明转昏的一个转折点，最突出的事件是唐高宗冤杀上官仪，屈从武则天，导致武则天由幕后走上前台，垂帘听政，此后帝后共同临朝掌政，人们称他们为"二圣"，唐高宗逐渐成为傀儡。

高宗天皇大圣大弘孝皇帝中之上

龙朔二年（壬戌，公元六六二年）八月，壬寅，以许敬宗为太子少师、同东西台三品、知西台事。

九月，戊寅，初令八品、九品衣碧。

冬，十月，丁酉，上幸骊山温汤，太子监国；丁未，还宫。

庚戌，西台侍郎陕人上官仪同东西台三品。

癸丑，诏以四年正月有事于泰山，仍以来年二月幸东都。

【译文】 龙朔二年（壬戌，公元662年）八月，壬寅日（十六日），唐高宗任命许敬宗为太子少师、同东西台三品、掌管西台事。

九月，戊寅日（二十二日），唐朝首次命令八品、九品的官吏穿青绿色衣服。

冬季，十月，丁酉日（十一日），唐高宗到达骊山温泉，由太子监理朝政。丁未日（二十一日），唐高宗回宫。

庚戌日（二十四日），唐西台侍郎陕人上官仪担任同东西台三品。

癸丑日（二十七日），唐高宗下诏令在四年正月时，在泰山举行祭事，仍旧在来年二月到东都。

左相许圉师之子奉辇直长自然，游猎犯人田，田主怒，自然以鸣镝射之。圉师杖自然一百而不以闻。田主诣司宪讼之，司宪大夫杨德裔不为治。西台舍人袁公瑜遣人易姓名上封事告之，上曰："圉师为宰相，侵陵百姓，匿而不言，岂非作威作福！"圉师谢曰："臣备位枢轴，以直道事陛下，不能悉允众心，故为人所攻讦。至于作威福者，或手握强兵，或身居重镇；臣以文吏，奉事圣明，惟知闭门自守，何敢作威福！"上怒曰："汝恨无兵邪！"许敬宗曰："人臣如此，罪不容诛。"遂令引出。诏特免官。

癸酉，立皇子旭轮为殷王。

【译文】 左相许圉师的儿子奉辇直长许自然，在游猎时侵犯了别人的田地，田地主人十分生气，许自然就用响箭射他。许圉师将儿子许自然杖打一百下，不向朝廷禀告。田主到司宪衙门起诉，执掌法令的司宪大夫杨德裔不按律办理。西台舍人袁公瑜派人更改姓名，呈上封事告到唐高宗那里，唐高宗说："许圉师身为宰相，儿子侵夺欺凌百姓，却隐匿不向朝廷报告，这不是乱用权势、横行霸道吗？"许圉师谢罪说："臣忝为中枢一分子，用正直之道侍奉陛下，不能让所有人称心满意，所以才被别人攻击。至于说乱用权势、横行霸道的人，是那些手中掌握兵权，或身担重大职任的人；臣不过是个掌管文物的官吏，专心侍奉圣明的君主，只知道闭门修身养性，怎么敢乱用权势、横行霸道？"唐高宗生气地说："你是在怨恨没有兵权吗？"许敬宗说："身为人臣，干出这种事，杀了也抵偿不了他的罪过。"就命人将许圉师带出依法论办。唐高宗下诏令特赦，罢免了他的官位。

癸酉日（十月无此日），唐高宗立皇子李旭轮为殷王。

十二月，戊申，诏以方讨高丽、百济，河北之民，劳于征役，其封泰山、幸东都并停。

毗海总管苏海政受诏讨龟兹，敕兴昔亡、继往绝二可汗发兵与之俱。至兴昔亡之境，继往绝素与兴昔亡有怨，密谓海政曰："弥射谋反，请诛之。"时海政兵才数千，集军吏谋曰："弥射若反，我辈无噍类，不如先事诛之。"乃矫称敕，令大总管赍帛数万段赐可汗及诸酋长，兴昔亡帅其徒受赐，海政悉收斩之。其鼠尼施、拔塞干两部亡走，海政与继往绝追讨，平之。军还，至疏勒南，弓月部复引吐蕃之众来，欲与唐兵战；海政以师老不敢战，以军资赂吐蕃，约和而还。由是诸部落皆以兴昔亡为冤，各有离心。继往绝寻卒，十姓无主，有阿史那都支及李遮匐收其馀众附于吐蕃。

是岁，西突厥寇庭州，刺史来济将兵拒之，谓其众曰："吾久当死，幸蒙存全以至今日，当以身报国！"遂不释甲胄，赴敌而死。

【译文】十二月，戊申日（二十三日），唐高宗下诏令因为正在征讨高丽、百济，河北的百姓，苦于征召作战和力役，取消到泰山祭祀和巡幸东都。

　　<ruby>洇</ruby>海道总管苏海政接受诏令征讨龟兹，下令兴昔亡、继往绝两位可汗调动军队和苏海政一同前往。到了兴昔亡可汗境内，继往绝可汗一向和兴昔亡可汗有仇怨，就秘密地对苏海政说："兴昔亡可汗阿史那弥射计划造反，请杀掉他。"那时苏海政的军队只有几千人，就召集军中官吏计划说："阿史那弥射假如反叛，我们将没有活路，不如先将他杀掉。"就伪造唐高宗的命令，让大总管拿着数万段的布帛赐给兴昔亡可汗和各部落酋长，兴昔亡可汗率领徒众接受，苏海政将他们全数扣留斩杀。其中有鼠尼施、拔塞干两个部落逃走，苏海政和继往绝可汗追赶讨伐，加以平定。军队返回，到了疏勒南，弓月部再引来吐蕃的部众，要和唐兵交战。苏海政因为军队长久在外，不敢和吐蕃交战，就用军事物资贿赂吐蕃，订好和约才返回。从此以后，各部落都认为兴昔亡可汗受了冤枉，都有背叛的心理。继往绝可汗不久就去世了，十姓没有主人，后来阿史那都支和李遮匐的招募西突厥剩下的部众，附属于吐蕃。

　　这一年，西突厥进犯庭州，刺史来济率领军队抵抗，他对部众说："我本来早就应该死了，不但很庆幸还能够活到今日，我要用自己的生命来报答国家。"所以没脱甲胄，前往作战，最后战死。

　　龙朔三年（癸亥，公元六六三年）春，正月，左武卫将军郑仁泰讨铁勒叛者馀种，悉平之。

　　乙酉，以李义府为右相，仍知选事。

二月，徙燕然都护府于回纥，更名瀚海都护；徙故瀚海都护于云中古城，更名云中都护。以碛为境，碛北州府皆隶瀚海，碛南隶云中。

三月，许圉师再贬虔州刺史，杨德裔以阿党流庭州，圉师子文思、自然并免官。

右相河间郡公李义府典选，恃中宫之势，专以卖官为事，铨综无次，怨讟盈路，上颇闻之，从容谓义府曰："卿子及婿颇不谨，多为非法，我尚为卿掩覆，卿宜戒之！"义府勃然变色，颈、颊俱张，曰："谁告陛下？"上曰："但我言如是，何必就我索其所从得邪！"义府殊不引咎，缓步而去。上由是不悦。

【译文】 龙朔三年（癸亥，公元663年）春季，正月，左武卫大将军郑仁泰征讨铁勒造反的余部，全部加以平定。

乙酉日（正月无此日），唐高宗任命李义府担任右相，仍旧掌管选举人才的事。

二月，唐朝将燕然都护府迁徙到回纥，改名为瀚海都护府；将从前的瀚海都护府迁徙到云中古城，改名为云中都护府。以大漠为边界，大漠以北的州府都隶属瀚海都护府，大漠以南都隶属云中都护府。

三月，许圉师再度被贬为虔州刺史，杨德裔因为和许圉师结党营私而被流放到庭州，许圉师的儿子许文思、许自然都被免官。

右相河间郡公李义府掌理选用人才之事，依恃皇后的势力，大肆卖官鬻爵，铨叙取用不按照次序，使得怨声载道，唐高宗好几次听到，就对李义府说："你的儿子和女婿们做事十分不谨慎，做了许多非法的事，我还为你掩盖，你应当戒惧警惕啊！"李义府立马生气起来，脸色突变，脖子和脸上的筋都暴起来了, 说: "是谁告诉陛下的? " 唐高宗说: "只要我说的是对的, 何必向我询问是谁告诉我的! " 李义府却不引咎告罪, 只是慢慢走出去。唐高宗从此就不再喜欢李义府。

望气者杜元纪谓义府所居第有狱气, 宜积钱二十万缗以厌之, 义府信之, 聚敛尤急。义府居母丧, 朔望给哭假, 辄微服与元纪出城东, 登古冢, 候望气色, 或告义府窥觇灾眚, 阴有异图。又遣其子右司议郎津召长孙无忌之孙延, 受其钱七百缗, 除延司津监, 右金吾仓曹参军杨行颖告之。夏, 四月, 乙丑, 下义府狱, 遣司刑太常伯刘祥道与御史、详刑共鞫之, 仍命司空李勣监焉。事皆有实。戊子, 诏义府除名, 流巂州; 津除名, 流振州; 诸子及婿并除名, 流庭州。朝野莫不称庆。

或作河间道行军元帅刘祥道破铜山大贼李义府露布, 膀之通衢。义府多取人奴婢, 及败, 各散归其家, 故其露布云: "混奴婢而乱放, 各识家而竞入。"

【译文】 会看云气辨吉凶的杜元纪说李义府所住的宅第有监狱造成的怨气, 应当积满二十万缗的钱加以压制, 李义府相信了, 开始大肆聚敛钱财。李义府为母亲守丧, 朝廷在初一、十五给他丧假, 他经常穿着便服和杜元纪一起从城东出发, 爬上古墓, 观望云气, 有人告李义府偷偷窥测灾异, 暗中有所图谋。又派遣他的儿子右司议郎李津招来长孙无忌的孙子长孙延, 收受七百缗钱的贿赂, 任命长孙延为司津监, 右金吾仓曹参军杨行颖告到朝廷。夏季, 四月, 乙丑日(四月无此日), 唐高宗将李义府关进监狱, 派遣司刑太常伯(刑部尚书)刘祥道和御史、详刑(大理)一同审理, 仍旧命令司空李勣监察。结果事情都有确凿的证据。戊子日(初五), 唐高宗下令除掉李义府官名，流放到巂州；儿子李津除掉官名，流放到振州；其他儿子和女婿们都被除掉官名，流放到庭州。朝廷和民间没有不庆祝的。

有人制作了河间道行军元帅刘祥道击破铜山大贼李义府的捷报，贴在通衢大道上。李义府夺取许多人家的奴婢，等到李义府倒台时，奴婢们各自分散，返回家中，所以捷报上说："奴婢们混杂在一起，每个人都寻找自己家，抢着回去。"

乙未，置鸡林大都督府于新罗国，以金法敏为之。

丙午，蓬莱宫含元殿成，上始移仗居之，更命故宫曰西内。戊申，始御紫宸殿听政。

五月，壬午，柳州蛮酋吴君解反；遣冀州长史刘伯英、右武卫将军冯士翙发岭南兵讨之。

吐蕃与吐谷浑互相攻，各遣使上表论曲直，更来求援；上皆不许。

【译文】乙未日（十二日）唐朝在新罗国设置鸡林大都督府，任命金法敏担任都督。

丙午日（二十三日），蓬莱宫含元殿修建完成，唐高宗开始迁移仪仗到那里住，将故宫改称西内。戊申日（二十五日），唐高宗开始到紫宸殿听理政事。

五月，壬午日（三十日），柳州蛮酋长吴君解造反。唐高宗派遣冀州长史刘伯英、右武卫将军冯士翙从岭南调动军队加以讨伐。

吐蕃和吐谷浑相互攻伐，各自派遣使者上表朝廷，请求裁断曲直，并请求援助。唐高宗都没有答应。

吐谷浑之臣素和贵有罪，逃奔吐蕃，具言吐谷浑虚实，吐蕃发兵击吐谷浑，大破之，吐谷浑可汗曷钵与弘化公主帅数千帐弃国走依凉州，请徙居内地。上以凉州都督郑仁泰为青海道行军大总管，帅右武卫将军独狐卿云、辛文陵等分屯凉、鄯二州，以备吐蕃。六月，戊申，又以左武卫大将军苏定方为安集大使，节度诸军，为吐谷浑之援。

吐蕃禄东赞屯青海，遣使者论仲琮入见，表陈吐谷浑之罪，且请和亲。上不许，遣左卫郎将刘文祥使于吐蕃，降玺书责让之。

秋，八月，戊申，上以海东累岁用兵，百姓困于征调，士卒战溺死者甚众，诏罢三十六州所造船，遣司元太常伯窦德玄等分诣十道，问人疾苦，黜陟官吏。德玄，毅之曾孙也。

【译文】吐谷浑的大臣素和贵犯了罪，逃亡到吐蕃，将吐谷浑的军备虚实强弱都向吐蕃说了，吐蕃调动军队攻打吐谷浑，大败吐谷浑，吐谷浑可汗曷钵和弘化公主带领好几千毡帐徒众，弃国逃走，前往投奔凉州，请求迁徙到内地。唐高宗任命凉州都督郑仁泰担任青海道行军大总管，带领右武卫将军独孤卿云、辛文陵等人，分兵屯驻在凉州、鄯州，防备吐蕃的进攻。六月，戊申日（二十六日），唐高宗又任命左武卫大将军苏定方担任安集大使，节制调度各路兵马，作为吐谷浑的援助。

吐蕃禄东赞屯驻在青海，派遣使者论仲琮入朝见唐高宗，上表陈述吐谷浑的罪过，并且请求和唐室和亲，唐高宗没有答应。派遣左卫郎将刘文祥出使吐蕃，颁下玺书加以责备。

秋季，八月，戊申日（二十七日），唐高宗因为辽东地区接连几年战争，百姓被赋役所困，士兵因战争而死的也很多，就下令免除三十六州建造船只的任务，派遣司元太常伯窦德玄等人分别巡视十个地方，慰问百姓生活疾苦，并且黜退或陟升官吏。窦德玄是窦毅的曾孙。

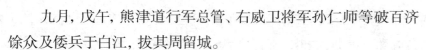

九月，戊午，熊津道行军总管、右威卫将军孙仁师等破百济馀众及倭兵于白江，拔其周留城。

初，刘仁愿、刘仁轨既克真岘城，诏孙仁师将兵浮海助之。百济王丰南引倭人以拒唐兵。仁师与仁愿、仁轨合兵，势大振。诸将以加林城水陆之冲，欲先攻之，仁轨曰："加林险固，急攻则伤士卒，缓之则旷日持久。周留城，虏之巢穴，群凶所聚，除恶务本，宜先攻之，若克周留，诸城自下。"于是，仁师、仁愿与新罗王法敏将陆军以进，仁轨与别将杜爽、抚馀隆将水军及粮船自熊津入白江，以会陆军，同趣周留城。遇倭兵于白江口，四战皆捷，焚其舟四百艘，烟炎灼天，海水皆赤。百济王丰脱身奔高丽，王子忠胜、忠志等帅众降，百济尽平，唯别帅迟受信据任存城，不下。

【译文】九月，戊午日（初八），熊津道行军总管、右威卫将军孙仁师等人在白江击败了百济剩余的徒众和倭国军队，攻克周留城。

起初，刘仁愿、刘仁轨攻克真岘城后，唐高宗下诏令命孙仁师率领军队，从海上出发，帮助刘仁愿、刘仁轨。百济王丰从南方引导倭人抵抗唐兵。孙仁师、刘仁愿、刘仁轨会合部队，声势大振。各位将领认为加林城位于水路、陆路的要冲，要先攻打加林城，刘仁轨说："加林城形势险要坚固，急速进攻的话会损伤士卒，慢攻的话却要花费很长时间。而周留城是敌人的巢穴，是众多元凶集聚的地方，要除去恶人务必干净，最好先进攻，倘若攻下周留，所有城市就可攻克。"于是孙仁师、刘仁愿和新罗王法敏率领陆军前进，刘仁轨和其余的将军杜爽、抚馀隆率领水军和粮船，从熊津进入白江，和陆军会师，一同攻向周留城。在白江口遇到倭国军队，四次作战都获得胜利，烧毁对方四百艘船，火焰烧红天空，海水都变成赤色。百济王丰脱身逃跑到高丽，王子忠胜、忠志带领众人投降，百济全部平定，只有别帅迟受信据守任存城，不愿归降。

初，百济西部人黑齿常之，长七尺馀，骁勇有谋略，仕百济为达率兼郡将，犹中国刺史也。苏定方克百济，常之帅所部随众降。定方絷其王及太子，纵兵劫掠，壮者多死。常之惧，与左右十馀人遁归本部，收集亡散，保任存山，结栅以自固，旬月间归附者三万馀人。定方遣兵攻之，常之拒战，唐兵不利；常之复取二百馀城，定方不能克而还。常之与别部将沙吒相如各据险以应福信，百济既败，皆帅其众降。刘仁轨使常之、相如自将其众，取任存城，仍以粮仗助之。孙仁帅曰："此属兽心，何可信也！"仁轨曰："吾观二人皆忠勇有谋，敦信重义；但向者所托，未得其人，今正是其感激立效之时，不用疑也。"遂给其粮仗，分兵随之，攻拔任存城，迟受信弃妻子，奔高丽。

【译文】起初，百济西部有个名叫黑齿常之的人，身高有七尺多，勇敢而且懂得权谋兵略，在百济做官，官衔是达率兼郡将，和中原的刺史相同。苏定方攻克百济时，黑齿常之率领部众投降大唐。苏定方将百济王和太子拘缚起来，放纵军队抢掠劫夺，年壮的人大多死掉。黑齿常之十分害怕，和身边的十几个人逃回部队，招募逃亡分散的士卒，据守任存山，结好栅栏，一月之内，归附他的约有三万多人。苏定方派遣士卒进攻，黑齿常之抵抗到底，唐兵失利，黑齿常之又攻克两百多个城。苏定方久攻不下，只好撤军。黑齿常之和他的部将沙吒相如每人据守险要地区来呼应福信，百济失利之后，他们都带领部众投降。刘仁轨命令黑齿常之、沙吒相如率领部众，攻打任存城，仍然用粮食、器仗资助他们。孙仁师说："这些人内心像禽兽，怎么能够相信呢？"刘仁轨说："我看他们两个人都忠勇有谋略，看重信义；只因为从前他们所托付的，不是合适的人，现在正是他们感激立功的时候，不用怀疑。"于是给他们粮食、器仗，分派士卒跟随他们，攻克了任存城。迟受信丢弃妻子儿女，逃奔高丽。

诏刘仁轨将兵镇百济，召孙仁帅、刘仁愿还。百济兵火之馀，比屋凋残，僵尸满野。仁轨始命瘗骸骨，籍户口，理村聚，署官长，通道涂，立桥梁，补堤堰，复陂塘，课耕桑，赈贫乏，养孤老，立唐社稷，颁正朔及庙讳；百济大悦，阖境各安其业。然后修屯田储糗粮，训士卒，以图高丽。

刘仁愿至京师，上问之曰："卿在海东，前后奏事，皆合机宜，复有文理。卿本武人，何能如是？"仁愿曰："此皆刘仁轨所为，非臣所及也。"上悦，加仁轨六阶，正除带方州刺史，为筑第长安，厚赐其妻子，遣使赍玺书劳勉之。上官仪曰："仁轨遭黜削而能尽忠，仁愿秉节制而能推贤，皆可谓君子矣！"

【译文】唐高宗下诏令命刘仁轨率领部队镇守百济，召孙仁师、刘仁愿回朝。百济遭受战火之后，家家凋敝破败，到处是尸骸，刘仁轨下令掩埋尸骸、登记户口，修整村落，署置官长，开通道路，修建桥梁，补葺堤堰，修复陂塘，劝课耕种，赈济贫乏，抚养孤儿老人，建立大唐社稷，颁下正朔和庙讳；百济上下大为高兴，全国境内百姓都安心从事各自的行业。然后修好屯田，蓄积粮草，训练士卒，图谋攻打高丽。

刘仁愿回到京师,唐高宗问他说:"你在辽东地区,前后所陈奏的事情,都十分合宜,而且又有文理。你本是个武人,怎么能写得这样好?"刘仁愿说:"这些都是刘仁轨做的,臣是做不来的。"唐高宗十分高兴,加刘仁轨六阶,正式任命他担任带方州刺史,为刘仁轨在长安建造宅第,厚赐刘仁轨妻子儿女,派遣使者带着玺书勉励慰劳他。上官仪说:"刘仁轨遭受罢黜削夺官位,仍旧能够尽忠于朝廷,刘仁愿执掌节制之权,而能够举荐贤人,都可以说是君子!"

冬,十月,辛巳朔,诏太子每五日于光顺门内视诸司奏事,其事之小者,皆委太子决之。

十二月,庚子,诏改来年元。

壬寅,以安西都护高贤为行军总管,将兵击弓月以救于阗。

是岁,大食击波斯、拂菻,破之;南侵婆罗门,吞灭诸胡,胜兵四十馀万。

【译文】冬季,十月,辛巳朔日(初一),唐高宗下令太子每隔五天在光顺门内视察各部有司所上奏的事情,比较小的事情都交给太子决定。

十二月,庚子日(二十一日),唐高宗下诏改明年年号为麟德。

壬寅日(二十三日),唐高宗任命安西都护高贤担任行军总管,率领军队攻打弓月援救于阗。

这一年,大食攻打波斯、拂菻,全都击败了。又向南侵犯婆罗门,吞并灭亡了各胡族,军队增加到四十几万人。

麟德元年(甲子,公元六六四年)春,正月,甲子,改云中都护府为单于大都护府，以殷王旭轮为单于大都护。

初，李靖破突厥，迁三百帐于云中城，阿史德氏为其长。至是，部落渐众，阿史德氏诣阙，请如胡法立亲王为可汗以统之。上召见，谓曰："今之可汗，古之单于也。"故更为单于都护府，而使殷王遥领之。

二月，戊子，上行幸万年宫。

夏，四月，壬子，卫州刺史道孝王元庆薨。

丙午，魏州刺史郇公孝协坐赃，赐死。司宗卿陇西王博义等奏孝协父叔良死王事，孝协无兄弟，恐绝嗣。上曰："画一之法，不以亲疏异制，苟害百姓，虽皇太子亦所不赦。孝协有一子，何忧乏祀乎！"孝协竟自尽于第。

【译文】麟德元年（甲子，公元664年）春季，正月，甲子日（十六日），唐朝将云中都护府改为单于大都护府，任命殷王李旭轮担任单于大都护。

起初，李靖击败突厥，将三百毡帐迁到云中城，阿史德氏是各帐的酋长。从此以后，部落逐渐增加，阿史德氏觐见朝廷，请求像对待胡人一样，立亲王为可汗加以统治。唐高宗召见阿史德氏，对他说："现在的可汗，就是古代的单于。"所以改名为单于都护府，并且让殷王遥任都护。

二月，戊子日（初十），唐高宗到了万年宫。

夏季，四月，壬子日（四月无此日），卫州刺史道孝王李元庆去世。

丙午日（二十九日），魏州刺史郇公李孝协犯贪污罪，被赐自杀。司宗卿陇西王李博义上奏李孝协父亲李叔良为朝廷而死的往事（李叔良在唐高祖时，攻打突厥被流矢所中而死），李孝协没有兄弟，可能断绝子嗣。唐高宗说："法令是一视同仁的，不因为亲疏远近而有所不同,假如伤害到百姓,就是皇太子也不能赦免。李孝协有一个儿子,何必担心没有子孙祭祀呢?"李孝协最后还是在宅第里自杀了。

五月,戊申朔,遂州刺史许悼王孝薨。

乙卯,于昆明之弄栋川置姚州都督府。

秋,七月,丁未朔,诏以三年正月有事于岱宗。

八月,丙子,车驾还京师,幸旧宅,留七月;壬午,还蓬莱宫。

丁亥,以司列太常伯刘祥道兼右相,大司宪窦德玄为司元太常伯、检校左相。

【译文】五月,戊申朔日(初一),唐遂州刺史许悼王李孝去世。

乙卯日(初八),唐朝在昆明的弄栋川设置姚州都督府。

秋季,七月,丁未朔日(初一),唐高宗下诏令在三年正月时,将在岱宗(泰山)举行祭祀之事。

八月,丙子日(初一),唐高宗返回京师,抵达旧居的住宅,留住七天。壬午日(初七),唐高宗回到蓬莱宫。

丁亥日(十二日),唐高宗任命司列太常伯刘祥道兼任右相,大司宪窦德玄担任司元太常伯、检校左相。

冬,十月,庚辰,检校熊津都督刘仁轨上言:"臣伏睹所存戍兵,疲羸者多,勇健者少,衣服贫敝,唯思西归,无心展效。臣问以'往在海西,见百姓人人应募,争欲从军,或请自办衣粮,谓之"义征",何为今日士卒如此?'咸言:'今日官府与曩时不同,人心亦殊。曩时东西征役,身没王事,并蒙敕使吊祭,追赠官爵。或以死者官爵回授子弟,凡度辽海者,皆赐勋一转。自显庆五年以来，征人屡经渡海，官不记录，其死者亦无人谁何。州县每发百姓为兵，其壮而富者，行钱参逐，皆亡匿得免；贫者身虽老弱，被发即行。顷者破百济及平壤苦战，当是时，将帅号令，许以勋赏，无所不至；及达西岸，惟闻枷锁推禁，夺赐破勋，州县追呼，无以自存，公私困弊，不可悉言。以是昨发海西之日已有逃亡自残者，非独至海外而然也。又，本因征役勋级以为荣宠；而比年出征，皆使勋官挽引，劳苦与白丁无殊，百姓不愿从军，率皆由此。'臣又问：'曩日士卒留镇五年，尚得支济，今尔等始经一年，何为如此单露？'咸言：'初发家日，惟令备一年资装；今已二年，未有还期。'臣检校军士所留衣，今冬仅可充事，来秋以往，全无准拟。陛下留兵海外，欲殄灭高丽。百济、高丽，旧相党援，倭人虽远，亦共为影响，若无镇兵，还成一国。今既资戍守，又置屯田，所借士卒同心同德，而众有此议，何望成功！自非有所更张，厚加慰劳，明赏重罚以起士心，若止如今日已前处置，恐师众疲老，立效无日。逆耳之事，或无人为陛下尽言，故臣披露肝胆，昧死奏陈。"

【译文】冬季，十月，庚辰日（初六），检校熊津都督刘仁轨上奏唐高宗说："臣看到目前戍边的士卒，大多疲老羸弱，勇敢健壮的很少，衣服也都破烂，只想返回家乡，没有心思建立功业，报效朝廷。臣问他们：'从前在家乡时，看到百姓人人都响应招募，抢着要从军，有人甚至还自己准备衣物粮食，称为"义征"，为什么今天会变成这样？'他们都说：'现在的官府和从前不同，人心也不一样。从前不管往东或往西征战，为朝廷牺牲时，都蒙受陛下派遣使者吊慰哀祭，追赠官爵给死者，或者将死者的官爵转授给死者的子弟，凡是渡过辽海的士卒，都赏给一级功勋。从显庆五年以来，征战的士卒多次渡海出征，官吏都不记录他们的功勋，死亡的也没有人问是谁，为什么而死。州县每次招募百姓当兵，年壮而有钱的，设法用钱财贿赂，都可以逃避而免掉征召；贫困的人虽然体弱衰老，一被征召就要出发。最近击败百济和平壤是经过艰苦作战的，当时将帅颁下命令，将按照功勋来进行奖赏并向士卒许诺，士卒的要求都答应了；等到到了西岸，却只听闻拘留、推问、囚禁犯人，夺回赏赐，撤销爵勋，州县追捕呼喝，使得士卒们无法存活，公家和私人方面所受到的疲敝困窘，无法说得完。因此昨天从海西出发时，已经有逃亡或者自我伤残的士卒，不只是到海外才这样。并且士卒都将战胜获得勋爵当作荣耀尊宠；但每年出征时，都让有功勋的士卒挽引舟车，所受的劳苦和平民一样，百姓不愿从军，大抵是为了这些。'臣又问：'从前士卒留守五年，还能够支持度过，现在你们不过一年罢了，为什么衣装变得这么单薄破败？'他们都说：'刚从家里出发时，只命令准备一年的衣服物资；现在已经两年了，却没有返回的日期。'臣检查士卒所留下的衣物，今年冬天尚可以应付，来年秋天以后，全没有准备好。陛下留下这些人在海外，要消灭高丽。高丽从前就和百济相互结党支援，倭国人距离虽然遥远，也互相支持，假如没有坐镇的军队，还是会成为独立的一国。现在既然凭借这些兵力戍守，又设置屯田制度，所要依赖的，是士卒们的戮力同心，但目前士卒却有这种不满的言语，怎么能够期望成功？必须改变以前做法，加以慰劳，阐明奖赏加重刑罚，振奋士卒的情绪，假如只像今天之前一样的做法，恐怕士卒部众疲惫衰老，不可能建立功业。这些不顺听的话，可能没有人向陛下讲说清楚，所以臣将内心披露在陛下眼前，冒死向陛下陈述。"

上深纳其言,遣右威卫将军刘仁愿将兵渡海以代旧镇之兵,仍敕仁轨俱还。仁轨谓仁愿曰:"国家悬军海外,欲以经略高丽,其事非易。今收获未毕,而军吏与士卒一时代去,军将又归;夷人新服,众心未安,必将生变。不如且留旧兵,渐令收获,办具资粮,节级遣还;军将且留镇抚,未可还也。"仁愿曰:"吾前还海西,大遭谗谤,云吾多留兵众,谋据海东,几不免祸。今日唯知准敕,岂敢擅有所为!"仁轨曰:"人臣苟利于国,知无不为,岂恤其私!"乃上表陈便宜,自请留镇海东,上从之。仍以扶馀隆为熊津都尉,使招辑其馀众。

初,武后能屈身忍辱,奉顺上意,故上排群议而立之;及得志,专作威福,上欲有所为,动为后所制,上不胜其忿。有道士郭行真,出入禁中,尝为厌胜之术,宦者王伏胜发之。上大怒,密召西召侍郎、同东西台三品上官仪议之。仪因言:"皇后专恣,海内所不与,请废之。"上意亦以为然,即命仪草诏。

【译文】唐高宗十分认同他的建议,派遣右威卫将军刘仁愿带兵渡海,替代原来镇守的士兵,仍然敕令刘仁轨一同返回朝廷。刘仁轨对刘仁愿说:"国家派军在海外,是要攻打高丽,事情并不容易。现在农田的收割还没有完结,而军吏和士卒一下子全部替换离开,军中将领也要回去。夷人最近刚刚臣服,众人的内心还没有安定下来,必定会生变故。不如暂且留下原有的士兵,慢慢地命令他们收割完毕,准备物资、粮食,按等级派遣回返;军中将领暂且留下坐镇安抚,不能马上返回。"刘仁愿说:"我从前返回海西,大受诽谤,说我留下许多士兵部众,阴谋占据海东,差点大祸临头。现在我只知道依照陛下敕令去做,怎么敢擅自有所作为?"刘仁轨说:"为人臣子,假如对国家有利的事，知道了没有不做的，还担心什么个人遭遇！"就呈上奏表陈述对国家方便有利之事，请求留下镇守海东，唐高宗接受了。仍然任命扶馀隆担任熊津都尉，命令他招募剩余的部众。

起初，武后能够委屈自己，忍受耻辱，奉承顺应唐高宗心意，所以唐高宗排除众人的异议，立她为后；她得志之后，专门作威作福，唐高宗要有所作为，一有行动就被武后所压制，唐高宗内心禁不住愤怒。有个道士郭行真，在宫禁中出入，曾经用咒诅之术要伤害唐高宗，宦者王伏胜将事情揭发。唐高宗十分生气，暗中召来西台侍郎、同东西台三品上官仪一同讨论。上官仪就说："皇后专权恣纵，为海内之士所不赞成，请求废掉后位。"唐高宗心里认为很对，就命令上官仪起草诏令。

左右奔告于后，后遽诣上自诉。诏草犹在上所，上羞缩不忍，复待之如初；犹恐后怨怒，因绐之曰："我初无此心，皆上官仪教我。"仪先为陈王谘议，与王伏胜俱事故太子忠，后于是使许敬宗诬奏仪、伏胜与忠谋大逆。十二月，丙戌，仪下狱，与其子庭芝、王伏胜皆死，籍没其家。戊子，赐忠死于流所。右相刘祥道坐与仪善，罢政事，为司礼太常伯，左肃机郑钦泰等朝士流贬者甚众，皆坐与仪交通故也。

自是上每视事，则后垂帘于后，政无大小皆与闻之。天下大权，悉归中宫，黜陟、生杀，决于其口，天子拱手而已，中外谓之二圣。

太子右中护、检校西台侍郎乐彦玮、西台侍郎孙处约并同东西台三品。

【译文】近侍将消息告诉了皇后，皇后突然造访唐高宗表达自己清白。起草的诏令还在唐高宗处，唐高宗羞怯畏缩不忍

125

废皇后之位，所以又像开始一样对待皇后；又担心皇后生气怨恨，就骗她说："我原本没有废后位的心思，都是上官仪教我的。"上官仪原先替陈王谋议，和王伏胜一同侍奉从前的太子李忠，皇后于是指使许敬宗诬奏上官仪、王伏胜和李忠计划谋反。十二月，丙戌日（十三日），上官仪被判下狱，和他的儿子上官庭芝、王伏胜都被害死，抄没他们全家。戊子日（十五日），唐高宗赐李忠在流放的黔州自杀。右相刘祥道因为和上官仪关系亲厚，被废掌理政事的权力，改为司礼太常伯，左肃机郑钦泰等朝廷士人被流放贬退的有很多，都因为和上官仪有交往。

资治通鉴

从此以后，唐高宗每次处理政事，皇后就垂帘听政，无论政事的大小，皇后都参与处置。决定天下事的大权，全部落到皇后手里，黜降、陟升、杀生的选择，由皇后决定，中外都认为唐室有两位天子。

太子右中护、检校西台侍郎乐彦玮、西台侍郎孙处约一同被任命为同东西台三品。

【乾隆御批】 密策废后，此何等事，岂有左右之奔告尚不能禁而可图成者？高宗羞缩受制，庸懦不夫至此，又岂特失臣之议所能罄其恶哉？

【译文】 高宗秘密策划废除皇后，这是多么重要的事，哪有连身边的告密者都不能禁止却能够谋取大事的呢？唐高宗羞涩畏缩，被武后所牵制，平庸懦弱，没有大丈夫的气概到了这种地步，又岂止是失去大臣扶持的讥讽就能写尽他的罪过呢？

麟德二年（乙丑，公元六六五年）春，正月，丁卯，吐蕃遣使入见，请复与吐谷浑和亲，仍求赤水地畜牧，上不许。

二月，壬午，车驾发京师，丁酉，至合璧宫。

上语及隋炀帝，谓侍臣曰："炀帝拒谏而亡，朕常以为戒，虚心求谏；而竟无谏者，何也？"李勣对曰："陛下所为尽善，群臣无得而谏。"

三月，甲寅，以兼司戎太常伯姜恪同东西台三品。恪，宝谊之子也。

辛未，东都乾元殿成。闰月，壬申朔，车驾至东都。

疏勒弓月引吐蕃侵于阗。敕西州都督崔知辩、左武卫将军曹继叔将兵救之。

【译文】麟德二年（乙丑，公元665年）春季，正月，丁卯日（二十四日），吐蕃派遣使者入宫见唐高宗，请求再和吐谷浑和好结亲，仍然请求划赤水地给他们放牧，唐高宗没有答应。

二月，壬午日（初十），唐高宗车驾从京师出发。丁酉日（二十五日），唐高宗到达合璧宫。

唐高宗谈到隋炀帝，对身边侍臣说："隋炀帝拒绝劝告而灭亡，朕经常引以为戒，愿意虚心听取臣子的劝告，但竟然没有劝告朕的人，为什么呢？"李勣回答说："陛下所作所为都十分完善，群臣没有可进谏的。"

三月，甲寅日（十二日），唐高宗任命兼司戎太常伯姜恪为同东西台三品。姜恪是姜宝谊的儿子。

辛未日（二十九日），东都乾元殿修建完成。闰月，壬申朔日（初一），唐高宗车驾到东都。

疏勒弓月引导吐蕃攻打于阗，唐高宗下令西州都督崔知辩、左武卫将军曹继叔率领军队加以救援。

夏，四月，戊辰，左侍极陆敦信检校右相；西台侍郎孙处约、太子右中护、检校西台侍郎乐彦玮并罢政事。

秘阁郎中李淳风以傅仁均《戊寅历》推步浸疏，乃增损刘焯《皇极历》，更撰《麟德历》；五月，辛卯，行之。

秋，七月，己丑，兖州都督邓康王元裕薨。

上命熊津都尉扶馀隆与新罗王法敏释去旧怨；八月，壬子，同盟于熊津城。刘仁轨以新罗、百济、耽罗、倭国使者浮海西还，会祠泰山，高丽亦遣太子福男来侍祠。

冬，十月，癸丑，皇后表称"封禅旧仪，祭皇地祇，太后昭配，而令公卿行事，礼有未安，至日，妾请帅内外命妇奠献。"诏："禅社首以皇后为亚献，越国太妃燕氏为终献。"壬戌，诏："封禅坛所设上帝、后土位，先用藁秸、陶匏等，并宜改用茵褥、罍爵，其诸郊祀亦宜准此。"又诏："自今郊庙享宴，文舞用《功成庆善之乐》，武舞用《神功破陈之乐》。"

【译文】夏季，四月，戊辰日（二十七日），左侍极陆敦信任检校右相；西台侍郎孙处约、太子右中护检校西台侍郎乐彦玮一起被罢废掌理政事的权力。

秘阁郎中李淳风认为傅仁均的《戊寅历》推算天文错误越来越多，就增删刘焯的《皇极历》，重新撰写《麟德历》；五月，辛卯日（二十日），唐朝正式采用施行。

秋季，七月，己丑日（十九日），唐兖州都督邓康王李元裕去世。

唐高宗命令熊津都尉扶馀隆和新罗王金法敏消除从前的仇怨；八月，壬子日（十三日），双方在熊津城订立同盟。刘仁轨令新罗、百济、耽罗、倭国派出使者渡海前往西方，在泰山会合祭祠，高丽也遣送太子福男前来陪侍祭祠。

冬季，十月，癸丑日（十五日），皇后上表说："旧有的封禅礼仪，祭祀皇地祇时，用太后配祭，而命令公卿按此行事，但对礼来说是有所不妥的，到那天，妾请求带领内外命妇参与祭奠献酒。"唐高宗下诏令说："封禅祭祀时先以皇后为亚献，越国太妃燕氏为终献。"壬戌日（二十四日），唐高宗下诏令："封禅时坛台所设置的上帝、后土神位，从前所用的是枯干禾秸、陶器等，现在应当改用重席被褥和酒器，其他郊祀也应当按此办理。"又下诏说："从现在开始郊庙享神宴会时，文舞采用《功成庆善之乐》，武舞采用《神功破阵之乐》"

　　丙寅，上发东都，从驾文武仪仗，数百里不绝。列营置幕，弥亘原野。东自高丽，西至波斯、乌长诸国朝会者，各帅其属扈从，穹庐毳幕，牛羊驼马，填咽道路。时比岁丰稔，米斗至五钱，麦、豆不列于市。

　　十一月，戊子，上至濮阳，窦德玄骑从。上问："濮阳谓之帝丘，何也？"德玄不能对。许敬宗自后跃马而前曰："昔颛顼居此，故谓之帝丘。"上称善。敬宗退，谓人曰："大臣不可以无学；吾见德玄不能对，心实羞之。"德玄闻之，曰："人各有能有不能，吾不强对以所不知，此吾所能也。"李勣曰："敬宗多闻，信美矣；德玄之言亦善也。"

　　【译文】丙寅日（二十八日），唐高宗从东都出发，陪从唐高宗车驾的文武百官仪仗，绵延不绝。列置的营幕，弥漫遍布原野。东面从高丽，西面到达波斯、乌长等国，朝见唐高宗的使者，各自带领部属随从唐高宗，搭建毡帐居住，牛、羊、骆驼、马匹等，堵塞道路。当时每年谷类丰收，一斗米便宜到只值五个钱，麦、豆多到不列置在市场上。

　　十一月，戊子日（二十日），唐高宗到达濮阳，窦德玄骑马跟随。唐高宗问他说："濮阳称为帝丘，为什么？"窦德玄回答不出。许敬宗从后面跃马到唐高宗面前说："从前颛顼帝住在这里，因而称为帝丘。"唐高宗说好。许敬宗后退，对人说："大臣不能没有学问；我看到窦德玄回答不出，心里实在感到羞愧。"窦德玄听到后说："每个人各有他能做和不能做的，我不勉强回答我所不知晓的事，这就是我能做的事。"李勣说："许敬宗见闻广，实在很好；但窦德玄的说法也不错。"

资治通鉴

　寿张人张公艺九世同居，齐、隋、唐皆旌表其门。上过寿张，幸其宅，问所以能共居之故，公艺书"忍"字百馀以进。上善之，赐以缣帛。

　十二月，丙午，车驾至齐州，留十日。丙辰，发灵岩顿，至泰山下，有司于山南为圆坛，山上为登封坛，社首山上为降禅方坛。

　【译文】 寿张人张公艺九代共同居住一起，齐、隋、唐时都表彰过他的门闾。唐高宗经过寿张，到了张公艺的住宅，询问他能够九代共住的缘故，张公艺书写一百多"忍"字呈进给唐高宗。唐高宗十分赞赏，赐给他缣帛。

　十二月，丙午日（初九），唐高宗车驾到了齐州，停留十天。丙辰日（十九日），唐高宗从灵岩顿出发，抵达泰山脚下，有司在山的南面修建了圆坛，山上是登上封土祭天的祭坛，社首山上面是下山禅祭于地的方形祭坛。

　【乾隆御批】 大臣不可无学，谓其能明于古今得失，资考镜而成致泽耳。若寻常记诵考订，以备顾问，持文人润色余事，何足为重？且古今事物繁赜，不知亦复何损？敬宗偶忆旧闻，辄尔矜诩，既形德元之短，又俨然以大臣自居，心术不端，丑态毕露，不自知其可鄙耳。

【译文】 大臣不可以没有学问，这是说他能明白古今的得失，能以古为镜成就大业。但如果他的学问仅限于普通的默记背诵、考核订正，以此防备别人偶然询问，拿文人修饰文字那点小技能，又哪里值得重用？况且，古今事物，复杂深奥，对一些繁事冗节不知道又有什么损失呢？许敬宗不过是偶尔回忆起一段旧闻，就过分夸耀，既要显露出窦德玄的短处，自己又俨然以大臣自居，居心不良，丑态毕露，他自己却不知道，多让人看不起呀。

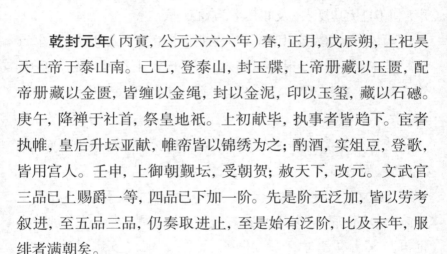

乾封元年(丙寅，公元六六六年) 春，正月，戊辰朔，上祀昊天上帝于泰山南。己巳，登泰山，封玉牒，上帝册藏以玉匮，配帝册藏以金匮，皆缠以金绳，封以金泥，印以玉玺，藏以石礉。庚午，降禅于社首，祭皇地祇。上初献毕，执事者皆趋下。宦者执帷，皇后升坛亚献，帷帟皆以锦绣为之；酌酒，实俎豆，登歌，皆用宫人。壬申，上御朝觐坛，受朝贺；赦天下，改元。文武官三品已上赐爵一等，四品已下加一阶。先是阶无泛加，皆以劳考叙进，至五品三品，仍奏取进止，至是始有泛阶，比及末年，服绯者满朝矣。

【译文】 乾封元年（丙寅，公元666年）春季，正月，戊辰朔日（初一），唐高宗在泰山南面祭祀昊天上帝。己巳日（初二），唐高宗登上泰山，用玉板封禅，将上帝的册书用玉匮收藏，配祭的皇帝的册书用金匮收藏，都拿金绳加以缠绕，用金屑涂饰封面，再印上玉玺，以石箧收藏起来。庚午日（初三），唐高宗下山禅祭于社首，祭祀皇地祇。唐高宗初献完毕，身边执事的人都退下。宦者拉着帘幕，皇后升上祭坛次献，帷帐帘幕都用锦绣做成；敬酒，装填俎豆，登坛歌舞，都用宫中的人。壬申日（初五），唐高宗驾临朝觐的坛台，接受祝贺；大赦天下，改年号为乾封。文、武官三品以上都赐爵位一等，四品以下官员加一阶。从前官阶是不随便加封的，都是按照功劳考核叙次，一升到五品三品，就奏报天子，由天子决定加或不加，从现在起官阶才有不按照功劳加封的情形；到了末后几年，穿红色服饰（四品五品之官）的官吏就充塞朝廷了。

时大赦，惟长流人不听还，李义府忧愤发病卒。自义府流窜，朝士日忧其复入，及闻其卒，众心乃安。

丙戌，车驾发泰山；辛卯，至曲阜，赠孔子太师，以少牢致祭。癸未，至亳州，谒老君庙，上尊号曰太上玄元皇帝。丁丑，至东都，留六日；甲申，幸合璧宫；夏，四月，甲辰，至京师，谒太庙。

庚戌，左侍极兼检校右相陆敦信以老疾辞职，拜大司成，兼左侍极，罢政事。

【译文】 当时大赦天下，只有长久流放的人不能返回，李义府内心羞愤，病亡。从李义府被流放开始，朝廷士人每天都担心他再次入朝为官，后来听闻他死了，众人内心才安定。

丙戌日（十九日），唐高宗车驾从泰山出发；辛卯日（二十四日）唐高宗到达曲阜，以太师官职赠孔子，再用少牢祭祀孔子。癸未日（十六日），唐高宗到达亳州，谒见老君庙，尊称老君为太上玄元皇帝。丁丑日（初十），唐高宗到达东都，停留六天；甲申日（十七日），唐高宗入合璧宫；夏季，四月，甲辰日（初八），唐高宗回到京师，进谒太庙。

庚戌日（十四日），左侍极兼检校右相陆敦信因为年老多病而辞官，唐高宗任命他为大司成，兼左侍极，罢除政事。

五月，庚寅，铸乾封泉宝钱，一当十，俟期年尽废旧钱。

高丽泉盖苏文卒，长子男生代为莫离支，初知国政，出巡诸城，使其弟男建、男产知留后事。或谓二弟曰："男生恶二弟之逼，意欲除之，不如先为计。"二弟初未之信。又有告男生者曰："二弟恐兄还夺其权，欲拒兄不纳。"男生潜遣所亲往平壤伺之，二弟收掩，得之，乃以王命召男生。男生惧，不敢归；男建自为莫离支，发兵讨之。男生走保别城，使其子献诚诣阙求救。六月，壬寅，以右骁卫大将军契苾何力为辽东道安抚大使，将兵救之；以献诚为右武卫将军，使为乡导。又以右金吾卫将军庞同善、营州都督高侃为行军总管，同讨高丽。

【译文】 五月，庚寅日（二十五日），唐朝铸造乾封泉宝钱，一钱当十个旧钱用，等到满一年将旧钱全部废弃。

高丽泉盖苏文死了，长子泉男生继任为莫离支，首次掌管国家政事，出巡各都城，命令他的弟弟泉男建、泉男产负责留守后方的事。有人对两个弟弟说："泉男生不喜欢你们两个弟弟的逼迫，想要除掉你们，不如早早谋划。"两个弟弟开始不相信。又有人告诉泉男生说："你两个弟弟担心你剥夺他们的权力，准备对抗你。"泉男生暗中派亲近的人前去平壤窥伺，两个弟弟将泉男生派出的人加以掩袭收押，得知是泉男生指使，就称是国王的命令要召见泉男生。泉男生害怕，不敢回去；泉男建自封莫离支，调动军队讨伐泉男生。泉男生逃到别的城池自保，派遣儿子泉献诚到唐朝求救。六月，壬寅日（初七），唐高宗任命右骁卫大将军契苾何力担任辽东道安抚大使，率兵救援；任命献诚担任右武卫将军，让他做向导。又任命右金吾卫将军庞同善、营州都督高侃担任行军总管，一起征讨高丽。

秋，七月，乙丑朔，徙殷王旭轮为豫王。

以大司宪兼检校太子左中护刘仁轨为右相。

初，仁轨为给事中，按毕正义事，李义府怨之，出为青州刺史。会讨百济，仁轨当浮海运粮，时未可行，义府督之，遭风失船，丁夫溺死甚众，命监察御史袁异式往鞫之。义府谓异式曰："君能办事，勿忧无官。"异式至，谓仁轨曰："君与朝廷何人为仇，宜早自为计。"仁轨曰："仁轨当官不职，国有常刑，公以法毙之，无所逃命。若使遽自引决以快仇人，窃所未甘！"乃具狱以闻。异式将行，仍自掣其锁。狱上，义府言于上曰："不斩仁轨，无以谢百姓。"舍人源直心曰："海风暴起，非人力所及。"上乃命除名，以白衣从军自效。义府又讽刘仁愿使害之，仁愿不忍杀。及为大司宪，异式惧，不自安，仁轨沥觞告之曰："仁轨若念畴昔之事，有如此觞！"仁轨既知政事，异式寻迁詹事丞；时论纷然，仁轨闻之，遽荐为司元大夫。监察御史杜易简谓人曰："斯所谓矫枉过正矣！"

【译文】秋季，七月，乙丑朔日（初一），唐高宗改封殷王李旭轮为豫王。

唐高宗任命大司宪兼检校太子左中护刘仁轨为右相。

起初，刘仁轨是给事中，调查毕正义的事情，李义府怨恨他，所以被外放为青州刺史。恰好朝廷在征讨百济，刘仁轨负责渡海运送粮食，不遇顺风船走不动，李义府督促他出发，结果遇风而沉船，运粮的丁夫有许多溺死。朝廷命令监察御史袁异式前去查办，李义府对袁异式说："你能够办好事，不用担心没官做。"袁异式到了之后，对刘仁轨说："你和朝廷什么人结了仇怨？你还是早早地为自己谋划好，自杀算了。"刘仁轨说："仁轨做官不称职，国家有一定的刑罚，你依照法令将我杀了，我逃也逃不掉。假如要让我自我了断来满足仇人，实在不甘心！"袁异式于是结案上报，走时还亲自上锁，怕刘仁轨逃脱。案情呈上之后，李义府对唐高宗说："不杀刘仁轨，不能向百姓谢罪。"舍人源直心说："海风突然吹起，不是人力所能挽救的。"唐高宗就命令免除刘仁轨官爵，以平民身份从军，为国效力。李义府又暗示刘仁愿害死刘仁轨，但刘仁愿不忍心加以杀害。后来刘仁轨做到大司宪，袁异式十分害怕，内心无法安宁，刘仁轨将酒杯里的酒倒光，告诉袁异式说："仁轨假如还计较从前的事，就好像这酒杯一样！"刘仁轨掌理政事之后，袁异式不久也升迁詹事丞；当时士人议论纷纷，刘仁轨听到之后，就推举袁异式担任司元大夫。监察御史杜易简对人说："刘仁轨这样做，未免矫枉过正了。"

【乾隆御批】 举不避仇以人，才不可为私嫌废也。异式为权臣鹰犬，杀人媚人，其才尚足为国用乎？仁轨不念旧恶似矣，从而荐之，是隐情于誉，以匪人玷司元之职，所云"以人事君"安在？易简所议宜不足以穷其弊。

【译文】 举荐时不回避自己的仇人，是因为人才不应该因为个人的嫌隙而被埋没。而袁异式是权臣的爪牙，对下杀人不眨眼，对上奉承讨好，这种才能还完全可以为国家所用吗？刘仁轨不计较过去的怨仇好像是对的，但是进而又举荐他做官，这其实是刘仁轨故意隐藏自己的真实感情，以此骗取名誉，而让这种行为不端正的人污辱了司元大夫之职。刘仁轨所说的"以人品侍奉君王"的话到哪里去了？杜易简的讽刺实在不足以完全揭穿此事的弊病啊。

八月，辛丑，司元太常伯兼检校左相窦德玄薨。

初，武士彟娶相里氏，生男元庆、元爽；又娶杨氏，生三女，长适越王府法曹贺兰越石，次皇后，次适郭孝慎。士彟卒，元庆、元爽及士彟兄子惟良、怀运皆不礼于杨氏，杨氏深衔之。越石、孝慎及孝慎妻并早卒，越石妻生敏之及一女而寡。后既立，杨氏号荣国夫人，越石妻号韩国夫人，惟良自始州长史超迁司卫少卿，怀运自瀛州长史迁淄州刺史，元庆自右卫郎将为宗正少卿，元爽自安州户曹累迁少府少监。荣国夫人尝置酒，谓惟良等曰："颇忆畴昔之事乎？今日之荣贵复何如？"对曰："惟良等幸以功臣子弟，早登宦籍，揣分量才，不求贵达，岂意以皇后之故，曲荷朝恩，夙夜忧惧，不为荣也。"荣国不悦。皇后乃上疏，请出惟良等为远州刺史，外示谦抑，实恶之也。于是，以惟良检校始州刺史，元庆为龙州刺史，元爽为濠州刺史。元庆至州，以忧卒。元爽坐事流振州而死。

【译文】 八月，辛丑日（初八），唐司元太常伯兼检校左相窦德玄去世。

起初，武士彟娶相里氏为妻，生下儿子武元庆、武元爽；又娶了杨氏，生下三个女儿，老大嫁给越王府法曹贺兰越石，老二就是皇后，老三嫁给郭孝慎。武士彟死后，武元庆、武元爽和武士彟哥哥的儿子武惟良、武怀运等人，对杨氏无礼，杨氏十分记恨。贺兰越石、郭孝慎和郭孝慎的妻子都很早就死了，贺兰越石的妻子生下贺兰敏之和一个女儿才守寡。武后被立之后，杨氏被封为荣国夫人，贺兰越石的妻子被封为韩国夫人；武惟良从始州长史升为司卫少卿，武怀运从瀛州长史升任为淄州刺史，武元庆从右卫郎将升为宗正少卿，武元爽由安州户曹累次升迁到少府少监。荣国夫人曾经摆设酒席，对武惟良等人说："你还常想从前的事吧？今天的荣华富贵，你感觉如何？"武惟良回答说："惟良等人侥幸凭功臣子弟的身份，早年就做了官，考量自己的本领才能，实在不敢奢求显达荣耀，想不到因为皇后，而荷蒙朝廷恩宠，早晚都在忧心惶惧，不敢引以为荣耀。"荣国夫人听了内心十分高兴。皇后就上疏给唐高宗，请求外放武惟良等为远州刺史，表面上是显示谦虚抑制，实际上很讨厌武惟良。于是任命武惟良为检校始州刺史，武元庆为龙州刺史，武元爽为濠州刺史。武元庆到了龙州，因为忧心而死。武元爽因犯了罪流放振州而死。

韩国夫人及其女以后故出入禁中，皆得幸于上。韩国寻卒，其女赐号魏国夫人。上欲以魏国为内职，心难后，未决，后恶之。会惟良、怀运与诸州刺史诣泰山朝觐，从至京师，惟良等献食。后密置毒醢中，使魏国食之，暴卒，因归罪于惟良、怀运，丁未，诛之，改其姓为蝮氏。怀运兄怀亮早卒，其妻善氏尤不礼于荣国，坐惟良等没入掖庭，荣国令后以他事束棘鞭之，肉尽见骨而死。

九月，庞同善大破高丽兵，泉男生帅众与同善合。诏以男生为特进、辽东大都督，兼平壤道安抚大使，封玄菟郡公。

戊子，金紫光禄大夫致仕广平宣公刘祥道薨，子齐贤嗣，齐贤为人方正，上甚重之，为晋州司马。将军史兴宗尝从上猎苑中，因言晋州产佳鹞，刘齐贤今为司马，请使捕之。上曰："刘齐贤岂捕鹞者邪！卿何以此待之！"

【译文】韩国夫人和她的女儿因为武后的关系，出入宫禁之中，都得到唐高宗的宠幸。韩国夫人不久去世，女儿被赐为魏国夫人。唐高宗要任命魏国夫人为内宫之职，怕武后刁难，一时难以决定，武后很厌恶。恰好武惟良、武怀运和各州刺史到泰山朝见唐高宗，陪唐高宗回到京师，武惟良等人献祭品，武后暗中在肉里放置毒药，让魏国夫人吃，很快魏国夫人就被毒死了。武后就将罪推到武惟良、武怀运身上，丁未日（十四日），唐高宗杀了武惟良、武怀运，改他们的姓为蝮氏。武怀运的兄长武怀亮很早就死了，他的妻子善氏对荣国夫人最不礼貌，因此也因为武惟良等人的罪被收押入别殿，荣国夫人命令武后拿其他事情为借口，用有刺的棘鞭鞭打，将善氏打到肉被打光骨头现出才死。

资治通鉴

九月，庞同善大败高丽的部队，泉男生率领众人和庞同善会合。唐高宗下令任命泉男生为特进、辽东大都督，兼平壤道安抚大使，封为玄菟郡公。

戊子日（二十五日），唐金紫光禄大夫纳还官职的广平宣公刘祥道去世，儿子刘齐贤继位。刘齐贤为人刚正，唐高宗十分器重他，任命他为晋州司马。将军史兴宗曾经陪从唐高宗在苑囿中打猎时，顺口谈到晋州出产很好的鹞鹰，刘齐贤是晋州司马，请派人命他收捕。唐高宗说："刘齐贤难道像捕鹞的人吗？你为什么这样看待他？"

冬，十二月，己酉，以李勣为辽东道行军大总管兼安抚大使，以司列少常伯安陆郝处俊副之，以击高丽。庞同善、契苾何力并为辽东道行军副大总管兼安抚大使如故；其水陆诸军总管并运粮使窦义积、独孤卿云、郭待封等，并受勣处分。河北诸州租赋悉诣辽东给军用。待封，孝恪之子也。

勣欲与其婿京兆杜怀恭偕行，以求勣效。怀恭辞以贫，勣赡之；复辞以无奴马，又赡之。怀恭辞穷，乃亡匿岐阳山中，谓人曰："公欲以我立法耳。"勣闻之，流涕曰："杜郎疏放，此或有之。"乃止。

【译文】冬季，十二月，己酉日（十八日），唐高宗任命李勣担任辽东道行军大总管，任命司列少常伯安陆人郝处俊担任副大总管，进攻高丽。庞同善、契苾何力一同被任命为辽东道行军副大总管兼安抚大使，和从前一样；水陆各军总管和运粮使窦义积、独孤卿云、郭待封等人，都接受李勣调度。河北各州的租金赋税全都送到辽东供给军队使用。郭待封是郭孝恪的儿子。

李勣要和他的女婿京兆人杜怀恭一起出发，希求能得到功勋。杜怀恭以贫穷为由推辞了，李勣供给他财物让他富足；杜怀恭又以没有奴仆车马为由推辞，李勣再满足他。杜怀恭再也没话可说，就逃亡躲藏到岐阳山中，对人说："李公不过是想利用我，来树立军法的权威罢了。"李勣听了之后，流泪说："杜郎个性散漫放任，才可能有这样的想法。"就停止而不再要求杜怀恭同行。

乾封二年（丁卯，公元六六七年）春，正月，上耕藉田，有司进耒耜，加以雕饰。上曰："耒耜农夫所执，岂宜如此之丽！"命易之。既而耕之，九推乃止。

自行乾封泉宝钱，谷帛踊贵，商贾不行，癸未，诏罢之。

二月，丁酉，涪陵悼王愔薨。

辛丑，复以万年宫为九成宫。

生羌十二州为吐蕃所破，三月，戊寅，悉废之。

【译文】乾封二年（丁卯，公元667年）春季，正月，唐太宗耕种藉田，有司进献耒耜，耒耜上加有雕刻装饰。唐高宗说：

"耒耜是农夫所使用的,怎么能这样华丽?"命令换掉。不久就开始耕种,凡推犁九次才停止。

唐朝自从实施乾封泉宝钱之后,谷类丝帛涨价,使得商贾停止交易;癸未日(二十二日),唐高宗下诏令停止使用。

二月,丁酉日(初六),唐涪陵悼王李愔去世。

辛丑日(初十),唐再度将万年宫改为九成宫。

生羌十二州被吐蕃攻陷,三月,戊寅日(十八日),唐朝全部取消这些州的建制。

【乾隆御批】 耤田之礼,朱纮黛耜,自昔已然,安得尽仿田间朴陋?至五推、九推以下,礼别等差,即劝农率先,亦自有所限制,岂宜以天子而下行卿大夫之事?若由此递加则三公将起而终亩,庶人胼胝日亦不给。高宗之失德多矣,务此虚名岂能救其实罪哉?

【译文】 皇帝行耤田之礼时,要用朱红的绳子装饰青黑色的耒耜,从古到今都是这样,怎么能全部仿效田间农具的质朴简陋呢?至于"五推""九推"都是三公、卿侯该行的礼,礼数是有差别的。即使是为了显示农事的重要,皇帝带头耕田,也应有所限制,天子哪能向下做卿大夫做的事呢?如果像皇帝这样,依次递增,那么三公将每日不停地耕田,老百姓就是每天劳作得手脚上磨出老茧也还不够。高宗失德的地方很多,追求这种虚名又怎能补救他的罪过呢?

上屡责侍臣不进贤,众莫敢对。司列少常伯李安期对曰:"天下未尝无贤,亦非群臣敢蔽贤也。比来公卿有所荐引,为谗者已指为朋党,滞淹者未获伸而在位者先获罪矣,是以各务杜口耳。陛下果推至诚以待之,其谁不愿举所知!此在陛下,非在群臣也。"上深以为然。安期,百药之子也。

夏，六月，乙卯，西台侍郎杨弘武、戴至德、正谏大夫兼东台侍郎李安期、东台舍人昌乐张文瓘、司列少常伯兼正谏大夫河北赵仁本并同东西台三品。弘武，素之弟子；至德，胄之兄子也。时造蓬莱、上阳、合璧等宫，频征伐四夷，厩马万匹，仓库渐虚，张文瓘谏曰："隋鉴不远，愿勿使百姓生怨。"上纳其言，减厩马数千匹。

【译文】 唐高宗多次责备侍候的大臣们不举荐贤人，众人都不敢回答。司列少常伯李安期回答说："天下从来不会缺少贤人，也不是群臣敢蒙蔽贤人不举荐。最近公卿有所推荐援引贤人，就被谗佞者指为结党营私，以致停留原位，而在位的官吏反而先获罪，因此大家才闭口不进贤！陛下假如要推广诚心来对待贤人，有谁不愿荐举他所认识的贤人呢？所以进贤要看陛下的做法，而不是看群臣啊！"唐高宗认为十分对。李安期是李百药的儿子。

夏季，四月，乙卯日（二十五日），西台侍郎杨弘武、戴至德、正谏大夫兼东台侍郎李安期、东台舍人昌乐人张文瓘、司列少常伯兼正谏大夫河北人赵仁本都被任命为同东西台三品。杨弘武是杨素弟弟的儿子；戴至德是戴胄哥哥的儿子。当时正修建蓬莱、上阳、合璧等宫殿，频频地征讨四方夷狄，马厩里的马有一万匹之多，而仓库的积粮却逐渐空了，张文瓘劝谏说："隋朝覆亡的借鉴是不远的，希望不要让百姓生出怨心。"唐高宗接纳他的建议，将马厩的马减少数千匹。

【乾隆御批】 当政出房惟老臣诛窜之时，而以进贤责侍臣，可谓不揣其本。观其纳安期推诚之能未几，辄复罢之，是尚有延揽实意乎？然高宗朝似此君臣之间正色说论，史载颇多，此皆祖太宗与房、魏辈议论故套，无实际而尚虚声，安能掩其失德哉。

【译文】 当皇后临朝当政而尽忠的旧臣都被诛杀放逐的时候，高宗却以举荐贤能不力为理由责备臣下，可以说是不了解事情的根本。看到唐高宗在接受了李安期推诚置腹的一番话后不久，便又罢免了他，这种做法是真的有招揽人才的诚意吗？然而，在高宗临朝期间，君臣之间像这样严肃认真的直言，史书上记载得非常多。其实，这不过是仿效唐太宗与房玄龄、魏征等人议论的俗套罢了。没有实际的意义而推崇与事实不符的声誉，又怎么能掩饰他作为君主的过失呢？

秋，八月，己丑朔，日有食之。

辛亥，东台侍郎同东西台三品李安期出为荆州长史。

九月，庚申，上以久疾，命太子弘监国。

辛未，李勣拔高丽之新城，使契苾何力守之。勣初度辽，谓诸将曰："新城，高丽西边要害，不先得之，馀城未易取也。"遂攻之，城人师夫仇等缚城主开门降。勣引兵进击，一十六城皆下之。

庞同善、高侃尚在新城，泉男建遣兵袭其营，左武卫将军薛仁贵击破之。侃进至金山，与高丽战，不利，高丽乘胜逐北，仁贵引兵横击之，大破高丽，斩首五万馀级，拔南苏、木底、苍岩三城，与泉男生军合。

【译文】 秋季，八月，己丑朔日（初一），出现日食。

辛亥日（二十三日），东台侍郎同东西台三品李安期出京担任荆州长史。

九月，庚申日（初三），唐高宗因为长久生病，命令太子李弘监国。

辛未日（十四日），李勣攻陷高丽的新城，让契苾何力镇守。

李勣刚渡过辽河时，对各位将领说："新城是高丽西边的险要，不先攻取的话，其他的城就不容易攻克了。"就下令进攻，城里人师夫仇等将城主捆绑，打开城门投降。李勣带领军队进攻，十六个城市都被攻克。

庞同善、高侃还在新城，泉男建派遣军队袭击他们的军营，左武卫将军薛仁贵击败了泉男建。高侃进兵抵达金山，和高丽交战，战况不好，高丽趁着胜利追逐败北的唐兵，薛仁贵带兵截击，大败高丽军队，斩杀敌人首级五万多，攻克南苏、木底、苍岩三个城市，和泉男生军队会合。

郭待封以水军自别道趣平壤，勣遣别将冯师本载粮仗以资之。师本船破，失期，待封军中饥窘，欲作书与勣，恐为虏所得，知其虚实，乃作离合诗以与勣。勣怒曰："军事方急，何以诗为？必斩之！"行军管记通事舍人河南元万顷为释其义，勣乃更遣粮仗赴之。

万顷作《檄高丽文》，曰"不知守鸭绿之险。"泉男建报曰："谨闻命矣！"即移兵据鸭绿津，唐兵不得度。上闻之，流万顷于岭南。

郝处俊在高丽城下，未及成列，高丽奄至，军中大骇。处俊据胡床，方食干糒，潜简精锐，击败之，将士服其胆略。

冬，十二月，甲午，诏："自今祀昊天上帝、五帝、皇地祇、神州地祇，并以高祖、太宗配，仍合祀昊天上帝、五帝于明堂。"

是岁，海南獠陷琼州。

【译文】 郭待封率领水军从另外的道路向平壤前进，李勣派遣其他将领冯师本载着粮食器仗支援。冯师本船被击破，耽误交粮的日期，郭待封军中发生饥饿，要写信给李勣，却担心被敌人截去而知晓军中饥窘情形，就作离合诗（离析字画，合之成文，以说明已意）给李勣。李勣生气地说："军事正紧急的时候，还写什么诗？非杀不可！"行军秘书通事舍人元万顷为李勣解释诗的内容，李勣才派遣人运送粮食器仗前往支援。

元万顷写《檄高丽文》里面有一句："不知晓守住鸭绿江的险要之处。"泉男建回书说："我谨听从你的教诲！"就调动军队据守鸭绿江的津渡处，唐兵无法渡过。唐高宗听到后，将元万顷流放到岭南。

郝处俊在高丽城下，部队还没有整顿成列，高丽兵突然进攻，军队大为惊惧，那时郝处俊靠在胡床上，正在吃干粮，暗中挑选精锐士卒，击败了高丽军队，将士们都佩服他的胆识才略。

冬季，十二月，甲午日（初八），唐高宗下诏令："从今天起祭祀昊天上帝、五帝、皇地祇、神州地祇时，都用高祖、太宗配祭，仍然在明堂一同祭祀昊天上帝、五帝。"

这一年，海南獠攻克琼州。

总章元年（戊辰，公元六六八年）春，正月，壬下，以右相刘仁轨为辽东道副大总管。

二月，壬午，李勣等拔高丽扶馀城。薛仁贵既破高丽于金山，乘胜将三千人将攻扶馀城，诸将以其兵少，止之。仁贵曰："兵不必多，顾用之何如耳。"遂为前锋以进，与高丽战，大破之，杀获万馀人，遂拔扶馀城。扶馀川中四十馀城皆望风请服。

【译文】总章元年（戊辰，公元668年是年三月始改年号为总章。）春季，正月，壬子日（二十八日），唐高宗任命右相刘仁轨担任辽东道副大总管。

二月，壬午日（二十八日），李勣等人攻克高丽扶馀城。薛仁贵在金山攻破高丽之后，趁着胜利率领三千人要攻打扶馀城，诸将认为兵员少，阻止薛仁贵。薛仁贵说："兵员不一定要多，要看怎样运用罢了。" 薛仁贵就担任前锋，和高丽交战，大败高丽，杀死俘获一万多人，攻克扶馀城。扶馀川中四十几城全都请求臣服。

侍御史洛阳贾言忠奉使自辽东还，上问以军事，言忠对曰："高丽必平。"上曰："卿何以知之？"对曰："隋炀帝东征而不克者，人心离怨故也；先帝东征而不克者，高丽未有衅也。今高藏微弱，权臣擅命，盖苏文死，男建兄弟内相攻夺，男生倾心内附，为我乡导，彼之情伪，靡不知之。以陛下明圣，国家富强，将士尽力，以乘高丽之乱，其势必克，不俟再举矣。且高丽连年饥馑，妖异屡降，人心危骇，其亡可翘足待也。"上又问："辽东诸将孰贤？"对曰："薛仁贵勇冠三军；庞同善虽不善斗，而持军严整；高侃勤俭自处，忠果有谋；契苾何力沉毅能断，虽颇忌前，而有统御之才；然夙夜小心，忘身忧国，皆莫及李勣也。"上深然其言。

泉男建复遣兵五万人救扶馀城，与李勣等遇于薛贺水，合战，大破之，斩获三万余人，进攻大行城，拔之。

【译文】侍御史洛阳人贾言忠奉令出使，从辽东回朝，唐高宗问他军事情况，贾言忠回答说："高丽一定会平定。"唐高宗说："你怎么知道？"贾言忠回答说："隋炀帝东征而无法胜利的原因，是人心背离怨恨的缘故；先帝东征而无法胜利的原因，是高丽没有缺失破绽的缘故。而如今高藏衰微势弱，权臣擅自发令，盖苏文死后，泉男建兄弟在国内互相攻打侵夺，泉男生诚心归附，做我们向导，对方的真假虚实，我们都知晓。靠着陛下的英明圣哲，国家富有强大，将士又尽心竭力，趁高丽内乱的时机，势必可以击败他们，不必再度举兵了。况且高丽连续几年发生饥荒，妖孽怪异的事情多次发生，人心危惧惊恐，它的灭亡是可以立足等待的。"唐高宗又问："辽东各位将领当中谁的才能最好？"贾言忠回答说："薛仁贵的勇敢冠绝三军；庞同善虽然不善于打仗，但治理军队严厉；高侃以勤勉俭朴自我惕励，忠勇果敢而富有谋略；契苾何力坚毅沉稳而能决断，虽然非常忌妒别人在自己之上，却有统御的才能；可是论早晚小心，忘记自身只忧心国事，就没有人可以赶得上李勣了。"唐高宗十分赞同他的话。

泉男建又派遣五万人救援扶馀城，和李勣等人在薛贺水相遇，双方会战，唐军大败泉男建，斩首俘获了三万多人，接着进攻大行城，并将它攻下。

朝廷议明堂制度略定；三月，庚寅，赦天下，改元。

戊寅，上幸九成宫。

夏，四月，丙辰，彗星见于五车。上避正殿，减常膳，彻乐。许敬宗等奏请复常，曰："彗见东北，高丽将灭之兆也。"上曰："朕之不德，谪见于天，岂可归咎小夷！且高丽百姓，亦朕之百姓也。"不许。戊辰，彗星见。

辛巳，西台侍郎、同东西台三品杨弘武薨。

八月，辛酉，卑列道行军总管、右威卫将军刘仁愿坐征高丽逗留，流姚州。

【译文】朝廷讨论明堂制度大略已经定案；三月，庚寅日（初六），唐高宗大赦天下，改年号为总章。

戊寅日（三月无此日），唐高宗到九成宫。

夏季，四月，丙辰日（初二），有彗星出现在五车（五星之名）。唐高宗避开正殿，减少日常饮食，罢除音乐。许敬宗等人奏请唐高宗恢复正常饮食，说："彗星出现在东北，是高丽要被灭的预兆。"唐高宗说："由于朕的不德，被上天惩罚，怎么可以归罪小小的夷狄？而且高丽百姓，也是朕的百姓啊！"唐高宗不允许生活恢复正常。戊辰日（十四日），彗星消失。

辛巳日（二十七日），唐西台侍郎、同东西台三品杨弘武去世。

八月，辛酉日（初九），卑列道行军总管、右威卫将军刘仁愿因征讨高丽时逗留不进，被流放到姚州。

癸酉，车驾还京师。

九月，癸巳，李勣拔平壤。勣既克大行城，诸军出他道者皆与勣会，进至鸭绿栅，高丽发兵拒战，勣等奋击，大破之，追奔二百馀里，拔辱夷城，诸城遁逃及降者相继。契苾何力先引兵至平壤城下，勣军继之，围平壤月馀，高丽王藏遣泉男产帅首领九十八人，持白幡诣勣降，勣以礼接之。泉男建犹闭门拒守，频遣兵出战，皆败。男建以军事委僧信诚，信诚密遣人诣勣，请为内应。后五日，信诚开门，勣纵兵登城鼓噪，焚城四（月）〔周〕，男建自刺，不死，遂擒之。高丽悉平。

【译文】癸酉日（二十一日），唐高宗车驾返回京师。

九月，癸巳日（十二日），李勣攻克平壤。李勣已经攻下大行城，从其他道路出发的各路兵马都和李勣相会，进兵到达鸭绿江的栅寨，高丽调动军队抵抗，李勣等人奋勇进击，大败高丽军队，追逐逃奔的敌人二百多里，攻克辱夷城，各城逃跑和投降的人接连不断。契苾何力先带兵抵达平壤城下，李勣的部队接着到达，包围平壤一个多月，高丽王高藏派遣泉男产带领首领九十八人，拿着白旗向李勣投降，李勣依照礼节对待他们。泉男建仍旧关闭城门固守抵抗，频频派遣军队出战，都被击败。泉男建将军事委托给和尚信诚，信诚暗中派遣人拜访李勣，请求作为内应。五天后，信诚打开城门，李勣让士兵爬到城上击鼓喊叫，焚烧城内有四月之久，泉男建自杀，不死，被生擒。高丽全部平定。

冬，十月，戊午，以乌茶国婆罗门卢迦逸多为怀化大将军。逸多自言能合不死药，上将饵之。东台侍郎郝处俊谏曰："修短有命，非药可延。贞观之末，先帝服那罗迩娑婆寐药，竟无效；大渐之际，名医不知所为，议者归罪娑婆寐，将加显戮，恐取笑戎狄而止。前鉴不远，愿陛下深察。"上乃止。

李勣将至，上命先以高藏等献于昭陵，具军容，奏凯歌，入京师，献于太庙。十二月，丁巳，上受俘于含元殿。以高藏政非己出，赦以为司平太常伯、员外同正。以泉男产为司宰少卿，僧信诚为银青光禄大夫，泉男生为右卫大将军。李勣以下，封赏有差。泉男建流黔州，扶馀丰流岭南，分高丽五部、百七十六城、六十九万馀户，为九都督府、四十二州、百县，置安东都护府于平壤以统之。擢其酋帅有功者为都督、刺史、县令，与华人参理。以右威卫大将军薛仁贵检校安东都护，总兵二万人以镇抚之。

【译文】冬季，十月，戊午日（初七），唐高宗任命乌茶国婆罗门卢迦逸多担任怀化大将军。卢迦逸多自称能配制长生不死的药物，唐高宗准备吃。东台侍郎郝处俊劝唐高宗说："人的寿数长短有命，不是药物可以延长的。贞观末年，先帝服食那罗迩娑婆寐的药，最后还是无效。将死的时候，名医不知怎么办，有人归罪到那罗迩娑婆寐身上，准备将他杀了，但担心被戎狄取笑才停止。前人的借鉴是不远的，希望陛下仔细想想。"唐高宗才打消吃药的念头。

李勣将回朝，唐高宗命令先将高藏等人献给昭陵，准备好军容，高奏凯旋之歌，进入京师，再献给太庙。十二月，丁巳日（初七），唐高宗在含元殿接受俘虏。因为高藏的政令并不是由自己颁布，所以赦免他，让他担任司平太常伯、员外，仍同正员。任用泉男产为司宰少卿，和尚信诚为银青光禄大夫，泉男生为右卫大将军。李勣以下，封爵奖赏各有等级。泉男建被流放到黔州，扶余丰被流放到岭南。唐朝将高丽五部、一百七十六城、六十九万多户分成九个都督府、四十二州、一百县，在平壤设置安东都护府进行统治，升擢酋长将帅中有功劳的人担任都督、刺史、县令，和中原人一同治理。又任命右威卫大将军薛仁贵为检校安东都护，率领士兵两万人镇守安抚。

丁卯，上祀南郊，告平高丽，以李勣为亚献。己巳，谒太庙。

渭南尉刘延祐，弱冠登进士第，政事为畿县最。李勣谓之曰："足下春秋甫尔，遽擅大名，宜稍自贬抑，无为独出人右也。"

时有敕，征辽军士逃亡，限内不首及首而更逃者，身斩，妻子籍没。太子上表，以为："如此之比，其数至多：或遇病不及队伍，怖惧而逃；或因樵采为贼所掠；或渡海漂没；或深入贼庭，为所伤杀。军法严重，同队恐并获罪，即举以为逃，军旅之中，不暇勘当，直据队司通状关移所属，妻子没官，情实可哀。《书》曰：'与其杀不辜，宁失不经。'伏愿逃亡之家，免其配没。"从之。

甲戌，司戎太常伯姜恪兼检校左相，司平太常伯阎立本守右相。

是岁，京师及山东、江、淮旱、饥。

【译文】丁卯日（十七日），唐高宗到南郊祭祀，将平定高丽禀告神明，以李勣为次献。己巳日（十九日），唐高宗进谒太庙。

渭南县尉刘延祐，弱冠时就考中进士，政绩是各畿县中最好的。李勣对他说："足下年纪这么轻，就突然拥有大名，应当稍微自我贬退压抑，不要只想超越别人。"

当时唐高宗有敕令，征辽时逃亡的军兵，在限期内不自首，和自首后又逃亡的，判处斩刑，妻子儿女抄没入官府成为奴婢。太子上表认为："像这样的人太多了，有的恰好生病赶不上队伍，担心受罚而逃走；有的因为采薪柴而被敌人捉住；有的渡海时顺着水流漂走；有的深入贼人巢穴，而被敌人伤害杀死。军法严厉，同队的人担心一起获罪，就报告对方逃亡，在军事行动当中，又来不及勘验确定，只依据队伍中的官吏所呈上的报告，妻子儿女就被抄没官府为奴，这种情形实在令人哀伤。《书经》说：'与其杀死无罪的人，宁可放了他而自我承受失刑的缺失。'希望对逃亡士卒的家人，能免掉流配籍没的惩罚。"唐高宗接受了太子的建议。

甲戌日（二十四日），唐朝司戎太常伯姜恪兼任检校左相，司平太常伯阎立本代理右相。

这一年，京师长安和崤山以东地区、江淮流域发生旱灾，出现饥荒。

总章二年(己巳，公元六六九年)春，二月，辛酉，以张文瓘为东台侍郎，以右肃机、检校太子中护谯人李敬玄为西台侍郎，并同东西台三品。先是同三品不入衔，至是始入衔。

　　癸亥，以雍州长史卢承庆为司刑太常伯。承庆尝考内外官，有一官督运，遭风失米，承庆考之曰："监运损粮，考中下。"其人容色自若，无言而退。承庆重期雅量，改注曰："非力所及，考中中。"既无喜容，亦无愧词。又改曰："宠辱不惊，考中上。"

　　三月，丙戌，东台侍郎郝处俊同东、西台三品。

　　丁亥，诏定明堂制度：其基八觚，其宇上圆，覆以清阳玉叶，其门墙阶级，窗棂楣柱，栿樑枅栱，皆法天地阴阳律历之数。诏下之后，众议犹未决，又会饥馑，竟不果立。

　　【译文】 总章二年（己巳，公元669年）春季，二月，辛酉日（十二日），唐高宗任命张文瓘为东台侍郎，任命右肃机、检校太子中护谯人李敬玄为西台侍郎，两人都是同东西台三品。早先同三品不入官衔，从此以后才入官衔。

　　癸亥日（十四日），唐高宗任命雍州长史卢承庆为司刑太常伯。卢承庆经常考核内外官吏的能力，有一个官吏督办运粮工作，遭到风灾而损失米粮，卢承庆考核说："监督运粮，而让粮食损失，考核得中下。"那个人容貌表情泰然自若，一句话不说就退出。卢承庆非常看重他的雅量，就改注说："不是他的力量所能避免的，考核得中中。"那个人既没有高兴的神情，也没有惭愧的说辞。卢承庆又改注说："宠辱不惊，考核得中上。"

　　三月，丙戌日（初八），东台侍郎郝处俊任同东西台三品。

　　丁亥日（初九），唐高宗下诏令定下明堂制度：堂的地基八觚（觚，方棱），屋宇上面为圆形，用清阳之色的瓦片之类覆盖，堂的门墙台阶、窗棂、门楣、门柱、短柱、斗拱、屋栌、大杙等，全都模仿天地阴阳律历的数目建造。诏令颁布之后，众人的议论还没有结果，又恰好遇到饥荒，最后还是没有建造完成。

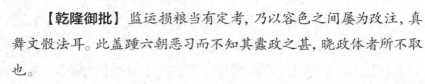

【乾隆御批】监运损粮当有定考，乃以容色之间屡为改注，真舞文戮法耳。此盖蹿六朝恶习而不知其蠹政之甚，晓政体者所不取也。

【译文】监督运送却损失了粮食，本应当有固定的考核标准，可是卢承庆却在对方的容貌神色变动之间多次修改评论，简直是玩弄文字，玷污法律。这大概是承袭了六朝的不良习惯而不知它对朝政的败坏，这种做法是懂得政体的人所不赞成的。

夏，四月，己酉朔，上幸九成宫。

高丽之民多离叛者，敕徙高丽户三万八千二百于江、淮之南，及山南、京西诸州空旷之地，留其贫弱者，使守安东。

六月，戊申朔，日有食之。

秋，八月，丁未朔，诏以十月幸凉州。时陇右虚耗，议者多以为未宜游幸。上闻之，辛亥，御延福殿，召五品已上谓曰："自古帝王，莫不巡守，故朕欲巡视远俗。若果为不可，何不面陈，而退有后言，何也？"自宰相以下莫敢对。详刑大夫来公敏独进曰："巡守虽帝王常事，然高丽新平，馀寇尚多，西边经略，亦未息兵。陇右户口凋弊，銮舆所至，供亿百端，诚为未易。外间实有窃议，但明制已行，故群臣不敢陈论耳。"上善其言，为之罢西巡。未几，擢公敏为黄门侍郎。

【译文】夏季，四月，己酉朔日（初一），唐高宗到九成宫。

高丽百姓中有很多人离散反叛，唐高宗就下令迁徙高丽三万八千二百户住到江、淮的南方，和山南、京西等各州的空旷地带，只留下贫穷体弱的人，让他们守卫安东。

六月，戊申朔日（初一），出现日食。

秋季，八月，丁未朔日（初一），唐高宗下诏令在十月前往凉州。当时陇右财物空虚，很多人都认为唐高宗不适合前往游历。唐高宗听闻之后，就在辛亥日（初五）驾临延福殿，召集五品以上官吏说："自古以来的帝王，没有不到各地巡视的，所以朕要巡视远地的风俗。假如不可以，为什么不当面陈说，却退朝后才在背后议论，为什么呢？"从宰相以下，没有人敢回答。详刑大夫来公敏单独上前回答说："巡行境内虽然是帝王常做的事，但现在高丽刚刚平定，余下的敌寇还很多，西方边境正在经营之中，也没有停止用兵。陇右百姓生活凋丧疲敝，天子车驾所到的地方，要供应的东西太多了，陇右确实不容易供给。外间真的有所议论，但陛下的命令已行，因而群臣不敢陈述意见。"唐高宗称赞来公敏的话，因此打消西巡的念头。没过多久，擢升来公敏为黄门侍郎。

甲戌，改瀚海都护府为安北都护府。

九月，丁丑朔，诏徙吐谷浑部落就凉州南山。议者恐吐蕃侵暴，使不能自存，欲先发兵击吐蕃。右相阎立本以为去岁饥歉，未可兴师。议久不决，竟不果徙。

庚寅，大风，海溢，漂永嘉、安固六千馀家。

【译文】甲戌日（二十八日），唐朝将瀚海都护府改为安北都护府。

九月，丁丑朔日（初一），唐高宗下诏令迁徙吐谷浑部落到凉州南山。有人担心吐蕃侵犯凌暴吐谷浑，使得吐谷浑无法生存，要先调动部队攻打吐蕃。右相阎立本认为去年饥荒歉收，不可以出动军队。议论很久，无法决定，最后还是没有将吐谷浑迁徙。

庚寅日（十四日），刮大风，海水外溢，冲入永嘉、安固六千多户人家。

冬，十月，丁巳，车驾还京师。

十一月，丁亥，徙豫王旭轮为冀王，更名轮。

司空、太子太师、英贞武公李勣寝疾，上悉召其子弟在外者，使归侍疾。上及太子所赐药，勣则饵之；子弟为之迎医，皆不听进，曰："吾本山东田夫，遭值圣明，致位三公，年将八十，岂非命邪！修短有期，岂能复就医工求活！"一旦，忽谓其弟司卫少卿弼曰："吾今日小愈，可共置酒为乐。"于是，子孙悉集，酒阑，谓弼曰："吾自度必不起，故欲与汝曹为别耳。汝曹勿悲泣，听我约束。我见房、杜平生勤苦，仅能立门户，遭不肖子荡覆无馀。吾有此子孙，今悉付汝。葬毕，汝即迁入我堂，抚养孤幼，谨察视之。其有志气不伦，交游非类者，皆先挝杀，然后以闻。"自是不复更言。十二月，戊申，薨。上闻之悲泣，葬日，幸未央宫，登楼望輀车恸哭。起冢象阴山、铁山、乌德鞬山，以旌其破突厥、薛延陀之功。

【译文】冬季，十月，丁巳日（十二日），唐高宗车驾回返京师。

十一月，丁亥日（十二日），唐高宗改封豫王李旭轮为冀王，改名为李轮。

司空、太子太师、英贞武公李勣病在床上，唐高宗将李勣在外地的子弟全部召回，让他们回来侍候李勣。唐高宗和太子所赐的药，李勣服用，他家子弟为他所延请的医生，都不准进见，说："我本是山东的农夫，遇到圣明国君，才得到三公的地位, 年龄接近八十, 这不是命吗? 寿命虽然有长短, 终究有完尽之期, 哪能再向医生求活命呢!"有一天, 李勣突然对他的弟弟司卫少卿李弼说:"我今天稍微好些, 可以一起摆设酒席作乐。"于是子孙们全部聚集, 酒宴将尽之时, 李勣对李弼说:"我知病一定不好, 所以要与你们告别罢了。你们不要哀伤哭泣, 要听我的吩咐。我看到房玄龄和杜如晦一生勤劳困苦, 也只能自立门户罢了, 偏偏遇到不肖子孙, 使得家道荡涤倾覆, 没有剩余。我所有的子孙, 现在全都托付给你。在埋葬我之后, 你马上迁入我家里, 为我抚养年幼的子孙, 仔细加以审视观察, 如果有志气不佳、交结歹徒的, 都先加以击杀, 然后再奏报。"自此以后, 就不再说话了。十二月, 戊申日(初三), 李勣去世。唐高宗听了之后, 悲伤哭泣, 埋葬的当天, 唐高宗来到未央宫, 到楼上望着丧车痛哭。为李勣起造的墓冢象阴山、铁山、乌德犍山, 用来表扬他击破突厥、薛延陀的功勋。

勣为将, 有谋善断; 与人议事, 从善如流。战胜则归功于下, 所得金帛, 悉散之将士, 故人思致死, 所向克捷。临事选将, 必皆相其状貌丰厚者遣之。或问其故, 勣曰:"薄命之人, 不足与成功名。"

闺门雍睦而严。其姊尝病, 勣已为仆射, 亲为之煮粥, 风回, 爇其须鬓。姊曰:"仆妾幸多, 何自苦如是!"勣曰:"非为无人使令也, 顾姊老, 勣亦老, 虽欲久为姊煮粥, 其可得乎!"

勣常谓人:"我年十二三时为亡赖贼, 逢人则杀。十四五为难当贼, 有所不惬则杀人。十七八为佳贼, 临陈乃杀之。二十为大将, 用兵以救人死。"

勣长子震早卒, 震子敬业袭爵。

【译文】 李勣为将，有谋略而且善于决断，和人谈论事情，接受别人的善意仿佛流水一样。作战胜利就将功劳归给下属，所得到的金帛等赏赐，全都散发给将士，因而人人都想为他而死，而他所到达的地方都能取胜。临到战事选任将领时，一定考量选择对方容貌较为丰厚的才派遣。有人询问他原因，李勣说："命薄的人，不能够和他一起成就功业。"

李勣家门雍容和睦，他姐姐曾经生病，李勣已经做到仆射，还亲自为姐姐煮稀饭，风将火吹回，烧到他的须鬓。他的姐姐说："家里仆人下女很多，何必自己这么辛劳！"李勣说："并不是因为没有人可以使唤，只因为姐姐年老，勣也老了，即便想长久为姐姐煮稀饭，怎能办得到呢？"

李勣常对人说："我十二三岁时是个无赖的强盗，看见人就杀。十四五岁时是个难以抵挡的盗贼，有所不称意就杀人。十七八岁时是个好贼盗，临到作战才杀人。二十岁担任大将，带领军队来挽救人的性命。"

李勣的长子李震很早就死了，李震的儿子李敬业承继他的爵位。

时承平既久，选人益多，是岁，司列少常伯裴行俭始与员外郎张仁祎，设长名姓历牓，引铨注之法。又定州县升降、官资高下。其后遂为永制，无能革之者。

大略唐之选法，取人以身、言、书、判，计资量劳而拟官。始集而试，观其书、判；已试而铨，察其身、言；已铨而注，询其便利；已注而唱，集众告之。然后类以为甲，先简仆射，乃上门下，给事中读，侍郎省，侍中审之，不当者驳下。既审，然后上闻，主者受旨奉行，各给以符，谓之告身。兵部武选亦然。课试之法，以骑射及翘关、负米。人有格限未至，而能试文三篇，谓之宏词，试判三条，谓之拔萃，入等者得不限而授。其黔中、岭南、闽中州县官，不由吏部，委都督选择士人补授。凡居官以年为考，六品以下，四考为满。

【译文】 此时因为长久太平，参与选举的人更多，这一年，司列少常伯裴行俭和员外郎张仁设长名姓历榜（按照铨选成绩的先后列名榜示，可防止有司从中凭私心决定先后次序），引用铨次注明的方法。又定下州县官吏升降和官阶高下的标准。后来这些措施变成固定的制度，没有人能变革。

唐朝选举人才的办法，大略是以身（体貌）、言（言辞）、书（楷法）、判（文理）为主，衡量资格高低，考量功劳大小再拟授官位。最开始时先集中考试，看书法的好坏，判词文理的优劣；试过之后再铨次高下，这时要察看体貌是否高大，言辞是否明白准确。已经铨次之后再加评注，询问对方的便利专长；评注好之后高声唱诵，集合众人，宣布铨选结果。然后分类定出甲乙次序，先呈送仆射，再由仆射报告门下省，由给事中审读，侍郎察核，侍中审定，对不适当的提出异议。审核好之后，呈送天子，主管其事的官吏再奉天子的旨意行事，每人给予符节，就是"告身"。兵部选拔武官也采用同样的办法。考试的方法，是以骑马射箭和举关（关是一种重物，长一丈七尺，径二寸半，考试时每人举十次）、负米（背负五斛的米粮，行走二十步）为主。因某种规定所限，未能参加上述铨选，能够应三篇文章考试的，称为"宏词"，应三条判文考试的，称为"拔萃"，考中的可以破格授官。黔中、岭南、闽中州县的官吏，不经由吏部考选，而委托给都督，选拔当地人补授官职。凡是任职官员，每任满一年考核一次，六品以下官员，经四次考核为任职期满。

【乾隆御批】 人君清明在于躬慎简大臣以主铨选,不次以彰贤能,依格以劝年劳,则巧与奸自绝,足为用人挈要之法。向因读史曾及之,至唐之身、言、书、判,盖朱免逐末而忘其本。尹氏但指以身取人之非,其说犹为未备。

【译文】 君主的清明在于亲自小心地选用大臣来主持选才授官,破格选拔明显有品德有才能的人,按照规定的标准提拔官员,以此勉励劳绩,那么,弄巧与行奸的行为自会断绝,完全可以成为选用人才抓住要点的办法。过去,因为读史书曾经涉及这个问题,看到唐代以身、言、书、判为选拔官吏的标准,实在是追求枝节而忘其根本啊!尹氏只指出了以容貌取人的不对,这种说法还是不全面的。

咸亨元年(庚午, 公元六七○年)春, 正月, 丁丑, 右相刘仁轨请致仕; 许之。

三月, 甲戌朔, 以旱, 赦天下, 改元。

丁丑, 改蓬莱宫为含元宫。

壬辰, 太子少师许敬宗请致仕; 许之。

敕突厥酋长子弟事东宫。西台舍人徐齐聃上疏, 以为:"皇太子当引文学端良之士置左右, 岂可使戎狄丑类入侍轩闼!"又奏:"齐献公即陛下外祖, 虽子孙有犯, 岂应上延祖祢! 今周忠孝公庙甚修, 而齐献公庙毁废, 不审陛下何以垂示海内, 彰孝理之风!"上皆从之。齐聃, 充容之弟也。

【译文】 咸亨元年(庚午, 公元670年)是年三月始改年号为咸亨。春季, 正月, 丁丑日(初三), 右相刘仁轨请求退休。唐高宗允许了。

三月，甲戌朔日（初一），因为旱灾，唐高宗大赦天下，改年号为咸亨。

丁丑日（初四），唐高宗将蓬莱宫改名为含元宫。

壬辰日（十九日），太子少师许敬宗请求退休。唐高宗允许了。

唐高宗下令突厥酋长子弟侍奉东宫。西台舍人徐齐聃上疏唐高宗，认为："皇太子应该引用品行端正贤良的士人作为身边的侍臣，怎么可以让戎狄那些异族入侍宫中呢？"又上奏说："齐献公长孙晟是陛下外祖父，虽然子孙犯了罪，怎么可以归罪到祖先？现在周忠孝公武士彟的庙修得很好，而齐献公长孙晟的庙却毁坏废弃，不知陛下怎样向海内交代，来表现孝道的作为？"唐高宗都接受了。徐齐聃是徐充容的弟弟。

夏，四月，吐蕃陷西域十八州，又与于阗袭龟兹拨换城，陷之。罢龟兹、于阗、焉耆、疏勒四镇。辛亥，以右卫大将军薛仁贵为逻娑道行军大总管，左卫员外大将军阿史那道真、左卫将军郭待封副之，以讨吐蕃，且援送吐谷浑还故地。

庚午，上幸九成宫。

高丽酋长剑牟岑反，立高藏外孙安舜为主。以左监门大将军高侃为东州道行军总管，发兵讨之，安舜杀剑牟岑，奔新罗。

【译文】夏季，四月，吐蕃攻陷西域十八州，又和于阗一起偷袭龟兹拨换城，将城攻克。唐朝罢废龟兹、于阗、焉耆、疏勒四镇。辛亥日（初九），唐高宗任命右卫大将军薛仁贵担任逻娑道行军大总管，左卫员外大将军阿史那道真、左卫将军郭待封担任副大总管，讨伐吐蕃，并且帮助吐谷浑返回旧有土地。

庚午日（二十八日），唐高宗到了九成宫。

高丽酋长剑牟岑造反，立高藏的外孙安舜为高丽王。唐高宗任命左监门大将军高侃担任东州道行军总管，调动军队讨伐。安舜杀了剑牟岑，逃往新罗。

六月，壬寅朔，日有食之。

秋，八月，丁巳，车驾还京师。

郭待封先与薛仁贵并列，及征吐蕃，耻居其下，仁贵所言，待封多违之。军至大非川，将趣乌海，仁贵曰：“乌海险远，军行甚难，辎重自随，难以趋利；宜留二万人，为两栅于大非岭上，辎重悉置栅内，吾属帅轻锐，倍道兼行，掩其未备，破之必矣。”仁贵帅所部前行，击吐蕃于河口，大破之，斩获甚众，进屯乌海以俟待封。待封不用仁贵策，将辎重徐进，未至乌海，遇吐蕃二十馀万，待封军大败，还走，悉弃辎重。仁贵退屯大非川，吐蕃相论钦陵将兵四十馀万就击之，唐兵大败，死伤略尽。仁贵、待封与阿史那道真并脱身免，与钦陵约和而还。敕大司宪乐彦玮即军中按其败状，械送京师，三人皆免死除名。

【译文】六月，壬寅朔日（初一），出现日食。

秋，八月，丁巳日（十七日），唐高宗车驾回返京师。

郭待封起初和薛仁贵官位同等并列，后来征讨吐蕃，郭待封以官位居薛仁贵之下为耻，薛仁贵所说，郭待封大多违背不听。军队抵达大非川，将向乌海进发，薛仁贵说：“乌海形势险要遥远，军队行军困难，辎重车跟随在后，不容易得到便利。应当留下两万人，在大非岭上修建两个栅寨，辎重车全都放置栅寨内，我们再带领轻便精锐的士卒，加速赶路，趁他们没有防备进攻，一定可以将他们击败。”薛仁贵率领部众前进，在河口攻打吐蕃，大败吐蕃，斩杀俘获很多敌人，进兵驻扎在乌海，等待郭待封。郭待封不采用薛仁贵的计策，将辎重车慢慢地向前推进。还没到乌海，遇到二十几万的吐蕃军队，郭待封部队大败，退走，将辎重全部丢弃。薛仁贵后退屯驻在大非川，吐蕃宰相论钦陵带领四十几万士兵攻打薛仁贵，唐兵大败，死伤殆尽。薛仁贵、郭待封、阿史那道真都免于一死，和吐蕃宰相论钦陵谈和而后返回。唐高宗令大司宪乐彦玮到军中审问战败的情形，将他们拘送京师，三人都免掉一死，但被除掉官名。

钦陵，禄东赞之子也，与弟赞婆、悉多于、勃论皆有才略。禄东赞卒，钦陵代之秉政，三弟将兵居外，邻国畏之。

关中旱，饥。九月，丁丑，诏以明年正月幸东都。

甲申，皇后母鲁国忠烈夫人杨氏卒，敕文武九品以上及外命妇并诣宅吊哭。

闰月，癸卯，皇后以久旱，请避位；不许。

壬子，加赠司徒周忠孝公武士彟为太尉、太原王，夫人为王妃。

甲寅，以左相姜恪为凉州道行军大总管，以御吐蕃。

冬，十月，乙未，太子右中护、同东西台三品赵仁本为左肃机，罢政事。

庚寅，诏官名皆复旧。

【译文】论钦陵是禄东赞的儿子，和他的弟弟赞婆、悉多于、勃论都富有才华谋略。禄东赞死后，论钦陵继任禄东赞之位，三个弟弟带兵居留在外，邻国都非常畏惧他们。

关中发生旱灾，出现饥荒，九月，丁丑日（初七），唐高宗下诏令第二年正月要前往东都。

甲申日（十四日），皇后母亲鲁国忠烈夫人杨氏去世，下令文、武九品以上的官员和宫外有封号的外命妇都到杨氏宅吊唁哭祭。

闰月，癸卯日（初三），皇后因为长久旱灾，请求退位避灾，唐高宗没有允许。

壬子日（十二日），唐高宗加赠司徒周忠孝公武士彟为太尉、太原王，夫人为王妃。

甲寅日（十四日），唐高宗任命左相姜恪担任凉州道行军大总管，抵御吐蕃。

冬季，十月，乙未日（二十六日），太子右中护、同东西台三品赵仁本担任左肃机，免去朝政事务。

十二月，庚寅日（二十一日），唐高宗下诏令全部恢复旧有官名。

资治通鉴卷第二百二　唐纪十八

起重光协洽,尽重光大荒落,凡十一年。

【译文】 起辛未(公元671年),止辛巳(公元682年),共十一年。

【题解】 本卷记录了公元671年至681年的史事,共十一年,正当唐高宗咸亨二年到开耀元年。此时期是唐高宗执政的后期,因身患风疾,大权落入皇后武则天之手。武则天步步紧逼皇权,发生了两次废立太子的事件。太子李弘突然去世,第六子李贤继立太子,五年之后也被废黜。此时期,唐高宗为长孙氏平反,恢复长孙晟、长孙无忌的官爵。高宗后期十一年间,国家边境不宁,风波不断。高丽、新罗时叛时服,西域动荡不安,吐蕃侵犯边境,北疆突厥侵扰。裴行俭威震西域,两次大破突厥,也是这一时期唐朝军事与政治的一大亮点。

高宗天皇大圣大弘孝皇帝中之下

咸亨二年(辛未,公元六七一年)春,正月,甲子,上幸东都。

夏,四月,甲申,以西突厥阿史那都支为左骁卫大将军兼匐延都督,以安集五咄陆之众。

初,武元庆等既死,皇后奏以其姊子贺兰敏之为士彟之嗣,袭爵周公,改姓武氏,累迁弘文馆学士、左散骑常侍。魏国夫人之死也,上见敏之,悲泣曰:"向吾出视朝犹无恙,退朝已不救,何仓卒如此！"敏之号哭不对。后闻之，曰："此儿疑我。"由是恶之。敏之貌美，蒸于太原王妃；及居妃丧，释衰绖，奏妓。司卫少卿杨思俭女，有殊色，上及后自选以为太子妃，昏有日矣，敏之逼而淫之。后于是，表言敏之前后罪恶，请加窜逐。六月，丙子，敕流雷州，复其本姓。至韶州，以马缰绞死。朝士坐与敏之交游，流岭南者甚众。

【译文】 咸亨二年（辛未，公元671年）春季，正月，甲子日（二十六日），唐高宗到东都。

夏季，四月，甲申日（十八日），唐高宗任命西突厥阿史那都支担任左骁卫大将军兼匐延都督，安抚召集五咄陆的部众。

起初，武元庆等人死后，皇后上奏让她姐姐的儿子贺兰敏之成为武士彟的子嗣，承继周公的爵号，改姓武氏，累积升迁到弘文馆学士、左散骑常侍。魏国夫人被武后毒死时，唐高宗见了贺兰敏之，悲痛哭泣说："早上我出去临朝听政时还好好的，退朝时却已无法挽救，为什么死得这么突然？"贺兰敏之只是号哭不回答。武后听到后，说："这个小子在怀疑我。"从此就怨恶贺兰敏之。贺兰敏之容貌美丽，和太原王（武士彟号）的妃子，他的外祖母杨氏淫乱私通；后来为王妃杨氏守丧时，他又除掉丧服，弹奏妓乐。司卫少卿杨思俭的女儿，异常美貌，唐高宗和武后都选她为太子妃，已定婚期，贺兰敏之逼迫她加以奸淫。武后于是上表数说贺兰敏之前后所犯的罪过，请求加以流徙放逐。六月，丙子日（十一日），唐高宗下敕令将贺兰敏之流放到雷州，恢复他的本来姓氏贺兰。贺兰敏之走到韶州时，被马缰绞死。朝廷士人因和贺兰敏之交游而被流放岭南的很多。

秋，七月，乙未朔，高侃破高丽馀众于安市城。

九月，丙申，潞州刺史徐王元礼薨。

冬，十一月，甲午朔，日有食之。

车驾自东都幸许、汝；十二月，癸酉，校猎于叶县；丙戌，还东都。

【译文】秋季，七月，乙未朔日（初一），高侃在安市城击败高丽剩余的徒众。

九月，丙申日（初二），唐潞州刺史徐王李元礼去世。

冬季，十一月，甲午朔日（初一），出现日食。

唐高宗车驾从东都到达许、汝。十二月，癸酉日（初十），在叶县打猎。丙戌日（二十三日），回到东都。

咸亨三年(壬申，公元六七二年) 春，正月，辛丑，以太子右卫副率梁积寿为姚州道行军总管，将兵讨叛蛮。

庚戌，昆明蛮十四姓二万三千户内附，置殷、敦、总三州。

二月，庚午，徙吐谷浑于鄯州浩亹水南。吐谷浑畏吐蕃之强，不安其居，又鄯州地狭，寻徙灵州，以其部落置安乐州，以可汗诺曷钵为刺史。吐谷浑故地皆入于吐蕃。

己卯，侍中永安郡公姜恪薨。

夏，四月，庚午，上幸合璧宫。

吐蕃遣其大臣仲琮入贡，上问以吐蕃风俗，对曰："吐蕃地薄气寒，风俗朴鲁；然法令严整，上下一心，议事常自下而起，因人所利而行之，斯所以能持久也。"上诘以吞灭吐谷浑、败薛仁贵、寇逼凉州事，对曰："臣受命贡献而已，军旅之事，非所闻也。"上厚赐而遣之。癸未，遣都水使者黄仁素使于吐蕃。

【译文】咸亨三年（壬申，公元672年）春季，正月，辛丑日

（初八），唐高宗任命太子左卫副率梁积寿担任姚州道行军总管，率领军队征讨反叛的蛮人。

庚戌日（十七日），昆明蛮十四姓两万三千户归顺朝廷，唐朝在此地设置殷、敦、总三州。

二月，庚午日（初八），唐朝将吐谷浑迁徙到鄯州浩亹水的南面。吐谷浑畏惧吐蕃的强大，在鄯州住得不踏实，又因鄯州土地狭小，不久迁徙到灵州，将部落安置在安乐州，唐朝任命可汗诺曷钵担任刺史。吐谷浑旧有土地都被吐蕃吞并。

己卯日（十七日），唐侍中永安郡公姜恪去世。

夏季，四月，庚午日（初九），唐高宗来到合璧宫。

吐蕃派遣大臣仲琮到唐朝廷进贡，唐高宗询问吐蕃的风俗，仲琮回答说："吐蕃气候严寒土地贫瘠，风俗纯朴质鲁；然而法令严厉，上下一心；议事的程序从下面的百姓开始，百姓的议论有理的话在上者都遵从，对百姓有利的事就去做，因而吐蕃的国运才能维持这么久。"唐高宗询问他关于吞并吐谷浑、击败薛仁贵、侵逼凉州的事情，仲琮回答说："臣接受命令前来进贡罢了，军旅的事情，臣并没有听说。"唐高宗厚赐他，遣送他回去。癸未日（二十二日），唐高宗派遣都水使者黄仁素出使吐蕃。

秋，八月，壬午，特进高阳郡公许敬宗卒。太常博士袁思古议："敬宗弃长子于荒徼，嫁少女于夷貊。按《谥法》，'名与实爽曰缪，'请谥为缪。"敬宗孙太子舍人彦伯讼思古与许氏有怨，请改谥。太常博士王福畤议，以为："谥者得失一朝，荣辱千载。若嫌隙有实，当据法推绳；如其不然，义不可夺。"户部尚书戴至德谓福畤曰："高阳公任遇如是，何以谥之为缪？"对曰："昔晋司空何曾既忠且孝，徒以日食万钱，秦秀谥之曰‘缪’。许敬宗忠孝不逮于曾，而饮食男女之累过之，谥之曰‘缪’，无负许氏矣。”诏集五品已上更议，礼部尚书阳思敬议：“按《谥法》，既过能改曰恭。请谥曰恭。”诏从之。敬宗尝奏流其子昂于岭南，又以女嫁蛮酋冯盎之子，多纳其货，故思古议及之。福畤，勃之父也。

【译文】 秋季，八月，壬午日（二十四日），唐特进高阳郡公许敬宗去世。太常博士袁思古建议：“许敬宗将长子丢弃在边疆，将小女儿嫁给夷貊。按照《谥法》，‘名字和实际相乖违的就是缪’，请求给他谥号为缪。”许敬宗的孙子太子舍人许彦伯申诉说，袁思古和许氏有怨隙，请求更改谥号。太常博士王福畤建议，认为：“恩怨得失是短暂的事，而荣辱却是千载永久的事。假如袁思古和许氏有怨隙是确凿的，应该根据法令推究纠绳；假如没有，道理是不能侵夺违背的。”户部尚书戴至德对王福畤说：“高阳公许敬宗的官任宠遇这么高，怎么还谥为缪？”王福畤回答说：“晋司空何曾又忠又孝，只为了每天吃饭要花一万钱，秦秀就给他‘缪’的谥号。许敬宗的忠孝比不上何曾，而饮食男女的疵累却超过何曾，给他谥号‘缪’，并不亏负许氏。”唐高宗下诏令召集五品以上的官吏再次讨论，礼部尚书阳思敬建议：“按照《谥法》，有过错能够改正就是恭，请给他谥号‘恭’。”唐高宗下令接受。许敬宗曾经上奏请求流放他的儿子许昂到岭南，又将女儿嫁给蛮酋冯盎的儿子，为了多得财货，所以袁思古才提到这些事。王福畤是王勃的父亲。

【申涵煜评】 武氏擅权，李义府新进小人，迎合希宠，固不足怪。敬宗以忠臣后裔，天策旧人，丧心蒙面，诬蔑忠良，吾不知其何所恨于太宗而报之如此，罪较李绩更加等。

【译文】 武氏擅权,李义府作为新进小人,迎合希望得到宠幸,本来就不值得奇怪。许敬宗以忠臣后裔,天策旧人,丧心蒙面,诬蔑忠良,我不知道他是不是因为怨恨太宗而如此,他的罪实在比李勣更加一等。

九月,癸卯,徙沛王贤为雍王。

冬,十月,己未,诏太子监国。

壬戌,车驾发东都。

十一月,戊子朔,日有食之。

甲辰,车驾至京师。

【译文】 九月,癸卯日(十五日),唐高宗将沛王李贤改封为雍王。

冬季,十月,己未日(初二),唐高宗下诏由太子监国。

壬戌日(初五),唐高宗车驾从东都出发。

十一月,戊子朔日(初一),出现日食。

甲辰日(十七日),唐高宗车驾回到京师。

十二月,高侃与高丽馀众战于白水山,破之。新罗遣兵救高丽,侃击破之。

癸卯,以左庶子刘仁轨同中书门下三品。

太子罕接宫臣,典膳丞全椒邢文伟辄减所供膳,并上书谏太子。太子复书,谢以多疾及入侍少暇,嘉纳其意。顷之,右史缺,上曰:"邢文伟事吾子,能撤膳进谏,此直士也。"擢为右史。

太子因宴集,命宫臣掷倒,次至左奉裕率王及善,及善曰:"掷倒自有伶官,臣若奉令,恐非所以羽翼殿下也。"太子谢之。上闻之,赐及善缣百匹,寻迁左千牛卫将军。

【译文】 十二月，高侃和高丽剩余的部众在白水山交战，击败高丽。新罗派遣部队救援高丽，高侃又击败了对方。

癸卯日（十二月无此日），唐高宗任命左庶子刘仁轨为同中书门下三品。

太子很少接见宫中大臣，典膳丞全椒人邢文伟经常减少供应太子的膳食，并且上书谏劝太子。太子又回信给邢文伟，以常常生病和入侍陛下因而少有空闲接见宫臣，向邢文伟谢罪，并且采纳他的意见。没过多久，有右史的缺额，唐高宗说："邢文伟侍奉我儿子，能用撤除膳食进谏，是正直的人士。"就擢升他为右史。

太子在宴集群臣时，命令宫中大臣跳掷倒舞（用头履地，倒行而足舞），轮到左奉裕率王及善，王及善说："掷倒舞自有伶官可以跳，臣假如奉令跳，恐怕不是辅助殿下的方法。"太子就向王及善谢罪。唐高宗听到之后，就赐给王及善缣一百匹，不久又升迁为左千牛卫将军。

咸亨四年（癸酉，公元六七三年）春，正月，丙辰，绛州刺史郑惠王元懿薨。

三月，丙申，诏刘仁轨等改修国史，以许敬宗等所记多不实故也。

夏，四月，丙子，车驾幸九成宫。

闰五月，燕山道总管、右领军大将军李谨行大破高丽叛者于瓠芦河之西，俘获数千人，馀众皆奔新罗。时谨行妻刘氏留伐奴城，高丽引靺鞨攻之，刘氏擐甲帅众守城，久之，虏退。上嘉其功，封燕国夫人。谨行，靺鞨人突地稽之子也，武力绝人，为众夷所惮。

【译文】咸亨四年（癸酉，公元673年）春季，正月，丙辰日（二十九日），唐绛州刺史郑惠王李元懿去世。

三月，丙申日（初十），唐高宗下诏令命刘仁轨等改修国史，因为许敬宗等人所记的有很多不真实。

夏季，四月，丙子日（二十一日），唐高宗车驾到了九成宫。

闰五月，燕山道总管、右领军大将军李谨行在瓠芦河西面将反叛的高丽人击败，俘虏好几千人，剩下的部属都逃到新罗。当时李谨行的妻子刘氏留在伐奴城，高丽引领靺鞨攻打伐奴城，刘氏穿上甲衣率领众人守城，过了很长时间，敌人只得退走。唐高宗嘉奖她的功劳，封为燕国夫人。李谨行是靺鞨人突地稽的儿子，武力超过一般人，众夷畏惧。

秋，七月，辛巳，婺州大水，溺死者五千人。

八月，辛丑，上以疟疾，令太子于延福殿受诸司启事。

冬，十月，壬午，中书令阎立本薨。

乙巳，车驾还京师。

十二月，丙午，弓月、疏勒二王来降。西突厥兴昔亡可汗之世，诸部离散，弓月及阿悉吉皆叛。苏定方之西讨也，擒阿悉吉以归。弓月南结吐蕃，北招咽面，共攻疏勒，降之。上遣鸿胪卿萧嗣业发兵讨之。嗣业兵未至，弓月惧，与疏勒皆入朝；上赦其罪，遣归国。

【译文】秋季，七月，婺州发生大水灾，溺死的人有五千。

八月，辛丑日（十九日），唐高宗因犯了疟疾，命令太子在延福殿接受各位官员奏报政事。

冬季，十月，壬午日（初一），唐中书令阎立本去世。

乙巳日（二十四日），唐高宗车驾回返京师。

十二月，丙午日（二十五日），弓月、疏勒两个国王前来投降。西突厥兴昔亡可汗的时代，各个部落叛离分散，弓月和阿悉吉都背叛。苏定方西征时，生擒阿悉吉回朝。弓月结交南方的吐蕃，招来北方的咽面，一同攻打疏勒，疏勒投降。唐高宗派遣鸿胪卿萧嗣业调动部队讨伐。萧嗣业的军队还没抵达，弓月害怕，和疏勒一起到朝廷投降。唐高宗赦免他们的罪，遣送他们回国。

上元元年（甲戌，公元六七四年）春，正月，壬午，以左庶子、同中书门下三品刘仁轨为鸡林道大总管，卫尉卿李弼、右领军大将军李谨行副之，发兵讨新罗。时新罗王法敏既纳高丽叛众，又据百济故地，使人守之。上大怒，诏削法敏官爵；其弟右骁卫员外大将军、临海郡公仁问在京师，立以为新罗王，使归国。

三月，辛亥朔，日有食之。

贺兰敏之既得罪，皇后奏召武元爽之子承嗣于岭南，袭爵周公，拜尚衣奉御；夏，四月，辛卯，迁宗正卿。

秋，八月，壬辰，追尊宣简公为宣皇帝，妣张氏为宣庄皇后；懿王为光皇帝，妣贾氏为光懿皇后；太武皇帝为神尧皇帝，太穆皇后为太穆神皇后；文皇帝为太宗文武圣皇帝，文德皇后为文德圣皇后。皇帝称天皇，皇后称天后，以避先帝、先后之称。改元，赦天下。

【译文】上元元年（甲戌，公元674年）是年八月方改年号为上元。春季，正月，壬午日（正月无此日），唐高宗任命左庶子、同中书门下三品刘仁轨担任鸡林道大总管，任命卫尉卿李弼、右领军大将军李谨行担任副大总管，调动军队征讨新罗。当时新罗王金法敏接纳了高丽反叛的部众，又占据百济旧有的土地，派人守护。唐高宗十分生气，下诏令削夺金法敏官爵。金法敏的弟弟右骁卫员外大将军、临海郡公金仁问在京师，被立为新罗王，唐高宗让他回国就位。

三月，辛亥朔日（初一），出现日食。

贺兰敏之获罪被害之后，皇后奏请召回被流放岭南的武元爽的儿子武承嗣，承继周公爵位，拜为尚衣奉御；夏季，四月，辛卯日（十二日），武承嗣升迁为宗正卿。

秋季，八月，壬辰日（十五日），唐高宗追尊他的七世祖宣简公李熙为宣皇帝，七世祖母张氏为宣庄皇后；六世祖懿王李天赐为光皇帝，六世祖母贾氏为光懿皇后；祖父太武皇帝李渊为神尧皇帝，祖母太穆皇后为太穆神皇后；父亲文皇帝李世民为太宗文武圣皇帝，母亲文德皇后为文德圣皇后。为了回避已故皇帝、皇后的称号，唐高宗改称天皇，皇后改称天后。改年号为上元，大赦天下。

戊戌，敕："文武官三品以上服紫，金玉带；四品服深绯，金带；五品服浅绯，金带；六品服深绿，七品服浅绿，并银带；八品服深青，九品服浅青，并锍石带；庶人服黄，铜铁带。自非庶人，不听服黄。"

九月，癸丑，诏追复长孙晟、长孙无忌官爵，以无忌曾孙翼袭爵赵公，听无忌丧归，陪葬昭陵。

甲寅，上御翔鸾阁，观大酺。分音乐为东西朋，使雍王贤主东朋，周王显主西朋，角胜为乐。郝处俊谏曰："二王春秋尚少，志趣未定，当推梨让枣，相亲如一。今分二朋，递相夸竞，俳优小人，言辞无度，恐其交争胜负，讥诮失礼，非所以崇礼义，劝敦睦也。"上瞿然曰："卿远识，非众人所及也。"遽止之。

是日，卫尉卿李弼暴卒于宴所，为之废酺一日。

【译文】戊戌日（二十一日），唐高宗下敕令："文武百官三品以上的穿紫色服饰，佩金玉带；四品官员穿深红色服饰，佩金带；五品官员穿浅红色服饰，佩金带；六品官员穿深绿色服饰，七品官员穿浅绿色服饰，都佩银带；八品官员穿深青色服饰，九品官员穿浅青色服饰，都佩黄铜带。没有官爵的庶人百姓穿黄色服饰，佩铜带。其余工商杂户，不允许穿黄色服饰。"

九月，癸丑日（初七），唐高宗下诏令重新恢复长孙晟、长孙无忌的官爵，任命长孙无忌的曾孙长孙翼继承赵公的封号，准许长孙无忌的遗体从流放地黔州送回长安，陪葬在唐太宗的昭陵。

甲寅日（初八），唐高宗驾临翔鸾阁，观看大饮酒礼。将乐队分为东西两队，让雍王李贤担任东队首领，周王李显担任西队首领，东西两部分比赛胜负以取乐。郝处俊劝谏说："两个侯王年纪幼小，志向还没固定，应当'推梨让枣'，互谅互让，亲密无间。现在却分为两队，互相夸耀竞争，这些优伶言辞没有法度，担心他们在争夺胜负时，相互讥嘲诮骂而失去礼节，这样就不合推崇礼义、鼓励亲爱和睦的道理了。"唐高宗很惊惧地说："你的远见卓识，不是众人所能赶得上的。"于是立即下令停止比赛。

当天，卫尉卿李弼在宴所突然去世，为此停止饮酒集会一天。

冬，十一月，丙午朔，车驾发京师；己酉，校猎华山之曲武原；戊辰，至东都。

箕州录事参军张君澈等诬告刺史蒋王恽及其子汝南郡王炜

谋反，敕通事舍人薛思贞驰传往按之。十二月，癸未，恽惶惧，自缢死。上知其非罪，深痛惜之，斩君澈等四人。

戊子，于阗王伏阇雄来朝。

辛卯，波斯王卑路斯来朝。

【译文】冬季，十一月，丙午朔日（初一），唐高宗车驾从京师出发。己酉日（初四），唐高宗在华山的曲武原打猎。戊辰日（二十三日），唐高宗到达东都。

箕州录事参军张君澈等人诬告刺史蒋王李恽和儿子汝南郡王李炜谋划造反，下令通事舍人薛思贞乘传车前去调查。十二月，癸未日（初八），蒋王李恽害怕，自杀身亡；唐高宗知道他没罪，深感痛惜，将张君澈等四人斩杀。

戊子日（十三日），于阗王伏阇雄来朝见唐高宗。

辛卯日（十六日），波斯王卑路斯来朝见唐高宗。

壬寅，天后上表，以为："国家圣绪，出自玄元皇帝，请令王公以下皆习《老子》，每岁明经，准《孝经》《论语》策试。"又请"自今父在，为母服齐衰三年。又，京官八品以上，宜量加俸禄。"及其馀便宜，合十二条。诏书褒美，皆行之。

是岁，有刘晓者，上疏论选，以为："今选曹以检勘为公道，书判为得人，殊不知考其德行才能。况书判借人者众矣。又，礼部取士，专用文章为甲乙，故天下之士，皆舍德行而趋文艺，有朝登甲科而夕陷刑辟者，虽日诵万言，何关理体！文成七步，未足化人。况尽心卉木之间，极笔烟霞之际，以斯成俗，岂非大谬！夫人之慕名，如水趋下，上有所好，下必甚焉。陛下若取士以德行为先，文艺为末，则多士雷奔，四方风动矣！"

【译文】壬寅日（二十七日），天后上奏，认为："国家的圣胤，出自玄元皇帝（李耳），请求下令王公以下都学习《老子》，每年明经科加试《老子》，考试方法同《孝经》《论语》一样。"又请求："从现在起父亲仍在世的，子女为去世的母亲服齐衰三年。另外在京的官吏八品以上的，应当酌量增加俸禄。"还有其他对国家方便有利的建议一共十二条。唐高宗下诏书褒奖赞美天后，全都加以采用。

这一年，有个叫刘晓的人，上疏讨论有关选拔人才的事，认为："现在掌理选举的官员，都认为能够考量功过、调查真伪就是公道，楷法文理优美就算人才，却不知晓考求德行才能。况且楷法文理有许多是假借他人手笔。而且礼部取士，专以文章定等次，所以天下士人，都舍弃修养德行而趋向文艺，因而有刚考上科甲，马上就犯了法的人，虽然每天诵读许多书籍，和治道有什么相干？走七步能写成好诗文，未必就能抚育百姓。何况竭尽心力在花卉草木之间，极力描绘烟雾云霞的景色，这种情况竟成为风气，岂不是太荒谬了！百姓的倾慕，就仿佛水向下流，上位的有所喜好，下位的一定更为喜欢。陛下假如取用士人，先注重德行，将文艺放在末后，那么众多的士人就会雷厉风行地修养德行，四方百姓没有不受影响的。"

上元二年（乙亥，公元六七五年）春，正月，丙寅，以于阗国为毗沙都督府，分其境内为十州，以于阗王尉迟伏阇雄为毗沙都督。

辛未，吐蕃遣其大臣论吐浑弥来请和，且请与吐谷浑复修邻好；上不许。

二月，刘仁轨大破新罗之众于七重城；又使靺鞨浮海略新罗之南境，斩获甚众。仁轨引兵还。诏以李谨行为安东镇抚大使，屯新罗之买肖城以经略之，三战皆捷，新罗乃遣使入贡，且谢罪；上赦之，复新罗王法敏官爵。金仁问中道而还，改封临海郡公。

【译文】 上元二年（乙亥，公元675年）春季，正月，丙寅日（二十一日），唐朝在于阗国设置毗沙都督府，分割于阗国为十个州，任命于阗王尉迟伏阇雄担任毗沙都督。

辛未日（二十六日），吐蕃派遣大臣论吐浑弥前来请求和解，并且请求和吐谷浑再结邻国之好。唐高宗没有答应。

二月，刘仁轨在七重城大败新罗的部队。又派靺鞨渡海，攻打新罗南方边境，斩杀俘虏很多敌人。刘仁轨率军返回，唐高宗下诏令任命李谨行担任安东镇抚大使，屯驻在新罗的买肖城，作为经营战略的要地。李谨行三次作战全都获胜，新罗就派遣使者入朝进贡，并且向唐高宗谢罪。唐高宗加以赦免，恢复新罗王金法敏的官爵。金仁问半路返回，改封为临海郡公。

三月，丁巳，天后祀先蚕于邙山之阳，百官及朝集使皆陪位。

上苦风眩甚，议使天后摄知国政。中书侍郎同三品郝处俊曰："天子理外，后理内，天之道也。昔魏文帝著令，虽有幼主，不许皇后临朝，所以杜祸乱之萌也。陛下奈何以高祖、太宗之天下，不传之子孙而委之天后乎！"中书侍郎昌乐李义琰曰："处俊之言至忠，陛下宜听之！"上乃止。

天后多引文学之士著作郎元万顷、左史刘祎之等，使之撰《列女传》《臣轨》《百僚新戒》《乐书》，几千馀卷。朝廷奏议及百司表疏，时密令参决，以分宰相之权，时人谓之北门学士。祎之，子翼之子也。

【译文】 三月，丁巳日（十三日），天后在邙山的南面祭祀先蚕；百官和各国使者全都陪位祭祀。

唐高宗因为眩晕十分痛苦，讨论要让天后代理国政。中书侍郎同三品郝处俊说：“天子掌理外事，皇后掌管内务，这是自然的道理。从前魏文帝曹丕定下法令，虽然国君幼小，也不允许皇后到朝廷听政，就是为了杜绝祸乱的发生。陛下奈何将高祖、太宗的天下，不传给子孙而委托给天后呢？”中书侍郎昌乐人李义琰说：“郝处俊说的是最忠心的话，陛下应当听从！”唐高宗于是放弃原来的打算。

天后武则天广泛招揽很多的文学之士，如著作郎元万顷、左史刘祎之等人撰写《列女传》《臣轨》《百僚新戒》《乐书》，共一千多卷。朝廷的奏议和百官的表疏，时常秘密地让他们参与裁决，以此来削减宰相的权力，当时人称他们为北门学士。刘祎之是刘子翼的儿子。

夏，四月，庚辰，以司农少卿韦弘机为司农卿。弘机兼知东都营田，受诏完葺宫苑。有宦者于苑中犯法，弘机杖之，然后奏闻。上以为能，赐绢数十匹，曰：“更有犯者，卿即杖之，不必奏也。”

初，左千牛将军长安赵瑰尚高祖女常乐公主，生女为周王显妃。公主颇为上所厚，天后恶之。辛巳，妃坐废，幽闭于内侍省，食料给生者，防人候其突烟而已，数日烟不出，开视，死腐矣。瑰自定州刺史贬括州刺史，令公主随之官，仍绝其朝谒。

太子弘仁孝谦谨，上甚爱之；礼接士大夫，中外属心。天后方逞其志，太子奏请，数迕旨，由是失爱于天后。义阳、宣城二公主，萧淑妃之女也，坐母得罪，幽于掖庭，年逾三十不嫁。太子见之惊恻，遽奏请出降，上许之。天后怒，即日以公主配当上翊卫权毅、王遂古。己亥，太子薨于合璧宫，时人以为天后鸩之也。

【译文】 夏季，四月，庚辰日（初六），唐高宗任命司农少卿韦弘机为司农卿。韦弘机兼掌东都的营田（屯田制的耕作地），接受诏令修葺宫苑。有个宦官在宫苑中犯了法，韦弘机用杖毒打，然后奏报唐高宗。唐高宗认为他有才能，赐给他几十匹绢布，说："再有类似犯法的人，你就加以杖打，不必再奏报。"

起初，左千牛将军长安人赵瑰娶了唐高祖女儿常乐公主，所生的女儿就是周王李显的妃子。常乐公主为唐高宗所厚待，天后十分不高兴。辛巳日（初七），周王的妃子因犯罪被废黜，幽禁关闭在内侍省，送给她的食物都是生的，又命令监视的人候望烟囱是否有烟，已经有几天烟囱不冒烟，打开监门一看，人已死去并腐烂了。赵瑰从定州刺史被贬为括州刺史，命令常乐公主随赵瑰上任，不许他们回京师长安朝见唐高宗。

太子李弘仁慈孝顺恭谨谦逊，唐高宗非常喜爱；太子又以礼对待士大夫，中外全都归附他。天后武则天正要施展个人抱负，太子的奏报请求，好几次违逆她的旨意，从此失去天后的欢心。义阳、宣城两个公主是萧淑妃的女儿，因为母亲的关系也获罪，被幽禁在别宫，年龄超过三十岁还没有出嫁。太子看了十分惊讶，怜悯她们，就奏请唐高宗将她们出嫁，唐高宗答应了。天后非常生气，当天便把她们分别嫁给正在值班的翊卫权毅、王遂古。己亥日（二十五日），太子在合璧宫去世，当时人认为是天后武则天用毒酒害死的。

【康熙御批】 弘之奏请义阳、宣城二公主出降，洵仁厚之至意。第时方母后逞志，宜曲为感悟，徐俟转移，径上闻于君父，致触母后之怒，亦有自取之咎云。

【译文】 李弘奏请义阳、宣城二公主下嫁，实在是仁厚到了极点。只是当时天后武则天遏其心意，实在应该委屈自己而使其感悟，等待转机，直接上达于君父，导致母后发怒，他被害其中也有自取其咎的成分。

壬寅，车驾还洛阳宫。五月，戊申，下诏："朕方欲禅位皇太子，而疾遽不起，宜申往命，加以尊名，可谥为孝敬皇帝。"

六月，戊寅，立雍王贤为皇太子，赦天下。

天后恶慈州刺史杞王上金，有司希旨奏其罪；秋，七月，上金坐解官，澧州安置。

八月，庚寅，葬孝敬皇帝于恭陵。

戊戌，以戴至德为右仆射，庚子，以刘仁轨为左仆射，并同中书门下三品如故。张文瓘为侍中，郝处俊为中书令，李敬玄为吏部尚书兼左庶子，同中书门下三品如故。

【译文】 壬寅日（二十八日），唐高宗车驾返回洛阳宫。五月，戊申日（初五），唐高宗下诏令："朕正准备传位给皇太子，可是太子却突然一病不起，现在重申从前的命令，加给他尊崇的名位，可以封他谥号为孝敬皇帝。"

六月，戊寅日（初五），唐高宗立雍王李贤为皇太子，大赦天下。

天后不喜欢慈州刺史杞王李上金，有司秉承天后旨意奏报李上金的罪；秋季，七月，李上金因罪被解除官职，并且被安置到澧州。

八月，庚寅日（十九日），唐朝将孝敬皇帝埋葬在恭陵。

戊戌日（二十七日），唐高宗任命戴至德为右仆射；庚子日

（二十九日），唐高宗任命刘仁轨为左仆射，两人都和从前一样，为同中书门下三品。任命张文瓘为侍中，郝处俊为中书令；李敬玄为吏部尚书兼左庶子，和从前一样，为同中书门下三品。

刘仁轨、戴志德更日受牒诉，仁轨常以美言许之，至德必据理难诘，未尝与夺，实有冤结者，密为奏辨。由是时誉皆归仁轨。或问其故，至德曰："威福者人主之柄，人臣安得盗取之！"上闻，深重之。有老妪欲诣仁轨陈牒，误诣至德，至德览之未终，妪曰："本谓是解事仆射，乃不解事仆射邪！归我牒！"至德笑而授之。时人称其长者。文瓘时兼大理卿，囚闻改官，皆恸哭。文瓘性严正，诸司奏议，多所纠駮，上甚委之。

【译文】 刘仁轨、戴至德每天轮番接受处理诉讼公文，刘仁轨遇到有人申诉，经常用好听的话答允办理；而戴至德一定根据道理，问难诘责到底，从不随便判决，实在有冤屈解不开的，都暗中奏报唐高宗解决。因此那时一般人的称誉都落到刘仁轨身上。有人问戴至德那样做的原因，戴至德说："刑罚和赏赐都是国君的权柄，人臣怎么可以盗取？"唐高宗听了之后，十分敬重他。有个老妪要造访刘仁轨陈述诉状，结果错访了戴至德，戴至德还没看完，老妪说："本以为是通人情的仆射，却原来是不通人情的仆射！将诉状还我！"戴至德笑着将诉状还给她。当时的人都说戴至德是忠厚长者。张文瓘当时兼任大理卿，犯人听说张文瓘改了官职（侍中），都痛哭起来。张文瓘个性严厉刚正，对于各有司的奏议，大多加以纠正驳斥，唐高宗十分信任他。

仪凤元年（丙子，公元六七六年）春，正月，壬戌，徙冀王轮为相王。

纳州獠反，敕黔州都督发兵讨之。

二月，甲戌，徙安东都护府于辽东故城；先是有华人任安东官者，悉罢之。徙熊津都督府于建安故城；其百济户口先徙徐、兖等州者，皆置于建安。

天后劝上封中岳；癸未，诏以今冬有事于嵩山。

丁亥，上幸汝州之温汤。

【译文】仪凤元年（丙子，公元676年）是年十一月始改年号为仪凤。春季，正月，壬戌日（二十三日），唐高宗将冀王李轮改封为相王。

纳州獠造反，唐高宗下令黔州都督调动军队讨伐。

二月，甲戌日（初六），唐朝迁徙安东都护府到辽东原有的都城。在起初已经将担任东州（高丽、百济、新罗）官吏的中原人全部罢废。又将熊津都督府迁徙到原有的建安城。原先迁徙到徐州、兖州的百济户口，全都安置在建安。

天后武则天劝唐高宗到中岳举行封禅。癸未日（十五日），唐高宗下诏今年冬天在嵩山将举行祭祀。

丁亥日（十九日），唐高宗来到汝州温泉。

三月，癸卯，黄门侍郎来恒、中书侍郎薛元超并同中书门下三品。恒，济之兄；元超，收之子也。

甲辰，上还东都。

闰月，吐蕃寇鄯、廓、河、芳等州，敕左监门卫中郎将令狐智通发兴、凤等州兵以御之。己卯，诏以吐蕃犯塞，停封中岳。乙酉，以洛州牧周王显为洮州道行军元帅，将工部尚书刘审礼等十二总管，并州大都督相王轮为凉州道行军元帅，将左卫大将军契苾何力等，以讨吐蕃。二王皆不行。

庚寅，车驾西还。

甲寅，中书侍郎李义琰同中书门下三品。

戊午，车驾至九成宫。

六月，癸亥，黄门侍郎晋陵高智周同中书门下三品。

秋，八月，乙未，吐蕃寇叠州。

【译文】三月，癸卯日（初五），黄门侍郎来恒、中书侍郎薛元超都担任同中书门下三品。来恒是来济的兄长；薛元超是薛收的儿子。

甲辰日（初六），唐高宗返回东都。

闰月，吐蕃进犯鄯、廓、河、芳等州，唐高宗下令左监门卫中郎将令狐智通调动兴、凤等州的军队加以抵御。己卯日（十一日），唐高宗下诏令说由于吐蕃进犯边境，停止在中岳封禅。乙酉日（十七日），唐高宗任命洛州牧周王李显担任洮州道行军元帅，统率工部尚书刘审礼等十二位总管，任用并州大都督相王李轮为凉州道行军元帅，率领左卫大将军契苾何力等人，来征讨吐蕃。但李显、李轮都没有到任。

庚寅日（二十二日），唐高宗车驾回西方。

甲寅日（闰三月无此日），中书侍郎李义琰任同中书门下三品。

戊午日（闰三月无此日），唐高宗车驾到了九成宫。

六月，癸亥日（二十七日），黄门侍郎晋陵人高智周任同中书门下三品。

秋季，八月，乙未日（八月无此日），吐蕃进犯叠州。

　　壬寅，敕："桂、广、交、黔等都督府，比来注拟土人，简择未精，自今每四年遣五品已上清正官充使，仍令御史同往注拟。"时人谓之南选。

　　九月，壬申，大理奏左威卫大将军权善才、右监门中郎将范怀义误斫昭陵柏，罪当除名；上特命杀之。大理丞太原狄仁杰奏："二人罪不当死。"上曰："善才等斫陵柏，我不杀则为不孝。"仁杰固执不已，上作色，令出，仁杰曰："犯颜直谏，自古以为难。臣以为遇桀、纣则难，遇尧、舜则易。今法不至死而陛下特杀之，是法不信于人也，人何所措其手足！且张释之有言：'设有盗长陵一抔土，陛下何以处之？'今以一株柏杀二将军，后代谓陛下为何如矣？臣不敢奉诏者，恐陷陛下于不道，且羞见释之于地下故也。"上怒稍解，二人除名，流岭南。后数日，擢仁杰为侍御史。

　　【译文】　壬寅日（初七），唐高宗下敕令："桂、广、交、黔等都督府，近来任用本地官吏，选拔得并不精细，从现在起，每四年派遣五品以上清正廉洁的官吏充当使者，仍旧命令御史一起前往选用官吏。"当时人称之为南选。

　　九月，壬申日（初七），大理寺上奏左威卫大将军权善才、左监门中郎将范怀义误砍了昭陵的柏树，所犯的罪应该除去官名，唐高宗特别下令判处斩刑。大理丞太原人狄仁杰上奏说："两人的罪不应该处死。"唐高宗说："权善才等人砍伐昭陵柏树，我假如不杀就是不孝。"狄仁杰仍旧坚持请求不杀，唐高宗变了颜色，命令狄仁杰出去，狄仁杰说："冒犯陛下威颜，正直极谏，自古以来都认为十分困难。臣却认为遇到桀、纣当然困难，但遇到尧、舜却非常容易。现在依照法令所规定，并不至于判处死刑，而陛下却特意处死他们，这使得法令不被人信任，人们要怎么办才好呢？况且张释之有句话说：'假如有人盗窃长陵（汉高祖坟墓）的一抔土，陛下要怎样处理？'现在因为一株柏树之故就杀了两位将军，后代人要说陛下是怎样的人物呢？臣不敢接受陛下诏令的原因，是担心陷陛下于不仁道的境地，并且在九泉之下羞于见到张释之啊。"唐高宗听了之后怒气稍微解除，二人被除去官名，流放岭南。几天后，唐高宗擢升狄仁杰为侍御史。

初，仁杰为并州法曹，同僚郑崇质当使绝域。崇质母老且病，仁杰曰："彼母如此，岂可使之有万里之忧！"诣长史蔺仁基，请代之行。仁基素与司马李孝廉不叶，因相谓曰："吾辈岂可不自愧乎！"遂相与辑睦。

冬，十月，车驾还京师。

丁酉，祫享太庙，用太学博士史璨议，禘后三年而祫，祫后二年而禘。

郇王素节，萧淑妃之子也，警敏好学。天后恶之，自岐州刺史左迁申州刺史。乾封初，敕曰："素节既有旧疾，不须入朝。"而素节实无疾，自以久不得入觐，乃著《忠孝论》。王府仓曹参军张柬之因使潜封其论以进。后见之，诬以赃贿，丙午，降封鄱阳王，袁州安置。

十一月，壬申，改元，赦天下。

庚寅，以李敬玄为中书令。

十二月，戊午，以来恒为河南道大使，薛元超为河北道大使，尚书左丞鄢陵崔知悌、国子司业郑祖玄为江南道大使，分道巡抚。

【译文】起初，狄仁杰是并州法曹，同僚郑崇质应该出使到绝远的地方。郑崇质的母亲年老而且生病，狄仁杰说："他母亲年老又生病，怎么可以让他有万里离别的忧愁呢？"就造访长史蔺仁基，请求代替郑崇质出使。蔺仁基一向和司马李孝廉不和睦，因此相互说："我们怎么可以不自我感到羞愧呢？"两人彼此和睦相处了。

冬季，十月，唐高宗车驾返回京师。

丁酉日（初三），唐高宗在太庙举行祫祭祭享祖先，采用太学博士史璨的建议，在禘祭后三年举行祫祭，祫祭后二年举行禘祭。

郇王李素节，是萧淑妃的儿子，聪敏机智而且好学。天后不喜欢他，从岐州刺史被贬为申州刺史。乾封初年，唐高宗下敕令说："李素节既然有旧病，不需要入朝觐见。"而李素节实在没病，因为长久不能入朝觐见唐高宗，就写了一篇文章《忠孝论》。他的王府仓曹参军张柬之暗中封好那篇《忠孝论》，借上计使进献给唐高宗。天后见到之后，诬告李素节贪赃受贿，丙午日（十二日），李素节被降封为鄱阳王，安置在袁州。

十一月，壬申日（初八），唐高宗改年号为仪凤，大赦天下。

庚寅日（二十六日），唐高宗任命李敬玄为中书令。

十二月，戊午日（二十五日），唐高宗任命来恒为河南道大使，薛元超为河北道大使，尚书左丞鄢陵人崔知悌、国子司业郑祖玄为江南道大使，分路巡视安抚地方。

仪凤二年（丁丑，公元六七七年）春，正月，乙亥，上耕藉田。

初，刘仁轨引兵自熊津还，扶馀隆畏新罗之逼，不敢留，寻亦还朝。二月，丁巳，以工部尚书高藏为辽东州都督，封朝鲜王，遣归辽东，安辑高丽馀众；高丽先在诸州者，皆遣与藏俱归。又以司农卿扶馀隆为熊津都督，封带方王，亦遣归安辑百济馀众，仍移安东都护府于新城以统之。时百济荒残，命隆寓居高丽之境。藏至辽东，谋叛，潜与靺鞨通；召还，徙邛州而死，散徙其人于河南、陇右诸州，贫者留安东城傍。高丽旧城没于新罗，馀众散入靺鞨及突厥，隆亦竟不敢还故地，高氏、扶馀氏遂亡。

【译文】仪凤二年（丁丑，公元677年）春季，正月，乙亥日（十二日），唐高宗耕种藉田。

起初，刘仁轨带兵从熊津返回，扶馀隆畏惧新罗的逼迫，不敢停留，不久也返回朝廷。二月，丁巳日（二十四日），唐高宗任命工部尚书高藏担任辽东州都督，封为朝鲜王，派遣他返回辽东，安抚和召集高丽剩余部众。早先在各州的高丽人，都遣送他们和高藏一起回去。又任命司农卿扶馀隆担任熊津都督，封为带方王，也派遣他回去安抚和召集百济剩余部众，仍然将安东都护府移置到新城，以利方便统治。当时百济荒凉残破，就命令扶馀隆借住在高丽境内。高藏到了辽东，阴谋造反，暗中和靺鞨勾结。被朝廷召回，迁徙到邛州而后去世，唐朝分散迁徙他的部队到河南、陇右各州，贫穷的安置在安东城边。高丽旧城被新罗所消灭，余下的徒众分散逃入靺鞨和突厥，而扶馀隆也竟然不敢返回旧有土地，高氏、扶馀氏因此灭亡。

三月，癸亥朔，以郝处俊、高智周并为左庶子，李义琰为右庶子。

夏，四月，左庶子张大安同中书门下三品。大安，公谨之子也。

诏以河南、北旱，遣御史中丞崔谧等分道存问赈给。侍御史宁陵刘思立上疏，以为："今麦秀蚕老，农事方殷，敕使抚巡，人皆竦抃，忘其家业，冀此天恩，聚集参迎，妨废不少。既缘赈给，须立簿书，本欲安存，更成烦扰。望且委州县赈给，待秋深务闲，出使褒贬。"疏奏，谧等遂不行。

【译文】 三月，癸亥朔日（初一），唐高宗任命郝处俊、高智周一起担任左庶子，李义琰担任右庶子。

夏季，四月，左庶子张大安成为同中书门下三品。张大安是张公谨的儿子。

唐高宗下诏令，因为河南、河北旱灾，派遣御史中丞崔谧等人分路安抚百姓，赈济灾民。侍御史宁陵人刘思立上疏说："现在麦已抽穗，蚕已吐丝，农事正忙的时候，陛下派令使者四处安抚巡视，百姓翘首期待，欢欣鼓舞，忘了生产，期望得到陛下的恩惠，聚集起来参拜、欢迎使者，对农事妨碍很大。既是为了赈灾，就必须建立簿籍文书，这样一来原本是为了要安慰百姓，反而变成烦琐困扰。希望暂且委派州县赈济灾民，等到秋天农务清闲时，再派出使者褒贬州县救济工作的效果。"疏文上奏，崔谧等人就不再出发了。

【乾隆御批】 赈恤固有司之事，然牧令未必皆贤，保无有吏胥中饱民不沾实惠者？遣使分道督察，则人知忌惮而弊可潜消。若云参迎妨废，岂州县之下乡即不致妨废乎？

【译文】 赈济抚恤灾民，固然是有关部门的事情，但是州牧和县令不一定都是好官，敢保证没有吏胥从中得利而老百姓却得不到实际好处的事情吗？朝廷派遣使者分路监督检查，就会人人知道有所顾虑害怕，此种弊端就会暗中消除。如果说朝廷使者下乡，老百姓要聚集起来参拜欢迎，烦扰地方，难道州县官员下乡就不会引起烦扰地方吗？

五月，吐蕃寇扶州之临河镇，擒镇将杜孝升，令赍书说松州都督武居寂使降，孝升固执不从。吐蕃军还，舍孝升而去，孝升复帅徐众拒守。诏以孝升为游击将军。

秋，八月，徙周王显为英王，更名哲。

命刘仁轨镇洮河军。冬，十二月，乙卯，诏大发兵讨吐蕃。

诏以显庆新礼，多不师古，其五礼并依《周礼》行事。自是礼官益无凭守，每有大礼，临时撰定。

【译文】 五月，吐蕃进犯扶州的临河镇，生擒了镇守的将军杜孝升，又命令杜孝升拿着书信劝说松州都督武居寂投降，杜孝升再三执意不肯接受。吐蕃军队返回，舍弃杜孝升离去，杜孝升再率领剩余部众抵抗防守。唐高宗下诏任命杜孝升为游击将军。

秋季，八月，唐高宗将周王李显改封为英王，改名为李哲。

唐高宗命令刘仁轨镇守洮河军。冬季，十二月，乙卯日（二十七日），唐高宗下诏令大肆出动军队征讨吐蕃。

唐高宗下诏令，因为显庆年间所推行的新礼，许多地方不师法古礼，所以规定五礼都依照《周礼》所规定的去做。从此以后，礼官更加没有依守的凭据标准，每当遇到有大的礼节仪式要举行，就临时撰写决定。

仪凤三年（戊寅，公元六七八年）春，正月，辛酉，百官及蛮夷酋长朝天后于光顺门。

刘仁轨镇洮河，每有奏请，多为李敬玄所抑，由是怨之。仁轨知敬玄非将帅才，欲中伤之，奏言："西边镇守，非敬玄莫可。"

敬玄固辞，上曰："仁轨须朕，朕亦自往，卿安得辞！"丙子，以敬玄代仁轨为洮河道大总管兼安抚大使，仍检校鄯州都督。又命益州大都督府长史李孝逸等发剑南、山南兵以赴之。孝逸，神通之子也。

癸未，遣左金吾将军曹怀舜等分往河南、北募猛士，不问布衣及仕宦。

夏，四月，戊申，赦天下，改来年元为通乾。

【译文】 仪凤三年（戊寅，公元678年）春季，正月，辛酉日（初四），文武百官和蛮夷酋长在光顺门朝见天后。

刘仁轨镇守洮河，每次有所奏报请求时，多被李敬玄压抑，因而怨恨李敬玄。刘仁轨知道李敬玄没有将帅的才干，为了陷害他，就向唐高宗奏言："西方边境的镇守防务，非李敬玄不能胜任。"李敬玄再三推辞。唐高宗说："刘仁轨如果需要朕的话，朕也会前往，你怎么可以推辞？"丙子日（十九日），唐高宗任命李敬玄接替刘仁轨担任洮河道大总管兼安抚大使，仍旧检校鄯州都督。又命令益州大都督府长史李孝逸等人，调动剑南、山南的军队前往。李孝逸是李神通的儿子。

癸未日（二十六日），唐高宗派遣金吾将军曹怀舜等人分头前往河南、河北招募勇猛的武士，不管平民和仕宦，都加采用。

夏季，四月，戊申日（二十二日），唐高宗大赦天下，改下一年年号为通乾。

【乾隆御批】 天子在而百官、四夷独朝其后，岂复知有天日耶？《易》比之"上六"曰比之无首。孔子以为无所容，高宗之谓矣。

【译文】 天子尚在而百官、四夷首领仅朝见天后，哪里还知道有帝王呢？这在《易经》中相当于"上六"的卦爻，相当于一年的开头，孔子所认为的"没有法度"，说的正是高宗呀。

五月，壬戌，上幸九成宫。丙寅，山中雨，大寒，从兵有冻死者。

秋，七月，李敬玄奏破吐蕃于龙支。

上初即位，不忍观《破阵乐》，命撤之。辛酉，太常少卿韦万石奏："久寝不作，惧成废缺。请自今大宴会复奏之。"上从之。

九月，辛酉，车驾还京师。

上将发兵讨新罗，侍中张文瓘卧疾在家，自舆入见，谏曰："今吐蕃为寇，方发兵西讨；新罗虽云不顺，未尝犯边，若又东征，臣恐公私不堪其弊。"上乃止。癸亥，文瓘薨。

【译文】 五月，壬戌日（初七），唐高宗到九成宫。丙寅日（十一日），山中下雨，气候十分寒冷，随从的士卒中有冻死的。

秋季，七月，李敬玄奏报在龙支击败吐蕃。

唐高宗刚即位时，不忍心观看《破阵乐》，下令撤除不用。辛酉日（初七），太常少卿韦万石上奏说："长久废弃不用，担心变成荒废残缺，请求从今日起，在大宴会时再度弹奏。"唐高宗接受了。

九月，辛酉日（初七），唐高宗车驾返回京师。

唐高宗准备调动军队征讨新罗，侍中张文瓘卧病在家，自己乘坐轿子入见唐高宗，劝唐高宗说："现在吐蕃进犯，正出动军队向西征讨；新罗虽说不顺服，但从没有进犯边境，假如又征讨东方，臣担心公私两方面都不能承受这种负担。"唐高宗才停止征讨新罗的计划。癸亥日（初九），张文瓘去世。

丙寅，李敬玄将兵十八万与吐蕃将论钦陵战于青海之上，兵败，工部尚书、左卫大将军彭城僖公刘审礼为吐蕃所虏。时审礼将前军深入，顿于濠所，为虏所攻，敬玄懦怯，按兵不救。闻审礼战没，狼狈还走，顿于承风岭，阻泥沟以自固，虏屯兵高冈以压之。左领军员外将军黑齿常之，夜帅敢死之士五百人袭击虏营，虏众溃乱，其将跋地设引兵遁去，敬玄乃收馀众还鄯州。

审礼诸子自缚诣阙，请入吐蕃赎其父；敕听次子易从诣吐蕃省之。比至，审礼已病卒，易从昼夜号哭不绝声；吐蕃哀之，还其尸，易从徒跣负之以归。

【译文】丙寅日（十二日），李敬玄统率十八万士兵在青海和吐蕃将军论钦陵作战，结果战败，工部尚书、右卫大将军彭城僖公刘审礼被吐蕃俘虏。当时刘审礼带领前军深入敌境，停驻在濠所，遭到敌人攻击，而李敬玄又胆怯懦弱，按兵不动，不前往救援。听说刘审礼战败被俘就狼狈不堪地后退，停驻在承风岭，挖掘泥沟作为险阻，以求自保；敌人驻军在高冈上，居上临下压制他。左领军员外将军黑齿常之，在夜晚率领五百个敢死之士，偷袭敌人营寨，敌军士众溃败混乱，敌将跋地设只好率兵逃走，李敬玄才收集剩余部众返回鄯州。

刘审礼的儿子们缚住自己前往皇宫，请求进入吐蕃赎回父亲，唐高宗敕令让第二个儿子刘易从到吐蕃省视父亲。到达时，刘审礼已经生病死亡，刘易从日夜痛哭不停；吐蕃怜悯他，送还刘审礼尸身，刘易从徒手赤脚将尸体背负回家。

上嘉黑齿常之之功，擢拜左武卫将军，充河源军副使。

李敬玄之西征也，监察御史原武娄师德应猛士诏从军，及败，敕师德收集散亡，军乃复振。因命使于吐蕃，吐蕃将论赞婆迎之赤岭。师德宣导上意，谕以祸福，赞婆甚悦，为之数年不犯边。师德迁殿中侍御史，充河源军司马，兼知营田事。

上以吐蕃为忧，悉召侍臣谋之，或欲和亲以息民；或欲严设守备，俟公私富实而讨之；或欲亟发兵击之。议竟不决，赐食而遣之。

【译文】唐高宗嘉奖黑齿常之的功劳，擢升他为左武卫将军，充任河源军副使。

李敬玄西征时，监察御史原武人娄师德响应寻求猛士的诏令而从军，后来李敬玄兵败，唐高宗敕令娄师德收抚散亡的部队，军力才振作起来。就命令他出使吐蕃，吐蕃将领论赞婆在赤岭迎接他。娄师德宣导唐高宗的心意，用吉凶祸福晓谕论赞婆，论赞婆十分高兴，为此有好几年不侵犯边境。娄师德升迁为殿中侍御史，充任河源军司马，兼理屯田制度里的农田事宜。

唐高宗以吐蕃的战事为忧，将侍臣全部召来计议，有人主张和吐蕃和好结亲，让百姓安息；有人主张严厉设置防守的武备，等待公私都富足强大时再征讨；有人主张马上出动军队攻打吐蕃。计议结果最终不能做出决定，唐高宗只好赐给饭食后，遣走大臣们。

太学生宋城魏元忠上封事，言御吐蕃之策，以为："理国之要，在文与武。今言文者则以辞华为首而不及经纶，言武者则以骑射为先而不知方略，是皆何益于理乱哉！故陆机著《辨亡》之论，无救河桥之败，养由基射穿七札，不济鄢陵之师，此已然之明效也。古语有之：'人无常俗，政有理乱；兵无强弱，将有巧拙。'故选将当以智略为本，勇力为末。今朝廷用人，类取将门子弟及死事之家，彼皆庸人，岂足当阃外之任！李左车、陈汤、吕蒙、孟观，皆出贫贱而立殊功，未闻其家代为将也。

"夫赏罚者，军国之切务，苟有功不赏，有罪不诛，虽尧、舜不能以致理。议者皆云：'近日征伐，虚有赏格而无事实。'盖由小才之吏不知大体，徒惜勋庸，恐虚仓库。不知士不用命，所损几何！黔首虽微，不可欺罔。岂得悬不信之令，设虚赏之科，而望其立功乎！自苏定方征辽东，李勣破平壤，赏绝不行，勋仍淹滞，不闻斩一台郎，戮一令史，以谢勋人。大非川之败，薛仁贵、郭待封等不即重诛，向使早诛仁贵等，则自馀诸将岂敢失利于后哉！臣恐吐蕃之平，非旦夕可冀也。

　　【译文】太学生宋城人魏元忠呈上封事，说明抵御吐蕃的策略，认为："治理国家的要务，在于文事和武备。现在谈到文事；全都认为文辞华丽重要，而不涉及筹划治理国家大事，说到武备，都以骑马射箭为先务，而不涉及计划谋略，这样对于整治乱事来说，又有什么益处呢？所以陆机写下《辨亡》的文章，总结孙吴兴亡的原因，救不了他在河桥的失败，楚国大夫养由基能射穿七层铠甲，挽救不了楚国军队在鄢陵败北，这些都是已经发生的明证。古人有话说：'人没有一成不变的习俗，政事却有治理得好和坏；军队无所谓强与弱，将领却有聪明和笨拙。'所以选将应当以智慧、谋略为主，勇气武力为末。现在朝廷选用的将领，大多是将门的子弟和死于王事者的子孙，这些全是庸才，怎么能够担当京城之外的国防大任！李左车、陈汤、吕蒙、孟观等人都出身卑贱，而建立了大功勋，却没有听闻他们家代代为将啊！

　　"奖赏和刑罚是军队和国家最重要的事务，假如有功劳不奖赏，有罪过不诛杀，就是尧、舜也不能使国家得到治理。大家都这样说：'最近的征伐，只是空有奖赏的规格但没有奖赏的事实。'这是由于一些才识短浅的官吏，眼光不够远大，只知珍惜勋奖酬值，害怕仓库财物变空，却不知晓战士在战场上不拼命，损失的有多少！百姓地位虽然卑微，也不能加以欺骗。怎么可以高悬那不信实的法令，设下奖赏不实的律条，而盼望百姓能够立功呢？自从苏定方讨伐辽东，李勣打败平壤以来，封赏已经停止不再施行，赐勋仍旧停滞，没听说过斩一个台郎，杀一个令史（台郎、令史都是司勋之人），向有功劳的人谢罪。大非川的败北，薛仁贵、郭待封等人没有接受重刑，假如起初早点诛杀薛仁贵等人，那么其他各将以后怎么会再次失利呢？臣担心吐蕃的平定，并非短期内能实现的。”

“又，出师之要，全资马力。臣请开畜马之禁，使百姓皆得畜马；若官军大举，委州县长吏以官钱增价市之，则皆为官有。彼胡虏恃马力以为强，若听人间市而畜之，乃是损彼之强为中国之利也。”先是禁百姓畜马，故元忠言之。上善其言，召见，令直中书省，仗内供奉。

冬，十月，丙午，徐州刺史密贞王元晓薨。

十一月，壬子，黄门侍郎、同中书门下三品来恒薨。

十二月，诏停来年通乾之号，以反语不善故也。

【译文】 “而且出动军队最要紧的，在于马力。臣请求放开养马的禁令，让百姓都能够养马。假如官军大举出动，就委派州县官吏，用公家金钱，加高价钱向百姓购买，那么马匹全为国家所有。胡虏是专靠马力而强大的，假如听任民间向胡人购买加以畜养，那么就可以减少胡人的强大，而对中原有利了。”唐朝早先禁止百姓养马，所以魏元忠才谈到养马的事。唐高宗称赞魏元忠所说的话，召见他，任命他在中书省任职，并且账内供奉，朝会时可以随着百官入见。

冬季，十月，丙午日（二十三日），唐徐州刺史密贞王李元晓去世。

十一月，壬子日（三十日），唐黄门侍郎、同中书门下三品来恒去世。

十二月，唐高宗下诏令停止下一年通乾的年号，因为通乾的反语（反语是天穷）不吉利。

【乾隆御批】 敬元代将，即有青海之败。使非黑齿常之乘夜袭击，并无余众还鄯州矣。知人之哲固难责之高宗，独怪仁轨，素负时誉，明知敬元非将帅才，挟嫌推谷徇私怨而不恤国事，稍明大义者当如是乎？

【译文】 李敬元代为大将，便有了青海的失利。假如不是黑齿常之乘夜袭击敌军，那么就会全军覆没，不会有余众返回鄯州了。在知人之明上固然很难责怪高宗，只能怪刘仁轨，他在当时一向有美好的声誉，却明明知道李敬元不是将帅之才，仅因为心怀怨恨而故意推荐，顺从私人恩怨而不顾及国家，稍微能顾大局的人臣会这样做吗？

调露元年（己卯，公元六七九年）春，正月，己酉，上幸东都。

司农卿韦弘机作宿羽、高山、上阳等宫，制度壮丽。上阳宫临洛水，为长廊亘一里。宫成，上移御之。侍御史狄仁杰劾奏弘机导上为奢泰，弘机坐免官。左司郎中王本立恃恩用事，朝廷畏之。仁杰奏其奸，请付法回，上特原之。仁杰曰："国家虽乏英才，岂少本立辈！陛下何惜罪人，以亏王法。必欲曲赦本立，请弃臣于无人之境，为忠贞将来之诚！"本立竟得罪，由是朝廷肃然。

庚戌，右仆射、太子宾客道恭公戴至德薨。

二月，壬戌，吐蕃赞普卒，子器弩悉弄立，生八年矣。时器弩悉弄与其舅麴萨若诣羊同发兵，有弟生六年，在论钦陵军中。国人畏钦陵之强，欲立之，钦陵不可，与萨若共立器弩悉弄。

上闻赞普卒，嗣主未定，命裴行俭乘间图之。行俭曰："钦陵为政，大臣辑睦，未可图也。"乃止。

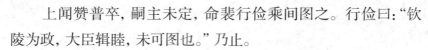

【译文】调露元年（己卯，公元679年）是年六月始改年号为调露。春季，正月，己酉日（二十八日），唐高宗来到东都。

司农卿韦弘机建造宿羽、高山、上阳等宫殿，规模雄壮华丽。上阳宫靠近洛水，长廊连绵有一里长，宫殿建成后，唐高宗迁宫前往居住。侍御史狄仁杰弹劾韦弘机引导天子奢侈骄泰，韦弘机因而被免官。左司郎中王本立依恃唐高宗恩典，专权用事，朝廷士臣都畏惧他。狄仁杰奏报他作奸犯科，请求交给执法官吏处理，但唐高宗特意赦免他，狄仁杰说："国家虽然缺少英才，但会缺少王本立这类人吗？陛下为什么要爱惜罪人的性命，而亏损王法呢？假如一定要曲意宽赦王本立，就请将臣放逐，给将来忠贞的人警戒！"王本立终于被判罪，自此朝廷士臣都很严肃，不敢为非作歹了。

庚戌日（二十九日），唐右仆射、太子宾客道恭公戴至德去世。

二月，壬戌日（十一日），吐蕃赞普去世，儿子器弩悉弄继位，年仅八岁。当时器弩悉弄和他的舅舅麴萨若正在羊同征调军队，器弩悉弄有一个六岁的弟弟，在论钦陵的军营里。吐蕃人畏惧论钦陵的强大，要立器弩悉弄的弟弟，论钦陵反对，和萨若一起拥立器弩悉弄。

唐高宗听说吐蕃赞普死了，命令裴行俭找机会图谋破坏，裴行俭说："论钦陵执政，大臣都很和睦，无法加以破坏。"唐高宗才打消念头。

夏,四月,辛酉,郝处俊为侍中。

偃师人明崇俨,以符咒幻术为上及天后所重,官至正谏大夫。五月,壬午,崇俨为盗所杀,求贼,竟不得。赠崇俨侍中。

丙戌,命太子监国。太子处事明审,时人称之。

戊戌,作紫桂宫于渑池之西。

六月,辛亥,赦天下,改元。

初,西突厥十姓可汗阿史那都支及其别帅李遮匐与吐蕃连和,侵逼安西,朝议欲发兵讨之。吏部侍郎裴行俭曰:"吐蕃为寇,审礼覆没,干戈未息,岂可复出师西方!今波斯王卒,其子泥洹师为质在京师,宜遣使者送归国,道过二虏,以便宜取之,可不血刃而擒也。"上从之,命行俭册立波斯王,仍为安抚大食使。行俭奏肃州刺史王方翼以为己副,仍令检校安西都护。

【译文】夏季,四月,辛酉日(十二日),唐高宗任命郝处俊为侍中。

偃师人明崇俨,凭借符咒幻术被唐高宗和天后所重用,官位升到正谏大夫。五月,壬午日(初三),明崇俨被盗贼所杀,唐高宗下令搜捕盗贼,竟没有捕获。唐高宗追赠明崇俨为侍中。

丙戌日(初七),唐高宗命令太子监国。太子处理事务明晰,大家都称赞他。

戊戌日(十九日),唐朝在渑池西边营建紫桂宫。

六月,辛亥日(初三),唐高宗大赦天下,改年号为调露。

起初,西突厥十姓可汗阿史那都支和他的别部将帅李遮匐与吐蕃结盟和好,侵逼到安西,朝廷大臣建议调动军队讨伐。吏部侍郎裴行俭说:"吐蕃侵寇,刘审礼全军覆没,到现在战争还没停,怎么可以再出兵西方呢?现在波斯王死了,他的儿子泥洹师在京城做人质，应当派遣使者送泥洹师回去，路上遇到阿史那都支和李遮匐时就进攻，可以不必血战就能活捉他们。"唐高宗接受了，命令裴行俭前去册封泥洹师为波斯王，裴行俭仍为安抚大食的使者。裴行俭上奏任命肃州刺史王方翼作为自己的副使，仍旧担任检校安西都护。

秋，七月，己卯朔，诏以今年冬至有事于嵩山。

初，裴行俭尝为西州长史，及奉使过西州，吏人郊迎，行俭悉召其豪杰子弟千馀人自随，且扬言天时方热，未可涉远，须稍凉乃西上。阿史那都支觇知之，遂不设备。行俭徐召四镇诸胡酋长谓曰："昔在西州，纵猎甚乐，今欲寻旧赏，谁能从吾猎者？"诸胡子弟争请从行，近得万人。行俭阳为畋猎，校勒部伍，数日，遂倍道西进。去都支部落十馀里，先遣都支所亲问其安否，外示闲暇，似非讨袭，续使人促召相见。都支先与李遮匐约，秋中拒汉使，猝闻军至，计无所出，帅其子弟迎谒，遂擒之。因传其契箭，悉召诸部酋长，执送碎叶城。简其精骑，轻赍，昼夜进掩遮匐，途中，获都支还使与遮匐使者同来；行俭释遮匐使者，使先往谕遮匐以都支已就擒，遮匐亦降。于是，因都支、遮匐以归，遣波斯王自还其国，留王方翼于安西，使筑碎叶城。

【译文】秋季，七月，己卯朔日（初一），唐高宗下诏令今年冬至将在嵩山举行祭事。

起初，裴行俭曾经担任西州长史，后来奉令出使路过西州，西州官吏百姓在郊外迎接，裴行俭召集全部的豪杰共一千多人，让他们跟随自己，并且扬言天气正炎热，不能走远，要等天气稍微转凉，才向西进发。阿史那都支侦知后，就没有设防。裴行俭就慢慢地召见四镇（龟玄、毗沙、焉耆、疏勒）各个胡族的酋长，对他们说："从前在西州，纵情打猎十分快乐，现在要重寻从前的快乐，有谁能跟我一同去打猎呢？"各胡族的子弟抢着要陪裴行俭出猎，差不多得到一万人。裴行俭假装打猎，暗中校阅部队卒伍，几天后，就加速向西进发。距离都支部落十几里路时，先派遣都支所亲近的人，向都支问安，表面上很闲，好像不是要征讨袭击，又继续派遣使者敦促，召都支相见。都支起初已经和李遮匐约好，在秋季一起抗拒唐朝的使者，现在突然听说裴行俭带兵到达，想不出计谋应付，只好带领子弟们迎接晋见，裴行俭就捉了都支，顺便用箭传信，召来各部落的酋长，一起押送到碎叶城。挑选精良的骑士，携带轻便的物资，不分昼夜前进，偷袭李遮匐，在路上，俘虏了都支回还的使者和李遮匐的使者，他们正从李遮匐处一起回来。裴行俭释放了李遮匐的使者，派他向李遮匐晓示说明都支已经被捉。李遮匐听了后，也就归降了。于是将都支、李遮匐拘禁起来，带回朝廷。派遣波斯王自己返回故国，留下王方翼在安西，命令他修建碎叶城。

冬，十月，单于大都护府突厥阿史德温傅、奉职二部俱反，立阿史那泥熟匐为可汗，二十四州酋长皆叛应之，众数十万。遣鸿胪卿单于大都护府长史萧嗣业、右领军卫将军花大智、右千牛卫将军李景嘉等将兵讨之。嗣业等先战屡捷，因不设备；会大雪，突厥夜袭其营。嗣业狼狈拔营走，众遂大乱，为虏所败，死者不可胜数。大智、景嘉引步兵且行且战，得入单于都护府。嗣业减死，流桂州，大智、景嘉并免官。

突厥寇定州，刺史霍王元轨命开门偃旗，虏疑有伏，惧而宵遁。州人李嘉运与虏通谋，事泄，上令元轨穷其党与，元轨曰："强寇在境，人心不安，若多所逮系，是驱之使叛也。"乃独杀嘉运,馀无所问,因自劾违制。上览表大喜,谓使者曰:"朕亦悔之,向无王,失定州矣。"自是朝廷有大事,上多密敕问之。

【译文】冬季,十月,单于大都护府突厥阿史德温傅、奉职两部落都造反了,立阿史那泥熟匐为可汗,二十四州的酋长都反叛来响应他,有好几十万的部众。唐高宗派遣鸿胪卿单于大都护府长史萧嗣业、右领军卫将军花大智,右千牛卫将军李景嘉等人带兵征讨。萧嗣业等人起先作战时多次获胜,因此不再防备;恰好遇到天下大雪,突厥在夜晚偷袭兵营,萧嗣业狼狈不堪,拔营逃走,部队因而大乱,被敌人所败,死的人不计其数。花大智、李景嘉带领步兵,一面退走一面作战,才能退入单于都护府。萧嗣业减免死罪,被流放到桂州,花大智、李景嘉一起被免除官职。

突厥进犯定州,刺史霍王李元轨命令打开城门,将旗卷放在地上,敌人怀疑城里有埋伏,心中恐惧,因而乘夜逃走。州人李嘉运和敌人通谋,事情泄露,唐高宗命令李元轨穷究李嘉运的同党,李元轨说:"强敌还在境内,百姓心里不安,假如逮捕囚系太多人的话,等于是逼他们造反了。"就只杀掉李嘉运一个人,其他人都不加推问,再自我弹劾违背唐高宗命令。唐高宗看了霍王的奏表后,十分高兴,对使者说:"朕也懊悔,假如没有霍王的话,就丢失定州了。"从此以后朝廷有重大事件,唐高宗大多暗中征询他的意见。

壬子,遣左金吾卫将军曹怀舜屯井陉。右武卫将军崔献屯龙门,以备突厥。突厥扇诱奚、契丹侵掠营州,都督周道务遣户曹始平唐休璟将兵击破之。

庚申,诏以突厥背诞,罢封嵩山。

癸亥，吐蕃文成公主遣其大臣论塞调傍来告丧，并请和亲，上遣郎将宋令文诣吐蕃会赞普之葬。

十一月，戊寅朔，以太子左庶子、同中书门下三品高智周为御史大夫，罢知政事。

癸未，上宴裴行俭，谓之曰："卿有文武兼资，今授卿二职。"乃除礼部尚书兼检校右卫大将军。甲辰，以行俭为定襄道行军大总管，将兵十八万，并西军检校丰州都督程务挺、东军幽州都督李文暕总三十馀万以讨突厥，并受行检节度。务挺，名振之子也。

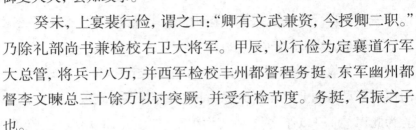

【译文】 壬子日（初五），唐高宗派遣左金吾卫将军曹怀舜屯驻在井陉，右武卫将军崔献屯驻在龙门以防备突厥。突厥煽动引诱奚、契丹进犯掠夺营州，都督周道务派遣户曹始平人唐休璟派军击败对方。

庚申日（十三日），唐高宗下诏令因为突厥背叛，停止在嵩山举行封禅。

癸亥日（十六日），吐蕃文成公主派大臣论塞调傍前来报告赞普的丧事，并且请求和好结亲，唐高宗派遣郎将宋令文前往吐蕃参加赞普的葬礼。

十一月，戊寅朔日（初一），唐高宗任命太子左庶子、同中书门下三品高智周担任御史大夫，废止他掌理政事的权力。

癸未日（初六），唐高宗宴请裴行俭，对他说："卿有文武两方面的才华，现在就授给你两种职务。"任命裴行俭为礼部尚书兼检校右卫大将军。甲辰日（二十七日），唐高宗任命裴行俭担任定襄道的行军大总管，率领军队十八万人，和西军检校丰州都督程务挺、东军幽州都督李文暕两人，率领三十多万部众前去征讨突厥，两人都受裴行俭节制。程务挺是程名振的儿子。

永隆元年(庚辰,公元六八○年)春,二月,癸丑,上幸汝州之温汤;戊午,幸嵩山处士三原田游岩所居;己未,幸道士宗城潘师正所居,上及天后、太子皆拜之。乙丑,还东都。

三月,裴行俭大破突厥于黑山,擒其酋长奉职,可汗泥熟匐为其下所杀,以其首来降。

初,行俭行至朔川,谓其下曰:用兵之道,抚士贵诚,制敌尚诈。前日萧嗣业粮运为突厥所掠,士卒冻馁,故败。今突厥必复为此谋,宜有以诈之。"乃诈为粮车三百乘,每车伏壮士五人,各持陌刀、劲弩,以赢兵数百为之援,且伏精兵于险要以待之;虏果至,赢兵弃车散走。虏驱车就水草,解鞍牧马,欲取粮,壮士自车中跃出,击之,虏惊走,复为伏兵所邀,杀获殆尽,自是粮草运行者,虏莫敢近。

【译文】 永隆元年(庚辰,公元680年)是年八月始改年号为永隆。春季,二月,癸丑日(初八),唐高宗前往汝州温泉。戊午日(十三日),唐高宗前往嵩山处士三原田游岩的住处。己未日(十四日),唐高宗前往道士宗城潘师正住处,唐高宗和天后、太子都向他行礼。乙丑日(二十日),唐高宗返回东都。

三月,裴行俭在黑山大败突厥,生擒突厥酋长奉职;可汗泥熟匐被他的部下所杀,部属拿着他的头颅前来投降。

起初,裴行俭到达朔川时,对他的部下说:"用兵的方法是安抚士卒要真诚,制服敌人要用欺诈。前些日子萧嗣业转运粮食时被突厥所抢掠,使得士卒挨饿受冻,因此才失败。如今突厥一定会再用这种谋略,所以我们应当将计就计欺骗他们。"就制作假粮车三百辆,每车埋伏五个壮士,都携带长刀、强劲的弓弩,派老弱兵数百人跟车,并且在险要的地方埋伏精兵,来等待敌人。敌兵果然前来劫粮，那些羸弱的士兵就抛弃了粮车而四散奔逃。敌人将粮车赶到水草边，解下马鞍，放牧马匹，要夺取粮车中的军粮。埋伏的壮士就从车中跳跃而出，攻击敌虏，敌虏受惊逃走，又被埋伏的军队袭击，几乎全部被杀或者俘虏。从此以后运粮行走，敌虏再也不敢靠近。

军至单于府北，抵暮，下营，掘堑已周，行俭遽命移就高冈；诸将皆言士卒已安堵，不可复动，行俭不从，趣使移。是夜，风雨暴至，前所营地，水深丈馀。诸将惊服，问其故，行俭笑曰："自今但从我命，不必问其所由知也。"

奉职既就擒，馀党走保狼山。诏户部尚书崔知悌驰传诣定襄宣慰将士，且区处馀寇，行俭引军还。

夏，四月，乙丑，上幸紫桂宫。

戊辰，黄门侍郎闻喜裴炎、崔知温、中书侍郎京兆王德真并同中书门下三品。知温，知悌之弟也。

【译文】军队抵达单于都督府北面，已经黄昏，就扎下营寨，挖掘沟渠，四面都已经挖好，裴行俭突然下令移兵驻扎到高冈；将军们都说士卒已经安住下来，不可以再动，裴行俭没有接受，催促赶快行动。当天晚上，风雨突然降临，起初的营地，水深一丈多，各位将领心生佩服，询问裴行俭原因，裴行俭笑着说："从现在起只要听我命令，不必问我为什么知道。"

奉职被生擒之后，余下的徒党逃走据守狼山。唐高宗诏令，派户部尚书崔知悌以传车飞快地前往定襄，来宣慰将士，并且负责对付剩余的敌寇；裴行俭带兵回返。

夏季，四月，乙丑日（二十一日），唐高宗前往紫桂宫。

戊辰日（二十四日），黄门侍郎闻喜人裴炎、崔知温，中书侍郎京兆人王德真一同被任命为同中书门下三品。崔知温是崔知悌的弟弟。

【乾隆御批】 行俭于当时固为诸将巨擘，然三百乘，乘各五壮士，当为一千五百人。虏以为粮车，驱去当必纷纷散行，前后不齐。且此驱行之际，虏岂不觉，必待取粮而后千五百人者齐自车中跃出夺击，是谁为之期？会记载者欲奇其说而不自觉，其必无是理，致人疑笑矣。又下营当避溪壑水潦必至之处，行围亦然，有何奇特而致诸将之惊服？行俭且自以为神，益足鄙耳。

【译文】 裴行俭在当时固然是将中英豪，但是三百辆运粮车，每辆各藏五名壮士，一共一千五百人。敌寇以为是运粮车就把它们推走了，一定是分散而行，前后不齐，而且在运走的过程中难道不会觉察到车中有人吗？就一定要等到取粮的时候，藏在车中的一千五百人一起从车中跳出奋力攻击，这是谁给他们规定了时间？记载此事的人只想使这件事显得更有传奇性，所以自己没有觉察有这么多的疏漏，其实肯定没有这种道理，只是让人怀疑嘲笑罢了。再者，扎营要避开溪壑和积水可能到的地方，行围当然也是这样，有什么奇特的地方而造成诸将都为之震惊佩服呢？裴行俭还总以为自己是神人，只是更让人轻视罢了。

秋，七月，吐蕃寇河源，左武卫将军黑齿常之击却之。擢常之为河源军经略大使。常之以河源冲要，欲加兵戍之，而转输险远，乃广置烽戍七十馀所，开屯田五千馀顷，岁收五百馀万石，由是战守有备焉。

先是，剑南募兵于茂州西南筑安戎城，以断吐蕃通蛮之路。吐蕃以生羌为乡导，攻陷其城，以兵据之，由是西洱诸蛮皆降于吐蕃。吐蕃尽据羊同、党项及诸羌之地，东接凉、松、茂、巂等州；南邻天竺，西陷龟兹、疏勒等四镇，北抵突厥，地方万馀里，诸胡之盛，莫与为比。

丙申，郑州刺史江王元祥薨。

突厥馀众围云州，代州都督窦怀悊、右领军中郎将程务挺将兵击破之。

【译文】秋季，七月，吐蕃进犯河源，左武卫将军黑齿常之加以击退。唐高宗擢升黑齿常之为河源军经略大使。黑齿常之认为河源是险要之地，要加派部队驻守，但军队的运输既危险又遥远，因此就设立七十几个烽火防卫，开辟五千多顷的屯田，每年收获五百多万石的粮谷，从此出战和防守都有足够的粮食贮备。

起初，剑南在茂州招募兵员，在西南营建安戎城，来切断吐蕃和诸蛮相通的道路。吐蕃以生羌为向导，攻陷安戎城，派兵占据，从此西洱的各蛮族全都投降吐蕃。吐蕃将羊同、党项和各羌族的土地都占领了，东面和凉、松、茂、巂等州相接，南面和天竺为邻，向西攻克了龟兹、疏勒等四个镇，北面直到突厥，共有一万多里，在胡族之中最为盛大，没有其他胡族可以相比。

丙申日（二十四日），唐郑州刺史江王李元祥去世。

突厥剩余部众包围云州，代州都督窦怀悊、右领军中郎将程务挺率军击败他们。

八月，丁未，上还东都。

中书令、检校鄜州都督李敬玄，军既败，屡称疾请还；上许之。既至，无疾，诣中书视事；上怒，丁巳，贬衡州刺史。

太子贤闻宫中窃议，以贤为天后姊韩国夫人所生，内自疑惧。明崇俨以厌胜之术为天后所信，尝密称"太子不堪承继，英王貌类太宗"。又言"相王相最贵"。天后尝命北门学士撰《少阳正范》及《孝子传》以赐太子，又数作书诮让之，太子愈不自安。

【译文】八月，丁未日（初五），唐高宗返回东都。

中书令、检校鄯州都督李敬玄，军队被打败之后，多次以生病为由请求返回朝廷。唐高宗允许了。但回朝之后，并没有生病，还到中书视察政事；唐高宗十分生气，于丁巳日（十五日），将他贬为衡州刺史。

太子李贤听到宫里暗中议论，说李贤是天后的姐姐韩国夫人所生，内心十分怀疑、恐惧。明崇俨凭借符咒之术被天后信任，经常暗中向天后说"太子能力不能够继承皇位，英王相貌像太宗"，又说"相王的相貌最为高贵"。天后曾经命令北门学士撰写《少阳正范》和《孝子传》赐给太子，又写信责备他，太子心中更加不安。

及崇俨死，贼不得，天后疑太子所为。太子颇好声色，与户奴赵道生等狎昵，多赐之金帛，司议郎韦承庆上书谏，不听。天后使人告其事。诏薛元超、裴炎与御史大夫高智周等杂鞫之，于东宫马坊搜得皂甲数百领，以为反具；道生又款称太子使道生杀崇俨。上素爱太子，迟回欲宥之，天后曰："为人子怀逆谋，天地所不容；大义灭亲，何可赦也！"甲子，废太子贤为庶人，遣右监门中郎将令狐智通等送贤诣京师，幽于别所，党与皆伏诛，乃焚其甲于天津桥南以示士民。承庆，思谦之子也。

乙丑，立左卫大将军、雍州牧英王哲为皇太子，改元，赦天下。

【译文】后来明崇俨死了，查不到凶手，天后怀疑是太子所为。太子特别喜好声乐、美色，和家奴赵道生等人狎习亲昵，赐给赵道生等人许多金帛，司议郎韦承庆上书给太子进行劝告，但太子不听。天后派人告诉唐高宗有关太子的事。唐高宗下诏令给薛元超、裴炎和御史大夫高智周等人，让他们一起审问，在东宫马坊里搜到黑色铠甲好几百件，认为是造反用的。赵道生又说是太子命令自己杀死了明崇俨。唐高宗一向宠爱太子，迟疑不决，想要宽宥太子。天后说："为人子怀藏叛逆的阴谋，是天地所不能容许的；大义灭亲，也是应当的，怎么可以赦免？"甲子日（二十二日），唐高宗将太子李贤废为庶人，派遣右监门中郎将令狐智通等人押送李贤到京师，将太子幽禁在别宫，太子的同党都伏法被杀；又将那些黑色铠甲在天津桥南焚毁，向士民显示叛乱者的下场。韦承庆是韦思谦的儿子。

乙丑日（二十三日），唐高宗立左卫大将军、雍州牧英王李哲为皇太子，改年号为永隆，大赦天下。

太子洗马刘讷言尝撰《俳谐集》以献贤，贤败，搜得之，上怒曰："以《六经》教人，犹恐不化，乃进俳谐鄙说，岂辅导之义邪！"流讷言于振州。

左卫将军高真行之子政为太子典膳丞，事与贤连，上以付其父，使自训责。政入门，真行以佩刀刺其喉，真行兄户部侍郎审行又刺其腹，真行兄子琁断其首，弃之道中。上闻之，不悦，贬真行为睦州刺史，审行为渝州刺史。真行，士廉之子也。

左庶子、同中书门下三品张大安坐阿附太子，左迁普州刺史。其馀宫僚，上皆释其罪，使复位，左庶子薛元超等皆舞蹈拜恩；右庶子李义琰独引咎涕泣，时论美之。

【译文】太子洗马刘讷言曾经撰写《俳谐集》献给李贤，李贤事败之后，这本书被搜到，唐高宗生气地说："用《六经》教育人，还担心无法感化对方，居然还进献粗鄙的笑话，这算辅导太子的做法吗？"将刘讷言流放到振州。

左卫将军高真行的儿子高政担任太子典膳丞，和李贤的事件有所牵连，唐高宗将他交付给他父亲，由高真行自己教训督责。高政一入家门，高真行就拿佩刀刺他的咽喉，高真行的哥哥户部侍郎高审行又刺向他的腹部，高真行哥哥的儿子高璇砍断他的头，抛弃在路上。唐高宗听到后，心里不高兴，将高真行贬为睦州刺史，高审行贬为渝州刺史。高真行是高士廉的儿子。

左庶子、中书门下三品张大安因为附和太子的罪，被降为普州刺史。其他的官吏僚属，唐高宗都开释了他们的罪，让他们恢复原来的官位，左庶子薛元超等人都手舞足蹈来拜谢皇恩。只有右庶子李义琰认为自己确有罪过，因而哭泣流泪，得到当时舆论的称赞。

九月，甲申，以中书侍郎、同中书门下三品王德真为相王府长史，罢政事。

冬，十月，壬寅，苏州刺史曹王明、沂州刺史嗣蒋王炜，皆坐故太子贤之党，明降封零陵郡王，黔州安置；炜除名，道州安置。

丙午，文成公主薨于吐蕃。

己酉，车驾西还。

十一月，壬申朔，日有食之。

【译文】九月，甲申日（十三日），唐高宗任命中书侍郎、同中书门下三品王德真为相王府的长史，罢除政事。

冬季，十月，壬寅日（初一），苏州刺史曹王李明，沂州刺史后嗣蒋王李炜，都被认为是前太子李贤的同党，李明被降职，封为零陵郡王，安置在黔州；李炜被除掉官名，安置在道州。

丙午日（初五），唐文成公主在吐蕃去世。

己酉日（初八），唐高宗车驾从西方返回。

十一月，壬申朔日（初一），出现日食。

开耀元年（辛巳，公元六八一年）春，正月，突厥寇原、庆等州。乙亥，遣右卫将军李知十等将兵屯泾、庆二州以备突厥。

庚辰，以初立太子，敕宴百官及命妇于宣政殿，引九部伎及散乐自宣政门入。太常博士袁利贞上疏，以为："正寝非命妇宴会之地，路门非倡优进御之所，请命妇会于别殿，九部伎自东西门入，其散乐伏望停省。"上乃更命置宴于麟德殿；宴日，赐利贞帛百段。利贞，昂之曾孙也。

利贞族孙谊为苏州刺史，自以其先自宋太尉淑以来，尽忠帝室，谓琅邪王氏虽奕世台鼎，而为历代佐命，耻与为比，尝曰："所贵于名家者，为其世笃忠贞，才行相继故也。彼鬻婚姻求禄利者，又乌足贵乎！"时人是其言。

【译文】开耀元年（辛巳，公元681年）是年十月始改年号为开耀。春季，正月，突厥进犯原、庆等州。乙亥日（初五），唐高宗派遣右卫将军李知十等人屯驻在泾、庆二州以防备突厥。

庚辰日（初十），因为刚立太子，唐高宗下敕令在宣政殿欢宴百官和命妇，领九部乐队和民间乐舞杂技艺人由宣政门进入宣政殿。太常博士袁利贞上疏给唐高宗，认为："天子治事的正殿（古代天子、诸侯所居治政的所在）不是命妇宴会的地方，正殿的大门（路寝之门，路寝即正寝）也不是倡优进入献技的场所，请求让命妇在别殿宴会，九部歌伎从东西门进入，其他百戏希望陛下停用，作为简省。"唐高宗就更改命令，在麟德殿摆设宴席，宴会当天，赐给袁利贞布帛一百段。袁利贞是袁昂的曾孙。

袁利贞的族孙袁谊是苏州刺史，自认为祖先从宋朝太尉袁淑以来，都尽忠于帝王之家，而认为琅邪王氏虽累世居于三公的高位，而且好几代都辅佐国君创业，但仍然将和琅邪王氏为伍当作耻辱，曾经说："一个名门家庭被珍视的原因，是世代笃厚忠贞，才德、品行相继的缘故。而那种向人索取婚礼，追求俸禄财物，又有什么尊贵的呢？"当时人士都赞同他的说法。

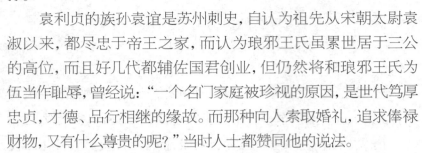

裴行俭军既还，突厥阿史那伏念复自立为可汗，与阿史德温傅连兵为寇。癸巳，以行俭为定襄道大总管，以右武卫将军曹怀舜、幽州都督李文暕为副，将兵讨之。

二月，天后表请赦杞王上金、鄱阳王素节之罪；以上金为沔州刺史，素节为岳州刺史，仍不听朝集。

三月，辛卯，以刘仁轨兼太子少傅，馀如故。以侍中郝处俊为太子少保，罢政事。

少府监裴匪舒，善营利，奏卖苑中马粪，岁得钱二十万缗。上以问刘仁轨，对曰："利则厚矣，恐后代称唐家卖马粪，非嘉名也。"乃止。匪舒又为上造镜殿，成，上与仁轨观之，仁轨惊趋下殿。上问其故，对曰："天无二日，土无二王，适视四壁有数天子，不祥孰甚焉！"上遽令剔去。

【译文】裴行俭带领军队返回之后，突厥阿史那伏念又自立为可汗，和阿史德温傅一起进犯大唐。癸巳日（二十三日），唐高宗任命裴行俭担任定襄道大总管，右武卫将军曹怀舜、幽州都督李文暕担任副总管，率兵征讨。

二月，天后上表请求宽赦杞王李上金、鄱阳王李素节的罪。

任命李上金为沔州刺史，李素节为岳州刺史，仍旧不让他们朝谒会集。

三月，辛卯日（二十二日），唐高宗任命刘仁轨兼任太子少傅，其他官衔照常。任命侍中郝处俊担任太子少保，罢除政事。

少府监裴匪舒，善于营求财利，上奏唐高宗将苑中马粪卖掉，每一年得到二十万缗钱。唐高宗拿这件事询问刘仁轨，刘仁轨回答说："利是很丰厚的，但担心后代人说唐朝皇家是售卖马粪的，不是好名声。"唐高宗才停止出售马粪。裴匪舒又为唐高宗建造镜殿，建造完成时，唐高宗和刘仁轨一起观看，刘仁轨害怕得赶快离开。唐高宗询问他原因，刘仁轨回答："天上没有两个太阳，地上也没有两个天子，刚刚看到四面墙壁有好几位天子，这是最不祥的事啊！"唐高宗就很快下令废除。

曹怀舜与裨将窦义昭将前军击突厥。或告"阿史那伏念与阿史德温傅在黑沙北，左右才二十骑以下，可径往取也。"怀舜等信之，留老弱于瓠芦泊，帅轻锐倍道进，至黑沙，无所见，人马疲顿，乃引兵还。

会薛延陀部落欲西诣伏念，遇怀舜军，因请降。怀舜等引兵徐还，至长城北，遇温傅，小战，各引去。至横水，遇伏念，怀舜、义昭与李文暕及裨将刘敬同四军合为方陈，且战且行；经一日，伏念乘便风击之，军中扰乱，怀舜等弃军走，军遂大败，死者不可胜数。怀舜等收散卒，敛金帛以赂伏念，与之约和，杀牛为盟。伏念北去，怀舜等乃得还。

【译文】曹怀舜和裨将窦义昭率领前军攻打突厥。有人报告说："阿史那伏念和阿史德温傅在黑沙，身边只有不满二十人的骑兵，可以直接前往攻取。"曹怀舜等人相信了，将老弱士卒留在瓠芦泊，率领轻便精锐的士卒，加速前进，到了黑沙，什么都没看到，人员、马匹都困顿疲倦，才率兵返回。

恰好薛延陀的部落要向西前往拜见伏念，遇到曹怀舜的军队，因此请求投降。曹怀舜等人带兵慢慢返回，到了长城北面，遇到温傅，两方进行一阵小战，后各自带兵离开。到了横水，遇到伏念，曹怀舜、窦义昭和李文暕以及裨将刘敬同四人的部队集结成方形战阵，一面作战一面行走。经过一天，伏念利用顺风进攻，军中受到惊扰混乱，曹怀舜等人只好丢弃部队逃走，部队因而大败，死亡的士卒难以计数。曹怀舜等人收拾分散的士卒，聚敛黄金布帛用来贿赂伏念，和他订约和好，杀牛作为盟誓。伏念向北离去，曹怀舜等人才返回。

夏，五月，丙戌，怀舜免死，流岭南。

己丑，河源道经略大使黑齿常之将兵击吐蕃论赞婆于良非川，破之，收其粮畜而还。常之在军七年，吐蕃深畏之，不敢犯边。

初，太原王妃之薨也，天后请以太平公主为女官以追福。及吐蕃求和亲，请尚太平公主，上乃为之立太平观，以公主为观主以拒之。至是，始选光禄卿汾阴薛曜之子绍尚焉。绍母，太宗女城阳公主也。

【译文】夏季，五月，丙戌日（十八日），曹怀舜被赦免死罪，流放到岭南。

己丑日（二十一日），河源道经略大使黑齿常之率军在良非川攻打吐蕃论赞婆，将他打败，收聚吐蕃的粮食牲畜而后返回。黑齿常之在军队中七年，吐蕃非常畏惧他，不敢进犯边境。

起初，太原王妃（荣国夫人）去世时，天后请求任命太平公主为女官，来求得冥福。后来吐蕃请求和好结亲，希望迎娶太平公主，唐高宗就为公主建立太平观，任命公主担任太平观住持，作为拒绝的借口。到这时候，唐高宗才选择光禄卿汾阴人薛曜的儿子薛绍为对象而出嫁。薛绍的母亲是唐太宗的女儿城阳公主。

秋，七月，公主适薛氏，自兴安门南至宣阳坊西，燎炬相属，夹路槐木多死。绍兄顗以公主宠盛，深忧之，以问族祖户部郎中克构，克构曰："帝甥尚主，国家故事，苟以恭慎行之，亦何伤！然谚曰：'娶妇得公主，无事取官府。'不得不为之惧也。

天后以顗妻萧氏及顗弟绪妻成氏非贵族，欲出之，曰："我女岂可使与田舍女为妯娌邪！"或曰："萧氏，瑀之侄孙，国家旧姻。"乃止。

夏州群牧使安元寿奏："自调露元年九月以来，丧马一十八万馀匹，监牧吏卒为虏所杀掠者八百馀人。"

薛延陀达浑等五州四万馀帐来降。

【译文】秋季，七月，太平公主出嫁薛氏，从兴安门南面直到宣阳坊西边，燃烧的火炬连绵不断，沿途两旁的槐木都被烧死。薛绍的哥哥薛顗因太平公主恩宠太盛，十分忧虑，就请教族中长辈户部郎中薛克构怎么办。薛克构说："皇帝甥儿迎娶公主，是国家经常有的事，假如以恭敬、谨慎的态度去做，有什么妨害呢？可是有谚语说：'娶妻若是公主，无事抓进官府。'这是不能不戒惧警惕的一件事。"

天后认为薛顗的妻子萧氏，和薛顗弟弟薛绪的妻子成氏都不是贵族，要休掉她们，说："我女儿怎么可以与农家女做妯娌呢？"有人说："萧氏是萧瑀的侄孙，和国家早有姻亲关系（萧瑀儿子萧锐迎娶唐太宗女儿襄城公主）。"天后才没有下旨休掉她们。

夏州群牧使安元寿上奏："从调露元年九月以来，夏州损失了十八万多马匹，监管放牧的官吏士卒，被敌虏杀死掠走的有八百多人。"

薛延陀达浑等五州，一共四万多帐幕前来投降大唐。

甲午，左仆射兼太子少傅、同中书门下三品刘仁轨固请解仆射；许之。

闰七月，丁未，裴炎为侍中，崔知温、薛元超并守中书令。

上徵田游岩为太子洗马，在东宫无所规益。右卫副率蒋俨以书责之曰："足下负巢、由之俊节，傲唐、虞之圣主，声出区宇，名流海内。主上屈万乘之重，申三顾之荣，遇子以商山之客，待子以不臣之礼，将以辅导储贰，渐染芝兰耳。皇太子春秋鼎盛，圣道未周，仆以不才，犹参庭净，足下受调护之寄，是可言之秋，唯唯而无一谈，悠悠以卒年岁。向使不餐周粟，仆何敢言！禄及亲矣，以何酬塞？想为不达，谨书起予。"游岩竟不能答。

庚申，上以服饵，令太子监国。

【译文】 甲午日（二十七日），左仆射兼太子少傅、同中书门下三品刘仁轨再三请求解除自己仆射的官职，唐高宗允许了。

闰七月，丁未日（十一日），命裴炎任侍中，崔知温、薛元超担任中书令。

唐高宗征召田游岩为太子洗马，他在东宫没有什么规谏裨益。右卫副率蒋俨用书信责备他说："足下有巢父、许由的清俊节操，傲视唐尧、虞舜那样的圣君，声誉超越宇内各位名士，声名流满四海之内。国君委屈万乘的尊崇，给您三顾茅庐的荣幸，待您像汉高祖对商山四皓那样，对您不以臣下之礼相待，是为了辅导太子，让太子能受到美善的熏陶。皇太子正当盛年时候，圣明之道德还没有完备，我虽不才，仍然在宫廷中加以诤谏，而足下接受调理、保护太子的重托，是可以谏言的时候，却恭敬顺从而没有一次进言，就这样悠悠然一直下去。假如足下一向像伯夷不食周粟一样不做官，我就不敢说什么！但足下的俸禄足以养亲，又用什么来酬报朝廷？我的想法很浅陋，请足下写信启发教诲我。"结果田游岩无言以对。

庚申日（二十四日），唐高宗因为吃药的关系，命令太子监国。

【乾隆御批】 四皓羽翼太子其事，已为古今訾议，若田游岩之纯盗虚声，蒋俨之拘牵俗论，尤溺齐梁以来故辙，真乃况而愈下。

【译文】 汉代四位隐士辅佐太子而使汉高祖觉得太子羽翼已丰的故事，从古至今已经被人们议论指责，像田游岩那样纯粹地谋取虚名，蒋俨那样束缚在俗论中，更是沉湎于齐梁以来的常规，真是社会风气越来越不好呀。

裴行俭军于代州之陉口，多纵反间，由是阿史那伏念与阿史德温傅浸相猜贰。伏念留妻子辎重于金牙山，以轻骑袭曹怀舜。行俭遣裨将何迦密自通漠道，程务挺自石地道掩取之。伏念与曹怀舜等约和而还，比至金牙山，失其妻子辎重，士卒多疾疫，乃引兵北走保细沙，行俭又使副总管刘敬同、程务挺等将单于府兵追蹑之。伏念请执温傅以自效，然尚犹豫，又自恃道远，唐兵必不能至，不复设备。敬同等军到，伏念狼狈，不能整其众，遂执温傅，从间道诣行俭降。候骑告以尘埃涨天而至，将士皆震恐，行俭曰："此乃伏念执温傅来降，非他盗也。然受降如受敌，不可无备。"乃命严备，遣单使迎前劳之。少选，伏念果帅酋长缚温傅诣军门请罪。行俭尽平突厥馀党，以伏念、温傅归京师。

【译文】裴行俭的军队驻扎在代州的陉口，多用反间策略，从此阿史那伏念和阿史德温傅慢慢地相互猜疑。伏念将妻子儿女和运送物资的辎重车留在金牙山，率领轻便的骑兵袭击曹怀舜。裴行俭派遣裨将何迦密从通漠道，程务挺从石地道前往偷袭、攻取金牙山。伏念和曹怀舜订好和约而后返回，到金牙山时，失去了妻子儿女和辎重，士卒有很多人生病，只好率军向北逃到细沙，裴行俭又派副总管刘敬同、程务挺等人率领单于府的士兵追踪。伏念请求捉拿温傅报效唐朝，可是心中还在犹豫不决，并且又认为路途遥远，唐兵一定到达不了，因而就不再防备。刘敬同等人的部队到达时，伏念狼狈不堪，无法再整顿部众，就抓捕了温傅，从小路前往裴行俭处投降。侦候的骑兵回来报告说尘埃漫天而来，将士们都非常震惊害怕，裴行俭说："这是伏念擒拿温傅前来投降，不是其他盗贼。可是接受投降就如同接受作战一样，不能没有防备。"就下令严加戒备，派遣一个使者前去迎接慰劳。没过多久，伏念果然率领酋长捆缚温傅来到军门请罪。裴行俭将突厥余党全部平定，把伏念、温傅押回京师。

冬，十月，丙寅朔，日有食之。

壬戌，裴行俭等献定襄之俘。乙丑，改元。丙寅，斩阿史那伏念、阿史德温傅等五十四人于都市。

初，行俭许伏念以不死，故降。裴炎疾行俭之功，奏言："伏念为副将张虔勖、程务挺所逼，又回纥等自碛北南向逼之，穷窘而降耳。"遂诛之。行俭叹曰："浑、濬争功，古今所耻。但恐杀降，无复来者。"因称疾不出。

丁亥，新罗王法敏卒，遣使立其子政明。

十一月，癸卯，徙故太子贤于巴州。

【译文】冬季，十月，丙寅朔日（初一），出现日食。

壬戌日（十月无此日），裴行俭等人献出定襄所捉的俘虏。乙丑日（十月无此日），唐高宗改年号为开耀。丙寅日（初一），唐高宗将阿史那伏念、阿史德温傅等五十四人都被斩杀。

起初，裴行俭许诺不杀伏念，伏念才投降。但裴炎嫉妒裴行俭的功劳，上奏说："阿史那伏念是被副将张虔勖、程务挺所逼迫，加上回纥从大漠北面向南进逼，走投无路才投降。"因此就杀了伏念。裴行俭感叹说："王浑、王浚争夺功劳，是古今引以为耻的。只恐怕杀死投降的人，将来没有人再敢投降了。"因此就借口生病不出门。

丁亥日（二十二日），新罗王金法敏去世，唐高宗派遣使者立他的儿子金政明为新罗王。

十一月，癸卯日（初八），唐高宗将前太子李贤迁徙到巴州。

资治通鉴卷第二百三　唐纪十九

起玄黓敦牂，尽柔兆阉茂，凡五年。

【译文】起壬午（公元682年），止丙戌（公元686年），共五年。

【题解】　本卷记录了公元682年至686年的史事，共五年，正当唐高宗永淳元年到武则天垂拱二年。本卷是记载唐朝政治从唐高宗到武则天称制的一个过渡时期。此时期，武则天废中宗李显，杀废太子李贤，立傀儡皇帝睿宗李旦，垂帘听政，平定徐敬业的叛乱，杀辅臣裴炎，杀功臣程务挺、王方翼，唐朝政治发生了极大的动荡。在唐高宗晚年，政权已完全掌握在武则天手中，但高宗的权威仍能控制时局，可惜高宗明知武氏擅权而不忍制止。武则天在平定徐敬业的叛乱后，借势推行酷吏政治，启动告密之法，实行血腥的高压手段威服政敌，排除异己，从而开启了唐朝政治的武则天时代。

高宗天皇大圣大弘孝皇帝下

永淳元年(壬午，公元六八二年)春，二月，作万泉宫于蓝田。癸未，改元，赦天下。

戊午，立皇孙重照为皇太孙。上欲令开府置僚属，问吏部郎中王方庆，对曰："晋及齐皆尝立太孙，其太子官属即为太孙官属，未闻太子在东宫而更立太孙者也。"上曰："自我作古，可乎？"对曰："三王不相袭礼，何为不可！"乃奏置师傅等官。既而上疑其非法，竟不补授。方庆，裒之曾孙也，名綝，以字行。

西突厥阿史那车薄帅十姓反。

【译文】永淳元年（壬午，公元682年）春季，二月，唐朝在蓝田修筑万泉宫。

癸未日（十九日），唐高宗改年号为永淳，大赦天下。

戊午日（二月无此日），唐高宗立皇孙李重照为皇太孙。唐高宗要下令为皇太孙开府设官属，询问吏部郎中王方庆的意见，王方庆回答说："晋和齐都曾立过太孙，那时太子官属就是太孙的官属，从没听说过太子在东宫而再为太孙设置官署的事情。"唐高宗说："我不拘古礼自己创作，可以吧？" 王方庆回答说："三代的礼节不相承袭，为什么不可以？"就上奏设立师傅等官职。没过多久，唐高宗怀疑这样做不合礼法，最后还是没有任命。王方庆是王裒的曾孙，名叫綝，以字通行。

西突厥阿史那车薄率领十姓造反。

夏，四月，甲子朔，日有食之。

上以关中饥馑，米斗三百，将幸东都；丙寅，发京师，留太子监国，使刘仁轨、裴炎、薛元超辅之。时出幸仓猝，扈从之士有饿死于中道者。上虑道路多草窃，使监察御史魏元忠检校车驾前后。元忠受诏，即阅视赤县狱，得盗一人，神采语言异于众，命释桎梏，袭冠带，乘驿以从，与之共食宿，托以诘盗，其人笑许诺。比及东都，士马万数，不亡一钱。

辛未，以礼部尚书闻喜宪公裴行俭为金牙道行军大总管，帅右金吾将军阎怀旦等三总管分道讨西突厥。师未行，行俭薨。

【译文】夏季，四月，甲子朔日（初一），出现日食。

唐高宗因为关中地区发生饥荒，米价一斗涨到三百钱，而准备前往东都。丙寅日（初三），唐高宗从京师出发，留下太子监国，派刘仁轨、裴炎、薛元超辅佐。当时因为唐高宗的出行来得十分仓促，随从人员有在中途饿死的。唐高宗考虑到路上有许多草贼窃盗，就命令监察御史魏元忠检查清理车驾前后地方的治安。魏元忠接受诏令，就察看赤县的监狱，找到一个盗贼，神采语言与一般人不同。魏元忠下令解开盗贼的刑械，让他穿上冠带衣饰，乘坐驿车跟从，和他一同吃饭睡觉，请他防止盗贼，那人微笑答应。一直到东都，士卒马匹以万计，一文钱都没有遗失。

辛未日（初八），唐高宗任命礼部尚书闻喜宪公裴行俭担任金牙道行军大总管，率领右金吾将军阎怀旦等三个总管分路征讨西突厥。军队还没出发，裴行俭去世。

行俭有知人之鉴，初为吏部侍郎，前进士王勮、咸阳尉栾城苏味道皆未知名，行俭一见谓之曰："二君后当相次常铨衡，仆有弱息，愿以为托。"是时勮弟勃与华阴杨炯、范阳卢照邻、义乌骆宾王皆以文章有盛名，司列少常伯李敬玄尤重之，以为必显达。行俭曰："士之致远者，当先器识而后才艺。勃等虽有文华，而浮躁浅露，岂享爵禄之器邪！杨子稍沈静，应至令长；馀得令终幸矣。"既而勃渡海堕水，炯终于盈川令，照邻恶疾不愈，赴水死，宾王反诛，勮、味道皆典选，如行俭言。行俭为将帅，所引偏裨如程务挺、张虔勖、王方翼、刘敬同、李多祚、黑齿常之，后多为名将。

【译文】 裴行俭有知人的识见，刚担任吏部侍郎时，前进士王勮、咸阳尉栾城人苏味道都还没有出名，裴行俭一见他们，就说："你们两位将来会相继掌管人才的铨叙考量，我有弱子，希望托付你们照顾。"那时王勮的弟弟王勃和华阴的杨炯、范阳的卢照邻、义乌的骆宾王等人，都因为文章而有美名，司列少常伯李敬玄尤其尊重他们，认为他们将来一定会飞黄腾达。裴行俭说："士人要能达到深远的境界，一定要先有气度见识，然后才是才艺。王勃等人虽然有文章才华，可是暴躁轻浮，见识也浅薄贫乏，没有具备享受爵禄的才器！杨炯稍微深沉稳重，应当可以做到令长（大县是令，小县是长）；其他的能够得到善终就很幸运了。"没过多久王勃渡海时落水而死，杨炯死在盈川令任内，卢照邻生了病一直不好，跳水而死，骆宾王因为谋反被诛，王勮和苏味道则像裴行俭所预料的一样，都做到典选（掌选举人才）的官。裴行俭做将帅时，所引用的偏将裨将如程务挺、张虔勖、王方翼、刘敬同、李多祚、黑齿常之等人，后来大都成为著名将领。

行俭尝命左右取犀角、麝香而失之。又敕赐马及鞍，令史辄驰骤，马倒，鞍破。二人皆逃去，行俭使人召还，谓曰："尔曹皆误耳，何相轻之甚邪！"待之如故。破阿史那都支，得马脑盘，广二尺馀，以示将士，军吏王休烈捧盘升阶，跌而碎之，惶恐，叩头流血。行俭笑曰："尔非故为，何至于是！"不复有追惜之色。诏赐都支等资产金器三千馀物，杂畜称是，并分给亲故及偏裨，数日而尽。

阿史那车薄围弓月城，安西都护王方翼引军救之，破虏众于伊丽水，斩首千馀级。俄而三姓咽面与车薄合兵拒方翼，方翼与战于热海，流矢贯方翼臂，方翼以佩刀截之，左右不知。所将胡兵谋执方翼以应车薄，方翼知之，悉召会议，阳出军资赐之，以次引出斩之，会大风，方翼振金鼓以乱其声，诛七十馀人，其徒莫之觉。既而分遣裨将袭车薄、咽面，大破之，擒其酋长三百人，西突厥遂平。阎怀旦等竟不行。方翼寻迁夏州都督，徵入，议边事。上见方翼衣有血渍，问之，方翼具对热海苦战之状，上视疮叹息；竟以废后近属，不得用而归。

【译文】 裴行俭曾经命令随从取来犀角、麝香，结果遗失了。唐高宗赐给他马匹和马鞍，礼部令史在送给他时因为马跑得太快，马匹跌倒，将马鞍弄破了。两人都畏罪逃走，裴行俭派人召回他们，对他们说："你们都想错了，为什么将我看得这么小气？"对待他们仍旧和从前一样。裴行俭击败阿史那都支时，得到玛瑙盘，有二尺多宽，拿给将士看，军吏王休烈捧着玛瑙盘，走上台阶，跌倒而打破了玛瑙盘，心中恐惧，用头叩地，直到流血。裴行俭笑着说："你不是故意的，何必这样呢？"不再有追悔惋惜的脸色。唐高宗下令将阿史那都支等人的资产黄金宝器等三千多件和同样数目的各种牲畜赐给裴行俭，他分别送给亲戚故友和偏将裨将们，几天内全都送光。

阿史那车薄包围弓月城，安西都护王方翼带兵救援，在伊丽水击败敌虏部众，斩杀一千多人。不久三姓咽面和车薄会合兵力，抗拒王方翼，王方翼在热海和对方作战，流矢射穿了王方翼的臂膀，王方翼拿佩刀斩断箭矢，身边的人都不知道。他所率领的胡兵计划捉住王方翼，来响应车薄，王方翼知道后，召他们参加会议，佯装拿出军中物资赐给他们，依次引导他们出去斩杀，恰好遇到大风，王方翼振击金鼓，使声音混乱，乘机杀死七十几个人，这些胡人都没有察觉。不久就分别派遣裨将偷袭车薄、咽面，大败对方，生擒了他们的酋长三百人，西突厥因而平定。阎怀旦等人因此没有出发。王方翼不久升迁为夏州都督，被征召入朝，讨论边境战事。唐高宗看到王方翼衣服上有血渍，就询问他原因，王方翼将热海苦战的情况详细讲了，唐高宗看到他的疮伤而叹息。最后因为是废后的近支亲属，不被重用而返回夏州。

乙酉，车驾至东都。

丁亥，以黄门侍郎颍川郭待举、兵部侍郎岑长倩、秘书员外少监、检校中书侍郎鼓城郭正一、吏部侍郎鼓城魏玄同并与中书门下同承受进止平章事。上欲用待举等，谓崔知温曰："待举等资任尚浅，且令预闻政事，未可与卿等同名。"自是外司四品已下知政事者，始以平章事为名。长倩，文本之兄子也。

先是，玄同为吏部侍郎，上言铨选之弊，以为："人君之体，当委任而责成功，所委者当，则所用者自精矣。故周穆王命伯冏为太仆正，曰：'慎简乃僚。'是使群司各自求其小者，而天子命其大者也。乃至汉氏，得人皆自州县补署，五府辟召，然后升于天朝，自魏、晋以来，始专委选部。夫以天下之大，士人之众，而委之数人之手，用刀笔以量才，按簿书而察行，借使平如权衡，明如水镜，犹力有所极，照有所穷，况所委非人而有愚暗阿私之弊乎！愿略依周、汉之规以救魏、晋之失。"疏奏，不纳。

【译文】乙酉日（二十二日），唐高宗车驾到达东都。

丁亥日（二十四日），唐高宗任命黄门侍郎颍川人郭待举、兵部侍郎岑长倩、秘书员外少监兼检校中书侍郎鼓城人郭正一、吏部侍郎鼓城人魏玄同等都为中书门下同承受进止平章事。唐高宗要任用郭待举等人时，对韦知温说："郭待举等人资格能力还浅，暂且让他们参与政事，不可以和你们名位相等。"自此以后廷外官司四品以下掌管政事的，才以平章事为名。岑长倩是岑文本哥哥的儿子。

起初，魏玄同是吏部侍郎时，上书谈到铨次选拔人才的弊病，认为："人君的根本，是在委任人才而后责求百官成就事功，假如所委任的人妥当，那么所任用的官吏就自然精良了。因此周穆王任命伯同担任太仆正时说：‘小心选择你的僚属。’这是让各部门各自寻找职位低的官员，而天子任命职位高的官员。到了汉代，人才都是从州县之中署任补充，由五府（太仆、太尉、司徒、司空、大将军）辟除征召，然后提拔给朝廷任用，从魏、晋以来，才专门交托给选部去做。天下这么大，士人这么多，将选拔大权委托给几个人，用刀笔簿书衡量才能高低和考察品行好坏，纵使能和权衡（量轻重的器具）一般公平，和水镜一样明亮清楚，仍然力量有所不足，观察有所不到，何况所委任的人不合适，而有昏聩不明、阿谀自私的弊病呢？希望能够大略仿照周、汉的规章，来挽救魏、晋的缺失。"疏文上奏唐高宗，没有被采纳。

五月，丙午，东都霖雨。乙卯，洛水溢，溺民居千馀家。关中先水后旱、蝗，继以疾疫，米斗四百，两京间死者相枕于路，人相食。

上既封泰山，欲遍封五岳，秋，七月，作奉天宫于嵩山南。监察御史里行李善感谏曰："陛下封泰山，告太平，致群瑞，与三皇五帝比隆矣。数年已来，菽粟不稔，饿殍相望，四夷交侵，兵车岁驾；陛下宜恭默思道以禳灾谴，乃更广营宫室，劳役不休，天下莫不失望。臣忝备国家耳目，窃以此为忧！"上虽不纳，亦优容之。自褚遂良、韩瑗之死，中外以言为讳，无敢逆意直谏，几二十年；及善感始谏，天下皆喜，谓之"凤鸣朝阳"。

【译文】五月，东都雨下个不停。乙卯日（二十三日），洛水泛滥，淹没居民一千多家。关中地区先发生水灾后发生旱灾、蝗灾，接着又有疾病流行，一斗米涨到四百钱，两京之间饿死病死的人在道路上互相枕藉，出现了人吃人的现象。

唐高宗在泰山封禅后，想要将五岳全部封禅，秋季，七月，在嵩山南方修建奉天宫。监察御史里行（官名，资历还没有到，暂时在监察御史里行走）李善感进谏说："陛下在泰山封禅，告诉神祇天下太平无事，招来许多祥瑞，可以和三皇五帝比较了。近几年以来，豆类谷粟都不成熟，饿死的人多到可以前后相望，四方夷族交相进犯，兵车每年都出动；陛下应当恭敬沉默，思考治国之道，来寻求消除；现在反而加倍建筑宫室，使百姓劳役不停，天下百姓都很失望。臣忝为天子的耳目，私下很为这件事忧虑！"唐高宗虽不采纳他的建议，但也十分宽容。从褚遂良、韩瑗死后，朝廷内外的士臣全都忌讳进谏，没有人敢违背唐高宗的心意而正直强谏，几乎已经有二十年；到李善感开始谏劝唐高宗时，天下都非常高兴，称之为"凤鸣朝阳"（喻高才逢时）。

上遣宦者缘江徙异竹，欲植苑中。宦者科舟载竹，所在纵暴；过荆州，荆州长史苏良嗣因之，上疏切谏，以为："致远方异物，烦扰道路，恐非圣人爱人之意。又，小人窃弄威福，亏损皇明。"上谓天后曰："吾约束不严，果为良嗣所怪。"手诏慰谕良嗣，令弃竹江中。良嗣，世长之子也。

黔州都督谢祐希天后意，逼零陵王明令自杀，上深惜之，黔府官属皆坐免官。祐后寝于平阁，与婢姜十馀人共处，夜，失其首。垂拱中，明子零陵王俊、黎国公杰为天后所杀，有司籍其家，得祐首，漆为秽器，题云谢祐，乃知明子使刺客取之也。

太子留守京师，颇事游畋，薛元超上疏规谏；上闻之，遣使者慰劳元超，仍召赴东都。

吐蕃将论钦陵寇柘、松、翼等州。诏左骁卫郎将李孝逸、右卫郎将卫蒲山发秦、渭等州兵分道御之。

【译文】唐高宗派遣宦官顺着长江移徙奇异的竹子，要种在皇宫中。宦官征发舟楫以便运载竹子，所到的地方都大肆暴虐。路过荆州时，荆州长史苏良嗣将宦官囚禁起来，上疏劝谏："为了得到远方的奇异之物，而烦扰沿途百姓，恐怕不是圣君爱惜百姓的心意。况且主事的小人弄权作福，污了陛下的圣哲英明。"唐高宗对天后说："我对官吏约束不严，果然被苏良嗣责怪。"就亲自下诏令安慰晓示苏良嗣，要苏良嗣将竹子抛到江里。苏良嗣是苏世长的儿子。

黔州都督谢祐迎合天后的心意，逼零陵王李明自尽，唐高宗非常惋惜，黔府的官吏僚属都因此而被免官。谢祐后来睡在平阁里，和婢妾十几个人在一起，一夜之间丢了脑袋。天后垂拱中期，李明的儿子零陵王李俊、黎国公李杰被天后武则天所杀，有司抄没他们家时，找到谢祐的头颅，已经被漆成便溺的器具，上面有谢祐的姓名，才知道是李明的儿子指派刺客割取的。

太子留守京师，经常游玩畋猎，薛元超上疏规谏劝导。唐高宗听到了，派遣使者慰劳薛元超，因而召他前往东都。

吐蕃大将论钦陵进犯柘、松、翼等州。唐高宗下诏令左骁卫郎将李孝逸、右卫郎将卫蒲山调动秦、渭等州的军队，分路加以抵御。

冬，十月，丙寅，黄门侍郎刘景先同中书门下平章事。

是岁，突厥馀党阿史那骨笃禄、阿史德元珍等招集亡散，据黑沙城反，入寇并州及单于府之北境，杀岚州刺史王德茂。右领军卫将军、检校代州都督薛仁贵将兵击元珍于云州，虏问唐大将为谁，应之曰："薛仁贵。"虏曰："吾闻仁贵流象州，死久矣，何以给我!"仁贵免胄示之面,虏相顾失色,下马列拜,稍稍引去。仁贵因奋击,大破之,斩首万馀级,捕虏二万馀人。

吐蕃入寇河源军,军使娄师德将兵击之于白水涧,八战八捷。上以师德为比部员外郎、左骁卫郎将、河源军经略副使,曰:"卿有文武材,勿辞也!"

【译文】冬季,十月,丙寅日(初七),唐朝任命黄门侍郎刘景先为同中书门下平章事。

这一年,突厥剩余党徒阿史那骨笃禄、阿史德元珍等人招募逃亡离散的人,据守黑沙城造反,侵入并州和单于府的北方,杀死了岚州刺史王德茂。右领军卫将军、检校代州都督薛仁贵率军在云州攻打元珍,敌虏询问唐军大将是谁,回答说:"是薛仁贵。"敌虏说:"我听说薛仁贵被流放到象州,死很久了,为什么欺骗我?"薛仁贵脱下盔甲,让他们看清楚面貌,敌虏面面相觑,大惊失色,下马罗列而拜,渐渐地领兵离去。薛仁贵利用机会奋勇进攻,大败对方,斩杀一万多人,俘虏两万多人。

吐蕃侵扰河源军,军使娄师德在白水涧率兵进攻,作战八次都胜了。唐高宗任命娄师德为比部员外郎、左骁卫郎将、河源军经略副使,说:"你有文武两方面的才能,不要推辞!"

弘道元年(癸未,公元六八三年)春,正月,甲午朔,上行幸奉天宫。

二月,庚午,突厥寇定州,刺史霍王元轨击却之。乙亥,复寇妫州。三月,庚寅,阿史那骨笃禄、阿史德元珍围单于都护府,执司马张行师,杀之。遣胜州都督王本立、夏州都督李崇义将兵分道救之。

太子右庶子、同中书门下三品李义琰改葬父母,使其舅氏迁旧墓；上闻之，怒曰："义琰倚势，乃陵其舅家，不可复知政事！"义琰闻之，不自安，以足疾乞骸骨。庚子，以义琰为银青光禄大夫，致仕。

【译文】弘道元年（癸未，公元683年）是年十二月改年号为弘道。春季，正月，甲午朔日（正月乙丑朔日，甲午当为初六），唐高宗前往奉天宫。

二月，庚午日（十二日），突厥进犯定州，刺史霍王李元轨予以击退。乙亥日（十七日），突厥又进犯妫州。三月，庚寅日（初二），阿史那骨笃禄、阿史德元珍包围了单于都护府，抓捕司马张行师，加以杀害。唐朝廷派遣胜州都督王本立、夏州都督李崇义领兵分路救援。

太子右庶子、同中书门下三品李义琰将父母坟墓改葬，让他舅舅家迁移旧坟。唐高宗听到后，十分生气地说："李义琰凭借权势，欺凌舅舅，不可让他再掌管政事！"李义琰听到之后，内心不安稳，就以脚病为借口，请求告老返乡，庚子日（十二日），唐高宗任命李义琰为银青光禄大夫，准许退休。

癸丑，守中书令崔知温薨。

夏，四月，己未，车驾还东都。

绥州步落稽白铁余，埋铜佛于地中，久之，草生其上，绐其乡人曰："吾于此数见佛光。"择日集众掘地，果得之，因曰："得见圣佛者，百疾皆愈。"远近赴之。铁余以杂色囊盛之数十重，得厚施，乃去一囊。数年间，归信者众，遂谋作乱。据城平县，自称光明圣皇帝，置百官，进攻绥（息）〔德〕、大斌二县，杀官吏，焚民居。遣右武卫将军程务挺与夏州都督王方翼讨之，甲申，攻拔其城，擒铁余，余党悉平。

【译文】癸丑日（二十五日），唐守中书令崔知温去世。

夏季，四月，己未日（初二），唐高宗车驾返回东都。

绥州步落稽白铁余将铜佛埋在地里，长久之后，上面长满杂草，就欺骗乡人说：“我在这里好几次看到佛光。”挑选吉日集合众人挖掘地面，果然挖到铜像，因而说：“能够看见圣佛的人，所有病痛都会好。”结果不管远近，大家都前来礼佛。白铁余用各种颜色的囊袋将铜佛盛了好几十层，假如得到优厚的施舍，就拿一囊施舍给信徒，几年的时间，归附的人很多，就要叛乱造反。占据城平县，自称光明圣皇帝，设置各种官吏，攻打绥德、大斌两县，杀死官吏，焚烧百姓住宅。朝廷派遣右武卫将军程务挺和夏州都督王方翼前去征讨，甲申日（二十七日），唐军攻下城平县县城，擒了白铁余，将剩下的叛党都平定了。

五月，庚寅，上幸芳桂宫，至合璧宫，遇大雨而还。

乙巳，突厥阿史那骨笃禄等寇蔚州，杀刺史李思俭，丰州都督崔智辩将兵邀之于朝那山北，兵败，为虏所擒。朝议欲废丰州，迁其百姓于灵、夏。丰州司马唐休璟上言，以为：“丰州阻河为固，居贼冲要，自秦、汉已来，列为郡县，土宜耕牧。隋季丧乱，迁百姓于宁、庆二州，致胡虏深侵，以灵、夏为边境。”贞观之末，募人实之，西北始安。今废之则河滨之地复为贼有，灵、夏等州人不安业，非国家之利也！”乃止。

【译文】五月，庚寅日（初三），唐高宗前往芳桂宫，到达合璧宫，遇到大雨只好返回。

乙巳日（十八日），突厥阿史那骨笃禄等人进犯蔚州，杀死刺史李思俭。丰州都督崔智辩率军在朝那山北面截击，战败，被敌虏生擒。朝廷建议废除丰州，将百姓迁移到灵、夏两州。丰州司马唐休璟向唐高宗进言,认为:"丰州以黄河为险阻,形势险固,处在敌人冲要地带,从秦、汉以来,都将它列为郡县;土地适宜耕种放牧。隋朝末年发生丧亡战乱,将百姓迁徙到宁、庆两州,以致胡虏深入侵扰,将灵、夏两州当成边境。"贞观末年,招募百姓充实人口,西北才安定。现在废弃的话,那么濒临黄河的土地,将再度被贼人所占据,灵、夏等州的百姓也不能安居乐业,这不是对国家有利的事!"朝廷才停止废弃丰州。

六月,突厥别部寇掠岚州,偏将杨玄基击走之。

秋,七月,己丑,立皇孙重福为唐昌王。

庚辰,诏以今年十月有事于嵩山;寻以上不豫,改用来年正月。

甲辰,徙相王轮为豫王,更名旦。

中书令兼太子左庶子薛元超病喑,乞骸骨;许之。

八月,己丑,以将封嵩山,召太子赴东都;留唐昌王重福守京师,以刘仁轨为之副。冬,十月,己卯,太子至东都。

癸亥,车驾幸奉天宫。

【译文】六月,突厥的另一部族侵犯抢掠岚州,偏将杨玄基将对方击退。

秋季,七月,己丑日(初四),唐高宗封皇孙李重福为唐昌王。

庚辰日(七月无此日),唐高宗下诏令今年十月要在嵩山举行祭祀;不久因为唐高宗身体不适,改在第二年正月举行。

甲辰日(十九日),唐高宗将相王李轮改封为豫王,改名为李旦。

中书令兼太子左庶子薛元超患有说不出话的毛病,因此乞求告老回乡，唐高宗允许了。

八月，己丑日（八月无此日），为了即将在嵩山封禅，唐高宗将太子召回前往东都；留下唐昌王李重福守住京师，任命刘仁轨为副手辅助唐昌王。冬季，十月，己卯日（二十六日），太子抵达东都。

癸亥日（初十），唐高宗车驾前往奉天宫。

十一月，丙戌，诏罢来年封嵩山，上疾甚故也。上苦头重，不能视，召侍医秦鸣鹤诊之，鸣鹤请刺头出血，可愈。天后在帘中。不欲上疾愈，怒曰："此可斩也，乃欲于天子头刺血！"鸣鹤叩头请命。上曰："但刺之，未必不佳。"乃刺百会、脑户二穴。上曰："吾目似明矣。"后举手加额曰："天赐也！"自负彩百匹以赐鸣鹤。

戊戌，以右武卫将军程务挺为单于道安抚大使，招讨阿史那骨笃禄等。

诏太子监国，以裴炎、刘景先、郭正一兼东宫平章事。

上自奉天宫疾甚，宰相皆不得见。丁未，还东都，百官见于天津桥南。

【译文】十一月，丙戌日（初三），朝廷下诏令废止第二年在嵩山举行封禅，因为唐高宗病得厉害。唐高宗以头昏为苦，看不见东西，召来侍医秦鸣鹤诊治，秦鸣鹤说把头部刺出血，就可以好。天后在帘幕里，不希望唐高宗病好，就生气地说："说这话的人应该斩杀，居然要在陛下头上刺出血！"秦鸣鹤叩头请求饶命。唐高宗说："你就刺刺看，未必就不好啊。"秦鸣鹤就刺百会、脑户两穴。唐高宗说："我的眼睛好像可以看清楚了。"天后举起手放在额头上说："这是上天赐的洪福啊！"天后亲自背负彩帛（有彩色的丝织品）一百匹赐给秦鸣鹤。

戊戌日（十五日），唐高宗任命右武卫将军程务挺担任单于道安抚大使，前往招抚征讨阿史那骨笃禄等人。

唐高宗下诏令由太子监国，任命裴炎、刘景先、郭正一兼领东宫平章事。

唐高宗自从到奉天宫后就病得十分严重，宰相都不见。丁未日（二十四日），唐高宗返回东都，在天津桥南接见百官。

十二月，丁巳，改元，赦天下。上欲御则天门楼宣赦，气逆不能乘马，乃召百姓入殿前宣之。是夜，召裴炎入，受遗诏辅政，上崩于贞观殿。遗诏太子枢前即位，军国大事有不决者，兼取天后进止。废万泉、芳桂、奉天等宫。

庚申，裴炎奏太子未即位，未应宣敕，有要速处分，望宣天后令于中书、门下施行。甲子，中宗即位，尊天后为皇太后，政事咸取决焉。太后以泽州刺史韩王元嘉等，地尊望重，恐其为变，并加三公等官以慰其心。

【译文】十二月，丁巳日（初四），唐高宗改年号为弘道，大赦天下。唐高宗要到则天门楼宣布赦免令，由于气上逆而无法乘坐马车，就宣召百姓进入宫殿前宣布。当天晚上，召裴炎入宫，接受遗命来辅佐政事，唐高宗就在贞观殿去世。遗命要太子在唐高宗灵柩前即皇帝位，有关军事、政治大事有无法决定的，可以让天后一同处理。废除万泉、芳桂、奉天等宫殿。

庚申日（初七），裴炎上奏，认为太子还没即帝位，不适宜宣布敕令，有重要和须快速处理的事情，希望把天后的命令在中书、门下省宣布施行。甲子日（十一日），唐中宗即帝位，尊称天后武则天为皇太后，一切政事都由皇太后决定。太后因为泽州刺史韩王李元嘉等人地位尊崇，德高望重，担心他们造反，就都增加三公等官衔抚慰他们。

甲戌，以刘仁轨为左仆射，裴炎为中书令；戊寅，以刘景先为侍中。

故事，宰相于门下省议事，谓之政事堂，故长孙无忌为司空，房玄龄为仆射，魏征为太子太师，皆知门下省事。及裴炎迁中书令，始迁政事堂于中书省。

壬午，遣左威卫将军王果、左监门将军令狐智通、右金吾将军杨玄俭、右千牛将军郭齐宗分往并、益、荆、扬四大都督府，与府司相知镇守。

中书侍郎同平章事郭正一为国子祭酒，罢政事。

【译文】甲戌日（二十一日），唐中宗任命刘仁轨为左仆射，裴炎为中书令。戊寅日（二十五日），唐中宗任命刘景先为侍中。

依照旧例，宰相是在门下省计议政事，称之为政事堂，因此长孙无忌任司空，房玄龄任仆射，魏征任太子太师时，都在门下省处理政事。后来裴炎升任中书令，才将政事堂迁到中书省。

壬午日（二十九日），唐中宗派遣左威卫将军王果、左监门将军令狐智通、右金吾将军杨玄俭、右千牛将军郭齐宗分头前往并、益、荆、扬四个大都督府，与各大都督府负责官员一起主持镇守事务。

中书侍郎同平章事郭正一被任为国子祭酒，罢除理政事务。

则天顺圣皇后上之上

光宅元年（甲申，公元六八四年）春，正月，甲申朔，改元嗣圣，赦天下。

立太子妃韦氏为皇后；擢后父玄贞自普州参军为豫州刺史。

癸巳，以左散骑常侍杜陵韦弘敏为太府卿、同中书门下三品。

中宗欲以韦玄贞为侍中，又欲授乳母之子五品官；裴炎固争，中宗怒曰："我以天下与韦玄贞何不可！而惜侍中邪！"炎惧，白太后，密谋废立。二月，戊午，太后集百官于乾元殿，裴炎与中书侍郎刘祎之、羽林将军程务挺、张虔勖勒兵入宫，宣太后令，废中宗为庐陵王，扶下殿。中宗曰："我何罪？"太后曰："汝欲以天下与韦玄贞，何得无罪！乃幽于别所。

己未，立雍州牧豫王旦为皇帝。政事决于太后，居睿宗于别殿，不得有所预。立豫王妃刘氏为皇后。后，德威之孙也。

【译文】光宅元年（甲申，公元684年）是年九月改年号为光宅。春季，正月，甲申朔日（初一），唐中宗改年号为嗣圣，大赦天下。

唐中宗立太子妃韦氏为皇后，将皇后父亲韦玄贞从普州参军升迁为豫州刺史。

癸巳日（初十），唐中宗任命左散骑常侍杜陵人韦弘敏为太府卿、同中书门下三品。

唐中宗要任命韦玄贞担任侍中，又要授给乳母的儿子五品官；裴炎再三劝谏，唐中宗生气地说："我将天下送给韦玄贞又有什么不可以！我还吝惜侍中这一个职位吗？"裴炎害怕，告诉太后武则天，暗中图谋废掉唐中宗另立帝位。二月，戊午日（初六），太后在乾元殿召集百官，裴炎和中书侍郎刘祎之、羽林将军程务挺、张虔勖，领兵入宫，宣读太后命令，将唐中宗废为庐陵王，扶着走下宫殿。唐中宗说："我犯了什么罪？"太后说：

资治通鉴

"你要将天下送给韦玄贞，怎么会没罪？"就将唐中宗幽禁在别宫。

己未日（初七），唐朝立雍州牧豫王李旦为皇帝。一切政事都由太后决定，将唐睿宗安置在别宫，不能参与政事。立豫王妃刘氏为皇后。刘皇后是刘德威的孙女。

有飞骑十馀人饮于坊曲，一人言："向知别无勋赏，不若奉庐陵。"一人起，出诣北门告之。座未散，皆捕得，系羽林狱，言者斩，馀以知反不告皆绞，告者除五品官。告密之端自此兴矣。

壬子，以永平郡王成器为皇太子，睿宗之长子。赦天下，改元文明。

庚申，废皇太孙重照为庶人，命刘仁轨专知西京留守事。流韦玄贞于钦州。

【译文】 有飞骑（官名，贞观十二年置左右屯营飞骑，由将军率领）十几人在妓院饮酒，其中有一人说："早知道没有什么功劳赏赐，不如去侍奉庐陵王。"有一个人站起来，到北门去密告。在座几位飞骑还没有散离，全部被拘捕，关在羽林狱里。说话的那个飞骑被判斩刑，剩下的因为知道谋反不告的罪名，都被判处绞刑。密告的人被任命为五品官。告密的事端从此兴起。

壬子日（二月无此日），唐朝封永平郡王李成器为皇太子，是唐睿宗的大儿子。大赦天下，改年号为文明。

庚申日（初八），将皇太孙李重照废为庶人，命令刘仁轨专门掌管西京留守的事。流放韦玄贞到钦州。

【乾隆御批】 武氏窥窃神器，已非一朝，废立之谋，固不俟中宗失言而后定。然中宗嗣位日浅，他务未遑，亟亟欲官后父，且轻视"以天下与人"为怒时泄愤语，其父子昏闇，如出一辙，而受制房帷之病，亦见端于此矣。

【译文】 武则天伺机窃取社稷已不是一天两天了，废旧立新的打算固然不是等唐中宗说了不该说的话之后才确定的，但是，唐中宗刚继位不久，其他事情还没有时间顾及，却急忙给皇后的父亲封官，而且轻易地说出"以天下与人"这种话来泄私愤，可见，他们父子的昏庸非常相似，而且被后官控制的毛病在此也已见苗头。

太后与刘仁轨书曰："昔汉以关中之事委萧何，今托公亦犹是矣。"仁轨上疏，辞以衰老不堪居守，因陈吕后祸败之事以申规戒。太后使秘书监武承嗣赍玺书慰谕之曰："今以皇帝谅闇不言，眇身且代亲政；远劳劝戒，复辞衰疾。又云'吕氏见嗤于后代，禄、产贻祸于汉朝'，引喻良深，愧慰交集。公忠贞之操，终始不渝，劲直之风，古今罕比。初闻此语，能不罔然；静而思之，是为龟镜。况公先朝旧德，遐迩具瞻，愿以匡救为怀，无以暮年致请。"

辛酉，太后命左金吾将军丘神勣诣巴州，检校故太子贤宅以备外虞，其实风使杀之。神勣，行恭之子也。

【译文】 太后给刘仁轨去信说："从前汉朝将关中的事务委托给萧何，现在将西京事托付你，和汉朝委托萧何一样。"刘仁轨上疏，以体衰年老，不能胜任为由而推辞，顺便陈述吕后祸害败坏朝纲的事情，来申明对太后的劝诫之意。太后命令秘书监武承嗣，带着印玺书信，晓谕慰问刘仁轨说："现在因为陛下在居丧，不能处理政事，所以由眇身（微眇之身，喻自己）暂时代理政事；烦劳您这么远仍加以劝诫，又以年老体衰推辞职务。您又说'吕氏被后人所嗤笑，吕禄、吕产留下祸害给汉朝'，所引的事例寓义非常深刻，使我羞愧、安慰齐集心头。您忠爱贞正的节操，自始至终都没有改变，坚劲刚直的作风，也是古往今来少有能相比的。开始听到您的话时，不能不感到迷惑不解，但冷静思考，实在可以借鉴。何况您是对先朝有恩德的人，远近的人士都共同瞻仰您，希望您能怀抱匡正挽救大唐的心理，不要因为年老而请求告退。"

辛酉日（初九），太后命令左金吾将军丘神勣前往巴州，检查前太子李贤的住宅，防备外忧，其实是暗示丘神勣将太子李贤杀掉。丘神勣，是丘行恭的儿子。

甲子，太后御武成殿，皇帝帅王公以下上尊号。丁卯，太后临轩，遣礼部尚书武承嗣册嗣皇帝。自是太后常御紫宸殿，施惨紫帐以视朝。

丁丑，以太常卿、检校豫王府长史王德真为侍中；中书侍郎、检校豫王府司马刘祎之同中书门下三品。

三月，丁亥，徙杞王上金为毕王，鄱阳王素节为葛王。

丘神勣至巴州，幽故太子贤于别室，逼令自杀。太后乃归罪于神勣，戊戌，举哀于显福门，贬神勣为叠州刺史。己亥，追封贤为雍王。神勣寻复入为左金吾将军。

【译文】甲子日（十二日），太后驾临武成殿，唐睿宗率领王公以下大臣，呈上尊崇的名号。丁卯日（十五日），太后驾临轩槛，派遣礼部尚书武承嗣拿册书封继任皇帝。从此太后经常驾临紫宸殿，垂着浅紫色的帘幕，来听视朝政。

丁丑日（二十五日），唐朝任命太常卿、检校豫王府长史王德真为侍中；中书侍郎、检校豫王府司马刘祎之为同中书门下三品。

三月，丁亥日（初五），唐朝将杞王李上金改封为毕王，鄱阳王李素节改封为葛王。

丘神勣来到巴州，将前太子李贤幽禁在别室，逼他自尽。太子自尽后，太后就将罪归到丘神勣身上，戊戌日（十六日），在显福门举办丧事，将丘神勣贬为叠州刺史。己亥日（十七日），唐朝追封故太子李贤为雍王。丘神勣不久再次入朝，官位仍是左金吾将军。

夏，四月，开府仪同三司、梁州都督滕王元婴薨。

辛酉，徙毕王上金为泽王，拜苏州刺史；葛王素节为许王，拜绛州刺史。

癸酉，迁庐陵王于房州；丁丑，又迁于均州故濮王宅。

五月，丙申，高宗灵驾西还。

闰月，以礼部尚书武承嗣为太常卿、同中书门下三品。

秋，七月，戊午，广州都督路元睿为昆仑所杀。元睿暗懦，僚属恣横，有商舶至，僚属侵渔不已，商胡诉于元睿，元睿索枷，欲系治之。群胡怒，有昆仑袖剑直登听事，杀元睿及左右十馀人而去，无敢近者，登舟入海，追之不及。

【译文】夏季，四月，唐开府仪同三司、梁州都督滕王李元婴去世。

辛酉日（初十），唐朝将毕王李上金改封为泽王，拜为苏州刺史；葛王李素节改封为许王，拜为绛州刺史。

癸酉日（二十二日），唐朝将庐陵王迁到房州。丁丑日（二十六日），又迁到均州濮王从前的住宅。

五月，丙申日（十五日），唐高宗的灵车西返长安。

闰月，唐朝任命礼部尚书武承嗣为太常卿、同中书门下三品。

秋季，七月，戊午日（初九），广州都督路元睿被昆仑人所杀。路元睿昏庸、懦弱，幕僚官属恣肆残暴。有商船来到时，僚属们侵扰渔猎不止，经商的胡人向路元睿报告，路元睿拿出枷锁，要将胡商捉起来治罪。胡商们十分生气，有个昆仑人袖中藏剑，直上厅堂，将路元睿和随从十几个人杀死离开，没有人敢靠近，然后他们上船入海，路元睿部下追也追不到。

温州大水，流四千馀家。

突厥阿史那骨笃禄等寇朔州。

八月，庚寅，葬天皇大帝于乾陵，庙号高宗。

初，尚书左丞冯元常为高宗所委，高宗晚年多疾，百司奏事，每曰：“朕体中不佳，可与元常平章以闻。”元常尝密言：“中宫威权太重，宜稍抑损。”高宗虽不能用，深以其言为然。及太后称制，四方争言符瑞；嵩阳令樊文献瑞石，太后命于朝堂示百官，元常奏：“状涉诈诈，不可诬罔天下。”太后不悦，出为陇州刺史。元常，子琮之曾孙也。

丙午，太常卿、同中书门下三品武承嗣罢为礼部尚书。

括州大水，流二千馀家。

【译文】温州发生大水灾，洪水冲走四千多家。

突厥阿史那骨笃禄等人进犯朔州。

八月，庚寅日（十一日），唐朝将天皇大帝埋葬在乾陵，庙号高宗。

起初，尚书左丞冯元常被唐高宗所委任，唐高宗晚年经常生病，常常说：“朕身体不好，可让冯元常辨明政事要点，再向朕禀告。"冯元常曾经暗中说："后宫威势权力太重，应当稍微压制。"唐高宗虽然不能采用他的话，但认为他说的话十分正确。后来太后代理政事，四方都在说符应祥瑞的事情。嵩阳令樊文进献祥瑞的石头，太后命令在朝廷听政的大堂里给百官看，冯元常上奏说："看样子像是在欺诈谄媚，不可以欺罔天下人。"太后听了不高兴，将冯元常外放为陇州刺史。冯元常是冯子琮的曾孙。

丙午日（二十七日），太常卿、同中书门下三品武承嗣被罢为礼部尚书。

括州发生大水灾，冲走两千多家。

九月，甲寅，赦天下，改元。旗帜皆从金色。八品以下，旧服青者更服碧。改东都为神都，宫名太初。又改尚书省为文昌台，左、右仆射为左、右相，六曹为天、地、四时六官；门下省为鸾台，中书省为凤阁，侍中为纳言，中书令为内史；御史台为左肃政台，增置右肃政台；其馀省、寺、监、率之名，悉以义类改之。

以左武卫大将军程务挺为单于道安抚大使，以备突厥。

武承嗣请太后追王其祖，立武氏七庙，太后从之。裴炎谏曰："太后母临天下，当示至公，不可私于所亲。独不见吕氏之败乎！"太后曰："吕后以权委生者，故及于败。今吾追尊亡者，何伤乎！"对曰："事当防微杜渐，不可长耳！"太后不从。己巳，追尊太后五代祖克己为鲁靖公，妣为夫人；高祖居常为太尉、北平恭肃王，曾祖俭为太尉、金城义康王，祖华为太尉、太原安成王，考士彟为太师、魏定王；祖妣皆为妃。裴炎由是得罪。又作五代祠堂于文水。

【译文】九月，甲寅日（初六），大赦天下，改年号为光宅。

240

旗帜都改用金色。八品以下官员，从前穿青色的衣服，都改穿碧色（深青色）衣服，将东都的名字改为神都，宫殿的名称是太初。又将尚书省改为文昌台，左、右仆射改名为左、右丞相，六曹就是天、地、四时六官；门下省改为鸾台，中书省改为凤阁，侍中改称纳言，中书令改称内史；御史台改称左肃政台，增设右肃政台；其他省、寺、监、率的名称，都依照相似的意义和种类更改。

唐朝任命左武卫大将军程务挺担任单于道安抚大使，防备突厥。

武承嗣请求太后追封自己的祖先为王，建立供奉武氏七代祖先的宗庙，太后接受了。裴炎进谏说："太后母仪天下，应该向百姓表示至公，不能私爱自己的亲人。没看见汉代吕氏的败亡吗？"太后说："吕后将大权委托给活人，因此才导致败亡。现在我只是追尊死去的人，有什么关系？"裴炎回答说："凡事应该从细微处加以防范，不可让它成长变大！"太后没有接受。己巳日（二十一日），太后追尊自己的五代先祖武克己为鲁靖公，五世祖母为夫人；高祖武居常为太尉、北平恭肃王；曾祖武俭为太尉、金城义康王；祖父武华为太尉、太原安成王；父亲武士彟为太师、魏定王；高祖以下，祖母都封为王妃。裴炎从此得罪太后。太后又在文水修建五代先祖的祠堂。

时诸武用事，唐宗室人人自危，众心愤惋。会眉州刺史英公李敬业及弟盩厔令敬猷、给事中唐之奇、长安主簿骆宾王、詹事司直杜求仁皆坐事，敬业贬柳州司马，敬猷免官，之奇贬括苍令，宾王贬临海丞，求仁贬黟令。求仁，正伦之侄也。盩厔尉魏思温尝为御史，复被黜。皆会于扬州，各自以失职怨望，乃谋作乱，以匡复庐陵王为辞。

思温为之谋主，使其党监察御史薛仲璋求奉使江都，令雍州人韦超诣仲璋告变，云"扬州长史陈敬之谋反"。仲璋收敬之系狱。居数日，敬业乘传而至，矫称扬州司马来之官，云"奉密旨，以高州酋长冯子猷谋反，发兵讨之。"于是开府库，令士曹参军李宗臣就钱坊，驱囚徒、工匠数百，授以甲。斩敬之于系所；录事参军孙处行拒之，亦斩以徇，僚吏无敢动者。遂起一州之兵，复称嗣圣元年。开三府，一曰匡复府，二曰英公府，三曰扬州大都督府。敬业自称匡复府上将，领扬州大都督。以之奇、求仁为左、右长史，宗臣、仲璋为左、右司马，思温为军师，宾王为记室，旬日间得胜兵十馀万。

资治通鉴

【译文】当时武氏专权用事，唐朝宗室里每个人都提心吊胆，大家心里都非常愤怒哀伤。恰好眉州刺史英公李敬业和弟弟盩厔令李敬猷、给事中唐之奇、长安主簿骆宾王、詹事司直杜求仁都因犯了罪，李敬业被贬为柳州司马，李敬猷被免除官位，唐之奇被贬为括苍令，骆宾王被贬为临海丞，杜求仁被贬为黟县令。杜求仁是杜正伦的侄子。盩厔尉魏思温曾经做御史，这时又再度被贬黜。他们都在扬州集聚，每个人都为了失去职位而怨恨，因此谋划造反，以挽救恢复庐陵王的帝位作为借口。

魏思温成为他们谋划的主持人，指使他的党羽监察御史薛仲璋请求奉命出使江都，再指使雍州人韦超造访薛仲璋告诉他有紧急事件，说"扬州长史陈敬之计划造反"。薛仲璋将陈敬之囚禁在监狱里。几天后，李敬业乘着传车到达，假意说自己是扬州司马前来赴任，说"接到太后密旨，因为高州酋长冯子猷阴谋造反，调动军队讨伐"。于是打开官府仓库，命令士曹参军李宗臣就在铸钱的场坊里，驱使场里的囚徒、工匠造反，授给他们甲衣。在监狱里将陈敬之斩杀；录事参军孙处行反抗，也将他杀死，僚属官吏没有人敢反抗。于是动员了一州的军队，又使用唐中宗的年号嗣圣元年。设置三府：一是匡复府，二是英公府，三是扬州大都督府。李敬业自称是匡复府的上将，统领扬州大都督。任命唐之奇、杜求仁为左、右长史，李宗臣、薛仲璋为左、右司马，魏思温为军师，骆宾王为记室（参谋），十日之间就得到十几万军队。

移檄州县，略曰："伪临朝武氏者，人非温顺，地实寒微。昔充太宗下陈，尝以更衣入侍，洎乎晚节，秽乱春宫。密隐先帝之私，阴图后庭之嬖，践元后于翚翟，陷吾君于聚麀。"又曰："杀姊屠兄，弑君鸩母，人神之所同嫉，天地之所不容。"又曰："包藏祸心，窃窥神器。君之爱子，幽之于别宫；贼之宗盟，委之以重任。"又曰："一抔之土未干，六尺之孤安在！"又曰："试观今日之域中，竟是谁家之天下！"太后见檄，问曰："谁所为？"或对曰："骆宾王。"太后曰："宰相之过也。人有如此才，而使之流落不偶乎！"

敬业求得人貌类故太子贤者，绐众云："贤不死，亡在此城中，令吾属举兵。"因奉以号令。

【译文】李敬业传檄给州、县，大略说："僭窃帝位的武氏，本性并不温和恭顺，出身也非常贫寒低微。从前充当过太宗的后列（才人），曾经因为替先帝更衣的机会而入侍先帝。等到太宗晚年，污秽的行为扰乱了东宫（喻与太子私通）。暗中隐藏当过太宗才人的秘密，秘密谋求高宗的宠爱；得到皇后的宝位，使我们的君主陷于形同禽兽的乱伦境地。"又说："杀死兄姐，害死国君毒死皇后，所作所为是人神共愤，也是天地不容的。"又说："包藏着为祸天下的心理，暗中想窃取帝位。将国君宠爱的儿子（中宗），幽禁在别宫；而对自己的宗族盟党，用重要的职任（大官）委任他们。"又说："先帝一堆黄土（指坟墓）还没干燥，幼小的国君在哪里？"又说："请看当今的天下，究竟是哪家的天下？"太后看到檄文内容，就询问说："谁写的？"有人回答说："是骆宾王。"太后说："这是宰相的过失。有这么好的才华，却让他漂泊失意，不得重用！"

李敬业找到一个容貌像故太子李贤的人，欺骗众人说："李贤并没有死，他逃亡到城中，命令我们起兵。"于是侍奉他来号令天下。

楚州司马李崇福帅所部三县应敬业。盱眙人刘行举独据县不从，敬业遣其将尉迟昭攻盱眙，行举拒却之。诏以行举为游击将军，以其弟行实为楚州刺史。

甲申，以左玉钤卫大将军李孝逸为扬州道大总管，将兵三十万，以将军李知士、马敬臣为之副，以讨李敬业。

武承嗣与从父弟右卫将军三思以韩王元嘉、鲁王灵夔属尊位重，屡劝太后因事诛之。太后谋于执政，刘祎之、韦思谦皆无言；内史裴炎独固争，太后愈不悦。三思，元庆之子也。

【译文】 楚州司马李崇福所管辖的三县都响应李敬业。盱眙人刘行举单独据守县城不顺从，李敬业派遣将军尉迟昭进攻盱眙。天后下诏任命刘行举为游击将军，让刘行举的弟弟刘行实担任楚州刺史。

甲申日（九月无此日），唐朝任命左玉钤卫大将军李孝逸担任扬州道大总管，率领三十万士兵，让将军李知十、马敬臣担任副总管，讨伐李敬业。

武承嗣和他的堂弟右卫将军武三思认为韩王李元嘉、鲁王李灵夔在皇族中是长辈，地位高，好几次劝说太后找事将他们杀掉。太后和执政大臣商议。刘祎之、韦思谦都不说话；只有内史裴炎再三力争，太后更加不高兴。武三思是武元庆的儿子。

及李敬业举兵，薛仲璋，炎之甥也，炎欲示闲暇，不汲汲议诛讨。太后问计于炎，对曰："皇帝年长，不亲政事，故竖子得以为辞。若太后返政，则不讨自平矣。"监察御史蓝田崔詧闻之，上言："炎受顾托，大权在己，若无异图，何故请太后归政？"太后命左肃政大夫金城骞味道、侍御史栎阳鱼承晔鞫之，收炎下狱。炎被收，辞气不屈。或劝炎逊辞以免，炎曰："宰相下狱，安有全理！"

凤阁舍人李景谌证炎必反。刘景先及凤阁侍郎义阳胡元范皆曰："炎，社稷元臣，有功于国，悉心奉上，天下所知，臣敢明其不反。"太后曰："炎反有端，顾卿不知耳。"对曰："若裴炎为反，则臣等亦反也。"太后曰："朕知裴炎反，知卿等不反。"文武间证炎不反者甚众，太后皆不听。俄并景先、元范下狱。丁亥，以骞味道检校内史同凤阁鸾台三品，李景谌同凤阁鸾台平章事。

【译文】 等到李敬业起兵，因为薛仲璋是裴炎的外甥，裴炎要想表示国家闲暇无事，不急着讨论征讨叛党的事。太后向裴炎问计，裴炎回答说："皇帝已经长大，却不能亲理政事，因此那些反叛的小子才能找到借口。假如太后将政事还给皇帝，那么不必征讨自然就平定了。"监察御史蓝田人崔詧听到了，上前说："裴炎受先帝临终嘱托，大权握在手上，假如没有反叛的计谋，为什么要请求太后将政事归还？"太后下令左肃政大夫金城人骞味道、侍御史栎阳人鱼承晔审理此案，将裴炎收系监狱。裴炎被收系之后，讲话的语气仍旧不屈服。有人劝裴炎讲话谦逊一点，以求免罪，裴炎说："宰相被关进监狱里，怎么会有保全的道理？"

　　凤阁舍人李景谌做证裴炎谋反。刘景先和凤阁侍郎义阳人胡元范都说："裴炎是社稷的老臣，对国家有功，专心侍奉天子，是天下人所知晓的，臣敢证明他没有谋反。"太后说："裴炎有反叛的端兆，只是你们不知晓罢了。"两人回答说："假如裴炎造反，那么我们也造反了。"太后说："朕知道裴炎造反，也知道你们没有造反。"文武百官乘机做证裴炎没有谋反的人很多，但太后都不听。不久将刘景先、胡元范一起关进监狱。丁亥日（九月无此日），朝廷任命骞味道为检校内史同凤阁鸾台三品，李景谌为同凤阁鸾台平章事。

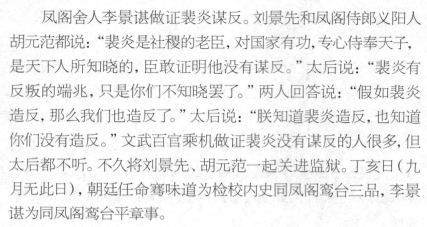

　　魏思温说李敬业曰："明公以匡复为辞，宜帅大众鼓行而进，直指洛阳，则天下知公志在勤王，四面响应矣。"薛仲璋曰："金陵有王气，且大江天险，足以为固，不如先取常、润，为定霸之基，然后北向以图中原，进无不利，退有所归，此良策也！"思温曰："山东豪杰以武氏专制，愤惋不平，闻公举事，皆自蒸麦饭为粮，伸锄为兵，以俟南军之至。不乘此势以立大功，乃更蓄缩，欲自谋巢穴，远近闻之，其谁不解体！"敬业不从，使唐之奇守江都，将兵渡江攻润州。思温谓杜求仁曰："兵势合则强，分则弱，敬业不并力渡淮，收山东之众以取洛阳，败在眼中矣！"

　　【译文】魏思温劝李敬业说："明公以挽救恢复大唐天下为借口，应当率领部众击鼓进兵，一直攻向洛阳，那么天下人知道公的心意是在为王室靖难，四方就都会响应了。"薛仲璋说："金陵有王者之气，并且有长江的天险，足可固守，不如先攻打常州、润州，作为定下霸业的基础，然后向北图谋进攻中原，这样前进的话可以获胜，后退的话也能有退守的地方，这是很好的计策啊!"魏思温说:"山东豪杰认为武氏专制,内心愤怒无法平静,听说公起事,都蒸好麦饭作为干粮,拉直锄头作为兵器,等待南军的到达。不利用这种形势建立大功业,还藏起来,自己构筑巢穴,远近豪杰百姓听到之后,还有谁会不心散呢?"李敬业没有接受,命唐之奇守住江都,率军渡过长江攻打润州,魏思温对杜求仁说:"用兵的形势是兵力聚合就强大,分散就衰弱,李敬业不集中兵力渡过淮河,来收聚山东的部众直取洛阳,我看很快就会败亡了。"

壬辰,敬业陷润州,执刺史李思文,以李宗臣代之。思文,敬业之叔父也,知敬业之谋,先遣使间道上变,为敬业所攻,拒守久之,力屈而陷。思温请斩以徇,敬业不许。谓思文曰:"叔党于武氏,宜改姓武。"润州司马刘延嗣不降,敬业将斩之,思温救之,得免,与思文皆囚于狱中。刘延嗣,审礼从父弟也。曲阿令河间尹元贞引兵救润州,战败,为敬业所擒,临以白刃,不屈而死。

【译文】壬辰日(九月无此日),李敬业攻陷润州,生擒了刺史李思文,任命李宗臣接替。李思文是李敬业的叔父,知道李敬业反叛的计谋,先派人从小路密告朝廷,被李敬业所攻击,守御抵抗了很久,最后力量用尽而被攻陷。魏思温请求把李思文斩了,李敬业没有答应,对李思文说:"叔父和武氏结党,应当改姓武。"润州司马刘延嗣不投降,李敬业要加以斩杀,魏思温加以援救,才能免于一死,和李思文一起被关在监狱里。刘延嗣是刘审礼的堂弟。曲阿令河间人尹元贞带兵救援润州,结果战败,被李敬业生擒,李敬业用白刃威逼他,尹元贞仍然不投降而被杀死。

丙申，斩裴炎于都亭。炎将死，顾兄弟曰："兄弟官皆自致，炎无分毫之力，今坐炎流窜，不亦悲乎！"籍没其家，无甑石之储。刘景先贬普州刺史，又贬辰州刺史，胡元范流琼州而死。裴炎弟子太仆寺丞伷先，年十七，上封事请见言事。太后召见，诘之曰："汝伯父谋反，尚何言？"伷先曰："臣为陛下画计耳，安敢诉冤！陛下为李氏妇，先帝弃天下，遽揽朝政，变易嗣子，疏斥李氏，封崇诸武。臣伯父忠于社稷，反诬以罪，戮及子孙。陛下所为如是，臣实惜之！陛下早宜复子明辟，高枕深居，则宗族可全；不然，天下一变，不可复救矣！"太后怒曰："胡白，小子敢发此言！"命引出。伷先反顾曰："今用臣言，犹未晚！"如是者三。太后命于朝堂杖之一百，长流瀼州。

【译文】 丙申日（九月无此日），唐朝廷在都亭将裴炎斩杀了。裴炎将死时，对兄弟们说："兄弟们的官位都是自己获得，我裴炎没有尽一点力，现在却因为我裴炎的关系而被流放外地，怎不令人悲痛？"抄没裴炎的家，发现没有多少积蓄。刘景先被贬为普州刺史，胡元范被流放琼州后死去。裴炎的侄子太仆寺丞裴伷先，十七岁，上封事求见太后来谈论事情。太后召见他，质问他说："你伯父谋划造反，你还有什么话说？"裴伷先说："臣不过是为陛下筹划计策罢了，怎么敢申诉冤情？陛下是李家的媳妇，先帝驾崩，一下子拥有朝政大权，就变换继位的人，疏远斥退了李氏家人，封爵尊崇武氏宗族。臣的伯父尽忠社稷，反而被诬告有罪，连子孙都要诛戮。像陛下这样作为，臣实在惋惜！陛下应当早点恢复先帝子孙的帝位，安闲地住在深宫，不管政事，那么武氏宗族还可以获得保全；不然的话，天下一有变故发生，就不可再挽救了！"太后生气地说："胡言乱语，小子居然敢说这样的话！"命令将裴伷先带出，裴伷先回头看着太后说：
"现在就听臣的话，还不太迟。"像这样讲了三次。太后命令在
朝廷厅堂上杖打裴伷先一百下，然后长久流放瀼州。

　　炎之下狱也，郎将姜嗣宗使至长安，刘仁轨问以东都事，
嗣宗曰："嗣宗觉裴炎有异于常久矣。"仁轨曰："使人觉之邪？"
嗣宗曰："然。"仁轨曰："仁轨有奏事，愿附使人以闻。"嗣宗曰：
"诺。"明日，受仁轨表而还，表言："嗣宗知裴炎反不言。"太后
览之，命拉嗣宗于殿庭，绞于都亭。

　　【译文】 裴炎被关在监狱里时，郎将姜嗣宗出使长安，刘
仁轨询问他有关东都所发生的事情，姜嗣宗说："嗣宗发觉到裴
炎和平日不同已经很久了。"刘仁轨说："你是真的发觉了吗？"
姜嗣宗说："是的。"刘仁轨说："仁轨有上奏太后的事，希望请
您顺路带回。"姜嗣宗说："好。"隔天，接受刘仁轨的奏表回
去，奏表说："姜嗣宗知道裴炎谋反而不说。"太后看了之后，命
令将姜嗣宗拉到殿外庭院，就在都亭把他绞死。

　　丁酉，追削李敬业祖考官爵，发冢斫棺，复姓徐氏。
　　李景谌罢为司宾少卿，以右史武康沈君谅、著作郎崔詧为正
谏大夫、同平章事。
　　徐敬业闻李孝逸将至，自润州回军拒之，屯高邮之下阿溪；
使徐敬猷逼淮阴，别将韦超、尉迟昭屯都梁山。
　　李孝逸军至临淮，偏将雷仁智与敬业战，不利，孝逸惧，按
兵不进。监军殿中侍御史魏元忠谓孝逸曰："天下安危，在兹一
举。四方承平日久，忽闻狂狡，注心倾耳以俟其诛。今大军久留
不进，远近失望，万一朝廷更命它将以代将军，将军何辞以逃逗

挠之罪乎！"孝逸乃引军而前。壬寅，马敬臣击斩尉迟昭于都梁山。

十一月，辛亥，以左鹰扬大将军黑齿常之为江南道大总管，讨敬业。

【译文】丁酉日（九月无此日），唐朝追削李敬业祖先的官职爵位，并挖掘墓冢，砍断棺木，恢复其本姓徐氏。

太后武则天将李景谌贬谪为司宾少卿，任命右史武康人沈君谅、著作郎崔詧为正谏大夫、同平章事。

徐敬业听说李孝逸马上就到，就从润州调回军队加以抵抗，屯驻在高邮的下阿溪；派遣徐敬猷进逼淮阴，另外派遣别将韦超、尉迟昭屯驻都梁山。

李孝逸军队抵达临淮，偏将雷仁智和徐敬业作战，结果失利，李孝逸很害怕，按住部队不敢进兵。殿中侍御史魏元忠对李孝逸说："天下安定或危殆，就在这一次行动。天下承平已经很久了，现在突然听说有狂乱狡黠之徒造反，大家都专心聆听，等待这些叛徒被杀的消息，而您却让大军长久留在此停滞不前，使得远近的臣民都感到失望，万一朝廷另外派遣其他将领来接替您，那时您用什么借口，来逃避逗留阻挠大军前进的罪名呢？"李孝逸只好率领军队前进。壬寅日（九月无此日），马敬臣在都梁山将尉迟昭斩杀了。

十一月，辛亥日（初四），太后武则天任命左鹰扬大将军黑齿常之担任江南道大总管，来征讨徐敬业。

韦超拥众据都梁山，诸将皆曰："超凭险自固，士无所施其勇，骑无所展其足；且穷寇死战，攻之多杀士卒，不如分兵守之，大军直趣江都，覆其巢穴。"支度使薛克构曰："超虽据险，其众非多。今多留兵则前军势分，少留兵则终为后患，不如先击之，其势必举，举都梁，则淮阴、高邮望风瓦解矣！"魏元忠请先击徐敬猷，诸将曰："不如先攻敬业，敬业败，则敬猷不战自擒矣。若击敬猷，则敬业引兵救之，是腹背受敌也。"元忠曰："不然。贼之精兵，尽在下阿，乌合而来，利在一决，万一失利，大事去矣！敬猷出于博徒，不习军事，其众单弱，人情易摇，大军临之，驻马可克。敬业虽欲救之，计程必不能及。我克敬猷，乘胜而进，虽有韩、白不能当其锋矣！今不先取弱者而遽攻其强，非计也。"孝逸从之，引兵击超，超夜遁；进击敬猷，敬猷脱身走。

【译文】韦超带领部众据守都梁山，各位将领都说："韦超凭借险要而固守，军兵无法施展勇力，骑士也无法展现快速的脚程；况且韦超的部卒已经是穷寇，必定会拼死作战，进攻的话，我方军兵会死伤很多，不如分派兵力加以守御，将大军直接开往江都，清除徐敬业的巢穴。"支度使薛克构说："韦超虽然据守险要，但他的部众并不多。现在多留下军队的话，那么前面的军力势必分散，少留下军队的话，韦超终究还是会带来祸患，因此先攻击韦超，按情势看，必定可以攻下，攻克都梁之后，那么淮阴、高邮就可顺便攻取了！"魏元忠请求先攻打徐敬猷，各位将领说："不如先攻打徐敬业，徐敬业一败，那么徐敬猷不必作战，就可擒拿。假如攻击徐敬猷，那么徐敬业率军救援，等于是腹背都受到敌人攻击了。"魏元忠说："不对。贼人的精锐全都在下阿，他们仓促聚集而来，利在一次决战，万一我军决战不利的话，就大事不好了！徐敬猷的出身是赌徒，不熟悉军队里的事务，军力薄弱，士卒的心情容易动摇，凭我们的大军进攻，短时间就可攻下。那时徐敬业想要援救，计算路程也赶不上。我方先攻下徐敬猷，利用胜利的情势再进兵，就是有韩信、白起也无法抵挡! 现在不先攻取衰弱的一方, 却去进攻强大的一方, 不是好计谋。"李孝逸采纳魏元忠的意见, 率军攻击韦超, 韦超在夜晚逃走; 再进攻徐敬猷, 徐敬猷逃走。

庚申, 敬业勒兵阻溪拒守, 后军总管苏孝祥夜将五千人, 以小舟渡溪先击之, 兵败, 孝祥死, 士卒赴溪溺死者过半。左豹韬卫果毅渔阳成三朗为敬业所擒。唐之奇绐其众曰: "此李孝逸也!" 将斩之, 三朗大呼曰: "我果毅成三朗, 非李将军也。官军今大至矣, 尔曹破在朝夕。我死, 妻子受荣, 尔死, 妻子籍没, 尔终不及我!" 遂斩之。

孝逸等诸军继至, 战数不利。孝逸惧, 欲引退, 魏元忠与行军管记刘知柔言于孝逸曰: "风顺荻干, 此火攻之利。" 固请决战。敬业置阵既久, 士卒多疲倦顾望, 阵不能整; 孝逸进击之, 因风纵火, 敬业大败, 斩首七千级, 溺死者不可胜纪。敬业等轻骑走入江都, 挈妻子奔润州, 将入海奔高丽; 孝逸进屯江都, 分遣诸将追之。乙丑, 敬业至海陵界, 阻风, 其将王那相斩敬业、敬猷及骆宾王首来降。馀党唐之奇、魏思温皆捕得, 传首神都, 扬、润、楚三州平。

【译文】庚申日(十三日), 徐敬业率领军队以溪水为险阻, 加以拒守。后军总管苏孝祥在夜晚带领五千士卒, 乘坐小舟渡过溪流加以攻击, 结果被击败, 苏孝祥战死, 士卒被赶到溪里而后溺死的, 超过一半。左豹韬卫果毅渔阳人成三朗被徐敬业生擒。唐之奇欺骗众人说: "这个人是李孝逸!" 正要将他处死时, 成三朗大叫说: "我是果毅成三朗, 不是李将军。官军现在就要到了, 你们的覆灭就在眼前。我死之后, 妻子子女都蒙受荣耀, 而你们死了, 妻子子女都要被抄没, 你们终究比不上我啊！"就被斩杀了。

　　李孝逸等人的军队接着来临，交战数次，李孝逸都失利了。李孝逸害怕，要率兵后退，魏元忠和行军管记刘知柔对李孝逸说："风是顺风，荻草也干了，这种情况用火攻有利。"再三请求决一死战。徐敬业因为已经布置很久，士卒大多疲惫，盼望回家，所以战阵不整齐。李孝逸继续前进进而攻击，利用风向放火，将徐敬业打败，斩杀七千人，溺死在水里的难以计数。徐敬业等人轻装骑马逃入江都，携带妻子儿女逃奔润州，准备进入海洋逃往高丽。李孝逸进一步屯驻江都，分别派遣诸将追击。乙丑日（十八日），徐敬业到达海陵边界，被风所阻，他的部将王那相将徐敬业、徐敬猷和骆宾王斩了前来投降。剩余的党羽唐之奇、魏思温都被捕杀，将他们的首级传送到神都，扬、润、楚三州都平定了。

　　◆陈岳论曰：敬业苟能用魏思温之策，直指河、洛，专以匡复为事，纵军败身戮，亦忠义在焉。而妄希金陵王气，是真为叛逆，不败何待！◆

　　敬业之起也，名敬猷将兵五千，循江西上，略地和州。前弘文馆直学士历阳高子贡帅乡里数百人拒之，敬猷不能西。以功拜朝散大夫、成均助教。

　　丁卯，郭待举罢为左庶子；以鸾台侍郎韦方质为凤阁侍郎、同平章事。方质，云起之孙也。

　　【译文】◆陈岳评论说：徐敬业假如能够采用魏思温的计策，大军直向河、洛进攻，专以匡正恢复大唐天下为己任，那么纵使军事失败而被杀，忠义的精神还在。但他却妄想希求金陵的王者之气，以致成为真正的叛逆，不失败更待何时！◆

徐敬业起兵时，派徐敬猷率兵五千，沿着长江向西前进，攻略和州。前弘文馆学士历阳人高子贡带领乡里几百个壮丁抵抗，使得徐敬猷不能向西进发。高子贡因为这个功劳而被任命为朝散大夫、成均助教。

丁卯日（二十日），郭待举被贬谪为左庶子。天后任命鸾台侍郎韦方质为凤阁侍郎、同平章事。韦方质是韦云起的孙子。

【申涵煜评】 敬业举兵大类杨玄感，何也？炀帝之恶成于杨素，武后之恶成于李勣，而玄感为素子，敬业为勣子，虽以唱义为名，俱是逆孽煽乱，不得为干蛊也。

【译文】 徐敬业起兵大类杨玄感，为什么呢？隋炀帝的罪恶成于杨素，武后的恶形成于李勣，而杨玄感是杨素的儿子，徐敬业是李勣的孙子，虽然以倡导大义为名，都是逆党余孽煽动叛乱，不能说是继承父志。

十二月，刘景先又贬吉州员外长史，郭待举贬岳州刺史。

初，裴炎下狱，单于道安抚大使、左武卫大将军程务挺密表申理，由是忤旨。务挺素以唐之奇、杜求仁善，或谮之曰："务挺与裴炎、徐敬业通谋。"癸卯，遣左鹰扬将军裴绍业即军中斩之，籍没其家。突厥闻务挺死，所在宴饮相庆；又为务挺立祠，每出师，必祷之。

太后以夏州都督王方翼与务挺连职，素相亲善，且废后近属，徵下狱，流崖州而死。

【译文】 十二月，刘景先又被贬谪为吉州员外长史，郭待举被贬谪为岳州刺史。

起初，裴炎被关在监狱里，单于道安抚大使、左武卫大将军程务挺秘密上奏表替裴炎申诉，因此忤逆了天后旨意。程务挺一向和唐之奇、杜求仁友善，有人毁谤程务挺说："程务挺和裴炎、徐敬业通谋造反。"癸卯日（二十六日），太后武则天派遣左鹰扬将军裴绍业在军中斩杀了程务挺，抄没他的家人。突厥听说程务挺被杀，各地都举行宴饮庆祝；又替程务挺建立祠堂，每次出发作战，必定先在祠前祷告一番。

太后武则天认为夏州都督王方翼和程务挺职务相连，两方一向非常亲近友善，而且又是废后亲近的亲属，因而召他回朝关在监狱里，最后流放到崖州而死。

垂拱元年（乙酉，公元六八五年）春，正月，丁未朔，赦天下，改元。

太后以徐思文为忠，特免缘坐，拜司仆少卿。谓曰："敬业改卿姓武，朕今不复夺也。"

庚戌，以骞味道守内史。

戊辰，文昌左相、同凤阁鸾台三品乐城文献公刘仁轨薨。

二月，癸未，制："朝堂所置登闻鼓及肺石，不须防守，有挝鼓立石者，令御史受状以闻。"

乙巳，以春官尚书武承嗣、秋官尚书裴居道、右肃政大夫韦思谦并同凤阁鸾台三品。

突厥阿史那骨笃禄等数寇边；以左玉钤卫中郎将淳于处平为阳曲道行军总管，击之。

【译文】垂拱元年（乙酉，公元615年）春季，正月，丁未朔日（初一），唐朝大赦天下，改年号为垂拱。

太后武则天认为徐思文非常忠心，特别免予因受徐敬业的牵连而治罪，任命他为司仆少卿，对他说："徐敬业将你的姓改为武氏，朕现在就不再改你的姓了。"

庚戌日（初四），太后武则天任命骞味道为守内史。

戊辰日（二十二日），唐文昌左相、同凤阁鸾台三品乐城文献公刘仁轨去世。

二月，癸未日（初七），唐朝下令："朝堂所设置的登闻鼓和肺石，不必派人防守，有百姓击鼓站在肺石上喊冤时，命令御史接受百姓诉状，向天子禀告。"

乙巳日（二十九日），太后武则天任命春官尚书武承嗣、秋官尚书裴居道、右肃政大夫韦思谦等人都为同凤阁鸾台三品。

突厥阿史那骨笃禄等人多次进犯边境，太后武则天任命左玉钤卫中郎将淳于处平担任阳曲道行军总管，前往讨伐。

正谏大夫、同平章事沈君谅罢。

三月，正谏大夫、同平章事崔詧罢。

丙辰，迁庐陵王于房州。

辛酉，武承嗣罢。

辛未，颁《垂拱格》。

朝士有左迁诣宰相自诉者，内史骞味道曰："此太后处分。"同中书门下三品刘祎之曰："缘坐改官，由臣下奏请。"太后闻之，夏，四月，丙子，贬味道为青州刺史，加祎之太中大夫。谓侍臣曰："君臣同体，岂得归恶于君，引善自取乎！"

癸未，突厥寇代州；淳于处平引兵救之，至忻州，为突厥所败，死者五千馀人。

【译文】唐正谏大夫、同平章事沈君谅被罢官。

三月，唐正谏大夫、同平章事崔詧被罢官。

丙辰日（十一日），太后武则天将庐陵王迁徙到房州。

辛酉日（十六日），武承嗣被罢职。

辛未日（二十六日），唐朝颁布《垂拱格》（垂拱时所制定的法条格式）。

朝廷士臣中，有人因官位被贬降而拜访宰相，自我申诉，内史骞味道说："这是由太后裁决的。"同中书门下三品刘祎之说："因为坐罪而改官，是由臣下奏请处置的。"太后武则天听说后，夏季，四月，丙子日（初一），将骞味道贬为青州刺史，加给刘祎之太中大夫的爵位。对侍臣说："君臣是同一体的，怎么可以将过错归给国君，而好处由自己获得呢？"

癸未日（初八），突厥进犯代州。淳于处平率兵救援；到达忻州，被突厥击败，损失五千多人。

五月，丙午，以裴居道为内史。纳言王德真流象州。

己酉，以冬官尚书苏良嗣为纳言。

壬戌，制内外九品以上及百姓，咸令自举。

壬申，韦方质同凤阁鸾台三品。

六月，天官尚书韦待价同凤阁鸾台三品。待价，万石之兄也。

同罗、仆固等诸部叛；遣左豹韬卫将军刘敬同发河西骑士出居延海以讨之，同罗、仆固等皆败散。敕侨置安北都护府于同城以纳降者。

秋，七月，己酉，以文昌左丞魏玄同为鸾台侍郎、同凤阁鸾台三品。

诏自今祀天地，高祖、太宗、高宗皆配坐；用凤阁舍人元万顷等之议也。

【译文】五月。丙午日（四月无此日），太后武则天任命裴居道为内史。纳言王德真被流放到象州。

己酉日（四月无此日），太后任命冬官尚书苏良嗣为纳言。

壬戌日（四月无此日），唐朝下令朝廷内外九品官以上和百姓，都可以自我举荐，以谋求进用。

壬申日（四月无此日），太后任命韦方质为同凤阁鸾台三品。

六月，太后任命天官尚书韦待价为同凤阁鸾台三品。韦待价是韦万石的兄长。

同罗、仆固等各部落造反，太后武则天派遣左豹韬卫将军刘敬同调动河西的骑士，经过居延海加以征讨，同罗、仆固等部落败乱分散。太后下令在同城设置安北都护府来招纳投降的人。

秋季，七月，己酉日（初五），太后武则天任命文昌左丞魏玄同为鸾台侍郎、同凤阁鸾台三品。

太后下诏令以后祭祀天地时，高祖、太宗、高宗都配祭。这是采纳凤阁舍人元万顷等人的建议。

九月，丁卯，广州都督王果讨反獠，平之。

冬，十一月，癸卯，命天官尚书韦待价为燕然道行军大总管，以讨（吐蕃）〔突厥〕。初，西突厥兴昔亡、继往绝可汗既死，十姓无主，部落多散亡，太后乃擢兴昔亡之子左豹韬卫翊府中郎将元庆为左玉钤卫将军，兼崑陵都护，袭兴昔亡可汗押出咄陆部落。

【译文】九月，丁卯日（二十四日），广州都督王果征讨反叛的獠人，成功平定。

冬季，十一月，癸卯日（初一），太后武则天任命天官尚书韦待价担任燕然道行军大总管征讨吐蕃。起初，西突厥兴昔亡、继往绝可汗死后，十姓没有首领，很多部落分散流亡，太后就擢升兴昔亡的儿子左豹韬卫翊府中郎将元庆为左玉钤卫将军，兼昆陵都护，承继兴昔亡可汗统领五个咄陆部落。

麟台正字射洪陈子昂上疏，以为："朝廷遣使巡察四方，不可任非其人，及刺史、县令，不可不择。比年百姓疲于军旅，不可不安。"其略曰："夫使不择人，则黜陟不明，刑罚不中，朋党者进，贞直者退；徒使百姓修饰道路，送往迎来，无所益也。谚曰：'欲知其人，观其所使。'不可不慎也。"又曰："宰相，陛下之腹心；刺史、县令，陛下之手足；未有无腹心手足而能独理者也。"又曰："天下有危机，祸福因之而生，机静则有福，机动则有祸，百姓是也。百姓安则乐其生，不安则轻其死，轻其死则无所不至，袄逆乘衅，天下乱矣！"又曰："隋炀帝不知天下有危机，而信贪佞之臣，冀收夷狄之利，卒以灭亡，其为殷鉴，岂不大哉！"

【译文】麟台正字（原秘书省）射洪陈子昂上疏，认为："朝廷派遣使者巡视四方时，所任用的使者不可不适当，任用刺史、县令时也不可不选择。近年百姓为军旅的事筋疲力尽，不可不加以安抚。"内容大略说："派出的使者不选择适当的人选，那么官位的升降就不能公正，刑罚也就不合理，结党营私的人被重用，而正直的人被罢黜。只命百姓把使者经过的道路修整好，来迎送使者，这是没什么好处的。俗谚说：'要了解对方，只需看他所派出的使者。'这是不能不慎重小心的。"又说："宰相是陛下的心腹；刺史、县令是陛下的手足；从没有听说过没有心腹、手足，却能够单独将天下治理好的！"又说："天下假如有危机发生，就会产生祸福，'机'静则有福，'机'动则有祸，这'机'就是百姓。民心安稳百姓就乐于生存，民心不安稳就会看轻生死，一旦百姓有轻易赴死的心理，就什么事都做得出来，而妖逆叛乱的事情乘机发生，天下就会大乱了！"又说："隋炀帝不知道天下有危机存在，并且亲近贪心谄佞的大臣，希望能够消灭夷狄，收到好处，终于灭亡，这种警戒，难道还不大吗？"

【乾隆御批】 子昂文士，陈奏亦有明快处。然当武氏临朝而以兴立明堂、太学为请，迹非迂缪，直善揣摩耳。

【译文】 陈子昂是一读书人，他的陈奏也的确有明白畅快之处。但是，正当武则天临朝之际，却请求兴办明堂、太学，这并不是他迂腐荒谬，而真是善于揣摩心思啊。

太后修故白马寺，以僧怀义为寺主。怀义，鄠人，本姓冯，名小宝，卖药洛阳市，因千金公主以进，得幸于太后；太后欲令出入禁中，乃度为僧，名怀义。又以其家寒微，令与驸马都尉薛绍合族，命绍以季父事之。出入乘御马，宦者十馀人侍从，士民遇之者皆奔避，有近之者，辄挝其首流血，委之而去，任其生死。见道士则极意殴之，仍髡其发而去。朝贵皆匍匐礼谒，武承嗣、武三思皆执僮仆之礼以事之，为之执辔，怀义视之若无人。多聚无赖少年，度为僧，纵横犯法，人莫敢言。右台御史冯思勖屡以法绳之，怀义遇思勖于途，令从者殴之，几死。

【译文】 太后武则天重修从前的白马寺，任命和尚怀义为住持。怀义是鄠地人，原本姓冯，名叫小宝，在洛阳市卖药，因为千金公主（唐高祖女儿安定公主）的关系被进用，而被太后所宠幸。太后想让他在宫禁中自由出入，就让他去做和尚，法名怀义。又因为他家里卑贱贫寒，就命令他和驸马都尉薛绍（娶太后女太平公主）互认为同族（昭穆相通），又命令薛绍以叔父事奉怀义。薛怀义出入宫禁时乘坐天子的马车，十几个宦官侍候陪从；士人百姓遇到都奔走躲避，假如有人靠近马车，经常被打得头破血流，再丢弃离开，不管生死。看见道士就故意殴打，将道士头发剃掉才离开。朝廷显贵全都跪地爬行，向他敬礼拜谒，武承嗣、武三思都用童仆的礼节侍奉他，为他拉马缰赶车，薛怀义好像他们不存在一样。他又聚集许多无赖少年，剃发为僧，到处触犯法禁，没有人敢说话。右台御史冯思勖依照法令加以办理，薛怀义在路上遇到冯思勖，命令随从殴打冯思勖，差点将他打死。

　　垂拱二年（丙戌，公元六八六年）春，正月，太后下诏复政于皇帝。睿宗知太后非诚心，奉表固让；太后复临朝称制。辛酉，赦天下。

　　二月，辛未朔，日有食之。

　　右卫大将军李孝逸既克徐敬业，声望甚重；武承嗣等恶之，数谮于太后，左迁施州刺史。

　　三月，戊申，太后命铸铜为匦，置之朝堂，以受天下表疏铭。其东曰"延恩"，献赋颂、求仕进者投之；南曰："招谏"，言朝政得失者投之；西曰："伸冤"，有冤抑者投之；北曰："通玄"，言天象灾变及军机秘计者投之。命正谏、补阙、拾遗一人掌之，先责识官，乃听投表疏。

　　【译文】垂拱二年（丙戌，公元686年）春季，正月，太后武则天下诏令要将政事还给皇帝。唐睿宗知道太后不是诚心，上表再三推让。太后又垂帘听政。辛酉日（二十日），大赦天下。

　　二月，辛未朔日（初一），出现日食。

　　右卫大将军李孝逸击败徐敬业后，声望非常大。武承嗣等人十分不喜欢他，好几次在太后面前毁谤他，武则天就将他贬为施州刺史。

三月，戊申日（初八），太后武则天下令用铜铸造箱子：东面的箱子称为"延恩"，进献赋颂、请求做官的人可将奏表投入；南面的箱子叫作"招谏"，议论朝廷政治得失的人可将奏表投入；西面的箱子叫作"申冤"，有冤屈的人可将奏表投入；北面的箱子叫作"通玄"，谈天象灾变和军机以及秘密计划的人可将奏表投入。命令正谏、补阙、拾遗各一人掌管，要先找到认识自己的官员作保，然后才可以将章表奏疏投入。

徐敬业之反也，侍御史鱼承晔之子保家教敬业作刀车及弩，敬业败，仅得免。太后欲周知人间事，保家上书，请铸铜为匦以受天下密奏。其器共为一室，中有四隔，上各有窍，以受表疏，可入不可出。太后善之。未几，其怨家投匦告保家为敬业作兵器，杀伤官军甚众，遂伏诛。

太后自徐敬业之反，疑天下人多图己，又自以久专国事，且内行不正，知宗室大臣怨望，心不服，欲大诛杀以威之。乃盛开告密之门，有告密者，臣下不得问，皆给驿马，供五品食，使诣行在。虽农夫樵人，皆得召见，廪于客馆，所言或称旨，则不次除官，无实者不问。于是，四方告密者蜂起，人皆重足屏息。

【译文】 徐敬业造反时，侍御史鱼承晔的儿子鱼保家教徐敬业制作刀车和弓弩，徐敬业败亡后，只有鱼保家免于死罪。天后要尽知人间的事物，鱼保家就上书给天后，请求铸造铜箱，接受天下人秘密的奏章。这些箱子一起放在房间中，箱子中间有四个隔子，上面都有孔，用来接受章表奏疏，只能放进去，不能取出来。太后武则天十分高兴。没过多久，鱼保家的仇家将奏章投到箱子里，告他替徐敬业制造兵器，杀伤很多官兵，鱼保家就被杀了。

太后武则天自从徐敬业造反之后，怀疑天下人都图谋背叛自己，而且长期专掌国政，宫廷内的行为也不端正，知道宗室大臣都在怨恨她，心中不服，于是就想大肆诛杀，加以威慑。因此就大开告密的门户，有人告密的话，臣下不得过问告密者的一切，都供给驿马，用五品官的食物款待，送往太后的驻地，就是农人樵夫，武则天也召见，在客馆里招待，所说的和自己的旨意相合，就破格任用为官吏，不真实的话也不查办。因此四方告密的人蜂拥出现，大家都害怕得不敢迈步，不敢出声。

有胡人索元礼，知太后意，因告密召见，擢为游击将军，令案制狱。元礼性残忍，推一人必令引数十百人，太后数召见赏赐以张其权。于是，尚书都事长安周兴、万年人来俊臣之徒效之，纷纷继起。兴累迁至秋官侍郎，俊臣累迁至御史中丞，相与私畜无赖数百人，专以告密为事；欲陷一人，辄令数处俱告，事状如一。俊臣与司刑评事洛阳万国俊共撰《罗织经》数千言，教其徒网罗无辜，织成反状，构造布置，皆有支节。太后得告密者，辄令元礼等推之，竞为讯囚酷法，作大枷，有"定百脉""突地吼""死猪愁""求破家""反是实"等名号，或以椽关手足而转之，谓之"凤皇晒翅"；或以物绊其腰，引枷向前，谓之"驴驹拔撅"；或使跪捧枷，累甓其上，谓之"仙人献果"；或使立高木之上，引枷尾向后，谓之"玉女登梯"；或倒悬石缒其首，或以醋灌鼻，或以铁圈毂其首而加楔，至有脑裂髓出者。每得囚，辄先陈其械具以示之，皆战栗流汗，望风自诬。每有赦令，俊臣辄令狱卒先杀重囚，然后宣示。太后以为忠，益宠任之。中外畏此数人，甚于虎狼。

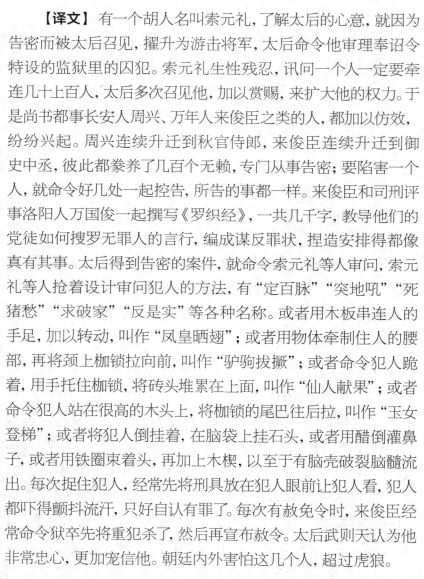

　　【译文】 有一个胡人名叫索元礼，了解太后的心意，就因为告密而被太后召见，擢升为游击将军，太后命令他审理奉诏令特设的监狱里的囚犯。索元礼生性残忍，讯问一个人一定要牵连几十上百人，太后多次召见他，加以赏赐，来扩大他的权力。于是尚书都事长安人周兴、万年人来俊臣之类的人，都加以仿效，纷纷兴起。周兴连续升迁到秋官侍郎，来俊臣连续升迁到御史中丞，彼此都豢养了几百个无赖，专门从事告密；要陷害一个人，就命令好几处一起控告，所告的事都一样。来俊臣和司刑评事洛阳人万国俊一起撰写《罗织经》，一共几千字，教导他们的党徒如何搜罗无罪人的言行，编成谋反罪状，捏造安排得都像真有其事。太后得到告密的案件，就命令索元礼等人审问，索元礼等人抢着设计审问犯人的方法，有"定百脉""突地吼""死猪愁""求破家""反是实"等各种名称。或者用木板串连人的手足，加以转动，叫作"凤皇晒翅"；或者用物体牵制住人的腰部，再将颈上枷锁拉向前，叫作"驴驹拔橛"；或者命令犯人跪着，用手托住枷锁，将砖头堆累在上面，叫作"仙人献果"；或者命令犯人站在很高的木头上，将枷锁的尾巴往后拉，叫作"玉女登梯"；或者将犯人倒挂着，在脑袋上挂石头，或者用醋倒灌鼻子，或者用铁圈束着头，再加上木楔，以至于有脑壳破裂脑髓流出。每次捉住犯人，经常先将刑具放在犯人眼前让犯人看，犯人都吓得颤抖流汗，只好自认有罪了。每次有赦免令时，来俊臣经常命令狱卒先将重犯杀了，然后再宣布赦令。太后武则天认为他非常忠心，更加宠信他。朝廷内外害怕这几个人，超过虎狼。

　　麟台正字陈子昂上疏，以为："执事者疾徐敬业首乱唱祸，将息奸源，究其党与，遂使陛下大开诏狱，重设严刑，有迹涉嫌疑，辞相逮引，莫不穷捕考按。至有奸人荧惑，乘险相诬，纠告疑似，冀图爵赏，恐非伐罪吊人之意也。臣窃观当今天下，百姓思安久矣，故扬州构逆，殆有五旬，而海内晏然，纤尘不动，陛下不务玄默以救疲人，而反任威刑以失其望，臣愚暗昧，窃有大惑。伏见诸方告密，囚累百千辈，乃其究竟，百无一实。陛下仁恕，又屈法容之，遂使奸恶之党快意相仇，睚眦之嫌即称有密，一人被讼，百人满狱，使者推捕，冠盖如市。或谓陛下爱一人而害百人，天下喁喁，莫知宁所。臣闻隋之末代，天下犹平，杨玄感作乱，不逾月而败。天下之弊，未至土崩，蒸人之心，犹望乐业。炀帝不悟，遂使兵部尚书樊子盖专行屠戮，大穷党与，海内豪士，无不罹殃；遂至杀人如麻，流血成泽，天下靡然，始思为乱，于是雄杰并起而隋族亡矣。夫大狱一起，不能无滥，冤人吁嗟，感伤和气，群生疠疫，水旱随之。人既失业，则祸乱之心怵然而生矣。古者明王重慎刑法，盖惧此也。昔汉武帝时巫蛊狱起，使太子奔走，兵交宫阙，无辜被害者以千万数，宗庙几覆，赖武帝得壶关三老书，廓然感悟，夷江充三族，馀狱不论，天下以安尔。古人云：'前事之不忘，后事之师。'伏愿陛下念之！"太后不听。

【译文】麟台正字陈子昂上疏认为："执掌刑法的人恨徐敬业带头造反，为了阻止奸乱的根源，穷究徐敬业的党羽，就唆使陛下大开狱讼，设下许多严刑酷罚，有涉嫌疑事迹的人，没有不穷追到底，加以审讯的。以至于有奸人迷惑主上，利用主上心危的时候诬陷正人君子，检举告发疑似的犯人，希望求得封爵赏赐，这样恐怕不是讨伐有罪哀怜百姓的人所应该做的。臣私下观察当今天下，百姓祈盼安定已经很久了，因而扬州的叛逆，虽然差不多有五十天之久，但这期间四海之内安静无事，一点都不受惊扰。陛下不追求清静无为，来挽救疲惫的百姓，反而采用严厉的刑罚，让百姓失望，臣愚昧不明，私下深感疑惑。臣看到四方的告密，被囚禁的犯人累积千百之多，但到最后，一百人中没有一个是真实的。陛下宽恕仁爱，却枉屈律令，纵容这些执法者，因而使得这些作恶的党徒称心快意，更加恨别人，一点点的嫌隙就说对方有造反，一个人被起诉，就将一百人关进监狱，使者前往各地审问捕捉犯人，车马多得像闹市一般。有人说陛下爱一人而害了一百人，天下人议论纷纷，不知道什么地方才是安宁之地。臣听说隋朝末年，天下还很平静，杨玄感叛乱，没有超过一个月就失败了。天下的败坏，还没有达到如土崩瓦解不可收拾的局面，百姓的心里，仍旧希望安居乐业。但隋炀帝没有醒悟，就指使兵部尚书樊子盖大肆屠戮，追究杨玄感的党徒，四海之内的豪杰之士，没有不遭殃的；以至于杀人如麻，流的血汇成沼泽，天下百姓都受影响，才想到要叛乱，于是英雄豪杰揭竿而起，隋朝就灭亡了。大的狱讼一旦兴起之后，不可能不泛滥，受冤的人感叹，就伤害了和谐之气，而疫疫就群起发生，水灾旱灾也接着到来，导致百姓失业，那么为祸作乱的心理就受诱产生了。古代圣明的国君慎重使用刑罚，就是担心这一点。从前汉武帝时巫蛊的狱讼发生，使得太子出逃，武装冲突就发生在宫阙里，无辜被害的人以千万算，江山社稷几乎被倾覆了；幸亏汉武帝得到壶关三老的书信，心里才能够豁然觉悟，将江充三族加以诛杀，其他的狱讼不加以追究，天下因此才安定下来。古人说：'前事不忘，后事之师。'诚恳希望陛下想想！"太后没有听取他的劝告。

夏, 四月, 太后铸大仪, 置北阙。

以岑长倩为内史。六月, 辛未, 以苏良嗣为左相, 同凤阁鸾台三品韦待价为右相。己卯, 以韦思谦为纳言。

苏良嗣遇僧怀义于朝堂, 怀义偃蹇不为礼; 良嗣大怒, 命左右捽曳, 批其颊数十。怀义诉于太后, 太后曰: "阿师当于北门出入, 南牙宰相所往来, 勿犯也。"

太后托言怀义有巧思, 故使入禁营造。补阙长社王求礼上表, 以为: "太宗时, 有罗黑黑善弹琵琶, 太宗阉为给使, 使教宫人。陛下若以怀义有巧性, 欲宫中驱使者, 臣请阉之, 庶不乱宫闱。"表寝不出。

【译文】夏季, 四月, 太后武则天铸造大仪, 放置在北阙。

太后任命岑长倩为内史。六月, 辛未日（初三）, 太后任命苏良嗣为左相, 同凤阁鸾台三品韦待价为右相。己卯日（十一日）, 太后任命韦思谦为纳言。

苏良嗣在朝堂遇到和尚薛怀义, 薛怀义骄傲得不向苏良嗣作礼。苏良嗣大为生气, 命身边侍卫抓住薛怀义拖过来, 打了几十下面颊。薛怀义告诉太后武则天, 武则天说: "阿师你应该从北门出入, 南衙是宰相所来往的地方, 不要冒犯。"

太后武则天借口薛怀义有灵巧的心思, 故意让他进入宫禁做事。补阙长社王求礼上表给太后, 认为: "太宗时, 有位名叫罗黑黑的善于弹奏琵琶, 太宗将他阉割后充当内侍, 让他教导宫人。陛下倘若认为薛怀义有灵巧的个性, 要让他在宫中作为驱使使唤的话, 臣请求将他阉割（去势）了, 这样才可能不淫乱宫闱。"奏表上去没有消息。

秋, 九月, 丁未, 以西突阙继往绝可汗之子斛瑟罗为右玉钤卫将军，袭继往绝可汗押五弩失毕部落。

己巳，雍州言新丰县东南有山踊出，改新丰为庆山县。四方毕贺。江陵人俞文俊上书："天气不和而寒暑并，人气不和而疣赘生，地气不和而堆阜出。今陛下以女主处阳位，反易刚柔，故地气塞隔而山变为灾。陛下谓之'庆山'，臣以为非庆也。臣愚以为宜侧身修德以答天谴；不然，殃祸至矣！"太后怒，流于岭外，后为六道使所杀。

突厥入寇，左鹰扬卫大将军黑齿常之拒之；至两井，遇突厥三千馀人，见唐兵，皆下马擐甲，常之以二百馀骑冲之，皆弃甲走。日暮，突厥大至，常之令营中燃火，东南又有火起，虏疑有兵相应，遂夜遁。

狄仁杰为宁州刺史。右台监察御史晋陵郭翰巡察陇右，所至多所按劾，入宁州境，耆老歌刺史德美者盈路；翰荐之于朝，征为冬官侍郎。

【译文】秋季，九月，丁未日（初十），太后武则天任命西突厥继往绝可汗的儿子斛瑟罗担任右玉钤卫将军，继承继往绝可汗管理五个弩失毕部落。

己巳日（九月无此日），雍州上奏说新丰县东南有山踊出，所以将新丰县改为庆山县。四方都来恭贺。江陵人俞文俊上书说："天气不和谐，寒和暑就并行，人气不和谐，肿瘤、赘物就会长出，地气不和谐，高起的丘阜就会出现。现在陛下一个女子却处在阳位，当了国君，刚和柔颠倒，因此地气闭塞隔绝，而山岭变化成为灾害。陛下还称之为'庆山'，臣认为没有什么值得庆贺的。臣认为陛下应当虔诚修德，来回应上天的谴责；不然灾难就来临了。"太后十分生气，将他流放到岭外，后来他被六道使杀了。

突厥进犯边境，左鹰扬卫大将军黑齿常之加以抵抗。到了两井，遇到三千多突厥人，他们一看到唐兵，都下马穿上铠甲，黑齿常之率领二百多骑兵冲过去，这些突厥人丢弃铠甲逃走。黄昏时，突厥兵大量赶到，黑齿常之命令军营中燃起火，东南又有火光出现，敌虏怀疑有唐军相呼应，就在夜晚逃走。

狄仁杰担任宁州刺史。右台监察御史晋陵人郭翰到陇右巡察，所到之地对官吏多所按察弹劾。进入宁州境内，歌颂刺史狄仁杰美德的老人到处都是；郭翰向朝廷荐举，朝廷就征召狄仁杰担任冬官侍郎。

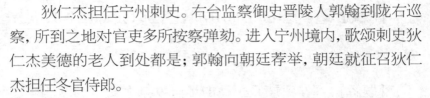

资治通鉴卷第二百四　唐纪二十

起强圉大渊献，尽重光单阏，凡五年。

【译文】起丁亥（公元687年），止辛卯（公元691年），共五年。

【题解】本卷记录了公元687年至691年的史事，共五年，正当武则天垂拱三年到天授二年。这一时期是武则天前期执政最重要的阶段。武则天以刑杀立威，推行血腥政治来镇压反对派。一是建立告密制度。二是大量起用酷吏。武则天借惩治徐敬业余党的名义，大兴冤狱，大杀唐宗室和不满武氏专政的大臣。但在这样的背景下，有狄仁杰、徐有功、杜景俭等执法宽平的大臣，仍有陈子昂的直谏，武则天也能兼容，甚至对狄仁杰十分敬重，表现了武则天政治的多面性与雄才。这也是武周政权得以存在的一个方面。本卷还记述了武则天明堂建成，行大礼，既尊号武氏列祖列宗，也尊礼唐室李氏祖宗，表现了武则天的政治权谋老练成熟。

则天顺圣皇后上之下

垂拱三年（丁亥，公元六八七年）春，闰正月，丁卯，封皇子成美为恒王，隆基为楚王，隆范为卫王，隆业为赵王。

二月，丙辰，突厥骨笃禄等寇昌平，命左鹰扬大将军黑齿常之帅诸军讨之。

三月，乙丑，纳言韦思谦以太中大夫致仕。

夏，四月，命苏良嗣留守西京。时尚方监裴匪躬检校京苑，将鬻苑中蔬果以收其利。良嗣曰："昔公仪休相鲁，犹能拔葵、去织妇，未闻万乘之主鬻蔬果也。"乃止。

壬戌，裴居道为纳言。五月，丙寅，夏官侍郎京兆张光辅为凤阁侍郎、同平章事。

【译文】垂拱三年（丁亥，公元687年）春季，闰正月，丁卯日（闰正月初二），唐朝封皇子李成美为恒王，李隆基为楚王，李隆范为卫王，李隆业为赵王。

二月，丙辰日（二十二日），突厥骨笃禄等人进犯昌平，太后武则天命令左鹰扬大将军黑齿常之率领军队讨伐。

三月，乙丑日（初一），唐纳言韦思谦以太中大夫身份退休。

夏季，四月，武则天命令苏良嗣在西京留守。那时尚方监裴匪躬正在西京的苑囿查核政事，准备出卖苑囿中的菜蔬水果而获利。苏良嗣说："从前公仪休做鲁国宰相时，尚且能够拔掉葵菜，休掉织帛的妻子，不愿与百姓争利，我就没听说过万乘国君卖菜蔬水果的。"裴匪躬才不做。

壬戌日（二十九日），裴居道的职位改为纳言。五月，丙寅日（初三），夏官侍郎京兆人张光辅改任凤阁侍郎、同平章事。

凤阁侍郎、同凤阁鸾台三品刘祎之窃谓凤阁舍人永年贾大隐曰："太后既废昏立明，安用临朝称制！不如返政，以安天下之心。"大隐密奏之，太后不悦，谓左右曰："祎之我所引，乃复叛我！"或诬祎之受归〔诚〕州都督孙万荣金，又与许敬宗妾有私，太后命肃州刺史王本立推之。本立宣敕示之，祎之曰："不经凤阁鸾台,何名为敕!"太后大怒,以为拒捍制使;庚午,赐死于家。

祎之初下狱,睿宗为之上疏申理,亲友皆贺之,祎之曰:"经乃所以速吾死也。"临刑,沐浴,神色自若,自草谢表,立成数纸。麟台郎郭翰、太子文学周思均称叹其文。太后闻之,左迁翰巫州司法,思钧播州司仓。

【译文】 凤阁侍郎、同凤阁鸾台三品刘祎之私下对凤阁舍人永年人贾大隐说:"太后已经废昏庸立贤明,何必再莅临朝堂而发号施令呢?不如将政事还给皇帝,来安定天下的人心。"贾大隐将刘祎之的话暗中向太后奏报,太后十分不高兴,对身边大臣说:"刘祎之是我所引用的人,居然又背叛我!"有人诬陷刘祎之收受归诚州都督孙万荣的金钱,又和许敬宗的小妾有暧昧关系,太后命令肃州刺史王本立审讯刘祎之。王本立向刘祎之宣示太后敕令,刘祎之说:"不经过凤阁(中书省)和鸾台(门下省),怎么能够称为敕令?"太后特别生气,认为刘祎之抗拒天子使臣,庚午日(初七),将刘祎之在家里赐死。

刘祎之刚被关在监狱时,唐睿宗替他上疏申诉办理,亲戚朋友都向他恭贺,刘祎之说:"这样做更会加速我的死期了。"临死时,刘祎之先沐浴一番,神态像平日一样,亲自拟写谢表,很快就写了好几张纸。麟台郎(原为秘书郎)郭翰,太子文学周思钧称赞他写的文章。太后武则天听到后,就将郭翰贬为巫州司法,将周思钧贬为播州司仓。

秋,七月,壬辰,魏玄同检校纳言。

岭南俚户旧输半课,交趾都护刘延祐使之全输,俚户不从,延祐诛其魁首。其党李思慎等作乱,攻破安南府城,杀延祐。桂州司马曹玄静将兵讨思慎等,斩之。

突厥骨笃禄、元珍寇朔州；遣燕然道大总管黑齿常之击之，以右鹰扬大将军李多祚为之副，大破突厥于黄花堆，追奔四十馀里，突厥皆散走碛北。多祚世为靺鞨酋长，以军功得入宿卫。黑齿常之每得赏赐，皆分将士；有善马为军士所损，官属请笞之，常之曰："奈何以私马笞官兵乎！"卒不问。

【译文】秋季，七月，壬辰日（三十日），魏玄同任检校纳言。

岭南俚户从前只缴赋税的一半，交趾都护刘延祐命他们缴纳全额，俚户不接受，刘延祐将为首的杀掉。党羽李思慎等人造反，攻陷了安南府城，将刘延祐杀了。桂州司马曹玄静率军讨伐李思慎等人，将他们杀死。

突厥骨笃禄、元珍进犯朔州，武则天派遣燕然道大总管黑齿常之加以攻击，任命左鹰扬大将军李多祚为副将，在黄花堆大败突厥，追逐突厥败军四十多里远，突厥分散逃到沙漠的北面。李多祚世代担任靺鞨的酋长，因为战功才能进入朝廷担任宿卫。黑齿常之每次得到赏赐，全都分给将士。他有一匹好马被军士弄伤了，僚属请求鞭笞军士，黑齿常之说："怎么可以为了私人的马受伤，就鞭打士兵呢？"最终也没有追究。

九月，己卯，虢州人杨初成诈称郎将，矫制于都市募人迎庐陵王于房州；事觉，伏诛。

冬，十月，庚子，右监门卫中郎将爨宝璧与突厥骨笃禄、元珍战，全军皆没，宝璧轻骑遁归。

宝璧见黑齿常之有功，表请穷追馀寇。诏与常之计议，遥为声援。宝璧欲专其功，不待常之，引精兵万三千人先行，出塞二千馀里，掩击其部落；既至，又先遣人告之，使得严备，与战，遂败。太后诛宝璧；改骨笃禄曰不卒禄。

【译文】九月，己卯日（十九日），虢州人杨初成撒谎说自己是郎将，假托太后的敕令在都市招募人，前往房州迎接庐陵王，事情被发觉，杨初成伏罪被杀。

冬季，十月，庚子日（初九），右监门卫中郎将爨宝璧和突厥骨笃禄、元珍交战，结果全军覆没，只有爨宝璧率领轻骑逃回来。

爨宝璧看见黑齿常之立了大功，上表请求追剩余的敌寇。太后武则天下诏令要他和黑齿常之一起计划商议，遥遥地作为声援。爨宝璧想独贪功劳，不等黑齿常之到达，就率领精兵一万三千人出发，离开边塞两千多里，袭击突厥部落，到达之后，又先派人通知对方，使得突厥严加戒备，然后爨宝璧和对方交战，就被击败了。太后杀了爨宝璧；将骨笃禄改为不卒禄。

命魏玄同留守西京。

武承嗣又使人诬李孝逸自云"名中有兔，兔，月中物，当有天分。"太后以孝逸有功，十一月，戊寅，减死除名，流儋州而卒。

太后欲遣韦待价将兵击吐蕃，凤阁侍郎韦方质奏，请如旧制遣御史监军。太后曰："古者名君遣将，阃外之事悉以委之。比闻御史监军，军中事无大小皆须承禀。以下制上，非令典也；且何以责其有功！"遂罢之。

是岁，天下大饥，山东、关内尤甚。

【译文】太后武则天命令魏玄同在西京留守。

武承嗣又派人诬告李孝逸，揭发他说"名字中有兔，兔子是月亮中的东西，应该有天子的名分"。太后武则天因为李孝逸有功劳，十一月，戊寅日（十八日），减免他死罪，削除名籍，将他流放到儋州，最终死在那里。

太后武则天要派遣韦待价率兵攻打吐蕃，凤阁侍郎韦方质上奏，请求依照从前的制度，派遣御史监察军队，太后说："古代贤明的君主派遣大将，京师以外的事情全部交托给大将处理。最近听说御史监察军队时，军中的事情不管大大小小，都要禀告他。变成以下属控制长上，不是好的典制；况且这样做，又怎能责求大将有事功呢？"就废止设立监军的事。

这一年，天下发生大饥荒，山东、关内地区尤其严重。

【乾隆御批】 将膺阃，寄胜败功罪系之，岂可令人从旁掣肘。武氏罢御史监军，不当以人废言，乃开元反正，于则天政事多所变更，并监军亦复旧制，其后浸至委任貂珰，匪惟矫枉过正且变本加厉矣。胡寅以智术予武氏，而不推究宦竖与兵流弊尚论，未为扼要。

【译文】 将领在外抵抗，战争的胜败功过都归于一人，哪能让别人从旁牵制。武则天免除御史监军一职，是对的，不应该因为她犯了错误就不采纳她所说的正确意见，以至于开元年间拨乱反正，只要是武则天执政时的做法，大多改变，就连监军之事也恢复旧制，逐渐发展到委任宦官作御史监军，不仅纠正错误超过了应有的限度，而且情况变得比原来更加严重了！胡寅仅仅认为武则天的做法是表现了她的才智与计谋，都没有进一步分析宦官点兵的弊端，因此，他的说法还没有抓住要害。

垂拱四年（戊子，公元六八八年）春，正月，甲子，于神都立高祖、太宗、高宗三庙，四时享祀如西庙之仪。又立崇先庙以享武氏祖考。太后命有司议崇先庙室数，司礼博士周悰请为七室，又减唐太庙为五室。春官侍郎贾大隐奏："礼，天子七庙，诸侯五庙，百王不易之义。今周悰别引浮议，广异述文，直崇临朝权仪，不依国家常度。皇太后亲承顾托，光显大猷，其崇先庙室应如诸侯之数，国家宗庙不应辄有变移。"太后乃止。

太宗、高宗之世，屡欲立明堂，诸儒议其制度，不决而止。及太后称制，独与北门学士议其制，不问诸儒。诸儒以为明堂当在国阳丙己之地，三里之外，七里之内。太后以为去宫太远。二月，庚午，毁乾元殿，于其地作明堂，以僧怀义为之使，凡役数万人。

【译文】垂拱四年（戊子，公元688年）春季，正月，甲子日（初五），唐朝在神都（洛阳）设立高祖、太宗、高宗三庙，四时祭祀都依照西庙（西京宗庙）的礼节，又设立崇先庙来祭祀武氏祖先。太后武则天命有司讨论崇先庙房间即"室"的数目，司礼博士周悰请求设立七室，又减少李唐的太庙为五室。春官（礼部）侍郎贾大隐上奏说："礼制规定天子七庙，诸侯五庙，这是百代不能更改的礼仪。现在周悰另外引用不切实际的议论，广泛陈述异文，只为推崇太后临朝代行国事的礼仪，不依照国家的常法去做。皇太后亲自承受先帝托付天下的责任，正是大显伟大谋划的时候，因此崇先庙的室数应当和诸侯相同，而国家的宗庙不应当随意改变。"太后听了才打消了念头。

太宗、高宗在位的时候，好几次要设立明堂，因为儒者们讨论制度，没有结果才停止。太后武则天临朝听政后，就只和北门学士讨论明堂制度，不再询问儒者们的意见。儒者们认为明堂应该设在国都南方丙己的土地上，三里外、七里内的范围。太后认为距离宫廷太远。二月，庚午日（二月无此日），下令拆毁乾元殿，在原地建造明堂，任命和尚薛怀义为监造明堂的使者，役使民间的劳力共有几万人。

夏，四月，戊戌，杀太子通事舍人郝象贤。象贤，处俊之孙也。

初，太后有憾于处俊，会奴诬告象贤反，太后命周兴鞫之，致象贤族罪。象贤家人诣朝堂，讼冤于监察御史乐安任玄殖。玄殖奏象贤无反状，玄殖坐免官。象贤临刑，极口骂太后，发扬宫中隐慝，夺市人柴以击刑者；金吾兵共格杀之。太后命支解其尸，发其父祖坟，毁棺焚尸。自是终太后之世，法官每刑人，先以木丸塞其口。

【译文】夏季，四月，戊戌日（十一日），太后武则天将太子通事舍人郝象贤杀掉。郝象贤是郝处俊的孙子。

起初，太后对郝处俊不满意（上元二年劝唐高宗不要让太后临朝称制），恰好有罪奴诬告郝象贤谋反，太后命令周兴察办，判郝象贤灭族的罪。郝象贤的家人前往朝廷，向监察御史乐安人任玄殖陈述冤情。任玄殖上奏说郝象贤没有谋反的罪状，任玄殖因而坐罪免官。郝象贤临刑时，极力地大骂武则天，将宫中隐私淫乱的事都揭发出来，夺取市上百姓的木棒来攻击行刑的人。左右金吾兵一起把郝象贤杀掉。太后下令肢解他的尸体，掘开他父亲及祖父的坟墓，毁了棺木烧了尸体。从此以后，直到太后去世，法官每次处决犯人时，都要先用木头做的丸子塞住犯人的嘴巴。

武承嗣使凿白石为文曰："圣母临人，永昌帝业。"末紫石杂药物填之。庚午，使雍州人唐同泰奉表献之，称获之于洛水。太后喜，命其石曰"宝图"，擢同泰为游击将军。五月，戊辰，诏当亲拜洛，受"宝图"；有事南郊，先谢昊天；礼毕，御明堂，朝群臣。命诸州都督、刺史及宗室、外戚以拜洛前十日集神都。乙亥，太后加尊号为圣母神皇。

六月，丁亥朔，日有食之。

壬寅，作神皇三玺。

东阳大长公主削封邑，并二子徙巫州。公主适度履行，太后以高氏长孙无忌之舅族，故恶之。

河南道巡抚大使、冬官侍郎狄仁杰以吴、楚多淫祠，奏焚其一千七百馀所，独留夏禹、吴太伯、季札、伍员四祠。

【译文】武承嗣派人凿开白石，刻上文字说："圣母降临人间，帝业永远昌盛。"槌碎紫石，混杂着药物将字填平。庚午日（四月无此日），武承嗣指使雍州人唐同泰拿着奏表进献太后，说是在洛水中得到的。太后非常高兴，将石头命名为"宝图"；擢升唐同泰为游击将军。五月，戊辰日（十一日），太后下诏令要亲自前往洛水祭拜，接受"宝图"。在南郊举行祭祀，来告谢上天。祭礼完毕，前往明堂，接受文武百官朝拜。太后命令各州都督、刺史和宗室、外戚等，在祭拜洛水的前十天，在神都集合。乙亥日（十八日），太后武则天替自己加尊号为圣母神皇。

六月，丁亥朔日（初一），出现日食。

壬寅日（十六日），唐朝制作了神皇三种印玺。

东阳大长公主（唐太宗的女儿）被削夺封邑，连同两个儿子一起迁徙巫州。公主嫁给高履行，太后因为高氏是长孙无忌舅舅家族的人，所以十分厌恶。

河南道巡抚大使、冬官侍郎狄仁杰认为吴、楚两地有许多淫滥不正当的祠庙，奏告太后焚毁一千七百多所，只保留夏禹、吴太伯、季札、伍员四种祠庙。

秋，七月，丁巳，赦天下。更命"宝图"为"天授圣图"；洛水为永昌洛水，封其神为显圣侯，加特进，禁渔钓，祭祀比四渎。名图所出曰"圣图泉"，泉侧置永昌县。又改嵩山为神岳，封其神为天中王，拜太师、使持节、神岳大都督，禁刍牧。又以先于汜水得瑞石，改汜水为广武。

太后潜谋革命，稍除宗室。绛州刺史韩王元嘉、青州刺史霍王元轨、刑州刺史鲁王灵夔、豫州刺史越王贞及元嘉子通州刺史黄公譔、元轨子金州刺史江都王绪、虢王凤子申州刺史东莞公融、灵夔子范阳王蔼、贞子博州刺史琅邪王冲，在宗室中皆以才行有美名，太后尤忌之。元嘉等内不自安，密有匡复之志。

【译文】秋季，七月，丁巳日（初一），武则天大赦天下。将"宝图"改名为"天授圣图"；洛水改名为永昌洛水，封洛水之神为显圣侯，加封特进的官衔，禁止打鱼垂钓，祭洛水的礼仪如同四渎一样。将圣图所出的地方称为"圣图泉"，泉的边侧设立永昌县。又将嵩山改名为神岳，封嵩山的神为天中王，拜为太师、使持节、神岳大都督，禁止在山上砍柴放牧。又因为起初在汜水县得到瑞石，所以将汜水县改为广武县。

太后暗中图谋取代唐朝，渐渐除去唐朝宗室的力量。绛州刺史韩王李元嘉、青州刺史霍王李元轨、邢州刺史鲁王李灵夔、豫州刺史越王李贞和李元嘉的儿子通州刺史黄公李譔，李元轨的儿子金州刺史江都王李绪、虢王李凤的儿子申州刺史东莞公李融、李灵夔的儿子范阳王李蔼、李贞的儿子博州史琅邪王李冲，这几个人在宗室中，都因为才识德行而拥有美名，太后尤其忌恨他们。李元嘉等人内心不安，暗中有挽救恢复大唐天下的心志。

譔谬为书与贞云："内人病浸重，当速疗之，若至今冬，恐成痼疾。"及太后召宗室朝明堂，诸王因递相惊曰："神皇欲于大飨之际，使人告密，尽收宗室，诛之无遗类。"譔诈为皇帝玺书与冲云："朕遭幽絷，诸王宜各发兵救我。"冲又诈为皇帝玺书云："神皇欲移李氏社稷以授武氏。"八月，壬寅，冲召长史萧德琮等令募兵，分告韩、霍、鲁、越及贝州刺史纪王慎，各令起兵共趣神都。太后闻之，以左金吾将军丘神勣为清平道行军大总管以讨之。

　　冲募兵得五千馀人，欲渡河取济州；先击武水，武水令郭务悌诣魏州求救。莘令马玄素将兵千七百人中道邀冲，恐力不敌，入武水，闭门拒守。冲推草车塞其南门，因风纵火焚之，欲乘火突入；火作而风回，冲军不得进，由是气沮。堂邑董玄寂为冲将兵击武水，谓人曰："琅邪王与国家交战，此乃反也。"冲闻之，斩玄寂以徇，众惧而散入草泽，不可禁止，惟家僮左右数十人在。冲还走博州，戊申，至城门，为守门者所杀，凡起兵七日而败。丘神勣至博州，官吏素服出迎，神勣挥刃尽杀之，凡破千馀家。

　　【译文】李譔写信给李贞，欺骗他说："我妻子病情逐渐加重，应该快点治疗，假如拖到今年冬天，担心会变成痼疾。"后来太后召集宗室朝见明堂，诸王就互相警告说："神皇要在举行大飨礼时，指使人告密，将宗室全部拘禁起来，然后杀掉。"李譔伪造皇帝的玺书，对李冲说："朕遭到拘禁，各王要调动军队来救我。"李冲又伪造皇帝的玺书说："神皇要将李氏的天下交给武氏。"八月，壬寅日（十七日），李冲召来长史萧德琮等人，命他们招募士兵，分头通知韩、霍、鲁、越各王以及贝州刺史纪王李慎，命令他们各自起兵，一同攻向神都。太后听闻后，任命左金吾将军丘神勣担任清平道行军大总管，进行讨伐。

李冲招募士兵五千多人，要渡过黄河攻打济州。先进攻武水县，武水县令郭务悌前往魏州求救。莘县县令马玄素率领士兵一千七百人在半路突击李冲，但害怕敌不过，进入武水，关闭城门，抵抗李冲的军队，只守不攻。李冲推了很多装满草的车子塞住南城门，利用风势纵火焚烧，想利用火势攻进去；火烧起后风却转向，李冲的军队无法前进，因而士气沮丧。堂邑人董玄寂替李冲带领士兵攻打武水，对人说："琅邪王和朝廷作战，这是造反。"李冲听到了，就将董玄寂斩杀了，众士兵害怕被杀而逃入草泽中，李冲不能禁止，只有家童和身边侍卫几十个人没有跑。李冲退走博州，戊申日（二十三日），李冲来到博州城门下，被守城门的士兵杀掉，总共起兵七天就失败了。丘神勣抵达博州，官吏穿着素服出城迎接，丘神勣全部斩杀，共使一千余家家破人亡。

越王贞闻冲起，亦举兵于豫州，遣兵陷上蔡。九月，丙辰，命左豹韬大将军麹崇裕为中军大总管，岑长倩为后军大总管，将兵十万以讨之，又命张光辅为诸军节度。削贞、冲属籍，更姓虺氏。贞闻冲败，欲自锁诣阙谢罪，会所署新蔡令傅延庆募得勇士二千馀人，贞乃宣言于众曰："琅邪已破魏、相数州，有兵二十万，朝夕至矣。"发属县兵共得五千，分为五营，使汝阳县丞裴守德等将之，署九品以上官五百馀人。所署官皆受迫胁，莫有斗志，惟安德与之同谋，贞以其女妻之，署大将军，委以腹心。贞使道士及僧诵经以求事成，左右及战士皆带辟兵符。麹崇裕等军至豫州城东四十里，贞遣少子规及裴守德拒战，兵溃而归。贞大惧，闭阁自守。崇裕等至城下，左右谓贞曰："王岂可坐待戮辱！"贞、规、守德及其妻皆自杀。与冲皆枭首东都阙下。

资治通鉴

【译文】越王李贞听说李冲起兵，也在豫州起兵举事，派遣部队攻克上蔡。九月，丙辰日（初一），太后武则天命令左豹韬大将军麴崇裕担任中军大总管，岑长倩担任后军大总管，率领十万士兵前往征讨，又命令张光辅担任各军的节度（节制支度）。削夺李冲宗属的名籍，改为虺氏。李贞听闻李冲失败，想锁住自己前往宫廷请罪，恰好部属新蔡令傅延庆招募了勇士两千多人，李贞就对众人宣布说："琅邪王李冲已经攻陷了魏、相几个州，有士兵二十万，早晚就要来了。"李贞征召属下各县士兵，共得到五千人，分做五个营，派遣汝南县丞裴守德等人率领，任用九品以上的官吏五百多人，所任用的官吏都受到威胁逼迫，没有斗志，只有裴守德和李贞一起谋划，李贞将女儿嫁给裴守德，任命他为大将军，将他当成心腹。李贞命道士和和尚诵经，来求得事情能够成功，身边的侍从和士兵也都带着可以避免兵器伤害的符箓。麴崇裕等人领兵到达豫州城东四十里，李贞派遣最小的儿子李规和裴守德前去抵抗，士兵溃败逃回。李贞十分害怕，关闭阁楼守着不出。麴崇裕等人来到城下，身边的侍从对李贞说："大王怎么可以坐着等待被杀被污辱？"于是李贞、李规、裴守德和他们的妻子都自杀了。他们和李冲等人的尸体都在东都宫廷下被砍头。

初，范阳王蔼遣使语贞及冲曰："若四方诸王一时并起，事无不济。"诸王往来相约结，未定而冲先发，惟贞狼狈应之，诸王皆不敢发，故败。

贞之将起兵也，遣使告寿州刺史赵瑰，瑰妻常乐公主谓使者曰:"为我语越王:昔隋文帝将篡周室,尉迟迥,周之甥也,犹能举兵匡救社稷,功虽不成,威震海内,足为忠烈。况汝诸王,先帝之子,岂得不以社稷为心!今李氏危若朝露,汝诸王不舍生取义,尚犹豫不发,欲何须邪!祸且至矣,大丈夫当为忠义鬼,无为徒死也。"

【译文】起初,范阳王李蔼派遣使者告诉李贞和李冲说:"假如四方的诸王同时起事,事情没有做不成的。"诸王来来往往相互约会,但事情还没定案李冲就先起事,只有李贞狼狈响应他,诸王都不敢动,因此才失败。

李贞将要起兵时,派遣使者密告寿州刺史赵瑰,赵瑰的妻子常乐公主(唐高祖女儿)对使者说:"替我转告越王:从前隋文帝要篡夺周室时,尉迟迥是周的外甥,尚且能够起兵挽救周的社稷,功业虽然没有成,声威却震动四海,足够称为忠烈。何况你们各位王爷,都是先帝的儿子,怎么能够不关心国家社稷呢?如今李氏的形势危险得像早晨的露水一样,你们诸王不能做到舍生取义,还在犹豫不举事,想等待什么呢?灾祸马上就要到了,大丈夫应当为忠义而死,不要死得没有价值。"

及贞败,太后欲悉诛韩、鲁等诸王,命监察御史蓝田苏珦按其密状。珦讯问,皆无明验,或告珦与韩、鲁通谋,太后召珦诘之,珦抗论不回。太后曰:"卿大雅之士,朕当别有任使,此狱不必卿也。"乃命珦于河西监军,更使周兴等按之。于是,收韩王元嘉、鲁王灵夔、黄公譔、常乐公主于东都,迫胁皆自杀,更其姓曰"虺",亲党皆诛。

以文昌左丞狄仁杰为豫州刺史。时治越王贞党与,当坐者六七百家,籍没者五千口,司刑趣使行刑。仁杰密奏:"彼皆诖误，臣欲显奏，似为逆人申理；知而不言，恐乖陛下仁恤之旨。"太后特原之，皆流丰州。道过宁州，宁州父老迎劳之曰："我狄使君活汝邪？"相携哭于德政碑下，设斋三日而后行。

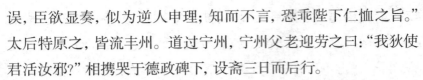

【译文】 后来李贞失利之后，太后要将韩、鲁诸王全部杀掉，命监察御史蓝田人苏珦调查秘密造反的情状。苏珦再三讯问，都没有明显的证据，有人密告苏珦和韩、鲁诸王一同密谋，太后召见苏珦诘问，苏珦据事力争，不屈服，太后说："卿是大雅的士人，朕会有另外的任用，这件犯案卿不必管了。"就令苏珦前往河西监督军队，重新派遣周兴等人查办，于是就在东都将韩王李元嘉、鲁王李灵夔、黄公李譔、常乐公主等人收监，威胁逼迫他们全部自杀，将他们的姓氏改为虺，所有亲戚党羽都予以处死。

太后武则天任命文昌左丞狄仁杰担任豫州刺史。当时查办越王李贞的同党，应当坐罪的有六七百家，籍没官府充当奴婢的有五千人，司刑（大理寺之官）催促豫州执行判决。狄仁杰暗中奏报说："这些人都是被连累了，臣想明白公开地奏报，似乎是替反叛的人申辩；但是知道真情却不报，又担心违背了陛下仁慈怜恤的旨意。"太后听了狄仁杰的奏报，就特别宽恕了这些人，将他们全都流放到丰州。路过宁州时，宁州父老迎接他们，并且慰劳他们说："是我们的狄使君让你们活命的吗（狄仁杰曾做过宁州刺史，有德政）？"这些人相互携手在德政碑下痛哭，斋戒三日，以表谢恩后才离开。

时张光辅尚在豫州，将士恃功，多所求取，仁杰不之应。光辅怒曰："州将轻元帅邪？"仁杰曰："乱河南者一越王贞耳，今一贞死，万贞生！"光辅诘其语，仁杰曰："明公总兵三十万，所诛者止于越王贞。城中闻官军至，逾城出降者四面成蹊，明公纵将士暴掠，杀已降以为功，流血丹野，非万贞而何！恨不得尚方斩马剑，加于明公之颈，虽死如归耳！"光辅不能诘，归，奏仁杰不逊，左迁复州刺史。

丁卯，左肃政大夫骞味道、夏官侍郎王本立并同平章事。

【译文】当时张光辅还在豫州，将士们自认为有功，多方地索求财物，狄仁杰没有答应。张光辅生气地说："你是州将（汉代称刺史为州将）就轻视我这全军主将吗？"狄仁杰说："扰乱河南的不过是越王李贞一人罢了，现在一个李贞死了，一万个李贞却活了！"张光辅询问这话的意思，狄仁杰说："您带领士兵三十万，所杀的人不过是越王李贞。城里百姓听说官军到了，翻越城墙出来投降的人很多，四面都踩成道路了，您却放纵将士暴虐掠夺，杀死已经投降的人，血流染红了原野，这些人不是变成一万个李贞了吗？我恨不得拿到尚方斩马剑，架在您的头颈上，我虽死也没有遗憾！"张光辅没有办法责问，回朝后，奏告太后说狄仁杰傲慢不恭逊，太后将狄仁杰贬为复州刺史。

丁卯日（十二日），左肃政大夫骞味道、夏官侍郎王本立都任同平章事。

太后之召宗室朝明堂也，东莞公融密遣使问成均助教高子贡，子贡曰："来必死。"融乃称疾不赴。越王贞起兵，遣使约融，融仓猝不能应，为官属所逼，执使者以闻，擢拜右赞善大夫。未几，为支党所引，冬，十月，己亥，戮于市，籍没其家。高子贡亦坐诛。

济州刺史薛顗、顗弟绪、绪弟驸马都尉绍，皆与琅邪王冲通谋。顗闻冲起兵，作兵器，募人；冲败，杀录事参军高纂以灭口。

十一月，辛酉，颢、绪伏诛，绍以太平公主故，杖一百，饿死于狱。

十二月，乙酉，司徒、青州刺史霍王元轨坐与越王连谋，废徙黔州，载以槛车，行至陈仓而死。江都王绪、殿中监郦公裴承先皆戮于市。承先，寂之孙也。

【译文】 太后召集宗室朝拜明堂时，东莞公李融暗中派遣使者询问成均（国监子）助教高子贡，高子贡说："来一定会死。"李融就借口生病没有去。越王李贞起兵时，派遣使者约李融，李融仓促间不能够答应，被手下官属逼迫，只好拘捕李贞的使者向朝廷报告，朝廷擢升拜授他为右赞善大夫。没过多久，被亲属牵连，冬季，十月，己亥日（十四日），被杀死在市朝上，家产也被抄没。高子贡也坐罪被杀。

济州刺史薛颢、薛颢的弟弟薛绪、薛绪的弟弟驸马都尉薛绍，都和琅邪王李冲一起谋划造反。薛颢听说李冲起兵，就制作了兵器，招募士兵；李冲失败时，他们就杀了录事参军高纂以免泄露消息。十一月，辛酉日（初六），薛颢、薛绪伏罪被杀，薛绍因为是太平公主的丈夫，被判处杖打一百，最终饿死在监狱中。

十二月，乙酉日（初一），司徒、青州刺史霍王李元轨坐罪和越王通谋，官位被废并流放黔州，用囚车押送，走到陈仓时就死了。江都王李绪、殿中监郧公裴承先都在市朝被处死。裴承先是裴寂的孙子。

命裴居道留守西京。

左肃政大夫、同平章事骞味道素不礼于殿中侍御史周矩，屡言其不能了事。会有罗告味道者，敕矩按之。矩谓味道曰："公常责矩不了事，今日为公了之。"乙亥，味道及其子辞玉皆伏诛。

己酉，太后拜洛受图，皇帝、皇太子皆从，内外文武百官、蛮夷酋长各依方叙立，珍禽、奇兽、杂宝列于坛前，文物卤簿之盛，唐兴以来未之有也。

【译文】太后武则天命令裴居道留守西京。

左肃政大夫、同平章事骞味道一向对殿中侍御史周矩无礼，经常说他不能办事。恰好有人罗织罪名控告骞味道，太后命令周矩查办。周矩对骞味道说："你常责备我周矩不会办事，今天就办给你看。"乙亥日（十二月无此日），骞味道和他儿子骞辞玉都伏罪被杀。

己酉日（二十五日），太后来到洛水拜受"圣图"，皇帝、皇太子都跟随着，朝廷内外文武百官、蛮夷等，各自按照方位和次第站立，珍禽、奇兽、各种宝物陈列在祭坛前，礼乐仪仗的盛大，是唐开国以来，从来没有过的。

辛亥，明堂成，高二百九十四尺，方三百尺。凡三层：下层法四时，各随方色。中层法十二辰；上为圆盖，九龙捧之。上层法二十四气；亦为圆盖，上施铁凤，高一丈，饰以黄金。中有巨木十围，上下通贯，栭栌橕棍藉以为本。下施铁渠，为辟雍之象。号曰万象神宫。宴赐君臣，赦天下，纵民入观。改河南为合宫县。又于明堂北起天堂五级以贮大像；至三级，则俯视明堂矣。僧怀义以功拜左威卫大将军、梁国公。

侍御史王求礼上书曰："古之明堂，茅茨不剪，采椽不斫。今者饰以珠玉，图以丹青，铁鸷入云，金龙隐雾，昔殷辛琼台，夏癸瑶室，无以加也。"太后不报。

【译文】辛亥日（二十七日），明堂落成，高有二百九十四尺，三百尺见方。一共分三层：下层按照四季划分，四方各用本方的颜色；中层模仿十二时辰；上层是圆顶，有九条龙拱捧着。顶上安置铁质的凤鸟，高一丈，外表用黄金涂饰；中有十围的巨头，上下贯通，斗斜柱屋檐都依仗它为根基；下面设有铁做的渠道，作为辟雍的象征，号称万象神宫。太后设宴款待群臣，大赦天下，准许百姓进入观赏。将河南改为合宫县。又在明堂北面建造五层天堂放佛像；到第三层时，就已经可以俯瞰明堂了。薛怀义因为有功被拜为左威卫大将军、梁国公。

侍御史王求礼上书说："古代的明堂，用茅草做屋顶，不加修剪，以栎木为椽，不加斫伐修饰。现在的明堂却用珍珠宝玉装饰，再用丹青涂抹，铁凤高入云端，金龙藏进云雾，从前商纣建造的琼台，夏桀营建的瑶室，都无法超过它。"太后没有理睬。

【乾隆御批】 黩紫临朝以来，所为恣睢逆理，岂仅一明堂之奢侈蔑古哉？是时，中宗已徙房州，宗室多遭诛戮，唐之将为伪周，迹久昭著，即遁茅茨采椽之制，亦何关于宗社安危？求礼摭拾浮词，冀以文其敢谏，庸陋更出寒蝉下矣。

【译文】 自从武则天在朝堂挂上紫色帷帐临朝听政以来，所作所为放纵暴戾、违背礼法，哪里只是一个明堂修建得奢侈和蔑视古制呢？这时唐中宗已被迁到房州，唐朝的宗室也大多遭到杀害，唐朝的江山将要变为伪周的天下，这已经是久已昭著天下的事了，却还要遵循以茅草为顶、以柞木作椽的旧制，这对于宗庙社稷的安危又有什么关系呢？王求礼收取虚饰浮夸的言辞，希望以此美化他的敢于直谏，平庸浅陋更在寒蝉之下啊。

太后欲发梁、凤、巴蜑，自雅州开山能道，出击生羌，因袭吐蕃。正字陈子昂上书，以为："雅州边羌，自国初以来未尝为盗。今一旦无罪戮之，其怨必甚；且惧诛灭，必蜂起为盗。西山盗起，则蜀之边邑不得不连兵备守，兵久不解，臣愚以为西蜀之祸，自此结矣。臣闻吐蕃爱蜀富饶，欲盗之久矣，徒以山川阻绝，障隘不通，势不能动。今国家乃乱边羌，开隘道，使其收奔亡之种，为乡导以攻边，是借寇兵而为贼除道，举全蜀以遗之也。蜀者国家之宝库，可以兼济中国。今执事者乃图侥幸之利以事西羌，得其地不足以稼穑，财不足以富国，徒为糜费，无益圣德，况其成败未可知哉！夫蜀之所恃者险也，人之所以安者无役也；今国家乃开其险，役其人，险开则便寇，人役则伤财，臣恐未见羌戎，已有奸盗在其中矣。且蜀人恇劣，不习兵战，山川阻旷，去中夏远，今无故生西羌、吐蕃之患，臣见其不及百年，蜀为戎矣。国家近废安北，拔单于，弃龟兹，放疏勒，天下翕然谓之盛德者，盖以陛下务在养人，不在广地也。今山东饥，关、陇弊，而徇贪夫之议，谋动甲兵，兴大役，自古国亡家败，未尝不由黩兵，愿陛下熟计之。"既而役不果兴。

【译文】太后准备征召梁、凤、巴蜑等地百姓劳役，从雅州开辟山道，以便出兵攻打生羌，顺便袭击吐蕃。正字（官名，掌详定典籍，订正文字）陈子昂上书朝廷，认为："雅州边境紧邻生羌，开国以来从没有发生过盗贼。现在一旦没有罪过而加以杀戮，他们一定十分怨恨；而且他们担心被杀，一定群起而成为盗贼。西山的盗贼一发生，那么蜀的边境县邑就不得不集结军队防备守御，战事长久不停，臣认为西蜀的祸患，从此就结下了。臣听闻吐蕃贪图蜀地的富饶，要入侵的念头早就有了，只因为山川险阻隔绝，障塞关隘不相通，因而才不敢有所动。现在朝廷挑起边境生羌的乱事，打通隘道，使吐蕃能够收留逃亡的生羌，让他们担任向导而进攻边境，这就是借助贼兵（生羌）

替敌人(吐蕃)开路,将整个蜀地送给敌人。蜀是国家的宝库,还能够救助中原,现在当权的人居然贪图侥幸的利益,要去征讨西羌,胜利了得到他们的土地,也不能耕种,所得财物也不足以使国家富有,徒然耗费国力,对天子的美德也没什么好处,何况成败还不知道呢!蜀地所依赖的是险阻,百姓之所以能够安居,是因为没有征役;现在朝廷要辟除掉蜀地的险阻,劳役当地的百姓,险阻一被辟除,就方便了敌人,百姓一受劳役,就损耗了财物,臣担心还没看见羌戎,蜀地就先有了奸人盗贼了。况且蜀人身体尪弱陋劣,不习惯用兵交战,山川阻绝旷远,距离中原十分遥远,现在无缘无故挑起西羌、吐蕃的祸患,臣看得出不超过百年,蜀地就会变成戎羌的土地了。朝廷最近废弃了安北、单于都护府,放弃龟兹、疏勒二镇,天下人之所以一致称之为盛德,是因为陛下注重在养育百姓,不在增广土地。现在山东地区发生饥荒,关、陇等地凋敝,却顺从贪心人的议论,计划要挑起战争,兴动大劳役,自古以来国家的灭亡,没有不是因为穷兵黩武的,希望陛下仔细考虑。"没过多久果然不再兴动劳役了。

永昌元年(己丑,公元六八九年)春,正月,乙卯朔,大飨万象神宫,太后服衮冕,搢大圭,执镇圭为初献,皇帝为亚献,太子为终献。先诣昊天上帝座,次高祖、太宗、高宗,次魏国先王,次五方帝座。太后御则天门,赦天下,改元。丁巳,太后御明堂,受朝贺。戊午,布政于明堂,颁九条以训百官。己未,御明堂,飨群臣。

二月,丁酉,尊魏忠孝王曰周忠孝太皇,妣曰忠孝太后,文水陵曰章德陵,咸阳陵曰明义陵。置崇先府官。戊戌,尊鲁公曰太原靖王,北平王曰赵肃恭王,金城王曰魏义康王,太原王曰周安成王。

【译文】 永昌元年（己丑，公元689年）春季，正月，乙卯朔日（初一），唐朝合祭于万象神宫，太后穿戴帝王的礼服礼帽，腰带上插着大圭，拿着镇圭（所以安四方之圭）做初献，皇帝做亚献，皇太子做终献。首先到昊天上帝的灵座，其次是唐高祖、唐太宗、唐高宗，再次是魏国先王（太后的父亲武士彠），最后是五方帝的灵座。太后亲自来到则天门，大赦天下，改年号为永昌。丁巳日（初三），太后驾临明堂，接受朝臣恭贺。戊午日（初四），太后在明堂敷布政事，颁布九条法令来训勉百官。己未日（初五），太后驾临明堂，大宴群臣。

二月，丁酉日（十四日），太后尊称先父魏忠孝王为周忠孝太皇，先妣为忠孝太后，将文水的陵墓（武氏祖先所葬处）称为章德陵，咸阳陵（武士彠和妻所葬处）称为明义陵，设置尊崇先府的官员。戊戌日（十五日），太后尊称鲁公为太原靖王，北平王为赵肃恭王，金城王为魏义康王，太原王为周安成王。

三月，甲子，张光辅守纳言。

壬申，太后问正字陈子昂当今为政之要。子昂退，上疏，以为："宜缓刑崇德，息兵革，省赋役，抚慰宗室，各使自安。"辞婉意切，其论甚美，几三千言。

癸酉，以天官尚书武承嗣为纳言，张光辅守内史。

夏，四月，甲辰，杀辰州别驾汝南王炜、连州别驾鄱阳公諲等宗室十二人，徙其家于巂州。炜，恽之子；諲，元庆之子也。

己酉，杀天官侍郎蓝田邓玄挺。玄挺女为諲妻，又与炜善。諲谋迎中宗于庐陵，以问玄挺，炜又尝谓玄挺曰："欲为急计，何如？"玄挺皆不应。故坐知反不告，同诛。

【译文】 三月，甲子日（十一日），张光辅代理纳言。

壬申日（十九日），太后询问正字陈子昂有关当今处理政事的要点。陈子昂退朝后，呈上奏疏，认为"应当减轻刑法、崇尚道德，停止战争，减轻赋役，安抚宗室，让他们各自安心"。言辞委婉，词意恳切，言论十分优美，共有三千字。

癸酉日（二十日），太后任命天官尚书武承嗣为纳言，命张光辅代理内史（中书令）。

夏季，四月，甲辰日（二十二日），太后将辰州别驾汝南王李炜、连州别驾鄱阳公李諲等宗室十二人杀掉，迁徙他们的家族到巂州。李炜是蒋王李恽的儿子，李諲是道王李元庆的儿子。

己酉日（二十七日），太后将天官侍郎蓝田人邓玄挺杀掉。邓玄挺的女儿是李諲的妻子，又和李炜友善。李諲计划在庐陵迎立唐中宗，询问邓玄挺的意见；李炜又曾经问邓玄挺说："要做紧急计划，怎么做呢？"邓玄挺都没有回答。所以因知道谋反而不告坐罪，一同被杀。

五月，丙辰，命文昌右相韦待价为安息道行军大总管，击吐蕃。

浪穹州蛮酋傍时昔等二十五部，先附吐蕃，至是来降；以傍时昔为浪穹州刺史，令统其众。

己巳，以僧怀义为新平军大总管，北讨突厥。行至紫河，不见虏，于单于台刻石纪功而还。

诸王之起兵也，贝州刺史纪王慎独不预谋，亦坐系狱；秋，七月，丁巳，槛车徙巴州，更姓虺氏，行及蒲州而卒。八男徐州刺史东平王续等，相继被诛，家徙岭南。

【译文】 五月，丙辰日（初五），太后任命文昌右相韦待价担任安息道行军大总管，攻打吐蕃。

浪穹州蛮族酋长傍时昔等二十五个部落，先是依附吐蕃，这时候前来归降。太后武则天任命傍时昔担任浪穹州刺史统领他的部队。

己巳日（十八日），太后任命和尚薛怀义担任新平军大总管，征讨北方的突厥。行军到紫河，见不到敌人，就在单于台上刻字记功，然后返回。

诸王起兵造反时，贝州刺史纪王李慎唯独没有参与谋划，但也坐罪被关入监狱·秋季，七月，丁巳日（初七），用囚车将他流放到巴州，改姓氏为虺氏，走到蒲州就死了。他的八个儿子，如徐州刺史东平王李续等人，相继被杀，家族被流放到岭南。

女东光县主楚媛，幼以孝谨称，适司议郎裴仲将，相敬如宾；姑有疾，亲尝药膳；接遇娣姒，皆得欢心。时宗室诸女皆以骄奢相尚，诮楚媛独俭素，曰："所贵于富贵者，得适志也；今独守勤苦，将以何求？"楚媛曰："幼而好礼，今而行之，非适志欤！观自古女子，皆以恭俭为美，纵侈为恶。辱亲是惧，何所求乎；富贵傥来之物，何足骄人！"众皆惭服。及慎凶问至，楚媛号恸，呕血数升；免丧，不御膏沐者垂二十年。

韦待价军至寅识迦河，与吐蕃战，大败。会大雪，粮运不继。待价既无将领之才，狼狈失据，士卒冻馁，死亡甚众，乃引军还。太后大怒，丙子，待价除名，流绣州，斩副大总管安西大都护阎温古。安西副都护唐休璟收其馀众，抚安西土，太后以休璟为西州都督。

戊寅，以王本立同凤阁鸾台三品。

【译文】李慎的女儿东光县主李楚媛，年幼时就因为孝顺谨慎出名，嫁给司议郎裴仲将，夫妇相敬如宾。婆婆生病时，李楚媛亲自尝喂膳食药物；对待姒娣，都能得到对方欢心。当时宗室女子都以骄奢作为时尚，讥笑李楚媛节俭朴素，说："人所以看重富贵，是因为能满足欲望；现在只有你守着勤苦，你到底追求什么？"李楚媛说："我年幼时就喜欢礼节，现在付诸行动，这不是很顺适我的心意吗？我看从古以来的女子，都以节俭恭谨为美德，以奢侈放纵为恶行。我只担心给亲人带来羞辱，又有什么追求呢？富贵是偶然得来的，怎么值得向人夸耀呢？"大家听了，都感到既羞愧又佩服。后来李慎死亡的凶信到达，李楚媛哭号哀恸，吐血好几升；守丧期满后，不用润发的油脂近二十年。

韦待价军队到了寅识迦河，和吐蕃交战，被击败。韦待价没有才能，作战时被打得狼狈不堪，失去据点，士卒受冻挨饿，死了很多人，就率领军队返回。太后非常生气，丙子日（二十六日），将韦待价官名废除，流放到绣州，处死副大总管安西大都护阎温古。安西副都护唐休璟收聚剩余的部众，安抚西方国土，太后任命唐休璟为西州都督。

戊寅日（二十八日），太后任命王本立为同凤阁鸾台三品。

徐敬业之败也，弟敬真流绣州，逃归，将奔突厥，过洛阳，洛州司马弓嗣业、洛阳令张嗣明资遣之；至定州，为吏所获，嗣业缢死。嗣明、敬真多引海内知识，云有异图，冀以免死；于是朝野之士为所连引坐死者甚众。嗣明诬内史张光辅，云"征豫州日，私论图谶、天文，阴怀两端。"八月，甲申，光辅与敬真、嗣明等同诛，籍没其家。

乙未，秋官尚书太原张楚金、陕州刺史郭正一、凤阁侍郎元万顷、洛阳令魏元忠，并免死流岭南。楚金等皆为敬真所引，云与敬业通谋。临刑，太后使凤阁舍人王隐客驰骑传声赦之。声达于市，当刑者皆喜跃欢呼，宛转不已；元忠独安坐自如，或使之起，元忠曰："虚实未知。"隐客至，又使起，元忠曰："俟宣敕已。"既宣敕，乃徐起，舞蹈再拜，竟无忧喜之色。是日，阴云四塞，既释楚金等，天气晴霁。

【译文】徐敬业失败时，弟弟徐敬真被流放到绣州，他逃回来，准备逃往突厥。路过洛阳时，洛州司马弓嗣业、洛阳令张嗣明用财物遣送他。到了定州，被官吏所查获，弓嗣业在狱中自缢而死。张嗣明、徐敬真牵引了许多海内相知相识的人，说他们有造反的企图，希望因此能够免于一死。于是朝野的士人被牵连判死罪的很多。张嗣明诬陷内史张光辅，说"讨伐豫州的时候，私立论断图录谶纬、天文，暗中怀有异心"。八月，甲申日（初四），张光辅和徐敬真、张嗣明等人一起被杀，并被查抄家产。

乙未日（十五日），秋官尚书太原人张楚金、陕州刺史郭正一、凤阁侍郎元万顷、洛阳令魏元忠等人，一起被免除死罪，流放岭南。张楚金等人都是徐敬真所牵引，说他们和徐敬业串通谋反。临刑时，太后派凤阁舍人王隐客骑快马传声赦免，声音传到市朝上，受刑的人都高兴得欢呼跳跃，欢呼声辗转不停；只有魏元忠安心自如地坐着，有人让他起身，魏元忠说："真实情况还不知晓。"王隐客到了后，又要他起身，魏元忠说："等宣过敕令吧！"宣读敕令后，才慢慢起身，拜了两拜，竟然没有忧虑或高兴的神情。当天，阴沉的乌云四下聚合，释放张楚金等人后，天气转为晴朗。

九月，壬子，以僧怀义为新平道行军大总管，将兵二十万以讨突厥骨笃禄。

初，高宗之世，周兴以河阳令召见，上欲加擢用，或奏以非清流，罢之。兴不知，数于明堂俟命。诸相皆无言，地官尚书、检校纳言魏玄同，时同平章事，谓之曰："周明府可去矣。"兴以为玄同沮己，衔之。玄同素与裴炎善，时人以其终始不渝，谓之耐久朋。周兴奏诬玄同言："太后老矣，不若奉嗣君为耐久。"太后怒，闰月，甲午，赐死于家。监刑御史房济谓玄同曰："丈人何不告密，冀得召见，可以自直！"玄同叹曰："人杀鬼杀，亦复何殊，岂能作告密人邪！"乃就死。又杀夏官侍郎崔詧于隐处。自馀内外大臣坐死及流贬甚众。

【译文】 九月，壬子日（初三），太后任命和尚薛怀义担任新平道行军大总管，率领士兵二十万征讨突厥骨笃禄。

起初，在唐高宗时代，周兴以河阳令的身份受召觐见唐高宗，唐高宗要加以擢升任用，有人奏报说周兴不是出身清流，唐高宗就不任用他。周兴不知道，好几次在朝堂等候唐高宗的任命。各位丞相都默默不讲话，地官（户部）尚书、检校纳言魏玄同当时担任同平章事，对他说："周明府（唐朝称县令为明府）你可以离去了。"周兴认为魏玄同阻止自己升迁，衔恨在心。魏玄同一向和裴炎友善，当时人因为他们的友情始终不渝，称他们是"耐久朋"。周兴奏告太后，诬陷魏玄同说过："太后年老了，不如奉立嗣君，时间较为持久。"太后十分生气，闰月，甲午日（十五日），赐他在家里自尽。监刑御史房济对魏玄同说："老丈你为什么不上书告密，以求得太后召见，可以自我申诉，而得清白！"魏玄同感叹说："被人杀被鬼杀（有病而死），又有什么不同，怎么能做告密人呢？"于是自尽。又将夏官侍郎崔詧在隐秘处（不在市朝）杀了。其他内外大臣坐罪而死以及被流放贬官的非常多。

彭州长史刘易从亦为徐敬真所引；戊申，就州诛之。易从为人，仁孝忠谨，将刑于市，吏民怜其无辜，远近奔赴，竞解衣投地曰："为长史求冥福。"有司平准，直十馀万。

周兴等诬右武卫大将军燕公黑齿常之谋反，徵下狱。冬，十月，戊午，常之缢死。

己未，杀宗室鄂州刺史嗣郑王璥等六人。庚申，嗣滕王脩琦等六人免死，流岭南。

丁卯，春官尚书范履冰、凤阁侍郎邢文伟并同平章事。

己卯，诏太穆神皇后、文德圣皇后宜配皇地祇，忠孝太后从配。

【译文】彭州长史刘易从也被徐敬真诬陷；戊申日（二十九日），在彭州被处死。刘易从的为人，仁慈、孝顺、忠君、谨慎，在市朝将要被处死时，吏属百姓同情他无辜，不论远近都奔去观看，争着脱掉衣物投在地上说："替长史祈求冥中的福禄。"有司公平地将衣物估价，价值有十几万。

周兴等人诬告右武卫大将军燕公黑齿常之计划造反，太后就征召他，将他关在监狱。冬季，十月，戊午日（初九），黑齿常之自缢而死。

己未日（初十），太后将宗室鄂州刺史嗣郑王李璥（李璥为郑王李元懿的儿子）等六人处死。庚申日（十一日），滕王的子嗣李脩、李琦（李脩、李琦为滕王李元婴的儿子）等六人被免除死罪，流放到岭南。

丁卯日（十八日），春官（礼部）尚书范履冰、凤阁侍郎邢文伟都任同平章事。

己卯日（三十日），太后下诏令将太穆神皇后（唐高祖的皇后）、文德圣皇后和皇地祇配祭，忠孝太后（太后母）随着配享。

右卫胄曹参军陈子昂上疏，以为："周颂成、康，汉称文、景，皆以能措刑故也。今陛下之政，虽尽善矣，然太平之朝，上下乐化，不宜有乱臣贼子，日犯天诛。比者大狱增多，逆徒滋广，愚臣顽昧，初谓皆实，乃去月十五日，陛下特察系囚李珍等无罪，百僚庆悦，皆贺圣明，臣乃知亦有无罪之人挂于疏网者。陛下务在宽典，狱官务在急刑，以伤陛下之仁，以诬太平之政，臣窃恨之。又，九月二十一日赦免楚金等死，初有风雨，变为景云。臣闻阴惨者刑也，阳舒者德也；圣人法天，天亦助圣，天意如此，陛下岂可不承顺之哉！今又阴雨，臣恐过在狱官。凡系狱之囚，多在极法，道路之议，或是或非，陛下何不悉召见之，自诘其罪。罪有实者显示明刑，滥者严惩狱吏，使天下咸服，人知政刑，岂非至德克明哉！"

【译文】右卫胄曹参军陈子昂呈上疏文，认为："周朝时成王、康王被人称颂，汉朝时文帝、景帝被人赞美，都是因为能放弃刑法不用。如今陛下治政，虽然说是十分完善了，可是太平的朝代，上下都乐于陛下的政化，不应当有乱臣贼子，天天触犯帝王的刑律被处死。最近大案增加很多，叛逆的人也越来越多了，愚臣冥顽不灵，最先认为犯人犯罪都是事实，可是上月十五日，陛下特别审查出来关在监狱的犯人李珍等人没有罪，百官欢喜庆贺，都恭贺圣上的英明，臣才知晓在陛下宽大的法网下，也有无罪被冤枉的人。陛下极力地在使刑法宽和，狱官却急切地要处罚人，因此伤害了陛下的仁政，而诬害了太平的政事，臣私下感到非常遗憾。并且在九月二十一日下敕令免除张楚金等人死罪的时候，起初有风雨，后来变为卿云（祥云）。臣听说天空阴惨暗淡是用刑的缘故，阳和舒泰是美德造成的；圣人效法天，天也帮助圣人，天意既然如此，陛下怎么可以不恭承顺应天意呢？现在天又阴沉下雨，臣担心过错又出现在狱官身上。凡是被关入监狱的犯人，大多被判处死刑，行路之人的议论，可能对也可能不对，陛下为什么不全部召见犯人，亲自审问他们的罪呢？犯罪而有实据的犯人，判处死刑，向众人昭示，作为警诫；淫滥无度的话就严厉惩处执法的狱吏，让天下百姓都能心悦诚服，人人都知晓政刑不滥，如此难道不是至德大光明的政治吗？"

【申涵煜评】 罗织之门开，严刑峻法，竟是活地狱。子昂以疏贱小臣，批鳞触忌，上疏力诤，事虽不行，具大菩提心，不当仅作才人观。

【译文】 编造罪名的门一开，严刑峻法之下，最后简直是活地狱。陈子昂以疏远卑贱的小臣，敢于触犯皇帝冒犯忌讳，上疏极力谏争，事情虽然得到推行，但是他具有大菩提心，不应该是把他当作一个普通的才人看待。

天授元年（庚寅，公元六九〇年）十一月，庚辰朔，日南至。太后享万象神宫，赦天下。始用周正，改永昌元年十一月为载初元年正月，以十二月为腊月，夏正月为一月。以周、汉之后为二王后，舜、禹、成汤之后为三恪，周、隋之嗣同列国。

凤阁侍郎河东宗秦客，改造"天""地"等十二字以献，丁亥，行之。太后自名"曌"，改诏曰制。秦客，太后从父姊之子也。

乙未，司刑少卿周兴奏除唐亲属籍。

腊月，辛未，以僧怀义为右卫大将军，赐爵鄂国公。

【译文】 天授元年（庚寅，公元690年）是年九月始改年号为天授。十一月，庚辰朔日（初一），冬至。太后在万象神宫祭祀，大赦天下。开始使用周的历法，将永昌元年十一月改为载初元年正月，将十二月作为腊月，夏正月为一月。将周、汉的后代作为二王之后，舜、禹、成汤的后代为三恪（周武王封虞舜、夏、商的后代为三恪，唐朝时将后周和隋作为二王之后），周（后周）、隋皇室的子孙和列国诸侯地位同等。

凤阁侍郎河东人宗秦客，改造"天""地"等十二字呈献，丁亥日（初八），唐朝下令开始施行。太后自己命名为"曌"，为避讳改"诏"为"制"。宗秦客是太后堂姐的儿子。

乙未日（十六日），司刑少卿周兴奏请废除唐朝帝室亲属的家族名册。

腊月，辛未日（二十三日），太后任命和尚薛怀义担任右卫大将军，赐爵号为鄂国公。

春，一月，戊子，武承嗣迁文昌左相，岑长倩迁文昌右相、同凤阁鸾台三品，凤阁侍郎武攸宁为纳言，邢文伟守内史，左肃政大夫、同凤阁鸾台三品王本立罢为地官尚书。攸宁，士彟之兄孙也。

时武承嗣、三思用事，宰相皆下之。地官尚书、同凤阁鸾台三品韦方质有疾，承嗣、三思往问之，方质据床不为礼。或谏之，方质曰："死生有命，大丈夫安能曲事近戚以求苟免乎！"寻为周兴等所构，甲午，流儋州，籍没其家。

二月，辛酉，太后策贡士于洛城殿。贡士殿试自此始。

丁卯，地官尚书王本立薨。

三月，丁亥，特进、同凤阁鸾台三品苏良嗣薨。

夏，四月，丁巳，春官尚书、同平章事范履冰坐尝举犯逆者，下狱死。

【译文】 春季，一月，戊子日（初十），武承嗣升任文昌左相，岑长倩升任文昌右相、同凤阁鸾台三品，凤阁侍郎武攸宁担任纳言，邢文伟代理内史，左肃政大夫、同凤阁鸾台三品王本立被降为地官尚书。武攸宁是武士彟哥哥的孙子。

当时武承嗣、武三思执掌大权，连宰相都自居在他们之下。地官尚书、同凤阁鸾台三品韦方质有病，武承嗣、武三思前往慰问，韦方质靠在床上没有答礼。有人劝他，韦方质说："死生命中已经注定，大丈夫怎么能够委屈地侍奉太后的近亲以求幸免呢？"不久被周兴等人诬告陷害，甲午日（十六日），流放儋州，抄没其家。

二月，辛酉日（十四日），太后亲自在洛城殿策试贡士。贡士的殿试从这时候开始。

丁卯日（二十日），唐地官尚书王本立去世。

三月，丁亥日（初十），唐特进、同凤阁鸾台三品苏良嗣去世。

夏季，四月，丁巳日（十一日），春官尚书、同平章事范履冰因为曾经举荐犯大逆之罪的人，因而坐罪被判下狱处死。

醴泉人侯思止，始以卖饼为业，后事游击将军高元礼为仆，素诡谲无赖。恒州刺史裴贞杖一判司，判司使思止告贞与舒王元名谋反，秋，七月，辛巳，元名坐废，徙和州，壬午，杀其子豫章王亶；贞亦族灭。擢思止为游击将军。时告密者往往得五品，思止求为御史，太后曰："卿不识字，岂堪御史！"对曰："獬豸何尝识字？但能触邪耳。"太后悦，即以为朝散大夫、侍御史。它日，太后以先所籍没宅赐之，思止不受，曰："臣恶反逆之人，不愿居其宅。"太后益赏之。

衡水人王弘义，素无行，尝从邻舍乞瓜，不与，乃告县官，瓜田中有白兔；县官使人搜捕，蹂践瓜田立尽。又游赵、贝，见闾里耆老作邑斋，遂告以谋反，杀二百馀人，擢授游击将军，俄迁殿中侍御史。或告胜州都督王安仁谋反，敕弘义按之。安仁不服，弘义即于枷上刭其首；又捕其子，适至，亦刭其首，函之以归。道过汾州，司马毛公与之对食，须臾，叱毛公下阶，斩之，枪揭其首入洛，见者无不震栗。

【译文】醴泉人侯思止，起初是以卖饼为职业，后来侍奉游击将军高元礼，做高元礼的仆人，侯思止一向诡诈轻薄。恒州刺史裴贞杖打一个判司（州曹各司的参军），判司指使侯思止密告裴贞和舒王李元名谋划造反，秋季，七月，辛巳日（初七），李元名坐罪官位被废，迁徙到和州；壬午日（初八），太后将李元名的儿子豫章王李亶杀掉，裴贞也遭受灭族。擢升侯思止为游击将军。当时告密的人经常得到五品官，侯思止请求担任御史，太后说："你不识字，怎能做御史？"侯思止回答说："獬豸（一种野兽，个性十分忠直，看见人打斗，能够用角触那不正直的人）也不识字，却能够触那不正的邪人。"太后非常高兴，马上就任命他担任朝散大夫、侍御史。过了几天，太后将从前所抄没的房宅赐给他，侯思止不接受，说："臣讨厌那些叛逆的人，不愿住到那种人的宅院。"太后越发赏识他。

衡水人王弘义，品行一向不好，曾经向邻居要瓜吃，邻居不给，就报告县官说瓜田中有白兔。县官派人搜捕白兔，立即将瓜田践踏。他又游过赵、贝，看见闾里老人做斋饭布施僧侣，就控告说他们在谋反，杀死两百多人。太后擢升他为游击将军，不久又升迁他为殿中侍御史。有人密告胜州都督王安仁计划造反，太后下敕令王弘义查办。王安仁不服，王弘义就在王安仁的刑枷上将他的头砍掉。又捕杀王安仁的儿子，恰好王安仁的儿子来了，也砍掉他的头，用封套装着回朝。路过汾州时，司马毛公和王弘义对坐饮食，没过多久，将毛公叱下台阶，加以斩杀，用枪将毛公头颅挑入洛水，看见的人没有不震惧颤抖的。

时置制狱于丽景门内，入是狱者，非死不出，弘义戏呼为"例竟门"。朝士人人自危，相见莫敢交言，道路以目。或因入朝密遭掩捕，每朝，辄与家人诀曰："未知复相见否？"

时法官竞为深酷，唯司刑丞徐有功、杜景俭独存平恕，被告者皆曰："遇来、侯必死，遇徐、杜必生。"

有功，文远之孙也，名弘敏，以字行。初为蒲州司法，以宽为治，不施敲朴，吏相约有犯徐司法杖者，众共斥之。迨官满，不杖一人，职事亦修。累迁司刑丞，酷吏所诬构者，有功皆为直之，前后所活数十百家。尝廷争狱事，太后厉色诘之，左右为战栗，有功神色不挠，争之弥切。太后虽好杀，知有功正直，甚敬惮之。景俭，武邑人也。

【译文】　当时在丽景门内设置诏狱（关押奉诏逮捕的犯人的监狱），进入那个监狱的犯人，不死不可能出去，王弘义开玩笑地说那是"例竟门"（"竟"就是死的意思，进入这门照例一定会死）。朝廷官员人人自危，见面时不敢交谈，在路上用眼色示意。有人因为入宫朝见，却暗地被逮捕了，因此官员每次早朝时，常常要和家人诀别说："不晓得能否再相见？"

当时法官争着显现严酷，只有司刑丞徐有功、杜景俭抱着宽恕平和的态度办案，被告发的人都说："遇到来俊臣、侯思止一定死，遇到徐有功、杜景俭一定生还。"

徐有功是徐文远的孙子，名叫弘敏，人们习惯称呼他的字。起初，徐有功做蒲州司法，以宽和处理政事，不用杖击打犯人。手下属吏互相约好，违背徐司法的规定而用杖击打犯人的，大家一起斥责。等到他任职期满时，没有杖打过一个人，但职务也办得很好。累积升迁到司刑丞，凡是酷吏所诬告陷害的，徐有功都替他们平反，前后所救活的有数百家。他曾经在朝廷争辩有关刑狱的事情，太后严厉责问他，左右大臣都恐惧颤抖，只有徐有功神色仍然不变，争辩得更加坚决。太后虽然好杀，但知道徐有功正直，特别敬重他。杜景俭是武邑人。

司刑丞荥阳李日知亦尚平恕。少卿胡元礼欲杀一囚，日知以为不可，往复数日，元礼怒曰："元礼不离刑曹，此囚终无生理！"日知曰："日知不离刑曹，此囚终无死法！"竟以两状列上，日知果直。

东魏国寺僧法明等撰《大云经》四卷，表上之，言太后乃弥勒佛下生，当代唐为阎浮提主；制颁于天下。

武承嗣使周兴罗告隋州刺史泽王上金、舒州刺史许王素节谋反，徵诣行在。素节发舒州，闻遭丧哭者，叹曰："病死何可得，乃更哭邪！"丁亥，至龙门，缢杀之。上金自杀。悉诛其诸子及支党。

【译文】司刑丞荥阳人李日知也崇尚平和宽恕。少卿胡元礼要杀一个犯人，李日知认为不可以，双方多次反复争执，胡元礼生气地说："只要我胡元礼不离开刑曹，这犯人绝没有存活的道理。"李日知说："我李日知一天不离开刑曹，这犯人终究不会有判死刑的法令！"最后将两人的不同意见呈报上级，李日知果然判断正确。

东魏国寺和尚法明等人撰写《大云经》四卷，奉表呈献太后，说太后是弥勒佛下世，应该代唐而成为人世的主人，太后就下诏令颁布天下，让天下人知晓。

武承嗣命周兴罗织罪名诬告隰州刺史泽王李上金、舒州刺史许王李素节谋反，而上告太后，太后征召他们前往洛阳。李素节从舒州出发时，听到有人遇丧事而痛哭，感叹说："生病而死，怎能轻易得到啊，为什么还痛哭呢？"丁亥日（十三日），到了龙门，被吊死。李上金也自杀了。太后武则天将他们的儿子宗支党羽全部杀掉。

太后欲以太平公主妻其伯父士让之孙攸暨，攸暨时为右卫中郎将，太后潜使人杀其妻而妻之。公主方额广颐，多权略，太后以为类己，宠爱特厚，常与密议天下事。旧制，食邑，诸王不过千户，公主不过三百五十户；太平食邑独累加至三千户。

八月，甲寅，杀太子少保、纳言裴居道；癸亥，杀尚书左丞张行廉。辛未，杀南安王颍等宗室十二人，又鞭杀故太子贤二子，唐之宗室于是殆尽矣，其幼弱存者亦流岭南，又诛其亲党数百家。惟千金长公主以巧媚得全，自请为太后女，仍改姓武氏；太后爱之，更号延安大长公主。

【译文】太后要将太平公主嫁给自己伯父武士让的孙子武攸暨，武攸暨当时是右卫中郎将，太后暗中派人杀掉武攸暨的妻子，而将公主嫁给武攸暨。公主额头面颊都十分宽大，很有权谋才略，太后认为她特别像自己，特别宠爱她，经常和她一起暗中商议天下事。依照旧有的制度，诸王所封食邑不超过一千户，公主不超过三百五十户；但太平公主的食邑却单独连续追加到三千户之多。

八月，甲寅日（十一日），太后杀了太子少保、纳言裴居道。癸亥日（二十日），太后杀了尚书左丞张行廉。辛未日（二十八日），太后杀了南安王李颍等唐宗室十二人，又鞭打死了故太子李贤的两个儿子，唐宗室到此几乎死光了，那些还活着的年幼的人也都被流放到岭南，又杀了他们的亲戚党羽好几百家。只有千金长公主因为谄媚而保全性命，她请求做太后的女儿，改为武氏。太后宠爱他，更改名号为延安大长公主。

九月，丙子，侍御史汲人傅游艺帅关中百姓九百馀人诣阙上表，请改国号曰周，赐皇帝姓武氏，太后不许；擢游艺为给事中。于是，百官及帝室宗戚、远近百姓、四夷酋长、沙门、道士合六万馀人，俱上表如游艺所请，皇帝亦上表自请赐姓武氏。戊寅，群臣上言："有凤皇自明堂飞入上阳宫，还集左台梧桐之上，久之，飞东南去；及赤雀数万集朝堂。"

庚辰，太后可皇帝及群臣之请。壬午，御则天数，赦天下，以唐为周，改元。乙酉，上尊号曰圣神皇帝，以皇帝为皇嗣，赐姓武氏；以皇太子为皇孙。

【译文】九月，丙子日（初三），侍御史汲人傅游艺带领关中百姓九百多人前往宫廷呈上奏表，请求改国号为周，赐给皇帝姓武氏。太后没有答应；擢升傅游艺为给事中。于是百官和皇帝宗族的亲戚、远近的百姓、四方夷狄的酋长、和尚、道士等共六万多人，都呈上奏表提出和傅游艺一样的请求，皇帝也呈上奏表，请求赐他姓武氏。戊寅日（初五），群臣上书说："有凤凰鸟从明堂飞进上阳宫内，还停留在左台（左肃政台）梧桐之上，停了很久，才向东南飞去；又有赤雀好几万只飞来聚集在朝堂上。”

庚辰日（初七），太后答应了皇帝和群臣的请求。壬午日（初九），太后驾临则天门楼，大赦天下，将唐改为周，又改年号为天授。乙酉日（十二日），太后尊崇自己的名号为圣神皇帝，将皇帝改为皇位继承人，赐给他姓武氏；又以皇太子为皇孙。

丙戌，立武氏七庙于神都，追尊周文王曰始祖文皇帝，姒姒氏曰文定皇后，平王少子武曰睿祖康皇帝，姜氏曰康惠皇后；太原靖王曰严祖成皇帝，姒曰成庄皇后；赵肃恭王曰肃祖章敬皇帝，魏义康王曰烈祖昭安皇帝，周安成王曰显祖文穆皇帝，忠孝太皇曰太祖孝明高皇帝，姒皆如考谥，称皇后。立武承嗣为魏王，三思为梁王，攸宁为建昌王，士彟兄孙攸归、重规、载德、攸暨、懿宗、嗣宗、攸宜、攸望、攸绪、攸止皆为郡王，诸姑姊皆为长公主。

又以司宾卿溧阳史务滋为纳言，凤阁侍郎宗秦客检校内史，给事中傅游艺为鸾台侍郎、平章事。游艺与岑长倩、右玉钤卫大将军张虔勖、左金吾大将军丘神勣、侍御史来子珣等并赐姓武。秦客潜劝太后革命，故首为内史。游艺期年之中历衣青、绿、朱、紫，时人谓之四时仕宦。

【译文】丙戌日（十三日），太后在神都洛阳设立武氏七庙，追尊周文王为始祖文皇帝，姒姒氏为文定皇后；追尊周平王最小的儿子姬武为睿祖康皇帝，姜氏为康睿皇后；追尊太原靖王为严祖成皇帝，姒为成庄皇后；追尊赵肃恭王为肃祖章敬皇帝，魏义康王为烈祖昭安皇帝，周安成王为显祖文穆皇帝，忠孝太皇为太祖孝明高皇帝，姒都和考的谥号一样，称作皇后。太后加封武承嗣为魏王，武三思为梁王，武攸宁为建昌王。武士彟哥哥的孙子武攸归、武重规、武载德、武攸暨、武懿宗、武嗣宗、武攸宜、武攸望、武攸绪、武攸止都封为郡王，所有姑姐（父亲的姐姐）都封为长公主。

太后又任命司宾卿（鸿胪卿）溧阳人史务滋为纳言，凤阁侍郎宗秦客为检校内史，给事中傅游艺为鸾台侍郎、平章事。傅游艺和岑长倩、右玉钤卫大将军张虔勖、左金吾大将军丘神勣、侍御史来子珣等人都被赐姓武。宗秦客暗中劝太后改掉唐的国名，所以第一个被封为内史。傅游艺一年之中，穿过青、绿、朱、紫四种颜色的官袍（一年之间由九品升到一品），当时的人称他为"四时仕宦"（每季一迁官职）。

【乾隆御批】 武氏之罪实浮于吕氏，盖武氏革命而吕氏未革命也，为当世之臣者，不能为徐敬业之讨贼，则惟有弃冠服而逃耳。如狄仁杰一再相彼，尽心乃事，而后世反以复唐之功归之，是皆托于"明哲保身，宽柔以教"之论，而未终读夫子"至死不变"之语，是非倒置莫甚于此。余故表而正之。

【译文】 武则天的罪责实在超过吕氏，因为武则天竟然改朝换代而吕后并没有改朝换代，作为那个时代的臣子，不能像徐敬业讨伐叛逆，就只有脱掉官服，远离官场而去，像狄仁杰，一再给武则天当宰相，竭尽心力侍奉武氏，而后来的人们却反而把恢复大唐的功劳归于他，这都是寄托于"明哲保身，宽柔以教"（明智的人善于保全自己，以宽容柔和的心态教化他人）的说法，而没有读懂孔子的"至死不变"的语意，是非倒置没有比这更严重的了。因此我明白地写在这里，以更正这种错误的认识。

敕改州为郡；或谓太后曰："陛下始革命而废州，不祥。"太后遽追止之。

命史务滋等十人存抚诸道。癸卯，太后立兄孙延基等六人为郡王。

冬，十月，甲子，检校内史宗秦客坐赃贬遵化尉，弟楚客、晋卿亦以奸赃流岭外。

丁卯，杀流人韦方质。

辛未，内史邢文伟坐附会宗秦客贬珍州刺史。顷之，有制使至州，文伟以为诛己，遽自缢死。

壬申，敕两京诸州各置大云寺一区，藏《大云经》，使僧升高座讲解，其撰疏僧云宣等九人皆赐爵县公，仍赐紫袈裟、银龟袋。

【译文】太后下敕令将州改为郡。有人对太后说："陛下刚刚更改国号就废了州，不吉利。"（州、周同音）太后立即追回成命。

太后命令史务滋等十人巡视安抚各道。太后封自己哥哥的孙子武延基等六人为郡王。

冬季，十月，甲子日（二十一日），检校内史宗秦客因贪赃坐罪，被贬为遵化尉，宗秦客的弟弟宗楚客也因枉法贪污而被流放到岭南。

丁卯日（二十四日），太后将流放的韦方质杀死。

辛未日（二十八日）内史邢文伟因为附和宗秦客而坐罪，被贬为珍州刺史。不久，有朝廷的使臣来到珍州，刑文伟认为是来杀自己的，很快就自缢而死。

壬申日（二十九日），太后下敕令两京各州，每州修建大云寺一座，收藏《大云经》，让和尚升座讲解经文内容，撰写《大云经义疏》的和尚云宣等九人，都被赐予爵位，称为县公，仍旧赐给紫袈裟、银龟袋（和尚一般穿缁色的袈裟，有恩赐才穿紫袈袄。唐朝五品以上官吏原来佩鱼，天授二年改佩龟）。

制天下武氏咸蠲课役。

西突厥十姓，自垂拱以来，为东突厥所侵掠，散亡略尽。濛池都护继往绝可汗斛瑟罗收其馀众六七万人入居内地，拜左卫大将军，改号竭忠事主可汗。

道州刺史李行褒兄弟为酷吏所陷，当族，秋官郎中徐有功固争不能得。秋官侍郎周兴奏有功故出反囚，当斩，太后虽不许，亦免有功官；然太后雅重有功，久之，复起为侍御史。有功伏地流涕固辞曰："臣闻鹿走山林而命悬庖厨，势使之然也。陛下以臣为法官，臣不敢枉陛下法，必死是官矣。"太后固授之，远近闻者相贺。

【译文】太后下诏令天下姓武的都免了赋税徭役。

西突厥十姓部落，从垂拱年间以来，一直被东突厥侵占掠夺，分散逃亡得差不多了。濛池都护继往绝可汗斛瑟罗收聚残余部众六七万到内地居住，唐朝廷拜授他为右卫大将军，改名号为竭忠事主可汗。

道州刺史李行褒兄弟被酷吏诬陷，应当灭族，秋官郎中徐有功再三力争而不能为他们平反。秋官侍郎周兴奏报徐有功出脱谋反的囚犯，应当判死刑，太后虽没有杀徐有功，但也罢免了徐有功。可是太后十分推重徐有功，过了一段时间，又任用他为侍御史。徐有功跪伏地上，流着泪再三辞谢说："臣听说鹿在山林中奔走，而生命却系在庖丁厨师身上，这是形势逼迫而形成的。陛下任命臣为法官，臣不敢歪曲了陛下的法令，臣必定会死在职位上。"太后一定要授给他，远近士民听说这件事的，都相互庆贺。

是岁，以右卫大将军泉献诚为左卫大将军。太后出金宝，命选南北牙善射者五人赌之，献诚第一，以让右玉钤卫大将军薛咄摩，咄摩复让献诚。献诚乃奏言："陛下令选善射者，今多非汉官，窃恐四夷轻汉，请停此射。"太后善而从之。

【译文】 这一年，太后任命右卫大将军泉献诚为左卫大将军。太后拿出金银珠宝，命令挑选南北二牙文武百官中善于射箭的人参加比赛，结果泉献诚得第一，他将第一要让给右玉钤卫大将军薛咄摩，薛咄摩又要让给泉献诚。泉献诚就奏告说："陛下命令选拔善于射箭的人，选拔的结果，获胜的多不是汉官，臣私下担心四方夷狄因此轻视汉人（泉献诚是高丽泉男生的儿子；薛咄摩是薛延陀族人），请求陛下停止这种射箭比赛吧！"太后认为很对，采纳了他的意见。

天授二年（辛卯，公元六九一年）正月，癸酉朔，太后始受尊号于万象神宫，旗帜尚赤。甲戌，改置社稷于神都。辛巳，纳武氏神主于太庙；唐太庙之在长安者，更命曰享德庙。四时唯享高祖已下三庙，馀四室皆闭不享。又改长安崇先庙为崇尊庙。乙酉，日南至，大享明堂，祀昊天上帝，百神从祀，武氏祖宗配享，唐三帝亦同配。

御史中丞知大夫事李嗣真以酷吏纵横，上疏，以为："今告事纷纭，虚多实少，恐有凶慝阴谋离间陛下君臣。古者狱成，公卿参听，王必三宥，然后行刑。比日狱官单车奉使，推鞫既定，法家依断，不令重推；或临时专决，不复闻奏。如此，则权由臣下，非审慎之法，倘有冤滥，何由可知！况以九品之官专命推覆，操杀生之柄，窃人主之威，按覆既不在秋官，省审复不由门下，国之利器，轻以假人，恐为社稷之祸。"太后不听。

【译文】 天授二年（辛卯，公元691年）正月，癸酉朔日（初一），太后在万象神宫正式接受尊号，旗帜崇尚赤色。甲戌日（初二），太后在神都洛阳改设社祭坛。辛巳日（初九），太后将武氏神主供奉在太庙；在长安的唐太庙改为享德庙。四时只祭祀唐高祖以下的先帝，剩下的四个祭室都关着不举行祭礼（四室是宣帝、元帝、光帝、景帝），又将长安的崇先庙改为崇尊庙。乙酉日（十三日），太阳从南方出现，太后合祭于明堂，祭祀昊天上帝，百神陪祭，武氏祖宗配祭，唐朝三位已故皇帝也一同配享。

御史中丞代理大夫政事的李嗣真因为酷吏横行无忌，就呈上疏文说："如今密告的案件繁多，但是虚妄的多，真实的少，担心有奸邪的小人，阴谋离间陛下的君臣关系。在古代案件形成之后，公卿可以参与听断，决断之后，国君一定要宽恕三次，不能再宽恕时才行刑。最近狱官一个人奉命担任使者，独自推究审问，案子完结之后，法官依据狱吏的决断判案，不让案子重新推问；有时狱官自己临时裁决，不再呈报上奏。像这样下去，权柄就会落在臣子手里，这不是严谨的方法，假如有冤情发生，怎么可能知晓呢？何况凭借九品官的身份，却专责推问犯案的事情，掌握生杀大权，窃夺人主的威势，审讯定案既不在刑部，检查审定又不经过门下省，国家的利器（指的是刑罚），轻易地交给别人，担心会给社稷带来祸害。"太后没有接受。

【乾隆御批】 《郑樵氏族略》以武氏出宋武公之后，至云周平王少子生而有文在手，曰"武"字者。盖即当时乱臣贼子附会之词。故武氏之祖文王，与王莽之祖虞舜，俱为血蔑经污史，而其好为泥古，更制恶迹亦同。

【译文】《郑樵氏族略》认为武氏是宋武公的后代，甚至说周平王的小儿子出生时就有纹印在手掌中，写的就是个"武"字。这大概都是当时乱臣贼子生拉硬扯的做法，和王莽认虞舜为祖先一样，都是污损历史的行为，而他们喜欢拘泥于古代的陈规，不知变通，借古人来改制，这些恶劣的行迹也是相同的。

饶阳尉姚贞亮等数百人表请上尊号曰上圣大神皇帝，不许。

侍御史来子珣诬尚衣奉御刘行感兄弟谋反，皆坐诛。

春，一月，地官尚书武思文及朝集使二千八百人表请封中岳。

己亥，废唐兴宁、永康、隐陵署官，唯量置守户。

左金吾大将军丘神勣以罪诛。

纳言史务滋与来俊臣同鞫刘行感狱，俊臣奏务滋与行感亲密，意欲寝其反状。太后命俊臣并推之，庚子，务滋恐惧自杀。

【译文】饶阳尉姚贞亮等好几百人上表请求为太后上尊号为"上圣大神皇帝"（原为圣神皇帝），太后没有答应。

侍御史来子珣诬陷尚衣奉御（官品，掌管天子衣服、进御之事）刘行感兄弟谋划造反，兄弟二人因此被处死。

春季，一月，地官尚书武思文以及朝集使两千八百人，上表请求前往中岳（嵩山）封禅。

己亥日（二十七日），太后废除唐兴宁陵、永康陵、隐陵等官署（兴宁陵是元帝陵，永康陵是景帝陵），但酌量设置守陵户。

左金吾大将军丘神勣因为犯罪被杀。

纳言史务滋和来俊臣一起审讯刘行感的案件，来俊臣奏告史务滋和刘行感十分亲近，想要息止刘行感谋反的讼案。太后命令来俊臣将史务滋一起加以推问。史务滋因害怕而自杀。

或告文昌右丞周兴与丘神勣通谋，太后命来俊臣鞫之，俊臣与兴方推事对食，谓兴曰："囚多不承，当为何法？"兴曰："此甚易耳！取大瓮，以炭四周炙之，令囚入中，何事不承！"俊臣乃索大瓮，火围如兴法，因起谓兴曰："有内状推兄，请兄入此瓮！"兴惶恐叩头服罪。法当死，太后原之二月，流行岭南，在道，为仇家所杀。

兴与索元礼、来俊臣竞为暴刻，兴、元礼所杀各数千人，俊臣所破千馀家。元礼残酷尤甚，太后亦杀之以慰人望。

徙左卫大将军千乘王武攸暨为定王。

立故太子贤之子光顺为义丰王。

甲子，太后命始祖墓曰德陵，睿祖墓曰乔陵，严祖墓曰节陵，肃祖墓曰简陵，烈祖墓曰靖陵，显祖墓曰永陵，改章德陵为昊陵，显义陵为顺陵。

【译文】有人告文昌右丞周兴和丘神勣一同造反，太后命来俊臣审问，来俊臣和周兴审案后一起吃饭，来俊臣对周兴说："犯人有很多不肯招认，应该用什么方法呢？"周兴说："这很容易！取一个大缸，用炭在缸的四周烤，将犯人放入缸里面，还有什么事情不招认呢？"来俊臣就找来大缸，用炭火围住，就如同周兴所说的那样，然后起身对周兴说："有宫内的文书要审问老兄，请老兄进入这大缸里吧！"周兴害怕得叩头认罪。按法应该处死，太后宽恕了他，二月，将周兴流放到岭南，在路上被仇人杀害。

周兴和索元礼、来俊臣争着显示残暴、苛刻，周兴、索元礼杀害的各有几千人，来俊臣毁灭的家庭有一千多家。索元礼的残酷尤其厉害，太后将他杀了，以抚慰人们的怨望情绪。

太后武则天将左卫大将军千乘王武攸暨改封为定王。

太后立前太子李贤的儿子李光顺为义丰王。

甲子日（二十二日），太后将始祖墓命名为德陵，睿祖墓命名为乔陵，严祖墓命名为节陵，肃祖墓命名为简陵，烈祖墓命名为靖陵，显祖墓命名为永陵，将章德陵改为昊陵，显义陵改为顺陵。

追复李君羡官爵。

夏，四月，壬寅朔，日有食之。

癸卯，制以释教开革命之阶，升于道教之上。

命建安王攸宜留守长安。

丙辰，铸大钟，置北阙。

五月，以岑长倩为武威道行军大总管，击吐蕃，中道召还，军竟不出。

六月，以左肃政大夫格辅元为地官尚书，与鸾台侍郎乐思晦、凤阁侍郎任知古并同平章事。思晦，彦玮之子也。

【译文】太后恢复李君羡的官爵。

夏季，四月，壬寅朔日（初一），出现日食。

癸卯日（初二），太后下诏令因为佛教为朝代的改换开辟阶梯（指《大云经》），所以将佛教地位提升到道教之上。

太后命令建安王武攸宜在长安留守。

丙辰日（十五日），太后下令铸造大钟，放置在北面宫阙上。

五月，太后任命岑长倩担任武威道行军大总管，攻打吐蕃，半路又召回，军队最后还是没有出动。

六月，太后任命左肃政大夫格辅元为地官尚书，和鸾台侍郎乐思晦、凤阁侍郎任知古一起都是同平章事。乐思晦是乐彦玮的儿子。

秋，七月，徙关内户数十万以实洛阳。

八月，戊申，纳言武攸宁罢为左羽林大将军；夏官尚书欧阳通为司礼卿兼判纳言事。

庚申，杀玉钤卫大将军张虔勖。来俊臣鞫虔勖狱，虔勖自讼于徐有功；俊臣怒，命卫士以刀乱斫杀之，枭首于市。

义丰王光顺、嗣雍王守礼、永安王守义、长信县主等皆赐姓武氏，与睿宗诸子皆幽闭宫中，不出门庭者十馀年。守礼、守义，光顺之弟也。

或告地官尚书武思文初与徐敬业通谋；甲子，流思文于岭南，复姓徐氏。

【译文】 秋季，七月，太后武则天迁徙关内户口好几十万，用来充实洛阳的人口。

八月，戊申日（初十），纳言武攸宁官位被废，改任左羽林大将军；夏官尚书欧阳通担任司礼卿，兼管纳言的政事。

庚申日（二十二日），玉钤卫大将军张虔勖被杀。来俊臣审问张虔勖的案件，张虔勖在徐有功面前自我辩白。来俊臣非常生气，命令卫士将张虔勖乱刀砍死，斩首示众。

义丰王李光顺、嗣雍王李守礼、永安王李守义、长信县主等人都被赐姓武氏，和唐睿宗的儿子们被幽禁在宫廷，十几年没有走出宫门一步。李守礼、李守义是李光顺的弟弟。

有人告发地官尚书武思文起初曾和徐敬业合谋造反。甲子日（二十六日），太后将武思文流放到岭南，恢复他本来姓氏徐氏。

九月，乙亥，杀岐州刺史云弘嗣。来俊臣鞫之，不问一款，先断其首，乃伪立案奏之。其杀张虔勖亦然。敕旨皆依，海内钳口。

鸾台侍郎、同平章事傅游艺梦登湛露殿，以语所亲，所亲告之；壬辰，下狱，自杀。

癸巳，以左羽林卫大将军建昌王武攸宁为纳言，洛州司马狄仁杰为地官侍郎，与冬官侍郎裴行本并同平章事。太后谓仁杰曰："卿在汝南，甚有善政，卿欲知谮卿者名乎？"仁杰谢曰："陛下以臣为过，臣请改之；知臣无过，臣之幸也，不愿知谮者名。"太后深叹美之。

【译文】九月，乙亥日(初八)，太后杀了岐州刺史云弘嗣。来俊臣审问时，不看云弘嗣的辩词，先砍了他的头，再伪造口供奏报。起初杀张虔勖时也是一样。太后下敕令都准了，天下人全都不敢开口讲话。

鸾台侍郎、同平章事傅游艺梦到自己爬上湛露殿，他将做梦的事告诉自己亲近的人，结果被上奏朝廷。壬辰日(二十五日)，傅游艺被关入监狱，自杀而死。

癸巳日(二十六日)，太后任命左羽林卫大将军建昌王武攸宁担任纳言，洛州司马狄仁杰担任地官侍郎，和冬官侍郎裴行本为同平章事。太后对狄仁杰说："你在汝南，有很好的政声(指垂拱四年做豫州刺史时)，你想知道诬陷诽谤你的人是谁吗？"狄仁杰谢罪说："陛下认为臣有过失，臣就请求改正；知晓臣没有过错，是臣的幸运，臣不愿知晓诽谤者的名字。"太后深深感叹并欣赏他。

先是，凤阁舍人修武张嘉福使洛阳人王庆之等数百人上表，请立武承嗣为皇太子。文昌右相、同凤阁鸾台三品岑长倩以皇嗣在东宫，不宜有此议，奏请切责上书者，告示令散。太后又问地官尚书、同平章事格辅元，辅元固称不可。由是大忤诸武意，故斥长倩令西征吐蕃，未至，徵还，下制狱。承嗣又谮辅元。来俊臣又胁长倩子灵原，令引司礼卿兼判纳言事欧阳通等数十人，皆云同反。通为俊臣所讯，五毒备至，终无异词，俊臣乃诈为通款。冬，十月，己酉，长倩、辅元、通等皆坐诛。

【译文】起初，凤阁舍人修武人张嘉福，曾经派遣洛阳人王庆之等好几百人呈上奏表，请求立武承嗣为皇太子。文昌右相、同凤阁鸾台三品岑长倩认为皇嗣在东宫，不应该有这样的议论，奏告请求严词谴责上书的人，并且告示他们，命令他们解散。太后又询问地官尚书、同平章事格辅元的意见，格辅元再三认为不可以。因此忤逆了诸武掌权者的心意，所以他们排斥岑长倩，命令他西征吐蕃，军队还没到达吐蕃，又召他回来，下诏令关进监狱。武承嗣又诬陷格辅元。来俊臣又威胁岑长倩的儿子岑灵原，要他供出司礼卿兼管纳言政事的欧阳通等几十人，说他们一起造反。欧阳通被来俊臣审问，虽遍受五种毒刑，始终没有不同的供词，来俊臣就伪造欧阳通的口供。冬季，十月，己酉日（十二日），岑长倩、格辅元、欧阳通等人坐罪被杀。

王庆之见太后，太后曰："皇嗣我子，奈何废之？"对曰："'神不歆非类，民不祀非族。'今谁有天下，而以李氏为嗣乎！"太后谕遣之。庆之伏地，以死泣请，不去，太后乃以印纸遗之曰："欲见我，以此示门者。"自是庆之屡求见，太后颇怒之，命凤阁侍郎李昭德赐庆之杖。昭德引出光政门外，以示朝士曰："此贼欲废我皇嗣，立武承嗣。"命扑之，耳目皆血出，然后杖杀之，其党乃散。

昭德因言于太后曰："天皇，陛下之夫；皇嗣，陛下之子。陛下身有天下，当传之子孙为万代业，岂得以侄为嗣乎！自古未闻侄为天子而为姑立庙者也！且陛下受天皇顾托，若以天下与承嗣，则天皇不血食矣。"太后亦以为然。昭德，乾祐之子也。

【译文】王庆之见了太后，太后说："皇嗣是我的儿子，为什么要废黜？"王庆之回答说："'神灵不享用不同族类的人的祭祀，百姓也不祭祀不同家族的鬼神。'当今谁拥有天下，怎么反以李氏作为后嗣呢？"太后指示臣下遣走王庆之。王庆之跪伏在地，以死哭请，不肯离去，太后就将盖印的字条送给王庆之说："要见我的话，就拿着这张字条给守门人看。"从此以后王庆之好几次求见，太后十分生气，命令凤阁侍郎李昭德杖打王庆之。李昭德把王庆之带出光政门外，向朝廷士臣说："这个贼要废黜我们皇嗣，另立武承嗣。"命令手下扑打，打得王庆之耳朵、眼睛都流血了，然后再用杖击杀，王庆之的党羽才逃散。

李昭德因而对太后进言说："天皇是陛下的丈夫，皇嗣是陛下的儿子。陛下拥有天下，应该传给子孙，使之成为万世的基业，怎么可以让侄子成为后嗣呢？从古到今没听说侄子身为天子，却替姑姑立庙的事！况且陛下接受天皇的托付，假如将天下让给武承嗣，那么天皇就不能庙飨了。"太后也赞同他的话。李昭德是李乾祐的儿子。

【乾隆御批】武氏此时已悍然无所顾忌，独于皇嗣一节，良心未尽澌灭，犹徘徊观望。然长倩等忤诸武意，言出祸随，已足见武氏意矣。庆之欲逢恶，而适以逢怒，天网恢恢，于此亦可见矣。

【译文】 武则天这时已凶暴蛮横,没有什么可顾虑了,唯独对立皇太子一事还没有完全丧失良心,还在徘徊观望,但是岑长倩等违抗诸武的心意,话一出口就招来大祸,已完全能看出武则天的心思。岑长倩等人本想逢迎武则天却恰好激怒了诸武,上天的法网虽宽,但绝不会纵容作恶的坏人,由此就可以看出来啊!

壬辰,杀鸾台侍郎、同平章事乐思晦、右卫将军李安静。安静,纲之孙也。太后将革命,王公百官皆上表劝进,安静独正色拒之。及下制狱,来俊臣诘其反状,安静曰:"以我唐家老臣,须杀即杀!若问谋反,实无可对!"俊臣竟杀之。

太学生王循之上表,乞假还乡,太后许之。狄仁杰曰:"臣闻君人者唯杀生之柄不假人,自馀皆归之有司。故左、右丞,徒以下不句;左、右相,流以上乃判,为其渐贵故也。彼学生求假,丞、簿事耳,若天子为之发敕,则天下之事几敕可尽乎!必欲不违其愿,请普为立制而已。"太后善之。

【译文】 壬辰日(十月无此日),太后杀了鸾台侍郎、同平章事乐思晦和右卫将军李安静。李安静是李纲的孙子。太后想改大唐国名时,王公百官都呈上奏表劝勉,只有李安静颜色端正,加以拒绝,后来下诏令将李安静关进监狱,来俊臣诘问他谋反的情状,李安静说:"因为我是唐朝老臣,要杀就杀吧!假如问我谋反的事实,实在没有什么可说的。"来俊臣还是将他杀掉了。

太学生王循之呈上奏表,要求休假返乡。太后答应了。狄仁杰说:"臣听说国君只有生杀的大权不予人,其他的都交给有司办理。因而凡是左、右丞,士庶以下的事,就不必处理;左、右相以上的事,才加以处置,因为这些人地位稍为尊贵的关系。学生请求休假，这是丞、簿（国子监丞、主簿）的事情，假如天子还替他发下敕令，那么天下的事要发布多少敕令才能处理完！一定要不违背人们心愿的话，请为他们建立全面的制度就可以了。"太后认为很对。

资治通鉴卷第二百五　唐纪二十一

起玄黓执徐，尽柔兆涒滩，凡五年。

【译文】 起壬辰（公元692年），止丙申（公元696年），共五年。

【题解】 本卷记录了公元692年至696年的史事，共五年，正当武则天长寿元年到万岁通天元年。这是武则天执政中期的前段。一方面是恐怖的酷吏政治达到了顶峰，七位名臣被来俊臣诬告谋反，差点冤死狱中。武则天明知是诬告，为了鼓励酷吏，仍然将他们全部贬官降职。另一方面，武则天已觉察恐怖政治造成人人自危的负面影响，开始着手清除酷吏政治。来俊臣失势，王弘义被杖杀，狄仁杰、姚元崇、徐有功等贤臣被重新起用，可以说是武则天政治转变的一个信号。这一时期，也是武则天个人志得意满的时期，加尊号称"金轮圣神皇帝"，武周国力强盛。但也边境不宁，吐蕃时服时叛，契丹反叛，战费支出，以及大兴土木，给人民带来了沉重的负担。

则天顺圣皇后中之上

长寿元年（壬辰，公元六九二年）正月，戊辰朔，太后享万象神宫。

腊月，立故于阗王尉迟伏阇雄之子瑕为于阗王。

春，一月，丁卯，太后引见存抚使所举人，无问贤愚，悉加擢用，高者试凤阁舍人、给事中，次试员外郎、侍御史、补阙、拾遗、校书郎。试官自此始。时人为之语曰："补阙连车载，拾遗平斗量；欋推侍御史，碗脱校书郎。"有举人沈全交续之曰："糊心存抚使，眯目圣神皇。"为御史纪先知所擒，劾其诽谤朝政，请杖之朝堂，然后付法，太后笑曰："但使卿辈不滥，何恤人言！宜释其罪。"先知大惭。太后虽滥以禄位收天下人心，然不称职者，寻亦黜之，或加刑诛。挟刑赏之柄以驾御天下，政由己出，明察善断，故当时英贤亦竞为之用。

【译文】长寿元年（壬辰，公元692年）正月，戊辰朔日（初一），太后在万象神宫举行春祭。

十二月，太后立于阗故国王尉迟伏阇雄的儿子尉迟瑕为于阗国王。

春季，一月，丁卯日（初一），太后接见派往安抚各地的使臣所举荐的人，不论贤愚，一律加以录用。才能上等的，试用（不正式任命）为凤阁舍人、给事中；次等的试用为员外郎、侍御史、补阙、拾遗、校书郎。试用官的制度从这时候开始。当时人对这种情形的批评是："补阙接连用车载，拾遗平平常常用斗量；用耙子才能推拢的侍御史，一个模子脱出的校书郎。"（补阙、拾遗、侍御史、校书郎人数多而滥杂）举人沈全交，便续了两句："面糊心的存抚使，眯了眼睛的圣神皇。"（糊涂的存抚使，眼花的贤明君）御史纪先知将他拘捕，劾举他诽谤朝政，请求在朝廷的议事厅仗责，然后交给法官论罪。太后笑着说："只要你们自己称职，哪里怕人说话！应当免他的罪。"纪先知大感羞愧。太后虽然滥用官职来笼络天下的人心，然而对不称职的，不久也就罢职了，或加罪处罚。她掌握着刑罚和赏赐的权力以驾驭天下人，政策由自己决断，观察精细，判决妥当，所以当时的人才也积极地为她效劳。

资治通鉴

【乾隆御批】 武氏不罪流言，刑赏独揽，特更姓改物之始，用权术以驾天下耳。胡寅乃谓此明主所为，宜其运动四海，英贤无不俯首，岂正论哉。

【译文】 武则天不给散布流言的人治罪，刑罚与奖赏大权独自把持，又改姓易服色的种种做法，是用权术来操纵天下。胡寅却说这是贤明君主的做法，夸赞她能号召四海，英才贤者没有不顺从的，这哪里是正确的评论呢？

宁陵丞庐江郭霸以谄谀干太后，拜监察御史。中丞魏元忠病，霸往问之，因尝其粪，喜曰："大夫粪甘则可忧；今苦，无伤也。"元忠大恶之，遇人辄告之。

戊辰，以夏官尚书杨执柔同平章事。执柔，恭仁弟之孙也，太后以外族用之。

初，隋炀帝作东都，无外城，仅有短垣而已，至是，凤阁侍郎李昭德始筑之。

左台中丞来俊臣罗告同平章事任知古、狄仁杰、裴行本、司农卿裴宣礼、前文昌左丞卢献、御史中丞魏元忠、潞州刺史李嗣真谋反。先是，来俊臣奏请降敕，一问即承反者得减死。及知古等下狱，俊臣以此诱之，仁杰对曰："大周革命，万物惟新，唐室旧臣，甘从诛戮。反是实！"俊臣乃少宽之。判官王德寿谓仁杰曰："尚书定减死矣。德寿业受驱策，欲求少阶级，烦尚书引杨执柔，可乎？"仁杰曰："皇天后土遣狄仁杰为如此事！"以头触柱，血流被面；德寿惧而谢之。

【译文】宁陵丞庐江人郭霸，凭借谄媚太后谋求官位，官拜监察御史。中丞魏元忠病了，郭霸前去慰问，亲口尝魏中丞的粪便，高兴地说："大夫，您的粪便甜就可忧；现在粪便是苦味，病不要紧了。"魏元忠十分厌恶他，逢人就说这件事。

戊辰日（初二），太后任用夏官尚书杨执柔为同平章事。杨执柔是杨恭仁弟弟的孙子，太后因他是母家人而任用他。

当年隋炀帝修建东都，没修筑外城，只有矮墙罢了，到这时，凤阁侍郎李昭德才修筑外城。

左台中丞来俊臣，诬告同平章事任知古、狄仁杰、裴行本、司礼卿崔宣礼、前文昌左丞卢献、御史中丞魏元忠、潞州刺史李嗣真密谋造反。起初，来俊臣上奏请敕命：凡一审就承认造反的可以免除死刑。任知古等人入狱后，来俊臣便拿这条敕令引诱他们招认。狄仁杰答："大周改朝换代，万物都是新的；我是唐朝的旧臣，甘愿被杀头。造反是实情！"来俊臣就没怎么对他用刑些。判官王德寿对狄仁杰说："尚书爷一定减免死罪了。我已受到指使，也想升级，烦请尚书爷将杨执柔拉下水来，可以吗？"狄仁杰说："天地神明，叫我狄仁杰干这种勾当！"一头撞在柱上，血流满面；王德寿害怕而向他道歉。

侯思止鞫魏元忠，元忠辞气不屈；思止怒，命倒曳之。元忠曰："我薄命，譬如坠驴，足絓于镫，为所曳耳。思止愈怒，更曳之，元忠曰："侯思止，汝若须魏元忠头则截取，何必使承反也！"

狄仁杰既承反，有司待报行刑，不复严备。仁杰裂衾帛书冤状，置绵衣中，谓王德寿曰："天时方热，请授家人去其绵。"德寿许之。仁杰子光远得书，持之称变，得召见。则天览之，以问俊臣，对曰："仁杰等下狱，臣未尝褫其巾带，寝处甚安，苟无事实，安肯承反！"太后使通事舍人周綝往视之，俊臣暂假仁杰等巾带，罗立于西，使綝视之；綝不敢视，唯东顾唯诺而已。俊臣又诈为仁杰等谢死表，使綝奏之。

【译文】 侯思止审问魏元忠，魏元忠义正词严。侯思止发怒，命令在地上倒着拖他。魏元忠说："我命薄，如同从驴子背上滚下来，足还挂在镫上，被驴子拉着走。"侯思止更加生气，下令接着拖他。魏元忠说："侯思止，你如果要魏元忠的脑袋便砍吧，何必要我承认谋反！"

狄仁杰已经承认造反，有关部门只等待判罪执行刑罚，不再严加防备。狄仁杰撕了块被面写成申冤的状子，放在棉衣里面，对王德寿说："天气正热，请交给我家人拿回去抽掉棉花。"王德寿答应了。狄仁杰的儿子狄光远得到这状子，拿去申冤，得到召见。武则天看了，便问来俊臣。来俊臣回答说："狄仁杰等人入狱，臣并未除掉他们的巾带，住得也好；倘若不是事实，他怎肯承认造反？"太后派遣通事舍人周綝去探看，来俊臣暂还给狄仁杰等人的巾带，一齐站在西边，让周綝去看。周綝不敢看，只向东看了下，口中应诺着罢了。来俊臣又伪造狄仁杰等谢死表，让周綝给太后。

乐思晦男未十岁，没入司农，上变，得召见。太后问状，对曰："臣父已死，臣家已破，但惜陛下法为俊臣等所弄，陛下不信臣言，乞择朝臣之忠清、陛下素所信任者，为反状以付俊臣，无不承反矣。"太后意稍寤，召见仁杰等，问曰："卿承反何也？对曰："不承，则已死于拷掠矣。"太后曰："何为作谢死表？"对曰："无之。"出表示之，乃知其诈，于是出此七族。庚午，贬知古江夏令，仁杰彭泽令，宣礼夷陵令，元忠涪陵令，献西乡令；流行本、嗣真于岭南。

俊臣与武承嗣等固请诛之，太后不许。俊臣乃独称行本罪尤重，请诛之；秋官郎中徐有功驳之，以为："明主有更生之恩，俊臣不能将顺，亏损恩信。"

【译文】 乐思晦的儿子不满十岁，被籍没入司农寺为奴，请求报告特别情况，被太后召见。太后询问他，他回答说："我的父亲已死，家也被抄，只可惜陛下的法治被来俊臣等玩弄。陛下如果不相信我的话，请挑选朝廷中忠良清廉而且被陛下一向信任的臣子，说他们有谋反的嫌疑，交来俊臣去审问，没有不承认谋反的啊！"太后听后稍稍醒悟，召见狄仁杰等，问："你为何承认谋反呢？"答："不承认，便已经死在拷打中了。"太后说："为什么作谢死表？"答说："没有。"太后将表给他看，于是知道表是伪造的，因此放出狄仁杰等七人。庚午日（初四），任知古降职为江夏县令，狄仁杰降职为彭泽县令，崔宣礼降职为夷陵县令，魏元忠降职为涪陵县令，卢献降职为西乡县令。裴行本、李嗣真流放到岭南。

来俊臣和武承嗣等一再请求杀死他们，太后没有答应。来俊臣于是说裴行本罪行更重，请求杀死他。秋官郎中徐有功反驳，认为"贤明的君主有再生的恩典，来俊臣不能承顺君主的旨意，有损主上的恩信"。

【乾隆御批】 仁杰不承，则死于拷掠之对，明是贪生，论者以为留其身以复唐祚。然终仁杰之世，唐祚何尝复哉？虽云善善欲长，未免阿其所好。

【译文】 狄仁杰不承认谋反就会死于酷刑之下，表面上看是贪生怕死，但后人议论此事时都认为他保留性命是为了恢复唐室。但是，观其一生，唐室哪里恢复了？虽然说称赞人时难免会褒扬长处，但是这种说法仍不能不说是有迎合他人喜好的倾向。

殿中侍御史贵乡霍献可，宣礼之甥也，言于太后曰："陛下不杀裴宣礼，臣请陨命于前。"以头触殿阶，血流沾地，以示为人臣不私其亲。太后皆不听。献可常以绿帛裹其伤，微露之于幞头下，冀太后见之以为忠。

甲戌，补阙薛谦光上疏，以为："选举之法，宜得实才，取舍之间，风化所系。今之选人，咸称觅举，奔竞相尚，喧诉无惭。至于才应经邦，惟令试策；武能制敌，止验弯弧。昔汉武帝见司马相如赋，恨不同时，及置之朝廷，终文园令，知其不堪公卿之任故也。吴起将战，左右进剑，起曰：'将者提鼓挥桴，临敌决疑，一剑之任，非将事也。'然则虚文岂足以佐时，善射岂足以克敌！要在文吏察其行能，武吏观其勇略，考居官之臧否，行举者赏罚而已。"

【译文】殿中侍御史贵乡人霍献可，是崔宣礼的外甥，向太后说："陛下不杀崔宣礼，臣愿死在殿前。"用头撞殿上石阶，血流满地，表示做臣子的不偏私自己的亲戚。太后都没有答应。霍献可经常用绿绢包头上伤口，故意露出一些在帽子外，希望太后看到而认为他忠诚。

甲戌日（初八），补阙薛谦光上奏，认为："选拔人才的原则，在于使朝廷能得到有真才实学的人，录取和舍弃什么样的人关系国家的教化。现在选人，都赞同访察推举，而引发竞相活动，吵闹争讼，自我夸耀而不以为耻。至于文官是应该能治理国家的，不过下令用策题考试罢了；武官必须能够克敌制胜，却止于考验箭法。从前汉武帝看到了司马相如的赋，恨不能和他生在同一时代，等到得知他是当代人，征召司马相如到朝廷做官，不过是主管孝文帝陵园罢了，因了解他不能做大臣。吴起将要出战，身边的人献上剑来，吴起说：'为将军的掌握鼓槌，打仗时判断攻守；兵刃格斗，不是将军的事。'这样看来，空谈的文章怎能济世，擅长射箭不足击败敌人。文官要考查他的品行才能，武官要考查他的勇气谋略，考核任职的优劣，再对举荐的人加以赏罚。"

来俊臣求金于左卫大将军泉献诚，不得，诬以谋反，下狱，乙亥，缢杀之。

庚辰，司刑卿、检校陕州刺史李游道为冬官尚书、同平章事。

二月，己亥，吐蕃党项部落万馀人内附，分置十州。

戊午，以秋官尚书袁智弘同平章事。

夏，四月，丙申，赦天下，改元如意。

五月，丙寅，禁天下屠杀及捕鱼虾。江淮旱，饥，民不得采鱼虾，饿死者甚众。

右拾遗张德，生男三日，私杀羊会同僚，补阙杜肃怀一餤，上表告之。明日，太后对仗，谓德曰："闻卿生男，甚喜。"德拜谢。太后曰："何从得肉？"德叩头服罪。太后曰："朕禁屠宰，吉凶不预。然卿自今召客，亦须择人。"出肃表示之。肃大惭，举朝欲唾其面。

【译文】来俊臣向左卫大将军泉献诚要钱，没有得到，诬告他谋反，将他逮捕入狱。乙亥日（初九），勒死了泉献诚。

庚辰日（十四日），唐司刑卿、检校陕州刺史李游道任冬官尚书、同平章事。

二月，己亥日（初三），吐蕃党项部落一万多人归降朝廷，唐朝分别将他们安置在十州居住。

戊午日（二十二日），太后任命秋官尚书袁智弘为同平章事。

夏季，四月，丙申日（初一），太后大赦天下；改年号为如意。

五月，丙寅日（初一），太后禁止天下屠杀畜生以及捕鱼虾。江淮间发生旱灾，出现饥荒，百姓不敢捕鱼虾，饿死的人很多。

右拾遗张德，生儿子三天，偷偷杀羊请同事吃饭，补阙杜肃藏了一块，上奏章揭发他。第二天，太后在正殿当着仗卫，对张德说："听说你生了个儿子，真为你高兴。"张德拜谢。太后说："肉从哪里弄来的？"张德叩头认罪。太后说："我禁宰杀牲畜，吉凶礼不在此例；但是你今后请客，也要选择客人。"将杜肃的表章给他看。杜肃大为羞愧，全朝的臣子都想将痰吐到他脸上。

吐蕃酋长曷苏帅部落请内附，以右玉钤卫将军张玄遇为安抚使，将精卒二万迎之。六月，军至大渡水西，曷苏事泄，为国人所擒。别部酋长昝捶帅羌蛮八千馀人内附，玄遇以其部落置莱川州而还。

辛亥，万年主簿徐坚上疏，以为："书有五听之道，令著三覆之奏。窃见比有敕推按反者，令使者得实，即行斩决。人命至重，死不再生，万一怀枉，吞声赤族，岂不痛哉！此不足肃奸逆而明典刑，适所以长威福而生疑惧。臣望绝此处分，依法覆奏。又，法官之任，宜加简择，有用法宽平，为百姓所称者，愿亲而任之；有处事深酷，不允人望者，愿疏而退之。"坚，齐聃之子也。

【译文】吐蕃酋长曷苏带领部落归附朝廷，太后派右玉钤卫将军张玄遇担任安抚使，率领精兵两万前去迎接。六月，大军行至大渡河西面，曷苏事机泄露，被国人生擒。别的部落酋长昝捶率领羌蛮八千多人来奔。张玄遇将他们安置在莱川州而后回朝。

辛亥日（六月无此日），万年县主簿徐坚上奏章说："古书上有五听的法则，明令规定裁断死刑要经过三次覆勘奏闻。臣发现近来审讯谋反的嫌犯，下令使者一得实情，立刻处死。人命至关重要，死不能复生，万一含冤，被灭族而怀怨不敢出声，怎不痛心？这不足以整肃奸逆而昭明法治，反而助长执法的威福，而使百姓疑惧朝廷。臣希望废止这道敕令，依法复审奏报。还有法官的任命，要加以选择。有用法公正，为百姓称道的，请亲信他，任用他；有办案苛刻残忍，不被百姓信赖的，请疏远他，罢退他。"徐坚是徐齐聃的儿子。

夏官侍郎李昭德密言于太后曰："魏王承嗣权太重。"太后曰："吾侄也，故委以腹心。"昭德曰："侄之于姑，其亲何如子之于父？子犹有篡弑其父者，况侄乎！今承嗣既陛下之侄，为亲王，又为宰相，权侔人主，臣恐陛下不得久安天位也！"太后矍然曰："朕未之思。"秋，七月，戊寅，以文昌左相、同凤阁鸾台三品武承嗣为特进，纳言武攸宁为冬官尚书，夏官尚书、同平章事杨执柔为地官尚书，并罢政事；以秋官侍郎新郑崔元综为鸾台侍郎，夏官侍郎李昭德为凤阁侍郎，检校天官侍郎姚璹为文昌左丞，检校地官侍郎李元素为文昌右丞，与司宾卿崔神基并同平章事。璹，思廉之孙；元素，敬玄之弟也。辛巳，以营缮大匠王璿为夏官尚书、同平章事。承嗣亦毁昭德于太后，太后曰："吾任昭德，始得安眠，此代吾劳，汝勿言也。”

【译文】 夏官侍郎李昭德秘密向太后上奏说：“魏王武承嗣的权太大。”太后说：“他是我侄子，因此托以重任。”李昭德说：“侄儿跟姑母的关系能比子跟父亲的关系亲近吗？儿子仍旧有杀死父亲而篡位的，何况是侄子呢！武承嗣既是陛下的侄子，贵为亲王，又担任宰相，权力等于国君，臣担心陛下不能长久安坐帝位了。”太后吃惊地瞪着眼说：“我没料到。”秋季，八月，戊寅日（七月无此日），太后任命文昌左相、同凤阁鸾台三品武承嗣为特进，纳言武攸宁为冬官尚书，夏官尚书、同平章事杨执柔为地官尚书，并一同罢去他们的宰相职务。又任命秋官侍郎新郑人崔元综为鸾台侍郎，夏官侍郎李昭德为凤阁侍郎，检校天官侍郎姚璹为文昌左丞，检校地官侍郎李元素为文昌右丞，和司宾卿崔神基一同任同平章事。姚璹是姚思廉的孙子；李元素是李敬玄的弟弟。辛巳日（七月无此日），太后任命营缮大匠王璿担任夏官尚书，同平章事。武承嗣也在太后面前诽谤李昭德。太后说：“我任用李昭德，才得以安睡；他分担我的劳苦，你不必说了。”

是时，酷吏恣横，百官畏之侧足，昭德独廷奏其奸。太后好祥瑞，有献白石赤文者，执政诘其异，对曰：“以其赤心。”昭德怒曰：“此石赤心，它石尽反邪？”左右皆笑。襄州人胡庆以丹漆书龟腹曰：“天子万万年。”诣阙献之。昭德以刀刮尽，奏请付法。太后曰：“此心亦无恶。”命释之。

太后习猫，使与鹦鹉共处，出示百官，传观未遍，猫饥，搏鹦鹉食之，太后甚惭。

太后自垂拱以来，任用酷吏，先诛唐宗室贵戚数百人，次及大臣数百家，其刺史、郎将以下，不可胜数。每除一官，户婢窃相谓曰："鬼朴又来矣。"不旬月，辄遭掩捕、族诛。监察御史朝邑严善思，公直敢言。时告密者不可胜数，太后亦厌其烦，命善思按问，引虚伏罪者八百五十馀人。罗织之党为之不振，乃相与共构陷善思，坐流驩州。太后知其枉，寻复召为浑仪监丞。善思名譔，以字行。

【译文】这时，酷吏恣意横行，百官都惧怕躲避，李昭德独在宫廷中奏明他们的非法行径。太后迷信祥瑞，有人进献的白石上有红斑纹，执政官询问他祥异在哪里，回答说："因为它有赤心。"李昭德大怒说："这石头赤心，别的石头都造反吗？"身边的人都笑。襄州人胡庆用红漆在龟腹上写："天子万万年。"来到朝廷呈献。李昭德用刀把它刮掉了，奏请对他加以刑罚。太后说："他的动机并不坏。"命人将他放了。

太后训练猫，让它和鹦鹉相处，带它们出来供百官观赏。观赏还没结束，猫饿了，抓起鹦鹉就吃。太后很不好意思。

太后自垂拱年间以来，任用酷吏，先杀害唐宗族以及贵显的亲戚几百人，再杀害了大臣几百家，杀刺史、郎将以下，难以计数。每次任命一位官吏，值宫的婢女私下说："鬼板子又来了。"不到一个月，这些官吏即遭突然逮捕，全族被杀。监察御史朝邑人严善思，公正坦诚敢于直谏。当时告密的人很多，太后也厌倦事烦，便派严善思去审问。告密不实而遭到判罪的有八百五十多人，罗织罪名害人的集团为之丧气。于是他们勾结起来诬陷严善思，他因此受罪被流放到州。太后知道他受了冤枉，不久再召他回来担任浑仪监丞。严善思名譔，用字行于世。

右补阙新郑朱敬则以太后本任威刑以禁异议，今既革命，众心已定，宜省刑尚宽，乃上疏，以为："李斯相秦，用刻薄变诈以屠诸侯，不知易之以宽和，卒至土崩，此不知变之祸也。汉高祖定天下，陆贾、叔孙通说之以礼义，传世十二，此知变之善也。自文明草昧，天地屯蒙，三叔流言，四凶构难，不设钩距，无以应天顺人，不切刑名，不可摧奸息暴。故置神器，开告端，曲直之影必呈，包藏之心尽露，神道助直，无罪不除，苍生晏然，紫宸易主。然而急趋无善迹，促柱少和声，向时之妙策，乃当今之刍狗也。伏愿览秦、汉之得失，考时事之合宜，审糟粕之可遗，觉蓬庐之须毁，去萋菲之牙角，顿奸险之锋芒，窒罗织之源，扫朋党之迹，使天下苍生坦然大悦，岂不乐哉！"太后善之，赐帛三百段。

资治通鉴

【译文】 右补阙新郑人朱敬则知晓太后原是用高压刑法来禁止别人对她的非议，现在已经即位，人心也安定了，应当减省刑戮，崇尚宽政。于是上表说："李斯担任秦国的宰相，用刻薄欺诈手段来杀害诸侯，不知道及时改变为宽大温和，结果遭致失败，这是不知晓变通的恶果。汉高祖平定天下，陆贾、叔孙通劝说他用礼义治天下，而能传十二代之久，这是知晓变通的好处。自文明年间陛下执政之初，一切刚刚开始，三位亲王散布谣言，四个恶徒起兵造反，不施用武力，便不能上应天心，下顺民意；不厉行刑法，便无法破奸止暴。因此设置意见箱，开始告密，那么善恶的况状必然呈现，隐藏的心思全都显露；天道帮助善人，有罪必罚，百姓安乐，皇上即位。然而快走不会有完整的脚印，短的琴柱奏不出和声，从前的好政策，今日便不管用了。敬请陛下参照考察秦、汉的得失，根据现在情势而制定适宜措施，明白糟粕应当抛弃，了解草屋应该毁弃，拔除文巧的牙角，挫折奸险的锋芒，堵住诬陷的源头，扫除结党的现象，让天下百姓皆大欢喜，哪有不高兴的呢？"太后嘉许他，赐给他帛三百段。

侍御史周矩上疏曰："推劾之吏皆相矜以虐，泥耳笼头，枷研楔毂，摺胁签爪，悬发薰耳，号曰'狱持'。或累日节食，连宵缓问，昼夜摇撼，使不得眠，号曰'宿囚'。此等既非木石，且救目前，苟求赊死。臣窃听舆议，皆称天下太平，何苦须反！岂被告者尽是英雄，欲求帝王邪？但不胜楚毒自诬耳。愿陛下察之。今满朝侧息不安，皆以为陛下朝与之密，夕与之仇，不可保也。周用仁而昌，秦用刑而亡。愿陛下缓刑用仁，天下幸甚！"太后颇采其言，制狱稍衰。

太后春秋虽高，善自涂泽，虽左右不觉其衰。丙戌，敕以齿落更生，九月，庚子，御则天门，赦天下，改元。更以九月为社。

制于并州置北都。

【译文】 侍御史周矩上奏说："审问犯人的官吏都以残暴自夸，泥塞耳朵，笼罩脑袋，用枷锁磨脖颈，用铁圈紧束头再打入楔子，打断肋骨，用竹签挟指头，吊头发，熏耳朵，叫作'狱持'。或多日减少供应食物，连夜慢慢审问，日夜疲劳轰炸，让被告无法睡眠，这叫作'宿囚'。被告同是肉身，姑且为了眼前，便认罪谋求晚一点死去。臣曾听到百姓的话，都说天下太平，何苦去造反！难道被告都是英雄，想做皇帝吗？只是受不了酷刑自己承认罢了。请陛下明察。现在满朝官吏睡不安寝，都认为陛下早晨亲信他，晚上便将他当作仇敌，不能活命了。周代用仁政而强盛，秦朝用刑政而灭亡。请陛下放松刑罚，施行仁政，那么天下人就非常幸运了！"太后颇采纳他的意见，讼案稍微减少。

太后年纪虽高，很会打扮，亲随们都看不出她有老态。丙戌日（七月无此日），太后下令，为了牙齿脱落后长出新的，九月，庚子日（初九）那天，驾幸则天门，大赦天下，改年号为长寿。改在九月祭祀后土。

太后下令在并州设立北都。

癸丑，同平章事李游道、王璿、袁智弘、崔神基、李元素、春官侍郎孔思元、益州长史任令辉，皆为王弘义所陷，流岭南。

左羽林中郎将来子珣坐事流爱州，寻卒。

初，新丰王孝杰从刘审礼击吐蕃，为副总管，与审礼皆没于吐蕃。赞普见孝杰泣曰："貌类吾父。"厚礼之，后竟得归，累迁右鹰扬卫将军。孝杰久在吐蕃，知其虚实。会西州都督唐休璟请复取龟兹、于阗、疏勒、碎叶四镇，敕以孝杰为武威军总管，与左武卫大将军阿史那忠节将兵击吐蕃。冬，十月，丙戌，大破吐蕃，复取四镇，置安西都护府于龟兹，发兵戍之。

【译文】癸丑日（二十二日），同平章事李游道、王璿、袁智弘、崔神基、李元素、春官侍郎孔思元、益州长史任令辉，都被王弘义陷害，流放到岭南。

左羽林中郎将来子珣，因事获罪，流放到爱州，不久就死了。

起初，新丰人王孝杰跟随刘审礼出征吐蕃，担任副总管，不幸和刘审礼一同沦陷在吐蕃。赞普（吐蕃王）见王孝杰便流泪说："你像我的父亲。"十分礼遇他，后来竟能回到朝廷，官位升到右鹰扬卫将军。王孝杰在吐蕃很久，知道吐蕃的实情。遇到西州都督唐休璟建议再次攻取龟兹、于阗、疏勒、碎叶四镇，太后命王孝杰担任武威军总管，和武卫大将军阿史那忠节率军征讨吐蕃。冬季，十月，丙戌日（二十五日），大败吐蕃军队，再次得到四镇。唐朝在龟兹设立安西都护衙门，征兵驻守在那里。

长寿二年（癸巳，公元六九三年）正月，壬辰朔，太后享万象神宫，以魏王承嗣为亚献，梁王三思为终献。太后自制神宫乐，用舞者九百人。

户婢团儿为太后所宠信，有憾于皇嗣，乃谮皇嗣妃刘氏、德妃窦氏为厌咒。癸巳，妃与德妃朝太后于嘉豫殿，既退，同时杀之，瘗于宫中，莫知所在。德妃，抗之曾孙也。皇嗣畏忤旨，不敢言，居太后前，容止自如。团儿复欲害皇嗣，有言其情于太后者，太后乃杀团儿。

【译文】长寿二年（癸巳，公元693年）正月，壬辰朔日（初一），太后在万象神宫举行春祭，魏王武承嗣担任亚献官，梁王武三思担任终献官。太后自作祭祀神宫的乐曲，用了九百个人跳舞。

宫中守门的婢女团儿得到太后的信任，对皇储（唐睿宗）有怨，因此诬陷皇储的妃子刘氏、德妃窦氏用邪术诅咒太后。癸巳日（初二），刘妃和德妃在嘉豫殿朝见太后，告退后，同时将她们杀了，埋在宫中，确切地点不详。德妃是窦抗的曾孙女。皇储怕违逆太后的心意，不敢申辩。在太后面前，表情和平常一样。团儿又想谋害皇储，有人将实情禀告太后，太后就处死了团儿。

是时，告密者皆诱人奴婢告其主，以求功赏。德妃父孝谌为润州刺史，有奴妄为妖异以恐德妃母庞氏，庞氏惧，奴请夜祠祷解，因发其事。下监察御史龙门薛季昶按之，季昶诬奏，以为与德妃同祝诅，先涕泣不自胜，乃言曰："庞氏所为，臣子所不忍道。"太后擢季昶为给事中。庞氏当斩，其子希瑊诣侍御史徐有功讼冤，有功牒所司停刑，上奏论之，以为无罪；季昶奏有功阿党恶逆，请付法，法司处有功罪当绞。令史以白有功，有功叹曰：

"岂我独死，诸人永不死邪!"既食，掩扇而寝。人以为有功苟自强，必内忧惧，密伺之，方熟寝。太后召有功，迎谓曰："卿比按狱，失出何多?"对曰："失出，人臣之小过；好生，圣人之大德。"太后默然。由是庞氏得减死，与其三子皆流岭南，孝谌贬罗州司马，有功亦除名。

戊申，姚璹奏请令宰相撰《时政记》，月送史馆；从之。《时政记》自此始。

【译文】当时，告密的人都调唆奴婢去揭发主人，而求得功劳和赏赐。德妃的父亲窦孝谌担任润州刺史，有家奴妄作妖异吓唬德妃的母亲庞氏，庞氏害怕，家奴便建议她夜间向神祈祷以消除妖异，家奴又告发这件事。太后令监察御史龙门人薛季昶审理。薛季昶诬奏庞氏与德妃共同求神降祸于太后，他一见太后就哭泣得四肢无力，之后才说："庞氏的这种做法，下官不忍说出口。"太后便擢升薛季昶为给事中。庞氏被判处斩刑，她的儿子窦希城面见侍御史徐有功申冤，徐有功发出公文通知执法部门停止行刑，上奏章申辩，认为她没罪；薛季昶便奏告徐有功偏袒庞氏，请求将徐有功交付法司，法司判徐有功绞刑。令史将这宣判告诉徐有功，徐有功叹息说："难道只有我一人会死，他们永远不会死吗?"吃完饭，掩户就睡。人们认为徐有功外表勉为刚强，内心一定害怕，暗中窥视他，徐有功正呼呼大睡呢。太后召见徐有功，当面说："你近来审理案件，重罪不办或轻办的失误为何多起来了?"徐有功回答说："错放了人，是为臣子的小过失；爱惜人命，是主上的大恩德。"太后便不再说。因此庞氏得以免死，同她的三个儿子都被流放到岭南。窦孝谌被贬为罗州司马，徐有功也被免职。

戊申日（十八日），姚璹上奏，建议命宰相撰写《时政记》，每月送交史馆。太后下诏许可。《时政记》从这时开始。

腊月，丁卯，降皇孙成器为寿春王，恒王成义为衡阳王，楚王隆基为临淄王，卫王隆范为巴陵王，赵王隆业为彭城王，皆睿宗之子也。

春，一月，庚子，以夏官侍郎娄师德同平章事。师德宽厚清慎，犯而不校。与李昭德俱入朝，师德体肥行缓，昭德屡待之不至，怒骂曰："田舍夫！"师德徐笑曰："师德不为田舍夫，谁当为之！"其弟除代州刺史，将行，师德谓曰："吾备位宰相，汝复为州牧，荣宠过盛，人所疾也，将何以自免？"弟长跪曰："自今虽有人唾某面，某拭之而已，庶不为兄忧。"师德愀然曰："此所以为吾忧也！人唾汝面，怒汝也；汝拭之，乃逆其意，所以重其怒。夫唾，不拭自干，当笑而受之。"

【译文】 十二月，丁卯日（十二日），太后降皇孙李成器为寿春王，恒王李成义为衡阳王，楚王李隆基为临淄王，卫王李隆范为巴陵王，赵王李隆业为彭城王，他们都是唐睿宗的儿子。

春季，一月，庚子日（初十），太后任命夏官侍郎娄师德为同平章事。娄师德宽宏厚道，谨慎明察，不计较别人对他的侵犯。与李昭德一同上朝，娄师德体肥走得慢，李昭德多次等他还赶不上，便怒骂说："种田的！"娄师德微笑说："我不做农夫，谁做呢？"他的弟弟拜为代州刺史，将要上任，娄师德对他说："我在相位上充数，你又担任刺史，恩宠太过，别人会嫉恨，将用什么避免呢？"弟弟耸起身恭敬地说："从现在起，有人将痰吐在我脸上，擦掉罢了，希能不让哥哥担忧。"娄师德脸忽变色说："这正是让我担心的！人家吐痰到你脸上，是生你的气；你擦去，便是忤逆人家的意思，更加让人家怨恨。痰不擦自己会干的，应该笑着承受。"

【乾隆御批】 高而不危，满而不溢，处荣宠者自有正道。笑而受唾，岂以直报怨之义？师德之言鄙极矣。

【译文】 地位虽高，但无倾危之忧；器物虽满，但无盈溢之患，受到君王恩宠的人也自有正道。笑着让人往脸上唾，难道就是以正直的态度对待伤害自己的人的意思吗？娄师德的话太庸俗浅薄了。

甲寅，前尚方监裴匪躬、内常侍范云仙坐私谒皇嗣，腰斩于市。自是公卿以下皆不得见。又有告皇嗣潜有异谋者，太后命来俊臣鞫其左右，左右不胜楚毒，皆欲自诬。太常工人京兆安金藏大呼谓俊臣曰："公既不信金藏之言，请剖心以明皇嗣不反。"即引佩刀自剖其胸，五藏皆出，流血被地。太后闻之，令舆入宫中，使医内五藏，以桑皮线缝之，傅以药，经宿始苏。太后亲临视之，叹曰："吾有子不能自明，使汝至此。"既命俊臣停推。睿宗由是得免。

罢举人习《老子》，更习太后所造《臣轨》。

二月，丙子，新罗王政明卒，遣使立其子理洪为王。

乙亥，禁人间锦。侍御史侯思止私畜锦，李照德按之，杖杀于朝堂。

【译文】 甲寅日（二十四日），前任尚方监裴匪躬、内常侍范云仙犯了私自拜见皇储的罪被处死。从此大臣以下都不能见到皇储。又有人禀告太后，说皇储暗地有非常的举动。太后命来俊臣审问皇储身边的人，都受不了严刑拷打，而屈从。太常工人京兆人安金藏大声对来俊臣说："大人既不相信我的话，愿意剖心来证明皇储的确没有造反。"便用佩刀自己剖开胸腹,内脏都出来了,血流满地。太后听说,命人抬进宫中,教医师将内脏放回胸腔,用桑皮线缝合,敷上药,经过一夜才苏醒过来。太后亲自去探视他,叹息说:"我的儿子自己不能来解释,而让你到这步田地!"立即命来俊臣停止审问。唐睿宗因此保住了性命。

朝廷停止举人研读《老子》,改为研读太后所撰的《臣轨》。

二月,丙子日(十六日),新罗王金政明死了,太后派遣使者前去立他的儿子金理洪为国王。

乙亥日(十五日),太后禁止民间用锦。侍御史侯思止暗地蓄积锦,李昭德弹劾他,将他打死在朝堂上。

【乾隆御批】 五脏皆出,惟躯壳仅存,虽有良医,岂能傅药而使之复活?于理殆不可信。盖当时以金藏能舍生为皇嗣鸣冤,其忠诚不可及,故神奇其事,以艳传闻。虽失之诞而不记,读史者从善善之长,而释尽信书之惑,庶两得之。

【译文】 五脏都流出来,仅存肉体,即使有良医又怎么能敷上药使他复活呢?从道理上讲,几乎是不可能相信的,只不过因为在这个时候,金藏能放弃自己的生命为皇嗣喊冤,他的忠义常人是无法达到的,所以故意神化这件事以使传闻增色,虽然在荒唐离奇上有些失误,但是无数的读史者依从自己褒扬美德、取长弃短的心理,而全部相信书中所说,我也希望他们两个都能得到。

或告岭南流人谋反,太后遣司刑评事万国俊摄监察御史就按之。国俊至广州,悉召流人,矫制赐自尽。流人号呼不服,国俊驱就水曲,尽斩之,一朝杀三百馀人。然后诈为反状,还奏,因言诸道流人，亦必有怨望谋反者，不可不早诛。太后喜，擢国俊为朝散大夫、行侍御史。更遣右翊卫兵曹参军刘光业、司刑评事王德寿、苑南面监丞鲍思恭、尚辇直长王大贞、右武威卫兵曹参军屈贞筠皆摄监察御史，诣诸道按流人。光业等以国俊多杀蒙赏，争效之，光业杀七百人，德寿杀五百人，自馀少者不减百人，其远年杂犯流人亦与之俱毙。太后颇知其滥，制："六道流人未死者并家属皆听还乡里。"国俊等亦相继死，或得罪流窜。

来俊臣诬冬官尚书苏干，云在魏州与琅邪王冲通谋，夏，四月，乙未，杀之。

【译文】 有人告发岭南那些流放的人密谋造反，太后派遣司刑评事万国俊代理监察御史前去查问。万国俊抵达广州，召集所有流放的人员，假传太后的诏命命他们自尽。流放的人哭叫不承认谋反，万国俊将他们赶到水边，全部杀死，一天杀了三百多人。然后伪造流放人的供词，回奏太后，趁机说各地方被流放的人，也一定有愤恨而想谋反的，不可不早些将他们杀掉。太后深慰，擢升万国俊任朝散大夫、行侍御史。另外让右翊卫兵曹参军刘光业、司刑评事王德寿、苑南面监丞鲍思恭、尚辇直长王大贞、右武威卫兵曹参军屈贞筠都代理监察御史，前往各地审问流放的人。刘光业等因为万国俊杀人多而得到赏赐擢升，竞相效法，刘光业杀了七百人，王德寿杀了五百人，其他少的也不下百人，那些早年间因各类罪犯被流放的也遭了殃。太后稍稍知道他们滥杀，于是下令："六道流放的人没死的以及他们的家属，都准许返回家乡。"万国俊等接着也就死了，有的因犯罪被流放。

来俊臣诬陷冬官尚书苏干，说他在魏州和琅邪王李冲一起串通谋反，夏季，四月，乙未日（四月无此日），太后将他处斩。

五月，癸丑，棣州河溢，流二千馀家。

秋，九月，丁亥朔，日有食之。

魏王承嗣等五千人表请加尊号曰金轮圣神皇帝。乙未，太后御卫象神宫，受尊号，赦天下。作金轮等七宝，每朝会，陈之殿庭。

庚子，追尊昭安皇帝曰浑元昭安皇帝，文穆皇帝曰立极文穆皇帝，孝明高皇帝曰无上孝明高皇帝，皇后从帝号。

辛丑，以文昌左丞、同平章事姚璹为司宾卿，罢政事；以司宾卿万年豆卢钦望为内史，文昌左丞韦巨源同平章事，秋官侍郎吴人陆元方为鸾台侍郎、同平章事。巨源，孝宽之玄孙也。

【译文】五月，癸丑日（二十五日），棣州河水泛滥成灾。

秋季，九月，丁亥朔日（初一），出现日食。

魏王武承嗣等五千人上表，请求太后加尊号为金轮圣神皇帝。乙未日（初九），太后驾临万象神宫，接受尊号，大赦天下。制作了金轮等七件宝器，每次朝会，就陈列在殿上。

庚子日（十四日），太后追尊昭安皇帝为浑元昭安皇帝，文穆皇帝为立极文穆皇帝，孝明高皇帝为无上孝明高皇帝。皇后的尊号与帝号相应。

辛丑日（十五日），太后任用文昌左丞、同平章事姚璹为司宾卿，免除他宰相的职务。又任命司宾卿万年人豆卢钦望为内史，文昌左丞韦巨源为同平章事，秋官侍郎吴人陆元方为鸾台侍郎、同平章事。韦巨源是韦孝宽的玄孙。

延载元年（甲午，公元六九四年）正月，丙戌，太后享万象神宫。

突厥可汗骨笃禄卒，其子幼，弟默啜自立为可汗。腊月，甲戌，默啜寇灵州。

室韦反，遣右鹰扬卫大将军李多祚击破之。

春，一月，以娄师德为河源等军检校营田大使。

二月，武威道总管王孝杰破吐蕃教论赞刃、突厥可汗俟子等于冷泉及大岭，各三万馀人，碎叶镇守使韩思忠破泥熟俟斤等万馀人。

庚午，以僧怀义为代北道行军大总管，以讨默啜。

【译文】延载元年（甲午，公元694年）是年五月改年号为延载。正月，丙戌日（初二），太后在万象神宫举行春祭。

突厥可汗骨笃禄去世，他的儿子年纪尚小，骨笃禄的弟弟默啜就自立为可汗。十二月，甲戌日（二十五日），默啜进犯灵州。

室韦（契丹在北方的一个种族）造反，太后派遣右鹰扬卫大将军李多祚击败了他们。

春季，一月，太后任命娄师德为河源等军检校营田大使。

二月，武威道总管王孝杰在冷泉以及大岭击败吐蕃勃教论赞刃、突厥可汗俟子等各三万多人。碎叶镇守使韩思忠击败泥熟俟斤等一万多人。

庚午日（十六日），太后任命和尚薛怀义担任代北道行军大总管，去征讨默啜。

三月，甲申，以凤阁舍人苏味道为凤阁侍郎、同平章事，李昭德检校内史，更以僧怀义为朔方道行军大总管，以李昭德为长史，苏味道为司马，帅契苾明、曹仁师、沙吒忠义等十八将军以讨默啜，未行，虏退而止。昭德尝与怀义议事，失其旨，怀义挞之，昭德惶惧请罪。

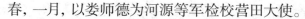

夏，四月，壬戌，以夏官尚书、武威道大总管王孝杰同凤阁鸾台三品。

五月，魏王承嗣等二万六千馀人上尊号曰越古金轮圣神皇帝。甲午，御则天门楼受尊号，赦天下，改元。

天授中，遣监察御史寿春裴怀古安集西南蛮。六月，癸丑，永昌蛮酋薰期帅部落二十馀万户内附。

【译文】三月，甲申日（初一），太后任命凤阁舍人苏味道为凤阁侍郎、同平章事，李昭德为检校内史。改任和尚薛怀义为朔方道行军大总管，又任命李昭德为长史，苏味道为司马，率领契苾明、曹仁师、沙吒忠义等十八将军讨伐默啜，还没有出兵，突厥兵退走而作罢。李昭德曾经和薛怀义商量事情，不符合薛怀义的意思，被薛怀义打了一顿，李昭德害怕便请罪。

夏季，四月，壬戌日（初九），太后任命夏官尚书、武威道大总管王孝杰为同凤阁鸾台三品。

五月，魏王武承嗣等两万六千多人给太后上尊号为越古金轮圣神皇帝。甲午日（十一日），太后驾临则天门楼接受尊号，大赦天下，将年号改为延载。

天授年间，朝廷派遣监察御史寿春人裴怀古招募安抚西南蛮。六月，癸丑日（初一），永昌蛮酋长薰期率部落二十多万户归降朝廷。

河内有老尼居神都麟趾寺，与嵩山人韦什方等以妖妄惑众。尼自号净光如来，云能知未然；什方自云吴赤乌元年生。又有老胡亦自言五百岁，云见薛师已二百年矣，容貌愈少。太后甚信重之，赐什方姓武氏。秋，七月，癸未，以什方为正谏大夫、同平章事，制云："迈轩代之广成，逾汉朝之河上。"八月，什方乞还山，制罢遣之。

戊辰，以王孝杰为瀚海道行军总管，仍受朔方道行军大总管薛怀义节度。

己巳，以司宾少卿姚璹为纳言；左肃政中丞原武杨再思为鸾台侍郎，洛州司马杜景俭为凤阁侍郎，并同平章事。

【译文】 河内有一位老尼姑住在神都麟趾寺，和嵩山人韦什方等用妖邪诈术欺骗百姓。老尼姑自称为净光如来，自吹能够预知未来的事情；韦什方自称是三国时孙吴赤乌年间出生的人；又有一个年老的胡人，自称有五百岁了，说二百年前就见过薛师（怀义），薛怀义的面貌愈来愈年轻。太后十分信任他，赐韦什方姓武。秋季，七月，癸未日（初一），太后任用韦什方为正谏大夫、同平章事。下制书说他"超过轩辕时期的广成子，胜过汉代的河上公"。八月，韦什方请求回山，于是下令免除职务，遣送他回去。

戊辰日（十七日），太后任命王孝杰为瀚海道行军总管，仍旧接受朔方道行军大总管薛怀义指挥。

己巳日（十八日），太后任命司宾少卿姚璹为纳言，左肃政中丞原武人杨再思为鸾台侍郎，洛州司马杜景俭为凤阁侍郎，都任同平章事。

豆卢钦望请京官九品已上输两月俸以赡军，转帖百官，令拜表。百官但赴拜，不知何事。拾遗王求礼谓钦望曰："明公禄厚，输之无伤；卑官贫迫，奈何不使其知而欺夺之乎？"钦望正色拒之。既上表，求礼进言曰："陛下富有四海，军国有储，何藉贫官九品之俸而欺夺之！"姚璹曰："求礼不识大体。"求礼曰："如姚璹，为识大体者邪？"事遂寝。

戊寅，鸾台侍郎、同平章事崔元综坐事流振州。

武三思帅四夷酋长请铸铜铁为天枢，立于端门之外，铭纪功德，黜唐颂周；以姚璹为督作使。诸胡聚钱百万亿，买铜铁不能足，赋民间农器以足之。

【译文】 豆卢钦望建议在京城的九品以上官员捐两个月的薪水补助军队费用，写了一份通知让百官传阅，令他们入朝上奏章。众官只是聚在一起，不知表请什么事。拾遗王求礼向豆卢钦望说："阁下俸禄高，捐点不碍事，下级官员靠薪水生活，怎么可以不让他们知道是捐月俸而欺骗他们呢？"豆卢钦望却正色不接受劝告。表奏呈上后，王求礼上前进言："陛下拥有四海之内的财富，军队国家均有预算，何必依靠九品官这微薄的薪水并且用欺蒙手段扣除呢？"姚璹说："王求礼不识大体。"王求礼说："像你姚璹，是识大体的人吗？"事情最终没有实施。

戊寅日（二十七日），鸾台侍郎、同平章事崔元综因犯罪被流放振州。

武三思率领四夷酋长上书建议熔铸铜铁制作天枢（纪功德柱），立在端门（洛阳皇城南门）外，刻文字记述功德，贬唐扬周；任用姚璹担任督工。胡人纳钱百万亿，买铜铁尚且不足用，征收民间的农具来补充。

九月，壬午朔，日有食之。

殿中丞来俊臣坐赃贬同州参军。王弘义流琼州，诈称敕追还，至汉北，侍御史胡元礼遇之，按验，得其奸状，杖杀之。

内史李昭德恃太后委遇，颇专权使气，人多疾之。前鲁王府功曹参军丘愔上疏攻之，其略曰："陛下天授以前，万机独断。自长寿以来，委任昭德，参奉机密，献可替否；事有便利，不预谇谋，要待画日将行，方乃别生驳异。扬露专擅，显示于人，归美引愆，义不如此。"又曰："臣观其胆，乃大于身，鼻息所冲，上拂云汉。"又曰："蚁穴坏堤，针芒写气，权重一去，收之极难。"长上果毅邓注，又著《石论》数千言，述昭德专权之状。凤阁舍人逄弘敏取奏之，太后由是恶昭德。壬寅，贬昭德为南宾尉，寻又免死流窜。

【译文】九月，壬午朔日（初一），出现日食。

殿中丞来俊臣因犯贪赃罪被贬为同州参军。王弘义被流放琼州，假说有诏命让他返回东都，行至汉水北部，侍御史胡元礼遇到他，审讯他，发觉诏命是伪造的，将他打死了。

内史李昭德依仗太后重用他，颇专权而意气用事，人们大多怨恨他。前任鲁王府功曹参军丘愔上奏攻击他，疏上大略说："陛下在天授年间以前，独决政事；自长寿年间以来，委任李昭德，让他参与大事，提出可行的事，否决不可行的事；一些对国家便利的事，他事先不参与商议，待到已批示将要推行时，然后李昭德才提出异议，扬才露己，专断，向人炫耀。善事归于君主，过失自己承担，是人臣行为的原则，哪像李昭德这样。"又说："臣看他的胆子比身体还大，鼻孔里出的气，都冲到天上去了呢。"又说："蚂蚁穴虽小可以毁坏大堤，针尖会将球的气泄光，大权旁落，要收回却不容易。"长上果毅（官职名）邓注又撰写《石论》几千字，写李昭德专权的情况。凤阁舍人逄弘敏拿了呈给太后，太后因此厌恶李昭德。壬寅日（二十一日），贬李昭德为南宾县尉，不久又减免死罪，将他流放。

太后出梨花一枝以示宰相，宰相皆以为瑞。杜景俭独曰："今草木黄落，而此更发荣，阴阳不时，咎在臣等。"因拜谢。太后曰："卿真宰相也！"

冬，十月，壬申，以文昌右丞李元素为凤阁侍郎，右肃政中丞周允元检校凤阁侍郎，并同平章事。允元，豫州人也。

岭南獠反，以容州都督张玄遇为桂、永等州经略大使以讨之。

【译文】太后拿了一枝梨花给宰相们看，宰相们都认为是祥瑞。杜景俭不同意，说："现在是草木凋谢时节，梨树却开花了，表示阴阳失序，过失在我们这些人。"因而下拜告罪。太后说："你是真正的宰相！"

冬季，十月，壬申日（二十二日），太后任命文昌右丞李元素为凤阁侍郎，左肃政中丞周允元为检校凤阁侍郎，都任同平章事。周允元是豫州人。

岭南獠人反叛，太后派遣容州都督张玄遇担任桂、永等州经略大使前去征讨。

【乾隆御批】 景俭不以秋月梨花为瑞，虽似优于阿谀者，然是时女主临朝，阴阳倒置，此即吕后时桃李秋花之辙。景俭腼颜为相，尚何燮理之足云？乃以草木荣落非时，引咎自责，显附于方正之操，而隐售其固宠之术。此与模棱者流，相去无几。胡寅责其"浅言以盗小名，为无足称"，尚未尽窥其底里，而为色庄所愚耳。

【译文】 杜景俭认为秋季梨花开不是吉兆，虽然好像比迎合奉承武则天的那些宰相们强，但是这时正是女皇临朝，所以阴阳倒置，这与吕后时期桃李秋天开花是一回事。杜景俭此时却不知羞耻地当宰相，那还说什么阴阳调理？以草木的茂盛和干枯来主动承担责任并作自我批评，表面上好像是表现了正直的操守，而其实是暗中兜售了他巩固受宠地位的妙法，这和模棱两可的那些人差别不大。胡寅责备他说，"用无关痛痒的话以沽名钓誉，不值得称赞"，是还没有完全看透他的内心，而被表象所欺骗了啊。

天册万岁元年（乙未，公元六九五年）正月，辛巳朔，太后加号慈氏越古金轮圣神皇帝，赦天下，改元证圣。

周允元与司刑少卿皇甫文备奏内史豆卢钦望、同平章事韦巨源、杜景俭、苏味道、陆元方附会李昭德，不能匡正，钦望贬赵州，巨源贬麟州，景俭贬溱州，味道贬集州，元方贬绥州刺史。

初，明堂既成，太后命僧怀义作夹纻大像，其小指中犹容数十人，于明堂北构天堂以贮之。堂始构，为风所摧，更构之，日役万人，采木江岭，数年之间，所费以万亿计，府藏为之耗竭。怀义用财如粪土，太后一听之，无所问。每作无遮会，用钱万缗；士女云集，又散钱十车，使之争拾，相蹈践有死者。所在公私田宅，多为僧有。怀义颇厌入宫，多居白马寺，所度力士为僧者满千人。侍御史周矩疑有奸谋，固请按之。太后曰："卿姑退，朕即令往。"矩至台，怀义亦至，乘马就阶而下，坦腹于床。矩召吏将按之，遽跃马而去。矩具奏其状，太后曰："此道人病风，不足诘，所度僧，惟卿所处。"悉流远州。迁矩天官员外郎。

【译文】天册万岁元年（乙未，公元695年）是年九月改年号为天册万岁。正月，辛巳朔日（初一），太后加尊号为慈氏越古金轮圣神皇帝，大赦天下，更改年号为证圣。

周允元和司刑少卿皇甫文备上奏说内史豆卢钦望、同平章事韦巨源、杜景俭、苏味道、陆元方依附李昭德，不能匡正他的专权。豆卢钦望被贬为赵州刺史，韦巨源被贬为麟州刺史，杜景俭被贬为溱州刺史，苏味道被贬为集州刺史，陆元方被贬为绥州刺史。

起初，明堂建成了，太后命和尚薛怀义制夹层麻布大佛像，佛像的小指里都能够容纳几十个人，在明堂的北方修筑一幢叫"天堂"的房屋放置。天堂初建时，被风吹坏了，再次建造，每天工人有上万人，到长江山区采伐木材，几年内，花费上万亿，国库都因这件事空了。薛怀义用钱像扫弃粪土，太后全都依准他，不加过问。每次做公开法会，用钱万贯；等四方男女汇集，又散发十车钱，让人们竞相拾取，有人因捡钱被踩死。各地公私田宅，多被和尚占有。薛怀义不喜欢进宫，多数住在白马寺中，剃度壮士做和尚的达一千人。侍御史周矩怀疑他心怀不轨，一再请求审问他。太后说："你暂且回去，我立即派他到你那去。"周矩回到办公处，薛怀义也到了，骑马近台阶才下来，露着肚皮坐在椅子上。周矩令官吏拘捕他，他立即跳上马跑了。周矩写了奏折禀告他的无礼，太后说："这道人有疯病，不值得追查；他剃度的那些和尚，任由你去处分。"周矩将那些和尚全部流放到遥远的地方。太后擢升周矩为天官员外郎。

乙未，作无遮会于朝堂，凿地为坑，深五丈，结彩为宫殿，佛像皆于坑中引出之，云自地涌出。又杀牛取血，画大像，首高二百尺，云怀义刺膝血为之。丙申，张像于天津桥南，设斋。时御医沈南璆亦得幸于太后，怀义心愠，是夕，密烧天堂，延及明堂。火照城中如昼，比明皆尽，暴风裂血像为数百段。太后耻而讳之，但云内作工徒误烧麻主，遂涉明堂。时方酺宴，左拾遗刘承庆请辍朝停酺以答天谴，太后将从之。姚璹曰："昔成周宣榭，卜代愈隆；汉武建章，盛德弥永。今明堂布政之所，非宗庙也，不应自贬损。"太后乃御端门，观酺如平日。命更造明堂、天堂，仍以怀义充使。又铸铜为九州鼎及十二神，皆高一丈，各置其方。先是，河内老尼昼食一麻一米，夜则烹宰宴乐，畜弟子百馀人，淫秽靡所不为。武什方自言能合长年药，太后遣乘驿于岭南采药。及明堂火，尼入唁太后，太后怒叱之，曰："汝常言能前知，何以不言明堂火？"因斥还河内，弟子及老胡等皆逃散。又有发其奸者，太后乃复召尼还麟趾寺，弟子毕集，敕给使掩捕，尽获之，皆没为官婢。什方还，至偃师，闻事露，自绞死。

【译文】 乙未日（十六日），太后在明堂做公开法会，掘个地坑，五丈深，结扎彩绸为宫殿，佛像从坑中拉出来，说是从地内涌出的。又杀牛，用牛血画大佛像，佛像的头高二百尺，说是薛怀义刺腿的血画的。丙申日（十七日），将佛像挂在天津桥南，设斋。当时御医沈南璆也是太后宠幸的人，薛怀义怨怒，当晚，暗地纵火烧毁天堂，波及明堂，火照得城内像白天一样明亮，到天亮才烧完。暴风将血像吹成几百段。太后羞愧而不敢说明真相，只说工人误烧到麻像，并且烧到明堂。当时正在会餐，左拾遗刘承庆奏请停止朝会以及会餐来表示对天罚的反应，太后打算允许。姚璹说："从前成周宣榭宫失火，占卜的结果是朝代更加兴盛；汉武帝时柏梁台失火后再造建章宫，美德更长。现在明堂只是发布政令的地方，不是宗庙，遭遇火灾，也不宜减少平常的礼数。"太后于是驾临正门，像平常一样观会餐，下令再建造明堂、天堂，仍旧派薛怀义负责。又铸铜鼎九个，用九州命名；铸十二生肖神像，都有一丈高，按照它们所属的方位安置。此前，河内有一位老尼白天只吃一麻一米，夜晚却大鱼大肉宴饮作乐，徒弟一百多人，淫荡而且坏事做尽。武什方说能配制长生药，太后派驿车送他前往岭南采药。后来明堂失火，老尼入宫慰问太后，太后愤怒地责备她说："你经常说能够预知未来事，为何没有预知明堂火灾？"因此驱逐她回河内，她的徒弟们和老胡全都逃走。又有人揭发她们作奸犯科的事，太后于是再次召老尼回到麟趾寺，她的徒弟们又回来了。太后下旨派人前去逮捕，全部抓到了，都没入官府做婢女。武什方在回程中，到了偃师县，听说事情已经败露，便自尽而死。

庚子，以明堂火告庙，下制求直言。刘承庆上疏，以为："火发既从麻主，后及总章，所营佛舍，恐劳无益，请罢之。又，明堂所以统和天人，一旦焚毁，臣下何心犹为酺宴！忧喜相争，伤于情性。又，陛下垂制博访，许陈至理，而左史张鼎以为今既火流王屋，弥显大周之祥，通事舍人逢敏奏称，弥勒成道时有天魔烧宫，七宝台须臾散坏，斯实谄妄之邪言，非君臣之正论。伏愿陛下乾乾翼翼，无戾天人之心而兴不急之役，则兆人蒙赖，福禄无穷。"

【译文】庚子日（二十一日），太后将明堂火灾向宗庙祭告，下诏征求坦率进言的人。刘承庆上奏说："火既然从麻布佛像烧起，后来延烧到明堂总章三室，恐怕再次建造也没有益处，请求停工。而且，明堂是调和天人关系的场所，一旦遭到焚毁，为臣下的哪有心情大会餐呢？忧愁和喜悦两种心情相互争斗，会伤害性情。还有陛下降旨广求谏言，允许人们陈述真理；然而左史张鼎竟说火烧帝殿，更可以显示大周的祥瑞。通事舍人逢敏上奏说：'弥勒佛成道的时候，有天魔来烧毁他的宫室，七宝台立即被毁。'这些实是谄媚荒诞的邪说，不是君臣的正大道理。恳请陛下自强不息，小心翼翼，不要违天意，逆人心，而做些不切实际的事，那么天下人都受到嘉惠，福禄久长。"

获嘉主簿彭城刘知几表陈四事。其一以为："皇业权舆，天地开辟，嗣君即位，黎元更始，则时藉非常之庆以申再造之恩。今六合清晏而赦令不息，近则一年再降，远则每岁无遗，至于违法悖礼之徒，无赖不仁之辈，编户则寇攘为业，当官则赃贿是求。而元日之朝，指期天泽，重阳之节，伫降皇恩，如其忖度，咸果释免。或有名垂结正，罪将断决，窃行货贿，方便规求，故致稽延，毕沾宽宥。用使俗多顽悖，时罕廉隅，为善者不预恩光，作恶者独承徼幸。古语曰：'小人之幸，君子之不幸。'斯之谓也。望陛下而今而后，颇节于赦，使黎氓知禁，奸宄肃清。"其二以为："海内具僚九品以上，每岁逢赦，必赐阶勋，至于朝野宴集，公私聚会，绯服众于青衣，象板多于木笏；皆荣非德举，位罕才升，不知何者为奸蠹，何者为美恶。臣望自今以后，稍息私恩，使有善者逾效忠勤，无才者咸知勉励。"其三以为："陛下临朝践极，取士太广，六品以下职事清官，遂乃方之土芥，比之沙砾，若遂不加沙汰，臣恐有秽皇风。"其四以为："今之牧伯迁代太速，倏来忽往，蓬转萍流，既怀苟且之谋，何暇循良之政！望自今刺史非三岁以上不可迁官，仍明察功过，尤甄赏罚。"疏奏，太后颇嘉之。是时官爵易得而法网严峻，故人竞为趋进而多陷刑戮，知几乃著《思慎赋》以刺时见志焉。

【译文】获嘉县主簿彭城人刘知几上表陈述四件事：他认为，第一，"皇业起始，天地开辟，嗣君即位，百姓重新开始耕作。常恃国家的大喜庆，颁给他们重新做人的恩典。今天下清平，而赦令仍不断发布，密则一年赦两次，疏则每岁都有。那些犯法背礼的，无赖不仁的，假如是民众，便以抢劫为业，假如是官吏，便以贪赃求贿为目标。而到新年初一，指望皇恩；重阳佳节，盼降赦令，到时就如他们所想，都可以得到释免。有的罪名确定了，将要行刑，暗中贿赂；有司乘机贪求，因此得以拖延时间，终于获得宽赦。以致社会顽劣悖理的人多，廉洁方正的人少，行善的人，得不到朝廷的嘉奖，为恶的人反而享受非分的恩典。古话说："小人的幸运，就是君子的不幸.'就是这意思。请陛下今后，要稍微节制赦令，让百姓知道禁令，作奸犯科的人才会肃清。"第二，"国家九品以上的官吏，每年遇赦，必赐他们官阶勋级。造成朝野宴会、公私集会时，穿红衣的多于穿青衣的，拿象板的多过拿木板的。大都是荣耀不起于德行，高位不因才能升得；不晓得什么是美丑，什么是善恶。臣请陛下自今天起，稍微停止以私意赏赐官阶和勋级，使贤能的臣子更加效忠于朝廷，无才能的都知勉励。"第三，"陛下即位听政，用人太多，六品以下掌事清官，就像泥土草芥一样微不足道，像沙砾一样数不清。如果不加以裁撤，臣担心有污陛下的德化。"第四，"现在的州长调任太快，匆匆来去，像飞蓬浮萍，因而有得过且过的想法，哪有时间推行善政？请从今以后，刺史不到三年以上，不要迁调，仍要考核他们的功过，分别加以赏罚。"奏疏呈上，太后颇嘉许他。当时，官爵容易获得，但法刑严酷，争着求取官爵的人多，被杀害的也多。刘知几便作《思慎赋》来讽喻当时人而申明他的意见。

丙午，以王孝杰为朔方道行军总管，击突厥。

春，二月，己酉朔，日有食之。

僧怀义益骄恣，太后恶之。既焚明堂，心不自安，言多不顺；太后密选宫人有力者百馀人以防之。壬子，执之于瑶光殿前树下，使建昌王武攸宁师壮士殴杀之，送尸白马寺，焚之以造塔。

甲子，太后去"慈氏越古"之号。

【译文】丙午日（二十七日），太后任命王孝杰为朔方道行军总管，攻打突厥。

春季，二月，己酉朔日（初一），出现日食。

和尚薛怀义愈来愈骄傲放肆，太后厌恶他。明堂烧毁后，他内心不安，言语多不恭顺。太后暗中挑选有武力的一百多个宫人防备他。壬子日（初四），太后在瑶光殿前的树下逮捕他，命建昌王武攸宁率领壮士打死他，尸体送往白马寺，烧毁后以建塔。

甲子日（十六日），太后除去"慈氏越古"的尊号。

三月，丙辰，凤阁侍郎、同平章事周允王薨。

夏，四月，天枢成，高一百五尺，径十二尺，八面，各径五尺。下为铁山，周百七十尺，以铜为蟠龙麒麟萦绕之；上为腾云承露盘，径三丈，四龙人立捧火珠，高一丈。工人毛婆罗造模，武三思为文，刻百官及四夷酋长名，太后自书其榜曰"大周万国颂德天枢"。

秋，七月，辛酉，吐蕃寇临洮，以王孝杰为肃边道行军大总管以讨之。

九月，甲寅，太后合祭天地于南郊，加号天册金轮大圣皇帝，赦天下，改元。

冬，十月，突厥默啜遣使请降，太后喜，册授左卫大将军、归国公。

【译文】三月，丙辰日（初九），唐凤阁侍郎、同平章事周允元逝世。

夏季，四月，朝廷铸造天枢柱完成，高一百零五尺，直径十二尺，八个面，每面宽五尺。柱子下面基台为铁山，周围一百七十尺，环绕铁山的是铜做的蟠龙和麒麟；顶上做一个腾云承露盘，直径三丈，做四个龙形人站立捧火珠，火珠高一丈。工人毛婆罗造模型，武三思撰写文章，刻有百官以及四夷酋长名字。太后亲写枢题："大周万国颂德天枢"。

秋季，七月，辛酉日（十五日），吐蕃进犯临洮，太后任命王孝杰担任肃边道行军大总管前去征讨。

九月，甲寅日（初九），太后在南郊合祭天地，加尊号为天册金轮大圣皇帝，大赦天下，更改年号为天册万岁。

冬季，十月，突厥默啜派遣使者前来投降，太后很高兴，用册授予默啜左卫大将军、归国公。

万岁通天元年（丙申，公元六九六年）腊月，甲戌，太后发神都；甲申，封神岳；赦天下，改元万岁登封，天下百姓无出今年租税；大酺九日。丁亥，禅于少室；己丑，御朝觐坛受贺；癸巳，还宫；甲午，谒太庙。

右千牛卫将军安平王武攸绪，少有志行，恬澹寡欲，扈从封中岳还，即求弃官，隐于嵩山之阳。太后疑其诈，许之，以观其所为。攸绪遂优游岩壑，冬居茅椒，夏居石室，一如山林之士。太后所赐及王公所遗野服器玩，攸绪一皆置之不用，尘埃凝积。买田使奴耕种，与民无异。

春，一月，甲寅，以娄师德为肃边道行军副总管，击吐蕃。己巳，以师德为左肃政大夫，知政事如故。

改长安崇尊庙为太庙。

【译文】 万岁通天元年（丙申，公元696年）十二月，甲戌日（初六），太后从神都出发。甲申日（十六日），太后封祀嵩山为神岳。大赦天下，更改年号为万岁登封。免除天下百姓今年的租税，大会餐九天。丁亥日（十九日），太后禅祀少室山。己丑日（二十一日），太后驾临朝觐坛接受百官朝贺。癸巳日（二十五日），太后回宫。甲午日（二十六日），太后告祀太庙。

右千牛卫将军安平王武攸绪，从小就有志向品行，恬静安适，淡泊名利，侍从太后封禅中岳回来，立即请求辞职，隐居在嵩山的南面。太后疑心他隐居是假，应允他辞官，而观察他的行为。武攸绪于是优游水山，冬天住在茅椒庐，夏天住在石洞，完全像真的隐士。太后所赐和王公大臣所送的隐居用的衣服物品，武攸绪全部不用，被尘埃封积。自己买田，命奴仆耕种，跟百姓相同。

春季，一月，甲寅日（十一日），太后任命娄师德担任肃边道行军副总管，进兵吐蕃。己巳日（二十六日），太后任命娄师德为左肃政大夫，仍旧知政事。

太后将长安崇尊庙改为太庙。

【乾隆御批】 武氏革命，当时守正不屈者惟李安静，超然远引者惟武攸绪。余人贪荣竞进，甘受牢笼，然每爵命甫，及戮辱随之附邪？背正者究何益哉？

【译文】 武则天改朝换代的时代，恪守正道不屈服的只有李安静，旷达淡泊、远离尘世的只有武攸绪，其余的人都贪图荣华，竞相争宠，心甘情愿地受约束，但是每次加官进爵，都会有杀戮和屈辱伴随而来。因此，背正之间，仔细推究是哪个有好处呢？

二月，辛巳，尊神岳天中王为神岳天中黄帝，灵妃为天中黄后；启为齐圣皇帝；封启母神为玉京太后。

三月，壬寅，王孝杰、娄师德与吐蕃将论钦陵赞婆战于素罗汗山，唐兵大败；孝杰坐免为庶人，师德贬原州员外司马。师德因署移牒，惊曰："官爵尽无邪！"既而曰："亦善，亦善。"不复介意。

丁巳，新明堂成，高二百九十四尺，方三百尺，规模率小于旧。上施金涂铁凤，高二丈，后为大风所损；更为铜火珠，群龙捧之，号曰通天宫。赦天下，改元万岁通天。

大食请献师子。姚璹上疏，以为："师子专食肉，远道传致，肉既难得，极为劳费。陛下鹰犬不蓄，渔猎悉停，岂容菲薄于身而厚给于兽！"乃却之。

【译文】二月，辛巳日（初九），太后尊神岳天中王为神岳天中黄帝、灵妃为天中黄后；夏启为齐圣皇帝；封启母神为玉京太后。

三月，壬寅日（初一），王孝杰、娄师德和吐蕃将领论钦陵赞婆在素罗汗山交战，唐军大败。王孝杰因此免官成为平民，娄师德被贬为原州员外司马。娄师德在签署送来的公文时，吃惊地说："官爵全免了呀！"签好后说："也好，也好。"不再介意。

丁巳日（十六日），新建的明堂落成，高二百九十四尺，方三百尺，规模比原来的略微小些。上面立黄金镀饰的铁凤，高二丈，后被大风吹毁，换上一个铜质火珠，有几条龙捧着火珠。题名叫"通天宫"。大赦天下，更改年号为万岁通天。

大食国请求前来进献狮子。姚璹上奏疏说："狮子吃肉，老远送来，肉不容易得，消耗太多。陛下不养鹰犬，禁止渔猎，难道容许对自己菲薄而对野兽优厚吗？"于是没有接受。

以检校夏官侍郎孙元亨同平章事。

夏，五月，壬子，营州契丹松漠都督李尽忠、归诚州刺史孙万荣举兵反，攻陷营州，杀都督赵文翙。尽忠，万荣之妹夫也，皆居于营州城侧。文翙刚愎，契丹饥不加赈给，视酋长如奴仆，故二人怨而反。乙丑，遣左鹰扬卫将军曹仁师、右金吾卫大将军张玄遇、左威卫大将军李多祚、司农少卿麻仁节等二十八将讨之。秋，七月，辛亥，以春官尚书梁王武三思为榆关道安抚大使，姚璹副之，以备契丹。改李尽忠为李尽灭，孙万荣为孙万斩。

尽忠录自称无上可汗，据营州，以万荣为前锋，略地，所向皆下，旬日，兵至数万，进围檀州，清边前军副总管张九节击却之。

【译文】太后任命检校夏官侍郎孙元亨为同平章事。

夏季，五月，壬子日（十二日），营州契丹松漠都督李尽忠、归诚州刺史孙万荣起兵反叛，攻克营州，杀了都督赵文翙。李尽忠是孙万荣的妹夫，都住在营州城边。赵文翙刚愎自用，契丹饥荒不去赈济，将酋长看成奴仆，因此李、孙二人怨恨他而造反。乙丑日（二十五日），太后派遣左鹰扬卫将军曹仁师、右金吾卫大将军张玄遇、左威卫大将军李多祚、司农少卿麻仁节等二十八将前去征讨。秋季、七月，辛亥日（十一日），太后派遣春官尚书梁王武三思担任榆关道安抚大使，姚璹担任副使，来防备契丹。将李尽忠的名字改为李尽灭，将孙万荣的名字改为孙万斩。

李尽忠不久自称无上可汗，占据营州，任用孙万荣为前锋，攻占土地，所到之处全都攻克，十天之间，拥兵数万，进而包围檀州。清边前军副总管张九节击退他们。

八月，丁酉，曹仁师、张玄遇、麻仁节与契丹战于硖石谷，唐兵大败。先是，契丹破营州，获唐俘数百，囚之地牢，闻唐兵将

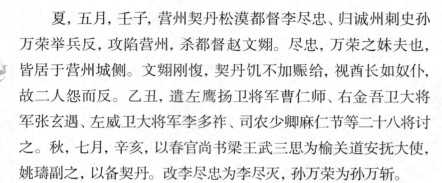

至，使守牢霫绐之曰："吾辈家属，饥寒不能自存，唯俟官军至即降耳。"既而契丹引出其俘，饲以糠粥，慰劳之曰："吾养汝则无食，杀汝又不忍，今纵汝去。"遂释之。俘至幽州，具言其状，诸军闻之，争欲先入。至黄麖谷，虏又遣老弱迎降，故遗老牛瘦马于道侧。仁师等三军弃步卒，将骑兵轻进。契丹设伏横击之，飞索以绁玄遇、仁节，生获之，将卒死者填山谷，鲜有脱者。契丹得军印，诈为牒，令玄遇等署之，牒总管燕匪石、宗怀昌等云："官军已破贼，若至营州，军将皆斩，兵不叙勋。"匪石等得牒，昼夜兼行，不遑寝食以赴之，士马疲弊；契丹伏兵于中道邀之，全军皆没。

【译文】 八月，丁酉日（二十八日），曹仁师、张玄遇、麻仁节和契丹在硖石谷交锋，唐兵大败。起初，契丹攻陷营州，俘虏唐兵几百人，囚禁在地牢里，契丹听说唐兵快要来了，让一个守牢的族人欺骗他们说："我们的家属，饥寒交迫，只等朝廷大军一到便投降。"不久契丹便放出唐军俘虏，供应米糠粥，慰劳他们说："我们要养你们，但没有食物，杀掉你们又不忍心，只好放你们回去。"便释放了唐军俘虏。唐军俘虏回到幽州，将听到的话全都报告给众将，众将听了，都想先行进攻，到了黄獐谷，契丹又派了老弱残兵前来投降，故意丢弃了些老牛瘦马在路边。曹仁师等三军便留下步兵，率领骑兵先行。契丹埋伏从侧面突然进攻。用套索投出，生擒了张玄遇、麻仁节；将士死尸填满山谷，逃走的很少。契丹获得军印，便伪造公文叫张玄遇等人签署，送给总管燕匪石、宗怀昌等，说："官军已经攻破契丹，如果你们不能到达营州，那么将军要论斩，军兵不论功。"燕匪石等得到公文，日夜兼程而行，连吃饭睡觉都顾不上，兵马疲乏，契丹在路上埋伏拦截他们，燕匪石等全军覆没。

九月，制："天下系囚及士庶家奴骁勇者，官偿其直，发以击契丹。"初令山东近边诸州置武骑团兵，以同州刺史建安王武攸宜为右武威卫大将军，充清边道行军大总管，以讨契丹。

右拾遗陈子昂为攸宜府参谋，上疏曰："恩制免天下罪人及募诸色奴充兵讨击契丹，此乃捷急之计，非天子之兵。且比来刑狱久清，罪人全少，奴多怯弱，不惯征行，纵其募集，未足可用。况当今天下忠臣勇士，万分未用其一，契丹小孽，假命待诛，何劳免罪赎奴，损国大体！臣恐此策不可威示天下。"

【译文】九月，太后下诏："天下罪犯以及庶民士人有家奴勇敢的，由朝廷出钱代抵身资，征发去攻打契丹。"开始命令山东靠近边塞各州设置武骑团兵，任命同州刺史建安王武攸宜为右武威卫大将军，担任清边道行军大总管，来征讨契丹。

右拾遗陈子昂担任武攸宜军府的参谋，上奏说："陛下施恩，下令赦免天下囚犯，以及招募各类奴役当兵讨伐契丹，这是应急的办法，不是国家正规部队。况且近来清治刑狱已久，囚犯不多，奴仆多数胆小，不熟悉行伍战阵，即使募集，也不堪实用。何况现在天下的忠臣义士很多，万分之一都未能任用；契丹是弱小的反叛，苟活待死罢了，何须劳动赦免罪人，赎买奴役，有损国家的体制。臣恐怕这政策不适宜颁行。"

丁巳，突厥寇凉州，执都督许钦明。钦明，绍之曾孙也；时出按部，突厥数万奄至城下，钦明拒战，为所虏。

钦明兄钦寂，时为龙山军讨击副使，与契丹战于崇州，军败，被擒。虏将围安东，令钦寂说其属城未下者。安东都护裴玄珪在城中，钦寂谓曰："狂贼天殃，灭在朝夕，公但励兵谨守以全忠节。"虏杀之。

吐蕃复遣使请和亲，太后遣右武卫胄曹参军贵乡郭元振往察其宜。吐蕃将论钦陵请罢安西四镇戍兵，并求分十姓突厥之地。元振曰："四镇、十姓与吐蕃种类本殊，今请罢唐兵，岂非有兼并之志乎？"钦陵曰："吐蕃苟贪土地，欲为边患，则东侵甘、凉，岂肯规利于万里之外邪！"乃遣使者随元振入请之。

【译文】丁巳日（十八日），突厥进犯凉州，掳去都督许钦明。许钦明是许绍的曾孙子；当时正出去巡视部下，突厥几万人突然来到城下，许钦明奋战，被俘。

许钦明的兄长许钦寂，当时任龙山军讨击副使，和契丹在崇州交战，失败被俘。契丹将围攻安东，叫许钦寂去游说原先自己管辖而尚未被契丹攻克的城。安东都护裴玄珪在城中，许钦寂对他说："狂贼必遭天谴，破灭就在早晚，公只严兵谨守可保全忠国志节。"契丹便将许钦寂杀了。

吐蕃再次遣使前来请求和亲，太后派遣右武卫胄曹参军贵乡人郭元振去察看虚实。吐蕃将领论钦陵请求撤去安西四镇的戍兵，并要求分给他们十姓突厥的土地。郭元振说："四镇、十姓和你们吐蕃本是不同种族；现在请求唐朝撤兵，这不是有兼并的企图吗？"论钦陵说："吐蕃如果贪求土地，要使唐朝边境不安，便向东进犯甘、凉州，怎么会求利于万里外的地方呢？"于是派遣使者随郭元振入朝。

朝廷疑未决，元振上疏，以为："钦陵求罢兵割地，此乃利害之机，诚不可轻举措也。今若直拒其善意，则为边患必深。四镇之利远，甘、凉之害近，不可不深图也。宜以计缓之，使其和望未绝则善矣。彼四镇、十姓，吐蕃之所甚欲也，而青海、吐谷浑，亦国家之要地也，今报之宜曰：'四镇、十姓之地，本无用于中国，所以遣兵戍之，欲以镇抚西域，分吐蕃之势，使不得并力东侵也。今若果无东侵之志，当归我吐谷浑诸部及青海故地，则五俟斤部亦当以归吐蕃。'如此则足以塞钦陵之口，而亦未与之绝也。若钦陵小有乖违，则曲在彼矣。且四镇、十姓款附岁久，今未察其情之向背，事之利害，遥割而弃之，恐伤诸国之心，非所以御四夷也。"太后从之。

资治通鉴

【译文】朝廷仍犹豫不决，郭元振上奏，认为："论钦陵请求撤兵割地，这是利害的关键，实不可轻易决定。如果直接拒绝他的善意，那么为害边境必深。四镇的利益远，甘州、凉州的受害近，不可不仔细考虑。应当用计来延缓，使他对和亲不绝望便可妥当。那四镇、十姓，是吐蕃最想获得的，而青海、吐谷浑也是我国重要的地方。现在应当回答他说：'四镇、十姓的地方，本来对中国无用，派兵戍守的原因，在镇守安抚西域，分散吐蕃的力量，使它不能合力向东进犯。现在假如没有向东侵略的企图，当还给我吐谷浑各部以及青海原地，那么五俟斤部也可还给吐蕃。'这样便足够使论钦陵无言，而也没有让两国决裂。假如论钦陵稍有违理，那么曲在他们。况且四镇、十姓降顺已久，现不知吐蕃的动机，事情的利害，就舍弃他们，恐怕会伤害到各国前来归附之人的心，不是统御四夷的办法。"太后依他的意见而行。

元振又上言："吐蕃百姓疲于徭戍，早愿和亲；钦陵利于统兵专制，独不欲归款。若国家岁发和亲使，而钦陵常不从命，则彼国之人怨钦陵日深。望国恩日甚，设欲大举其徒，固亦难矣。斯亦离间之渐，可使其上下猜阻，祸乱内兴矣。"太后深然之。

元振名震，以字行。

庚申，以并州长史王方庆为鸾台侍郎，与殿中监万年李道广并同平章事。

突厥默啜请为太后子，并为其女求昏，悉归河西降户，帅其部众为国讨契丹。太后遣豹韬卫大将军阎知微、左卫郎将摄司宾卿田归道册授默啜左卫大将军、迁善可汗。知微，立德之孙；归道，仁会之子也。

【译文】 郭元振又上奏说："吐蕃百姓徭役劳乏，早就想要和亲；论钦陵想掌握兵权专断而行，独不愿和亲。如果朝廷常派和亲大使前去，而论钦陵常不遵命，那么吐蕃人怨恨论钦陵日益加深，而期望我国的恩遇也日甚，论钦陵想大量调动吐蕃人马，自是十分困难，这也是逐渐离间的办法，可以让他们上下猜忌，内部起祸乱。"太后深表赞同。郭元振名叫震，用字行世。

庚申日（二十一日），太后任命并州长史王方庆为鸾台侍郎，和殿中监万年人李道广一起任同平章事。

突厥默啜请求做太后的干儿子，并且替他的女儿请求，让她嫁到唐朝来；还要全部归还河西的降民，率领他的部众为朝廷征讨契丹。太后派遣豹韬卫大将军阎知微、左卫郎将代司宾卿田归道册授默啜为左卫大将军、迁善可汗。阎知微是阎立德的孙子，田归道是田仁会的儿子。

冬，十月，辛卯，契丹李尽忠卒，孙万荣代领其众。突厥默啜乘间袭松漠，虏尽忠、万荣妻子而去。太后进拜默啜为颉跌利施大单于、立功报国可汗。

孙万荣收合馀众，军势复振，遣别帅骆务整、何阿小为前锋，攻陷冀州，杀刺史陆宝积，屠吏居数千人；又攻瀛州，河北震动。制起彭泽令狄仁杰为魏州刺史。前刺史独孤思庄畏契丹猝至，悉驱百姓入城，缮修守备。仁杰至，悉遣还农，曰："贼犹在远，何烦如是！万一贼来，吾自当之。"百姓大悦。

时契丹入寇，军书填委，夏官郎中硖石姚元崇剖析如流，皆有条理，太后奇之，擢为夏官侍郎。

【译文】冬季，十月，辛卯日（二十二日），契丹李尽忠去世，孙万荣接替他统率契丹。突厥默啜乘机袭击松漠，俘获李尽忠、孙万荣的妻子儿女而后离去。太后加封默啜为颉跌利施大单于、立功报国可汗。

孙万荣集合残余部队，军队声势又壮大起来，任用支部将领骆务整、何阿小为先锋，攻克冀州，杀了刺史陆宝积，屠杀官吏百姓几千人。又攻打瀛州，河北震动。太后下制书，起用彭泽令狄仁杰担任魏州刺史。前任刺史独孤思庄害怕契丹突然来攻，将百姓全部迁入城池，做好防备工事。狄仁杰到了，全部命他们回家，宣告说："贼现在还远呢，何必这样劳烦百姓；万一贼军来了，我自己去抗贼。"百姓大为欢喜。

当时契丹进犯，军方公文堆积很多，夏官郎中硖石人姚元崇很快处理，而且都有条理，太后认为他不同寻常，擢升他为夏官侍郎。

太后思徐有功用法平，擢拜左台殿中侍御史，远近闻者无不相贺。鹿城主簿宗城潘好礼著论，称有功蹈道依仁，固守诚节，不以贵贱死生易其操履。设客问曰："徐公于今谁与为比？"主人曰："四海至广，人物至多，或匿迹韬光，仆不敢诬，若所闻见，则一人而已，当于古人中求之。"客曰："何如张释之？"主人曰："释之所行者甚易，徐公所行者甚难，难易之间，优劣见矣。张公逢汉文之时，天下无事，至如盗高庙玉环及渭桥惊马，守法而已，岂不易哉！徐公逢革命之秋，属惟新之运，唐朝遗老，或包藏祸心，使人主有疑。如周兴、来俊臣，乃尧年之四凶也，崇饰恶言以诬盛德；而徐公守死善道，深相明白，几陷囹圄，数挂网罗，此吾子所闻，岂不难哉！"客曰："使为司刑卿，乃得展其才矣。"主人曰："吾子徒见徐公用法平允，谓可置司刑；仆睹其人，方寸之地，何所不容，若其用之，何事不可，岂直司刑而已哉！

【译文】 太后念徐有功执法公正，擢升他为左台殿中侍御史。听到这消息的人全都向他道贺。鹿城县主簿宗城人潘好礼写文章，称赞徐有功循依仁道，固守诚节，不因贵贱死生更改操行。文章中假借客人提问说："徐公在今天可跟谁相比？"主人说："天下甚大，人物很多，有的怀才隐行，我不敢轻下断语；如所听闻，那么只有徐有功一人而已，应当在古人中才找得到。"客人说："跟张释之相比如何？"主人说："张释之所做的容易，徐公所做的很难，难易之间，可以看出二人的优劣。张公在汉文帝的时代，天下太平，至于像偷汉高祖庙中的玉环，渭桥惊汉文帝的车驾，张释之按法处理罢了，难道不是很容易吗？徐公适逢变革时代，在惟新的风气中，唐朝的遗老，有的心怀叵测，使国君生疑。像周兴、来俊臣，相当于尧时的四凶，大饰逸言而构陷贤良；徐公固执善道，深知原委，几乎被囚，常系法网，这是足下所知的，难道不是十分困难的吗？"客人说："假使让他做司刑卿，便可发挥他的才能。"主人说："足下只见到徐公用法平允，认为可任司刑；我看他，心量无所不容，如果要任用他，任何职位都行，岂止适合任司刑卿！"

资治通鉴卷第二百六 唐纪二十二

起强圉作噩，尽上章困敦六月，凡三年有奇。

【译文】 起丁酉（公元697年），止庚子（公元700年）六月，共三年六个月。

【题解】 本卷记录了公元697年至700年六月的史事，共三年又六个月，正当武则天神功元年到圣历二年六月。这一时期是武则天执政中期的后段，酷吏政治已经结束，姚元崇、狄仁杰、韦嗣立等一批贤臣受到武则天的重用。在狄仁杰、吉顼等人的努力下，武则天最终做出了弃侄立子的决定，庐陵王李显被迎接回朝，重新立为太子，河北民众踊跃参军击贼，人心所向，志在复辟唐朝。这时期，武则天的个人生活更加荒唐，设置控鹤监蓄养男宠，由张易之、张昌宗兄弟掌管，两人与武周外戚武氏各王结成朋党，仍在政治上有重大的负面影响。

则天顺圣皇后中之下

神功元年（丁酉，公元六九七年）正月，己亥朔，太后享通天宫。

突厥默啜寇灵州，以许钦明自随。钦明至城下大呼，求美酱、粱米及墨，意欲城中选良将、引精兵、夜袭虏营，而城中无谕其意者。

箕州刺史刘思礼学相人于术士张憬藏，憬藏谓思礼当历箕州，位至太师。思礼念太师人臣极贵，非佐命无以致之，乃与洛州录事参军綦连耀谋反，阴结朝士，托相术，许人富贵，俟其意悦，因说以"綦连耀有天命，公必因之以得富贵。"凤阁舍人王勮兼天官侍郎事，用思礼为箕州刺史。

【译文】神功元年（丁酉，公元697年）时以契丹破灭、九鼎就成，以九月大享，改年号为神功。正月，己亥朔日（初二），太后在通天宫举行春祭。

突厥默啜进犯灵州，让许钦明同行。许钦明到城下大喊，说要美酱、粱米和墨，话中的意思是让城中选良将，带精兵，黑夜突袭突厥的营地。可惜城中无人了解他的意思。

箕州刺史刘思礼向张憬藏学习相术，张憬藏预言刘思礼会担任箕州刺史，官位可做到太师。刘思礼想到太师在大臣中非常显贵，不是辅佐国君成就大业的人就不能做到，便和洛州录事参军綦连耀密谋造反，暗中交结朝廷官员，托言看相，说他们都会大富大贵；等到对方高兴，就说："綦连耀有帝王的命，足下一定能依靠他而大富贵。"凤阁舍人王勮兼任天官侍郎，便任用刘思礼做箕州刺史。

明堂尉河南吉顼闻其谋，以告合宫尉来俊臣，使上变告之。太后使河内王武懿宗推之。懿宗令思礼广引朝士，许免其死，凡小忤意者皆引之。于是，思礼引凤阁侍郎同平章事李元素、夏官侍郎同平章事孙元亨、知天官侍郎事石抱忠、刘奇、给事中周譒及王勮兄泾州刺史勔、弟监察御史助等，凡三十六家，皆海内名士，穷楚毒以成其狱，壬戌，皆族诛之，亲旧连坐流窜者千馀人。

初，懿宗宽思礼于外，使诬引诸人。诸人既诛，然后收思礼，思礼悔之。懿宗自天授以来，太后数使之鞫狱，喜诬陷人，时人以为周、来之亚。

【译文】 明堂县尉吉顼听说刘思礼的阴谋，告诉了合宫县尉来俊臣，让他检举。太后派遣河内王武懿宗审理此案。武懿宗命刘思礼多多地将朝廷官员拉进这起案中，答应不判处刘思礼死刑，凡是稍不合武懿宗意的都牵连上。于是刘思礼牵入凤阁侍郎同平章事李元素、夏官侍郎同平章事孙元亨、知天官侍郎事石抱忠、刘奇、给事中周潽，以及王勮的哥哥泾州刺史王勔、弟弟监察御史王助等，一共三十六家，全是天下知名的人，用尽酷刑，屈打成招。壬戌日（二十五日），太后将他们灭族，亲友受牵连被放逐的有一千多人。

起初，武懿宗法外宽恕刘思礼，命他诬陷李元素等人。等杀害他们后，又收杀刘思礼，刘思礼非常后悔。武懿宗自天授年间以来，太后几次命他审理讼案，他喜欢陷害人，当时人认为他是周兴、来俊臣第二。

来俊臣欲擅其功，复罗告吉顼；顼上变，得召见，仅免。俊臣由是复用，而顼亦以此得进。

俊臣党人罗告司刑府史樊惎谋反，诛之。惎子讼冤于朝堂，无敢理者，乃援刀自剟其腹。秋官侍郎上邽刘如璿见之，窃叹而泣。俊臣奏如璿党恶逆，下狱，处以绞刑；制流瀼州。

尚乘奉御张易之，行成之族孙也，年少，美姿容，善音律。太平公主荐易之弟昌宗入侍禁中，昌宗复荐易之，兄弟皆得幸于太后，常傅朱粉，衣锦绣。昌宗累迁散骑常侍，易之为司卫少卿；拜其母韦氏、臧氏为太夫人，赏赐不可胜纪，仍敕凤阁侍郎李迥秀为臧氏私夫。迥秀，大亮之族孙也。武承嗣、三思、懿宗、宗楚客、晋卿皆侯易之门庭，争执鞭辔，谓易之为五郎，昌宗为六郎。

【译文】来俊臣想要独居这次的功劳，再罗织吉顼的罪名而告发他。吉顼将刘思礼等谋叛的事禀告武则天，得到召见，得以脱罪。来俊臣因此再次被重用，而吉顼也因此得到迁升。

来俊臣的党人罗织罪名构陷司刑府史樊惎，诬告他谋反，杀了樊惎。樊惎的儿子到朝廷上申冤，竟没有人敢受理，他便抽刀剖腹。秋官侍郎上邽人刘如璿看了，暗自叹息落泪。来俊臣便上奏，说刘如璿为叛逆一党，将他逮捕入狱，判处绞刑。太后裁定将他流放瀼州。

尚乘奉御张易之，是张行成的族孙。年少，容貌俊美，精于音乐。太平公主推荐张易之的弟弟张昌宗入宫侍奉太后。张昌宗再引荐张易之。兄弟俩都得到太后的宠幸，常常涂抹脂粉，穿着锦绣。张昌宗官升到散骑常侍，张易之做司卫少卿。太后封他们的母亲臧氏、韦氏为太夫人，赏赐多得不可胜数。仍命凤阁侍郎李迥秀做臧氏的情夫。李迥秀是李大亮的族孙。武承嗣、武三思、武懿宗、宗楚客、宗晋卿都到张易之家去恭候，争着替他牵马执鞭，称张易之为五郎，张昌宗为六郎。

癸亥，突厥默啜寇胜州，平狄军副使安道买击破之。

甲子，以原州司马娄师德守凤阁侍郎、同平章事。

春，三月，戊申，清边道总管王孝杰、苏宏晖等将兵十七万与孙万荣战于东硖石谷，唐兵大败，孝杰死之。

孝杰遇契丹，帅精兵为前锋，力战。契丹引退，孝杰追之，行背悬崖，契丹回兵薄之，宏晖先遁，孝杰坠崖死，将士死亡殆尽。管记洛阳张说驰奏其事。太后赠孝杰官爵，遣使斩宏晖以徇；使者未至，宏晖以立功得免。

武攸宜军渔阳，闻孝杰等败没，军中震恐，不敢进。契丹乘胜寇幽州，攻陷城邑，剽掠吏民，攸宜遣将击之，不克。

【译文】癸亥日（二十六日），突厥默啜进犯胜州，平狄军副使安道买击败他们。

甲子日（二十七日），太后让原州司马娄师德代理凤阁侍郎、同平章事。

春季，三月，戊申日（十二日），清边道总管王孝杰、苏宏晖等领兵十七万，和孙万荣在东硖石谷交战，唐军大败，王孝杰殉国。

王孝杰遇到契丹军队，率精锐军担任先锋，奋勇作战。契丹兵退，王孝杰追赶，走到靠近悬崖的地方，契丹回兵反迫他，苏宏晖先行逃走，王孝杰跌下崖谷而殁，将士几乎全部殉国。节度使的记室洛阳人张说急奏这事。太后追赠王孝杰官爵，派遣使者去杀苏宏晖示众。使者还没有到，苏宏晖因立了功，获得抵免。

武攸宜的部队在渔阳，听闻王孝杰等战败而死，军中震惊恐惧，不敢前进。契丹乘胜进犯幽州，攻克城镇，杀掳官吏百姓，武攸宜派将领去攻打，不能取胜。

阎知微、田归道同使突厥，册默啜为可汗。知微中道遇默啜使者，辄与之绯袍、银带，且上言："虏使至都，宜大为供张。"归道上言："突厥背诞积年，方今悔过，宜待圣恩宽宥。今知微擅与之袍带，使朝廷无以复加；宜令反初服以俟朝恩。又，小虏使臣，不足大为供张。"太后然之。知微见默啜，舞蹈，吮其靴鼻；归道长揖不拜。默啜因归道，将杀之，归道辞色不挠，责其无厌，为陈祸福。阿波达干元珍曰："大国使者，不可杀也。"默啜怒稍解，但拘留不遣。

【译文】阎知微、田归道一起出使突厥，册封默啜为可汗。阎知微在半路上遇到突厥的使者，便送他红袍、银带（官服），并且派人送奏书到朝廷，说："突厥使臣抵达京城，应该好好款待他。"田归道的奏书则说："突厥处事反复荒唐，现在悔过，应当等圣上的恩典宽恕他。而阎知微擅自授给他袍带，使朝廷无法再加赐更贵重的物品，应当命令他穿原来使者的衣服，来等待朝廷的恩赐。还有小小番国的使臣，不值得大为准备供给。"太后同意田归道的意见。阎知微入见默啜，行跪拜礼，吻他的靴头；田归道只拱手鞠躬，不跪拜。默啜囚禁田归道，将要杀死他，田归道毫不屈服，责备默啜不知足，并陈说利害。阿波达干元珍说："大国的使臣，不可以杀死。"默啜怒气稍消，但扣留他不放回。

初，咸亨中，突厥有降者，皆处之丰、胜、灵、夏、朔、代六州，至是，默啜求六州降户及单于都护府之地，并谷种、缯帛、农器、铁，太后不许。默啜怒，言辞悖慢。姚璹、杨再思以契丹未平，请依默啜所求给之。麟台少监、知凤阁侍郎赞皇李峤曰："戎狄贪而无信，此所谓'借寇兵资盗粮'也，不如治兵以备之。"璹、再思固请与之，乃悉驱六州降户数千帐以与默啜，并给谷种四万斛，杂彩五万段，农器三千事，铁数万斤，并许其昏。默啜由是益强。

田归道始得还，与阎知微争论于太后前。归道以为默啜必负约，不可恃和亲，宜为之备。知微以为和亲必可保。

【译文】起初，咸亨年间，突厥有投降的人，唐朝全都安置在丰、胜、灵、夏、朔、代六州。到这时，默啜要求赐给他六州的降户以及单于都护府的地方，还有谷种、缯帛、农具、铁，太后没有答应。默啜生气，言辞傲慢无礼。姚璹、杨再思因为契丹没有平定，建议依照默啜所求的给他。麟台少监、知凤阁侍郎赞皇人李峤说："戎狄贪婪而不守信，这叫作'借兵器给敌人，供粮食给盗匪'。不如准备军队防备他。"姚璹、杨再思建议给他，于是将六州降户几千帐全给了默啜，并且送给谷种四万斛，各种彩帛五万段，农具三千件，铁四万斤，并且答允通婚。默啜因此更加强盛。

田归道才得回国，和阎知微在太后面前辩论。田归道认为默啜一定背约，不可依赖和亲，应当做好防备。阎知微认为和亲一定可以保证他不背约。

【乾隆御批】李峤谄事伪周，与二张相昵，其大节实无足取，独请拒默啜求六州地及谷、缯、农器一事，深识御边机要，不当以人废言。

【译文】李峤谄媚武周，与张易之、张昌宗亲近，他在大节上实在没有什么可取之处，但他在请求拒绝默啜求取河曲六州土地及谷物、丝织品、农具的事上，深深懂得御边的机要，不应当以人废言。

夏，四月，铸九鼎成，徙置通天宫。豫州鼎高丈八尺，受千八百石；馀州高丈四尺，受千二百石；各图山川物产于其上，共用铜五十六万七百馀斤。太后欲以黄金千两涂之，姚璹曰："九鼎神器，贵于天质自然。且臣观其五采焕炳相杂，不待金色以为炫耀。"太后从之。自玄武门曳入，令宰相、诸王帅南北牙宿卫兵十馀万人并仗内大牛、白象共曳之。

前益州长史王及善已致仕，会契丹作乱，山东不安，起为滑州刺史。太后召见，问以朝廷得失，及善陈治乱之要十馀条。太后曰："外州末事，此为根本，卿不可出。"癸酉，留为内史。

【译文】 夏季，四月，唐朝铸九鼎成功，搬放在通天宫。豫州鼎高一丈八尺，容一千八百石；其余的高一丈四尺，容一千二百石。上面各自铸刻有山川物产，一共用了铜五十六万七百多斤。太后想用千两黄金镀鼎，姚璹说："九鼎是神圣的东西，贵在质朴自然。而且臣看鼎上五色光芒相互辉映，不需金色作为光彩。"太后听从了他的意见。九鼎从玄武门拖入，命令宰相、各王率领南北牙的宿卫兵十多万，以及仗内的大牛、白象一同来拖。

前益州长史王及善已经退休，恰逢契丹作乱，山东动荡，再次出任滑州刺史。太后召见他，询问他朝政的得失。王及善陈述治乱的大要十多条。太后说："外州事轻，中枢是根本，你不要去担任刺史。"癸酉日（初八），太后留他做内史。

癸未，以右金吾卫大将军武懿宗为神兵道行军大总管，与右豹韬卫将军何迦密将兵击契丹。五月，癸卯，又以娄师德为清边道副大总管，右武威卫将军沙吒忠义为前军总管，将兵（一）〔二〕十万击契丹。

先是，有朱前疑者，上书云："臣梦陛下寿满八百。"即拜拾遗。又自言"梦陛下发白再玄，齿落更生。"迁驾部郎中。出使还，上书云："闻嵩山呼万岁。"赐以绯算袋，时未五品，于绿衫上佩之。会发兵讨契丹，敕京官出马一匹供军，酬以五品。前疑买马输之，屡抗表求进阶；太后恶其贪鄙，六月，乙丑，敕还其马，斥归田里。

右司郎中冯翊乔知之有美姬曰碧玉,知之为之不昏。武承嗣借以教诸姬,遂留不还。知之作《绿珠怨》诗以寄之,碧玉赴井死。承嗣得诗于裙带,大怒,讽酷吏罗告,族之。

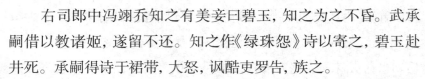

【译文】癸未日(十八日),太后命右金吾卫大将军武懿宗担任神兵道行军大总管,和右豹韬卫将军何迦密领兵征讨契丹。五月,癸卯日(初八),太后又让娄师德担任清边道副大总管,右武威卫将军沙吒忠义担任前军总管,领兵二十万征讨契丹。

起初,有个叫朱前疑的人,上奏书说:"臣梦见陛下活到八百岁。"太后当即授给他拾遗职务。又自说:"梦到陛下头发白了又黑,牙齿掉了再生。"太后擢升他为驾部郎中。出使回朝,上奏书说:"听到嵩山呼万岁。"太后赐给他绯算袋;他当时还不是五品官,便佩戴在绿色官服上。等到发兵征讨契丹,敕告京官,出一匹马为军需,赏给五品官。朱前疑买马捐纳,多次上表求升阶;太后讨厌他贪心,六月,乙丑日(初一),下敕令退还他的马,将他逐回家乡。

右司郎中冯翊人乔知之有一位美姬名叫碧玉,乔知之为了她而不结婚。武承嗣就接她回来教导自己的姬妾,于是留住她不放她回去。乔知之作《绿珠怨》诗寄给她,碧玉便跳井自杀了。武承嗣在她的裙带中找到诗,大为生气,指使酷吏构陷乔知之入狱,杀了他全族。

司仆少卿来俊臣倚势贪淫,士民妻妾有美者,百方取之;或使人罗告其罪,矫称敕以取其妻,前后罗织诛人,不可胜计。自宰相以下,籍其姓名而取之。自言才比石勒。监察御史李昭德素恶俊臣,又尝庭辱秋官侍郎皇甫丈备,二人共诬昭德谋反,下狱。

俊臣欲罗告武氏诸王及太平公主，又欲诬皇嗣及庐陵王与南北牙同反，冀因此盗国权，河东人卫遂忠告之。诸武及太平公主恐惧，共发其罪，系狱，有司处以极刑。太后欲赦之，奏上三日，不出。王及善曰："俊臣凶狡贪暴，国之元恶，不去之，必动摇朝廷。"太后游苑中，吉顼执辔，太后问以外事，对曰："外人唯怪来俊臣奏不下。"太后曰："俊臣有功于国，朕方思之。"顼曰："于安远告虺贞反，既而果反，今止为成州司马。俊臣聚结不逞，诬构良善，赃贿如山，冤魂塞路，国之贼也，何足惜哉！"太后乃下其奏。

丁卯，昭德、俊臣同弃市，时人无不痛昭德而快俊臣。仇家争啖俊臣之肉，斯须而尽，抉眼剥面，披腹出心，腾蹋成泥。太后知天下恶之，乃下制数其罪恶，且曰："宜加赤族之诛，以雪苍生之愤，可准法籍没其家。"士民皆相贺于路曰："自今眠者背始帖席矣。"

【译文】 司仆少卿来俊臣，依仗权势贪色，朝臣庶民有美丽妻妾的，他都千方百计弄来。或命人捏造他们有罪，假传圣旨夺取他们的妻妾，前前后后被罗织罪名所杀的人，不可胜数。从宰相以下，他登记姓名按顺序夺取他们的妻妾，自称才能可跟石勒相比。监察御史李昭德一向厌恶来俊臣，李昭德又曾经在朝堂面辱秋官侍郎皇甫丈备（一本作文备），二人共同诬告李昭德谋反，将他逮捕入狱。

来俊臣想诬告武氏诸王以及太平公主，又想诬陷皇储以及庐陵王和南北牙一同造反，企图借此窃取国家权柄。河东人卫遂忠告发他。武家各王以及太平公主恐惧，一同揭发来俊臣的罪状，将他逮捕入狱，审判官判处他死刑，太后想赦免他，处死来俊臣的奏书呈上去，过了三日都不见批复。王及善说：

"来俊臣凶恶奸猾贪婪残暴，是国家的首恶，不杀他，一定会危害朝廷。"太后在御苑中游赏，吉顼牵着马辔头，太后询问朝廷的事，吉顼回答说："朝臣只奇怪奏杀来俊臣的公文没有批下来。"太后说："来俊臣对国家有功，朕正在考虑。"吉顼说："于安远告发虺贞谋反，而后虺贞果然造反；（于安远）今天只是成州司马。来俊臣聚集不法的人，诬陷良善，贪赃受贿的财物堆积如山，被他冤屈而死的鬼魂堵满了道路，是国家的大祸根，不值得怜惜！"太后于是批准处死来俊臣。

丁卯日（初三），李昭德、来俊臣同时被处死，当时人无不痛惜李昭德的死，而认为来俊臣的死大快人心，仇家争着咬来俊臣的肉，片刻便被撕光了，挖出眼珠，剥下面皮，开腹掏心，踏践成泥浆。太后晓得天下人恨来俊臣，于是降制书指责他的罪恶，而且指示："应当杀他的族人，来昭雪百姓的愤恨，可依法抄没他的家。"朝臣庶民都在路上相互庆贺，说："从今天起，睡觉时背可以贴着席子了。"

【译文】 来俊臣与周兴同为酷吏，吉顼也是因告密依附来俊臣而升官。奸党相互勾结，流毒四海。然而周兴陷狱被杀是由于来俊臣告密，而来俊臣的陷狱被杀又由吉顼促成，吉顼日后也免不了被铁挝打，不久被贬谪。这与雕陵、异鹊、螳螂的相互窥伺，而最终被虞人抓住并责骂的故事有什么不同？天道昭昭，报应不爽，足以成为恶人明显的鉴证。

俊臣以告綦连耀功，赏奴婢十人。俊臣阅司农婢，无可者，以西突厥可汗斛瑟罗家有细婢，善歌舞，欲得以为赏口，乃使人诬告斛瑟罗反。诸酋长诣阙割耳劓面讼冤者数十人。会俊臣诛，乃得免。

俊臣方用事，选司受其属请不次除官者，每铨数百人。俊臣败，侍郎皆自首。太后责之，对曰："臣负陛下，死罪！臣乱国家法，罪止一身；违俊臣语，立见灭族。"太后乃赦之。

【译文】 来俊臣因为告发綦连耀有功，赏给他奴婢十人。来俊臣看了司农寺中的婢女没有中意的，知道西突厥可汗斛瑟罗家有一位小婢，擅歌舞，来俊臣想得到她为赏赐婢，竟指使人诬告斛瑟罗造反。各酋长到朝廷割耳裂面替斛瑟罗申辩冤屈的有几十人。恰好俊臣被斩，才得以逃脱。

来俊臣掌权的时候，每次铨选，吏部受他嘱托越级授官的有数百人。来俊臣死后，侍郎都向朝廷自首。太后怪罪他们，这些人回答说："臣辜负陛下，罪该万死！但臣紊乱国家法令，罪只及本身；违逆来俊臣的话，便马上全族被杀。"太后于是宽恕了他们。

上林令侯敏素谄事俊臣，其妻董氏谏之曰："俊臣国贼，指日将败，君宜远之。"敏从之。俊臣怒，出为武龙令。敏欲不住，妻曰："速去勿留！"俊臣败，其党皆流岭南，敏独得免。

太后徵于安远为尚食奉御，擢吉顼为右肃政中丞。

以检校夏官侍郎宗楚客同平章事。

武懿宗军至赵州，闻契丹将骆务整数千骑将至冀州，懿宗惧，欲南遁。或曰："虏无辎重，以抄掠为资，若按兵拒守，势必离散，从而击之，可有大功。"懿宗不从，退据相州，委弃军资器仗甚众。契丹遂屠赵州。

甲午，孙万荣为奴所杀。

【译文】上林署令侯敏素来谄媚来俊臣，他妻子董氏规劝他说："来俊臣是国贼，不久将会坏事，你应当疏远他。"侯敏听从，来俊臣生气，调他出去做武龙县令，侯敏不想去，他妻子说："快去不要停留。"来俊臣死了，他的党羽都被流放到岭南，唯独侯敏没有获罪。

太后征召于安远担任尚食奉御，擢升吉顼为右肃政中丞。

太后任命检校夏官侍郎宗楚客为同平章事。

武懿宗的军队抵达赵州，听说契丹部将骆务整的几千骑兵将要到达冀州，武懿宗害怕，想向南逃跑。这时有人建议："敌人没有辎重，必以抢劫作为军需，如果我们布防坚守，兵力便分散，合力迎击他，可以建立大功。"武懿宗没有采纳，退守相州，将许多军需品兵器丢弃。契丹于是屠杀赵州。

甲午日（三十日），孙万荣被奴仆杀死。

万荣之破王孝杰也，于柳城西北四百里依险筑城，留其老弱妇女、所获器仗资财，使妹夫乙冤羽守之，引精兵寇幽州。恐突厥默啜袭其后，遣五人至黑沙，语默啜曰："我已破王孝杰百万之人，唐人破胆，请与可汗乘胜共取幽州。"三人先至，默啜喜，赐以绯袍。二人后至，默啜怒其稽缓，将杀之，二人曰："请一言而死。"默啜问其故，二人以契丹之情告。默啜乃杀前三人而赐二人绯，使为乡导，发兵取契丹新城，杀所获凉州都督许钦明以祭天；围新城三日，克之，尽俘以归。使乙冤羽驰报万荣。

【译文】孙万荣击败王孝杰后，想在柳城西北四百里处依险筑城，留下老弱妇女以及缴获的器械物资，命妹夫乙冤羽守护，亲自带精兵进犯幽州。担心突厥默啜偷袭他的背后，派遣五个人去黑沙，对默啜说："我已经消灭王孝杰的百万军队，唐人胆破了，愿和可汗乘胜同去攻取幽州。"三个人先到，默啜欢喜，赐给他们红袍；两个人后到，默啜因为他们稽留延缓而生气，将要杀死他们，那两个人说："请让我们说一句话再死。"默啜询问他们原因，二人告诉他契丹的情形，默啜便将先来的三人杀了而赐红袍给后两人，命他们做向导，发兵攻克契丹新城，杀死俘获的凉州都督许钦明用来祭天。围攻新城三日，攻下了，全俘而回。叫乙冤羽急去报告孙万荣。

时万荣方与唐兵相持，军中闻之，恟惧。奚人叛万荣，神兵道总管杨玄基击其前，奚兵击其后，获其将何阿小。万荣军大溃，帅轻骑数千东走。前军总管张九节遣兵邀之于道，万荣穷蹙，与其奴逃至潞水东，息于林下，叹曰："今欲归唐，罪已大。归突厥亦死，归新罗亦死。将安之乎！"奴斩其首以降，枭之四方馆门。其馀众及奚、霫皆降于突厥。

戊子，特进武承嗣、春官尚书武三思并同凤阁鸾台三品。

辛卯，制以契丹初平，命河内王武懿宗、娄师德及魏州刺史狄仁杰分道安抚河北。懿宗所至残酷，民有为契丹所胁从复来归者，懿宗皆以为反，生刳取其胆。先是，何阿小嗜杀人，河北人为之语曰："唯此两何，杀人最多。"

【译文】 当时孙万荣正和唐军相持，他的军队听到这个消息，惊骇不安。奚人背叛孙万荣，神兵道总管杨玄基攻打孙万荣的前军，奚兵攻打他的后军，俘虏他的将领何阿小。孙万荣的军队大败逃走，孙万荣率领轻骑兵几千向东奔去。前军总管张九节派兵拦截，孙万荣穷急窘蹙，和奴仆逃到潞水东面，在林下休息，叹息说："现在想要投降唐朝，罪过已经很大。投降突厥也是死，投降新罗也是死，将要去哪里呢？"奴仆杀了他，拿头投降唐朝，悬挂在京城四方馆门示众。孙万荣没有降唐的部众，以及奚、霫人都投降突厥。

戊子日（二十四日），特进武承嗣、春官尚书武三思都任同凤阁鸾台三品。

辛卯日（二十七日），太后下制书，因为契丹初平定，命河内王武懿宗、娄师德以及魏州刺史狄仁杰分路安抚河北。武懿宗所到的地方都受到残害，有被契丹裹胁再反正的百姓，武懿宗都认为是反叛，生生剖取他们的胆。最初是何阿小喜欢杀人，河北人说他们是："唯此两何，杀人最多。"（只有这两个何，杀的人最多）（武懿宗封河内王）。

秋，七月，丁酉，昆明内附，置窦州。

武承嗣、武三思并罢政事。

庚午，武攸宜自幽州凯旋。武懿宗奏河北百姓从贼者请尽族之，左拾遗王求礼庭折之曰："此属素无武备，力不胜贼，苟从之以求生，岂有叛国之心！懿宗拥强兵数十万，望风退走，贼徒滋蔓，又欲移罪于草野讹误之人，为臣不忠，请先斩懿宗以谢河北！"懿宗不能对。司刑卿杜景俭亦奏："此皆胁从之人，请悉原之。"太后从之。

八月，丙戌，纳言姚璹坐事左迁益州长史，以太子宫尹豆卢钦望为文昌右相、凤阁鸾台三品。

【译文】秋季，七月，丁酉日（初三），昆明归附朝廷，唐朝在此设置窦州。

武承嗣、武三思一同被免除宰相职务。

庚午日（七月无此日），武攸宜从幽州凯旋。武懿宗奏请将河北百姓曾经服从契丹的全族处斩，左拾遗王求礼在朝廷上驳斥他说："这些人本来没有经过军事训练，力量比不过贼人，暂且听从贼人来求活命，哪有叛国的心？武懿宗有强兵几十万，看到贼人来了便跑，使贼众越来越多，又想推诿罪过到被牵累而犯错的百姓身上，身为大臣而不忠于社稷，请先斩武懿宗来向河北百姓谢罪。"武懿宗无法回答。司刑卿杜景俭也上奏："这些都是被胁迫而随从敌虏的人，请全部赦免他们。"太后答应了。

八月，丙戌日（二十三日），纳言姚璹因罪被贬为益州长史，太后任命太子宫尹豆卢钦望为文昌右相、凤阁鸾台三品（"凤"上当有"同"字）。

九月，壬辰，大享通天宫，赦天下，改元。

庚戌，娄师德守纳言。

甲寅，太后谓侍臣曰："顷者周兴、来俊臣按狱，多连引朝臣，云其谋反；国有常法，朕安敢违！中间疑其不实，使近臣就狱引问，得其手状，皆自承服，朕不以为疑。自兴、俊臣死，不复闻有反者，然则前死者不有冤邪？"夏官侍郎姚元崇对曰："自垂拱以来坐谋反死者，率皆兴等罗织，自以为功。陛下使近臣问之，近臣亦不自保，何敢动摇！所问者若有翻覆，惧遭惨毒，不若速死。赖天启圣心，兴等伏诛，臣以百口为陛下保，自今内外之臣无复反者；若微有实状，臣请受知而不告之罪。"太后悦曰："向时宰相皆顺成其事，陷朕为淫刑之主；闻卿所言，深合朕心。"赐元崇钱千缗。

【译文】九月，壬辰日（九月无此日），太后大祭通天宫，大赦天下，改年号为神功。

庚戌日（十七日），娄师德代理纳言。

甲寅日（二十一日），太后对侍从大臣说："近来，周兴、来俊臣审理案件，多牵连朝廷官员，说他们造反。国家有不变的大法，朕怎么敢违背？曾经疑心他两人作假，派了亲信臣子去狱中查问，得到嫌犯的亲笔供状，都承认了，朕便不再怀疑。自从周兴、来俊臣死后，便不再听到有造反的人；那么从前处死的人不是很冤枉吗？"夏官侍郎姚元崇答道："自垂拱年间以来，因犯谋反罪而处死的，大多数都是周兴等人设圈套使其入罪，来谋求功劳。陛下派亲信臣子前去查问，他们连自己都无法保全，怎敢动摇原判？被问的嫌犯假如翻供，也怕遭受酷刑，不如快些死掉。仰赖上天使圣上明白，周兴等伏法。臣用全族向陛下保证，今后朝廷内外的臣子不再有谋反的了。假如稍有事实的情况，臣愿领受明知不告的罪。"太后很高兴，说："之前宰相全都纵容附和以促成其事，使人认为朕是滥用刑罚的君主；听你所说，深深合于朕的本心。"于是赐给姚元崇一千贯钱。

时人多为魏元忠讼冤者，太后复召为肃政中丞。元忠前后坐弃市流窜者四。尝侍宴，太后问曰："卿往者数负谤，何也？"对曰："臣犹鹿耳，罗织之徒欲得臣肉为羹，臣安所避之！"

冬，闰十月，甲寅，以幽州都督狄仁杰为鸾台侍郎，司刑卿杜景俭为凤阁侍郎，并同平章事。

【译文】当时有很多替魏元忠申冤的人，太后再召回他担任肃政中丞。魏元忠前前后后犯死刑及放逐刑共有四次。曾在某次宴会上，太后询问他说："你从前几次遭到毁谤，原因是什么？"魏元忠回答说："臣就好像鹿，设圈套的人只想得到臣的肉做羹，臣往哪里逃避？"

冬季，闰十月，甲寅日（二十一日），太后任用幽州都督狄仁杰为鸾台侍郎，司刑卿杜景俭为凤阁侍郎，一起任同平章事。

仁杰上疏，以为："天生四夷，皆在先王封略之外，故东拒沧海，西阻流沙，北横大漠，南阻五岭，此天所以限夷狄而隔中外也。自典籍所纪，声教所及，三代不能至者，国家尽兼之矣。诗人矜薄伐于太原，美化行于江、汉，则三代之远裔，皆国家之域中也。若乃用武荒外，邀功绝域，竭府库之实以争不毛之地，得其人不足增赋，获其土不可耕织，苟求冠带远夷之称，不务固本安人之术，此秦皇、汉武之所行，非五帝、三王之事业也。始皇穷兵极武，务求广地，死者如麻，至天下溃叛。汉武征伐四夷，百姓困穷，盗贼蜂起；末年悔悟，息兵罢役，故能为天所祐。近者国家频岁出师，所费滋广，西戍西镇，东戍安东，调发日加，百姓虚弊。今关东饥馑，蜀、汉逃亡，江、淮已南，徵求不息，人不复业，相率为盗，本根一摇，忧患不浅。其所以然者，皆以争蛮貊不毛之地，乖子养苍生之道也。昔汉元纳贾捐之之谋而罢朱崖郡，宣帝用魏相之策而弃车师之田，岂不欲慕尚虚名，盖惮劳人力也。近贞观年中克平九姓，立李思摩为可汗，使统诸部者，盖以夷狄叛则伐之，降则抚之，得推亡固存之义，无远戍劳人之役，此近日之令典，经边之故事也。窃谓宜立阿史那斛瑟罗为可汗，委之四镇，继高氏绝国，使守安东。省军费于远方，并甲兵于塞上，使夷狄无侵侮之患则可矣，何必穷其窟穴，与蝼蚁校长短哉！但当敕边兵，谨守备，远斥侯，聚资粮，待其自致，然后击之。以逸待劳则战士力倍，以主御客则我得其便，坚壁清野则寇无所得；自然贼深入则有颠踬之虑，浅入必无虏获之益。如此数年，可使二虏不击而服矣。"事虽不行，识者是之。

狄仁杰上奏疏："上天让四夷生活在我国历代封疆以外，因而东面隔有沧海，西面隔有流沙，北面隔有大沙漠，南面隔有五岭，这是上天阻隔夷狄而分离中原与外国。自书籍有记载以来，声威教化所能够到达，夏、商、周不能到的地方，现在国家全都拥有了。诗人夸耀周宣王北伐太原，周文王将美好的教化推行到江、汉流域，可见三代的边疆，现在都处在国家的范围内了。如果还向域外用武，求功于绝远的地方，竭尽国库的财物，夺取五谷不生的土地，得到那些百姓不能增加国家的赋税，拥有那些土地也无法耕种纺织，只是求得使远方夷人拥有冠带一族的名号，不从事巩固根本安定百姓的方法，这是秦始皇、汉武帝所推行的方针，不是五帝、三王的事业。秦始皇穷兵黩武，专求拓土，死人如麻，造成天下逃亡叛乱。汉武帝讨伐四方夷狄，造成百姓穷困，盗贼蜂起，晚年明白而悔改，停止军事行动，罢除徭役，所以得到上天的保佑。近来国家连年出兵，费用颇多，西南边防有四镇，东面边防有安东，征兵日益增加，百姓空虚疲乏。现在关东发生饥荒，蜀、汉也有百姓逃亡的情况，江、淮以南地方，征发求取不止，百姓不能恢复本业，便结伙为强盗，根本一动摇，忧患就不浅。造成这种现象的原因，正是因为用武力去争取荒蛮不长五谷的土地，违背爱养百姓的道理。以前汉元帝采纳贾捐之的谋略而罢弃朱崖郡，汉宣帝采用魏相的计谋而放弃车师的田，难道是不想崇尚虚名？只是害怕劳苦百姓，近代在贞观年间，平服九姓，立李思摩为可汗，让他统领各部落，就是因为夷狄叛乱便去征讨，降顺就去安抚，合乎《尚书》中除去乱亡的，巩固存在的道理，没有驻防边远、劳苦人役的事情，这是近代的政令，经略边疆的旧策。臣认为当立阿史那斛瑟罗为可汗，委任他管理四镇，恢复已灭亡的高丽国，委任他的国王镇守安东。节省用于远方的军费，集中军力在长城上，使夷狄不生侵侮的企图便可以了，何必深入他们的巢穴，与蚂蚁争胜呢！只要戒令边防军，严加守备，远派侦察，储蓄军需，等敌人自来，再攻打他们。以逸待劳，战士的力气便倍增，以主御客，我方便占据上风，坚壁清野，敌寇就空无所得，自然突厥、吐蕃二夷深入内地就会有败灭的顾忌，浅入边区就没有掠夺的利益，这样几年之间，可以让这两方敌人不用征讨便归服了。"建议虽没有被采用，有见识的人却认为十分正确。

凤阁舍人李峤知天官选事，始置员外官数千人。

先是历官以是月为正月，以腊月为闰。太后欲正月甲子朔冬至，乃下制以为："去晦仍见月，有爽天经。可以今月为闰月，来月为正月。"

【译文】凤阁舍人李峤主管天官铨选职官之事，设置正式员额以外的官员几千人。

这以前，朝廷历法官以此月为正月，以腊月为闰月，太后想定正月甲子日初一为冬至，于是下制书，认为"前月晦日仍见到月亮，有违天道，可用本月为闰月，下月为正月"。

圣历元年（戊戌，公元六九八年）正月，甲子朔，冬至，太后享通天宫；赦天下，改元。

夏官侍郎宗楚客罢政事。

春，二月，乙未，文昌右相、同凤阁鸾台三品豆卢钦望罢为太子宾客。

【译文】圣历元年（戊戌，公元698年）正月，甲子朔日（初一），冬至，太后祭祀通天宫，大赦天下，更改年号为圣历。

夏官侍郎宗楚客被免除相职。

春季，二月，乙未日（初四），文昌右相、同凤阁鸾台三品豆卢钦望被免职，改任太子宾客。

武承嗣、三思营求为太子，数使人说太后曰："自古天子未有以异姓为嗣者。"太后意未决。狄仁杰每从容言于太后曰："文皇帝栉风沐雨，亲冒锋镝，以定天下，传之子孙。太帝以二子托陛下。陛下今乃欲移之他族，无乃非天意乎！且姑侄之与母子孰亲？陛下立子，则千秋万岁后，配食太庙，承继无穷；立侄，则未闻侄为天子而祔姑于庙者也。"太后曰："此朕家事，卿勿预知。"仁杰曰："王者以四海为家，四海之内，孰非臣妾，何者不为陛下家事！君为元首，臣为股肱，义同一体，况臣备位宰相，岂得不预知乎！"又劝太后召还庐陵王。王方庆、王及善亦劝之。太后意稍寤。他日，又谓仁杰曰："朕梦大鹦鹉两翅皆折，何也？"对曰："武者，陛下之姓，两翼，二子也。陛下起二子，则两翼振矣。"太后由是无立承嗣、三思之意。

【译文】武承嗣、武三思想做太子，多次请人去劝说太后："自古以来的天子，没有立外姓人做继承人的。"太后没有决定。狄仁杰经常在适当时规劝太后说："文皇帝辛勤劳苦，不避风雨，亲冒刀箭的危险，而平定天下，将帝位传给子孙。大帝将两个儿子托付陛下，陛下现在竟想将帝位转移给别姓，难道不违背天意吗？而且姑侄与母子，哪一种关系亲近呢？陛下立儿子为后嗣，那么离开人间后，神主安置在太庙里与先帝一起受到祭祀，代代不息；如果立侄子为后嗣，那么从没听过侄子为天子，而将姑母供在庙里的。"太后说："这是朕的家事，你不要参与。"狄仁杰说:"帝王以天下为家,四海之内,谁不是他的臣仆,哪一件不是陛下的家事?国君是头脑,臣子是手足,同是一身而不能分离,何况臣处在宰相的职位,怎么可以不参与呢?"又规劝太后召回庐陵王。王方庆、王及善也劝说太后。太后心里稍有些省悟。一天,又对狄仁杰说:"朕梦见一只大鹦鹉两只翅膀都折断了,这是什么意思?"狄仁杰回答:"武是陛下的姓,两翼是陛下的两位皇子,陛下起复两位皇子,那么两翼就不会折断了。"太后没有立武承嗣、武三思为储君的意思了。

孙万荣之围幽州也,移檄朝廷曰:"何不归我庐陵王?"吉顼与张易之、昌宗皆为控鹤监供奉,易之兄弟亲狎之。顼从容说二人曰:"公兄弟贵宠如此,非以德业取之也,天下侧目切齿多矣。不有大功于天下,何以自全?窃为公忧之!"二人惧,涕泣问计。顼曰:"天下士庶未忘唐德,咸复思庐陵王。主上春秋高,大业须有所付;武氏诸王非所属意。公何不从容劝主上立庐陵王以系苍生之望!如此,岂徒免祸,亦可以长保富贵矣。"二人以为然,承间屡为太后言之。太后知谋出于顼,乃召问之,顼复为太后具陈利害,太后意乃定。

三月,己巳,托言庐陵王有疾,遣职方员外郎瑕丘徐彦伯召庐陵王及其妃、诸子诣行在疗疾。戊子,庐陵王至神都。

【译文】孙万荣围攻幽州时,发公文给朝廷说:"为什么不召回庐陵王?"吉顼和张易之、张昌宗都担任控鹤监供奉,张易之兄弟和他很熟。吉顼在适当时对二人说:"尊兄弟这般显贵,受到陛下宠幸,不是靠功德得来的,天下恨你们的人有很多。没有对国家立下大功,将来用什么保全自己?我替足下担忧啊!"二人害怕,流着眼泪请他想法子。吉顼说:"天下士人百姓没有忘记唐朝的恩德，仍在思念庐陵王。陛下年纪大了，帝位必须传下去；武氏的几个王陛下都不满意，足下为什么不慢慢劝陛下立庐陵王来维系天下人心！这样，不仅可以免祸，也可以永远保全富贵。"二人认为很对，乘机经常劝说太后。太后知晓是吉顼出的主意，便召他来询问，吉顼又替太后详说利害，太后的主意才最后定下来。

三月，己巳日(初九)，太后借口庐陵王生病，派遣职方员外郎瑕丘人徐彦伯召回庐陵王和他的妃子、儿子，到京城医病。戊子日(二十八日)，庐陵王返回神都。

夏，四月，庚寅朔，太后祀太庙。

辛丑，以娄师德充陇右诸军大使，仍检校营田事。

六月，甲午，命淮阳王武延秀下突厥，纳默啜女为妃；豹韬卫大将军阎知微摄春官尚书，右武卫郎将杨齐庄摄司宾卿，赍金帛巨亿以送之。延秀，承嗣之子也。

凤阁舍人襄阳张柬之谏曰："自古未有中国亲王娶夷狄女者。"由是忤旨，出为合州刺史。

秋，七月，凤阁侍郎、同平章事杜景俭罢为秋官尚书。

【译文】夏季，四月，庚寅朔日(初一)，太后前往太庙祭祀。

辛丑日(十二日)，太后任命娄师德代理陇右诸军大使，仍负责检校营田的事务。

六月，甲午日(初六)，太后派淮阳王武延秀前往突厥，迎娶默啜的女儿为妃子。太后又命豹韬卫大将军阎知微代理春官尚书，右武卫郎将杨齐庄代理司宾卿，携带金银丝帛送他去。武延秀是武承嗣的儿子。

凤阁舍人襄阳人张柬之进谏说："自古以来没有中原的亲王迎娶夷狄的女儿的。"因此忤逆帝意，太后调他出任合州刺史。

秋季，七月，凤阁侍郎、同平章事杜景俭被免职，改任秋官尚书。

八月，戊子，武延秀至黑沙南庭。突厥默啜谓阎知微等曰："我欲以女嫁李氏，安用武氏儿邪！此岂天子之子乎！我突厥世受李氏恩，闻李氏尽灭，唯两儿在，我今将兵辅立之。"乃拘延秀于别所，以知微为南面可汗，言欲使之主唐民也。遂发兵袭静难、平狄、清夷等军，静难军使慕容玄崱以兵五千降之。虏势大振，进寇妫、檀等州。前从阎知微入突厥者，默啜皆赐之五品、三品之服，太后悉夺之。

默啜移书数朝廷曰："与我蒸谷种，种之不生，一也。金银器皆行滥，非真物，二也。我与使者绯紫皆夺之，三也。缯帛皆疏恶，四也。我可汗女当嫁天子儿，武氏小姓，门户不敌，罔冒为昏，五也。我为此起兵，欲取河北耳。"

【译文】八月，戊子日（初一），武延秀抵达黑沙南庭。突厥默啜对阎知微等说："我是要将女儿嫁给李氏，哪里轮得着武氏的孩子！他难道是天子的儿子吗？我突厥世世代代受李氏的恩典，听说李氏人被杀光了，只有两个孩子还在，我现在要率兵前去辅佐他即位。"于是将武延秀拘禁在另一个地方，任命阎知微做南面可汗，扬言让他统治唐朝的百姓。默啜便发兵袭击静难、平狄、清夷等地大周的军队，静难军使慕容玄崱带领五千兵投降。突厥的声势更大，进兵侵犯妫、檀等州。从前跟随阎知微进入突厥的人，默啜全都赏赐他们五品、三品的官，太后全都予以没收。

默啜写公文给朝廷，责备说："给我蒸熟过的五谷种子，种下去不能发芽，这是第一件事。金银器皿全是粗劣的，不是精纯的，这是第二件事。我赐给唐朝派来使者的官服都被抄没了，这是第三件事。送来的丝帛全都粗劣，这是第四件事。我是可汗，女儿应当嫁给唐朝天子的儿子，武氏是小姓，门不当户不对，却来假冒骗婚，这是第五件事。我为这五件事而出兵，要夺取黄河以北的地方。"

监察御史裴怀古从阎知微入突厥，默啜欲官之，不受。囚，将杀之，逃归；抵晋阳，形容羸瘁。突骑噪聚，以为间谍，欲取其首以求功。有果毅尝为人所枉，怀古按直之，大呼曰："裴御史也。"救之，得全。至都，引见，迁祠部员外郎。

时诸州闻突厥入寇，方秋，争发民修城。卫州刺史太平敬晖谓僚属曰："吾闻金汤非粟不守，奈何舍收获而事城郭乎？悉罢之，使归田，百姓大悦。

甲午，鸾台侍郎、同平章事王方庆罢为麟台监。

太子太保魏宣王武承嗣，恨不得为太子，意怏怏，戊戌，病薨。

庚子，以春官尚书武三思检校内史，狄仁杰兼纳言。

【译文】监察御史裴怀古跟随阎知微到达突厥，默啜想给他官做，他没有接受。默啜囚禁他，要杀害他，裴怀古逃出来，走到晋阳，身体消瘦，面容枯槁。骑兵突击队呐喊着包围他，认为他是间谍，要拿他的头去求功。有位曾经受冤枉，被裴怀古平反的果毅官大声喊道："这是裴御史！"救了他并且保全了他的性命。裴怀古入京都，太后召见，擢升他为祠部员外郎。

当时各州听到突厥进犯，又值秋天，急征百姓修理城郭。卫州刺史太平人敬晖对部属说："我听说坚固的防御没有粮食也守不住，怎么可以舍弃收获粮食而修城郭呢？"下令全都免除劳役，要他们返回田庄，百姓全都欢天喜地。

甲午日（初七），鸾台侍郎、同平章事王方庆被免职，改任麟台监。

太子太保魏宣王武承嗣，因没有被立为太子，心中郁闷，戊戌日（十一日），因病去世。

庚子日（十三日），太后任用春官尚书武三思为检校内史，狄仁杰兼任纳言。

太后命宰相各举尚书郎一人，仁杰举其子司府丞光嗣，拜地官员外郎，已而称职。太后喜曰："卿足继祁奚矣。"

通事舍人河南元行冲，博学多通，仁杰重之。行冲数规谏仁杰，且曰："凡为家者必有储蓄脯醢以适口，参术以攻疾。仆窃计明公之门，珍味多矣，行冲请备药物之末。"仁杰笑曰："吾药笼中物，何可一日无也！"行冲名澹，以字行。

以司属卿武重规为天兵中道大总管，右武卫将军沙吒忠义为天兵西道总管，幽州都督下邽张仁愿为天兵东道总管，将兵三十万以讨突厥默啜；又以左羽林卫大将军阎敬容为天兵西道后军总管，将兵十五万为后援。

癸丑，默啜寇飞狐，乙卯，陷定州，杀刺史孙彦高及吏民数千人。

【译文】太后要宰相各自推举尚书郎一人，狄仁杰举荐他的儿子司府丞狄光嗣，任命他为地官员外郎，不久狄光嗣就将事情办得十分妥当。太后高兴地说："你真够得上祁奚了。"

通事舍人河南人元行冲，博学多才，狄仁杰看重他。元行冲几次规劝狄仁杰，并且说："凡居家的人必定储备干肉、肉酱以适应口味，储备人参、白术等药材以治病，我认为足下家内，珍味很多，我元行冲愿意成为府上的药材。"狄仁杰笑说："你是我药箱中的东西，怎可一日缺少你呢！"元行冲名澹，用字通行于世。

太后任命司属卿武重规担任天兵中道大总管，右武卫将军沙吒忠义担任天兵西道总管，幽州都督下邽人张仁愿担任天兵东道总管，领兵三十万讨伐突厥默啜。又任用左羽林卫大将军阎敬容担任天兵西道后军总管，领兵十五万作为后援。

癸丑日（二十六日），默啜进犯飞狐。乙卯日（二十八日），默啜攻陷定州，杀死刺史孙彦高以及官民几千人。

九月，甲子，以夏官尚书武攸宁同凤阁鸾台三品。

改突厥默啜为斩啜。

默啜使阎知微招谕赵州，知微与虏连手蹋《万岁乐》于城下。将军陈令英在城上谓曰："尚书位任非轻，乃为虏蹋歌，独无惭乎！知微微吟曰："不得已，《万岁乐》。"

戊辰，默啜围赵州，长史唐般若翻城应之。刺史高叡与妻秦氏仰药诈死，虏舆之诣默啜，默啜以金师子带、紫袍示之曰："降则拜官，不降则死！"叡顾其妻，妻曰："酬报国恩，正在今日！"遂俱闭目不言。经再宿，虏知不可屈，乃杀之。虏退，唐般若族诛；赠叡冬官尚书，谥曰节。叡，颍之孙也。

【译文】九月，甲子日（初七），太后任用夏官尚书武攸宁为同凤阁鸾台三品。

太后将默啜的名字改为斩啜。

默啜派遣阎知微前去招降晓谕赵州，阎知微在城下跟突厥人拉着手跳《万岁乐》舞。将军陈令英在城上对他说："尚书官位不小，竟然替敌人歌舞，难道不惭愧吗？"阎知微低声吟唱："不得已唱《万岁乐》。"

　　戊辰日（十一日），默啜围攻赵州，长史唐般若翻越城墙附从他。刺史高叡和妻子秦氏服药装死。敌人抬着去见默啜，默啜拿出金狮子带、紫色官服给他看，说："投降便拜你为官，不降就杀死你！"高叡回头看他夫人，夫人说："报答国恩，就在今日。"于是闭目不再说话。经过两夜，敌人知道他不屈服，便杀了他。敌人退走，太后杀了唐般若全族；追赠高叡为冬官尚书，谥号为节。高叡是高的孙子。

　　皇嗣固请逊位于庐陵王，太后许之。壬申，立庐陵王哲为皇太子，复名显。赦天下。

　　甲戌，命太子为河北道元帅以讨突厥。先是，募人月馀不满千人，及闻太子为帅，应募者云集，未几，数盈五万。

　　戊寅，以狄仁杰为河北道行军副元帅，右丞宋玄爽为长史，右台中丞崔献为司马，左台中丞吉顼为监军使。时太子不行，命仁杰知元帅事，太后亲送之。

　　蓝田令薛讷，仁贵之子也，太后擢为左威卫将军、安东道经略。将行，言于太后曰："太子虽立，外议犹疑未定；苟此命不易，丑虏不足平也。"太后深然之。王及善请太子赴外朝以慰人心，从之。

　　【译文】皇储一再请求将太子让给庐陵王，太后答应了。壬申日（十五日），太后立庐陵王李哲为皇太子，恢复原来的名字显。大赦天下。

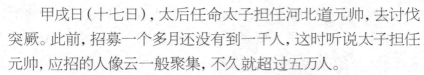

甲戌日（十七日），太后任命太子担任河北道元帅，去讨伐突厥。此前，招募一个多月还没有到一千人，这时听说太子担任元帅，应招的人像云一般聚集，不久就超过五万人。

戊寅日（二十一日），太后任命狄仁杰担任河北道行军副元帅，右丞宋玄爽担任长史，右台中丞崔献担任司马，左台中丞吉顼担任监军使。届时，太子没有去，太后命狄仁杰主持元帅职务，并且亲自送给他。

蓝田县令薛讷，是薛仁贵的儿子。太后擢升他为左威卫将军，安东道经略。将要出发，薛讷向太后上奏说："太子虽立，朝外的议论仍然犹豫不决。如果不再改换太子，外敌不容易被安抚。"太后认为说得很对。王及善请求让太子到外庭接受百官拜谒，来安定人心，太后答应了。

以天官侍郎苏味道为凤阁侍郎、同平章事。味道前后在相位数岁，依阿取容，尝谓人曰："处事不宜明白，但摸稜持两端可矣。"时人谓之"苏摸稜"。

癸未，突厥默啜尽杀所掠赵、定等州男女万馀人，自五回道去，所过，杀掠不可胜纪。沙吒忠义等但引兵蹑之，不敢逼。狄仁杰将兵十万追之，无所及。默啜还漠北，拥兵四十万，据地万里，西北诸夷皆附之，甚有轻中国之心。

冬，十月，制：都下屯兵，命河内王武懿宗、九江王武攸归领之。

【译文】太后任命天官侍郎苏味道为凤阁侍郎、同平章事。苏味道前前后后做了几年宰相，曲意逢迎，取悦于人，曾对人说："处理事情不应当明白，只模棱两可就行了。"当时人称他"苏摸稜"。

癸未日（二十六日），突厥默啜将掳去的赵、定等州男女一万多人杀光，从五回道返回。经过的地方，杀掳无法详细记述。沙吒忠义等只是带兵追踪，不敢接近。狄仁杰领兵十万追赶他，没有追到。默啜返回漠北，拥有军队四十万，控制的地域有一万里，西北各夷都归顺他，有轻视中原的意思。

冬季，十月，太后下制书：都城的驻军，由河内王武懿宗、九江王武攸归统领。

癸卯，以狄仁杰为河北道安抚大使。时河北人为突厥所驱逼者，虏退，惧诛，往往亡匿。仁杰上疏，以为："朝廷议者皆罪契丹、突厥所胁从之人，言其迹虽不同，心则无别。诚以山东近缘军机调发伤重，家道悉破，或至逃亡。重以官典侵渔，因事而起，枷杖之下，痛切肌肤，事迫情危，不循礼义。愁苦之地，不乐其生，有利则归，且图赊死，此乃君子之愧辱，小人之常行也。又，诸城入伪，或待天兵，将士求功，皆云攻得，臣忧滥赏，亦恐非辜。以经与贼同，是为恶地，至有污辱妻子，劫掠货财，兵士信知不仁，簪笏未能以免，乃是贼平之后，为恶更深。且贼务招携，秋毫不犯，今之归正，即是平人，翻被破伤，岂不悲痛！夫人犹水也，壅之则为泉，疏之则为川，通塞随流，岂有常性！今负罪之伍，必不在家，露宿草行，潜窜山泽，赦之则出，不赦则狂，山东群盗，缘兹聚结。臣以边尘蹔起，不足为忧，中土不安，此为大事。罪之则众情恐惧，恕之则反侧自安。伏愿曲赦河北诸州，一无所问。"制从之。仁杰于是抚慰百姓，得突厥所驱掠者，悉递还本贯。散粮运以赈贫乏，修邮驿以济旋师。恐诸将及使者妄求供顿，乃自食蔬粝，禁其下无得侵扰百姓，犯者必斩。河北遂安。

【译文】癸卯日（十七日），太后任命狄仁杰担任河北道安抚大使。当时被突厥驱使逼从的河北人，突厥走后，害怕杀头，往往逃亡藏匿。狄仁杰上奏疏，认为："朝廷上议论的人，都说被契丹、突厥所胁迫的人有罪，说他们行迹虽然有所不同，本心实没有差异。其实是因为山东近年军事征调过重，百姓家产全都破败，有的甚至逃亡。再加上地方官利用朝廷法令侵夺吞没，借着军事而发生，官吏对百姓囚禁、拷打，痛切皮肉，事情紧迫，情况紧急，百姓便违背礼义。在愁苦的环境中，不能安居乐业，只追求利益，希望慢些死亡，君子以为这是羞辱，而却是小人经常会做的事。还有各城沦陷时，有的等待朝廷的军队前来救援，将士们为求功，都说是作战攻取的，臣担心赏功太过泛滥，又恐怕惩罚降敌诸城的官民是无辜被罚。因为各城曾经沦入敌手，所以被认为是坏地方，以至于又有污辱百姓的妻子，劫取百姓的财物的事情发生，兵士也知道这是暴行，官吏却不能禁止，就这样，贼寇平定以后，作恶更加厉害了。而且贼寇专事招抚有贰心的人，对他们秋毫不取；现在他们既然返归朝廷，便与一般百姓无异，现在反而被杀害破坏，怎能不令人悲痛呢！人就像水一样，堵塞它便成泉，疏导它就成河，因为顺形势而动，没有一定不变的性质。现在有罪的部队，一定不在家中，在田野间活动，出没山泽地带，赦免他们就会出来，不赦他们就会乱来，山东的很多盗贼，因此聚在一起。臣认为边塞偶有进犯，不足以构成大患，国内不安宁，才是严重的事。如果将他们判刑，那么他们害怕；宽恕他们，附逆的人就会自安。敬请宽赦河北各州，全都既往不咎。"太后下制书同意了。狄仁杰于是安抚慰勉百姓，救回被突厥强迫胁从的人，全都遣回原籍，散发粮食赈济贫乏的人，修整邮传驿站以利官军撤回。担心各位将领以及使者乱索供应品，于是自己吃粗粟饭，禁止部下侵扰百姓，违反命令的人处斩。黄河以北于是安定下来。

以夏官侍郎姚元崇、秘书少监李峤并同平章事。

突厥默啜离赵州，乃纵阎知微使还。太后命磔于天津桥南，使百官共射之，既乃剐其肉，剉其骨，夷其三族，疏亲有先未相识而同死者。

褒公段瓒，志玄之子也，先没于突厥。突厥在赵州，瓒邀杨齐庄与之俱逃，齐庄畏怯，不敢发。瓒先归，太后赏之。齐庄寻至，敕河内王武懿宗鞫之；懿宗以为齐庄意怀犹豫，遂与阎知微同诛。既射之如猬，气殊殊未死，乃决其腹，割心，投于地，犹趭趭然跃不止。

【译文】太后任命夏官侍郎姚元崇、秘书少监李峤一起任同平章事。

突厥默啜离开赵州，便释放阎知微让他返回朝廷。太后下令在天津桥南对他处以裂刑，命百官一同射他的尸体，后来又刮他的肉，斫他的骨，杀了他的三族，远亲中竟有不识阎知微的也被杀了。

褒公段瓒，是段志玄的儿子，早先在突厥沦陷，突厥军在赵州时，段瓒邀请杨齐庄一同逃走，杨齐庄胆小，不敢行动。段瓒先返回，太后赏赐他。杨齐庄不久也回来了，太后敕令河内王武懿宗审讯他。武懿宗认为杨齐庄心怀观望，便将他和阎知微一同处死。众人射他，身上箭像刺猬毛般那么密，气息微弱未断，于是剖开他的肚，割出心，丢在地上，心仍跳动不停。

擢田归道为夏官侍郎，甚见亲委。

蜀州每岁遣兵五百人戍姚州，路险远，死亡者多。蜀州刺史张柬之上言，以为："姚州本哀牢之国，荒外绝域，山高水深。国家开以为州，未尝得其盐布之税，甲兵之用，而空竭府库，驱率平人，受役蛮夷，肝脑涂地，臣窃为国家惜之。请废姚州以隶巂州，岁时朝觐，同之蕃国。泸南诸镇亦皆废省，于泸北置关，百姓非奉使，无得交通往来。"疏奏，不纳。

【译文】太后擢升田归道为夏官侍郎，太后非常信任田归道。

蜀州每年派军五百人去戍守姚州，路途危险而且遥远，死了很多人。蜀州刺史张柬之上奏章，认为："姚州原本属哀牢国，是荒服以外绝远的地域，山高水深，国家开辟它成为州府，没有收过盐布的税，也没有征用过那里的士兵，而只是耗尽府库的钱财，驱使一般百姓，在蛮、夷族地区受役使，惨遭死难，臣很为国家哀怜他们。请求废黜姚州，而改属巂州，年节入朝觐贺，如同藩属地区一样对待。泸水以南各镇也全都裁并，在泸水北部设置关卡，百姓如果不是奉命差遣，不准相互往来交通。"奏疏呈上，太后没有采用。

圣历二年(己亥，公元六九九年)正月，丁卯朔，告朔于通天宫。

壬戌，以皇嗣为相王，领太子右卫率。

甲子，置控鹤临丞、主簿等官，率皆嬖宠之人，颇用才能文学之士以参之。以司卫卿张易之为控鹤监，银青光禄大夫张昌宗、左台中丞吉顼、殿中监田归道、夏官侍郎李迥秀、凤阁舍人薛稷、正谏大夫临汾员半千皆为控鹤监内供奉。稷，元超之从子也。半千以古无此官，且所聚多轻薄之士，上疏请罢之；由是忤旨，左迁水部郎中。

【译文】 圣历二年（己亥，公元699年）正月，丁卯朔日（初一），太后在通天宫举行"告朔"之礼。

壬戌日（初六），太后封皇储为相王，兼领太子右卫率。

甲子日（初八），太后设置控鹤监丞、主簿等官，大抵是太后宠幸的人，同时也任用一些有才能以及文学修养的人参与其中。任命司卫卿张易之担任控鹤监，银青光禄大夫张昌宗、左台中丞吉顼、殿中监田归道、夏官侍郎李迥秀、凤阁舍人薛稷、正谏大夫临汾人员半千，都担任控鹤监内供奉。薛稷是薛元超的侄子。员半千因为古代没有这一官职，而且所任命的多是轻薄的人，上奏疏请求裁撤，因此忤逆了太后意旨，被贬为水部郎中。

腊月，戊子，以左台中丞吉顼为天官侍郎，右台中丞魏元忠为凤阁侍郎，并同平章事。

文昌左丞宗楚客与弟司农卿晋卿，坐赃贿满万馀缗级第舍过度，楚客贬播州司马，晋卿流峰州。太平公主观其第，叹曰："见其居处，吾辈乃虚生耳。"

辛亥，赐太子姓武氏；赦天下。

太后生重眉，成八字，百官皆贺。

河南、北置武骑团以备突厥。

春，一月，庚申，夏官尚书、同凤阁鸾台三品武攸宁罢为冬官尚书。

【译文】 十二月，戊子日（初八），太后任命左台中丞吉顼担任天官侍郎，右台中丞魏元忠担任凤阁侍郎，一起任同平章事。

文昌左丞宗楚客和弟弟司农卿宗晋卿，因为贪污一万多贯钱，以及府第超越制度，宗楚客被贬为播州司马，宗晋卿被流放到峰州。太平公主看见他们的宅第，叹息说："见了他们的住宅，我们简直是白过了一辈子。"

辛亥日（十二月无此日），太后赐太子姓武；大赦天下。

太后眉上又生眉，呈"八"字形，众官都来道贺。

唐朝在黄河南、北设置武骑兵团来防备突厥。

春季，一月，庚申日（初四），夏官尚书、同凤阁鸾台三品武攸宁被免职，改任为冬官尚书。

二月，己丑，太后幸嵩山，过缑氏，谒升仙太子庙。壬辰，太后不豫，遣给事中栾城阎朝隐祷少室山。朝隐自为牺牲，沐浴伏俎上，请代太后命。太后疾小愈，厚赏之。丁酉，自缑氏还。

初，吐蕃赞普器弩悉弄尚幼，论钦陵兄弟用事，皆有勇略，诸胡畏之。钦陵居中秉政，诸弟握兵分据方面，赞婆常居东边，为中国患者三十馀年。器弩悉弄浸长，阴与大臣论岩谋诛之。会钦陵出外，赞普诈云出畋，集兵执钦陵亲党二千馀人，杀之，遣使召钦陵兄弟，钦陵等举兵不受命。赞普将兵讨之，钦陵兵溃，自杀。夏，四月，赞婆帅所部千馀人来降，太后命右武卫铠曹参军郭元振与河源军大使（不）〔夫〕蒙令卿将骑迎之，以赞婆为特进、归德王。钦陵子弓仁，以所统吐谷浑七千帐来降，拜左玉钤卫将军、酒泉郡公。

【译文】二月，己丑日（初四），太后驾临嵩山，经过缑氏县，谒见升仙太子庙。壬辰日（初七），太后生病，派遣给事中栾城人阎朝隐去少室山祈求。阎朝隐扮成祭品，沐浴后伏在俎案上，请求代替太后去死。太后病稍好，重赏他。丁酉日（十二日），太后从缑氏县还宫。

起初，吐蕃赞普器弩悉弄年幼，论钦陵兄弟掌权，都有勇有谋，各部胡族都畏惧他们。论钦陵在中枢掌握大权，各位兄弟掌握兵权分驻各个地方，其中论赞婆常在东边，为患唐朝三十多年。器弩悉弄逐渐长大，暗中和大臣论岩计划杀死论钦陵等人。当论钦陵外出时，赞普器弩悉弄假托出去打猎，集合军队逮捕论钦陵的亲信党羽两千多人，全部杀掉，派遣使者前去召回论钦陵兄弟，论钦陵等发兵不接受诏命。赞普器弩悉弄领兵征讨他，论钦陵兵败，自杀。夏季，四月，论赞婆率领部属一千多人来朝廷投降，太后派遣左武卫铠曹参军郭元振和河源军大使夫蒙令卿带领骑兵迎接他。封论赞婆为特进、归德王。论钦陵的儿子论弓仁，带领所属的吐谷浑七千帐人马来降，太后封他为左玉钤卫将军、酒泉郡公。

【康熙御批】朝隐自为牺牲，沐浴伏俎上，请代太后命，此小人献媚之极致，亦不足道。弟武后遂喜而厚赏之，则崇长谄谀，甚为失体。

【译文】阎朝隐牺牲自己，沐浴后伏在案板上，请代替太后之命，这是小人献媚到了顶点，不足为道。只是武后因此而高兴就赏赐他，这就助长谄媚奉承之风，有失大体。

壬辰，以魏元忠检校并州长史，充天兵军大总管，以备突厥。

娄师德为天兵军副大总管，仍充陇右诸军大使，专掌怀抚吐蕃降者。

太后春秋高，虑身后太子与诸武不相容。壬寅，命太子、相王、太平公主与武攸暨等为誓文，告天地于明堂，铭之铁券，藏于史馆。

秋，七月，命建安王武攸宜留守西京，代会稽王武攸望。

丙辰，吐谷浑部落一千四百帐内附。

八月，癸丑，突骑施乌质勒遣其子遮弩入见。遣侍御史元城解琬安抚乌质勒及十姓部落。

【译文】 壬辰日（初八），太后任命魏元忠担任检校并州长史，代理天兵军大总管，来防备突厥。

娄师德担任天兵军副大总管，仍旧兼任陇右各军大使，专门掌理怀徕招抚吐蕃前来归降的人。

太后年事高，担心自己死后太子与武家不能和平相处。壬寅日（十八日），太后命令太子、相王、太平公主和武攸暨等立下互不伤害的誓约，在明堂祭告天地，刻在铁券上，藏在史馆。

秋季，七月，太后命令建安王武攸宜驻守西京，接替会稽王武攸望。

丙辰日（初四），吐谷浑部落一千四百帐归降朝廷。

八月，癸巳日（十二日），突骑施乌质勒派遣他的儿子遮弩前来朝觐。太后派遣侍御史元城人解琬抚慰安置乌质勒以及十姓部落。

制：“州县长吏，非奏有敕旨，毋得擅立碑。”

内史王及善虽无学术，然清正难夺，有大臣之节。张易之兄弟每侍内宴，无复人臣礼；及善屡奏以为不可。太后不悦，谓及善曰：“卿既高年，不宜更侍游宴，但检校阁中可也。”及善因称病，谒假月馀；太后不问。及善叹曰：“岂有中书令而天子可一日不见乎？事可知矣！”乃上疏乞骸骨，太后不许。庚子，以及善为文昌左相，太子宫尹豆卢钦望为文昌右相，仍并同凤阁鸾台三品。鸾台侍郎、同平章事杨再思罢为左台大夫。丁未，相王兼检校安北大都护。以天官侍郎陆元方为鸾台侍郎、同平章事。

【译文】 太后下制书："州县长官，没有奉到敕令圣旨，不准擅自立碑。"

内史王及善虽然没有学问，但清廉自守，正直不屈，有大臣风度。张易之兄弟每次侍内宫宴饮，不遵守臣下的礼数，王及善多次上奏。太后不高兴，对王及善说："你年纪大，不适宜再陪侍宴饮游乐，只要检查所管理的官署就可以了。"王及善因此告病，请假一个多月，太后不召他问事。王及善叹息说："哪有天子可以一日不跟中书令见面的？其他的事情就可想而知了。"于是上奏疏请求退休。太后不准。庚子日（十九日），太后任用王及善为文昌左相，太子宫尹豆卢钦望为文昌右相，仍旧一起共同任凤阁鸾台三品。鸾台侍郎、同平章事杨再思被免职，改任左台大夫。丁未日（二十六日），相王兼任检校安北大都护。太后任命天官侍郎陆元方为鸾台侍郎、同平章事。

【申涵煜评】 女主当阳，举世昏浊，及善不能引退，乃因谏内，宴见疏叹，以为时事可知，始乞骸骨，庸劣极矣。驱驴鸠集之诮，野史未必尽诬。

【译文】 女主占据男子之位，举世昏浊，王及善不能引退，于是劝谏内廷，在宴见的时候感叹，以为时事可知，这时才开始请求退休，庸劣到了极点。说他"鸠集凤池""驱驴宰相"，野史不一定全是污蔑他。

纳言、陇右诸军大使娄师德薨。

师德在河陇，前后四十馀年，恭勤不怠，民夷安之。性沉厚宽恕，狄仁杰之入相也，师德实荐之；而仁杰不知，意颇轻师德，数挤之于外。太后觉之，尝问仁杰曰："师德贤乎？"对曰："为将能谨守边陲，贤则臣不知。"又曰："师德知人乎？"对曰："臣尝同僚，未闻其知人也。"太后曰："朕之知卿，乃师德所荐也，亦可谓知人矣。"仁杰既出，叹曰："娄公盛德，我为其所包容久矣，吾不得窥其际也。"是时罗织纷纭，师德久为将相，独能以功名终，人以是重之。

【译文】唐纳言、陇右诸军大使娄师德去世。

娄师德在河陇前后四十多年，勤勉恭敬不懈怠，百姓蕃夷都能安居，性情稳重忠厚，心胸宽广，乐于助人。狄仁杰担任宰相，实由娄师德所推荐，而狄仁杰还不知道，心中有轻视娄师德的意思，一再排挤他到外地。太后察觉，曾问狄仁杰："娄师德贤德吗？"狄仁杰回答说："担任将领能够严守边防，是否贤德臣不知道。"又问："娄师德有知人之明吗？"狄仁杰回答说："臣曾和他同事，没有听说他能知人。"太后说："朕所以知道你，就是娄师德推荐的，也可以说他是知人的啊！"狄仁杰出宫，叹息说："娄公盛德，我被他包涵宽容已经很久了，我还看不到他盛德的边际。"当时罗织罪名构陷他人的风气很盛，娄师德长期担任将相，唯独能保全功名而善终，人们因此敬重他。

【乾隆御批】仁杰叹师德盛德，足见恩怨分明，未忘芥蒂。盖当时有名者，莫如仁杰，不惟师德称贤。即后世读书无识者，孰不以仁杰为贤乎？余少时亦有仁杰，非感知己之深，乃服其韬晦，且以复唐自任之论。今以武氏始终夺唐祚，及仁杰不能匡复观之，未免失言，所谓"为学之道，当日知其所不足"，亦犹荟说之意也矣。

【译文】狄仁杰赞叹娄师德有崇高的品德，足见他恩怨分明，没有忘记过去的芥蒂。大概当时有名望的人，都不如狄仁杰，当时的人并不称赞娄师德贤能。即使后世那些读书而无学识的人，谁不认为狄仁杰贤能呢？我少年的时候也亲善狄仁杰，并不是感于与他深深相知，而是佩服他才能行迹隐藏不露，并以恢复唐室为己任。现在从武则天篡唐的始终，以及狄仁杰久久不能匡复唐室来看，他并没有实现他的诺言，正所谓"为学之道，应当每天知道自己的不足"，这好像是拾人牙慧的说法呀！

戊申，以武三思为内史。

九月，乙亥，太后幸福昌；戊寅，还神都。

庚子，邢贞公王及善薨。

河溢，漂济源百姓庐舍千馀家。

冬，十月，丁亥，论赞婆至都，太后宠待赏赐甚厚，以为右卫大将军，使将其众守洪源谷。

太子、相王诸子复出閤。

【译文】戊申日（二十七日），太后任用武三思为内史。

九月，乙亥日（二十四日），太后驾临福昌县。戊寅日（二十七日），太后返回神都。

庚子日（九月无此日），邢贞公王及善去世。

黄河泛滥，冲走济源县百姓房屋一千多户。

冬季，十月，丁亥日（初六），论赞婆来到京城，太后优待，赏赐得十分丰盛，任用他为右卫大将军，派遣他率领所属去镇守洪源谷。

太子、相王的几个儿子解除幽禁出宫。

太后自称制以来，多以武氏诸王及驸马都尉为成均祭酒，博士、助教亦多非儒士。又因郊丘，明堂，拜洛，封嵩，取弘文国子生为斋郎，因得选补。由是学生不复习业，二十年间，学校殆废。而向时酷吏所诬陷者，其亲友流离，未获原宥。凤阁舍人韦嗣立上疏，以为："时俗侵轻儒学，先王之道，弛废不讲。宜令王公以下子弟，皆入国学，不听以它岐仕进。又，自扬、豫以来，制狱渐繁，酷吏乘间，专欲杀人以求进。赖陛下圣明，周、丘、王、来相继诛殛，朝野庆泰，若再睹阳和。至如仁杰、元忠，往遭按鞫，亦皆自诬，非陛下明察，则已为菹醢矣；今陛下升而用之，皆为良辅。何乃前非而后是哉？诚由枉陷与甄明耳。臣恐向之负冤得罪者甚众，亦皆如是。伏望陛下弘天地之仁，广雷雨之施，自垂拱以来，罪无轻重，一皆昭洗，死者追复官爵，生者听还乡里。如此，则天下皆知昔之枉滥，非陛下之意，皆狱吏之辜，幽明欢欣，感通和气。"太后不能从。

【译文】太后自从称帝以来，多用武氏诸王及驸马都尉担任成均监祭酒，博士、助教也多数不任用学者。又因为祭圜丘、祀明堂、拜洛水、封嵩山，都用弘文馆学生做赞礼生，因此这些学生得以选补为官。从此学生不再修习课业，二十年之间，学校几乎停办。而从前被酷吏诬陷的人，他们的亲友被流放，没有获得赦免。凤阁舍人韦嗣立上奏疏，认为："现在社会风气日益轻视儒学，古代帝王的圣道，都荒废不再讲习。应当令王公以下的子弟，都入国子监学习，不许从别的不正当的途径任官。还有自扬州、豫州起兵叛乱以来，决狱愈来愈多，酷吏乘此机会，专想杀人来求得升官，仰赖陛下圣明，周兴、丘神勣、王弘义、来俊臣，先后被处死，全国庆贺，好似再看到春天的阳光。至于像狄仁杰、魏元忠从前遭到审判，也都出于自我诬陷，不是陛下明察内情，那么他们也成肉酱了；现在陛下擢升而任用他们，全是好的辅臣，为何从前他们不好而后来就好了呢？实在是由于冤枉诬陷与甄别清明罢了。臣料想以前含冤获罪的很多，也都如同这种情形。敬请陛下弘扬天地一般的仁心，广施雷雨一般的恩泽，自垂拱年间以来，不论罪行轻重，全部洗雪，死了的都追赠原官爵，仍然活着的准许他返回家乡。这样一来，天下人都知道从前的枉法滥刑，不是陛下的本意，都是主持狱讼者的罪恶，死者生者皆大欢喜，相互感通而产生祥和的气象。"太后没有采用。

嗣立，承庆之异母弟也。母王氏，遇承庆甚酷，每杖承庆，嗣立必解衣请代；母不许，辄私自杖，母乃为之渐宽。承庆为凤阁舍人，以疾去职。嗣立时为莱芜令，太后召谓曰："卿父尝言：'臣有两儿，堪事陛下。'卿兄弟在官，诚如父言。朕今以卿代兄，更不用它人。"即日拜凤阁舍人。

是岁，突厥默啜立其弟咄悉匐为左厢察，骨笃禄子默矩为右厢察，各主兵二万馀人；其子匐俱为小可汗，位在两察上，主处木昆等十姓，兵四万馀人，又号为拓西可汗。

【译文】 韦嗣立是韦承庆的异母弟弟。母亲王氏，对待韦承庆十分苛刻，每次打韦承庆，韦嗣立一定脱下衣服请求代替受责罚；母亲不同意，便杖击自己，母亲为了他而逐渐宽待韦承庆。韦承庆担任凤阁舍人，因病离职。韦嗣立当时担任莱芜县令，太后召见他说："你父亲曾经说：'臣有二子，可以服侍陛下。'你兄弟俩在任上，确实如你父亲所说的一样称职。朕现在用你代替你哥哥，不再任用别人。"当天任用他做凤阁舍人。

这一年，突厥默啜立他的弟弟咄悉匐为左厢察，骨笃禄的儿子默矩为右厢察，各自统兵两万多人；立自己的儿子匐俱为小可汗，官位在两察之上，统领处木昆等十姓，统兵四万多人，又号称拓西可汗。

久视元年（庚子，公元七〇〇年）正月，戊寅，内史武三思罢为特进、太子少保。天官侍郎、平章事吉顼贬安固尉。

太后以顼有干略，故委以腹心。顼与武懿宗争赵州之功于太后前。顼魁岸辩口，懿宗短小伛偻，顼视懿宗，声气凌厉。太后由是不悦，曰："顼在朕前，犹卑我诸武，况异时讵可倚邪！"他日，顼奏事，方援古引今，太后怒曰："卿所言，朕饫闻之，无多言！太宗有马名师子骢，肥逸无能调驭者。朕为宫女侍侧，言于太宗曰：'妾能制之，然须三物，一铁鞭，二铁楇，三匕首。铁鞭击之不服，则以楇楇其首，又不服，则以匕首断其喉。'太宗壮朕之志。今日卿岂足污朕匕首邪！"顼惶惧流汗，拜伏求生，乃止。诸武怨其附太子，共发其弟冒官事，由是坐贬。

【译文】久视元年（庚子，公元700年）正月，戊寅日（二十八日），武三思被免除内史职，改任特进、太子少保。天官侍郎、同平章事吉顼被贬为安固县尉。

太后因为吉顼有才干智谋，所以委托重任。吉顼与武懿宗在太后面前争平定赵州的功劳。吉顼身高口才好，武懿宗矮小背弯，吉顼对武懿宗，词气高而严厉。太后因此不高兴，说："吉顼在朕面前，尚且轻视武家人，那么将来怎么可以倚赖他？"一天，吉顼奏事，正引取古今事，太后生气说："你所说的，朕听腻了，不必多说！太宗有马名叫狮子骢，肥大俊逸，无人能驯服控制它，朕当时做宫女在旁边侍奉，向太宗说：'我能制服它，然而要三件东西，一是铁鞭，二是铁楇，三是匕首。铁鞭打它不服，便用铁楇打它的头，又不服，便用匕首割断它的头。'太宗赞赏我的意见。今天你难道值得玷污朕的匕首吗？"吉顼恐惧得汗

资治通鉴

都流出来，跪伏请求饶命，太后才息怒。武家诸人怨恨他拥护太子，一同检举他的弟弟假冒得官的事，吉顼因此受牵连而被贬官。

辞日，得召见，涕泣言曰："臣今远离阙庭，永无再见之期，愿陈一言。"太后命之坐，问之，顼曰："合水土为泥，有争乎？"太后曰："无之。"又曰："分半为佛，半为天尊，有争乎？"曰："有争矣。"顼顿首曰："宗室、外戚各当其分，则天下安。今太子已立而外戚犹为王，此陛下驱之使他日必争，两不得安也。"太后曰："朕亦知之。然业已如是，不可何如？"

腊月，辛巳，立故太孙重润为邵王，其弟重茂为北海王。

太后问鸾台侍郎、同平章事陆元方以外事，对曰："臣备位宰相，有大事不敢不以闻；人间细事，不足烦圣听。"由是忤旨。庚寅，罢为司礼卿。

【译文】吉顼辞行那天，得到召见，悲伤地说："臣今天远离朝堂，永无再见的时日了，请容许再说一句话。"太后命他坐下，问他说什么。吉顼说："水和土混合成了泥，有争斗吗？"太后说："没有。"吉顼又说："分一半给佛教，一半给道教，有争斗吗？"太后说："这就有争斗了。"吉顼叩头说："宗室、外戚各自依其名分，那么天下安。现在已经立了太子，而外戚仍旧封为王，这是陛下驱使他们将来一定争斗，两方都不能和睦相处。"太后说："朕也知道。然而事情已经这样，无可奈何。"

十二日，辛巳日（十二月无此日），太后立前太孙李重润为邵王，立他的弟弟李重茂为北海王。

太后询问鸾台侍郎陆元方外间的事，陆元方回答说："臣担任宰相，有大的事情不敢不报告；民间小事，不足以烦劳圣上知晓。"因此违背太后意旨。庚寅日(十二月无此日),陆元方被免职,改任司礼卿。

元方为人清谨,再为宰相,太后每有迁除,多访之,元方密封以进,未尝漏露。临终,悉取奏稿焚之,曰:"吾于人多阴德,子孙其未衰乎!"

以西突厥竭忠事主可汗斛瑟罗为平西军大总管,镇碎叶。

丁酉,以狄仁杰为内史。

庚子,以文昌左丞韦巨源为纳言。

乙巳,太后幸嵩山;春,一月,丁卯,幸汝州之温汤;戊寅,还神都。作三阳宫于告成之石淙。

二月,乙未,同凤阁鸾台三品豆卢钦望罢为太子宾客。

三月,以吐谷浑青海王宣超为乌地也拔勤忠可汗。

【译文】陆元方为人清廉严谨,又担任宰相,太后每次升迁任命官员,多询问他,陆元方用密封进呈意见,从不泄露。临死时,将奏章的草稿全都烧掉,说:"我对人多有阴德,恐怕子孙不致败落吧!"

太后任命西突厥竭忠事主可汗斛瑟罗担任平西军大总管,镇守碎叶。

丁酉日(十二月无此日),太后任命狄仁杰担任内史。

庚子日(十二月无此日),太后任用文昌左丞韦巨源为纳言。

乙巳日(初一),太后驾临嵩山。春季,一月,丁卯日(十七日),太后驾临汝州的温泉。戊寅日(二十八日),太后返回神都。朝廷在告成县的石淙营建三阳宫。

二月,乙未日(十五日),同凤阁鸾台三品豆卢钦望被免职,改任太子宾客。

三月，太后封吐谷浑青海王宣超为乌地也拔勤忠可汗。

夏，四月，戊申，太后幸三阳宫避暑，有胡僧邀车驾观葬舍利，太后许之。狄仁杰跪于马前曰："佛者戎狄之神，不足以屈天下之主。彼胡僧诡谲，直欲邀致万乘以惑远近之人耳。山路险狭，不容侍卫，非万乘所宜临也。"太后中道而还，曰："以成吾直臣之气。"

五月，己酉朔，日有食之。

太后使洪州僧胡超合长生药，三年而成，所费巨万。太后服之，疾小瘳。癸丑，赦天下，改元久视；去天册金轮大圣之号。

【译文】夏季，四月，戊申日（二十九日），太后驾临三阳宫避暑，有西域和尚邀请太后观看安葬舍利子，太后允许。狄仁杰在马前跪着进谏说："佛是夷狄的神，不值得让天下的君主屈尊驾临。那个胡僧奸诈，只想请天子来蛊惑远近的百姓罢了。山路危险狭隘，容不下侍卫队，不是天子所该驾临的。"太后走到半路返回说："成全我直谏臣子的风节吧。"

五月，己酉朔日（初一），出现日食。

太后派遣洪州和尚胡超配制长生药，经历三年完成，花费了上万银钱。太后吃了，病稍好。癸丑日（初五），大赦天下，更改年号为久视；除掉天册金轮大圣的尊号。

六月，改控鹤为奉宸府，以张易之为奉宸令。太后每内殿曲宴，辄引诸武、易之及弟秘书监昌宗饮博嘲谑。太后欲掩其迹，乃命易之、昌宗与文学之士李峤等修《三教珠英》于内殿。武三思奏昌宗乃王子晋后身。太后命昌宗衣羽衣，吹笙，乘木鹤于庭中；文士皆赋诗以美之。

太后又多选美少年为奉宸内供奉，右补阙朱敬则谏曰："陛下内宠有易之、昌宗，足矣。近闻左监门卫长史侯祥等，明自媒衒，丑慢不耻，求为奉宸内供奉，无礼无仪，溢于朝听。臣职在谏净，不敢不奏。"太后劳之曰："非卿直言，朕不知此。"赐彩百段。

【译文】 六月，太后改控鹤监为奉宸府，任命张易之担任奉宸令。太后每次在内殿小宴，往往召武家人、张易之以及弟弟秘书监张昌宗饮酒博弈，嘲笑戏谑。太后想掩饰这种行迹，便派遣张易之、张昌宗和文学人士李峤等人在内殿修纂《三教珠英》。武三思奏说张昌宗是古代周灵王太子晋转世。太后命张昌宗穿上羽毛衣，吹笙，在庭中骑木鹤；文学侍从们都作诗赞美他。

太后又挑选了许多俊美少年充任奉宸府内供奉。右补阙朱敬则进谏说："陛下房事有张易之、张昌宗侍候已经够了。近来听说右监门卫长史侯祥等人，明目张胆自我荐举，丑恶轻薄不知羞耻，谋求充当奉宸府内供奉，无礼无仪，传遍朝廷。臣担任谏官，不敢不上奏。"太后慰勉他说："不是你直言进谏，朕尚不知这回事呢。"赏赐给他彩帛一百段。

易之、昌宗竞以豪侈相胜。弟昌仪为洛阳令，请属无不从。尝早朝，有选人姓薛，以金五十两并状邀其马而赂之。昌仪受金，至朝堂，以状授天官侍郎张锡。数日，锡失其状，以问昌仪，昌仪骂曰："不了事人！我亦不记，但姓薛者即与之。"锡惧，退，索在铨姓薛者六十馀人，悉留注官。锡，文瓘之兄之子也。

初，契丹将李楷固，善用绲索及骑射、舞槊，每陷陈，如鹘入鸟群，所向披靡。黄麞之战，张玄遇、麻仁节皆为所绲。又有骆务整者，亦为契丹将，屡败唐兵。及孙万荣死，二人来降。有司责其后至，奏请族之。狄仁杰曰："楷固等并骁勇绝伦，能尽力于所事，必能尽力于我。若抚之以德，皆为我用矣。"奏请赦之。所亲皆止之，仁杰曰："苟利于国，岂为身谋!"太后用其言，赦之。又请与之官，太后以楷固为左玉（铃）〔钤〕卫将军，务整为右武威卫将军，使将兵击契丹馀党，悉平之。

【译文】张易之、张昌宗争着比生活的奢侈。他们的弟弟张昌仪担任洛阳县令，私下送贿赂求他办事没有不答应的。某次早朝，有位薛姓的候选官，拿五十两金并同履历表拦住他的马而行贿。张昌仪收下了金子，来到朝廷大堂，将履历表交给天官侍郎张锡。几天后，张锡遗失了这份履历表，而询问张昌仪，张昌仪骂道："糊涂人! 我也不记得，但见姓薛的便给他。"张锡害怕，告退，找出等待铨选的六十多个薛姓的人，全都保留拟发表任官。张锡是张文瓘哥哥的儿子。

起初，契丹将领李楷固，善于使用套索以及骑着马射箭，使用槊矛，每次进入战阵，好像鹰隼飞入乌鸦群中，所向无敌。黄獐谷之战，张玄遇、麻仁节都被他套中。还有骆务整，也是契丹的将领，多次击败唐军。等到孙万荣死后，两人都来投降。主管官员责备他们没有及早投降，上奏请求杀他们全族。狄仁杰说："李楷固等都骁勇过人，既能为他的主上尽力，必能竭力为我朝服务。假如用恩德安抚他们，都能为我所用。"上奏请求赦免他们。狄公的亲信全都劝阻他，狄仁杰说："只要对国有利，就不能顾及自身利害。"太后采纳他的话，赦免他们。狄仁杰又请求授给他们官职，太后任用李楷固为左玉钤卫将军，骆务整为右武威卫将军，让他们领兵征讨契丹剩余的部队，全部平定。

【乾隆御批】 武氏秽恶之事，稍存羞恶者塞耳不欲闻，岂堪复挂齿颊？敬则乃不以内宠二张为非，惟斥侯祥之媒炫为无耻，自谓能尽谏诤之职，有靦面目一至此耶？

【译文】 武则天的秽恶丑事，稍存羞耻心的人都塞住耳朵不想听，岂能忍受把它挂在嘴边呢？朱敬则却不认为内宠张易之、张昌宗做得不对，只是斥责侯祥自我炫耀是无耻行为，他还自以为能尽人臣谏诤的职责，有厚颜无耻到这种地步的吗？

资治通鉴卷第二百七　唐纪二十三

起上章困敦七月，尽旃蒙大荒落正月，凡四年有奇。

【译文】起庚子（公元700年）七月，止乙巳（公元705年）正月，共四年七个月。

【题解】本卷记录了公元700年七月至705年正月的史事，共四年又七个月，正当武则天久视元年到唐中宗神龙元年正月。这一时期是武则天执政的晚期，酷吏政治已转轨为宽平政治。这一时期主要有四大政治事件：第一件是武则天平反冤假错案，被错判重罪的人可以重新做官，缓解了社会矛盾。第二件是武则天一再起用贤才，如狄仁杰、宋璟、张柬之等人。第三件是朝官与武则天男宠张易之、张昌宗的三次争斗，最终激化了朝官与武则天的直接对抗。第四件是以张柬之为首的神龙政变，推倒了武周政权，诛杀二张，结束了武则天的政治生涯，还政李唐，中宗李显即位。

则天顺圣皇后下

久视元年（庚子，公元七〇〇年）秋，七月，献俘于含枢殿。太后以楷固为左玉〔铃〕〔铃〕卫大将军、燕国公，赐姓武氏。召公卿合宴，举觞属仁杰曰："公之功也。"将赏之，对曰："此乃陛下威灵，将帅尽力，臣何功之有！"固辞不受。

闰月，戊寅，车驾还宫。

417

己丑，以天官侍郎张锡为凤阁侍郎、同平章事。鸾台侍郎、同平章事李峤罢为成均祭酒。锡，峤之舅也，故罢峤政事。

丁酉，吐蕃将麹莽布支寇凉州，围昌松，陇右诸军大使唐休璟与战于洪源谷。麹莽布支兵甲鲜华，休璟谓诸将曰："诸论既死，麹莽布支新为将，不习军事，诸贵臣子弟皆从之，望之虽如精锐，实易与耳，请为诸君破之。"乃被甲先陷陈，六战皆捷，吐蕃大奔，斩首二千五百级，获二裨将而还。

【译文】 久视元年（庚子，公元700年）秋季，七月，李楷固在含枢殿献俘。太后任用李楷固为左玉钤卫大将军、燕国公，赐姓武氏。太后设宴款待诸位公卿，她举杯向狄仁杰令他饮酒说："这是你的功劳。"将要赏赐他，狄仁杰回答说："这是陛下的威武神灵以及将帅的努力，臣有什么功劳！"再三推辞没有接受。

闰月，戊寅日（初二），太后自三阳宫回到洛阳宫。

己丑日（十三日），太后任用天官侍郎张锡为凤阁侍郎、同平章事。鸾台侍郎、同平章事李峤被免职，改任成均监祭酒。张锡是李峤的舅父，所以免除李峤的宰相职务。

丁酉日（二十一日），吐蕃将领麹莽布支进犯凉州，包围昌松县，陇右诸军大使唐休璟和他在洪源谷交战。麹莽布支的部队甲胄非常华丽，唐休璟对各位将军说："几个姓论的已经死了，麹莽布支初次担任将军，不熟军事，看他的部队虽然精锐，其实容易对付，愿为各位击败他。"于是披上战甲，率先陷阵，六战都胜，吐蕃溃不成军，唐休璟率军斩首两千五百人，俘虏了两个副将而后回军。

司府少卿杨元亨，尚食奉御杨元禧，皆弘武之子也。元禧尝忤张易之，易之言于太后："元禧，杨素之族；素父子，隋之逆臣，子孙不应供奉。"太后从之，壬寅，制："杨素及其兄弟子孙皆不得任京官。"左迁元亨睦州刺史，元禧贝州刺史。

庚戌，以魏元忠为陇右诸军大使，击吐蕃。

【译文】 司府少卿杨元亨、尚食奉御杨元禧都是杨弘武的儿子。杨元禧曾经违逆张易之，张易之对太后说："杨元禧，是杨素的族人，杨素父子是隋朝的叛臣，子孙不应当做供奉官。"太后同意了，壬寅日（二十六日），下制令："杨素及他兄弟的子孙都不可以担任京官。"将杨元亨贬为睦州刺史，将杨元禧贬为贝州刺史。

庚戌日（八月初五），太后任命魏元忠担任陇右诸军大使，讨伐吐蕃。

庚申，太后欲造大像，使天下僧尼日出一钱以助其功。狄仁杰上疏谏，其略曰："今之伽蓝，制过宫阙。功不使鬼，止在役人，物不天来，终须地出，不损百姓，将何以求！"又曰："游僧皆托佛法，诖误生人；里陌动有经坊，阛阓亦立精舍。化诱所急，切于官徵；法事所须，严于制敕。"又曰："梁武、简文舍施无限，及三淮沸浪，五岭腾烟，列刹盈衢，无救危亡之祸，缁衣蔽路，岂有勤王之师！"又曰："虽敛僧钱，百未支一。尊容既广，不可露居，覆以百层，尚忧未遍，自馀廊宇，不得全无。如来设教，以慈悲为主。岂欲劳人，以存虚饰！"又曰："比来水旱不节，当今边境未宁，若费官财，又尽人力，一隅有难，将何以救之！"太后曰："公教朕为善，何得相违！"遂罢其役。

【译文】 庚申日（八月十五日），太后要建造大佛像，下令天下和尚、尼姑每天出一文钱帮助完成工程。狄仁杰上奏疏劝谏阻止，大意是说："现在的伽蓝（佛寺），规模超过宫殿，工程神鬼不会出力，只有劳役百姓；材料不会从天上掉下来，终须来自地上，不劳役老百姓，将从哪里获取呢？"又说："化缘的和尚都假托佛法，牵累百姓，巷子里到处都有诵经的场所，市场里也有佛堂，教化诱导的紧急，比朝廷征税还迫切，做法事所要求的，比政令还要严苛。"又说："梁武帝、简文帝的施舍无数，等到三淮地方作乱，五岭一带举兵，满街寺刹，对挽救危亡毫无帮助，僧尼塞路，何来勤王的军队！"又说："虽命令僧尼出钱，一百天所缴纳的钱财不能支付一天的费用。佛像既很大，又不可露天，盖一百层高的楼，还恐怕遮不住，其他的廊庑，不能全不盖。如来佛的教义，以慈悲为主，怎会要劳苦百姓，而贪图华美的外形？"又说："近来水旱不调，目前边境不安，如果耗费公帑，又竭尽民力，一方有难，将用什么去救急呢？"太后说："你劝导我做善事，怎能违背你！"于是停止修建佛像的事。

阿悉吉薄露叛，遣左金吾将军田扬名、殿中侍御史封思业讨之。军至碎叶，薄露夜于城傍剽掠而去，思业将骑追之，反为所败。扬名引西突厥斛瑟罗之众攻其城，旬馀，不克。九月，薄露诈降，思业诱而斩之，遂俘其众。

太后信重内史梁文惠公狄仁杰，群臣莫及，常谓之国老而不名。仁杰好面引廷争，太后每屈意从之。尝从太后游幸，遇风吹仁杰巾坠，而马惊不能止，太后命太子追执其鞚而系之。仁杰屡以老疾乞骸骨，太后不许。入见，常止其拜，曰："每见公拜，朕亦身痛。"仍免其宿直，戒其同僚曰："自非军国大事，勿以烦公。"辛丑，薨，太后泣曰："朝堂空矣！"自是朝廷有大事，众或不能决，太后辄叹曰："天夺吾国老何太早邪！"

【译文】阿悉吉薄露反叛，太后派遣左金吾将军田扬名、殿中侍御史封思业前去讨伐。大军行到碎叶，阿悉吉薄露在夜晚从城旁劫掠而去，封思业率领骑兵追他，反被击败。田扬名带领西突厥斛瑟罗的部众攻阿悉吉薄露的城十多天，不能攻下。九月，阿悉吉薄露假装投降，封思业引诱并杀掉他，于是俘虏了他的部众。

太后信任尊重内史梁文惠公狄仁杰，超过所有的臣子，常称他为"国老"（国家的元老）而不叫他的名字。狄仁杰喜欢当面以及在朝廷上诤谏，太后常自抑己见而顺从他。狄仁杰曾随从太后游玩，风吹下狄仁杰的头巾，坐马受惊奔跑不能停止，太后教太子赶上去抓住马的辔头并且替他将头巾系好。狄仁杰多次因老疾请求退休，太后不准。狄仁杰觐见，太后常不让他下拜，说："每次看见您下拜，朕的身体也觉得痛。"太后还免除他到殿中值夜，告诫他的同事说："如果不是军国大事，不要去烦扰狄公。"辛丑日（九月二十六日），狄仁杰去世。太后流泪说："朝廷上无人了。"从此朝廷有大事，群臣如果无法决定，太后便叹息说："上天为什么夺走了我的国老那么早呀"！

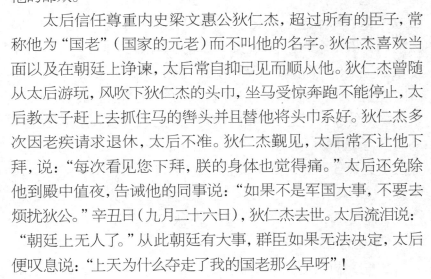

太后尝问仁杰："朕欲得一佳士用之，谁可者？"仁杰曰："未审陛下欲何所用之？"太后曰："欲用为将相。"仁杰对曰："文学缊藉，则苏味道、李峤固其选矣。必欲取卓荦奇才，则有荆州长史张柬之，其人虽老，宰相才也。"太后擢柬之为洛州司马。数日，又问仁杰，对曰："前荐柬之，尚未用也。"太后曰："已迁矣。"对曰："臣所荐者可为宰相，非司马也。"乃迁秋官侍郎；久之，卒用为相。仁杰又尝荐夏官侍郎姚元崇、监察御史曲阿桓彦范、太州刺史敬晖等数十人，率为名臣。或谓仁杰曰："天下桃李，悉在公门矣。"仁杰曰:"荐贤为国,非为私也。"

初,仁杰为魏州刺史,有惠政,百姓为之立生祠。后其子景晖为魏州司功参军,贪暴为人患,人遂毁其像焉。

【译文】太后曾问狄仁杰:"朕想得到一位优秀人才而任用他,谁可以呢?"狄仁杰说:"不知陛下任用他做什么事?"太后说:"想任用他做将军、宰相。"狄仁杰答说:"文学深厚,那么苏味道、李峤是上选人才。一定要选取特异非常的人才,那么荆州长史张柬之,他年纪虽老,却是宰相的才能。"太后擢升张柬之担任洛州司马。几天后,又问狄仁杰,狄仁杰回答:"前日推荐张柬之,陛下还没任用他。"太后说:"已经擢升他了。"狄仁杰回答说:"臣所推荐的人是可以担任宰相的,不是做司马的。"于是擢升张柬之为秋官侍郎;后来,张柬之做到宰相。狄仁杰又曾举荐夏官侍郎姚元崇,监察御史曲阿人桓彦范。太州刺史敬晖等几十个人,最终大多成为名臣。有人对狄仁杰说:"天下的桃李,都在先生的门下。"狄仁杰说:"举荐贤才是为国家,不是为我一人。"

起初,狄仁杰担任魏州刺史,有德政,百姓修建祠堂崇敬他。后来他的儿子狄景晖担任魏州司功参军,贪污残暴被百姓厌恶,人们于是毁去了狄公的塑像。

【康熙御批】仁杰在当时为诸臣第一,武后亦以第一流目之。人臣特患不能竭忠为国尔,若果尽诚无二,不以身家为念,虽当艰危之际亦可深蒙主眷,况朝廷清明乎?

【译文】狄仁杰在当时是众臣中第一,武则天也把他当作第一流的人看待。作为人臣的只担心他不能竭尽忠心为国效力,若果真对国家能竭尽忠诚无二心,不顾念自己的身家性命,即使在危难之际也可以深蒙君主的恩宠，更何况是在朝廷清明的时期呢？

冬，十月，辛亥，以魏元忠为萧关道大总管，以备突厥。

甲寅，制复以正月为十一月，一月为正月，赦天下。

丁巳，纳言韦巨源罢，以文昌右丞韦安石为鸾台侍郎、同平章事。安石，津之孙也。

时武三思、张易之兄弟用事，安石数面折之。尝侍宴禁中，易之引蜀商宋霸子等数人在座同博。安石跪奏曰："商贾贱类，不应得预此会。"顾左右逐出之，座中皆失色；太后以其言直，劳勉之，同列皆叹服。

【译文】冬季，十月，辛亥日（初七），太后任用魏元忠为萧关道大总管，用来防备突厥。

甲寅日（初十），太后下制书，再以正月为十一月，一月为正月。大赦天下。

丁巳日（十三日），纳言韦巨源被免职，太后任用文昌右丞韦安石为鸾台侍郎、同平章事。韦安石是韦津的孙子。

当时武三思、张易之兄弟当权，韦安石多次当面驳斥他们。韦安石曾经在内庭宴会侍奉太后，张易之将四川商人宋霸子等人带入宴会一起博弈。韦安石跪着向太后启奏说："商贾身份低微，不应当参加这宴会。"回视侍从示意将宋霸子等人逐出去，在座的人都惊惧得变了脸色；太后因他的话正直，慰勉他，同僚都感叹佩服。

丁卯，太后幸新安；壬申，还宫。

十二月，甲寅，突厥掠陇右诸监马万馀匹而去。

时屠禁尚未解，凤阁舍人全节崔融上言，以为："割烹牺牲，弋猎禽兽，圣人著之典礼，不可废阙。又，江南食鱼，河西食肉，一日不可无；富者未革，贫者难堪，况贫贱之人，仰屠为生，日戮一人，终不能绝，但资恐喝，徒长奸欺。为政者苟顺月令，合礼经，自然物遂其生，人得其性矣。"戊午，复开屠禁，祠祭用牲牢如故。

资治通鉴

【译文】 丁卯日（二十三日），太后驾临新安。壬申日（二十八日），太后回宫。

十二月，甲寅日（初十），突厥劫掠陇右各监的马一万多匹而后离去。

当时禁屠的命令没有解除，凤阁舍人全节人崔融上奏，说："杀煮牲畜，猎取禽兽，圣人定在礼制中，不能废止缺失。还有，江南地区的人以鱼为食，河西地区的人以肉为食，每天不可缺少；富人无法改变吃肉的习惯，穷人难以忍受长久没有肉吃，更何况是贫贱人家，依赖屠宰为生。即使因为违犯禁屠的命令每天杀掉一人，终究不能完全禁止私自宰杀，而只靠恐吓，不过是助了长虚伪欺诈的风气。为政的人只依时序，合于常礼，自然可以让万物顺应本身的规律，百姓也能够依照本性生活了。"戊午日（十四日），太后再次解除禁屠令，祠祭还像以前一样用牲畜。

长安元年（辛丑，公元七〇一年）春，正月，丁丑，以成州言佛迹见，改元大足。

二月，己酉，以鸾台侍郎柏人李怀远同平章事。

三月，凤阁侍郎、同平章事张锡坐知选漏泄禁中语、赃满数万，当斩，临刑释之，流循州。时苏味道亦坐事与锡俱下司刑狱，锡乘马，气色自若，舍于三品院，帷屏食饮，无异平居。味道步至系所，席地而卧，蔬食而已。太后闻之，赦味道，复其位。

424

是月，大雪，苏味道以为瑞，帅百官入贺。殿中侍御史王求礼止之曰："三月雪为瑞雪，腊月雷为瑞雷乎？"味道不从。既入，求礼独不贺，进言曰："今阳和布气，草木发荣，而寒雪为灾，岂得诬以为瑞！贺者皆谄谀之士也。"太后为之罢朝。

时又有献三足牛者，宰相复贺。求礼扬言曰："凡物反常皆为妖。此鼎足非其人，政教不行之象也。"太后为之愀然。

【译文】 长安元年（辛丑，公元701年）春季，正月，丁丑日（初三），太后因为成州传言发现佛足迹，更改年号为大足。

二月，己酉日（初六），太后任命鸾台侍郎柏人李怀远为同平章事。

三月，凤阁侍郎、同平章事张锡犯主持选铨泄露宫中议谈，并贪赃达数万，被处斩刑，临刑时减为流放到循州。同时苏味道也因犯法和张锡一同被关入下司刑寺监狱，张锡骑马，神气不改，住在三品院，帷帐屏障饮食，与平常毫无差异。苏味道步行前往系拘所，打地铺睡，吃粗劣食物。太后听说，赦免苏味道，让他恢复原职。

这月，雪下得很大，苏味道认为是吉祥之兆，带领众官入宫朝贺。殿中侍御史王求礼阻止他说："三月下雪是瑞雪，那么腊月打雷便是瑞雷吗？"苏味道不听，入宫，只有王求礼一人不去朝贺，上奏说："现在时令正值春阳，草木发芽开花，下大雪是灾害，怎么可以妄说成祥瑞？祝贺的人都是谄媚阿谀的人。"太后因此停止朝会。

当时又有人进献三足的牛，宰相再次入贺。王求礼大声说："凡是事物违反常道都是妖孽，这是因为三公不是适当人选，政治教化不通行而出现的乱象。"太后因此不高兴。

夏，五月，乙亥，太后幸三阳宫。

以魏元忠为灵武道行军大总管，以备突厥。

天官侍郎盐官顾琮同平章事。

六月，庚申，以夏官尚书李迥秀同平章事。

迥秀性至孝，其母本微贱，妻崔氏常叱媵婢，母闻之不悦，迥秀即时出之。或曰："贤室虽不避嫌疑，然过非七出，何遽如是？"迥秀曰："娶妻本以养亲，今乃违忤颜色，安敢留也！"竟出之。

秋，七月，甲戌，太后还宫。

甲申，李怀远罢为秋官尚书。

【译文】夏季，五月，乙亥日（初三），太后驾临三阳宫。

太后任用魏元忠为灵武道行军大总管，防备突厥。

天官侍郎盐官人顾琮担任同平章事。

六月，庚申日（十九日），太后任用夏官尚书李迥秀为同平章事。

李迥秀本性纯孝，他的母亲出身低贱寒微，他的妻子崔氏经常喝骂婢女，他的母亲听了不高兴，李迥秀立刻休掉她。有人说："你的夫人虽然不善避开嫌疑，但并未犯七出的规条，何必立刻休掉？"李迥秀说："娶妻本来是奉养父母的，现在竟然违逆母亲的脸色，怎敢留她！"最终休掉了妻子。

秋季，七月，甲戌日（初三），太后回宫。

甲申日（十三日），李怀远被免职，改任秋官尚书。

【申涵煜评】迥秀能出妻以顺母，而乃奉勅为臧氏私夫，又颇纳贿赂，恐孝子所为不应淫衰如是此，岂小节可以出入耶，其出妻或以媚臧氏未可知也。

【译文】 李迥秀能够驱逐妻子以顺从母亲，然而却在接到诏令后做了臧氏的私夫，并且还收受贿赂，恐怕孝子不应该放荡到如此地步吧。难道小节可以随便出入吗？他驱逐妻子或许是为了讨好臧氏也未可知。

八月，突厥默啜寇边，命安北大都护相王为天兵道元帅，统诸军击之，未行而虏退。

丙寅，武邑人苏安恒上疏曰："陛下钦先圣之顾托，受嗣子之推让，敬天顺人，二十年矣。岂不闻帝舜褰裳，周公复辟！舜之于禹，事只族亲；且与成王，不离叔父。族亲何如子之爱，叔父何如母之恩？今太子孝敬是崇，春秋既壮，若使统临宸极，何异陛下之身！陛下年德既尊，宝位将倦，机务繁重，浩荡心神，何不禅位东宫，自怡圣体！自昔理天下者，不见二姓而俱王也。当今梁、定、河内、建昌诸王，承陛下之荫覆，并得封王；臣谓千秋万岁之后，于事非便，臣请黜为公侯，任以闲简。臣又闻陛下有二十余孙，今无尺寸之封，此非长久之计也；臣请分土而王之，择立师傅，教其孝敬之道，以夹辅周室，屏籓皇家，斯为美矣。"疏奏，太后召见，赐食，慰谕而遣之。

【译文】 八月，突厥默啜进犯边地，太后任命安北大都护相王为天兵道元帅，统领各军进讨突厥，还没有成行而敌寇已经退走。

丙寅日（二十六日），武邑人苏安恒上奏疏说："陛下受到高宗的顾命托付，受到皇储的推让，上顺天命下应人情，二十年了。难道陛下没有听说过帝舜撩起衣裳、离开帝位和周公归政于成王的事情吗？舜和禹的关系只是同一宗族，周公和成王不过是叔侄之亲。族亲怎比得上对儿子的爱护，叔父怎比得上母亲的恩情？现在太子最崇尚孝道，年纪也过了三十岁，如果命他即位执政，跟陛下亲身治国没有差别！陛下年高德劭，身居帝位将会感到疲倦，而要事繁多，会使您心神耗竭，为什么不让位给太子，使圣体安乐？自古治理天下，不见有二姓同时封王。现在梁、定、河内、建昌诸王，仰承陛下的恩荫庇佑，都得以封为王爵。臣认为陛下登仙后，事情便会麻烦。臣建议黜降他们为公、侯，调任清闲的官职。臣又听说陛下有二十多位皇孙，到现在还没有被封爵，这都不是长久的办法。臣建议分封他们为王，挑选师父，教导他们孝敬的道理，将来辅佐周室，保卫皇家，这就太好了。"奏疏呈上，太后召见，赏给膳食，用好话慰解之后送他出宫。

太后春秋高，政事多委张易之兄弟；邵王重润与其妹永泰郡主、主婿魏王武延基窃议其事。易之诉于太后，九月，壬申，太后皆逼令自杀。延基，承嗣之子也。

丙申，以相王知左、右羽林卫大将军事。

冬，十月，壬寅，太后西入关，辛酉，至京师；赦天下，改元。

【译文】太后年龄渐高，政事多托付给张易之兄弟。邵王李重润和他妹妹永泰郡主、郡主的丈夫魏王武延基私下批评这件事。张易之告诉太后，九月，壬申日（初三），太后逼他们自尽。武延基是武承嗣的儿子。

丙申日（二十七日），太后任命相王李旦主持左、右羽林卫大将军的事务。

冬季，十月，壬寅日（初三），太后西行进入函谷关，辛酉日（二十二日），太后抵达京师；大赦天下，更改年号为长安。

十一月，戊寅，改含元宫为大明宫。

天官侍郎安平崔玄暐，性介直，未尝请谒。执政恶之，改文昌左丞。月馀，太后谓玄暐曰："自卿改官以来，闻令史设斋自庆。此欲盛为奸贪耳，今还卿旧任。"乃复拜天官侍郎，仍赐彩七十段。

以主客郎中郭元振为凉州都督、陇右诸军大使。

先是，凉州南北境不过四百馀里，突厥、吐蕃频岁奄至城下，百姓苦之。元振始于南境硖口置和戎城，北境碛中置白亭军，控其冲要，拓州境千五百里，自是寇不复至城下。元振又令甘州刺史李汉通开置屯田，尽水陆之利。旧凉州粟麦斛至数千，及汉通收率之后，一缣籴数十斛，积军粮支数十年。元振善于抚御，在凉州五年，夷、夏畏慕，令行禁止，牛羊被野，路不拾遗。

【译文】十一月，戊寅日（初十），太后改含元宫为大明宫。

天官侍郎安平人崔玄暐，秉性刚直，不曾去拜候权贵，执政者厌恶他，将他调任为文昌左丞。一个月后，太后对崔玄暐说："自从你调职以来，听说天官的令史们聚餐庆祝，这是他们想大肆作奸贪污；现在你还是调任原职。"于是再次任用他为天官侍郎，赏赐他彩帛七十段。

太后任用主客郎中郭元振为凉州都督、陇右诸军大使。

从前，凉州南北境不过四百余里，突厥、吐蕃连年突袭城下，百姓受害，郭元振才在南边硖口修筑和戎城，北边沙漠中设置白亭军，控制险要的交通要道，开拓了一千五百多里，从此敌寇不再侵扰城下。郭元振又命令甘州刺史李汉通开垦田地，开始屯田，开发了水利和田土的功能。原来凉州粟、麦一斛卖到几千钱，到了李汉通招募百姓耕作之后，一匹缣可买几十斛粮食，准备的军粮可用几十年。郭元振善于安抚统御军民，在凉州任职五年，夷人、国人全都敬畏他，下令则行，施禁便止，牛羊遍布山野，东西掉在路上也无人捡起据为己有。

长安二年（壬寅，公元七〇二年）春，正月，乙酉，初设武举。

空厥寇盐、夏二州。三月，庚寅，突厥破石岭，寇并州。以雍州长史薛季昶摄右台大夫，充山东防御军大使，沧、瀛、幽、易、恒、定等州诸军皆受季昶节度。夏，四月，以幽州刺史张仁愿专知幽、平、妫、檀防御，仍与季昶相知，以拒突厥。

五月，壬申，苏安恒复上疏曰："臣闻天下者，神尧、文武之天下也，陛下虽居正统，实因唐氏旧基。当今太子追回，年德俱盛，陛下贪其宝位而忘母子深恩，将何圣颜以见唐家宗庙，将何诰命以谒大帝坟陵？陛下何故日夜积忧，不知钟鸣漏尽！臣愚以为天意人事，还归李家。陛下虽安天位，殊不知物极则反，器满则倾。臣何惜一朝之命而不安万乘之国哉！"太后亦不之罪。

乙未，以相王为并州牧，充安北道行军元帅，以魏元忠为之副。

【译文】长安二年（壬寅，公元702年）春季，正月，乙酉日（十七日），朝廷初次设立武举科。

突厥进犯盐、夏二州。三月，庚寅日（二十三日），突厥攻克石岭关，侵扰并州。太后任命雍州长史薛季昶代理右台大夫，充任山东防御军大使。沧、瀛、幽、易、恒、定等州各军全都受薛季昶的节制调度。夏季，四月，太后下令让幽州刺史张仁愿专门主持幽、平、妫、檀四州防务，仍和薛季昶相互照会，来抵抗突厥。

五月，壬申日（初六），苏安恒再次上奏疏说："臣听说天下是唐高祖、唐太宗的天下，陛下虽在帝位，实在是凭借唐氏原来的基业。现在太子复位东宫，年龄道德都适宜，陛下贪恋帝位而忘记母子的恩情，将有什么颜面去见唐家的宗庙，将用什么身份去祭告高宗的陵寝？陛下为什么还要忧虑国事，不明白自己已到了迟暮之年。臣不才，认为天意人心，仍旧向着李家。陛下虽安居帝座，殊不知物到极盛便会转向衰微，容器装满就会倾倒。臣可以不爱惜短暂的性命，却不可不为天下安定考虑啊！"太后也没有加罪他。

乙未日（二十九日），太后任命相王为并州牧，代理安北道行军元帅，任命魏元忠担任副元帅。

【申涵煜评】 安恒以匹夫而欲夺天子权，为武后谋至忠，然即使禅太子位，降诸武爵，万岁之后，其能免于祸患耶？后所云业已如此，不可如何。盖虑之熟矣。此所以不得已而有太庙明堂之誓也。

【译文】 苏安恒以一介匹夫而想夺取天子的权力，为武后谋划可以说是极为忠诚。然而即使武则天禅位于太子，武氏诸王全部降为公侯，武则天去世之后，他能免于祸患吗？后来所说已经如此，不这样又如何。大概是考虑得很成熟了，这也是不得已才有太庙明堂的誓言。

六月，壬戌，召神都留守韦巨源诣京师，以副留守李峤代之。

秋，七月，甲午，突厥寇代州。

司仆卿张昌宗兄弟贵盛，势倾朝野。八月，戊午，太子、相王、太平公主上表请封昌宗为王，制不许；壬戌，又请，乃赐爵邺国公。

敕："自今有告言扬州及豫、博馀党，一无所问，内外官司无得为理。"

九月，乙丑朔，日有食之，不尽如钩，神都见其既。

壬申，突厥寇忻州。

己卯，吐蕃遣其臣论弥萨来求和。

【译文】六月，壬戌日（二十六日），太后将神都留守韦巨源召到京师长安，用副留守李峤接替他的职务。

秋季，七月，甲午日（二十九日），突厥进犯代州。

司仆卿张昌宗兄弟全都显贵，权势压倒全国的臣吏。八月，戊午日（二十三日），太子、相王、太平公主上表请求封张昌宗为王爵，太后下制书不准；壬戌日（二十七日），又请求，太后便封他为邺国公。

太后下敕书："从今天起，如果有人检举扬州以及豫州、博州起兵时的残余党羽，全不追问，朝内以及各地方政府不得受理。"

九月，乙丑朔日（初一），出现日食，只剩下一弯如钩，神都见到日全食。

壬申日（初八），突厥进犯忻州。

己卯日（十五日），吐蕃派遣臣子论弥萨前来求和。

庚辰，以太子宾客武三思为大谷道大总管，洛州长史敬晖为副；辛巳，又以相王旦为并州道元帅，三思与武攸宜、魏元忠为之副；姚元崇为长史，司礼少卿郑杲为司马；然竟不行。

癸未，宴论弥萨于麟德殿。时凉州都督唐休璟入朝，亦预宴。弥萨屡窥之。太后问其故，对曰："洪源之战，此将军猛厉无敌，故欲识之。"太后擢休璟为右武威、金吾二卫大将军。休璟练习边事，自碛石以西逾四镇，绵亘万里，山川要害，皆能记之。

【译文】庚辰日（十六日），太后任命太子宾客武三思担任大谷道大总管，洛州长史敬晖担任副总管。辛巳日（十七日），太后又任命相王李旦担任并州道元帅，武三思与武攸宜、魏元忠担任副帅；任命姚元崇为长史，司礼少卿郑杲为司马。然而最后没有赴任。

癸未日（十九日），太后在麟德殿设宴款待论弥萨，当时凉州都督唐休璟入朝，也参加宴会。论弥萨几次偷看他。太后询问他缘故，论弥萨回答说："洪源之战，这位将军勇猛厉害无比，所以想结识他。"太后擢升唐休璟为右武威、金吾二卫大将军。唐休璟熟悉边境事务，从自碣石以西直到安西四镇以外，连绵万里的地方，其中山川要害的地方，全都记得。

冬，十月，甲辰，天官侍郎、同平章事顾琮薨。

戊申，吐蕃赞普将万馀人寇茂州，都督陈大慈与之四战，皆破之，斩首千馀级。

十一月，辛未，监察御史魏靖上疏，以为："陛下既知来俊臣之奸，处以极法，乞详覆俊臣等所推十狱，伸其枉滥。"太后乃命监察御史苏颋按覆俊臣等旧狱，由是雪免者甚众。颋，瓌之曾孙也。

戊子，太后祀南郊，赦天下。

十二月，甲午，以魏元忠为安东道安抚大使，羽林卫大将军李多祚检校幽州都督，右羽林卫将军薛讷、左武卫将军骆务整为之副。

【译文】冬季，十月，甲辰日（初十），天官侍郎、同平章事顾琮去世。

戊申日（十四日），吐蕃赞普率领一万多人进犯茂州，都督陈大慈和他打了四次仗，都击败了他，斩首一千多人。

十一月，辛未日（初八），监察御史魏靖上奏疏，认为："陛下既然知道来俊臣作奸犯科，判处他死刑，请详细复查来俊臣等所审的大讼案，为那些冤死的人昭雪。"太后于是命监察御史苏颋查验来俊臣等过去判决的狱案，因此免罪的很多。苏颋是苏夔的曾孙。

戊子日（二十五日），太后在南郊祭天，大赦天下。

十二月，甲午日（初二），太后任命魏元忠担任安东道安抚大使，羽林卫大将军李多祚担任检校幽州都督，右羽林卫将军薛讷、左武卫将军骆务整担任副使。

戊申，置北庭都护府于庭州。

侍御史张循宪为河东采访使，有疑事不能决，病之，问侍吏曰："此有佳客，可与议事者乎？"吏言前平乡尉猗氏张嘉贞有异才，循宪召见，询以事；嘉贞为条析理分，莫不洗然。循宪因请为奏，皆意所未及。循宪还，见太后，太后善其奏，循宪具言嘉贞所为，且请以己之官授之。太后曰："朕宁无一官自进贤邪！"因召嘉贞，入见内殿，与语，大悦，即拜监察御史；擢循宪司勋郎中，赏其得人也。

【译文】戊申日，朝廷在庭州设置北庭都护府。

侍御史张循宪担任河东采访使，有疑难事无法决断，正担忧着，询问侍从官员说："这里有可以和我参商事情的人才吗？"官吏告诉他，曾任平乡县尉的猗氏人张嘉贞有奇才。张循宪召见他，询问他难决的事情；张嘉贞替他随条析解，按理分疏，无不清楚明白。张循宪因此请他撰写奏章，都是自己未想到的。张循宪回朝，觐见太后，太后说他奏章写得好，张循宪说是张嘉贞所撰，并且请求将自己的官职让给他。太后说："朕难道没有一个官位引进贤才吗？"因此召见张嘉贞，入内殿接见，谈论后，大为高兴，立即任用为监察御史；擢升张循宪为司勋郎中，嘉奖他发现人才的功劳。

长安三年（癸卯，公元七〇三年）春，三月，壬戌朔，日有食之。

夏，四月，吐蕃遣使献马千匹、金二千两以求昏。

闰月，丁丑，命韦安石留守神都。

己卯，改文昌台为中台。以中台左丞李峤知纳言事。

新罗王金理洪卒，遣使立其弟崇基为王。

六月，辛酉，突厥默啜遣其臣莫贺干来，请以女妻皇太子之子。

宁州大水，溺杀二千馀人。

【译文】长安三年（癸卯，公元703年）春季，三月，壬戌朔日（初一），出现日食。

夏季，四月，吐蕃派遣使者进献马一千匹、金两千两请求通婚。

闰月，丁丑日（十七日），太后命韦安石留守神都。

己卯日（十九日），太后改文昌台为中台。任用中台左丞李峤主持纳言事职。

新罗王金理洪去世，太后派遣使者立他的弟弟金崇基为国王。

六月，辛酉日（初一），突厥默啜派遣他的臣子莫贺干前来，请求将女儿许给皇太子的儿子为妻。

宁州发生大水灾，淹死两千多人。

秋，七月，癸卯，以正谏大夫朱敬则同平章事。

戊申，以并州牧相王旦为雍州牧。

庚戌，以夏官尚书、检校凉州都督唐休璟同凤阁鸾台三品。时突骑施酋长乌质勒与西突厥诸部相攻，安西道绝。太后命休璟与诸宰相议其事，顷之，奏上，太后即依其议施行。后十馀日，安西诸州请兵应接，程期一如休璟所画，太后谓休璟曰："恨用卿晚。"谓诸宰相曰："休璟练习边事，卿曹十不当一。"

时西突厥可汗斛瑟罗用刑残酷，诸部不服。乌质勒本隶斛瑟罗，号莫贺达干，能抚其众，诸部归之，斛瑟罗不能制。乌质勒置都督二十员，各将兵七千人，屯碎叶西北；后攻陷碎叶，徙其牙帐居之。斛瑟罗部众离散，因入朝，不敢复还，乌质勒悉并其地。

【译文】 秋季，七月，癸卯日（十四日），太后任命正谏大夫朱敬则为同平章事。

戊申日（十九日），太后任用相王李旦为雍州牧。

庚戌日（二十一日），太后任用夏官尚书、检校凉州都督唐休璟为同凤阁鸾台三品。当时突骑施酋长乌质勒和西突厥诸部互相攻战，通往安西的道路阻绝。太后命唐休璟和各位宰相商讨这事，不久，呈上奏章，太后批准依奏议施行。十几天后，安西各州请求增兵接应，路程日期全如唐休璟所计划的一样。太后对唐休璟说："遗憾任用你太迟了。"对各宰相说："唐休璟熟悉边防事务，你们不及他十分之一。"

当时西突厥可汗斛瑟罗用刑残酷，他的部落不服。乌质勒原属斛瑟罗，号莫贺达干，能够安抚他的部众，各部落都依附他，斛瑟罗无法控制他。乌质勒设立都督二十员，各领兵七千人，屯驻在碎叶西北。后来乌质勒攻陷了碎叶，将大本营迁到碎

资治通鉴

叶居住。斛瑟罗的部众分散逃走，因此他到内地来，不敢再回去。乌质勒将他原有的土地全都兼并了。

九月，庚寅朔，日有食之，既。

初，左台大夫、同凤阁鸾台三品魏元忠为洛州长史，洛阳令张昌仪恃诸兄之势，每牙，直上长史听事；元忠到官，叱下之。张易之奴暴乱都市，元忠杖杀之。及为相，太后召易之弟岐州刺史昌期，欲以为雍州长史，对仗，问宰相曰："谁堪雍州者？"元忠对曰："今之朝臣无以易薛季昶。"太后曰："季昶久任京府，朕欲别除一官；昌期何如？"诸相皆曰："陛下得人矣。"元忠独曰："昌期不堪！"太后问其故，元忠曰："昌期少年，不闲吏事，向在岐州，户口逃亡且尽。雍州帝京，事务繁剧，不若季昶强干习事。"太后默然而止。元忠又尝面奏："臣自先帝以来，蒙被恩渥，今承乏宰相，不能尽忠死节，使小人在侧，臣之罪也！"太后不悦，由是诸张深怨之。

【译文】九月，庚寅朔日（初一），出现日全食。

起初，左台大夫、同凤阁鸾台三品魏元忠担任洛州长史，洛阳令张昌仪仗着几位哥哥的权势，每次进入州府议事，径直走上长史办公厅；魏元忠到达后，喝他下去。张易之家奴在集市上横行不法，魏元忠派人打杀他。魏元忠做宰相后，太后召张易之的弟弟岐州刺史张昌期，想任用他为雍州长史，朝议时，询问宰相说："谁适合任雍州刺史？"魏元忠回答说："现在朝廷内的臣子没有比薛季昶更为适合的人选。"太后说："薛季昶在中枢任职久了，朕想另外授予他官职；张昌期可以吗？"其他宰相都说："陛下选对人了。"只有魏元忠回答："张昌期不合适。"太后询问他原因，魏元忠说："张昌期年轻，不熟悉民政事务，在岐州刺史任内，人逃亡得差不多了。雍州是国都所在，事务繁重，张昌期比不上薛季昶，薛季昶果毅能干而且老练。"太后便不再提了。魏元忠又曾面对太后上奏说："臣在先帝时蒙受厚恩以来，到今日担任宰相，没能在职位上竭尽忠心，容忍小人在国君身旁，是臣的罪过。"太后听后不高兴。张氏兄弟也因此非常恨他。

司礼丞高戬，太平公主之所爱也。会太后不豫，张昌宗恐太后一日晏驾，为元忠所诛，乃谮元忠与戬私议云"太后老矣，不若挟太子为久长。"太后怒，下元忠、戬狱，将使与昌宗廷辨之。昌宗密引凤阁舍人张说，赂以美官，使证元忠，说许之。明日，太后召太子、相王及诸宰相，使元忠与昌宗参对，往复不决。昌宗曰："张说闻元忠言，请召问之。"

太后召说。说将入，凤阁舍人南和宋璟谓说曰："名义至重，鬼神难欺，不可党邪陷正以求苟免！若获罪流窜，其荣多矣。若事有不测，璟当叩阁力争，与子同死。努力为之，万代瞻仰，在此举也！"殿中侍御史济源张廷珪曰："朝闻道，夕死可矣！"左史刘知几曰："无污青史，为子孙累！"

【译文】司礼丞高戬是太平公主宠宠幸的人。正值太后有病，张昌宗害怕太后一旦撒手，会被魏元忠杀掉，于是在太后前诬告魏元忠和高戬暗中商议说："太后老了，不如辅佐太子做长久的打算。"太后发怒，将魏元忠、高戬关入大牢，要让他和张昌宗在朝堂当面对质。张昌宗暗中联络凤阁舍人张说，用给他肥缺为诱饵，让他做伪证；张说答应了。第二天，太后召来太子、相王以及几位宰相，让魏元忠跟张昌宗对质，论辩不能下定论。张昌宗说："张说听到了魏元忠的话，请召他来查问。"

太后召来张说。张说将入宫时，凤阁舍人南和人宋璟对张说道："名誉正义是最重要的，神明难以欺瞒，不可以阿党邪恶而陷害正人君子来求得苟且偷生！即使获罪被放逐，比这也光荣很多。假如有不可预测的灾祸，宋璟自会求见太后力争，跟你一起死。努力从事，后人能否敬你，就在这一去！"殿中侍御史济源人张廷珪说："朝闻道，夕死可矣！"左史刘知几说："不要在历史上留下污点，牵累子孙！"

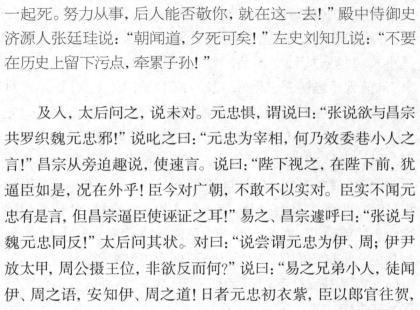

及入，太后问之，说未对。元忠惧，谓说曰："张说欲与昌宗共罗织魏元忠邪！"说叱之曰："元忠为宰相，何乃效委巷小人之言！"昌宗从旁迫趣说，使速言。说曰："陛下视之，在陛下前，犹逼臣如是，况在外乎！臣今对广朝，不敢不以实对。臣实不闻元忠有是言，但昌宗逼臣使诬证之耳！"易之、昌宗遽呼曰："张说与魏元忠同反！"太后问其状。对曰："说尝谓元忠为伊、周；伊尹放太甲，周公摄王位，非欲反而何？"说曰："易之兄弟小人，徒闻伊、周之语，安知伊、周之道！日者元忠初衣紫，臣以郎官往贺，元忠语客曰：'无功受宠，不胜惭惧。'臣实言曰：'明公居伊、周之任，何愧三品！'彼伊尹、周公皆为臣至忠，古今慕仰。陛下用宰相，不使学伊、周，当使学谁邪？且臣岂不知今日附昌宗立取台衡，附元忠立致族灭！但臣畏元忠冤魂，不敢诬之耳。"太后曰："张说反覆小人，宜并系治之。"它日，更引问，说对如前。太后怒，命宰相与河内王武懿宗共鞫之，说所执如初。

【译文】张说进入内朝，太后问他，张说尚未答话。魏元忠害怕，对张说道："张说，你想跟张昌宗一同设圈套陷害我吗？"张说骂道："魏元忠做宰相，怎么竟跟陋巷小人讲的话一样！"张昌宗在旁逼迫催促张说，让他快说。张说道："陛下看

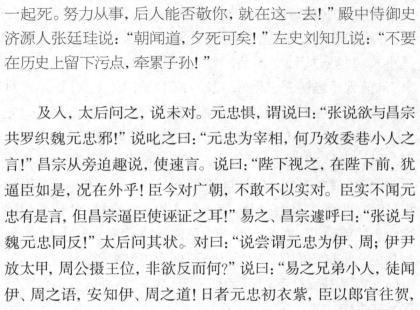

到了，在陛下面前，尚且这样逼我，何况在外面呢！我今天在大庭广众之下，不敢不据实回答。我实在没有听见魏元忠说过这样的话，只是张昌宗逼我要做伪证罢了。"张易之、张昌宗立即叫道："张说和魏元忠一同谋反！"太后询问他们的罪。张家兄弟回答说："张说曾说魏元忠是伊尹、周公；伊尹流放了太甲，周公做了摄政王，不是想造反是什么？"张说道："张易之兄弟是小人，只听过伊尹、周公的传说，哪里知道伊尹、周公的行事！从前魏元忠初任三品官，我作为郎官去向他道贺，魏元忠对客人说：'无功而得到恩宠，惭愧恐惧得很！'我真的说过：'先生担负伊尹、周公的责任，做三品官有什么可惭愧的？'那伊尹、周公都是臣子中最忠心的，古今尊敬仰慕。陛下任命宰相，不让他学伊尹、周公，让他学谁呢？而且我怎会不知道今日附和张昌宗立即可做宰相，附和魏元忠连族人也会被杀！但我惧怕魏元忠的冤魂，不敢冤枉他。"太后说："张说是反复小人，应当一并关入牢狱审问他。"过了几天，再次提审张说，对答跟前语一样。太后发怒，命宰相和河内王武懿宗一同审问他，张说的回答没有改变。

朱敬则抗疏理之曰："元忠素称忠正，张说所坐无名，若令抵罪，失天下望。"苏安恒亦上疏，以为："陛下革命之初，人以为纳谏之主；暮年以来，人以为受佞之主。自元忠下狱，里巷恟恟，皆以为陛下委信奸宄，斥逐贤良。忠臣烈士，皆抚髀于私室而钳口于公朝，畏连易之等意，徒取死而无益。方今赋役烦重，百姓凋弊，重以谗慝专恣，刑赏失中，窃恐人心不安，别生它变，争锋于朱雀门内，问鼎于大明殿前，陛下将何以谢之。何以御之？"易之等见其疏，大怒，欲杀之，赖朱敬则及凤阁舍人桓彦范、著作郎陆泽魏知古保救得免。

丁酉，贬元忠为高要尉，戡、说皆流岭表。元忠辞日，言于太后曰："臣老矣，今向岭南，十死一生。陛下他日必有思臣之时。"太后问其故，时易之、昌宗皆侍侧，元忠指之曰："此二小儿，终为乱阶。"易之等下殿，叩膺自掷称冤。太后曰："元忠去矣！"

【译文】朱敬则上奏疏申明说："魏元忠一向以忠诚正直著称，张说被牵连的罪名无法成立，假如给他们判刑，天下人都会失望。"苏安恒也上奏疏，认为："陛下即位初年，人们认为是位能够容纳规谏的君主；晚年以来，人们认为是接受奉承的君主。自从魏元忠入狱，四处都在议论，都认为陛下宠信内外奸臣，斥责放逐贤良的臣子，忠臣烈士，都在家里拍着大腿唉声叹气，而不敢进言给朝廷，怕违逆张易之等人的意见，只会招致死亡而没有任何好处。如今赋税徭役繁重，民生凋残疲敝，加上逸人恶徒专权放肆，刑罚奖赏失去公正，臣担心人心不安，会发生别的变故，以致在朱雀门内发生交战，谋夺帝位的人来到大明殿前，陛下将用什么言辞来罪己，用什么办法来平息战争？"张易之等人看到他的奏疏，大为气恼，想杀死他，依赖朱敬则以及凤阁舍人桓彦范、著作郎陆泽人魏知古担保救助而免于一死。

丁酉日（初九），太后将魏元忠贬为高要县尉。高戡、张说都被流放到岭南。魏元忠辞行那天，对太后说："我老了，现在去岭南，九死一生。陛下将来一定会有想到我的时候。"太后询问他原因，当时张易之、张昌宗都侍奉在太后身旁，魏元忠指着二人说："这两个小子，终究是祸端。"张易之等人下殿，捶胸投地大喊冤枉。太后说："魏元忠去吧！"

殿中侍御史景城王晙复奏申理元忠，宋璟谓之曰："魏公幸已得全，今子复冒威怒，得无狼狈乎！"晙曰："魏公以忠获罪，晙为义所激，颠沛无恨。"璟叹曰："璟不能申魏公之枉，深负朝廷矣。"

太子仆崔贞慎等八人饯元忠于郊外，易之诈为告密人柴明状，称贞慎等与元忠谋反。太后使监察御史丹徒马怀素鞫之，谓怀素曰："兹事皆实，略问，速以闻。"顷之，中使督趣者数四，曰："反状皎然，何稽留如此？"怀素请柴明对质，太后曰："我自不知柴明处，但据状鞫之，安用告者？"怀素据实以闻，太后怒曰："卿欲纵反者邪？"对曰："臣不敢纵反者。元忠以宰相谪官，贞慎等以亲故追送，若诬以为反，臣实不敢。昔栾布奏事彭越头下，汉祖不以为罪，况元忠之刑未如彭越，而陛下欲诛其送者乎！且陛下操生杀之柄，欲加之罪，取决圣衷可矣；若命臣推鞫，臣敢不以实闻！"太后曰："汝欲全不罪邪？"对曰："臣智识愚浅，实不见其罪！"太后意解。贞慎等由是获免。

【译文】殿中侍御史景城人王晙，再次上奏替魏元忠申辩，宋璟对他说："魏公幸运能够保全性命，现在你又再去冒犯威怒，能不倒霉吗？"王晙说："魏公因忠心获罪，我为正义愤慨，就是颠沛流离也不遗憾。"宋璟叹息说："我不能申明魏公的冤枉，很对不起国家。"

太子仆崔贞慎等八人在郊外替魏元忠饯行，张易之冒充告密人柴明写了一封检举书，说崔贞慎等跟魏元忠谋反。太后派遣监察御史丹徒人马怀素审问他们，并且对马怀素说："这事都是事实，大略审一审，赶快奏报。"一会儿，宫中使者来催促好

资治通鉴

几回，说："谋反的事情明明白白，为什么这般延缓？"马怀素要求让柴明出来对质，太后说："我也不知道柴明在哪里，你只依据状子审问他们，何必原告呢？"马怀素将饯行的事实奏上，太后发怒说："你要放纵谋反的人吗？"马怀素回答说："臣不敢纵容谋反的人。魏元忠是宰相，被贬官，崔贞慎等因亲友的关系送他，如果妄说他们造反，我实在不敢这么做。从前栾布出使齐国回来，在反贼彭越的头下面奏报国事，汉高祖却不认为他有罪，何况魏元忠的罪不像彭越那样严重，难道陛下反而想杀为他送行的人吗？再说陛下握有生杀大权，如果要加罪他们，由陛下决定就可以了；如果让臣来审问，臣不敢不将事实上奏。"太后说："这么说对这些人你是打算一个也不治罪了？"马怀素回答说："臣智低识浅，实在找不出他们的罪过。"太后气消了，崔贞慎等人因此得以免罪。

太后尝命朝贵宴集，易之兄弟皆位在宋璟上。易之素惮璟，欲悦其意，虚位揖之曰："公方今第一人，何乃下坐？"璟曰："才劣位卑，张卿以为第一，何也？"天官侍郎郑杲谓璟曰："中丞奈何卿五郎？"璟曰："以官言之，正当为卿。足下非张卿家奴，何郎之有！"举坐悚惕。时自武三思以下，皆谨事易之兄弟，璟独不为之礼。诸张积怒，常欲中伤之；太后知之，故得免。

丁未，以左武卫大将军武攸宜充西京留守。

【译文】太后曾经命朝廷的显贵聚餐，张易之兄弟的座位都在宋璟之上。张易之一向惧怕宋璟，想取悦他，空出自己的座位向他作揖说："您是当朝第一人，为何在下座？"宋璟说："我才能低，官位小，张卿认为是第一人，为什么呢？"天官侍郎郑杲对宋璟说："中丞为什么称呼五郎为卿？"宋璟说："以官品来说，正应当是卿。足下不是张卿的家奴，怎么可以叫他郎呢？"所有在座的人听到这话都为他提心吊胆。当时从武三思以下，都谨慎奉承张易之兄弟，只有宋璟对他们毫不客气。张氏兄弟心中早已恼他，常常想陷害他；太后清楚这一点，宋璟才得以免罪。

丁未日（十九日），太后命左武卫大将军武攸宜代理西京留守。

冬，十月，丙寅，车驾发西京；乙酉，至神都。

十一月，己丑，突厥遣使谢许昏。丙申，宴于宿羽台，太子预焉。宫尹崔神庆上疏，以为："今五品以上所以佩龟者，为别敕征召，恐有诈妄，内出龟合，然后应命。况太子国本，古来徵召皆用玉契。此诚重慎之极也。昨缘突厥使见，太子应预朝参，直有文符下宫，曾不降敕处分，臣愚谓太子非朔望朝参、应别召者，望降墨敕及玉契。"太后甚然之。

【译文】冬季，十月，丙寅日（初八），太后武则天从西京出发。乙酉日（二十七日），太后抵达神都。

十一月，突厥派遣使者来答谢朝廷应允通婚。丙寅日（十一月无此日），太后在宿羽台设宴款待，太子参加宴会。宫尹崔神庆上奏疏，认为："现在五品以上官员佩戴龟袋的原因，是为了区分敕命征召，怕有假冒作伪，大内中拿出龟来对验符合，然后被召之人才可以应命入宫。何况太子是国家的根本，古代征召太子，都用玉契。这是非常谨慎的。昨天因为接见突厥使者，太子应当出席朝见参拜，只有文符下达东宫，而没有另外由陛下降敕征召，我认为太子如果不是初一、十五日朝见参拜陛下，应当另外召见时，请下赐墨敕令以及玉契。"太后认为他的意见很正确。

始安獠欧阳倩拥众数万，攻陷州县，朝廷思得良吏以镇之。朱敬则称司封郎中裴怀古有文武才；制以怀古为桂州都督，仍充招慰讨击使。怀古才及岭上，飞书示以祸福，倩等迎降，且言"为吏所侵逼，故举兵自救耳。"怀古轻骑赴之。左右曰："夷獠无信，不可忽也。"怀古曰："吾仗忠信，可通神明，而况人乎！"遂诣其营，贼众大喜，归所掠货财；诸洞酋长素持两端者，皆来款附，岭外悉定。

是岁，分命使者以六条察州县。

吐蕃南境诸部皆叛，赞普器弩悉弄自将击之，卒于军中。诸子争立，久之，国人立其子弃隶蹜赞为赞普，生七年矣。

【译文】 始安郡獠族人欧阳倩率领几万人攻陷了州、县，朝廷想选拔优秀的官员前去镇压。朱敬则称司封郎中裴怀古文武全才。太后下制命，任命裴怀古为桂州都督，仍然代理招慰讨击使。裴怀古才行到五岭，写了一通文告快速传送给欧阳倩，晓谕利害，欧阳倩等立即前来投降，并且说："被官员逼迫，所以起兵自救罢了。"裴怀古轻车简从，骑马前去受降，随从的人说："夷獠人不守信诺，不可大意。"裴怀古说："我凭恃忠信，连神明都可以相通，而何况他是人呢！"便到獠人的营地去，獠人大喜，全部归还所劫取的财物；各洞酋长一向时降时叛的，都来投诚，岭外全部安定了。

这一年，朝廷分派使者依据六条标准去视察州、县。

吐蕃南边各部落叛离，赞普器弩悉弄亲自率军攻打他们，死在军中。他的儿子们争位，后来，吐蕃人立器弩悉弄的儿子弃隶蹜赞为赞普，他当时年仅七岁。

长安四年（甲辰，公元七〇四年）春，正月，丙申，册拜右武卫将军阿史那怀道为西突厥十姓可汗。怀道，斛瑟罗之子也。

丁未，毁三阳宫，以其材作兴泰宫于万安山。二宫皆武三思建议为之，请太后每岁临幸，功费甚广，百姓苦之。左拾遗卢藏用上疏，以为："左右近臣多以顺意为忠，朝廷具僚皆以犯忤为戒，致陛下不知百姓失业，伤陛下之仁。陛下诚能以劳人为辞，发制罢之，则天下皆知陛下苦己而爱人也。"不从。藏用，承庆之弟孙也。

壬子，以天官侍郎韦嗣立为凤阁侍郎、同平章事。

【译文】长安四年（甲辰，公元704年）春季，正月，丙申日（初十），太后册封右武卫将军阿史那怀道为西突厥十姓可汗。阿史那怀道是斛瑟罗的儿子。

丁未日（二十一日），朝廷拆除三阳宫，用它的木材在万安山修建兴泰宫。三阳宫和兴泰宫都是在武三思建议下修建的，请太后每年去小住，工程耗费极大，百姓受害。左拾遗卢藏用上奏疏，认为："陛下身边的近侍臣子，多认为阿顺旨意便是忠诚，朝廷上的官员都以违逆旨意为戒惕，以致陛下不知晓百姓失业，伤害了陛下的仁心。陛下如果能以劳苦百姓为理由，下制令停止建造，那么天下全都了解陛下是苦自己而爱惜百姓了。"太后没有采纳。卢藏用是卢承庆的侄孙。

壬子日（二十六日），太后任命天官侍郎韦嗣立为凤阁侍郎、同平章事。

夏官侍郎、同凤阁鸾台三品李迥秀颇受贿赂，监察御史马怀素劾奏之。二月，癸亥，迥秀贬庐州刺史。

壬申，正谏大夫、同平章事朱敬则以老疾致仕。敬则为相，以用人为先，自馀细务不之视。

太后尝与宰相议及刺史、县令。三月，己丑，李峤、唐休璟等奏：“窃见朝廷物议，远近人情，莫不重内官，轻外职，每除授牧伯，皆再三披诉。比来所遣外任，多是贬累之人；风俗不澄，实由于此。望于台、阁、寺、监妙简贤良，分典大州，共康庶绩。臣等请辍近侍，率先具僚。”太后命书名探之，得韦嗣立及御史大夫杨再思等二十人。癸巳，制各以本官检校刺史，嗣立为汴州刺史。其后政迹可称者，唯常州刺史薛谦光、徐州刺史司马锽而已。

【译文】夏官侍郎、同凤阁鸾台三品李迥秀广受贿赂，监察御史马怀素上奏弹劾他。二月，癸亥日（初八），李迥秀被贬为庐州刺史。

壬申日（十七日），正谏大夫、同平章事朱敬则因为年老退休。朱敬则担任宰相，以用人为重，其他琐事全都不管。

太后曾跟宰相们讨论刺史、县令等地方官吏的选用问题。三月，己丑日（初四），李峤、唐休璟等上奏：“我们私下发现朝廷官僚们的议论，不管远处还是近处，人们的心理都是看重朝廷官职，而轻视地方官的。每次任命各州刺史，被任命人都再三陈情不想上任。近来所任命的各地方官员，多是受到降职处分的人，风俗不清正，实由于这个原因。希望台、阁、寺、监，妥善简选贤良的人，分别派遣他们掌理大州，共同成就各种功业。臣等请求停休近侍的职务，为各官的先导。”太后命他们签写名单，得到韦嗣立以及御史大夫杨再思等二十人。癸巳日（初八），太后下制书：韦嗣立等二十人各以本官检校刺史；韦嗣立为汴州刺史。可是后来政绩好的，只有常州刺史薛谦光、徐州刺史司马锽罢了。

丁亥,徙平恩王重福为谯王。

以夏官侍郎宗楚客同平章事。

凤阁侍郎、同凤阁鸾台三品苏味道谒归葬其父,制州县供葬事。味道因之侵毁乡人墓田,役使过度。监察御史萧至忠劾奏之,左迁坊州刺史。至忠,引之玄孙也。

夏,四月,壬戌,同凤阁鸾台三品韦安石知纳言,李峤知内史事。

【译文】 丁丑日(三月无此日),太后改封平恩王李重福为谯王。

太后任命夏官侍郎宗楚客为同平章事。

凤阁侍郎、同凤阁鸾台三品苏味道觐见太后,请求辞归去安葬他父亲。太后下制书,令州县供应安葬所需物品。苏味道趁机侵占毁坏同乡百姓的田地坟墓,工程逾越制度。监察御史萧至忠上奏弹劾他,将苏味道贬为坊州刺史。萧至忠是萧引的玄孙。

夏季,四月,壬戌日(初七),太后命同凤阁鸾台三品韦安石主持纳言职务,李峤主持内史事官职。

太后幸兴泰宫。

太后复税天下僧尼,作大像于白司马阪,令春官尚书武攸宁检校,糜费巨亿。李峤上疏,以为:"天下编户,贫弱者众。造像钱见有一十七万馀缗,若将散施,人与一千,济得一十七万馀户。拯饥寒之弊,省劳役之勤,顺诸佛慈悲之心,沾圣君亭育之意,人神胥悦,功德无穷。方作过后因缘,岂如见在果报!"监察御史张廷珪上疏谏曰:"臣以时政论之,则宜先边境,蓄府库,养人力；以释教论之，则宜救苦厄，灭诸相，崇无为。伏愿陛下察臣之愚，行佛之意，务以理为上，不以人废言。"太后为之罢役，仍召见廷珪，深赏慰之。

凤阁侍郎、同凤阁鸾台三品姚元崇以母老固请归侍；六月，辛酉，以元崇行相王府长史，秩位并同三品。

【译文】太后驾临兴泰宫。

太后再次向天下的和尚尼姑征税，在白司马阪修建大佛像，令春官尚书武攸宁为检校，耗资亿万。李峤上奏疏，认为："天下户口，贫弱的多。修建佛像的钱现有一十七万多贯，如果拿来赈济百姓，每人一千，可济助一十七万多户。救了饥寒的灾难，省了劳役的辛苦，合乎佛慈悲的教义，百姓受到圣君的恩泽，人神都欢喜，功德无量。陛下修造佛像以成就未来因缘，怎比得上赈济百姓得到现在的果报？"监察御史张廷珪上奏疏劝谏说："依据目下的政情来说，就应当先重边防，充实国库，蓄养民力。依据佛教教义来说，就应当救助苦难，破灭诸相，崇尚无为。敬请陛下了解臣的愚见，奉行佛的心愿，务必以治国为重，而不是因人废言。"太后因此下令停建，并且召见张廷珪，大大赏赐嘉勉他。

凤阁侍郎、同凤阁鸾台三品姚元崇因为母亲年老，坚决请求回家侍奉。六月，辛酉日（初七），太后以姚元崇为相王府长史，禄位都和三品官相同。

乙丑，以天官侍郎崔玄暐同平章事。

召凤阁侍郎、同平章事、检校汴州刺史韦嗣立赴兴泰宫。

丁丑，以李峤同凤阁鸾台三品。峤自请解内史。

壬午，以相王府长史姚元崇兼知夏官尚书、同凤阁鸾台三品。

秋，七月，丙戌，以神都副留守杨再思为内史。

再思为相，专以谄媚取容。司礼少卿张同休，易之之兄也，尝召公卿宴集，酒酣，戏再思曰："杨内史面似高丽。"再思欣然，即剪纸帖巾，反披紫袍，为高丽舞，举坐大笑。时人或誉张昌宗之美曰："六郎面似莲花。"再思独曰："不然。"昌宗问其故，再思曰："乃莲花似六郎耳。"

【译文】乙丑日（十一日），太后任命天官侍郎崔玄暐为同平章事。

太后召请凤阁侍郎、同平章事、检校汴州刺史韦嗣立来到兴泰宫。

丁丑日（二十三日），太后任命李峤为同凤阁鸾台三品。李峤上书请求免除内史职务。

壬午日（二十八日），太后任命相王府长史姚元崇兼理夏官尚书、同凤阁鸾台三品。

秋季，七月，丙戌日（初三），太后任命神都副留守杨再思为内史。

杨再思做宰相，一味谄媚取悦于人。司礼少卿张同休，是张易之的兄长，曾经召集公卿宴饮，酒兴正浓时，和杨再思开玩笑说："杨内史的脸好像高丽人。"杨再思很高兴，便剪纸帽子戴上，反披着紫袍，跳起高丽舞。满座都笑起来。当时有人夸赞张昌宗的美貌，说："六郎的脸像莲花。"唯独杨再思说："不对。"张昌宗问为什么不对，杨再思说："是莲花像六郎。"

甲午，太后还宫。

乙未，司礼少卿张同休、汴州刺史张昌期、尚方少监张昌仪皆坐赃下狱，命左右台共鞫之；丙申，敕，张易之、张昌宗作威作福，亦命同鞫。辛丑，司刑正贾敬言奏："张昌宗强市人田，应徵铜二十斤。"制"可"。乙巳，御史大夫李承嘉、中丞桓彦范奏："张同休兄弟赃共四千馀缗，张昌宗法应免官。"昌宗奏："臣有功于国，所犯不至免官。"太后问诸宰相："昌宗有功乎？"杨再思曰："昌宗合神丹，圣躬服之有验，此莫大之功。"太后悦，赦昌宗罪，复其官。左补阙戴令言作《两足狐赋》，以讥再思，再思出令言为长社令。

丙午，夏官侍郎、同平章事宗楚客有罪，左迁原州都督，充灵武道行军大总管。

【译文】甲午日（十一日），太后返回宫中。

乙未日（十二日），司礼少卿张同休、汴州刺史张昌期、尚方少监张昌仪都因犯贪赃罪入狱，太后派左右台共同审理此案。丙申日（十三日），太后下敕书：张易之、张昌宗作威作福，也一起受审。辛丑日（十八日），司刑正贾敬言上奏说："张昌宗强买人田地，应征铜二十斤。"太后下制："准。"乙巳日（二十二日），御史大夫李承嘉、中丞桓彦范上奏疏："张同休兄弟赃款一共四千多贯，张昌宗依法应当被免职。"张昌宗上奏说："臣对国家有功劳，犯的罪不至于被免职。"太后询问几位宰相："张昌宗有功吗？"杨再思说："张昌宗调配神丹，圣上吃了有效，这是天大的功劳。"太后欢喜，赦免张昌宗的罪，恢复他的官职。左补阙戴令言作了一篇《两足狐赋》讽刺杨再思，杨再思将他调出京城去做长社县令。

丙午日（二十三日），夏官侍郎、同平章事宗楚客因罪被贬为原州都督，代灵武道行军大总管。

癸丑，张同休贬岐山丞，张昌仪贬博望丞。

鸾台侍郎、知纳言事、同凤阁鸾台三品韦安石举奏张易之等罪，敕付安石及右庶子、同凤阁鸾台三品唐休璟鞫之，未竟而事变。八月，甲寅，以安石兼检校扬州长史，庚申，以休璟兼幽营都督、安东都护。休璟将行，密言于太子曰："二张恃宠不臣，必将之乱。殿下宜备之。"

相王府长史兼知夏官尚书事、同凤阁鸾台三品姚元崇上言："臣事相王，不宜典兵马。臣不敢爱死，恐不益于王。"辛酉，改春官尚书，馀如故。元崇字元之，时突厥叱列元崇反，太后命元崇以字行。

突厥默啜既和亲，戊寅，始遣淮阳王武延秀还。

【译文】癸丑日（三十日），张同休被贬为岐山县丞，张昌仪被贬为博望县丞。

鸾台侍郎、知纳言事、同凤阁鸾台三品韦安石揭发张易之等有罪，上奏太后，敕命交付韦安石以及右庶子、同凤阁鸾台三品唐休璟审理，还没有结案而事情却有了变化。八月，甲寅日（初一），太后命韦安石兼任检校扬州刺史。庚申日（初七），命唐休璟兼任幽营都督、安东都护。唐休璟将上任，秘密对太子说："二张仗着太后的宠幸而没有人臣的礼节，必将为乱，殿下应当防备他们。"

相王府长史兼知夏官尚书事、同凤阁鸾台三品姚元崇上奏说："臣在相王府任职，不应当掌管兵马。臣不敢爱惜自己的性命，只怕对相王不利。"辛酉日（初八），改任兼春官尚书，其他职位不变。姚元崇字元之，当时突厥叱列元崇反叛，太后命姚元崇用字行世。

突厥默啜已经和朝廷和亲，戊寅日（二十五日），才放淮阳王武延秀回朝。

九月，壬子，以姚元之充灵武道行军大总管；辛酉，以元之为灵武道安抚大使。

元之将行，太后令举外司堪为宰相者。对曰："张柬之沉厚有谋，能断大事，且其人已老。惟陛下急用之。"冬，十月，甲戌，以秋官侍郎张柬之同平章事，时年且八十矣。

乙亥，以韦嗣立检校魏州刺史，馀如故。

壬午，以怀州长史河南房融同平章事。

太后命宰相各举堪为员外郎者，韦嗣立荐广武令岑羲曰："但恨其伯父长倩为累。"太后曰："苟或有才，此何所累！"遂拜天官员外郎。由是诸缘坐者始得进用。

十一月，丁亥，以天官侍郎韦承庆为凤阁侍郎、同平章事。

癸卯，成均祭酒、同凤阁鸾台三品李峤罢为地官尚书。

【译文】九月，壬子日（二十九日），太后任命姚元之代理灵武道行军大总管；辛酉日（初十），太后任命姚元之为灵武道安抚大使。

姚元之将要出发，太后让他推荐外朝各司官中可以担任宰相的人。姚元之回答说："张柬之深沉稳重有智谋，能决断大事，而且他年纪已大，希望陛下快点任用他。"冬季，十月，甲戌日（二十二日），太后任命秋官侍郎张柬之为同平章事，当时他将近八十岁了。

乙亥日（二十三日），太后任命韦嗣立为检校魏州刺史，其他职位不变。

壬午日（三十日），太后任命怀州长史河南人房融为同平章事。

太后命令宰相各自推荐能担任员外郎的人，韦嗣立举荐广武令岑羲，说："只恨为他的伯父岑长倩所连累。"太后说："如果真是有才干，这点事情又有什么可连累的？"便任命他为天官员外郎。从此那些受连坐的人才得以进用。

十一月，丁亥日（初五），太后任命天官侍郎韦承庆为凤阁侍郎、同平章事。

癸卯日（二十一日），成均监祭酒、同凤阁鸾台三品李峤被免职，改任地官尚书。

十二月，甲寅，敕大足已来新置官并停。

丙辰，凤阁侍郎、同平章事韦嗣立罢为成均祭酒，检校魏州刺史如故；以兄承庆入相故也。

太后寝疾，居长生院，宰相不得见者累月，惟张易之、昌宗侍侧。疾少间，崔玄暐奏言："皇太子、相王，仁明孝友，足侍汤药。宫禁事重，伏愿不令异姓出入。"太后曰："德卿厚意。"易之、昌宗见太后疾笃，恐祸及己，引用党援，阴为之备。屡有人为飞书及榜其事于通衢，云"易之兄弟谋反"，太后皆不问。

【译文】十二月，甲寅日（初三），太后下敕书停止设立所有大足年间以来新设的官职。

丙辰日（初五），凤阁侍郎、同平章事韦嗣立被免职，改任成均监祭酒，原来的职务检校魏州刺史仍保留；这是他的兄长韦承庆担任宰相的缘故。

太后卧病，住在长生院。宰相有好几个月不能入宫觐见，只有张易之、张昌宗侍奉在太后身旁。病稍好，崔玄暐上奏说："皇太子、相王，明德仁厚孝顺友爱，足可侍奉陛下，试汤进药，宫禁里事关重大，请不要让皇家以外的人进出。"太后说：

"我十分感激您的厚意。"张易之、张昌宗见太后病重，怕将来大祸临头，结引党助，暗中做准备。多次有人写匿名信及将匿名信贴在交通要道，说："张易之兄弟谋反。"太后都不受理。

　　辛未，许州人杨元嗣，告"昌宗尝召术士李弘泰占相，弘泰言昌宗有天子相，劝于定州造佛寺，则天下归心。"太后命韦承庆及司刑卿崔神庆、御史中丞宋璟鞫之。神庆，神基之弟也。承庆、神庆奏言："昌宗款称'弘泰之语，寻已奏闻'，准法首原；弘泰妖言，请收行法。"璟与大理丞封全祯奏："昌宗庞荣如是，复召术士占相，志欲何求！弘泰称筮得纯《乾》，天子之卦。昌宗倘以弘泰为妖妄，何不即执送有司？虽云奏闻，终是包藏祸心，法当处斩破家。请收付狱，穷理其罪！"太后久之不应，璟又曰："倘不即收系，恐其摇动众心。"太后曰："卿且停推，俟更检详文状。"璟退，左拾遗江都李邕进曰："向观宋璟所奏，志安社稷，非为身谋，愿陛下可其奏！"太后不听。寻敕璟扬州推按，又敕璟按幽州都督屈突仲翔赃污，又敕璟副李峤安抚陇、蜀；璟皆不肯行，奏曰："故事，州县官有罪，品高则侍御史、卑则监察御史按之，中丞非军国大事，不当出使。今陇、蜀无变，不识陛下遣臣出外何也？臣皆不敢奉制。"

　　【译文】辛未日（二十日），许州人杨元嗣控告："张昌宗曾找术士李弘泰占卜、看相，李弘泰说张昌宗有天子相，让他在定州建佛寺，天下人就都会拥戴他"。太后命令韦承庆和司刑卿崔神庆、御史中丞宋璟审理此案。崔神庆是崔神基的弟弟。韦承庆、崔神庆上奏说："张昌宗招认说：'李弘泰的话，不久前已经奏知陛下。'依法律自首的可以减罪。李弘泰妖言惑众，请求逮捕他法办。"宋璟和大理丞封全祯上奏说："张昌宗已经受到陛下如此恩宠，再召请术士看相占卜，内心究竟想做什么？李弘泰说筮卦得纯《乾》卦，是天子的卦。张昌宗倘若认为李弘泰是妖妄不实，为什么不逮捕他送官？虽说曾经奏知陛下，终归是有非分的心，依法应当处斩抄家。请收押他，将他的罪刑审理清楚。"太后很久没有答复。宋璟又说："如果不马上收押，恐怕影响人心。"太后说："你暂且停止审讯，等我仔细看一看有关的文书诉状再说。"宋璟退出，左拾遗江都人李邕上奏说："刚才听了宋璟的奏言，我知道他意在安定国家，不是为他个人，请陛下批准他的奏言。"太后没有应答。不久太后敕令宋璟去扬州审理案件，又敕令宋璟审察幽州都督屈突仲翔贪污的案件，又敕命宋璟协助李峤安抚陇、蜀；宋璟都不肯去，上奏说："依照成例，州县官有罪，官阶高的由侍御史、低的由监察御史审问他。中丞如果不是军国大事，不应该派出去。现在陇、蜀没有变故，不知陛下将臣派出去的原因是什么？臣不敢接受您的命令。"

司刑少卿桓彦范上疏，以为："昌宗无功荷宠，而包藏祸心，自招其咎，此乃皇天降怒；陛下不忍加诛，则违天不祥。且昌宗既云奏讫，则不当更与弘泰往还，使之求福禳灾，是则初无悔心；所以奏者，拟事发则云先已奏陈，不发则俟时为逆。此乃奸臣诡计，若云可舍，谁为可刑！况事已再发，陛下皆释不问，使昌宗益自负得计，天下亦以为天命不死，此乃陛下养成其乱也。苟逆臣不诛，社稷亡矣。请付鸾台凤阁三司，考竟其罪！"疏奏，不报。

【译文】司刑少卿桓彦范上奏疏，认为："张昌宗没有功劳而受到陛下宠幸，却心怀不轨，自招罪逆，这是皇天发怒要惩

资治通鉴

罚他。陛下不忍心杀他，是违逆天意，是不吉利的。况且张昌宗既说奏告了陛下，他便不应该再跟李弘泰往来，反而让他祈福消灾，这显示他原本就没有悔改的心意。他奏禀陛下知道的原因，猜度事情如果被告发了，就借口先奏告了陛下，如果没有被告发便等待时机谋反，这是奸臣的诡计，如果说他都可以免刑，那么谁不可以免刑？何况事情已经一再发生，陛下全都搁置不予追究，让张昌宗更自负他的主意很好，天下认为天命他不死，这是陛下姑息养奸而导致他作乱啊。如果叛逆的臣不杀，国家就会覆亡。请求将张昌宗交付鸾台凤阁三司，审讯清楚他的罪状。"奏疏呈上，没有得到答复。

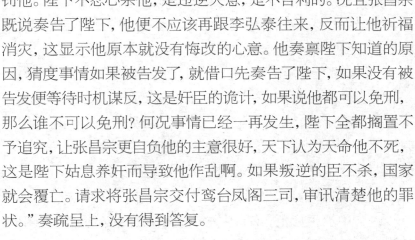

　　崔玄暐亦屡以为言，太后令法司议其罪。玄暐弟司刑少卿昇，处以大辟。宋璟复奏收昌宗下狱。太后曰："昌宗已自奏闻。"对曰："昌宗为飞书所逼，穷而自陈，势非得已。且谋反大逆，无容首免。若昌宗不伏大刑，安用国法！"太后温言解之。暐声色逾厉曰："昌宗分外承恩，臣知言出祸从，然义激于心，虽死不恨！"太后不悦，杨再思恐其忤旨，遽宣敕令出，璟曰："圣主在此，不烦宰相擅宣敕命！"太后乃可其奏，遣昌宗诣台，璟庭立而按之；事未毕，太后遣中使召昌守特敕赦之。璟叹曰："不先击小子脑裂，负此恨矣。"太后乃使昌宗诣璟谢，璟拒不见。

　　【译文】崔玄暐也多次上言，太后命令司法官署审理张昌宗的罪刑。崔玄暐的弟弟司刑少卿崔昇，判处他极刑。宋璟再次上奏请收押张昌宗入狱。太后说："张昌宗已向我自首。" 宋璟应道："张昌宗被匿名信逼迫，无法隐藏自己而向陛下禀告，情势使他不得已。况且谋反是大逆不道，不能因为自首而得以宽免，如果张昌宗不被判极刑，国法有什么用？"太后温和地劝解。宋璟更加大声正色道："张昌宗过分受到陛下宠爱，臣知道话说出来，大祸便降临了，然而公理在心中激荡，虽死也不遗憾！"杨再思害怕他违逆圣意，立刻宣布敕命要他出去，宋璟说："圣上在这里，用不着你这个宰相擅自宣布敕命！"太后于是答允了他的奏请，命张昌宗去应讯。宋璟在庭下站着审讯他。事情还没有结束，太后派遣宫中使臣宣召张昌宗并且特赦他。宋璟叹息道："没先将这小子的脑袋打碎，此恨难消！"太后于是命张昌宗亲自去向宋璟道歉，宋璟拒绝接见他。

左台中丞桓彦范、右台中丞东光袁恕己共荐詹事司直阳峤为御史。杨再思曰："峤不乐搏击之任如何？"彦范曰："为官择人，岂必待其所欲！所不欲者，尤须与之，所以长难进之风，抑躁求之路。"乃擢为右台侍御史。峤，休之之玄孙也。

先是李峤、崔玄暐奏："往属革命之时，人多逆节，遂致刻薄之吏，恣行酷法，其周兴等所劾破家者，并请雪免。"司刑少卿桓彦范又奏陈之，表疏前后十上，太后乃从之。

【译文】左台中丞桓彦范、右台中丞东光人袁恕己共同推举詹事司直阳峤为御史。杨再思说："阳峤不喜欢担任这种弹劾他人的官职怎么办呢？"桓彦范说："替某官职选择合适的人，何必看他想担任什么职务！不想做，更要给他，只有这样才能助长视进取为难事的风气，抑止急于求进的门路。"于是擢升阳峤为右台侍御史。阳峤是阳休之的玄孙。

在此之前，李峤、崔玄暐上奏疏："过去陛下刚刚登基的时候，很多臣子没有操守气节，因而造成刻薄的官吏肆无忌惮实行严酷的刑罚。那些被周兴等酷吏所举发而家破人亡的，一并请予以昭雪赦免。"司刑少卿桓彦范也上奏疏陈述此事，奏章前后上了十次，太后于是准了。

中宗大和大圣大昭孝皇帝上

神龙元年（乙巳，公元七〇五年）春，正月，壬午朔，赦天下，改元。自文明以来得罪者，非扬、豫、博三州及诸反逆魁首，咸赦除之。

太后疾甚，麟台监张易之、春官侍郎张昌宗居中用事，张柬之、崔玄暐与中台右丞敬晖、司刑少卿桓彦范、相王府司马袁恕己谋诛之。柬之谓右羽林卫大将军李多祚曰："将军今日富贵，谁所致也？"多祚泣曰："大帝也。"柬之曰："今大帝之子为二竖所危，将军不思报大帝之德乎？"多祚曰："苟利国家，惟相公处分，不敢顾身及妻子。"因指天地以自誓。遂与定谋。

【译文】神龙元年（乙巳，公元705年）春季，正月，壬午朔日（初一），太后大赦天下，更改年号为神龙。自文明年间以来，获罪的人倘若不是在扬、豫、博三州举兵的以及各反叛的首领，全都赦免。

太后病得很重，麟台监张易之、春官侍郎张昌宗在宫中掌权，张柬之、崔玄暐和中台右丞敬晖、司刑少卿桓彦范、相王府司马袁恕己相互商议杀死他俩。张柬之对右羽林卫大将军李多祚说："将军今日的富贵，是谁给的？"李多祚流泪说："是高宗大帝。"张柬之说："现在高宗的儿子要被两个宫中小子加害，将军不想报答高宗的恩德吗？"李多祚说："只要有利于国家，听相公您吩咐，不敢为自己以及妻子儿女打算。"于是指着天地发誓，并且与张柬之、崔玄等人一起定下了铲除张易之和张昌宗的计划。

初，柬之与荆府长史閺乡杨元琰相代，同泛江，至中流，语及太后革命事，元琰慨然有匡复之志。及柬之为相，引元琰为右羽林将军，谓曰："君颇记江中之言乎？今日非轻授也。"柬之又用彦范、晖及右散骑侍郎李湛皆为左、右羽林将军，委以禁兵。易之等疑惧，乃更以其党武攸宜为右羽林大将军，易之等乃安。

俄而姚元之自灵武至都，柬之、彦范相谓曰："事济矣！"遂以其谋告之。彦范以事白其母，母曰："忠孝不两全，先国后家可也。"时太子于北门起居，彦范、晖谒见，密陈其策，太子许之。

癸卯，柬之、玄暐、彦范与左威卫将军薛思行等帅左右羽林兵五百馀人至玄武门，遣多祚、湛及内直郎、驸马都尉安阳王同皎诣东宫迎太子。太子疑，不出，同皎曰："先帝以神器付殿下，横遭幽废，人神同愤，二十三年矣。今天诱其衷，北门、南牙，同心协力，以今日诛凶竖，复李氏社稷，愿殿下暂至玄武门，以副众望。"太子曰："凶竖诚当夷灭，然上体不安，得无惊悸！诸公更为后图。"李湛曰："诸将相不顾家族以徇社稷，殿下奈何欲纳之鼎镬乎！请殿下自出止之。"太子乃出。

【译文】起初，张柬之和荆州长史閺乡人杨元琰职位对调，同船在长江中时，谈到太后以周代唐的事，杨元琰慷慨有复兴唐室的心愿。等到张柬之做宰相，举荐杨元琰做右羽林将军，对他说："足下还记得在长江江心泛舟时说的话吗？今天给你的职位，不是随便给的。"张柬之又任用桓彦范、敬晖以及右散骑侍郎李湛都担任左、右羽林将军，将宫中的卫戍部队交给他们指挥。张易之等怀疑而恐惧，于是又任用了张易之一党的武攸宜做右羽林大将军，张易之等才不怀疑。

不久姚元之从灵武回来，张柬之、桓彦范相对说："大事就要成功了。"便将他们的计划告诉姚元之。桓彦范将事情禀告母亲，母亲说："忠孝不能两全，应当先考虑国家大事，再考虑自家小事。"当时太子都从北门去向太后请安，桓彦范、敬晖觐见，秘密禀报所计划的大事，太子答允。

癸卯日（二十二日），张柬之、崔玄暐、桓彦范与左威卫将军薛思行等率领左右羽林军五百多人来到玄武门，派遣李多祚、李湛以及内直郎、驸马都尉安阳人王同皎前往东宫迎接太子。太子犹疑不肯出来，王同皎说："先帝将帝位传给殿下，殿下无故而遭到幽禁罢黜，天人共愤，已经二十三年了。现在上天诱导人心，北门、南牙的禁军同心协力，要铲除凶恶的竖逆，光复李氏的天下，请殿下暂到玄武门来满足众人的期望。"太子说："凶贼实在应当铲除，然而圣上生病，不可以惊吓到她，各位另作延后的计划。"李湛说："各位将军、宰相不顾身家性命为国尽忠，殿下怎么要推他们进入死地呢？请殿下自己去阻止他们好了。"太子这才出来。

同皎扶抱太子上马，从至玄武门，斩关而入。太后在迎仙宫，柬之等斩易之、昌宗于庑下，进至太后所寝长生殿，环绕侍卫。太后惊起，问曰："乱者谁邪？"对曰："张易之、昌宗谋反，臣等奉太子令诛之，恐有漏泄，故不敢以闻。称兵宫禁，罪当万死！"太后见太子曰："乃汝邪？小子既诛，可还东宫。"彦范进曰："太子安得更归！昔天皇以爱子托陛下，今年齿已长，久居东宫，天意人心，久思李氏。群臣不忘太宗、天皇之德，故奉太子诛贼臣。愿陛下传位太子，以顺天人之望！"李湛，义府之子也。太后见之，谓曰："汝亦为诛易之将军邪？我于汝父子不薄，乃有今日!"湛惭不能对。又谓崔玄暐曰:"他人皆因人以进,惟卿朕所自擢,亦在此邪?"对曰:"此乃所以报陛下之大德。"

【译文】王同皎扶太子上马,跟随他来到玄武门,破门而进入宫禁。太后在迎仙宫,张柬之等将张易之、张昌宗杀死在庑廊上,进入太后居住的长生殿,围绕着侍卫。太后惊觉起身,问:"谁在作乱?"回答说:"张易之、张昌宗谋反,臣等奉太子的命令杀了他们,恐怕走漏消息,因而不敢奏禀。在宫禁中举兵,罪该万死。"太后召见太子说:"是你呀!这些人既然已经除掉,可以回东宫去了。"桓彦范上前说:"太子怎能再回去!昔日天皇将爱子托给陛下,现在已经长大,久居东宫,上天和百姓思念李家已经很久了,臣子们不忘太宗、天皇的恩德,所以拥护太子诛灭贼臣。请陛下传位给太子,顺应天心和百姓的愿望。"李湛是李义府的儿子,太后见了他,说:"你也是杀张易之的将军吗?我对你们父子不薄,竟然有今天!"李湛羞愧无话回答。又对崔玄暐说:"别人都是人家推荐而升官,只有你是朕亲自提拔的,也参与了呀!"崔玄暐回答说:"我这样做就是为了报答陛下的大恩大德。"

于是,收张昌期、同休、昌仪等,皆斩之,与易之、昌宗枭首天津南。是日,袁恕己从相王统南牙兵以备非常,收韦承庆、房融及司礼卿崔神庆系狱,皆易之之党也。初,昌仪新作第,甚美,逾于王主,或夜书其门曰:"一日丝能作几日络?"灭去,复书之,如是六七,昌仪取笔注其下曰:"一日亦足。"乃止。

甲辰,制太子监国,赦天下。以袁恕己为凤阁侍郎、同平章事,分遣十使赍玺书宣慰诸州。乙巳,太后传位于太子。

丙午,中宗即位。赦天下,惟张易之党不原;其为周兴等所枉者，咸令清雪，子女配没者皆免之。相王加号安国相王，拜太尉、同凤阁鸾台三品，太平公主加号镇国太平公主。皇族先配没者，子孙皆复属籍，仍量叙官爵。

【译文】 于是逮捕了张昌期、张同休、张昌仪，全都斩首，跟张易之、张昌宗的头一起挂在天津桥南。当天，袁恕己跟随相王率领南牙的禁兵防止有变。逮捕韦承庆、房融以及司礼卿崔神庆入狱，都是张易之一党的人。起初，张昌仪建新宅，十分华美，超过各王以及公主，有人乘夜在他家门上写："一日丝能作几日络？"（将要断灭诛绝，能作乐几日呢）张昌仪让人把字擦掉，又被写上，这样六七次，张昌仪拿笔注在字下："一日也够了。"此后才没有人写了。

甲辰日（二十三日），太后下制书令太子监理国政，大赦天下。任命袁恕己为凤阁侍郎、同平章事，分派十位使者携带公文去各州宣告抚慰。乙巳日（二十四日），太后传位给太子。

丙午日（二十五日），太子李显即帝位（即唐中宗），大赦天下，只有张易之一党的人不予赦免。那些被周兴等所冤枉的人，都令进行清理和昭雪，子女被抄没的全都放归。唐中宗加相王李旦的封号为安国相王，担任太尉、同凤阁鸾台三品。太平公主加封号镇国太平公主。皇族从前被抄没的，子孙都恢复宗籍，并依据具体情况封官授爵。

丁未，太后徙居上阳宫，李湛留宿卫。戊申，帝帅百官诣上阳宫，上太后尊号曰则天大圣皇帝。

庚戌，以张柬之为夏官尚书、同凤阁鸾台三品，崔玄暐为内史，袁恕己同凤阁鸾台三品，敬晖、桓彦范皆为纳言；并赐爵郡公。李多祚赐爵辽阳郡王，王同皎为右千牛将军、琅邪郡公，李湛为右羽林大将军、赵国公；自馀官赏有差。

张柬之等之讨张易之也，殿中监田归道将千骑宿玄武门，敬晖遣使就索千骑，归道先不预谋，拒而不与。事宁，晖欲诛之，归道以理自陈，乃免归私第；帝嘉其忠壮，召拜太仆少卿。

【译文】丁未日（二十六日），太后移居上阳宫，李湛留下负责警卫。戊申日（二十七日），唐中宗率领众官去上阳宫觐见，上给太后的尊号为则天大圣皇帝。

庚戌日（二十九日），唐中宗任用张柬之为夏官尚书、同凤阁鸾台三品，崔玄暐为内史，袁恕己为同凤阁鸾台三品，敬晖、桓彦范都为纳言，上述有功之臣都赐爵为郡公。李多祚被赐爵为辽阳郡王，任命王同皎为右千牛将军，并赐爵琅邪郡公，任命李湛为右羽林大将军，并赐爵赵国公；其余有功人员也给予不同的官爵和赏赐。

张柬之等人诛杀张易之的时候，殿中监田归道统领一千骑兵驻守玄武门，敬晖派遣使者要这一千骑兵，田归道没有事先参加计划，拒不交付。事情平息，敬晖要杀他，田归道据理陈诉，于是被免官回家。唐中宗嘉许他忠贞不屈，将他召回，任命为太仆少卿。

【乾隆御批】五臣反正，其所处视平、勃为难，为难而其才又不逮平、勃远甚。盖平、勃于吕氏既死，废少帝而立代王，少帝本非刘嗣也。五臣于武氏尚存之日，奉中宗入宫复位，中宗乃其故主。况既奉中宗，又子无绝母之义，故胡寅"太庙赐死"之说，虽能说而不能行，而武氏仍上尊号称皇帝，则害理伤义为尤甚。故为五臣者，惟有急请尽除昔时预乱之党，而后以别宫徙置听中宗万不得已之苦心，犹为彼善于此耳。

【译文】　五位大臣拨乱反正恢复唐室，他们的处境比陈平、周勃恢复汉朝刘姓皇室的处境要难，五位大臣的处境比周勃、陈平困难，但才能又远远比不上他们。因为那时吕后已死，陈平、周勃废少帝刘弘而拥立代王刘恒，少帝本来就不是汉朝的子嗣。而五位大臣是在武则天还活着的时候，拥立中宗入宫复位，中宗是他们过去的君主。况且既然拥立中宗，又没有儿子杀死母亲的道理，所以胡寅的"将武则天在太庙赐死"的说法，虽然可以说出，但却无法执行，中宗对武则天仍然上尊号称为皇帝，这种做法尤其害理伤义。所以五位大臣，只有及时请求将当时参与叛乱的人全部铲除，然后再让早已被赶出东宫的中宗诉说万不得已这样做的苦心，他们真算是擅长此道啊。

【申涵煜评】　济变之才多在壮盛，少年固失之决裂，老成或伤于迟钝。柬之虽有复唐之功，其优柔养乱处，到底是暮气不振。

【译文】　能够救济变乱的人往往都是处在壮盛之年的人。少年固然容易把关系搞得过去分裂，老成的人又往往容易被迟钝所伤。张柬之虽有恢复唐朝的功劳，但是他优柔寡断酿成祸乱之处，到底还是年老而暮气不振。

资治通鉴卷第二百八　唐纪二十四

起旃蒙大荒落二月，尽强圉协洽，凡二年有奇。

【译文】起乙巳（公元705年）二月，止丁未（公元707年），共二年十一个月。

【题解】　本卷记录了公元705年二月至707年的史事，共两年又十一个月，正当唐中宗神龙元年二月到景龙元年。唐中宗李显两度被立为皇太子，两度即帝位，本卷是他初即位的前三年，主要写了四大政治事件：第一，韦皇后效法武则天干政，中宗成了傀儡皇帝；第二，中宗猜忌心重，不信任政乱五王，而用武氏外戚控制五王，导致武三思东山再起，五王遭残害；第三，滥封官职，韦氏外戚势力迅速膨胀，并与武氏外戚同流合污，迫害忠良；第四，皇太子李重发动兵变诛杀武三思，重演西汉的戾太子事件，无意间为睿宗李旦的上台铺平了道路。

中宗大和大圣大昭孝皇帝中

神龙元年（乙巳，公元七〇五年）二月，辛亥，帝帅百官诣上阳宫问太后起居；自是每十日一往。

甲寅，复国号曰唐。郊庙、社稷、陵寝、百官、旗帜、服色、文字皆如永淳以前故事。复以神都为东都，北都为并州，老君为玄元皇帝。

乙卯，凤阁侍郎、同平章事韦承庆贬高要尉；正谏大夫、同平章事房融除名，流高州；司礼卿崔神庆流钦州。杨再思为户部尚书、同中书门下三品、西京留守。

【译文】 神龙元年（乙巳，公元705年）二月，辛亥日（初一），唐中宗带领朝臣们到上阳宫探望太后的生活；自此以后每十天去探望一次。

甲寅日（初四），恢复国号为唐。郊庙、社稷、陵寝、百官、旗帜、服色、文字都跟永淳年之前的旧制一样。再恢复神都原名称为东都，把北都重新称为并州，把老君重新称为玄元皇帝。

乙卯日（初五），贬凤阁侍郎、同平章事韦承庆做了高要县尉；正谏大夫、同平章事房融除名，流放到高州；流放司礼卿崔神庆到钦州。杨再思担任户部尚书、同中书门下三品、西京留守。

太后之迁上阳宫也，太仆卿、同中书门下三品姚元之独呜咽流涕。桓彦范、张柬之谓曰："今日岂公涕泣时邪！恐公祸由此始。"元之曰："元之事则天皇帝久，乍此辞违，悲不能忍。且元之前日从公诛奸逆，人臣之义也；今日别旧君，亦人臣之义也，虽获罪，实所甘心。"是日，出为亳州刺史。

甲子，立妃韦氏为皇后，赦天下。追赠后父玄贞为上洛王、母崔氏为妃。

左拾遗贾虚己上疏，以为："异姓不王，古今通制。今中兴之始，万姓喁喁以观陛下之政；而先王后族，非所以广德美于天下也。且先朝赠后父太原王，殷鉴不远，须防其渐。若以恩制已行，宜令皇后固让，则益增谦冲之德矣。"不听。

【译文】 太后迁到上阳宫居住之时，独有太仆卿、同中书门下三品姚元之哭泣。桓彦范、张柬之对他说："此刻哪是让你哭泣之时？只怕你的祸事自此以后就开始了。"姚元之说："元之替则天皇帝办事已经很长时间了，突然辞别，因而无法抑制自己的悲伤。而且元之前些天和各位一块诛奸除逆，是为了人臣的道义；今日为旧君送别，也是人臣的道义，即便获罪，也无怨恨。"当天，调他出任亳州刺史。

甲子日（十四日），将妃子韦氏立为皇后，赦免天下。追赠韦后的父亲韦玄贞为上洛王、母崔氏为王妃。

左拾遗贾虚己上奏折，认为："不同姓的不封王，是古往今来一贯的制度。现在是中兴的开始，万民崇敬，注视着陛下施政，您却先封亲族的人做王，这不是在天下弘扬德政美治的方法。且先朝赠武后父做太原王，这就是不远的'殷鉴'，一定得防范这种开端。如果由于已下达了恩泽的制书，就应该让皇后坚决推辞，那么更增添了皇后谦逊的德行。"唐中宗没有采纳他的建议。

【申涵煜评】 则天被迁，普天同庆。元之独鸣咽流涕，何异蔡中郎坐中之叹。当时男子短气，贤者不免，惟狄梁公姨，耻以其子事女主，真是独清独醒。

【译文】 武则天被迫迁位，普天同庆。姚元之却独自鸣咽流泪，这和蔡邕坐中之叹没有什么不同。当时男人短气，贤能的人也不能避免，只有狄梁公姨，耻于让他的儿子侍奉女主，真是独自清醒的一个人。

初，韦后生邵王重润、长宁、安乐二公主，上之迁房陵也，安乐公主生于道中，上特爱之。上在房陵与后同幽闭，备尝艰危，情爱甚笃。上每闻敕使至，辄惶恐欲自杀，后止之曰："祸福无常，宁失一死，何遽如是！"上尝与后私誓曰："异时幸复见天日，当惟卿所欲，不相禁御。”及再为皇后，遂干预朝政，如武后在高宗之世。桓彦范上表，以为：“《易》称‘无攸遂，在中馈，贞吉’，《书》称‘牝鸡之辰，惟家之索’。伏见陛下每临朝，皇后必施帷幔坐殿上，预闻政事。臣窃观自古帝王，未有与妇人共政而不破国亡身者也。且以阴乘阳，违天也；以妇陵夫，违人也。伏愿陛下览古今之戒，以社稷苍生为念，令皇后专居中宫，治阴教，勿出外朝干国政。”

【译文】 起初，韦后生下邵王李重润和长宁、安乐二位公主，唐中宗降居房陵，安乐公主是在旅途中出生的，唐中宗尤其喜爱她。唐中宗与韦后在房陵一起被幽禁，饱尝了艰苦危险，有深厚的感情。唐中宗每每听到奉敕命的使者来了，常常害怕得想要自杀，皇后阻止他说：“祸福不定，迟早都是一死，何须匆忙自杀呢！”唐中宗曾经私底下与皇后立下誓言说：“如果将来有幸再见天日的话，会让你想做什么就做什么，不加禁止。”等到她再次成为皇后，便开始干预朝廷政治，像武后在高宗时那样。桓彦范上表奏章，认为：“《易经》说：‘女子在外没有成就远大的成就，但能在内主持妥当膳食，安分守己，是正当而且吉利的。’《尚书》说：‘母鸡早晨代替雄鸡打鸣，家庭必定会衰败。’臣见陛下每次主持朝会，皇后必定隔着帷幔坐在殿上，参与朝政。臣私下观察自古帝王，没有哪个与女人共同执政而不导致身死国破的。而且阴在阳上，与天理相违背；妇人凌驾丈夫，与人道不合。恭请陛下察看古今的鉴戒，以国家民生为重，让皇后专门在内宫居住，主持内职女教，不要出来外朝干预国家的政事。”

先是，胡僧慧范以妖妄游权贵之门，与张易之兄弟善，韦后亦重之。及易之诛，复称慧范预其谋，以功加银青光禄大夫，赐爵上庸县公，出入宫掖，上数微行幸其舍。彦范复表言慧范执左道以乱政，请诛之。上皆不听。

初，武后诛唐宗室，有才德者先死，惟吴王恪之子郁林侯千里，褊躁无才，又数献符瑞，故独得免。上即位，立为成王，拜左金吾大将军。武后所诛唐诸王、妃、主、驸马等皆无人葬埋，子孙或流窜岭表，或拘囚历年，或逃匿民间，为人佣保。至是，制州县求访其柩，以礼改葬，追复官爵，召其子孙，使之承袭，无子孙者为择后置之。既而宗室子孙相继而至，皆召见，涕泣舞蹈，各以亲疏袭爵拜官有差。

【译文】 起初，胡僧慧范靠妖异怪诞的法术结交权贵，同张易之兄弟关系要好，韦后也看重他。等到易之被杀，再次称慧范参与了策划，因为有功而封为银青光禄大夫，赐爵为上庸县公，出入内宫，唐中宗多次私行驾临他的寓所。桓彦范再次上表奏章说慧范使用邪道使得国政扰乱，请求将他杀掉。唐中宗对他的意见都没有采用。

起初，武后杀害唐宗室，那些有才能德行的人先被杀，唯吴王李恪的儿子郁林侯李千里，褊躁无才，又多次献吉兆的象征物，因而免于被害。唐中宗登基，将他立为成王，封他担任左金吾大将军。武后所杀的唐各王、王妃、公主、驸马等人都无人埋葬，子孙有的流放到岭南，或多年囚禁在牢中，或逃亡藏在民间，替人帮佣。到这个时候，下制书到各州县访求他们的灵柩，按照礼制改葬，追赠恢复官爵，还把他们的子孙召回来，让他们继承爵位；没有子孙的替他们立后嗣。没有多久宗室子孙陆陆续续回到京师，全部召见，悲喜得一边哭一边舞，各据亲疏而袭爵封官不等。

资治通鉴

二张之诛也，洛州长史薛季昶谓张柬之、敬晖曰："二凶虽除，产、禄犹在，去草不去根，终当复生。"二人曰："大事已定，彼犹机上肉耳，夫何能为！所诛已多，不可复益也。"季昶叹曰："吾不知死所矣。"朝邑尉武强刘幽求亦谓桓彦范、敬晖曰："武三思尚存，公辈终无葬地；若不早图，噬脐无及。"不从。

上女安乐公主适三思子崇训。上官婉儿者，仪之女孙也，仪死，没入掖庭，辩慧善属文，明习吏事。则天爱之，自圣历以后，百司表奏多令参决；及上即位，又使专掌制命，益委任之，拜为婕妤，用事于中。三思通焉，故党于武氏，又荐三思于韦后，引入禁中，上遂与三思图议政事，张柬之等皆受制于三思矣。上使韦后与三思双陆，而自居旁为之点筹；三思遂与后通，由是武氏之势复振。

【译文】二张被杀后，洛州长史薛季昶对张柬之、敬晖说："二凶虽然已经除掉，吕产、吕禄（武三思等人）还在，斩草而不除根，最后还会再生。"二人说："大事已定，他们跟俎上的肉没什么两样，还能做什么呢？杀戮已经很多了，不要再杀了。"季昶叹息说："我不知自己会怎么死了！"朝邑县尉武强人刘幽求也对桓彦范、敬晖说："武三思还在，诸位最后将会死无葬身之地；如果不及早做准备，会后悔莫及的。"他的意见不被接受。

唐中宗的女儿安乐公主嫁给武三思的儿子崇训。上官婉儿是上官仪的孙女，上官仪死了，上官婉儿被抄没进入内宫，她才智敏慧擅长作文，又熟悉政治。则天喜爱她，圣历年之后，各部门的表章奏书多叫她从旁协助裁断。等到唐中宗登，又叫她专门掌理制命，更委任她，封为婕妤，在宫中当权。武三思与她私通，所以和武氏一党，又向韦后举荐武三思，带他入内宫，唐中宗便跟武三思商讨政治事务，张柬之等人都受到三思的钳制。唐中宗叫韦后和三思下双陆棋，自己坐在一旁计分；三思便和韦后私通，由此武氏的势力又大起来了。

张柬之等数劝上诛诸武，上不听。柬之等曰："革命之际，宗室诸李，诛夷略尽；今赖天地之灵，陛下返正，而武氏滥官僭爵，按堵如故，岂远近所望邪？愿颇抑损其禄位以慰天下！"又不听。柬之等或抚床叹愤，或弹指出血，曰："主上昔为英王，时称勇烈，吾所以不诛诸武者，欲使上自诛之以张天子之威耳。今反如此，事势已去，知复奈何！"

上数微服幸武三思第，监察微史清河崔皎密疏谏曰："国命初复，则天皇帝在西宫，人心犹有附会；周之旧臣，列居朝廷，陛下奈何轻有外游，不察豫且之祸！"上泄之，三思之党切齿。

丙寅，以太子宾客武三思为司空、同中书门下三品。

左散骑常侍谯王重福，上之庶子也；其妃，张易之之甥。韦后恶之，谮于上曰："重润之死，重福为之也。"由是贬濮州员外刺史，又改均州刺史，常令州司防守之。

【译文】张柬之等人数次劝说唐中宗把武氏几个权要铲除，唐中宗没有接受。柬之等说："则天革命之时，李氏宗室被杀害将尽；而今仰赖天地神灵，陛下得以复位，而武氏曾尸位窃据高爵，安居原官不动，这难道会是天下人所期盼的吗？请把他们的官爵稍稍降减以安抚天下人心！"又没有采用。柬之等人有的拍打着床叹息愤慨，有的弹击手指弹出了血，说："当初皇上做英王时，人赞扬他勇敢英烈，我之所以不把这几个武姓杀死，是想让皇上把他们杀掉，以发挥天子的权威罢了。眼下反倒这样，事情的形势已不复存在，明知也没法子对付他们了！"

唐中宗几次便装私自驾临武三思府第，监察御史清河人崔皎秘密上奏疏谏止说："起初国家光复之时，则天皇帝在西宫，仍有人拥护她。周朝的旧臣，多在朝廷，陛下怎么可以轻易到宫外游玩，却不晓得龙困于豫且的典故！"唐中宗居然泄露此事，三思一党的人恨得咬牙切齿。

丙寅日（十六日），任命太子宾客武三思担任司空、同中书门下三品。

左散骑常侍谯王李重福，是庶出的皇子，他的妃子，是张易之的外甥女。韦后讨厌他，在唐中宗面前进谗言毁谤他说："重润的死，是重福造成的。"因此他被贬为濮州员外刺史，又改为均州刺史，常下令给州官对他加以防范。

【乾隆御批】 张柬之等一时稍有干才，实无定识定力，即其对薛季昶数语，可知器小易盈，宜及于败矣，且中宗暗弱，至此犹云"欲使自诛诸武以张主威"，其谬更不待言。

【译文】 张柬之等人只是稍有才干，并无明确的见识和能力，从他对薛季昶说的几句话，便可知他器量狭小，容易满足，定会导致失败，况且唐中宗本性昏庸懦弱，张柬之这时还说"要让皇上亲自诛杀武氏诸人以扩大天子的声威"，他的话太荒谬就不用说了。

丁卯，以右散骑常侍安定王武攸暨为司徒、定王。

辛未，相王固让太尉及知政事，许之；又立为皇太弟，相王固辞而止。

甲戌，以国子祭酒始平祝钦明同中书门下三品，黄门侍郎、知侍中事韦安石为刑部尚书，罢知政事。

丁丑，武三思、武攸暨固辞新官爵及政事，许之，并加开府仪同三司。

立皇子义兴王重俊为卫王，北海王重茂为温王，仍以重俊为洛州牧。

【译文】丁卯日（十七日），任命右散骑常侍安定王武攸暨担任司徒、定王。

辛未日（二十一日），相王坚决推辞太尉及知政事，予以准许。又立他为皇太弟，相王坚辞而作罢。

甲戌日（二十四日），任命国子监祭酒始平人祝钦明担任同中书门下三品，黄门侍郎、知侍中事韦安石担任刑部尚书，免除知政事职。

丁丑日（二十七日），武三思、武攸暨坚决推辞新任命的官爵和政事，唐中宗批准，而加封开府仪同三司衔。

将皇子义兴王李重俊立为卫王，北海王李重茂立为温王，仍旧任命重俊做洛州牧。

三月，甲申，制：“文明已来破家子孙皆复旧资荫，唯徐敬业、裴炎不在免限。”

丁亥，制：“酷吏周兴、来俊臣等，已死者追夺官爵，存者皆流岭南恶地。”

己丑，以袁恕己为中书令。

以安车徵安平王武攸绪于嵩山，既至，除太子宾客；固请还山，许之。

【译文】三月，甲申日（初五），下制书：“自文明年以来被抄家的子孙都恢复其原有的资历荫封，唯独徐敬业、裴炎家人在赦免之外。”

丁亥日（初八），下制书：“酷吏周兴、来俊臣等人，已死的取消其官爵，尚在人世的则流放到岭南凶险恶劣之地。"

己丑日（初十），任命袁恕己担任中书令。

用小软车到嵩山征召安平王武攸绪，到了之后，任为太子宾客。他坚决请求回山，予以准许。

　　制："枭氏、蟒氏皆复旧姓。"

　　术士郑普思、尚衣奉御叶静能皆以妖妄为上所信重，夏，四月，墨敕以普思为秘书监，静能为国子祭酒。桓彦范、崔玄暐固执不可，上曰："已用之，无容遽改。"彦范曰："陛下初即位，下制云：'政令皆依贞观故事。'贞观中，魏徵、虞世南、颜师古为秘书监，孔颖达为国子祭酒，岂普思、静能之比乎！"庚戌，左拾遗李邕上疏，以为：《诗》三百，一言以蔽之，曰'思无邪'。若有神仙能令人不死，则秦始皇、汉武帝得之矣；佛能为人福利，则梁武帝得之矣。尧、舜所以为帝王首者，亦修人事而已。尊宠此属，何补于国！"上皆不听。

　　上即位之日，驿召魏元忠于高要；丁卯，至都，拜卫尉卿、同平章事。

　　【译文】下制书："枭氏（萧淑妃家）、蟒氏（王皇后家）都恢复原姓。"

　　术士郑普思、尚衣奉御叶静能都因妖异怪诞的法术而为唐中宗信赖，夏季，四月，下墨敕书，任命普思担任秘书监，静能担任国子监祭酒。桓彦范、崔玄暐坚持认为不可用此二人，唐中宗说："已经用了，不容立即做出改变。"彦范说："陛下即位之初，下制书说：'政令都依照贞观年的成例。'贞观年间，魏征、虞世南、颜师古担任秘书监，孔颖达担任国子监祭酒，岂是普思、静能可以相媲美的？"庚戌日（初一），左拾遗李邕上表奏章,认为:"《诗经》三百篇,可以用一句话来概括,是'思无邪'(思想情感是纯正的)。如果有神仙能让人不死,那么秦始皇、汉武帝早就成为神仙了;佛主能随意给人赐下福利,那么梁武帝便得到保佑了。尧、舜之所以被尊为帝王中的顶尖人物,他们也只是修人事罢了。尊荣宠信这类人,对国家有什么好处呢?"唐中宗对他的建言都不采纳。

唐中宗即位当天,急令到高要召回魏元忠;丁卯日(十八日),到达京师,任命他担任卫尉卿、同平章事。

甲戌,以魏元忠为兵部尚书,韦安石为吏部尚书,李怀远为右散骑常侍,唐休璟为辅国大将军,崔玄暐检校益府长史,杨再思检校杨府长史,祝钦明为刑部尚书,并同中书门下三品。元忠等皆以东宫旧僚褒之也。

乙亥,以张柬之为中书令。

戊寅,追赠故邵王重润为懿德太子。

五月,壬午,迁周庙七主于西京崇尊庙。制:"武氏三代讳,奏事者皆不得犯。"

乙酉,立太庙、社稷于东都。

以张柬之等及武攸暨、武三思、郑普思等十六人皆为立功之人,赐以铁券,自非反逆,各恕十死。

【译文】甲戌日(二十五日),任命魏元忠担任兵部尚书,韦安石担任吏部尚书,李怀远担任右散骑常侍,唐休璟担任辅国大将军,崔玄暐检校益府长史,杨再思检校杨府长史,祝钦明担任刑部尚书,都是同中书门下三品。元忠等人由于都是唐中宗在东宫时的旧部而予他们以褒奖。

乙亥日(二十六日),任命张柬之担任中书令。

戊寅日（二十九日），追赠已故邵王李重润为懿德太子。

五月，壬午日（初四），把周朝宗庙七个神主迁到西京崇尊庙。下制书："武氏三代的名，奏事人都不准用。"

乙酉日（初七），在东都建立太庙、社稷。

因为张柬之等及武攸暨、武三思、郑普思等十六人都是立功之人，给他们颁赐铁券，如果并非造反之事，各赦免死罪十次。

癸巳，敬晖等帅百官上表，以为："五运迭兴，事不两大。天授革命之际，宗室诛窜殆尽，岂得与诸武并封！今天命惟新，而诸武封建如旧，并居京师，开辟以来未有斯理。愿陛下为社稷计，顺遏迩心，降其王爵，以安内外。"上不许。

敬晖等畏武三思之谗，以考功员外郎崔湜为耳目，伺其动静。湜见上亲三思而忌晖等，乃悉以晖等谋告三思，反为三思用；三思引为中书舍人。湜，仁师之孙也。

【译文】 癸巳日（十五日），敬晖等率领百官上表奏章，认为："五德运行轮替兴旺，事势无法两强并立。天授年革命之时，宗室被杀及流放将尽，怎能跟各武氏同封！如今天命更新，然而各武氏封爵却跟以前一样，同住在京师，自从有天地以来还没这个道理。恳请陛下替国家着想，顺从远近人心，降改他们的王爵来安定朝野。"唐中宗没有准许。

敬晖等人畏惧武三思进谗言，让考功员外郎崔湜替他们打听，察看他的动静。崔湜见唐中宗亲信三思而顾忌敬晖等人，居然把敬晖等人的计划全都告诉三思，反而被三思利用，三思举荐他担任中书舍人。崔湜，是崔仁师的孙子。

　　先是，殿中侍御史南皮郑愔谄事二张，二张败，贬宣州司士参军，坐赃，亡入东都，私谒武三思。初见三思，哭甚哀，既而大笑。三思素贵重，甚怪之，愔曰："始见大王而哭，哀大王将戮死而灭族也。后乃大笑，喜大王之得愔也。大王虽得天子之意，彼五人皆据将相之权，胆略过人，废太后如反掌。大王自视势位与太后孰重？彼五人日夜切齿欲噬大王之肉，非尽大王之族不足以快其志。大王不去此五人，危如朝露，而晏然尚自以为泰山之安，此愔所以为大王寒心。"三思大悦，与之登楼，问自安之策，引为中书舍人，与崔湜皆为三思谋主。

　　【译文】在此之前，殿中侍御史南皮人郑愔谄媚依附二张，二张死后，被降为宣州司士参军，犯贪污罪，逃回东都，私下里去见武三思。一见到三思，就哭得十分悲伤，过后便大笑。三思素来威重，觉得非常奇怪，郑愔说："刚一见到大王而哭泣是为大王即将被杀且全家性命不保而悲伤；之后又开怀大笑，是为大王得到我而高兴。大王虽然于天子心意很合，而那五个人都手握将军宰相的权力，胆量谋略也在别人之上，废去太后就像翻掌一样容易。大王权衡一下同太后相比，谁的分量重呢？那五个人整天咬牙切齿恨得想要吃大王的肉，假如不灭掉大王的家族，就无法畅快。大王如果不把那五个人除去，就会危险得像早晨的露水一样，竟然稳得像泰山，这是愔为大王担心的原因。"三思大为高兴，同他上楼，向他询问自保的计谋，荐引他担任中书舍人，和崔湜都做了三思的智囊。

　　三思与韦后日夜谮晖等，云"恃功专权，将不利于社稷。"上信之。三思等因为上画策："不若封晖等为王，罢其政事，外不失尊宠功臣，内实夺之权。"上以为然。甲午，以侍中齐公敬晖为平阳王，谯公桓彦范为扶阳王，中书令汉阳公张柬之为汉阳王，南阳公袁恕己为南阳王，特进、同中书门下三品博陵公崔玄暐为博陵王，罢知政事，赐金帛鞍马，令朝朔望；仍赐彦范姓韦氏，与皇后同籍。寻又以玄暐检校益州长史、知都督事，又改梁州刺史。三思令百官复修则天之政，不附武氏者斥之。为五王所逐者复之，大权尽归三思矣。

五王之请削武氏诸王也，求人为表，众莫肯为。中书舍人岑羲为之，语甚激切；中书舍人偃师毕构次当读表，辞色明厉。三思既得志，羲改秘书少监，出构为润州刺史。

【译文】 三思跟韦后成天进谗言毁谤敬晖等人，说："他们自恃有功而专权，将会对国家不利。"唐中宗信以为真。三思等人因而替唐中宗出谋划策："不如封敬晖等人为王，罢免他们知政事，表面上不失尊荣功臣，骨子里却已将他们的实权夺去。"唐中宗同意了。甲午日（十六日），封侍中齐公敬晖为平阳王，桓彦范为扶阳王，中书令汉阳公张柬之为汉阳王，南阳公袁恕己为南阳王，特进、同中书门下三品博陵公崔玄暐为博陵王，免除知政事，赐予金帛鞍马，令他们初一、十五上朝，仍旧赐彦范姓韦氏，与皇后同宗籍，没过多久又任玄暐检校益州长史，主持都督事，又改任为梁州刺史。三思命令朝臣再次推行则天的政治，不依附于武氏的人都加以排斥，被五王（敬晖等五人）所逐出的人官复原职，大权全部掌握在三思手中了。

五王请求将武氏各人的王爵削去，找人撰写奏章，大家都不愿意写。中书舍人岑羲撰写，词义激昂恳切。中书舍人偃师人毕构轮到宣读，声调铿锵。三思得志后，岑羲改任秘书少监，调毕构出任润州刺史。

【乾隆御批】 崔湜之漏泄与褚渊相似而实不同。盖渊与袁粲、刘秉同谋诛讨元恶，渊忍于卖友，以求富贵，非粲、秉所能逆亿。若湜本非敬晖等同类，辄思寄以腹心，无异执途人而计作室，必不能资其忠益也。夫五人协力，何事不成？奚藉局外之款助？且天下安有正人而甘为人伺探隐微者？敬晖等谋既不深，机复不密，徒为金壬所谮构，惜乎！有戡乱之心，而乏济世之才也。

【译文】 崔湜的泄露机密与褚渊泄密看似相似，而实际不同。因为褚渊与袁粲、刘秉共同谋划诛讨元恶，褚渊却忍心出卖朋友，以谋求富贵，他的心思不是袁粲、刘秉能扭转的。而崔湜本来就不是敬晖等人的同党，敬晖等人都想收他为心腹，这无异于拉着路人计划让她作妻室，一定不能让她尽忠报效的益处。其实他们五人同心协力，什么事情干不成？还需借助局外人的帮助？况且天下有甘于为别人刺探隐微的正人君子吗？敬晖等人不仅谋划不深，而且不注意保密，白白被奸邪小人陷害，可惜啊！他们徒有平定叛乱的决心，却缺乏济世的才能。

易州刺史赵履温，桓彦范之妻兄也。彦范之诛二张，称履温预其谋，召为司农少卿，履温以二婢遗彦范；及彦范罢政事，履温复夺其婢。

上嘉宋璟忠直，屡迁黄门侍郎。武三思尝为事属璟，璟正色拒之曰："今太后既复子明辟，王当以侯就第，何得尚干朝政！独不见产、禄之事乎？"

以韦安石兼检校中书令，魏元忠兼检校侍中，又以李湛为右散骑常侍，赵承恩为光禄卿，杨元琰为卫尉卿。

先是，元琰知三思浸用事，请弃官为僧，上不许。敬晖闻之，笑曰："使我早知，劝上许之，髡去胡头，岂不妙哉！"元琰多须，类胡，故晖戏之。元琰曰："功成名遂，不退将危。此乃由衷之请，非徒然也。"晖知其意，瞿然不悦。及晖等得罪，元琰独免。

【译文】易州刺史赵履温是桓彦范的妻兄。彦范将二张杀死的时候，说履温参与策划，召他担任司农少卿，履温赠送两个婢女给他。等到彦范被免知政事，履温却再次把两个婢女抢了回来。

唐中宗嘉许宋璟忠心正直，经过多次调迁，任命他担任黄门侍郎。武三思曾托他谋事，宋璟严词拒绝他说："现太后既然已经让儿子登位，侯王理当以侯爵居家，怎能仍旧干涉朝政？难道不知道吕产、吕禄的故事吗？"

任命韦安石兼检校中书令，魏元忠兼检校侍中，又任命李湛担任右散骑常侍，赵承恩担任光禄卿，杨元琰担任卫尉卿。

在此之前，元琰知晓三思一天天当权，恳请辞去官职去当和尚，唐中宗没有答应。敬晖听到，笑说："要是我早知你如此，就劝皇上恩准了，把你的胡人发须给剃掉，不是很妙吗？"元琰须多像胡人，因而敬晖戏谑他。元琰说："功成名就，如果不退便会有危险，这个请求是出于诚心的，并非毫无缘由的啊！"敬晖懂了他的意思，吃惊地瞪着眼而心中不悦。等到敬晖等人获罪，而独有元琰得免。

上官偕仔劝韦后袭则天故事，上表请天下士庶为出母服丧三年，又请百姓年二十三为丁，五十九免役，改易制度以收时望。制皆许之。

癸卯，制：降诸武，梁王三思为德静王，定王攸暨为乐寿王，河内王懿宗等十二人皆降为公，以厌人心。

甲辰，以唐休璟为左仆射，同中书门下三品如故，豆卢钦
望为右仆射。

六月，壬子，以左骁卫大将军裴思说充灵武军大总管，以备
突厥。

癸亥，命右仆射豆卢钦望，有军国重事，中书门下可共平
章。

【译文】 上官婕好劝说韦后循则天成例，上表奏章要求天
下士大夫、庶民为被休的母亲服三年丧，又请求让百姓二十三
岁成丁，五十九岁免役，更改制度来收揽人心。下制书都准予颁
行。

癸卯日（二十五日），下制书，降几个武氏爵，梁王三思做德
静（县）王，定王攸暨做乐寿（县）王，河内王武懿宗等十二人都
做公爵，以使人心满足。

甲辰日（二十六日），任命唐休璟担任左仆射，同中书门下
三品仍旧；豆卢钦望担任右仆射。

六月，壬子日（初四），任命左骁卫大将军裴思说代灵武军
大总管，以防范突厥。

癸亥日（十五日），给右仆射豆卢钦望下令，如果遇到军国
大事，可以在中书门下共同辨明。

先是，仆射为正宰相，其后多兼中书门下之职，午前决朝
政，午后决省事。至是，钦望专为仆射，不敢预政事，故有是命。
是后专拜仆射者，不复为宰相矣。

又以韦安石为中书令，魏元忠为侍中，杨再思检校为中书
令。

丁卯，祔孝敬皇帝于太庙，号义宗。

戊辰，洛水溢，流二千馀家。

【译文】先前，仆射是正宰相，之后对中书门下的职务多有兼任，在中午之前裁定朝廷政事，在午后裁定尚书省的政事。到这个时候，钦望担任仆射，不敢参与朝廷政事，因而有这道命令。自此以后专任仆射的人，就不再是宰相了。

又任命韦安石担任中书令，魏元忠担任侍中，杨再思检校中书令。

丁卯日（十九日），奉祀孝敬皇帝（李弘，帝兄）入太庙，号义宗。

戊辰日（二十日），洛水涨决堤口，两千多家漂失。

秋，七月，辛巳，以太子宾客韦巨源同中书门下三品，西京留守如故。

特进汉阳王张柬之表请归襄州养疾；乙未，以柬之为襄州刺史，不知州事，给全俸。

河南、北十七州大水。八月，戊申，以水灾求直言。右卫骑曹参军西河宋务光上疏，以为："水阴类，臣妾之象，恐后庭有干外朝之政者，宜杜绝其萌。今霖雨不止，乃闭坊门以禳之，至使里巷谓坊门为宰相，言朝廷使之燮理阴阳也。又，太子国本，宜早择贤能而立之。又，外戚太盛，如武三思等，宜解其机要，厚以禄赐。又，郑普思、叶静能以小技窃大位，亦朝政之蠹也。"疏奏，不省。

壬戌，追立妃赵氏为恭皇后，孝敬皇帝妃裴氏为哀皇后。

【译文】秋季，七月，辛巳日（初四），任命太子宾客韦巨源担任同中书门下三品，西京留守不变更。

特进汉阳王张柬之上表奏章，请求恩准他返回襄州养病。乙未日（十八日），任楝之担任襄州刺史，不主持州事，给全额薪俸。

黄河南、北十七个州发生水灾。八月，戊申日（初一），因为水灾征求直言不讳的意见。右卫骑曹参军西河人宋务光上表奏疏，认为"水是阴类，象征臣妾，可能后宫之中有人干预外朝听政，应当防止此类事情发生。现如今大雨连绵不停，居然关闭街坊北门求晴，使得市民举得坊门象征宰相，说朝廷命令它协调阴阳。又，太子是国家的根本，应当及早选出贤能立为储君。又，外戚太过显贵，譬如武三思等人，应当免除执政，加重禄赏。又，郑普思、叶静能运用小的技艺而获得大的官位也是朝廷的害虫。"奏疏呈上，没有予以重视。

壬戌日（十五日），追封赵氏妃为恭皇后，孝敬皇帝妃裴氏为哀皇后。

九月，壬午，上祀昊天上帝、皇地祇于明堂，以高宗配。

初，上在房陵，州司制约甚急；刺史河东张知謇、灵昌崔敬嗣独待遇以礼，供给丰赡。上德之，擢知謇自贝州刺史为左卫将军，赐爵范阳公。敬嗣已卒，求得其子汪，嗜酒，不堪釐职，除五品散官。

改葬上洛王韦玄贞，其仪皆如太原王故事。

癸巳，太子宾客、同中书门下三品韦巨源罢为礼部尚书，以其从父安石为中书令故也。

以左卫将军上邽纪处讷兼检校太府卿，处讷娶武三思之妻姊故也。

【译文】九月，壬午日（初五），唐中宗拜祭昊天上帝、皇地祇在明堂，奉高宗配祀。

484

起初，唐中宗在房陵，州官看管得很紧，只有刺史河东人张知謇、灵昌人崔敬嗣按照礼节对待唐中宗，补给丰富。唐中宗感念他们这份恩德，将知謇从贝州刺史任上调升为左卫将军，赐爵为范阳公。敬嗣已经死去，找到他儿子崔汪，崔汪好喝酒，治理不了政事，任命他担任五品闲散官。

改葬上洛王韦玄贞，礼仪都参照太原王的成例。

癸巳日（十六日），太子宾客、同中书门下三品韦巨源被免职，担任礼部尚书，是他叔父安石担任中书令的缘故。

任命左卫将军上邽人纪处讷检校太府卿，因为处讷是武三思襟兄的关系。

冬，十月，命唐休璟留守京师。

癸亥，上幸龙门；乙丑，猎于新安而还。

辛未，以魏元忠为中书令，杨再思为侍中。

十一月，戊寅，群臣上皇帝尊号曰应天皇帝，皇后曰顺天皇后。壬午，上与后谒谢太庙，赦天下；相王、太平公主加实封，皆满万户。

己丑，上御洛城南楼，观泼寒胡戏。清源尉吕元泰上疏，以为“谋时寒若，何必裸身挥水，鼓舞衢路以索之！”疏奏，不纳。

壬寅，则天崩于上阳宫，年八十二。遗制：“去帝号，称则天大圣皇后。王、萧二族及褚遂良、韩瑗、柳奭亲属皆赦之。”

【译文】冬季，十月，任命唐休璟担任京师留守。

癸亥日（十七日），唐中宗驾临龙门。乙丑日（十九日），在新安狩猎然后返回。

辛未日（二十五日），任命魏元忠担任中书令，杨再思担任侍中。

十一月，戊寅日（初二），群臣上唐中宗尊号为应天皇帝，皇后为顺天皇后。壬午日（初六），唐中宗和皇后赴太庙告谢，大赦天下。增加相王、太平公主的实封，都满一万户。

己丑日（十三日），唐中宗登上洛阳皇城南楼，观看胡人乞寒泼水戏。清源县尉吕元泰上表奏章，觉得"君能谋，则时令寒气顺常，何须赤身裸体泼水，打鼓跳舞在街上求它呢！"疏奏上，唐中宗没有采纳。

壬寅日（二十六日），武则天在上阳宫逝世，享寿八十二岁。遗嘱命："将帝号去掉，称为则天大圣皇后。王（皇后）、萧（淑妃）两族人和褚遂良、韩瑗、柳奭的亲属全部赦免。"

【乾隆御批】 此直仿高宗称"天皇"、武氏称"天后"故事，明劝韦氏蹈辙矣。幸灾乐祸，自古无此"下愚不移"者。

【译文】 这是直接模仿高宗李治号称"天皇"、武氏武则天号称"天后"的旧事，明明是鼓励韦氏重蹈武氏的旧辙啊。幸灾乐祸，自古没有这种"绝不可能有所改变的下等的愚人"啊！

上居谅阴，以魏元忠摄冢宰三日。元忠素负忠直之望，中外赖之；武三思惮之，矫太后遗制，慰谕元忠，赐实封百户。元忠捧制，感咽涕泗，见者曰："事去矣！"

十二月，丁卯，上始御同明殿见群臣。

太后将合葬乾陵，给事中严善思上疏，以为："乾陵玄宫以石为门，铁锢其缝，今启其门，必须镌凿。神明之道，体尚幽玄，动众加功，恐多惊黩。况合葬非古，汉时诸陵，皇后多不合陵，魏、晋已降，始有合者。望于乾陵之傍更择吉地为陵，若神道有知，幽涂自当通会；若其无知，合之何益！"不从。

是岁，户部奏天下户六百一十五万，口三千七百一十四万有畸。

【译文】唐中宗守制，由魏元忠总领百官摄政三天。元忠向来有忠直的声名，朝廷和州县都相信他。武三思畏惧他，假造太后遗命，嘉慰晓谕元忠，给他赐实封一百户。元忠手捧制书，感动得哭泣了。旁观的人说："大事已去！"

十二月，丁卯日（二十一日），唐中宗才会见群臣于同明殿。

太后即将在乾陵被合葬，给事中严善思上表奏章，认为："乾陵玄宫用石做门，用铁封闭石缝，现在要打开陵宫门，一定得凿开。神明的灵气，崇尚幽静玄默；劳役很多人再施工，恐怕多有惊扰和亵渎。何况合葬并非古制，汉代各陵，皇后多半都不合葬，自魏、晋以来，才有合葬的。恳请在乾陵的附近另外挑选一块吉地为陵，如果神明有知，到了阴间自然会相见；假如无知，合葬又有什么好处？"唐中宗没有听从他的意见。

这一年，户部上表奏章，天下有六百一十五万户，三千七百一十四万多的人口。

【乾隆御批】元忠素负重望，颇能不为利害动心。乃自岭表召还，顿改前辙，捧制感咽，时名节扫地。盖不待酸枣尉责以十失，已知其无能为矣。行百里者半九十里，晚节可不慎哉？

【译文】魏元忠向来有好的声望，能够不为利害动心。他从岭南被召回京师后，却改变以前的作为，捧着遗制感动得泣不成声，当时他便名节扫地。其实不等酸枣县尉以十种过失责备他，就已经知道他不能有所作为了。行百里者半九十，晚年能不谨慎吗？

【乾隆御批】声罪致讨之论即难遽责中宗，至谏言合葬，严善思犹可云曲，而有直体，何乃举朝无人？贻笑千古，若此时宋璟辈又安在乎?

【译文】 声讨罪名的责难很难加在中宗一人身上，等到劝谏将武则天与高宗合葬时，还有严善思能够直言是非曲直，有正直之体，为什么除此之外满朝文武就再也没有其他人出来进谏了? 真是贻笑千古，此时宋璟之辈此时又到哪里去了?

神龙二年(丙午，公元七〇六年)春，正月，戊戌，以吏部尚书李峤同中书门下三品，中书侍郎于惟谦同平章事。

闰月，丙午，制:"太平、长安、安乐、宜城、新都、定安、金城公主并开府，置官属。"

武三思以敬晖、桓彦范、袁恕己尚在京师，忌之，乙卯，出为滑、洺、豫三州刺史。

赐阌乡僧万回号法云公。

甲戌，以突骑〔施〕酋长乌质勒为怀德郡王。

【译文】 神龙二年(丙午，公元706年)春季，正月，戊戌日(二十三日)，任命吏部尚书李峤担任同中书门下三品，中书侍郎于惟谦担任同平章事。

闰月，丙午日(初一)，下制书:"太平、长宁、安乐、宜城、新都、定安、金城公主皆开府，编置属官。"

武三思因为敬晖、桓彦范、袁恕己仍在京师，心中恐惧，乙卯日(初十)，调他们出任滑、洺、豫三州刺史。

赐阌乡和尚万回号法云公。

甲戌日(二十九日)，封突骑施酋长乌质勒担任怀德郡王。

二月，乙未，以刑部尚书韦巨源同中书门下三品，仍与皇后叙宗族。

丙申，僧慧范等九人并加五品阶，赐爵郡、县公；道士史崇恩等三人加五品阶，除国子祭酒，同正；叶静能加金紫光禄大夫。

选左、右台及内外五品以上官二十人为十道巡察使，委之察吏抚人，荐贤直狱，二年一代，考其功罪而进退之。易州刺史魏人姜师度、礼部员外郎马怀素、殿中侍御史临漳源乾曜、监察御史灵昌卢怀慎、卫尉少卿滏阳李杰皆预焉。

三月，甲辰，中书令韦安石罢为户部尚书；户部尚书苏瑰为侍中、西京留守。瑰，颋之父也。唐休璟致仕。

【译文】 二月，乙未日（二十一日），任命刑部尚书韦巨源担任同中书门下三品，仍然与皇后联宗。

丙申日（二十二日），加和尚慧范等九人五品阶，赐爵担任郡公、县公；加道士史崇恩等人五品阶，任命为国子监祭酒，同正员；加叶静能金紫光禄大夫。

选拔派遣左、右台和中央、地方五品以上官员二十个人担任十道巡察使，职责是观察吏治，安抚人民，举荐贤能，平反冤狱，两年一轮，对他们的功过进行考核并进而升迁或降贬。易州刺史魏人姜师度、礼部员外郎马怀素、殿中侍御史临漳人源乾曜、监察御史灵昌人卢怀慎、卫尉少卿滏阳人李杰全都被选为巡察使。

三月，甲辰日（初一），免去中书令韦安石的职位，担任户部尚书；户部尚书苏瑰担任侍中、西京留守。苏瑰，是苏颋的父亲。唐休璟退休。

初，少府监丞弘农宋之问及弟兖州司仓之逊皆坐附会张易之贬岭南，逃归东都，匿于友人光禄卿、驸马都尉王同皎家。同皎疾武三思及韦后所为，每与所亲言之，辄切齿。之逊于帘下闻之，密遣其子昙及甥校书郎李悛告三思，欲以自赎。三思使昙、悛及抚州司仓冉祖雍上书告同皎与洛阳人张仲之、祖延庆、武当丞寿春周憬等潜结壮士，谋杀三思，因勒兵诣阙，废皇后。上命御史大夫李承嘉、监察御史姚绍之按其事，又命杨再思、李峤、韦巨源参验。仲之言三思罪状，事连宫壸。再思、巨源阳寐不听；峤与绍之命反接送狱。仲之还顾，言不已。绍之命捶之，折其臂。仲之大呼曰："吾已负汝，死当讼汝于天！"庚戌，同皎等皆坐斩。籍没其家。周憬亡入比干庙中，大言曰："比干古之忠臣，知吾此心。三思与皇后淫乱，倾危国家，行当枭首都市，恨不及见耳！"遂自刭。之问、之逊、昙、悛、祖雍并除京官，加朝散大夫。

【译文】起初，少府监丞弘农人宋之问同弟弟兖州司仓宋之逊都因为附会张易之遭受连坐而贬到岭南，他们偷偷逃回了东都，在朋友光禄卿、驸马都尉王同皎的家里藏身。同皎痛恨武三思与韦后的所作所为，每每与亲近的人谈起，常常咬牙切齿。之逊在帘下面听到，秘密派出他的儿子宋昙和外甥校书郎李悛去给三思告密，想要借此得到赎赦。三思派宋昙李悛，和抚州司仓冉祖雍上书控告同皎与洛阳人张仲之、祖延庆、武当丞寿春人周憬等私底下结交壮士，策划谋害三思，趁此时机带兵入朝，把皇后废掉。唐中宗命令御史大夫李承嘉、监察御史姚绍之审理此事，又命令杨再思、李峤、韦巨源参加问验。仲之把三思的罪状说了，事情牵连到韦后。再思、巨源便假睡装作没有听到；峤与绍之吩咐缚绑送进监牢，仲之回头看，仍在说。绍之便叫人打他，打断了他的手臂，仲之大叫说："我被你（绍之）出卖而死，当在天庭控告你！"庚戌日（初七），同皎等人都被判处斩刑，他们的家也被抄没了，周憬逃进比干庙里，大声说："比干是古代的忠臣，知悉我的心意。三思同皇后淫乱，危害国家，要不了多久就会被斩首示众，只遗憾我等不及看到罢了！"便自杀了，之问、之逊、昙、悛、祖雍都在京师担任官职，加为朝散大夫。

武三思与韦后日夜谮敬晖等不已，复左迁晖为朗州刺史，崔玄暐为均州刺史，桓彦范为亳州刺史，袁恕己为郢州刺史；与晖等同立功者谢思行等皆以为党与坐贬。

大置员外官，自京司及诸州凡二千馀人，宦官超迁七品以上员外官者又将千人。

【译文】武三思和韦后成天不停地谗言毁谤敬晖等人，于是把敬晖再降为朗州刺史，崔玄暐为均州刺史，桓彦范为亳州刺史，袁恕己为郢州刺史。与敬晖等人一起将张易之、张昌宗诛灭而立下功劳的人，都视为一党全部贬官。

扩大编制员外官，从朝中各司到各州一共两千多人，宦官超升七品以上员外官的，又将近一千人。

魏元忠自端州还，为相，不复强谏，惟与时俯仰，中外失望。酸枣尉袁楚客致书元忠，以为："主上新服厥命，惟新厥德，当进君子，退小人，以兴大化，岂可安其荣宠，循默而已！今不早建太子，择师傅而辅之，一失也。公主开府置僚属，二失也。崇长缁衣，使游走权门，借势纳赂，三失也。俳优小人，盗窃品秩，四失也。有司选进贤才，皆以货取势求，五失也。宠进宦者，殆满千人，为长乱之阶，六失也。王公贵戚，赏赐无度，竞为侈靡，七失也。广置员外官，伤财害民，八失也。先朝宫女，得自便居外，出入无禁，交通请谒，九失也。左道之人，荧惑主听，盗窃禄位，十失也。凡此十失，君侯不正，谁正之哉！"元忠得书，愧谢而已。

【译文】 魏元忠由端州返回，担任宰相，不再极力劝谏了，只是随波逐流，没有主见，朝廷内部和地方上的人都对他很失望。酸枣县尉袁楚客给元忠写信，认为："皇上刚刚即位，思日新德政，应当引进君子，罢退小人，以兴盛政治教化，怎么可以安享荣禄，只是一味循顺缄默？现今还没及早立太子，挑选师傅辅导他，这是第一件错事。公主开设府衙设置僚属，是第二件错事。尊礼放纵僧徒，让他们进出权贵人家，依仗权势获取财贿，是第三件错事。倡优戏子，滥给官禄，是第四件错事。铨选官员引进贤才，全部都要把贿价和身份背景当作标准，是第五件错事。宠信升任宦官，近乎达到一千人，变乱的祸根由此埋下，是第六件错事。对待王侯以及贵显的亲戚，不按照制度赏赐，争着奢侈华靡，是第七件错事。扩大设置员外官，损耗财力，损害百姓，是第八件错事。上一代君主的宫女，让她们在宫外居住，不禁止她们进出内宫，导致了奔走请托之风，是第九件错事。歪门邪道的人，迷惑皇上，窃取官禄，是第十件错事。这十件过失，阁下若不匡正，又有谁来匡正呢？"元忠收到信看过，惭愧道歉了事。

夏，四月，改赠后父韦玄贞为酆王，后四弟皆赠郡王。

己丑，左散骑常侍、同中书门下三品李怀远致仕。

处士京兆韦月将上书告武三思潜通宫掖，必为逆乱；上大怒，命斩之。黄门侍郎宋璟奏请推按，上益怒，不及整巾，屣履出侧门，谓璟曰："朕谓已斩，乃犹未邪！"命趋斩之。璟曰："人言中宫私于三思，陛下不问而诛之，臣恐天下必有窃议。"固请按之，上不许。璟曰："必欲斩月将，请先斩臣！不然，臣终不敢奉诏。"上怒少解。左御史大夫苏珦、给事中徐坚、大理卿长安尹思贞皆以为方夏行戮，有违时令。上乃命与杖，流岭南。过秋分一日，平晓，广州都督周仁轨斩之。

【译文】夏季，四月，将皇后父韦玄贞改封赠为酆王，赠封皇后的四个弟弟为郡王。

己丑日（十六日），左散骑常侍、同中书门下三品李怀远退休。

处士京兆人韦月将上书控告武三思暗地里与后宫私通，一定会造反。唐中宗震怒，下令杀他。黄门侍郎宋璟上表奏章要求交由司法审理查究。唐中宗更加气恼，还没来得及把头巾整理好，踢跶鞋子就从侧门出来，对宋璟说："朕已经说过斩他，竟然没有执行？"下令马上斩杀他。宋璟说："有人告发皇后与武三思通奸，陛下审都不审就杀他，臣恐怕天下人一定会在背后批评。"坚决请求交由司法审判，唐中宗不予批准。宋璟说："假如非斩月将不可的话，请先斩了臣！不然的话，臣终究也不敢奉行陛下的诏命。"唐中宗的怒气稍稍消解。左御史大夫苏珦、给事中徐坚、大理卿长安人尹思贞都认为夏季执行斩刑，与天时相违背。唐中宗这才下令责打，把他流放到岭南。过了秋分一日，天刚刚亮，广州都督周仁轨就把他杀了。

御史大夫李承嘉附武三思，诋尹思贞于朝，思贞曰："公附会奸臣，将图不轨，先除忠臣邪！"承嘉怒，劾奏思贞，出为青州刺史。或谓思贞曰："公平日讷于言，及廷折承嘉，何其敏邪？"思贞曰："物不能鸣者，激之则鸣。承嘉恃威权相陵，仆义不受屈，亦不知言之从何而至也。"

武三思恶宋璟，出之检校贝州刺史。

【译文】 御史大夫李承嘉对武三思阿谀附从，在朝廷上诋毁尹思贞。思贞说："足下迎合奸臣，将会意图不轨，先要杀害忠臣吧！"承嘉恼怒，上表奏章揭发思贞有罪，调他出任青州刺史。有人对思贞说："足下平时不善于言辞，倒是在朝廷上当面斥责承嘉，为什么说得那般流利？"思贞说："不能鸣的东西，受到激动便会鸣。承嘉依仗威势和权力欺压我，我激于正义不能容忍他对人的欺压，也不知道自己的话是从哪里来的。"

武三思痛恨宋璟，调他出京担任检校贝州刺史。

五月，庚申，葬则天大圣皇后于乾陵。

武三思使郑愔告朗州刺史敬晖、亳州刺史韦彦范、襄州刺史张柬之、郢州刺史袁恕己、均州刺史崔玄暐与王同皎通谋。六月，戊寅，贬晖崖州司马，彦范泷州司马，柬之新州司马，恕己窦州司马，玄暐白州司马，并员外置，仍长任，削其勋封；复彦范姓桓氏。

初，韦玄贞流钦州而卒，蛮酋宁承基兄弟逼取其女，妻崔氏不与，承基等杀之，及其四男洵、浩、洞、泚，上命广州都督周仁轨使将兵二万讨之。承基等亡入海，仁轨追斩之，以其首祭崔氏墓，杀掠其部众殆尽。上喜，加仁轨镇国大将军，充五府大使，赐爵汝南郡公。韦后隔帘拜仁轨，以父事之。及韦后败，仁轨以党与诛。

【译文】 五月，庚申日（十八日），将则天大圣皇后安葬于乾陵。

武三思让郑愔告发朗州刺史敬晖、亳州刺史韦彦范、襄州刺史张柬之、郢州刺史袁恕已、均州刺史崔玄暐与王同皎私下串通密谋。六月，戊寅日（初六），贬敬晖降做了崖州司马，贬彦范做了泷州司马，贬柬之做了新州司马，贬恕已做了窦州司马，贬玄暐做了白州司马，都是员额外的编制，长期留在任上，削去封爵；让彦范恢复姓氏为桓。

起初，流放韦玄贞到钦州后玄贞死去，蛮族酋长宁承基兄弟强逼着要娶他的女儿，韦妻崔氏不同意，承基等杀了她以及四个儿子洵、浩、洞、泚，唐中宗遣派广州都督周仁轨带领两万士兵前去讨伐。承基等逃亡到海上，仁轨追上并且把他们杀死，用头去祭奠崔氏的墓，杀害并且掠取他的部众。唐中宗大悦，加封仁轨为镇国大将军，代五府大使，赐爵为汝南郡公。韦后隔着帘子向仁轨拜谢，认他当了义父。等到韦后败亡，仁轨被视为同党遭到诛杀。

秋，七月，戊申，立卫王重俊为皇太子。太子性明果，而官属率贵游子弟，所为多不法；左庶子姚珽屡谏，不听，珽，璹之弟也。

丙寅，以李峤为中书令。

上将还西京，辛未，左散骑常侍李怀远同中书门下三品，充东都留守。

【译文】 秋季，七月，戊申日（初七），将卫王李重俊立为太子。太子本性聪颖果决，但是绝大多数东宫的官员都是贵家游手好闲的子弟，做事时常不守法纪。左庶子姚珽规谏数次，没有采用，姚珽是姚璹的弟弟。

丙寅日（二十五日），任命李峤担任中书令。

唐中宗将要返回西京，辛未日（三十日），左散骑常侍李怀远同中书门下三品，代东都留守。

武三思阴令人疏皇后秽行，牓于天津桥，请加废黜。上大怒，命御史大夫李承嘉穷核其事。承嘉奏言："敬晖、桓彦范、张柬之、袁恕己、崔玄暐使人为之，虽云废后，实谋大逆，请族诛之。"三思又使安乐公主谮之于内，侍御史郑愔言之于外，上命法司结竟。大理丞三原李朝隐奏称："晖等未经推鞫，不可遽就诛夷。"大理丞裴谈奏称："晖等宜据制书处斩籍没，不应更加推鞫。"上以晖等尝赐铁券，许以不死，乃长流晖于琼州，彦范于瀼州，柬之于泷州，恕己于环州，玄暐于古州，子弟年十六以上，皆流岭外。擢承嘉为金紫光禄大夫，进爵襄武郡公，谈为刑部尚书；出李朝隐为闻喜令。

【译文】武三思暗地里教人罗列写出皇后的丑事，并在天津桥张贴，请求把皇后废掉。唐中宗极为震怒，派御史大夫李承嘉追查此事。承嘉上奏说："敬晖、桓彦范、张柬之、袁恕己、崔玄暐教人干的，虽然表面上说是废后，其意图实则在谋反，请求陛下将他们全族诛杀。"三思又让安乐公主（三思子媳）到宫里进谗言，侍御史郑愔在朝廷又说，唐中宗便下令司法部门定谳。大理丞三原人李朝隐上表奏章说："敬晖等人还未经审讯，不能马上就执行杀戮。"大理丞裴谈上奏说："敬晖等人应当按照皇上的制书处斩抄家，不该另行侦审。"唐中宗因为曾赐给敬晖等人铁券，准许他们不死，于是把敬晖长期流放到琼州，彦范在瀼州，柬之在泷州，恕己在环州，玄暐在古州，子弟凡是十六岁以上的都流放到岭南。升承嘉担任金紫光禄大夫，进爵襄武郡公，推荐为刑部尚书。调派李朝隐担任闻喜县令。

三思又讽太子上表，请夷晖等三族，上不许。

中书舍人崔湜说三思曰："晖等异日北归，终为后患，不如遣使矫制杀之。"三思问谁可使者，湜荐大理正周利用。利用先为五王所恶，贬嘉州司马，乃以利用摄右台侍御史，奉使岭外。比至，柬之、玄晖已死，遇彦范于贵州，令左右缚之，曳于竹槎之上，肉尽至骨，然后杖杀。得晖，凸而杀之。恕己素服黄金，利用逼之使饮野葛汁，尽数升不死，不胜毒愤，掊地，爪甲殆尽，仍捶杀之。利用还，擢拜御史中丞。薛季昶累贬儋州司马，饮药死。

三思既杀五王，权倾人主，常言："我不知代间何者谓之善人，何者谓之恶人；但于我善者则为善人，于我恶者则为恶人耳。"

时兵部尚书宗楚客、将作大匠宗晋卿、太府卿纪处讷、鸿胪卿甘元柬皆为三思羽翼。御史中丞周利用、侍御史冉祖雍、太仆丞李俊、光禄丞宋之逊、监察御史姚绍之皆为三思耳目，时人谓之五狗。

【译文】三思又教唆太子上表奏章，请求诛杀敬晖等三族，唐中宗没有应允。

中书舍人崔湜游说三思道："敬晖等将来返回中原，终究必定成为后患，不如派人假造圣旨将他们杀死。"三思问可以派谁前去，湜推荐大理正周利用（贞）。起初利用为五王所厌恶，把他降为嘉州司马，于是任命利用代右台侍御史，携带使命去岭南。快要到达，而柬之、玄晖已经去世；遇彦范在贵州，下令让左右的人将他绑住，拖到竹槎上面，肉磨到见骨，然后将他打死。捉住敬晖，将他剐杀。恕己素来服食丹药，利用就逼他喝下有毒的野葛汁，喝完几升毒汁还没死，恕己忍受不了毒发，疼得用手扒土，指甲都快要磨尽了，再把他打死。利用返回京师，升为御史中丞。薛季昶逐次降为儋州司马，服毒而死。

三思已经把五王除去，权力超过唐中宗，常常说："我不晓得世间什么叫善人，什么叫恶人；只知道与我关系好的就是善人，与我关系坏的就是恶人。"

当时兵部尚书宗楚客、将作大匠宗晋卿、太府卿纪处讷、鸿胪卿甘元柬都是三思的党羽。御史中丞周利用、侍御史冉祖雍、太仆丞李俊、光禄丞宋之逊、监察御史姚绍之都是三思的侦探，人们把他们称为"五狗"。

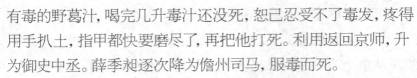

九月，戊午，左散骑常侍、同中书门下三品李怀远薨。

初，李峤为吏部侍郎，欲树私恩，再求入相，奏大置员外官，广引贵势亲识。既而为相，铨衡失序，府库减耗，乃更表言滥官之弊，且请逊位；上慰谕不许。

冬，十月，己卯，车驾发东都，以前检校并州长史张仁愿检校左屯卫大将军兼洛州长史。戊戌，车驾至西京。十一月，乙巳，赦天下。

丙辰，以蒲州刺史窦从一为雍州刺史。从一，德玄之子也，初名怀贞，避皇后父讳，更名从一，多谄附权贵。太平公主与僧寺争碾硙，雍州司户李元纮判归僧寺。从一大惧，亟命元纮改判。元硙大署判后曰："南山可移，此判无动！"从一不能夺。元纮，道广之子也。

【译文】九月，戊午日（十七日），左散骑常侍、同中书门下三品李怀远过世。

起初，李峤担任吏部侍郎，想树立起个人的恩德声望，而再度担任宰相，上表奏章建议扩大设置员额外的官员，多多引进贵显亲戚和自己熟悉的人。后来真又拜相，铨选官吏与法规不合，减损了国库，这才上表奏章说泛滥用官多的弊端，并且请求辞去官职。唐中宗安抚他留任，对他的请求不予批准。

冬季，十月，己卯日（初九），唐中宗自东都出发，任命前任检校并州长史张仁愿担任检校左屯卫大将军兼洛州长史。戊戌日（二十八日），唐中宗抵达西京。十一月，乙巳日（初五），大赦天下。

丙辰日（十六日），任命蒲州刺史窦从一担任雍州刺史。从一，是窦德玄的儿子，最初名叫怀贞，因为避皇后父亲的名讳，改名为从一，时常谄媚逢迎权贵。太平公主同和尚寺院争夺水力磨，雍州司户李元纮把水力磨判给佛寺。从一大为恐惧，急忙让元纮改判。元纮在判决书后大写："南山可以移动，这判不能改动！"从一也无计可施。元纮，是李道广的儿子。

初，秘书监郑普思纳其女于后宫，监察御史灵昌崔日用劾奏之，上不听。普思聚党于雍、岐二州，谋作乱。事觉，西京留守苏瑰收系，穷治之。普思妻第五氏以鬼道得幸于皇后，上敕瑰勿治。及车驾还西京，瑰廷争之，上抑瑰而佑普思；侍御史范献忠进曰："请斩苏瑰！"上曰："何故？"对曰："瑰为留守大臣，不能先斩普思，然后奏闻，使之荧惑圣听，其罪大矣。且普思反状明白，而陛下曲为申理。臣闻王者不死，殆谓是乎！臣愿先赐死，不能北面事普思。"魏元忠曰："苏瑰长者，用刑不枉。普思法当死。"上不得已，戊午，流普思于儋州，馀党皆伏诛。

【译文】起初，秘书监郑普思送女儿入后宫，监察御史灵昌人崔日用上表奏章劾举他，唐中宗置之不理。普思在雍、岐两州聚集党徒，谋划反叛之事。事情泄露，西京留守苏瑰将他收押，推究审判。普思的妻子第五氏凭借鬼灵术而为皇后所亲信，因而唐中宗降下敕书让苏瑰不要对他依法处置。后来唐中宗返回西京，苏瑰在朝廷上争论此事，唐中宗对苏瑰压抑而对普思偏袒。侍御史范献忠上前奏报说："请杀苏瑰！"唐中宗说："为什么？"献忠答："瑰作为留守大臣，不能先斩普思，而后上奏，使得他迷惑了圣上的视听，他的罪过大得不得了啊！而且普思谋反之事态已经很清晰，陛下却偏为他找理由。臣听闻贵为王侯是不会死的，就说的是他吧！臣宁愿先被赐死，也不当普思的臣民。"魏元忠说："苏瑰是长者，执行律法从不枉滥。普思依照律法应该处以死刑。"唐中宗迫不得已，戊午日（十八日），把普思流放到儋州，其党羽都被杀死。

十二月，己卯，突厥默啜寇鸣沙，灵武军大总管沙吒忠义与战，军败，死者六千馀人。丁巳，突厥进寇原、会等州，掠陇右牧马万馀匹而去。免忠义官。

安西大都护郭元振诣突骑施乌质勒牙帐议军事，天大风雪，元振立于帐前，与乌质勒语。久之，雪深，元振不移足；乌质勒老，不胜寒，会罢而卒。其子娑葛勒兵将攻元振，副使御史中丞解琬知之，劝元振夜逃去。元振曰："吾以诚心待人，何所疑惧！且深在寇庭，逃将安适！"安卧不动。明旦，入哭，甚哀。娑葛感其义，待元振如初。戊戌，以娑葛袭喝鹿州都督、怀德王。

安乐公主恃宠骄恣，卖官鬻狱，势倾朝野。或自为制敕，掩其文，令上署之；上笑而从之，竟不视也。自请为皇太女，上虽不从，亦不谴责。

【译文】十二月，己卯日（初九），突厥默犯鸣沙，灵武军大总管沙吒忠义跟他交战，兵败，六千多人死亡。丁巳日（十二月无此日），突厥进犯原、会等州，抢劫陇右一万多匹牧马而去。忠义被罢免官职。

安西大都护郭元振前往突骑施乌质勒大本营商谈军事，这时有大风雪，元振在帐前站着同乌质勒谈论。过了很长时间，下的雪已经很深了，元振的脚不动。乌质勒年老，抵挡不了寒冷，谈完就过世了。他的儿子娑葛统兵将要攻击元振，副使御史中丞解琬获悉，劝告元振趁夜逃走，元振说："我待人诚心，有什么害怕的！况且我们深处敌人的巢穴，还能逃到哪里去呢？"安睡不动。第二天一早，前去吊祭，哭得十分伤心，娑葛为他的义气所动容，对待元振还跟以前一样。戊戌日（二十八日），任命娑葛承袭嗢鹿州都督、怀德王。

安乐公主依仗帝后的爱宠而骄傲放肆，卖官揽讼，权倾朝廷内外。有的时候自己写制敕，将正文掩盖，要求唐中宗签字，唐中宗笑着依从了她，居然连内容都不看一眼。自己请求立为皇太女，唐中宗虽然没有应允，也不加以责罚。

景龙元年（丁未，公元七〇七年）春，正月，庚戌，制以突厥默啜寇边，命内外官各进平突厥之策。右补阙卢俌上疏，以为："郤縠悦礼乐，敦诗书，为晋元帅；杜预射不穿礼，建平吴之勋。是知中权制谋，不取一夫之勇。如沙吒忠义，骁将之材，本不足以当大任。又，鸣沙之役，主将先逃，宜正邦宪；赏罚既明，敌无不服。又，边州刺史，宜精择其人，使之蒐卒乘，积资粮，来则御令，去则备之。去岁四方旱灾，未易兴师。当理内以及外，绥近以来远，俟仓廪实，士卒练，然后大举以讨之。"上善之。

二月，丙戌，上遣武攸暨、武三思诣乾陵祈雨。既而雨降，上喜, 制复武氏崇恩庙及昊陵、顺陵, 因名鄷王庙曰褒德, 陵曰荣先; 又制崇恩庙斋郎取五品子充。太常博士杨孚曰: "太庙皆取七品已下子为斋郎, 今崇恩庙取五品子, 未知太庙当如何?" 上命太庙亦准崇恩庙。孚曰: "以臣准君, 犹为僭逆, 况以君准臣乎!" 上乃止。

【译文】 景龙元年 (丁未, 公元707年) 是年九月始更改年号为景龙。春季, 正月, 庚戌日 (十一日), 下制书, 因突厥默啜侵略边境, 令中央地方各上平复突厥的计策。右补阙卢俌上奏, 认为: "郤縠喜爱礼乐, 崇尚《诗》《书》, 担任晋国的统帅; 杜预射箭不能射穿一层铠甲, 能建立平定东吴的功绩。因而知晓军中定策, 不取决于一人的勇力, 就像沙吒忠义, 是英勇的将领, 原本就无法承担重大的任务。而且, 鸣沙战役, 主将 (沙吒) 先逃跑, 应交国法处罚。奖惩已分明, 则没有打不败的敌人。再者, 边地的州刺史, 应该精挑细选而任命, 让他集合兵、车, 储蓄粮草, 敌来便抵御, 敌去便守卫。去年各地旱灾, 不要草率动兵。应该先整治好内部再治理外患, 安定国内以使远方诸国前来进贡, 等到仓廪充实, 士兵精练, 之后再大举去讨伐他。" 唐中宗认为很好。

二月, 丙戌日 (十七日), 唐中宗派遣武攸暨、武三思前往乾陵求雨。没过多久雨下了, 唐中宗高兴, 下诏书, 将武氏崇恩庙及昊陵、顺陵恢复原名, 因此将鄷王庙名为褒德庙, 陵名为荣先陵。又下诏书, 崇恩庙的斋郎选择五品官的孩子担当。太常博士杨孚说: "太庙都是用七品以下官的孩子担任斋郎, 现今崇恩庙用五品官的孩子, 不知太庙该怎么办呢?" 唐中宗命太庙也按照崇恩庙办理。杨孚说: "用臣和国君对比, 尚且还是僭越不道, 更何况拿皇帝比照臣下呢?" 唐中宗这才收回那个决定。

庚寅，敕改诸州中兴寺、观为龙兴，自今奏事不得言中兴。右补阙权若讷上疏，以为："天、地、日、月等字皆则天能事，贼臣敬晖等轻紊前规；今削之无益于淳化，存之有光于孝理。又，神龙元年制书，一事以上，并依贞观故事，岂可近舍母仪，远尊祖德！"疏奏，手制褒美。

　　三月，庚子，吐蕃遣其大臣悉薰热入贡。

　　夏，四月，辛巳，以上所养雍王守礼女金城公主妻吐蕃赞普。

　　五月，戊戌，以右屯卫大将军张仁愿为朔方道大总管，以备突厥。

　　上以岁旱谷贵，召太府卿纪处讷谋之。明日，武三思使知太史事迦叶志忠奏："是夜，摄提入太微宫，至帝座，主大臣宴见纳忠于天子。"上以为然，敕称处讷忠诚，彻于玄象，赐衣一袭，帛六十段。

　　【译文】 庚寅日（二十一日），下诏书，将各州中兴寺、中兴观改名为龙兴寺、龙兴观；从现在起，上书不能说"中兴"。右补阙权若讷上奏疏，认为："天、地、日、月等字皆为则天皇后的杰作，奸佞之臣敬晖等草率地扰乱前朝的制度。现在削改对淳美的教化并无益处，保留它就能弘扬陛下的孝道。而且神龙元年制书，命无论办理任何事情都要参照贞观年的成例，怎可近处舍弃母亲的仪轨，反而远尊祖宗的规定呢！"呈上奏疏后，唐中宗亲下诏书嘉奖他。

　　三月，庚子日（初二），吐蕃派遣他的大臣悉薰热来进贡。

　　夏天四月，辛巳日（十四日），选择唐中宗抚育的雍王李守礼的女儿金城公主嫁给吐蕃赞普。

五月，戊戌日（初一），任命左屯卫大将军张仁愿担任朔方道大总管，以防范突厥。

唐中宗因旱灾谷价高，召太府卿纪处讷商讨。第二天，武三思让主持太史职位的迦叶志忠上书说："今夜，摄提（六星）入太微宫，到帝座，兆象显示有大臣空闲觐见效忠于天子。"唐中宗以为对，下诏书说纪处讷忠心，知晓天人的现象，赏赐一件衣服，六十段帛。

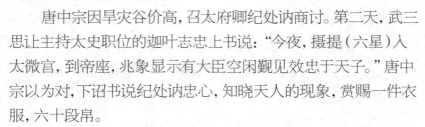

六月，丁卯朔，日有食之。

姚巂道讨击使、监察御史晋昌唐九征击姚州叛蛮，破之，斩获三千馀人。

皇后以太子重俊非其所生，恶之；特进德静王武三思尤忌太子。上官倢伃以三思故，每下制敕，推尊武氏。安乐公主与驸马左卫将军武崇训常陵侮太子，或呼为奴。崇训又教公主言于上，请废太子，立己为皇太女。太子积不能平。

【译文】六月，丁卯朔日（初一），日食。

姚巂道讨击使、监察御史晋昌人唐九征征讨姚州的叛蛮，将他们击败，斩杀三千多名俘虏。

皇后因为太子李重俊并非她所生，所以讨厌他。特进德静王武三思非常害怕太子。上官婕好因三思的关系，每次下制敕，尊崇武氏。安乐公主跟驸马左卫将军武崇训时常欺负侮辱太子，有的时候叫他奴。崇训又唆使公主对唐中宗说，请求将太子废掉，册立自己为皇太女。太子越来越不平。

秋，七月，辛丑，太子与左羽林大将军李多祚、将军李思冲、李承况、独孤祎之、沙吒忠义等，矫制发羽林千骑兵三百馀人，杀三思、崇训于其第，并亲党十馀人。又使左金吾大将军成王千里及其子天水王禧分兵守宫城诸门，太子与多祚引兵自肃章门斩关而入，叩阁索上官婕妤。婕妤大言曰："观其意欲先索婉儿，次索皇后，次及大家。"上乃与韦后、安乐公主、上官婕妤登玄武门楼以避兵锋，使左羽林大将军刘景仁帅飞骑百馀人屯于楼下以自卫。杨再思、苏瑰、李峤与兵部尚书宗楚客、左卫将军纪处讷拥兵二千馀人屯太极殿前，闭门自守。多祚先至玄武楼下，欲升楼，宿卫拒之。多祚与太子狐疑，按兵不战，冀上问之。宫闱令石城杨思勖在上侧，请击之。多祚婿羽林中郎将野呼利为前锋总管，思勖挺刃斩之，多祚军夺气。上据槛俯谓多祚所将千骑曰："汝辈皆朕宿卫之士，何为从多祚反？苟能斩反者，勿患不富贵。"于是，千骑斩多祚、承况、祎之、忠义，馀众皆溃。成王千里、天水王禧攻右延明门，将杀宗楚客、纪处讷，不克而死。太子以百骑走终南山，至鄠西，能属者才数人，憩于林下，为左右所杀。上以其首献太庙及祭三思、崇训之枢，然后枭之朝堂。更成王千里姓曰蝮氏，同党皆伏诛。

【译文】秋天七月，辛丑日（初六），太子跟左羽林大将军李多祚、将军李思冲、李承况、独孤祎（一本祎下有"之"字）、沙吒忠义等，伪造圣旨发派三百多名羽林千骑的军队，斩杀武三思、武崇训在他们的府邸及亲戚党羽十多人。又让左金吾大将军成王千里与他儿子天水王禧分兵驻守宫城各门，太子与李多祚领兵从肃章门破关而入，敲宫门要捉拿上官婕妤。婕妤大声说："看他的意思是想先把我捕获，之后是皇后，再者就是唐中宗。"唐中宗就和韦后、安乐公主、上官婕妤为避祸患登上玄武门楼，派遣右羽林大将军刘景仁率领一百多名快骑兵镇守楼下。杨再思、苏瑰、李峤与兵部尚书宗楚客、左卫将军纪处讷率领两千多人在太极殿前屯驻，闭门自守。多祚先到玄武楼下，想要上楼，卫队阻拦他。多祚跟太子犹豫，停止进攻，希望唐中宗问他。宫闱令石城人杨思勖在唐中宗身边，请求下令进攻。多祚的女婿羽林中郎将野呼利担任前锋总管，思勖举刀斩杀他，多祚的部队士气立刻消退。唐中宗倚在栏杆上欠身向多祚率领的军队说："你们都是朕的宿卫部队，为什么要追随多祚叛乱？若能杀掉反叛的人，不怕没有富贵。"因而千骑兵斩杀多祚、承况、祎之、忠义，剩下的部众都逃了。成王千里、天水王禧攻击右延明门，打算将宗楚客、纪处讷杀了，还没完成就死了。太子带领一百骑兵逃到终南山，到鄂西时，只有几个人跟上来，在树下歇息，被左右斩杀。唐中宗用太子头祭告太庙及祭武三思、武崇训的棺枢，之后在政事堂悬挂。改成王千里姓蝮氏，同党皆被斩首。

东宫僚属无敢近太子尸者，唯永和县丞宁嘉勖解衣裹太子首号哭，贬兴平丞。

太子兵所经诸门守者皆坐流；韦氏之党奏请悉诛之，上更命法司推断。大理卿宋城郑惟忠曰："大狱始决，人心未安，若复有改推，则反仄者众矣。"上乃止。

以杨思勖为银青光禄大夫，行内常侍。癸卯，赦天下。

【译文】东宫的属官没有人敢靠近太子的尸体，只有永和县丞宁嘉勖解衣将太子的头颅包裹住大声痛哭，被贬为兴平县丞。

太子领兵经过的各门，守门的流放了。韦氏一党上书请求将他们全部斩首，唐中宗改命司法部门审核裁办。大理卿宋城人郑惟忠说："刚刚判完大案，民心不稳，假如再改发更审，心中不安的人就愈加多了。"唐中宗这才作罢。

任命杨思勖担任银青光禄大夫，兼内常侍。癸卯日（初八），大赦天下。

赠武三思太尉、梁宣王，武崇训开府仪同三司、鲁忠王。安乐公主请用永泰公主故事，以崇训墓为陵。给事中卢粲驳之，以为："永泰事出特恩，今鲁王主婿，不可为比。"上手敕曰："安乐与永泰无异，同穴之义，今古不殊。"粲又奏，以为："陛下以膝下之爱施及其夫，岂可使上下无辨，君臣一贯哉！"上乃从之。公主怒，出粲为陈州刺史。

襄邑尉襄阳席豫闻安乐公主求为太女，叹曰："梅福讥切王氏，独何人哉！"乃上书请立太子，言甚深切。太平公主欲表为谏官，豫耻之，逃去。

【译文】追谥武三思做太尉、梁宣王，武崇训为开府仪同三司、鲁忠王。安乐公主乞求用永泰公主先例，号崇训的墓为陵，给事中卢粲反驳说："永泰公主是特殊的恩典，今鲁王是公主的丈夫，不能同她相比较。"唐中宗亲自写下诏书："安乐与永泰无区别，夫妻合葬，古今一样。"卢粲又上书说："陛下疼爱亲生女而推爱于她的丈夫，怎么能让上下没有区别，君臣相同呢？"唐中宗无可奈何地依从他的奏议。公主恼怒，将卢粲调走担任陈州刺史。

襄邑县尉襄阳人席豫听说安乐公主请求册立为皇太女，哀叹："汉代梅福斥责汉城帝冤杀王章（外戚专权），这是个勇敢的人！"于是上奏请求册立太子，言辞恳切。太平公主想上奏推举他为谏官，席豫引为耻，逃跑了。

八月，戊寅，皇后及王公已下表上尊号曰应天神龙皇帝，改玄武门为神武门，楼为制胜楼。宗楚客又帅百官表请加皇后尊号曰顺天翊圣皇后。上并许之。

初，右台大夫苏珦治太子重俊之党，囚有引相王者，珦密为之申理，上乃不问。自是安乐公主及兵部尚书宗楚客日夜谋潛相王，使侍御史冉祖雍等诬奏相王及太平公主，云"与重俊通谋，请收付制狱。"上召吏部侍郎兼御史中丞萧至忠，使鞠之。至忠泣曰："陛下富有四海，不能容一弟一妹，而使人罗织害之乎！相王昔为皇嗣，固请于则天，以天下让陛下，累日不食，此海内所知。奈何以祖雍一言而疑之！"上素友爱，遂寝其事。

【译文】八月，戊寅日（十三日），皇后及王、公以下上奏进尊号为应天神龙皇帝，把玄武门改名为神武门，楼名制胜楼。宗楚客又带领众官上奏请求加皇后尊号为顺天翊圣皇后。唐中宗全都允了。

当时，右台大夫苏珦审问太子李重俊的党羽，罪犯中有牵连到相王的人，苏珦私下为他申辩，唐中宗这才没有追究。此后安乐公主与兵部尚书宗楚客成天谋划诋毁相王，唆使侍御史冉祖雍诬赖相王及太平公主，说是"与重俊合谋，请求收押入狱"。唐中宗召见吏部侍郎兼御史中丞萧至忠，命他审查。至忠哭着说："陛下有四海的财富，却不能容忍一个弟弟一个妹妹，而让人设计构陷他俩吗？相王以前曾为皇储，请求则天皇太后把天下传给陛下，一连几天都不吃饭，这是全天下都知道的。怎能因为祖雍的一句话对他心怀猜忌呢！"唐中宗与相王向来友爱，于是就放置不管了。

右补阙浚仪吴兢闻祖雍之谋，上疏，以为："自文明以来，国之祚胤，不绝如线，陛下龙兴，恩及九族，求之瘴海，升之阙庭。况相王同气至亲，六合无贰，而贼臣日夜连谋，乃欲陷之极法；祸乱之根，将由此始。夫任以权则虽疏必重，夺其势则虽亲必轻。自古委信异姓，猜忌骨肉，以覆国亡家者，几何人矣。况国家枝叶无几，陛下登极未久，而一子以弄兵受诛，一子以忿违远窜，惟馀一弟朝夕左右，尺布斗粟之讥，不可不慎，《青蝇》之诗，良可畏也。"

相王宽厚恭谨，安恬好让，故经武、韦之世，竟免于难。

【译文】 右补阙浚仪人吴兢听说祖雍的图谋，上奏疏，认为："自文明年来，国家的继位统绪，仅系于一线不断罢了，陛下重登帝位之后，恩惠普及皇室九族，访求失散于烟瘴之地的皇族子孙让他们重返朝廷。更何况相王是最亲的兄弟，天地间没有第二人跟陛下的关系像他那样亲近；但是奸佞整天勾结谋害，竟想陷害他于极刑，祸害的根源，就是从这件事开始的。若赋予权力，则纵然血统关系疏远也举足轻重，解除权力则纵然血统亲近也没有影响。自古任命宠信不同姓的人，猜忌怀疑亲人，而致使国家灭亡的，有很多啊！更何况国家宗人不多，陛下即位没有多久，如果一位皇子因为举兵而被杀害，一位皇子因为有罪流放，仅有一位皇弟早晚陪在身边，汉文帝被百姓讥为不能容忍唯一的弟弟，不能不谨慎，《青蝇》讽刺幽王信谗言的诗，确实是借鉴啊。"

相王宽仁恭顺谨慎，安然恬淡崇尚谦让，因此历经武后、韦后的时代，竟免遭毒手。

【乾隆御批】 重俊以子弄父，兵事与庚太子相类特，元恶受诛一时借为抒愤耳。当时斩首祭柩，固为不情，后来复号追谥，亦属过举。

【译文】李重俊作为儿子戏弄父亲，起兵造反与戾太子刘据的做法相类似，首犯被杀是唐中宗李显为泄一时之愤。当时斩李重俊的首级祭奠武三思和武崇训的灵柩，本来就不合情理，后来又恢复李重俊的名誉，追封谥号，同样属于偏颇的举动。

初，右仆射、中书令魏元忠以武三思擅权，意常愤郁。及太子重俊起兵，遇元忠子太仆少卿升于永安门，胁以自随，太子死，升为乱兵所杀。元忠扬言曰："元恶已死，虽鼎镬何伤！但惜太子陨没耳。"上以其有功，且为高宗、武后所重，故释不问。兵部尚书宗楚客、太府卿纪处讷等共证元忠，云"与太子通谋，请夷其三族。"制不许。元忠惧，表请解官爵，以散秩还第。丙戌，上手敕听解仆射，以特进、齐公致仕，仍朝朔望。

【译文】当时，右仆射、中书令魏元忠因武三思专政，经常恼恨郁闷。到太子重俊起兵，在永安门口遇到元忠的儿子太仆少卿魏升，就挟他一块行动；太子死了，一起为乱兵所斩杀。元忠宣称："为首的（三思）已经死了，即便是受到国家刑杀也在所不惜！只可惜太子死了。"唐中宗因为元忠有功，并且高宗、武后都看重他，因此把他放了不予追究。兵部尚书宗楚客、太府卿纪处讷等人一起指证元忠，说："他和太子串通反叛，恳请将他三族诛杀。"唐中宗下诏书不予准许。元忠恐惧，上书请求辞官，准许散官回乡。丙戌日（二十一日），唐中宗亲自写下敕令准解除仆射官职，而以特进、齐公退休，依旧在初一、十五上朝。

九月，丁卯，以吏部侍郎萧至忠为黄门侍郎，兵部尚书宗楚

资治通鉴

客为左卫将军，兼太府卿纪处讷为太府卿，并同中书门下三品；中书侍郎、同中书门下三品于惟谦罢为国子祭酒。

庚子，赦天下，改元。

宗楚客等引右卫郎将姚廷筠为御史中丞，使劾奏魏元忠，以为："侯君集社稷元勋，及其谋反，太宗就群臣乞其命而不得，竟流涕斩之。其后房遗爱、薛万彻、齐王祐等为逆，虽复懿亲，皆从国法。元忠功不逮君集，身又非国戚，与李多祚等谋反，男入逆徒，是宜赤族污宫。但有朋党饰辞营救，以惑圣听，陛下仁恩，欲掩其过。臣所以犯龙鳞、忤圣意者，正以事关宗社耳。"上颇然之。元忠坐系大理，贬渠州司马。

【译文】 九月，丁卯日（九月无此日），任命吏部侍郎萧至忠担任黄门侍郎，兵部尚书宗楚客担任左卫将军，兼太府卿纪处讷担任太府卿，并为同中书门下三品；中书侍郎、同中书门下三品于惟谦免职，担任国子监祭酒。

庚子日（初五），大赦天下，把年号改为景龙。

宗楚客等人把右卫郎将姚廷筠引进担任御史中丞，唆使他上书弹劾魏元忠，认为："侯君集是国家的元勋，他造反，太宗向众位臣子肯求免去他的死罪而群臣不愿意，最终哭着斩了他。之后房遗爱、薛万彻、齐王祐等人谋反叛逆，即使是至亲，都依照国法处置。元忠的功绩比不上君集，身份又不是国戚，和李多祚等一干人等谋反叛逆，儿子在谋反行列，应该满门抄斩，把家宅夷为池沼。可是有同党申辩营救，迷乱圣上的视听，陛下仁厚施恩，要遮掩他的罪责。臣冒犯龙威、违背圣旨的缘由，正是此事关系到国家的命运罢了。"唐中宗以为他的话很对。元忠受牵连收押在大理寺，贬为渠州司马。

宗楚客令给事中冉祖雍奏言："元忠既犯大逆，不应出佐渠州。"杨再思、李峤亦赞之。上谓再思等曰："元忠驱使日久，朕特矜容，制命已行，岂宜数改！轻重之权，应自朕出。卿等频奏，殊非朕意！"再思等惶惧拜谢。

监察御史袁守一复表弹元忠曰："重俊乃陛下之子，犹如昭宪；元忠非勋非戚，焉得独漏严刑！"甲辰，又贬元忠务川尉。

顷之，楚客又令袁守一奏言："则天昔在三阳宫不豫，狄仁杰奏请陛下监国，元忠密奏以为不可，此则元忠怀逆日久，请加严诛！"上谓杨再思等曰："以朕思之，人臣事主，必在一心；岂有主上小疾，遽请太子知事！此乃仁杰欲树私恩，未见元忠有失。守一欲借前事以陷元忠，其可乎！"楚客乃止。

【译文】宗楚客唆使给事中冉祖雍上书说："元忠既然犯谋逆罪，不应该调走做渠州的僚佐。"杨再思、李峤也帮他。唐中宗对再思等说："元忠报效国家多年，朕宽免他，命令已下达了，怎么能再改变！决定权应在朕手中。诸位频频上书，实在与朕意不相符合！"再思等害怕叩拜而谢罪。

监察御史袁守一不断上书弹劾元忠说："重俊是陛下的儿子，尚且还予以处罚来昭明国法；元忠并非元勋，又非国戚，怎能破例不受重刑裁办？"甲辰日（初九），又把元忠贬为务川县尉。

没过多久，宗楚客又唆使袁守一上书说："则天太后以前卧病在三阳宫，狄仁杰上书肯请陛下监管政事，元忠秘密上书以为不行，这就可见元忠违背陛下时日不短。请求将他判处死刑！"唐中宗对杨再思等说："依朕看来，人臣为国君服务，必须要忠贞不贰，怎能因为皇帝身患小病，就立即请求太子主持政事？这是仁杰想要讨好我，不一定元忠有错。守一想引介以往这件事情来构陷元忠，怎么行呢？"楚客这才作罢。

元忠行至涪陵而卒。

银青光禄大夫、上庸公、圣善、中天、西明三寺主慧范于东都作圣善寺，长乐坡作大像，府库为之虚耗。上及韦后皆重之，势倾内外，无敢指目者。戊申，侍御史魏传弓发其奸赃四十馀万，请置极法。上欲宥之，传弓曰："刑赏国之大事，陛下赏已妄加，岂宜刑所不及！"上乃削黜慧范，放于家。

宦官左监门大将军薛思简等有庞于安乐公主，纵暴不法，传弓奏请诛之，御史大夫窦从一惧，固止之。时宦官用事，从一为雍州刺史及御史大夫，误见讼者无须，必曲加承接。

以杨再思为中书令，韦巨源、纪处讷并为侍中。

壬戌，改左、右羽林千骑为万骑。

【译文】魏元忠前往任所，走到涪陵县就死去了。

银青光禄大夫、上庸公、圣善、中天、西明三寺住持慧范，在东都建圣善寺，在长乐坡建大佛像，国库因此白白消耗。唐中宗与韦后都看重慧范，他的权势足以把朝野的臣子压倒，没人敢对他有所指摘。戊申日（十三日），侍御史魏传弓揭发慧范贪污四十多万，请求依法办理。唐中宗想宽赦他，传弓说："刑赏是国家的重要事情，陛下已赏赐太过，难道刑罚却要不及吗？"唐中宗这才把慧范的职禄削去，放逐他返乡。

宦官左监门大将军薛思简等是安乐公主喜爱的人，残忍霸道做违法的事，传弓上书请求斩杀他，御史大夫窦从一惧怕他，坚决阻挠。那时宦官掌权，从一担任雍州刺史与御史大夫，看见诉讼的人没有胡须，误认为是宦官，反而曲意巴结。

任命杨再思为中书令，韦巨源、纪处讷一同担任侍中。

壬戌日（二十七日），左、右羽林千骑名字改为万骑。

冬，十月，丁丑，命左屯卫将军张仁愿充朔方道大总管，以击突厥；比至，虏已退，追击，大破之。

习艺馆内教苏安恒，矜高好奇，太子重俊之诛武三思也，安恒自言"此我之谋"。太子败，或告之；戊寅，伏诛。

十二月，乙丑朔，日有食之。

是岁，上遣使者分道诣江、淮赎生。中书舍人房子李又上疏谏曰："江南乡人采捕为业，鱼鳖之利，黎元所资。虽云雨之私有沾于末类；而生成之惠未洽于平人。何则？江湖之饶，生育无限；府库之用，支供易殚。费之若少，则所济何成！用之倘多，则常支有阙。在于拯物，岂若忧人！且鬻生之徒，唯利斯视，钱刀日至，网罟年滋，施之一朝，营之百倍。未若回救赎之钱物，减贫无之徭赋，活国爱人，其福胜彼。"

【译文】冬天十月，丁丑日（十三日），命左屯卫（大）将军张仁愿代替朔方道大总管，以征讨突厥。等到达之时，虏已离开，追赶，击败突厥。

习艺馆的宫中教习官苏安恒，骄傲好奇，太子重俊斩杀武三思时，安恒自己说："这是我谋划的。"太子死后，有人揭发他。戊寅日（十四日），被斩首。

十二月，乙丑朔日（初一），发生日食。

这年，唐中宗派遣使者，分几路去江、淮一带赎鱼鳖放生。中书舍人房子人李又上书进谏说："江南地方百姓，捕鱼为生，鱼鳖的利益，是百姓生活的来源。纵然唐中宗广施恩惠的爱心，对小动物有益，而生养成长的恩泽并没有均施给百姓，为什么呢？江和湖有很多，鱼类的生育是无数的；国库的财用，支出供给容易枯竭。若支出的钱太少，则放生的有限，就没有用！若支出的钱太多，多次这样国库就会短缺。与其救水中物，倒不如体恤百姓！并且那批做放生买卖的人，唯利是图，银钱天天来，渔网也年年增，放生一天，他们就赚钱百倍。不如把这笔放生的钱追回，减抵贫困而无法维持生计之人的役税，充实国库，爱泽百姓，这恩惠超过放生。"

资治通鉴卷第二百九　唐纪二十五

起著雍涒滩，尽上章阉茂七月，凡二年有奇。

【译文】 起戊申（公元708年），止庚戌（公元710年）七月，共两年七个月。

【题解】 本卷记录了公元708年至710年的史事，共两年又七个月，正当唐中宗景龙二年到唐睿宗景云元年七月。中宗李显治国无方，治家无策，忠奸不辨，是非不明。中宗还滥封官职，封邑也违反制度，大肆佞佛，广建寺塔，奢侈无度，耗费了无数的国家资财，加重了人民的负担。并且他纵容韦皇后干预朝政，纵容长宁、安乐两公主卖官鬻爵，横行不法，最终中宗被韦后和安乐公主毒杀。之后临淄王李隆基发动兵变，诛除韦后，歼灭其党羽，睿宗李旦即位。

中宗大和大圣大昭孝皇帝下

景龙二年（戊申，公元七〇八年）春，二月，庚寅，宫有言皇后衣笥裙上有五色云起，上令图以示百官。韦巨源请布之天下；从之，乃赦天下。

迦叶志忠奏："昔神尧皇帝未受命，天下歌《桃李子》；文武皇帝未受命，天下歌《秦王破阵乐》；天皇大帝未受命，天下歌《堂堂》；则天皇后未受命，天下歌《妩媚娘》；应天皇帝未受命，天下歌《英王石州》。顺天皇后未受命，天下歌《桑条韦》，盖天意以为顺天皇后宜为国母，主蚕桑之事。谨上《桑韦歌》十二篇，请编之乐府，皇后祀先蚕则奏之。"太常卿郑愔又引而申之。上悦，皆受厚赏。

【译文】 景龙二年（戊申，公元708年）春季，二月，庚寅日（二十七日），宫内传闻皇后衣箱中裙子上产生五色云彩，唐中宗让人画下来给百官看。韦巨源建议向天下百姓宣布，准许了，因而大赦天下。

迦叶志忠上奏："以往神尧皇帝还没有登上帝位，天下已唱《桃李子》的歌；文武皇帝还没有继承帝位时，天下已流行《秦王破阵乐》的歌；天皇大帝还没有登基，天下人唱《堂堂》歌；则天皇后还没有当上皇帝，天下歌唱《婳媚娘》；应天皇帝还没有登位，天下歌唱《英王石州》；顺天皇后未受天命，天下歌唱《桑条韦》，可能上天以为顺天皇后当为国母，主持蚕桑的事，敬唱《桑韦歌》十二篇，请求采编入乐府，在皇后祭祀先蚕时演奏。"太常卿郑愔又引申这意思。唐中宗很高兴，两人都受到奖赏。

【乾隆御批】 衣笥云起，本荒诞不可信，乃图示中外，且以肆赦，不经孰甚焉。至若《武媚娘》为武氏篡窃之征，则《桑韦歌》起民间，方当引前事为戒惧，顾听佞臣蛊惑，编之乐府，以祀先蚕，是俨然欲以武待韦矣。昏庸一至于此，尚足责哉？

【译文】 盛衣服的竹箱有五色祥云升起，本是荒诞不可信的事，中宗却让人画出来给大家看，并因此实行大赦，真没有比这更荒诞不经的了。如果说《武媚娘》的传唱是武则天将要篡权的征兆，那么《桑韦歌》从民间传唱，正应当引起中宗对武则天篡权之事的警戒和畏惧，但中宗受佞臣蛊惑，将《桑韦歌》编入乐府，用于祭祀先蚕神，这俨然是要像侍奉武则天般侍奉韦氏。中宗昏庸到这种地步，还值得让人责备吗？

右补阙赵延禧上言："周、唐一统，符命同归，故高宗封陛下为周王；则天时，唐同泰献《洛水图》。孔子曰：'其或继周者，虽百代可知也。'陛下继则天，子孙当百代王天下。"上悦，擢延禧为谏议大夫。

丁亥，萧至忠上疏，以为："恩倖者止可富之金帛，食之粱肉，不可以公器为私用。今列位已广，冗员倍之，干求未厌，日月增数，陛下降不訾之泽，近戚有无涯之请，卖官利己，鬻法徇私。台寺之内，朱紫盈满，忽事则不存职务，恃势则公违宪章，徒忝官曹，无益时政。"上虽嘉其意，竟不能用。

【译文】右补阙赵延禧上书说："周、唐的统绪是一贯的，天心符命同归在一人，因此高宗封陛下为周王。则天皇帝时，唐同泰献《洛水图》。孔子说：'将来有继承周朝的，即使是历经百代也能类推而知晓的。'陛下继则天皇帝，子孙百代当会全部成为天下君主。"唐中宗高兴，晋升延禧为谏议大夫。

丁亥日（二十四日），萧至忠上书，认为："承恩而侥幸的人，仅可以赏赐他金钱、布帛，送他肉米，不能把官位作为对宠信的人的奖赏。现今在职的官员很多，冗余的官吏又加倍，干请谒求的人不满足，每天在增加，陛下赐无量的恩惠，亲近的人及亲戚有无限的请求，卖官自肥，徇私舞弊。中枢各台各寺，高官挤满了，玩忽职守到不理政务，仗势到公开违反法律，只是白白侮辱官职，对政事毫无帮助。"唐中宗虽然赞许他的建议，最终没有采纳。

三月，丙辰，朔方道大总管张仁愿筑三受降城于河上。

初，朔方军与突厥以河为境，河北有拂云祠，突厥将入寇，必先诣祠祈祷，牧马料兵而后度河。时默啜悉众西击突骑施，仁愿请乘虚夺取漠南地，于河北筑三受降城，首尾相应，以绝其南寇之路。太子少师唐休璟以为："两汉以来皆北阻大河，今筑城寇境，恐劳人费功，终为虏有。"仁愿固请不已，上竟从之。

仁愿表留岁满镇兵以助其功，咸阳兵二百馀人逃归，仁愿悉擒之，斩于城下，军中股慄，六旬而成。以拂云祠为中城，距东西两城各四百馀里，皆据津要，拓地三百馀里。于牛头朝那山北，置烽候千八百所，以左玉钤卫将军论弓仁为朔方军前锋游弈使，戍诺真水为逻卫。自是突厥不敢度山畋牧，朔方无复寇掠，减镇兵数万人。

【译文】三月，丙辰日（二十三日），朔方道大总管张仁愿在黄河边上建造三座受降城。

当时，朔方军和突厥以黄河为界，河北有拂云祠，突厥将侵略，一定先到祠中祷告，喂马阅兵而后渡过黄河。那时默啜用全部兵力向西攻突骑施，仁愿请求乘虚夺回漠南地区，在黄河北岸建立三座受降城，前后相呼应，以斩断突厥南侵的路线。太子少师唐休璟认为："两汉以来都是以大河为天然防线，现今在敌人境内筑城，只怕徒劳人力，耗费工程，终究会落入敌人手中。"仁愿坚决不止，唐中宗最终应允了。

仁愿上书留服役期满的镇兵帮忙建城工程，两百多名咸阳籍的戍兵潜逃回去，仁愿全都捉回，在城下斩杀了，军中恐惧，六十天城就建成了。在拂云祠所筑的名为中城，与东西两城相距各四百多里，扼守军事重地，开拓三百多里疆土。在牛头朝那山北设置一千八百个烽火守候瞭望所，任命左玉钤卫将军论弓仁担任朔方军前锋游弈使，驻守诺真水为巡逻部队。此后突厥不敢渡山来狩猎放牧，朔方不再受到入侵，减少几万名守兵。

仁愿建三城，不置瓮门及备守之具。或问之，仁愿曰："兵贵进取，不利退守。寇至此，当并力出战，回首望城者，犹应斩之，安用守备，生其退恶之心也！"其后常元楷为朔方军总管，始筑瓮门。人以是重仁愿而轻元楷。

夏，四月，癸未，置修文馆大学士四员，直学士八员，学士十二员，选公卿以下善为文者李峤等为之。每游幸禁苑，或宗戚宴集，学士无不毕从，赋诗属和，使上官昭容第其甲乙，优者赐金帛；同预宴者，惟中书、门下及长参王公、亲贵数人而已，至大宴，方召八座、九列、诸司五品以上预焉。于是，天下靡然，争以文华相尚，儒学中说之士莫得进矣。

【译文】张仁愿建三城，不建城门外的矮挡墙和防攻设备。有人问他，仁愿说："兵贵于攻打，不以退守为利。敌人来袭，应合力战斗，回头看城的，应当出斩，怎能用得着守备的器具徒增士兵退缩怯懦的心呢！"之后常元楷担任朔方军总管，才建上城门外的短墙。人因而重视仁愿而蔑视元楷。

夏季，四月，癸未日（二十一日），编制修文馆大学士四员，直学士八员，学士十二员，选择公卿以下文章好的如李峤等担当。每次游玩御花园，或与宗室、国戚宴会，学士们都全体侍奉，作诗命他们和诗，派遣上官昭容评判等第，优秀的赏钱及布帛；一同参加宴会的，唯有中书、门下及长久参谒的王公、亲近的显贵几人罢了；到宴会，才召集八座、九列、各司五品以上的官参与。此后天下一致争着看重辞藻诗赋，儒学及忠谏进言的士大夫不能再有这份荣耀了。

【乾隆御批】 文学已不足为治理之本，况猎取浮华，甚至使昭容第其甲乙，猥亵已甚。词人乃以宋、沈优劣为美谈，真足令有识者齿冷。

【译文】 文学已不足为治理国家的根本，更何况这些学士都讲究文章表面上的华丽，甚至于让上官昭容评判他们诗文的优劣高下，真是猥亵到极致。擅长文辞的人却以宋之问、沈佺期的词作优劣为美谈，真足以让天下有识之士耻笑。

秋，七月，癸巳，以左屯卫大将军、朔方道大总管张仁愿同中书门下三品。

甲午，清源尉吕元泰上疏，以为："边境未宁，镇戍不息，士卒困苦，转输疲弊，而营建佛寺，月广岁滋，劳人费财，无有穷极。昔黄帝、尧、舜、禹、汤、文、武惟以俭约仁义立德垂名，晋、宋以降，塔庙竞起，而丧乱相继，由其好尚失所，奢靡相高，人不堪命故也。伏愿回营造之资，充疆场之费，使烽燧永息，群生富庶，则如来慈悲之施，平等之心，孰过于此？"疏奏，不省。

【译文】 秋季，七月，癸巳日（初三），任命左屯卫大将军、朔方道大总管张仁愿为同中书门下三品。

甲午日（初四），清源尉吕元泰上奏，认为："边地不安宁，驻守防卫的事不能停息，士兵困顿辛劳，补给运输疲劳浪费，而建造佛寺，每天增多，劳苦百姓，消耗钱财，没有尽头。以前黄帝、尧、舜、禹、汤、文、武是靠节约仁厚立德留名，晋、宋以来，佛塔寺庙争着建造，而战争不断，缘由是君主好尚不当，尊崇奢华靡费，民不聊生。请求追回建造佛寺的钱财，拨给边塞的军费，让战争永止，百姓富裕，那如来慈悲的恩泽，主张平等的意愿，怎能比过这功德呢！"疏呈上，不予理睬。

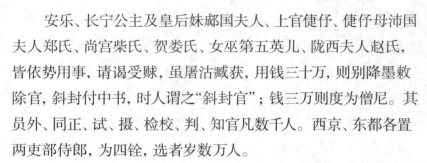

安乐、长宁公主及皇后妹郕国夫人、上官倢伃、倢伃母沛国夫人郑氏、尚宫柴氏、贺娄氏、女巫第五英儿、陇西夫人赵氏，皆依势用事，请谒受赇，虽屠沽臧获，用钱三十万，则别降墨敕除官，斜封付中书，时人谓之"斜封官"；钱三万则度为僧尼。其员外、同正、试、摄、检校、判、知官凡数千人。西京、东都各置两吏部侍郎，为四铨，选者岁数万人。

上官倢伃及后宫多立外第，出入无节，朝士往往从之游处，以求进达。安乐公主尤骄横，宰相以下多出其门。与长乐公主竞起第舍，以侈丽相高，拟于宫掖，而精巧过之。安乐公主请昆明池，上以百姓蒲鱼所资，不许。公主不悦，乃更夺民田作定昆池，延袤数里，累石象华山，引水象天津，欲以胜昆明，故名定昆。安乐有织成裙，直钱一亿，花卉鸟兽，皆如粟粒，正视旁视，日中影中，各为一色。

【译文】安乐、长宁公主以及皇后的妹妹郕国夫人、上官婕妤、婕妤的母亲沛国夫人郑氏、尚宫柴氏、贺娄氏、女巫第五英儿、陇西夫人赵氏，都依仗权势，接纳请托而贿赂为之洗脱罪名，虽然是屠户酒家奴婢，花费三十万的钱财，就能从禁宫内下墨敕书担任官职，歪斜封缄送交中书省，当时人把他们称作"斜封官"。出三万钱就能剃度当个和尚尼姑。正员额外官、同正官、试官、摄官、检校官、判官、知官一共有几千人。西京、东都各设立两吏部侍郎，增为四铨，每年有几万人应选。

上官婕妤和宫中嫔妃大都有外宅，进出不加管制，朝廷士大夫经常跟随她们游玩居息，以求升官。安乐公主特别骄蛮横行，宰相以下多为她提升。与长宁公主争着建造房屋，以奢侈华丽相比，府邸像皇宫，而精致超过大内。安乐公主想要昆明池，唐中宗以百姓仰仗它种蒲养鱼，不予准许。公主不高兴，竟然强抢民田做定昆池，绵延伸展有好几里，石块堆积起来的假山，造型像华山，导入的水流像银河，想要压过昆明池，因此命名为定昆。安乐公主有一条织成的裙子，价值一亿，裙子上绣着的花卉鸟兽，精致小巧像粟粒突出，从不同角度和不同的光下看，颜色也不一样。

　　上好击毬，由是风俗相尚，驸马武崇训、杨慎交洒油以筑毬场。慎交，恭仁曾孙也。

　　上及皇后、公主多营佛寺。左拾遗京兆辛替否上疏谏，略曰：“臣闻古之建官，员不必备，士有完行，家有廉节，朝廷有馀俸，百姓有馀食。伏惟陛下百倍行赏，十倍增官，金银不供其印，束帛不充于锡，遂使富商豪贾，居尽缨冕之流；鬻伎行巫，或涉膏腴之地。”又曰：“公主，陛下之爱女，然而用不合于古义，行不根于人心，将恐变爱成憎，翻福为祸。何者？竭人之力，费人之财，夺人之家；爱数子而取三怨，使边疆之士不尽力，朝廷之士不尽忠，人之散矣，独持所爱，何所恃乎！君以人为本，本固则邦宁，邦宁则陛下之夫妇母子长相保也。”又曰：“若以造寺必为理体，养人不足经邦，则殷、周已往皆暗乱，汉、魏已降皆圣明，殷、周已往为不长，汉、魏已降为不短矣。陛下缓其所急，急其所缓，亲未来而疏见在，失真实而冀虚无，重俗人之为，轻天子之业，虽以阴阳为炭，万物以铜，役不食之人，使不衣之士，犹尚不给，况资于天生地养，风动雨润，而后得之乎！一旦风尘再扰，霜雹荐臻，沙弥不可操干戈，寺塔不足攘饥馑，臣窃惜之。"疏奏，不省。

【译文】唐中宗喜爱打球，因而成为风尚，驸马武崇训、杨慎交洒油来建筑球场。慎交，是杨恭仁的曾孙。

唐中宗与皇后、公主建造许多佛寺。左拾遗京兆人辛替否上书进谏，大意是说："臣听说古代设置官位，人员不必补满，让士人有品德，家有廉节的人，朝廷有丰裕的俸禄，百姓有剩余的粮食。敬思陛下奖赏容易且量多，大量增加官员，金银不足铸造官印，布帛不够行赏，而让有钱的商人，都买了高官做；卖艺施巫术等鄙陋的人，占据肥沃田地。"又说："公主是陛下的爱女，但是让她们用度与古制不相符合，做事不体恤民心，只怕陛下对她们的爱将变成恨，把福变成祸患。为什么呢？竭尽百姓的气力，损耗人民的财物，抢夺百姓的家宅，因为爱几个孩子而招来三大怨，让边疆的战士不愿意尽心竭力，朝廷的官员不愿意尽忠职守，人心已经失散，陛下独自守着自己的所爱，又有什么凭靠和保障呢？君王把人民当根本，根本强固国家才能安稳，国家安定则陛下夫妇母子才能永远团聚。"又说："若以建造佛寺作为治国的根本，培养的士民无法安邦，那么商、周以上政治都黑暗纷乱，汉、魏以下政治都圣明安稳；商、周以往国祚都不长，汉、魏以下国祚都为不短了。陛下把不重要的看作重要，重要的看作不重要，重来世而轻当前，摒弃真实的而求取虚无的，重一般人的行事，而轻皇帝的功绩，即用阴阳为炭，万物为铜，使役不用吃穿的工人，仍然不够供给，更何况是需要天地的养育，风雨的滋润，之后才获得的东西呢！万一战争再发生，天灾又来，和尚不能去打仗，寺塔不能果腹，臣甚为痛心！"奏疏呈上后，唐中宗不予理会。

时斜封官皆不由两省而授，两省莫敢执奏，即宣示所司。吏部员外郎李朝隐前后执破一千四百馀人，怨谤纷然，朝隐一无所顾。

冬，十月，己酉，修文馆直学士、直居舍人武平一上表请抑损外戚权宠；不敢斥言韦氏，但请抑损己家。上优制不许。平一名甄，以字行，载德之子也。

【译文】那时"斜封官"都不经中书、门下两省委任，两省不敢再回奏，立刻布达各部司。吏部员外郎李朝隐前前后后扣压剔除一千四百多人，有很多人恼怨诋毁他，然而朝隐毫不顾忌。

冬季，十月，己酉日（二十一日），修文馆直学士、起居舍人武平一上书请求压制减少外戚的揽权宠爱，不敢直说韦氏，只是恳请压制减少自己的家人。唐中宗下诏书褒奖他而没有允许。平一名甄，人们通常称呼他的字，是武载德的儿子。

十一月，庚申，突骑施酋长娑葛自立为可汗，杀唐使者御史中丞冯嘉宾，遣其弟遮努等帅众犯塞。

初，娑葛既代乌质勒统众，父时故将阙啜忠节不服，数相攻击。忠节众弱不能支，金山道行军总管郭元振奏追忠节入朝宿卫。

忠节行至播仙城，经略使、右威卫将军周以悌说之曰："国家不爱高官显爵以待君者，以君有部落之众故也。今脱身入朝，一老胡耳。岂惟不保宠禄，死生亦制于人手。方今宰相宗楚客、纪处讷用事，不若厚赂二公，请留不行，发安西兵及引吐蕃以击娑葛，求阿史那献为可汗以招十姓，使郭虔瓘发拔汗那兵以自助；既不失部落，又得报仇，比于入朝，岂可同日语哉！"郭虔瓘者，历城人，时为西边将。忠节然其言，遣间使赂楚客、处讷，请如以悌之策。

【译文】 十一月，庚申日（初二），突骑施酋长娑葛自立为可汗，斩杀唐朝使者御史中丞冯嘉宾，派遣他的弟弟遮努等带领部众入侵边塞。

当时，娑葛代乌质勒率领了部众，他父亲时的宿将阙啜忠节不服，几次互相攻战。忠节部下少，不能御敌，金山道行军总管郭元振上书速诏忠节入朝廷担任护卫。

忠节走到播仙城，经略使、右威卫将军周以悌劝说他："朝廷不惜册封你高官厚禄的原因是你有部落群众。现今一人入朝，不过一个没有力量的胡人罢了，岂止保不住皇上对你的宠信与官位，估计性命也保不住。现今宰相宗楚客、纪处讷当权，不若行贿给那二位，要求不返回朝廷，而征调安西的部队及联合吐蕃去攻击娑葛，求取阿史那献做可汗以招安十姓，让郭虔瓘征调拔汗那军来援助，既可不失掉部落，又能报仇，与入朝廷相比，是不可同日而语的！"郭虔瓘是历城人，那时担任西陲守将。忠节认为他所说的在理，派遣走小路的使者贿赂楚客、处讷，按照以悌的计划请求。

元振闻其谋，上疏，以为："往岁吐蕃所以犯边，正为求十姓、四镇之地不获故耳。比者息兵请和，非能慕悦中国之礼义也，直以国多内难，人畜疫疬，恐中国乘其弊，故且屈志求自昵。使其国小安，岂能忘取十姓、四镇之地哉！今忠节不论国家大计，直欲为吐蕃乡导，恐四镇危机，将从此始。顷缘默啜凭陵，所应者多，兼四镇兵疲弊，势未能为忠节经略，非怜突骑施也。忠节不体国家中外之意而更求吐蕃；吐蕃得志，则忠节在其掌握，岂得复事唐也！往年吐蕃无恩于中国，犹欲求十姓、四镇之地；今若破娑葛有功，请分于阗、疏勒，不知以何理抑之！又，其所部诸蛮及婆罗门等方不服，若借唐兵助讨之，亦不知以何词拒之！是以古之智者皆不愿受夷狄之惠，盖豫忧其求请无厌、终为后患故也。又，彼请阿史那献者，岂非以献为可汗子孙，欲依之以招怀十姓乎？按献父元庆，叔父仆罗，兄俀子及斛瑟罗、怀道等，皆可汗子孙也。往者唐及吐蕃遍曾立之以为可汗，欲以招抚十姓，皆不能致，寻自破灭。何则？此属非有过人之才，恩威不足以动众，虽复可汗旧种，众心终不亲附，况献又疏远于其父兄乎？若使忠节兵力自能诱胁十姓，则不必求立可汗子孙也。又，欲令郭虔瓘入拔汗都，发其兵。虔瓘前此已尝与忠书擅入拔汗那发兵，不能得其片甲匹马，而拔汗那不胜侵扰，南引此番，奉俀子，还侵四镇。时拔汗那四旁无强寇为援，虔瓘等恣为侵掠，如独行无人之境，犹引俀子为患。今北有娑葛，急则与之并力，内则诸胡坚壁拒守，外则突厥伺隙邀遮。臣料虔瓘等此行，必不能如往年之得志；内外受敌，自陷危亡，徒与虏结隙，令四镇不安。以臣愚揣之，实为非计。"

【译文】元振听见这计划，上奏，认为："以往吐蕃侵犯的缘由，正是为了求取十姓、四镇的地方而得不到。近来停战请和，不是因为喜欢中国的礼节，只是由于他本国多灾，人畜流行瘟疫，担忧中国趁机进攻，因此暂时压制野心而求和亲，让他的国家稍微安稳，怎会忘了求取十姓、四镇的领土呢！现今忠节不忧虑国家大计，仅仅想当吐蕃的向导，只怕四镇的危险，要从这事开始了。最近因默啜依势辱人，有很多人依附着他，加上四镇的兵力衰弱，势力不够替忠节经营，并不是爱突骑施。忠节不体恤国家内外的大计而请求吐蕃，吐蕃一得意，忠节就在他掌握之中，怎能再为唐朝做事！以往吐蕃对中国无礼，还求取十姓、四镇的领地；现今若击败娑葛而有功绩，要求割让于阗、疏勒的话，不知朝廷用要什么理由去搪塞他！还有，他管辖中的诸蛮及婆罗门等不服气，假如向朝廷借兵帮忙去讨平，也不知朝廷要用什么话推辞！因而古代圣明的君主都不愿接受夷狄的恩惠，即是担忧他们的请求不会满足，最终会变成中国的祸患的缘故。又，他请阿史那献为可汗，岂是因为献为可汗的子孙，想凭借他以安抚十姓吗？查献的父亲元庆，叔父仆罗，兄饺子以及斛瑟罗、怀道等人，都是可汗的子孙。之前我朝及吐蕃部曾一一立他们为可汗，想要以此来招安十姓，都没有招安成功，没过多久便各自被毁灭，为什么呢？就是这几人没有出类拔萃的才干，恩威影响不了群众，虽然是可汗的子孙，众人终究没有依附归于他们，更何况献又跟他的父兄疏离呢？假如忠节的兵力足够威慑十姓，那不必请求立可汗的子孙。又，想派遣郭虔瓘进拔汗那去征调他的军队，虔瓘在这之前曾与忠节自作主张去拔汗那调拨军队，没能调动他一兵一卒，而拔汗那无法忍受我方扰乱他，南引吐蕃，拥着倭子，进攻四镇。在那时，拔汗那周边没有强大的部落援助，虔瓘等大肆掠夺，就像进入无人之境，拔汗那还知道结引饺子为我边患。现今他北边有娑葛，形势危急便和娑葛合力（对虔瓘来说），内部有各胡坚守防，外部有突厥找机会突击。臣料定虔瓘等这一趟，定不能像以往那样得心应手。内外受敌，陷入危亡的境地，白白与敌人结仇，导致四镇不安。依臣的愚见看待这事，确实不是好计。"

楚客等不从，建议："遣冯嘉宾持节安抚忠节，侍御史吕守素处置四镇，以将军牛师奖为安西副都护，发甘、凉以西兵，兼征吐蕃，以讨娑葛。"娑葛遣使娑腊献马在京师，闻其谋，驰还报娑葛。于是，娑葛发五千骑出安西，五千骑出拨换，五千骑出焉耆，五千骑出疏勒，入寇。元振在疏勒，栅于河口，不敢出。忠节逆嘉宾于计舒河口，娑葛遣兵袭入，生擒忠节，杀嘉宾，擒吕守素于僻城，缚于驿柱，刐而杀之。

上以安乐公主将适左卫中郎将武延秀，遣使召太子宾客武攸绪于嵩山。攸绪将至，上敕礼官于两仪殿设别位，欲行问道之礼，听以山服葛巾入见，不名不拜。仗入，通事舍人引攸绪就位；攸绪趋立辞见班中，再拜如常仪。上愕然，竟不成所拟之礼。上屡延之内殿，频烦宠锡，皆谢不受；亲贵谒侯，寒温之外，不交一言。

【译文】宗楚客等不接受，建议"派遣冯嘉宾领命去抚慰忠节，侍御史吕守素安排四镇，任命将军牛师奖担任安西副都护，征调甘、凉州以西的军队，且征调吐蕃，去讨伐娑葛"。娑葛派遣使者娑腊在京师献马，听说了这计策，赶紧返回报告娑葛。于是娑葛派出五千骑兵出安西，五千骑兵出拨换，五千骑兵出焉耆，五千骑兵出疏勒，入侵。元振在疏勒，他在河口建造栅栏，不敢出兵。忠节在计舒河口迎接冯嘉宾，娑葛派出士兵突袭他，虏获忠节，斩杀嘉宾，在僻城捉住吕守素，绑在驿站的柱上，将他剐杀。

唐中宗因为安乐公主将嫁给左卫中郎将武延秀，派遣使者前去嵩山召太子宾客武攸绪。攸绪快到时，唐中宗给掌礼司官下敕，在两仪殿特别设座，准备行问道的礼节，允许他穿在野修道者的冠服觐见，不称姓名也不叩拜。仪仗队进到殿前，通事舍人带了攸绪坐在特设的座位，攸绪快步走，站在"辞见班"之列，二拜如平时的礼节。唐中宗很惊讶，居然没行成原打算行的礼仪。唐中宗多次在内殿延见他，频繁劳问奖赏，都推辞不收；亲戚显贵前来问候他，除却寒暄几句，一句话都不多讲。

初，武崇训之尚公主也，延秀数得侍宴。延秀美姿仪，善歌舞，公主悦之。及崇训死，遂以延秀尚焉。

己卯，成礼，假皇后仗，分禁兵以盛其仪卫，命安国相王障车。庚辰，赦天下。以延秀为太常卿，兼右卫将军。辛巳，宴群臣于两仪殿，命公主出拜公卿，公卿皆伏地稽首。

癸未，牛师奖与突骑施娑葛战于火烧城，师奖兵败没。娑葛遂陷安西，断四镇路，遣使上表，求宗楚客头。楚客又奏以周以悌代郭元振统众，征元振入朝；以阿史那献为十姓可汗，置军焉者以讨娑葛。

【译文】当时，武崇训娶公主的时候，延秀常得陪伴她宴会。延秀容貌风姿俊美，擅长歌舞，公主喜爱她。等到崇训死了，就改嫁延秀。

己卯日（二十一日），婚礼完成，借取皇后的仪仗队，分派禁卫军来增加她的仪队，派遣安国相王护车驾。庚辰日（二十二日），大赦天下。任命延秀为太常卿，兼右卫将军。辛巳日（二十三日），和群臣会餐在两仪殿，命令公主出来拜见各大臣，各大臣都伏地叩首。

癸未日（二十五日），牛师奖与突骑施娑葛在火烧城大战，师奖兵败而死。娑葛就攻占了安西，将四镇的交通斩断。派出使者上书，要求将宗楚客斩杀。楚客又上奏请求任命周以悌代替郭元振去统领边军，把元振召回朝廷。册封阿史那献做十姓可汗，设立军队于焉耆用来征讨娑葛。

娑葛遗元振书，称："我与唐初无恶，但仇阙啜。宗尚书受阙啜金，欲枉破奴部落，冯中丞、牛都护相继而来，奴岂得坐而待死！又闻史献欲来，徒扰军师，恐未有宁日。乞大使商量处置。"元振奏娑葛书。楚客怒，奏言元振有异图，召，将罪之。元振使其子鸿间道具奏其状，乞留定西土，不敢归。周以悌竟坐流白州，复以元振代以悌，赦娑葛罪，册为十四姓可汗。

以倢伃上官氏为昭容。

【译文】娑葛给元振写信说："我与唐国初时没有怨恶，只以阙啜为仇敌。宗尚书接受阙啜的贿赂，想突然攻打我的部落；冯中丞、牛都护陆续前来，我怎能坐着等死？又听闻阿史那献要来，只突然打乱守军及州郡罢了，只怕和平之时不会再有。请大使思考决定吧。"元振把娑葛的信上呈朝廷。楚客恼怒，上书说元振有野心，召回来，将治罪。元振让儿子郭鸿从密路到朝廷细细把真相上奏，请求留下来平定西域，不敢返回朝廷。周以悌竟然获罪，流放白州，再命元振取代以悌，宽免娑葛罪，册封为十四姓可汗。

任命婕妤上官氏为昭容。

十二月，御史中丞姚廷筠奏称："比见诸司不遵律令格式，事无大小皆悉闻奏。臣闻为君者任臣，为臣者奉法。万机丛委，不可遍览，岂有修一水窦，伐一枯木，皆取断宸衷！自今若军国大事及条式无文者，听奏取进止，自馀各准法处分。其有故生疑滞，致有稽失，望令御史纠弹。"从之。

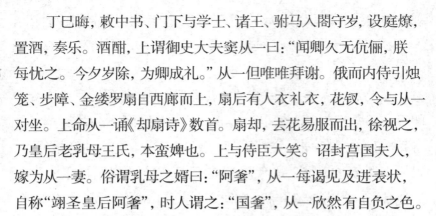

丁巳晦，敕中书、门下与学士、诸王、驸马入阁守岁，设庭燎，置酒，奏乐。酒酣，上谓御史大夫窦从一曰："闻卿久无伉俪，朕每忧之。今夕岁除，为卿成礼。"从一但唯唯拜谢。俄而内侍引烛笼、步障、金缕罗扇自西廊而上，扇后有人衣礼衣，花钗，令与从一对坐。上命从一诵《却扇诗》数首。扇却，去花易服而出，徐视之，乃皇后老乳母王氏，本蛮婢也。上与侍臣大笑。诏封莒国夫人，嫁为从一妻。俗谓乳母之婿曰："阿㸙"，从一每谒见及进表状，自称"翊圣皇后阿㸙"，时人谓之："国㸙"，从一欣然有自负之色。

【译文】十二月，御史中丞姚廷筠上书说："最近发现各司不遵循法律政令程式，事情不论大小，全都上奏。臣听闻，国君委托臣子，臣子依照法令。政务积累，不可能一一批奏，怎能修个水洞或砍伐一根枯木，都要唐中宗决定！从今往后，若属军国大事以及法令程式上没有明文制度的，可上奏听取行与不行，剩下的各依法处理。有意推托不决，导致延误，请命令御史更正弹劾。"依所奏实施。

丁巳晦日（二十九日），下诏书，命中书、门下和学士、诸王、驸马进入内殿守岁，庭中燎火，摆设酒宴，奏乐曲。酒兴浓时，唐中宗对御史大夫窦从一说："听闻你没有妻子，朕很替你担心，今天晚上是除夕夜，帮你完成婚礼。"从一只是应诺叩谢。一会内侍官领着拿灯笼、步障、金缕罗扇的人，从西廊走来，扇后有身着礼服的一个人，头插花钗，让她与从一对坐。唐中宗下令让从一背了几首《却扇诗》。放下罗扇，脱掉花钗，把衣服换了，仔细来看，竟然是皇后的老奶妈王氏，本是蛮族人而在宫内为婢女的。唐中宗与侍从的臣子都大笑。下诏书，封为莒国夫人，嫁于从一当妻子。乳母的丈夫俗称为"阿㸙"，从一每次拜见唐中宗或上书，自称"翊圣皇后阿㸙"，当时人称他为"国㸙"，从一却愉快而有骄傲的神情。

景龙三年（己酉，公元七○九年）春，正月，丁卯，制广东都圣善寺，居民失业者数十家。

长宁、安乐诸公主多纵僮奴掠百姓子女为奴婢，侍御史袁从之收系狱，治之。公主诉于上，上手制释之。从之奏称："陛下纵奴掠良人，何以理天下！"上竟释之。

二月，己丑，上幸玄武门，与近臣观宫女拔河。又命宫女为市肆，公卿为商旅，与之交易，因为忿争，言辞亵慢，上与后临观为乐。

丙申，监察御史崔琬对仗弹宗楚客、纪处讷潜通戎狄，受其货赂，致生边患。故事，大臣被弹，俯偻趋出，立于朝堂待罪。至是，楚客更愤怒作色，自陈忠鲠，为琬所诬。上竟不穷问，命琬与楚客结为兄弟以和解之，时人谓之"和事天子"。

【译文】 景龙三年（己酉，公元709年）春季，正月，丁卯日（初九），下诏书，扩建东都圣善寺，有几十家百姓因此失业。

长宁、安乐几位公主，大都允许家奴去争抢百姓子女做奴婢，侍御史袁从之捉拿他们入罪，惩罚他们。公主告知唐中宗，唐中宗下令释放他们。从之上书说："陛下纵奴去强抢百姓，怎么治理天下？"唐中宗最终还是放了他们。

二月，己丑日（初二），唐中宗驾临玄武门，与亲近的臣子看宫女们拔河比赛。又让宫女摆设商铺，让大臣当客人，与宫女做买卖，假意讨价还价吵闹，说脏话，唐中宗与皇后观看，以此为乐。

丙申日（初九），监察御史崔琬对着仗卫弹劾宗楚客、纪处讷私通戎狄，收受贿赂，致使边境不稳。按照旧制，大臣被弹劾，要低头弯腰快步走出去，站在朝堂等待治罪。到现在，楚客却将恼怒表现在脸上，自己说他是忠诚的，是被崔琬诬赖的。唐中宗竟然不追究，让崔琬与楚客结拜为兄弟而和解，当时人称他为"和事天子"。

【乾隆御批】 天子而至蒙"和事"之称，其庸劣已无足责。特不解崔琬，明知楚客赃罪，既慷慨弹劾于前，复迎顺结欢于后，谏官抗直之道，顾如是乎？

【译文】 身为天子而被称为"和事天子"，中宗李显的昏庸无能已不值得让人责怪。我只是不理解崔琬，他明知宗楚客犯奸赃罪，既然慷慨弹劾于前，却又顺迎巴结于后，谏官直言抗争的道义，难道只是这样吗？

壬寅，以韦巨源为左仆射，杨再思为右仆射，并同中书门下三品。

上数与近臣学士宴集，令各效伎艺以为乐。工部尚书张锡舞《谈容娘》，将作大匠宗晋卿舞《浑脱》，左卫将军张洽舞《黄麞》，左金吾将军杜元谈诵《婆罗门咒》，中书舍人卢藏用效道士上章。国子司业河东郭山恽独曰："臣无所解，请歌古诗。"上许之。山恽乃歌《鹿鸣》、《蟋蟀》。明日，上赐山恽敕，嘉美其意，赐时服一袭。

上又尝宴侍臣，使各为《回波辞》。众皆为诌语，或自求荣禄，谏议大夫李景伯曰："回波尔时酒卮。微臣职在箴规，侍宴既过三爵，喧哗窃恐非仪！"上不悦。萧至忠曰："此真谏官也。"

三月，戊午，以宗楚客为中书令，萧至忠为侍中，大府卿韦嗣立为中书侍郎、同中书门下三品，中书侍郎崔湜、赵彦昭并同平章事。崔湜通于上官昭容，故昭容引以为相。彦昭，张掖人也。

【译文】壬寅日（十五日），韦巨源担任左仆射，杨再思担任右仆射，都同中书门下三品。

唐中宗经常与近臣学士宴会，下令各献技艺取乐。工部尚书张锡跳《谈容娘》舞，将作大匠宗晋卿表演《浑脱》舞，左卫将军张洽表演《黄獐》舞，左金吾将军杜元谈念《婆罗门咒》，中书舍人卢藏用模仿道士给天神上书求消灾。只有国子监司业河东人郭山恽说："臣不懂这些，愿唱古诗。"唐中宗允许。山恽便唱《鹿鸣》《蟋蟀》。第二日，唐中宗赏赐山恽敕书，褒奖他唱诗的用意，将一套流行的衣服赏赐给他。

唐中宗曾经宴会侍臣，让他们每人都唱《回波辞》。大家都唱奉承的词，有的要求高官厚禄，谏议大夫李景伯唱道："大家于此刻摆宴喝酒，唱《回波辞》。臣执掌规谏，侍宴已超过三钟酒，吵闹恐怕于理不合！"唐中宗心中不悦，萧至忠说："这才是真正的谏官！"

三月，戊午日（初一），任命宗楚客担任中书令，萧至忠担任侍中，太府卿韦嗣立担任中书侍郎、同中书门下三品。中书侍郎崔湜、赵彦昭都是同平章事。崔湜与上官昭容私通，因此昭容推荐他做宰相。彦昭，是张掖县人。

时政出多门，滥官充溢，人以为三无坐处，谓宰相、御史及员外官也。韦嗣立上疏，以为："比者造寺极多，务取崇丽，大则用钱百数十万，小则三五万，无虑所费千万以上，人力劳弊，怨嗟盈路。佛之为数，要在降伏身心，岂雕画土木，相夸壮丽！万一水旱为灾，戎狄构患，虽龙象如云，将何救哉！又，食封之家，其数甚众，昨问户部，云用六十馀万丁；一丁绢两匹，凡百二十馀万匹。臣顷在太府，每岁庸绢，多不过百万，少则六七十万匹，比之封家，所入殊少。夫有佐命之勋，始可分茅胙土。国初，功臣食封者不过三二十家，今以恩泽食封者乃逾百数；国家租赋，太半私门，私门有馀，徒益奢侈，公家不足，坐致忧危，制国之方，岂谓为得！封户之物，诸家自徵，僮仆依势，陵轹州县，多索裹头，转行贸易，烦扰驱迫，不胜其苦。不若悉计丁输之太府，使封家于左藏受之，于事为愈。又，员外置官，数倍正阙，曹署典史，困于祗承，府库仓储，竭于资奉。又，刺史、县令，近年以来，不存简择，京官有犯及声望下者方遣刺州，吏部选人，衰耄无手笔者方补县令。以此理人，何由率化！望自今应除三省、两台及五品以上清望官，皆先于刺史、县令中选用，则天下理矣。"上弗听。

【译文】 当时权势分散，冗余的官员爆满，百姓说三府寺办公的地方，挤得没法设置座位，指宰相、御史及员外官而言。韦嗣立上书，认为："近来寺庙建造得太多，专事奢侈华丽，大的损耗上百几十万钱，小的也有三五万，大致损耗千万以上，百姓疲劳困苦，怨声载道。佛教教义，在制约身心，难道在雕梁画栋，夸赞壮丽上？一旦发生水旱灾害，戎狄兴兵进犯，即使龙象多如天云，将拿什么去拯救呢？又，食户的封爵豪家，数量太多了，昨天问户部，回报说用六十余万丁，一丁每年纳绢二匹，一共要一百二十余万匹。臣近来在太府任职，每年入库的绢数，最多也超不过一百万，少则只有六七十万匹，与封爵人家比，则收入得太少。那些帮助皇帝登位有功劳的人，才能分封爵禄。国家初立时，功臣食封的不过二三十家，现今靠关系食封的竟然超过一百之数。国家的税役，大都支在私家，私家富饶，更奢靡；公家不足用，就会导致忧患，治国的策略，怎能说这样是对的！封给他们食产的税收，由他们征收，家奴依势，欺负州县，大都索要盘费，转为贸易的资金，烦扰压迫，百姓困苦不堪。不若全都算入丁税收入太府，令食户爵家到左藏库去领取，比他们自己去征收要好。而且员额外设立官吏，数目是正员几倍，各官署的小职位，苦于供奉侍候，国库公仓，为支薪俸而竭尽无余。又，刺史、县令，近年以来，不用心选择任命，京中官吏犯了法或威望不高的才派遣出任刺史、州长；吏部的选举，年老不擅长辞章的才补县令，用这种方法治理百姓，怎能盼望他们可治理百姓？请之后在任命三省、两台以及五品以上清望官的时候，都先从刺史、县令里面挑选，则天下可安稳了。"唐中宗不予理会。

戊寅，以礼部尚书韦温为太子少保、同中书门下三品，太常卿郑愔为吏部尚书、同平章事。温，皇后之兄也。

太常博士唐绍以武氏昊陵、顺陵置守户五百，与昭陵数同，梁宣王、鲁忠王墓守户多于亲王五倍，韦氏褒德庙卫兵多于太庙，上疏请量裁减；不听。绍，临之孙也。

中书侍郎兼知吏部侍郎、同平章事崔湜、吏部侍郎同平章事郑愔俱掌铨衡，倾附势要，赃贿狼藉，数外留人，授拟不中，逆用三年阙，选法大坏。湜父挹为司业，受选人钱，湜不之知，长名放之。其人诉曰："公所亲受某赂，奈何不与官？"湜怒曰："所亲为谁，当擒取杖杀之！"其人曰："公勿杖杀，将使公遭忧。"湜大惭。侍御史靳恒与监察御史李尚隐对仗弹之，上下湜等狱，命监察御史裴漼按之。安乐公主讽漼宽其狱，漼复对仗弹之。夏，五月，丙寅，愔免死，流吉州，湜贬江州司马。上官昭容密与安乐公主、武延秀曲为申理，明日，以湜为襄州刺史，愔为江州司马。

【译文】戊寅日（二十一日），任命礼部尚书韦温担任太子少保、同中书门下三品，太常卿郑愔担任吏部尚书、同平章事。温，是皇后的兄长。

太常博士唐绍，因武氏昊陵、顺陵设置守户五百，和昭陵数目一样，梁宣王、鲁忠王墓的守户超过亲王五倍，韦氏的褒德庙卫兵比太庙还多，就上书请求酌情减少，唐中宗不听从。绍，是唐临的孙子。

中书侍郎兼知吏部侍郎、同平章事崔湜与吏部侍郎同平章事郑愔同掌理人事选铨，全力巴结权势贵族，以贪污出名，常超额录用人，职位空缺不足，就预先支用下三年的空缺，选拔制度被大大破坏。湜的父亲担任司业，收受参选人的贿赂，湜不知晓，长名榜内签在放（不中）列，这人去告知他说："令亲戚接纳了我的钱财，为什么没有选择我？"湜恼怒说："亲戚是谁？应该捉来打死他！"这人说："你不可以把他打死，不然的话你要守孝啊！"湜非常羞愧。侍御史靳恒和监察御史李尚隐在仗卫之前弹劾他，唐中宗下令收湜等入狱，派遣监察御史裴漼审问他们。安乐公主劝说漼放他们一马，漼又在朝廷的仗卫前弹劾他。夏季，五月，丙寅日（十一日），愔赦免死刑，流放吉州，湜贬为江州司马。上官昭容暗地里与安乐公主、武延秀偏袒替他辩明。第二日，任命湜为襄州刺史，愔为江州司马。

六月，右仆射、同中书门下三品杨再思薨。

秋，七月，突骑施娑葛遣使请降；庚辰，拜钦化可汗，赐名守忠。

八月，己酉，以李峤同中书门下三品，韦安石为侍中，萧至忠为中书令。

至忠女适皇后舅子崔无诐，成昏日，上主萧氏，后主崔氏，时人谓之"天子嫁女，皇后娶妇"。

【译文】六月，右仆射、同中书门下三品杨再思逝世。

秋季，七月，突骑施娑葛派使前来请求归降；庚辰日（二十六日），封他做钦化可汗，赐名守忠。

八月，己酉日（二十五日），任命李峤为同中书门下三品，韦安石为侍中，萧至忠为中书令。

至忠的女儿嫁给皇后舅父的儿子崔无诐，成婚那天，唐中宗担任新娘的主婚人，皇后担任新郎的主婚人，那时人称为"天子嫁女，皇后娶媳"。

上将祀南郊，丁酉，国子祭酒祝钦明、国子司业郭山恽建言："古者大祭祀，后祼献以瑶爵。皇后当助祭天地。"太常博士唐绍、蒋钦绪驳之，以为："郑玄注《周礼·内司服》，惟有助祭先王先公，无助祭天地之文。皇后不当助祭南郊。"国子司业盐官褚无量议。以为："祭天惟以始祖为主，不配以祖妣，故皇后不应预祭。"韦巨源定仪注，请依钦明议。上从之，以皇后为亚献，仍以宰相女为斋娘，助执豆笾。钦明又欲以安乐公主为终献，绍、钦绪固争，乃止；以巨源摄太尉为终献。钦绪，胶水人也。

己巳，上幸定昆池，命从官赋诗。黄门侍郎李日知诗曰："所愿暂思居者逸，勿使时称作者劳。"及睿宗即位，谓日知曰："当是时，朕亦不敢言之。"

【译文】唐中宗打算去南郊祭天，丁酉日（十三日），国子监祭酒祝钦明、国子司业郭山恽进谏："古代大祭祀，皇后用瑶爵杯祼（guàn，即灌祭，以郁鬯之酒献祭，受祭后将酒灌于地。）献。皇后应该在祭祀天地的礼中担当助祭。"太常博士唐绍、蒋钦绪反驳："郑玄注《周礼内司服》，唯有助祭先王先公，并无助祭天地的记录。皇后不应助祭南郊。"国子司业盐官人褚无量进言："祭天只用始祖为主，不用祖妣配享，因此皇后不应参与祭典。"韦巨源决定仪式，请求依照钦明的建议。唐中宗恩准，用皇后担当亚献，因任命宰相女作为斋娘，帮忙拿礼器。钦明又想让安乐公主为终献，绍、钦绪一再反驳，才没成。而任命巨源代太尉任终献。钦绪，是胶水县人。

己巳日（八月无此日），唐中宗驾临定昆池，让随行官吏们作诗。黄门侍郎李日知诗有"所愿暂思居者逸，勿使时称作者劳"（希望暂时考虑百姓的安逸，不让人们经常称道建筑工人的辛苦）。到睿宗登位，对日知说："在那个时候，即便是我也不敢说那样的话！"

【乾隆御批】 钦明辈蔑弃礼经，假裸献先王之文为助祭郊坛之证，缪戾甚矣。而韦后司晨煽祸，辄思妄干大祀，虽武氏在高宗时，肆恶不至于此。夫以精禋肃穆之典，创设斋娘，使巾帼骏奔左右，尤为襄越，宜《五行志》讥其"服妖"也。

【译文】 祝钦明等人蔑弃礼经，借进献先王的文献，使之成为帮助韦后辅助帝王在郊坛祭祀天地的证明，真是太荒谬了。而韦后干预朝政，煽动祸乱，就想妄图干涉祭祀，就连武则天在高宗朝时也不至于如此放肆作恶。在升烟求福庄严肃穆的祭天大典上，竟然设有斋娘，使妇女在大典上来回奔走，这尤其亵渎神灵，僭越礼法，应当按照《五行志》讥讽这种做法为"服饰怪异"，应警惕天下之变。

九月，戊辰，以苏瑰为右仆射、同中书门下三品。

太平、安乐公主各树朋党，更相谮毁，上患之。冬，十一月，癸亥,上谓修文馆直学士武平一曰:"比闻内外亲贵多不辑睦,以何法和之?"平一以为:"此由谗谄之人阴为离间,宜深加诲谕,斥逐奸险。若犹未已,伏愿舍近图远,抑慈存严,示以知禁,无令积恶。"上赐平一帛,而不能用其言。

上召前修文馆学士崔湜、郑愔入陪大礼。乙丑,上祀南郊,赦天下,并十恶咸赦除之;流人并放还;斋娘有婿者,皆改官。

【译文】九月,戊辰日(十五日),任命苏瑰担任右仆射、同中书门下三品。

太平、安乐公主各自树立党羽,相互诋毁,唐中宗很担心。冬季十一月,癸亥日(十一日),唐中宗对修文馆直学士武平一说:"最近听闻内外亲戚显贵多不和谐,用什么办法让他们和谐?"平一以为:"这是由于诋毁与阿谀奉承的人暗中挑拨,应该深加教诲,斥退奸佞小人。假如还不能制止,敬请放弃当前,顾全将来,压抑慈爱心怀,运用严肃手段,明示他们让其害怕,不使他们多做恶事。"唐中宗赏赐平一绢帛,却没能采纳他的建议。

唐中宗召见前任修文馆学士崔湜、郑愔进入京师陪侍举行大礼。乙丑日(十三日),唐中宗祭祀南郊,大赦天下,就连十恶犯也都予以宽免,流放的人都准许返乡,斋娘有丈夫的,丈夫都任官调职。

甲戌,开府仪同三司、平章军国重事豆卢钦望薨。

乙亥,吐蕃赞普遣其大臣尚赞咄等千馀人逆金城公主。

河南道巡察使、监察御史宋务光,以"于时食实封者凡一百四十馀家,应出封户者凡五十四州,皆割上腴之田,或一封分食数州;而太平、安乐公主又取高资多丁者,刻剥过苦,应充封户者甚于征役;滑州地出绫缣,人多趋射,尤受其弊,人多流亡；请稍分封户散配馀州。又，征封使者烦扰公私，请附租庸，每年送纳。"上弗听。

时流人皆放还，均州刺史谯王重福独不得归，乃上表自陈曰："陛下焚柴展礼，郊祀上玄，苍生并得赦除，赤子偏加摈弃，皇天平分之道，固若此乎！天下之人闻者为臣流涕。况陛下慈念，岂不愍臣栖遑！"表奏，不报。

【译文】甲戌日（二十二日），开府仪同三司、平章军国重事豆卢钦望去世。

乙亥日（二十三日），吐蕃赞普派遣他的大臣尚赞咄等一千多人前来迎娶金城公主。

河南道巡察使、监察御史宋务光，认为："现今共有一百四十多家被实封，应该出封户的共五十四个州，都是取最肥沃的田，或一封分食几州，而太平、安乐公主又取资财多丁多的，压榨太过，应纳的比朝廷的征役还多。滑州地方产绫缣，人多去求取，尤其遭受迫害，百姓多流亡离开。请稍微把封户分散到其他各州。而且去征收财税的使者打扰地方官府及百姓，建议附在国家租庸中统收，每年统支。"唐中宗没有采纳。

当时流放的人都允许回乡，只有均州刺史谯王李重福不准许，于是陈情上书说："陛下焚柴行礼，祭祀上天，百姓都得赦免，儿子却更加摈弃，上天对百姓公平施下的恩惠，原来竟是像这样的吗？天下的人知晓的都替臣悲痛，更何况陛下以慈悲为怀，难道不可怜臣忧迫？"表呈上，没有回复。

前右仆射致仕唐休璟，年八十馀，进取弥锐，娶贺娄尚宫养女为其子妇。十二月，壬辰，以休璟为太子少师、同中书门下三品。

甲午，上幸骊山温汤；庚子，幸韦嗣立庄舍。以嗣立与周高士韦夐同族，赐爵逍遥公。嗣立，皇后之疏属也。由是顾赏尤重。乙巳，还宫。

是岁，关中饥，米斗百钱。运山东、江、淮谷输京师，牛死什八九。群臣多请车驾复幸东都，韦后家本杜陵，不乐东迁，乃使巫觋彭君卿等说上云："今岁不利东行。"后复有言者，上怒曰："岂有逐粮天子邪！"乃止。

【译文】前右仆射退休的唐休璟，八十多岁了，更想求得名位，把贺娄尚宫的养女娶为儿媳妇。十二月，壬辰日（初十），任命休璟担任太子少师、同中书门下三品。

甲午日（十二日），唐中宗驾临骊山温泉。庚子日（十八日），驾临韦嗣立别墅。因为韦嗣立跟北周高士韦夐同族，赐号逍遥公。嗣立，是皇后的远房宗族。因而爱顾奖赏更多。乙巳日（二十三日），回宫。

这年，关中饥荒，一斗米价格一百钱。把山东、江、淮一带的粮食运送到京师，牛死了十分之八九。群臣大都请求唐中宗再去东都，韦后家本在杜陵，不想东迁，于是让巫人彭君卿等劝谏唐中宗，说："今年不宜东行。"之后再有意见的，唐中宗恼怒说："哪里有就食的天子！"自此才没人敢提了。

睿宗玄真大圣大兴孝皇帝上

景云元年（庚戌，公元七一〇年）春，正月，丙寅夜，中宗与韦后微行观灯于市里，又纵宫女数千人出游，多不归者。

上命纪处讷送金城公主适吐蕃，处讷辞；又命赵彦昭，彦昭亦辞。丁丑，命左骁卫大将军杨矩送之。己卯，上自送公主至始平；二月，癸未，还宫。公主至吐蕃，赞普为之别筑城以居之。

庚戌，上御梨园毬场，命文武三品以上抛毬及分朋拔河。韦巨源、唐休璟衰老，随絙踣地，久之不能兴；上及皇后、妃、主临观，大笑。

夏，四月，丙戌，上游芳林园，命公卿马上摘樱桃。

初，则天之世，长安城东隅民王纯家井溢，浸成大池数十顷，号隆庆池。相王子五王列第于其北，望气者言："常郁郁有帝王气，比日尤甚。"乙未，上幸隆庆池，结彩为楼，宴侍臣，泛舟戏象以厌之。

定州人郎岌上言："韦后、宗楚客将为逆乱。"韦后白上杖杀之。

【译文】景云元年（庚戌，公元710年）是年七月始改年号为景云。春季，正月，丙寅日（十四日）夜晚，中宗和韦后穿便服私行观赏街市花灯，又放几千名宫女出宫游玩，大都没有返回宫中。

唐中宗派遣纪处讷送金城公主嫁到吐蕃，处讷辞谢。又派遣赵彦昭去，彦昭也推脱。丁丑日（二十五日），下令让左骁卫大将军杨矩去。己卯日（二十七日），唐中宗亲自为公主送行到始平县。二月，癸未日（初二），赶回宫中。公主到达吐蕃，赞普为她另外筑城让她居住。

庚戌日（二十九日），唐中宗驾临梨园球场，让文武三品以上官员抛球以及分批拔河。韦巨源、唐休璟年老体弱，随着大绳而摔倒在地，很长时间都没能爬起来。唐中宗和皇后、妃子、公主都看着大笑。

夏季，四月，丙戌日（初五），唐中宗游赏芳林园，让大臣们在马上采樱桃。

以前，则天时代，长安城东边市民王纯家中的井冒出水来，逐渐扩大为几十顷大的水池，名为隆庆池。在池的北岸是相王五个封王爵的儿子府邸。占候云气的人说："常蔚起象征帝王的云气，近来特别强盛。"乙未日（十四日），唐中宗驾临隆庆池，用彩帛结成楼（船），宴会侍从的臣子，乘舟游池，牵大象去踩戏，用来压制风水。

定州人郎岌上奏说："韦后、宗楚客即将反叛。"韦后向唐中宗告状，便将他打死。

五月，丁卯，许州司兵参军偃师燕钦融复上言："皇后淫乱，干预国政，宗族强盛；安乐公主、武延秀、宗楚客图危宗社。"上召钦融面诘之。钦融顿首抗言，神色不挠；上默然。宗楚客矫制令飞骑扑杀之，投于殿庭石上，折颈而死，楚客大呼称快。上虽不穷问，意颇怏怏不悦；由是韦后及其党始忧惧。

己卯，上宴近臣，国子祭酒祝钦明自请作《八风舞》，摇头转目，备诸丑态；上笑。钦明素以儒学著名，吏部侍郎卢藏用私谓诸学士曰："祝公《五经》，扫地尽矣！"

【译文】五月，丁卯日（十七日），许州司兵参军偃师人燕钦融再上书说："皇后淫秽，干涉朝政，她的宗族强盛；安乐公主、武延秀、宗楚客谋划危害国家。"唐中宗把钦融召来当面问他。钦融磕头上书，容色不屈，唐中宗无话可说。宗楚客假造圣旨，派遣人快马过去打杀他，投在殿庭的石上，颈断而死，楚客大声叫好。唐中宗虽然没有追究，但心里也不高兴，因而韦后与她的爪牙开始担忧惧怕。

己卯日（二十九日），唐中宗宴会亲近的臣子，国子祭酒祝钦明请求表演《八风舞》，摇头溜眼，种种丑陋的姿势都有，唐中宗大笑。钦明向来以儒学闻名,吏部侍郎卢藏用暗中对各学士说:"祝公所擅长的《五经》都扔得一干二净了!"

散骑常侍马秦客以医术,光禄少卿杨均以善烹调,皆出入宫掖,得幸于韦后,恐事泄被诛;安乐公主欲韦后临朝,自为皇太女;乃相与合谋,于饼餤中进毒。六月,壬午,中宗崩于神龙殿。

韦后秘不发丧,自总庶政。癸未,召诸宰相入禁中,徵诸府兵五万人屯京城,使驸马都尉韦捷、韦灌、卫尉卿韦璿、左千牛中郎将韦锜、长安令韦播、郎将高嵩等分领之。璿,温之族弟;播,从子;嵩;其甥也。中书舍人韦元徼巡六街。又命左监门大将军兼内侍薛思简等,将兵五百人驰驿戍均州,以备谯王重福。以刑部尚书裴谈、工部尚书张锡并同中书门下三品,仍充东都留守。吏部尚书张嘉福、中书侍郎岑羲、吏部侍郎崔湜并同平章事。羲,长倩之子也。

【译文】散骑常侍马秦客精通医术,光禄少卿杨均善于烹饪,二人因而进出内宫,被皇后垂青,怕事被泄露而遭杀害。安乐公主想要韦后当上皇帝,自己当皇太女,就与他们串通,在饼里下毒。六月,壬午日(初二),唐中宗在神龙殿驾崩。

韦后封锁消息,不公布中宗的死讯,自己统揽大权。癸未日(初三),召集宰相们进大内,征调各府兵五万人进驻京城,派遣驸马都尉韦捷、韦灌、卫尉卿韦璿、左千牛中郎将韦绮、长安令韦播、郎将高嵩分别率领。璿,是温的族弟;播,是温的侄子;嵩,是温的外甥。中书舍人韦元巡视六街。又派遣左监门大将军兼内侍薛思简等带兵五百急乘驿马赶赴均州镇守,为防御谯王李重福。任命刑部尚书裴谈、工部尚书张锡皆为同中书门下三品,仍代东都驻守。吏部尚书张嘉福、中书侍郎岑羲、吏部侍郎崔湜都为同平章事。岑羲，是岑长倩的儿子。

太平公主与上官昭容谋草遗制，立温王重茂为皇太子，皇后知政事，相王旦参谋政事。宗楚客密谓韦温曰："相王辅政，于理非宜；且于皇后，嫂叔不通问，听朝之际，何以为礼？"遂帅诸宰相表请皇后临朝，罢相王政事。苏瑰曰："遗诏岂可改邪！"温、楚客怒，瑰惧而从之，乃以相王为太子太师。

甲申，梓宫迁御太极殿，集百官，发丧，皇后临朝摄政，赦天下，改元唐隆。进相王旦为太尉，雍王守礼为豳王，寿春王成器为宋王，以从人望。命韦温总知内外守捉兵马事。

丁亥，殇帝即位，时年十六。尊皇后为皇太后；立妃陆氏为皇后。

壬辰，命纪处讷持节巡抚关内道，岑羲河南道，张嘉福河北道。

【译文】太平公主和上官昭容计划拟写遗命，把温王李重茂立为皇太子，皇后把持政务，相王李旦参议政务。宗楚客暗中对韦温说："相王辅助政务，在道理上不合适；而且和皇后是叔嫂，不便互相问候，在朝廷商议之时，该怎么行礼？"就带领宰相们上书，请皇后坐朝主持，免除相王辅政的职责。苏瑰说："遗诏怎可更改呢！"温、楚客恼怒，瑰害怕而顺从他们，于是委任相王为太子太师。

甲申日（初四），唐中宗灵柩移到太极殿，召集众官正式宣布唐中宗去世，皇后坐朝代行政权，大赦天下，把年号改为唐隆。把相王李旦升为太尉，雍王李守礼升为豳王，寿春王李成器升为宋王，以顺应群众的期望。命令韦温主管内外守捉兵马的职务。

丁亥日（初七），殇帝登位，当时十六岁。把皇后尊为皇太后；把陆妃立为皇后。

壬辰日（十二日），分派纪处讷拿着节符巡查关内道，岑羲巡查河南道，张嘉福巡查河北道。

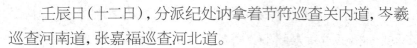

宗楚客与太常卿武延秀、司农卿赵履温、国子祭酒叶静能及诸韦共劝韦后遵武后故事，南北卫军、台阁要司皆以韦氏子弟领之，广聚党众，中外连结。楚客又密上书称引图谶，谓韦氏宜革唐命。谋害殇帝，深忌相王及太平公主，密与韦温、安乐公主谋去之。

相王子临淄王隆基，先罢潞州别驾，在京师，阴聚才勇之士，谋匡复社稷。初，太宗选官户及蕃口骁勇者，着虎文衣，跨豹文鞯，从游猎，于马前射禽兽，谓之百骑；则天时稍增为千骑，隶左右羽林；中宗谓之万骑，置使以领之。隆基皆厚结其豪杰。

【译文】宗楚客与太常卿武延秀、司农卿赵履温、国子祭酒叶静能，以及韦姓诸人劝说韦后依照武后的旧例，南北卫军、台阁各司，都用韦氏的子弟统领，大结党羽，朝廷内及各地方结合。楚客又暗中上奏称引图篆谶纬，说韦氏应革唐朝的命。欲害殇帝，十分顾忌相王和太平公主，暗中与韦温、安乐公主谋划除去他们。

相王的儿子临淄王李隆基，开始被罢免了潞州别驾的职位，暗中在京城聚集有才能的人，计划匡复唐室。开始，太宗选拔骁勇善战的蕃人，穿带有老虎纹饰的服装，骑用画有豹斑点的鞍鞯，随从狩猎，在御马的前面射禽兽，号称"百骑"。则天时稍稍增加点称为"千骑"，隶属左右羽林军。中宗的时候称作"万骑"，还安排官员管理他们。隆基和这里面的人都有很深厚的交情。

兵部侍郎崔日用素附韦、武，与宗楚客善，知楚客谋，恐祸
及己，遣宝昌寺僧普润密诣隆基告之，劝其速发。隆基乃与太平
公主及公主子卫尉卿薛崇暕、苑总监赣人钟绍京、尚衣奉御王崇
晔、前朝邑尉刘幽求、利仁府折冲麻嗣宗谋先事诛之。韦播、高
嵩数榜捶万骑，欲以立威，万骑皆怨。果毅葛福顺、陈玄礼见隆
基诉之，隆基讽以诛诸韦，皆踊跃请以死自效。万骑果毅李仙凫
亦预其谋。或谓隆基当启相王，隆基曰："我曹为此以徇社稷，事
成福归于王，不成以身死之，不以累王也。今启而见从，则王预
危事；不从，将败大计。"遂不启。

【译文】兵部侍郎崔日用一向附和韦氏、武氏，与宗楚客
相互交好，当他知道楚客的计划，害怕自己会因此遭到连累，让
宝昌寺和尚普润私下求见隆基告诉他这件事，让他赶紧发动兵
变。于是隆基与太平公主和公主之子卫尉卿薛崇暕、御花园总
监赣县人钟绍京、尚衣奉御王崇晔、上任朝邑县尉刘幽求、利仁
府折冲麻嗣宗，商量先下手杀他们（万骑统领）。韦播、高嵩经
常打营兵借以树立自己的威信，因此"万骑"对他们非常怨恨。
果毅葛福顺、陈玄礼见隆基就陈述冤情，隆基告谕他们将要杀
死韦氏等人，听了这些他们都情绪激昂，并且愿意为之效命。
万骑果毅李仙凫也参加了这个计划。有人给隆基说应该告诉国
相，隆基说："做这事，我们是在为国牺牲，如果事情成功，那么
就归功于相王，如果大事不成，那么我们也就仅仅是让自己身
死而已，不要连累王爷。如果现在告诉他，并且他还允许了，则
王爷就参加了这次危险的行动；如果他不答应，那么就会坏事
了。"因此没有告诉他。

庚子，晡时，隆基微服与幽求等入苑中，会钟绍京廨舍；绍京悔，欲拒之，其妻许氏曰："忘身徇国，神必助之。且同谋素定，今虽不行，庸得免乎！"绍京乃趋出拜谒，隆基执其手与坐。时羽林将士皆屯玄武门，逮夜，葛福顺、李仙凫皆至隆基所，请号而行。向二鼓，天星散落如雪，刘幽求曰："天意如此，时不可失！"福顺拔剑直入羽林营，斩韦璿、韦播、高嵩以徇，曰："韦后酖杀先帝，谋危社稷，今夕当共诛诸韦，马鞭以上皆斩之；立相王以安天下。敢有怀两端助逆党者，罪及三族。"羽林之士皆欣然听命。乃送璿等首于隆基，隆基取火视之，遂与幽求等出苑南门，绍京帅丁匠二百馀人，执斧锯以从。使福顺将左万骑攻玄德门，仙凫将右万骑攻白兽门，约会于凌烟阁前，即大噪，福顺等杀守门将，斩关而入。隆基勒兵玄武门外，三鼓，闻噪声，帅总监及羽林兵而入，诸卫兵在太极殿宿卫梓宫者，闻噪声，皆被甲应之。韦后惶惑走入飞骑营，有飞骑斩首献于隆基。安乐公主方照镜画眉，军士斩之。斩武延秀于肃章门外，斩内将军贺娄氏于太极殿西。

【译文】庚子日（二十日），申时，李隆基穿着便服和幽求等一起进入禁苑，与钟绍京在官舍中会合。绍京反悔了，不想让他们进入，他妻子许氏说："舍身救国，神明肯定会庇护他的。并且你已经答应参与，即使现在反悔，也免不了一死。"绍京这才赶忙出来拜谒，隆基握他的手并坐着。此时，羽林军将士都在玄武门屯守，等到天黑，葛福顺、李仙凫都到隆基面前，请求暗号动手。将近二鼓时分，天上布满星星，像雪花一样闪亮，刘幽求说："这是天意啊，让我们行事便利，机不可失！"福顺拔剑直冲入羽林营，斩韦璿、韦播、高嵩示众，说："韦后害死先皇，图谋危害国家，今天该和我们一起杀死韦氏等，只要是高于马鞭的都不能留。待到相国评定天下时，如果有人胆敢有贰心并且帮助叛逆者，罪加到三族！"羽林军们乐于从之。因此将韦璿等的头送给隆基，隆基拿火看，因此和幽求等从禁苑南门出去，绍京带领二百多园工，带着斧头锯子跟着；让福顺带左万骑进攻玄德门，仙凫统领右万骑进攻白兽（虎）门，相约在凌烟阁前聚集。随后大声叫喊，福顺等一起将守门将军杀死，破关而入。隆基在玄武门外布兵，三鼓时分，听到里面呐喊，就带领总监及羽林兵进宫，在太极殿卫护灵柩的军队，听到呐喊声，都穿上盔甲回应。韦后非常害怕，逃到飞骑营，飞骑军有人将她的头割下献给隆基。安乐公主正在照镜子描眉，军士将她杀死。在肃章门外杀武延秀，斩内将军贺娄氏在太极殿西边。

【康熙御批】 凡天星皆有定数，若史册所纪星陨颇多，甚至乱落如雪，果尔则星之残缺不可胜数矣！何至今犹灿然如故耶？此等必流星过度误以为陨落也。

【译文】 凡是天上的星星皆有定数，如果史书所记载星辰陨落很多，甚至像雪一样下落，那么天上的星星就会残缺得不可胜数了！为什么到现在星空还灿烂如故呢？这些必定是流星划落而被误以为是星辰陨落。

【申涵煜评】 武后虽女主，行事尚有把握。韦氏则恣意淫纵，甚于倚门之娼，使非临淄攘臂入宫，竟成污秽世界。其扫清之功，真不在太宗创业下。

【译文】 武后虽然是女主，做事还有分寸和把握。韦皇后则尽情淫荡，甚至超过那些倚门卖身的妓女，假如不是临淄王李隆基振臂入宫

551

发动政变，皇宫竟成了一个肮脏世界。李隆基清除宫室的功劳，真不在太宗创立李唐王朝之下。

初，上官昭容引其从母之子王昱为左拾遗，昱说昭容母郑氏曰："武氏，天之所废，不可兴也。今婕妤附于三思，此灭族之道也，愿姨思之！"郑氏以戒昭容，昭容弗听。及太子重俊起兵诛三思，索昭容，昭容始惧，思昱言；自是心附帝室，与安乐公主各树朋党。及中宗崩，昭容草遗制立温王，以相王辅政；宗、韦改之。及隆基入宫，昭容执烛帅宫入迎之，以制草示刘幽求。幽求为之言，隆基不许，斩于旗下。

时少帝在太极殿，刘幽求曰："众约今夕共立相王，何不早定！"隆基遽止之，捕索诸韦在宫中及守诸门，并素为韦后所亲信者皆斩之。比晓，内外皆定。辛巳，隆基出见相王，叩头谢不先启之罪。相王抱之泣曰："社稷宗庙不坠于地，汝之力也。"遂迎相王入辅少帝。

【译文】起初，上官昭容推荐她姨母的儿子王昱做左拾遗，王昱游说昭容的母亲郑氏道："武氏是天废的，不能够兴（疑'兴'当作'与'，附从之意）。如今婕妤归附三思，是要被灭族的啊，请您好好想想！"郑氏拿王昱的话提醒昭容，昭容不从。等到太子重俊攻打三思，追究昭容的责任，昭容才恐惧，想起王昱的话，因此开始心向唐中宗，和安乐公主组建自己的势力。到中宗驾崩，昭容拟定遗嘱立温王，让相王辅佐，宗楚客、韦后将原稿改了。等到隆基进宫，昭容拿着火把来迎接他，将草稿给刘幽求看。幽求替她说好话，隆基不同意，斩在旗下。

那个时候，少帝在太极殿，刘幽求说："大家相约今日立相王为帝，怎么不早点定！"隆基立即阻止他，在宫中捕搜韦氏诸人和各门的卫士，并且将韦后的党羽都杀掉。将近天亮的时候，宫内外都已经安定了。辛巳日（六月无此日），隆基出宫见相王，以没有预先告知他向他请罪。相王拥抱他流泪说："国家社稷不至于倾覆，全靠你啊。"因此迎立相王入宫辅佐少帝。

闭宫门及京城门，分遣万骑收捕诸韦亲党。斩太子少保、同中书门下三品韦温于东市之北。中书令宗楚客衣斩衰、乘青驴逃出，至通化门，门者曰："公，宗尚书也。"去布帽，执而斩之，并斩其弟晋卿。相王奉少帝御安福门，慰谕百姓。初，赵履温倾国资以奉安乐公主，为之起第舍，筑台穿池无休已，摄紫衫，以项挽公主辇车。公主死，履温驰诣安福楼下舞蹈称万岁；声未绝，相王命万骑斩之。百姓怨其劳役，争割其肉，立尽。秘书监汴王邕娶韦后妹崇国夫人，与御史大夫窦从一各手斩其妻首以献。邕，凤之孙也。左仆射、、同中书门下三品韦巨源闻乱，家人劝之逃匿，巨源曰："吾位大臣，岂可闻难不赴！"出至都街，为乱兵所杀，时年八十。于是，枭马秦客、杨均、叶静能等首，尸韦后于市。崔日用将兵诛诸韦于杜曲，襁褓儿无免者，诸杜滥死非一。

【译文】禁闭城门和宫门，派遣万骑去搜韦氏的亲族党羽。斩太子少保、同中书门下三品韦温在东市北。中书令宗楚客穿着斩衰、骑青驴子出逃，到了通化门，守卫的说："你是宗尚书。"将他的布帽拽掉，抓住他杀了，并斩他弟弟晋卿。相王拥着少帝到安福门，安抚晓谕百姓。起初，赵履温将国库的钱给安乐公主，为她盖府第，组高台挖池毫不停止，将紫袍拉低，以颈子为公主挽牛车。公主死后，履温赶紧到安福楼下拜谒相王，高呼万岁，然而相王让万骑将他斩杀。为他做苦役的百姓对

他恨之入骨，抢着割他的肉，不一会儿就割完了。秘书监汴王李
邕娶韦后的妹妹为崇国夫人，与御史大夫窦从一，都亲手将妻
子杀了，将头献上。李邕，是李凤之孙。左仆射、同中书门下三
品韦巨源闻说政变，家里人劝他躲起来，巨源说：“我做大臣，
哪能听说朝廷有变而不做任何事呢！”刚到京城大街，就被乱
兵杀死，那时他已经八十岁了。后来将马秦客、杨均、叶静能等
斩杀，将他们的头悬挂示众，韦后被曝尸于大街。崔日用带领军
队在杜曲将韦氏宗族杀死，连小孩都没有幸免，杜家被枉杀的
也不止一个。

是日，赦天下，云：“逆贼魁首已诛，自馀支党一无所问。”以
临淄王隆基为平王，兼知内外闲厩，押左右厢万骑。薛崇暕赐
爵立节王。以钟绍京守中书侍郎，刘幽求守中书舍人，并参知机
务。麻嗣宗行左金吾卫中郎将。武氏宗属，诛死流窜殆尽。侍中
纪处讷行至华州，吏部尚书、同平章事张嘉福行至怀州，皆收斩
之。

壬寅，刘幽求在太极殿，有宫人与宦官令幽求作制书立太
后，幽求曰：“国有大难，人情不安，山陵未毕，遽立太后，不可！”
平王隆基曰：“此勿轻言。”

遣十道使赍玺书宣抚，及诣均州宣慰谯王重福。贬窦从一
为濠州司马。罢诸公主府官。

【译文】就在那天，赦免天下，布告：“逆贼已经被杀，剩下
的同伙都不追究。”任命临淄王李隆基做平王，同时任主管内外
马政，管理左右厢万骑军队。薛崇暕被赏赐爵位封为立节王。
任命钟绍京同时担任中书侍郎，刘幽求兼任中书舍人，共同参
与国家大事。麻嗣宗兼右金吾卫中郎将。武氏一族人，几乎都被

杀死流放了。待中纪处讹逃到华州，吏部尚书同平章事张嘉福逃亡怀州，将他们全部抓获并且杀死了。

壬寅日（二十二日），刘幽求在太极殿，有宫人和宦官让幽求撰制书（为少帝）立太后，幽求说："国家正处于危难之中，民情未定，（中宗）陵寝还没建好，不能马上就立太后！"平王李隆基说："这不可轻易为之。"

派遣十道使臣携带公文去宣抚各地，还到均州宣慰谯王李重福。贬窦从一为濮州司马。罢免了各公主开府的属官。

癸卯，太平公主传少帝命，请让位于相王，相王固辞。以平王隆基为殿中监、同中书门下三品，以宋王成器为左卫大将军，衡阳王成义为右卫大将军，巴陵王隆范为左羽林大将军，彭城王隆业为右羽林大将军，光禄少卿嗣道王微检校右金吾卫大将军。微，元庆之孙也。以黄门侍郎李日知、中书侍郎钟绍京并同中书门下三品。太平公主之子薛崇训为右千牛卫将军。隆基有二奴：王毛仲、李守德，皆趫勇善骑射，常侍卫左右。隆基之入苑中也，毛仲避匿不从，事定数日方归，隆基不之责，仍超拜将军。毛仲，本高丽也。汴王邕贬沁州刺史，左散骑常侍、驸马都尉杨慎交贬巴州刺史，中书令萧至忠贬许州刺史，兵部尚书、同中书门下三品韦嗣立贬宋州刺史，中书侍郎、同平章事赵彦昭贬绛州刺史，吏部侍郎、同平章事崔湜贬华州刺史。

【译文】癸卯日（二十三日），太平公主转述少帝的命令，逊位给相王，相王又一次推辞。任命平王李隆基做殿中监、同中书门下三品，任命宋王李成器做左卫大将军，衡阳王李成义做右卫大军，巴陵王李隆范做左羽林大将军，彭城王李隆业做右羽林大将军，光禄少卿嗣道王李微兼右金吾卫大将军。李微，是李元庆之孙。任命黄门侍郎李日知、中书侍郎钟绍京都做同中书门下三品。太平公主之子薛崇训做右千牛卫将军。隆基的两个仆人王毛仲和李守德，都跑得快，富有大力，擅长骑射，经常跟着他。隆基进入禁苑的时候，毛仲躲避不跟着去，事平之后好几天，隆基却不责罚他，依然将他超擢做将军。毛仲，以前是高丽人。汴王李邕贬做沁州刺史，左散骑常侍、驸马都尉杨慎交贬为巴州刺史，中书令萧至忠贬为许州刺史，兵部尚书、同中书门下三品韦嗣立贬为宋州刺史，中书侍郎、同平章事赵彦昭贬为绛州刺史，吏部侍郎、同平章事崔湜贬为华州刺史。

资治通鉴

【乾隆御批】胡寅以"临淄不先白相王，盖欲自为"，此论刻而无当。相王仁柔，本非唐高祖之比，临淄默定大计，不得不周详审慎观于事，成归王，不成不累王之语，其于天理人心，亦可谓光明正大矣。

【译文】胡寅认为"临淄王李隆基不事先告知其父相王李旦，是想自己做皇帝"，这种议论尖刻不当。相王李旦仁爱温柔，不能和唐高祖李渊相比，临淄王李隆基默默定下兵变大计，不能不周详审慎，临淄王李隆基说的事成则福归相王享，事不成则不累及相王的话，从天理、人心来看，也可以说是光明正大了。

刘幽求言于宋王成器、平王隆基曰："相王畴昔已居宸极，群望所属。今人心未安，家国事重，相王岂得尚守小节，不早即位以镇天下乎！"隆基曰："王性恬淡，不以代事婴怀。虽有天下，犹让于人，况亲兄之子，安肯代之乎！"幽求曰："众心不可违，王虽欲高居独善，其如社稷何！"成器、隆基入见相王，极言其事，相王乃许之。甲辰，少帝在太极殿东隅西向，相王立于梓宫旁，太平公主曰：“皇帝欲以此位让叔父，可乎？”幽求跪曰：“国家多难，皇帝仁孝，追踪尧、舜，诚合至公；相王代之任重，慈爱尤厚矣。”乃以少帝制传位相王。时少帝犹在御座，太平公主进曰：“天下之心已归相王，此非儿座！”遂提下之。睿宗即位，御承天门，赦天下。复以少帝为温王。

【译文】 刘幽求向宋王李成器、平王李隆基说：“相王从前就做过皇帝，众望所归。现在民心不稳，国家的事重大，相王怎么能拘泥于小节，不早早登位呢？”隆基说：“王爷生性淡泊，不将俗事记在心上。虽然做过皇帝，仍让别人，何况是自己亲兄弟的儿子呢，哪里肯取而代之！”幽求说：“人心所向，他也无法回避，王爷虽想清高独有所好，哪里比得上国家啊！”成器、隆基入宫求见相王，力谏，相王才同意。甲辰日（二十四日），少帝在太极殿东边角向西，相王站在（中宗）灵柩旁，太平公主说：“皇帝将皇位让给叔父行吗？”幽求跪下说：“国家多难，皇帝仁孝，应当仿效尧、舜，合乎常理。相王代他的责任重大，对他的慈爱更深。”于是少帝下制书传位给相王。那时少帝还在位，太平公主走近对他说：“现在相王众心所向，这里不属于你了。”于是将他牵下来。唐睿宗李旦即位，驾临承天门，大赦天下。又封少帝做温王。

以钟绍京为中书令。钟绍京少为司农录事，既典朝政，纵情赏罚，众皆恶之。太常少卿薛稷劝其上表礼让，绍京从之。稷入言于上曰：“绍京虽有勋劳，素无才德，出自胥徒，一旦超居元宰，恐失圣朝具瞻之美。”上以为然。

丙午，改除户部尚书，寻出为蜀州刺史。

上将立太子，以宋王成器嫡长，而平王隆基有大功，疑不能决。成器辞曰："国家安则先嫡长，国家危则先有功；苟违其宜，四海失望。臣死不敢居平王之上。"涕泣固请者累日。大臣亦多言平王功大宜立。刘幽求曰："臣闻除天下之祸者，当享天下之福。平王拯社稷之危，求君亲之难，论功莫大，语德最贤，无可疑者。"上从之。丁未，立平王隆基为太子。隆基复表让成器，不许。

【译文】任命钟绍京做中书令。钟绍京在少年的时候曾经做过司农录事，现在掌管政事，随意赏罚，大家都很讨厌他。太常少卿薛稷劝说让他退位让贤，绍京采行。薛稷进京对皇帝说："虽然绍京有功劳，但他没有才能，并且出身卑贱，突然擢升宰相，恐怕有损圣朝万民景仰的美德。"唐睿宗深以为是。

丙午日（二十六日），改任钟绍京为户部尚书，过一段时间后，又将他调出做蜀州刺史。

唐睿宗想要立太子，但是由于宋王李成器是嫡长子，平王李隆基的功劳却最大，经常犹豫，不能决定。成器推辞说："如果国家安定就立嫡长子，如果国家危难就要立有功劳的；假如违背因时制宜的原则，天下人便会失望。臣就算死也不敢高居在平王之上。"流泪坚决恳求，一连几天都是这样。多数大臣也觉得平王功大应立为太子。刘幽求说："臣听说，消除天下之祸的人，应该享有国家的福。平王拯救国家于危难之中，挽救了君父的危难，谁也没有他功劳大，他又是最贤能的人，这更不用怀疑了。"唐睿宗同意了。丁未日（二十七日），立平王李隆基为太子。李隆基又上表让给成器，唐睿宗不同意。

【乾隆御批】平王有拨乱反正之功，当为神器所属。宋王之让最合天理而当人心。盖亦内度诸己外度诸世，实有不能与平王抗衡者,使建成当日能见及此,何至肇临湖殿之衅哉。

【译文】 平王李隆基有拨乱反正之功,应当执掌帝王的印玺,成为皇帝。宋王李成器的谦让最合乎天理,顺应人心。原来不论是从内部为自己考虑,还是从外部为世人考虑,宋王确实有不能与平王抗衡的地方,假使隐太子李建成当日能看到这一点,何至于肇临湖殿的事端啊。

【申涵煜评】 成器安危之论,千古不易。是最有地步有福泽人,使武德初东宫解此,安有六月四日事,而太宗亦免惭德矣。

【译文】 李成器关于安危的言论,千古以来都是不容易做到的。这是最有境界、最有福气的人才能如此。假如武德初年太子李建成懂得这个道理,哪里会有六月四日的玄武门之变,而唐太宗也不用深感惭愧了。

则天大圣皇后复旧号为天后。追谥雍王贤曰章怀太子。

戊申,以宋王成器为雍州牧、扬州大都督、太子太师。

置温王重茂于内宅。

以太常少卿薛稷为黄门侍郎,参知机务。稷以工书,事上于藩邸,其子伯阳尚仙源公主,故为相。

追削武三思、武崇训爵谥,斫棺暴尸,平其坟墓。

以许州刺史姚元之为兵部尚书、同中书门下三品,宋州刺史韦嗣立、许州刺史萧至忠为中书令,绛州刺史赵彦昭为中书侍郎,华州刺史崔湜为吏部侍郎,并同平章事。

越州长史宋之问,饶州刺史冉祖雍,坐谄附韦、武,皆流岭表。

【译文】 则天大圣皇后恢复以前的称号天后。追谥雍王李贤为章怀太子。

戊申日(二十八日),任命宋王李成器为雍州牧、扬州大都督、太子太师。

将温王李重茂安置在内宅。

任命太常少卿薛稷做黄门侍郎，参加国家机要之事。因为薛稷书法好，是唐睿宗为相王时的下属，其子伯阳娶仙源公主，因此任命他做宰相。

废武三思、武崇训爵位谥号，打开石棺暴尸，将其坟墓夷平。

任命许州刺史姚元之做兵部尚书、同中书门下三品，宋州刺史韦嗣立、许州刺史萧至忠做中书令，绛州刺史赵彦昭任命为中书侍郎，华州刺史崔湜为吏部侍郎，都是同平章事。

越州长史宋之问，饶州刺史冉祖雍，因为依附韦、武的过错，都被流放到岭南。

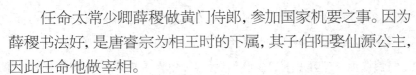

己酉，立衡阳王成义为申王，巴陵王隆范为岐王，彭城王隆业为薛王；加太平公主实封满万户。

太平公主沈敏多权略，武后以为类己，故于诸子中独爱幸，颇得预密谋，然尚畏武后之严，未敢招权势；及诛张易之，公主有力焉。中宗之世，韦后、安乐公主皆畏之，又与太子共诛韦氏。既屡立大功，益尊重，上常与之图议大政，每入奏事，坐语移时；或时不朝谒，则宰相就第咨之。每宰相奏事，上辄问："尝与太平议否？"又问："与三郎议否？"然后可之。三郎，谓太子也。公主所欲，上无不听，自宰相以下，进退系其一言，其馀荐士骤历清显者不可胜数，权倾人主，趋附其门者如市。子薛崇行、崇敏、崇简皆封王，田园遍于近甸，收市营远诸器玩，远至岭、蜀，输送者相属于路，居处奉养，拟于宫掖。

追赠郎岌、燕钦融谏议大夫。

【译文】己酉日（二十九日），让衡阳王李成义为申王，巴陵王李隆范为岐王，彭城王李隆业为薛王；升太平公主实封满一万户。

太平公主为人老谋深算并且爱好权势，武后认为像自己，因此在各儿女中特别喜爱她，让她参与机要事务，但是她害怕武后，不敢招权揽势。等到张易之被杀的时候，公主又立了功。中宗时代，韦后、安乐公主都非常害怕她，她又和太子一起杀了韦氏。已经多次建立大功，越来越受尊重，唐睿宗经常和她商量国家大事，每次入宫奏事，都谈很久。有时没有到朝廷拜谒，宰相就要到她府第问询。宰相每次奏事，唐睿宗都要问："和公主商量过吗？"又问："和三郎商量过吗？"然后批准。三郎，就是说太子。公主想的，唐睿宗都无不听许，自宰相以下，进退基本上由她定夺，由她推荐而立马就能做到高官的人非常多，她的权力高过君主，归附她的人很多。儿子薛崇行、薛崇敏、薛崇简都封王，田园遍野，收购买卖营造各种器物玩好，远到岭南、四川，并且往来送货的人连绵不断，她的居家开支，可跟皇宫相比。

追赠郎岌、燕钦融为谏议大夫。

秋，七月，庚戌朔，赠韦月将宣州刺史。

癸丑，以兵部侍郎崔日用为黄门侍郎，参知机务。

追复故太子重俊位号；雪敬晖、桓彦范、崔玄暐、张柬之、袁恕己、成王行里、李多祚等罪，复其官爵。

丁巳，以洛州长史宋璟检校吏部尚书、同中书门下三品；岑羲罢为右散骑常侍，兼刑部尚书。璟与姚元之协心革中宗弊政，进忠良，退不肖，赏罚尽公，请托不行，纲纪修举，当时翕然以为复有贞观、永徽之风。

壬戌，崔湜罢为尚书左丞，张锡为绛州刺史，萧至忠为晋州刺史，韦嗣立为许州刺史，赵彦昭为宋州刺史。丙寅，姚元之兼中书令，兵部尚书、同中书门下三品李峤贬怀州刺史。

【译文】秋季，七月，庚戌朔日（初一），追赠韦月将为宣州刺史。

癸丑日（初四），任命兵部侍郎崔日用做黄门侍郎，参与国家大事。

将李重俊追复为前太子位号，洗雪敬晖、桓彦范、崔玄暐、张柬之、袁恕己、成王千里、李多祚等的罪名，恢复了他们的官爵。

丁巳日（初八），任命洛州长史宋璟检校吏部尚书、同中书门下三品；将岑羲免职，任命为右散骑常侍，兼任刑部尚书。宋璟与姚元之齐心协力去除中宗时候的弊端，引进忠良，罢退奸臣，赏罚公正，拜托行不通，伸张法理，那时国家清明，人们都认为有贞观、永徽年间的气象。

壬戌日（十三日），崔湜被罢免职务为尚书左丞，任命张锡为绛州刺史，萧至忠做晋州刺史，韦嗣立做许州刺史，赵彦昭做宋州刺史。丙寅日（十七日），姚元之同时担任中书令，兵部尚书、同中书门下三品李峤贬为怀州刺史。

丁卯，太子少师、同中书门下三品唐休璟致仕，右武卫大将军、同中书门下三品张仁愿罢为左卫大将军。

黄门侍郎、参知机务崔日用与中书侍郎、参知机务薛稷争于上前，稷曰：“日用倾侧，向附武三思，非忠臣；卖友邀功，非义士。”日用曰：“臣往虽有过，今立大功。稷外托国姻，内附张易之、宗楚客，非倾侧而何！"上由是两罢之，戊辰，以日用为雍州长史，稷为左散骑常侍。

己巳，赦天下，改元；凡韦氏馀党未施行者，咸赦之。

乙亥，废武氏崇恩庙及昊陵、顺陵，追废韦后为庶人，安乐公主为悖逆庶人。

【译文】丁卯日（十八日），太子少师、同中书门下三品唐休璟告老还乡；右武卫大将军、同中书门下三品张仁愿被免官，任命左卫大将军。

黄门侍郎、参知机务崔日用和中书侍郎、参知机务薛稷在天子面前相互争辩。薛稷说："日用为人不正，从前附从武三思，不是忠臣；出卖朋友，不是义士。"崔日用说："虽然臣以前犯过错，但现在也立了功。薛稷明为国戚，但是暗地里却偏向张易之、宗楚客，不是不正又是什么？"因此唐睿宗将这两个人免官。戊辰日（十九日），任命日用为雍州长史，薛稷做左散骑常侍。

己巳日（二十日），大赦天下，将年号改为景云。尚未执行刑罚的韦氏的所有党羽，都赦免。

乙亥日（二十六日），将武氏崇恩庙和昊陵、顺陵废除，将韦后追贬为庶人，贬安乐公主悖逆庶人。

韦后之临朝也，吏部侍郎郑愔贬江州司马，潜过均州，与刺史谯王重福及洛阳人张灵均谋举兵诛韦氏，未发而韦氏败。重福迁集州刺史，未行，灵均说重福曰："大王地居嫡长，当为天子。相王虽有功，不当继统。东都士庶，皆愿王来。王若潜入洛阳，发左右屯营兵，袭杀留守，据东都，如从天而下也。然后西取陕州，东取河南北，天下指麾可定。"重福从之。

灵均乃密与愔结谋，聚徒数十人。时愔自秘书少监左迁沅州刺史，迟留洛阳以俟重福，为重福草制，立重福为帝，改元为中元克复。尊上为皇季叔，以温王为皇太弟，愔为左丞相知内外文事，灵均为右丞相、天柱大将军知武事，右散骑常侍严善思为礼部尚书知吏部事。重福与灵均诈乘驿〔诣〕东都，愔先供张驸马都尉裴巽第以待重福。洛阳县官微闻其谋。

【译文】韦后执掌国家大权时，将吏部侍郎郑愔贬为江州司马，在均州做暗访，与刺史谯王李重福以及洛阳人张灵均计划发兵将韦氏杀死，还没有出发，韦氏就兵败了。重福调任集州刺史，还没有出发，灵均游说重福说："大王是嫡长子，该做皇帝。虽然相王有功劳，但是不应该登上皇位。东都士大夫和百姓，都希望您能来。如果秘密到达洛阳，招募左右屯营兵，将留守官杀死，占领东都，就像从天上落下来一样。之后向西夺取陕州，向东夺取黄河南北的地方，那么就可以得天下了。"重福听从了他的建议。

于是张灵均暗地里和郑愔勾结，拥众几十人。当时郑愔从秘书少监贬官为沅州刺史，在洛阳等李重福，草拟制书，立重福为帝，将年号改为中元克复。尊唐睿宗为皇季叔，让温王做皇太弟，郑愔做左丞相，主要管理朝廷内外的文事，灵均做右丞相、天柱大将军，掌管武事，右散骑常侍严善思做礼部尚书，管理吏部事。重福和灵均假装乘着驿马到达洛阳，郑愔已经布置好驸马都尉裴巽府而等待重福。洛阳县官隐约了解他们的计谋。

资治通鉴卷第二百一十　唐纪二十六

起上章阉茂八月，尽昭阳赤奋若，凡三年有奇。

【译文】 起庚戌（公元710年）八月，止癸丑（公元713年），一共三年五个月。

【题解】 本卷记录了公元710年八月至713年的史事，共三年又五个月，正当唐睿宗景云元年到唐玄宗开元元年。睿宗李旦平庸仁厚，因其第三子临淄王李隆基与太平公主联手发动兵变诛杀韦后集团，阴差阳错地被推上皇帝宝座，李隆基也因此被立为皇太子。睿宗即位，大权落入太平公主手中。太平公主与太子李隆基两派势力明争暗斗，长达三年之久。后来太平公主公然谋划废立皇帝，唐玄宗于是在先天二年七月用兵诛灭太平公主及其同党，玄宗完全掌控政权，改元开元。

睿宗玄真大圣大兴孝皇帝下

景云元年（庚戌，公元七一〇年）八月，庚寅，往巽第按问。重福奄至，县官驰出，白留守；群官皆逃匿，洛州长史崔日知独帅众讨之。

留台侍御史李邕遇重福于天津桥，从者已数百人，驰至屯营，告之曰："谯王得罪先帝，今无故入都，此必为乱；君等宜立功取富贵。"又告皇城使闭诸门。重福先趣左、右屯营，营中射之，矢如雨下。乃还趣左掖门，欲取留守兵，见门闭，大怒，命焚之。火未及然，左屯营兵出逼之，重福窘迫，策马出上东，逃匿山谷。明日，留守大出兵搜捕，重福赴漕渠溺死。日知，日用之从父兄也，以功拜东都留守。

【译文】景云元年（庚戌，公元710年）八月，庚寅日（十二日），（洛阳县令）到裴巽府查询。突然李重福到了，洛阳县令飞奔出门，告知留守官。众官员都躲起来了，洛州长史崔日知一个人带领很多人攻打重福。

留洛阳御史台侍御史李邕在天津桥与重福相遇，已经有好几百人都归附他了。李邕快马到达屯守军营，宣布："在先帝时谯王犯罪了，现在没有任何理由就回来了，肯定会叛乱的，你们应该赶紧立功以求富贵。"又向皇城禀告，将城门紧闭。重福首先攻打左、右屯守营地，营中向他射箭，箭如雨下。因此转而进攻左掖门，想要攻下留守军，一看大门关了，很是生气，下令将门烧了。还没点着火，左屯营兵冲出营地进攻，重福十分窘迫，策马出东门，逃到山谷中藏起来。第二天，留守派大军搜捕，重福跳水溺死。崔日知，是崔日用的堂兄，因为有功封为东都留守。

郑愔貌丑多须，既败，梳髻，著妇人服，匿车中；擒获，被鞠，股慄不能对。张灵均神气自若，顾愔曰："吾与此人举事，宜其败也！"与愔皆斩于东都市。初，愔附来俊臣得进；俊臣诛，附张易之；易之诛，附韦氏；韦氏败，又附谯王重福，竟坐族诛。严善思免死，流静州。

万骑恃讨诸韦之功，多暴横，长安中苦之；诏并除外官。又停以户奴为万骑；更置飞骑，隶左、右羽林。

姚元之、宋璟及御史大夫毕构上言："先朝斜封官悉宜停废。"上从之。癸巳，罢斜封官凡数千人。

【译文】郑愔面目丑陋但是胡须很多，事情失败了，梳髻，穿妇女的衣服，躲于车中，被擒。提审时，双腿战栗不能言。张灵均神态自然，回头对郑愔说："和这样的人起义，真是该失败啊！"在东都市上和郑愔一起被斩首。起初，郑愔归附来俊臣而高升；俊臣死后，归附张易之；易之死了，归附韦氏；韦氏失败了，又归附谯王重福，后来灭族。严善思免于一死，流放静州。

万骑自恃讨灭韦氏的功劳，很多人行为恶劣，不守法，长安人深以为苦；下诏全调任为地方官。又中止了让奴隶当万骑兵；还设置飞骑，属于左、右羽林军。

姚元之、宋璟和御史大夫毕构上报："先朝斜封官全该废止。"唐睿宗同意了。癸巳日（十五日），将几千斜封官都罢免了。

刑部尚书、同中书门下三品裴谈贬蒲州刺史。

赠苏安恒谏议大夫。

九月，辛未，以太子少师致仕唐休璟为朔方道大总管。

冬，十月，甲申，礼仪使姚元之、宋璟奏："大行皇帝神主，应祔太庙，请迁义宗神主于东都，别立庙。"从之。

乙未，追复天后尊号为大圣天后。

丁酉，以幽州镇守经略节度大使薛讷为左武卫大将军兼幽州都督。节度使之名自讷始。

太平公主以太子年少，意颇易之；既而惮其英武，欲更择暗弱者立之以久其权，数为流言，云"太子非长，不当立。"己亥，制戒谕中外，以息浮议。公主每觇伺太子所为，纤介必闻于上，太子左右，亦往往为公主耳目，太子深不自安。

【译文】刑部尚书、同中书门下三品裴谈被贬为蒲州刺史。

将苏安恒追赠为谏议大夫。

九月，辛未日（二十三日），任命以太子少师退休的唐休璟做朔方道大总管。

冬季，十月，甲申日（初七），礼仪使姚元之、宋璟上报："大行皇帝的神主，本应该太庙祭祀，请求将义宗的神主移到东都，再立庙。"唐睿宗同意了。

乙未日（十八日），恢复天后的尊号大圣天后。

丁酉日（二十日），任命幽州镇守经略节度大使薛讷做左武卫大将军并任幽州都督。节度使这个官位始于薛讷。

因太子年纪轻，太平公主颇轻视；之后又害怕他圣明，想要再选一个弱的来保持她的权力，几次散布谣言说："太子不是长子，不该立。"己亥日（二十二日），下制书告诫内外，以平不实之论。公主经常侦察太子的作为，连小事也要上奏，太子周围常有公主的人，太子深感不安。

谥故太子重俊曰节愍。太府少卿万年韦凑上书，以为："赏罚所不加者，则考行立谥以褒贬之。故太子重俊，与李多祚等称兵入宫，中宗登玄武门以避之，太子据鞍督兵自若；及其徒倒戈，多祚等死，太子方逃窜。向使宿卫不守，其为祸也胡可忍言！明日，中宗雨泣，谓供奉官曰：'几不与卿等相见。'其危如此，今圣朝礼葬，谥为节愍，臣窃惑之。夫臣子之礼，过庙必下，过位必趋。汉成帝之为太子，不敢绝驰道。而重俊称兵宫内，跨马御前，无礼甚矣。若以其诛武三思父子而嘉之，则兴兵以诛奸臣而尊君父可也；今欲自取之，是与三思竞为逆也，又足嘉乎！若以其欲废韦氏而嘉之，则韦氏于时逆状未彰，大义未绝，苟无中宗之命而废之，是胁父废母也，庸可乎！汉戾太子困于江充之谗，发忿杀充，虽兴兵交战，非围逼君父也；兵败而死，及其孙为天子，始得改葬，犹谥曰戾。况重俊可谥之曰节愍乎！臣恐后之乱臣贼子，得引以为比，开悖逆之原，非所以彰善瘅恶也，请改其谥。多祚等从重俊兴兵，不为无罪。陛下今宥之可也，名之为雪，亦所未安。"上甚然其言，而执政以为制命已行，不为追改，但停多祚等赠官而已。

【译文】追谥故太子李重俊为节愍。太府少卿万年人韦凑上书，认为："奖罚不施与死人，需要考虑到他的作为立谥号来褒贬他。故太子重俊，和李多祚等发兵入宫，中宗登上玄武门避他，太子骑在马上指挥军队自若；等到他的士兵死了，多祚等人都死了，太子才逃。如果守卫不力，这次祸乱何可忍心说出！第二天，中宗泪下如雨，对供奉官说：'无颜面对你们了。'危险至此。现在圣上以礼葬他，谥他为节愍，我们不懂。那为臣下的礼仪，过宗庙必下车，过君位必趋行。汉成帝为太子，不敢越过驰道。然而重俊发兵进宫，骑马立于君父前，无礼至极。若因他杀了武三思父子而奖励他，也只有在保君王杀奸臣的时候可以；但想自取帝位，是跟三思一样的谋逆，哪里值得嘉奖呢！若因他想废韦氏而奖励他，但韦氏当时反状未明，母子的名义未断，如没有中宗的命令而废黜她，是逼父废母，是不行的！汉朝戾太子被江充的谗言所逼，发怒杀充，虽然发兵，并不是围困逼迫父亲；兵败而死，到他的孙子做天子，才得改葬，仍谥号为戾。况且重俊，怎可谥他为节愍呢？臣担心以后的乱臣贼子，会援以为例，大开叛逆违逆的方便之门，这不能扬善惩恶，请改谥号。多祚等依附重俊举兵，有罪。现在如果您想宽恕他也行，而名为雪洗，也不妥。"唐睿宗以为对，但是执政人以为已经下达制书了，不方便再改，只是不追赠给多祚等人官衔罢了。

【申涵煜评】 三思崇训，久诮天诛，太子拼一死为国除奸，可无愧祖宗于地下。犹胜于中宗之龌龊苟活也。与齐琅琊诛和士开同一快心。

【译文】 武三思、武崇训，长期逃避上天的诛杀，太子李重俊心甘情愿一死也要为国家除掉奸邪，可以无愧祖先于地下，尤其胜过唐中宗龌龊苟且地活着，可以说与齐琅琊王高俨杀和士开一样让人快意。

十一月，戊申朔，以姚元之为中书令。

乙酉，葬孝和皇帝于定陵，庙号中宗。朝议以韦后有罪，不应祔葬。追谥故英王妃赵氏曰和思顺圣皇后，求其瘗，莫有知者，乃以祎衣招魂，覆以夷衾，祔葬定陵。

壬子，侍中韦安石罢为太子少保，左仆射、同中书门下三品苏瑰罢为少傅。

甲寅，追复裴炎官爵。

【译文】 十一月，戊申朔日（初一），任命姚元之做中书令。

己酉日（初二），在定陵安葬孝和皇帝，庙号中宗。因韦后有罪大臣们觉得不应合葬。追谥故英王妃赵氏做和思顺圣皇后，寻她所葬之处，无人知晓，因此招魂，盖上尸衾，合葬定陵。

壬子日（初五），韦安石免去侍中一职，做太子少保，左仆射、同中书门下三品苏瑰也免官，做少傅。

甲寅日（初七），恢复裴炎的官爵。

初，裴伷先自岭南逃归，复杖一百，徙北庭。至徙所，殖货任侠，常遣客诇都下事。武后之诛流人也，伷先先知之，逃奔胡中；北庭都护追获，囚之以闻。使者至，流人尽死，伷先以待报未杀。既而武后下制安抚流人，有未死者悉放还，伷先由是得归。至是求炎后，独伷先在，拜詹事丞。

壬戌，追复王同皎官爵。

庚午，许文贞公苏瑰薨。制起复其子颋为工部侍郎，颋固辞。上使李日知谕旨，日知终坐不言而还，奏曰："臣见其哀毁，不忍发言，恐其陨绝。"上乃听其终制。

【译文】 起初，裴伷先从岭南逃回，又刑杖一百，改而流放到北庭。到流放地后，经商行侠，经常派人探听京城动向。武后杀流放之人时，伷先预先知道，逃至胡地。北庭都护逮到他时，将他囚禁后上奏。使者到的时候，流人全部死亡，因等待回复的公文伷先没有被杀。之后武后下制书安抚放逐的人，还没死的人都让回来，因此伷先得回。这时，唐睿宗寻找裴炎的子嗣，只有伷先还在，任命他做詹事丞。

壬戌日（十五日），恢复王同皎官爵。

庚午日（二十三日），许文贞公苏瑰死。下制书，让其子苏颋担任工部侍郎，颋辞。唐睿宗又改派李日知宣旨，日知到他家里坐着，没说一句话就回去了，上奏："臣看他悲伤难抑，不忍心宣达圣意，怕他晕倒。" 于是唐睿宗准许他为其父服满三年丧期。

十二月，癸未，上以二女西城、隆昌公主为女官，以资天皇天后之福，仍欲于京城西造观。谏议大夫宁原悌上言，以为："先朝悖逆庶人以爱女骄盈而及祸，新都、宜城以庶孽抑损而获全。又释、道二家皆以清净为本，不当广营寺观，劳人费财。梁武致败于前，先帝取灾于后，殷鉴不远。今二公主入道，将为之置观，不宜过为崇丽，取谤四方。又，先朝所亲狎诸僧，尚在左右，宜加屏斥。"上览而善之。

宦者间兴贵以事属长安令李朝隐，朝隐系于狱。上闻之，召见朝隐，劳之曰："卿为赤县令，能如此，朕复何忧！"因御承天门，集百官及诸州朝集使，宣示以朝隐所为，且下制称"宦官遇宽柔之代，必弄威权。朕览前载，每所叹息。能副朕意，实在斯人，可加一阶为太中大夫，赐中上考及绢百匹。"

壬辰，奚、霫犯塞，掠渔阳、雍奴，出卢龙塞而去。幽州都督薛讷追击之，弗克。

【译文】十二月，癸未日（初七），唐睿宗让两个女儿西城、隆昌公主做女官道士，希求增添皇太后的冥福，因此想在城西建立道观。谏议大夫宁原悌上书，认为："先朝悖逆庶人（安乐）是中宗爱女，过分骄纵而遭祸患，因为新都、宜城公主是庶出自知抑制减损才得保全。再之，释、道二家都是主张清修，不应劳民伤财，大建寺观。以前梁武帝就是因为这才失败的，往近说，

572

因为这些，先帝爷遭受祸患，殷鉴不远。如今两位公主做道士，要建观，不需要华美，以免世人指责。还有，前朝亲近的和尚还住在那里，应该疏逐。"唐睿宗看了大加称赞。

宦官闾兴贵要长安令李朝隐办事，朝隐将他逮捕。唐睿宗知晓后，召见朝隐，嘉慰他说："你为京畿县长吏，能这样，我就高枕无忧了！"因此到承天门，召众官和各州入朝觐见汇报的使臣，宣示朝隐的做法。而且下制说："宦官在仁主慈君的时期，必定玩弄权术。朕每看到史书所记，常叹。现在能让我称心的，就是像李朝隐这样的人，可以升官做太中大夫，赐中上等的考绩和一百匹绢帛。"

壬辰日（十六日），奚、霫族侵犯边塞，洗劫渔阳、雍奴县，自卢龙塞出。幽州都督薛讷追讨，未胜。

旧制，三品以上官册授，五品以上制授，六品以下敕授，皆委尚书省奏拟，文属吏部，武属兵部，尚书曰中铨，侍郎曰东西铨。中宗之末，嬖倖用事，选举混淆，无复纲纪。至是，以宋璟为吏部尚书，李乂、卢从愿为侍郎，皆不畏强御，请谒路绝。集者万馀人，留者三铨不过二千，人服其公。以姚元之为兵部尚书，陆象先、卢怀慎为侍郎，武选亦治。从愿，承庆之族子；象先，元方之子也。

侍御史藁城倪若水，奏弹国子祭酒祝钦明、司业郭山恽乱常改作，希旨病君；于是左授钦明饶州刺史，山恽括州长史。

侍御史杨孚，弹纠不避权贵，权贵毁之。上曰："鹰搏狡兔，须急救之，不尔必反为所噬。御史绳奸慝亦然。苟非人主保卫之，则亦为奸慝所噬矣。"孚，隋文帝之侄孙也。

【译文】按照旧制，三品以上的官使用册书任命，五品以上使用制书任命，六品以下使用敕书授予官职，都要交给尚书省奏闻注拟，文官属于吏部，武官属于兵部，尚书掌授官的称为中铨，侍郎掌授官的称为东西铨。中宗末，亲宠当道，选拔之事混乱，没有常度。这时，任命宋璟为吏部尚书，李乂、卢从愿做侍郎，都是不害怕强梁阻挠的人，托关系的门路由此断了。候选者一万多人；最后留在三铨的还不到两千，人人叹服。任命姚元之做兵部尚书，陆象先、卢怀慎做侍郎，武举也步入正轨。卢从愿，是卢承庆的族侄；象先，是陆元方的儿子。

侍御史藁城人倪若水，弹劾国子祭酒祝钦明、司业郭山恽违法乱纪，为了迎合帝后使得中宗圣德亏损。因而将钦明降调成饶州刺史，山恽为括州长史。

侍御史杨孚，弹劾稽查不论贵贱，权贵的人向唐睿宗指责他，唐睿宗说："老鹰抓狡兔，须要赶紧救兔子，否则肯定会被吃掉。御史弹纠奸臣也是这样。如果国君不保护他，就会被奸恶的人干掉。"杨孚，是隋文帝的侄孙。

【乾隆御批】 赏擢朝隐，保全杨孚，足折阉宦权奸萌蘖。由其习见中宗朝党恶横行，善良削迹。是以言之亲切有味，如此宜其远绍贞观之绪，近启开元之风也！

【译文】 睿宗赏赐擢升李朝隐，保全杨孚，足以折宦官弄权作恶的开端。由李朝隐、杨孚所遇之事，可以知晓中宗李显在朝时，奸佞结党横行，忠正善良之士消踪匿迹。据此可知睿宗的话亲爱和善，应该说他远承贞观之治的功绩，近启开元盛世的风尚啊！

置河西节度、支度、营田等使，领凉、甘、肃、伊、瓜、沙、西七州，治凉州。

姚州群蛮，先附吐蕃，摄监察御史李知古请发兵击之；既降，又请筑城，列置州县，重税之。黄门侍郎徐坚以为不可；不从。知古发剑南兵筑城，因欲诛其豪杰，掠子女为奴婢。群蛮怨怨，蛮酋傍名引吐蕃攻知古，杀之，以其尸祭天，由是姚、巂路绝，连年不通。

安西都护张玄表侵掠吐蕃北境，吐蕃虽怨而未绝和亲，乃赂鄯州都督杨矩，请河西九曲之地以为公主汤沐邑；矩奏与之。

【译文】建立河西节度、支度、营田等使，掌管凉、甘、肃、伊、瓜、沙、西七个州，在凉州设办公署。

姚州各蛮族，以前归附吐蕃，代理监察御史李知古请求出兵攻击他们。已降服，又请求筑城，设立州县，施以重税。黄门侍郎徐坚认为不行，唐睿宗不听劝阻。将知古调出剑南军队去筑城墙，因而想将蛮族的人才杀死，夺掠其子女为奴婢。群蛮怨恨，蛮族酋长傍名带吐蕃军队进攻知古，将他杀死，用其尸祭天，因而姚州、巂州与中原断绝往来，多年未通。

安西都护张玄表侵掠吐蕃北边地区，虽吐蕃怨恨，但是不断绝和亲政策，因此贿赂鄯州都督杨矩，让河西九曲的地方当作公主的汤沐邑，杨矩上奏请赐。

景云二年（辛亥，公元七一一年）春，正月，癸丑，突厥可汗默啜遣使请和；许之。

己未，以太仆卿郭元振、中书侍郎张说并同平章事。

以温王重茂为襄王，充集州刺史，遣中郎将将兵五百就防之。

乙丑，追立妃刘氏曰肃明皇后，陵曰惠陵；德妃窦氏曰昭成皇后，陵曰靖陵。皆招魂葬于东都城南，立庙京师，号仪坤庙。

窦氏，太子之母也。

【译文】景云二年（辛亥，公元711年）春季，正月，癸丑日（初七），突厥可汗默啜来使求和，同意。

己未日（十三日），任命太仆卿郭元振、中书侍郎张说都做同平章事。

任命温王李重茂做襄王，代理集州刺史，派遣中郎将五百士兵去监视他。

乙丑日（十九日），刘氏妃被追立为肃明皇后，墓陵称作惠陵；德妃窦氏是昭成皇后，墓陵称为靖陵。在东都城南招魂并安葬，在京城建庙，称仪坤庙。窦氏，是太子生母。

太平公主与益州长史窦怀贞等结为朋党，欲以危太子，使其婿唐晙邀韦安石至其第，安石固辞不往。上尝密召安石，谓曰："闻朝廷皆倾心东宫，卿宜察之。"对曰："陛下安得亡国之言！此必太平之谋耳。太子有功于社稷，仁明孝友，天下所知，愿陛下无惑谗言。"上瞿然曰："朕知之矣，卿勿言。"时公主在帘下窃听之，以飞语陷安石，欲收按之，赖郭元振救之，得免。

公主又尝乘辇邀宰相于光范门内，讽以易置东宫，众皆失色，宋璟抗言曰："东宫有大功于天下，真宗庙社稷之主，公主奈何忽有此议！"

【译文】太平公主和益州长史窦怀贞等结盟，要加害太子，派其女婿唐晙邀请韦安石到她府第，安石坚辞。唐睿宗曾秘召安石，告诉他说："听说朝臣拥立太子，你该查查。"答说："陛下怎么能说灭国的话！这肯定是太平公主的诡计。太子对社稷有功，仁慈明智孝顺友爱，所有人都知道，请你不要被谗言迷惑。"唐睿宗瞪着眼说："朕知道了，别说了。"那时公主在帘子后偷听到，就用谣言陷害安石，要收监审问，靠郭元振的救助，免于一难。

公主曾经还在光范门内乘辇等宰相，劝说改立太子，大家都变脸了。宋璟高声说："太子于国家有功，是宗庙社稷的中心，公主怎么这样说呢？"

璟与姚元之密言于上曰："宋王陛下之元子，豳王高宗之长孙，太平公主交构其间，将使东宫不安。请出宋王及豳王皆为刺史，罢岐、薛二王左、右羽林，使为左、右率以事太子。太平公主请与武攸暨皆于东都安置。"上曰："朕更无兄弟，惟太平一妹，岂可远置东都！诸王惟卿所处。"乃先下制云："诸王、驸马自今毋得典禁兵，见任者皆改它官。"

顷之，上谓侍臣曰："术者言于五日当有急兵入宫，卿等为朕备之。"张说曰："此必谗人欲离间东宫。愿陛下使太子监国，则流言自息矣。"姚元之曰："张说所言，社稷之至计也。"上悦。

【译文】 宋璟和姚元之秘奏："宋王是陛下长子，豳王是高宗长孙，太平公主离间他们，会使太子不安。请您将宋王、豳王调出去做刺史，罢免岐、薛二王左、右羽林军的职务，改为左、右率归太子掌控。太平公主与武攸暨到洛阳去住。"唐睿宗说："朕没有兄弟，只太平一位妹妹，怎么能让她远走呢？其他王照你们的意见调度。"就先下制书说："诸王、驸马从今天起不可掌管禁卫军，在任的都改调别的职位。"

之后，没过多久，唐睿宗对近臣说："术士说，五天之内会有军队突袭进宫，你们替我防备着。"张说说："这必定是谗人要离间太子。请陛下叫太子监理国政，谣言自会消止。"姚元之说："张说的话，是国家的上好计策。"龙心大悦。

二月，丙子朔，以宋王成器为同州刺史，豳王守礼为豳州刺史，左羽林大将军岐王隆范为左卫率，右羽林大将军薛王隆业为右卫率；太平公主蒲州安置。

丁丑，命太子监国，六品以下除官及徒罪以下，并取太子处分。

殿中侍御史崔莅、太子中允薛照素言于上曰："斜封官皆先帝所除，恩命已布，姚元之等建议，一朝尽夺之，彰先帝之过，为陛下招怨。今众口沸腾，遍于海内，恐生非常之变。"太平公主亦言之，上以为然。戊寅，制："诸缘斜封别敕授官，先停任者，并量材叙用。"

【译文】二月，丙子朔日（初一），任命宋王李成器做同州刺史，豳王李守礼做豳州刺史，左羽林大将军岐王李隆范做左卫率，右羽林大将军薛王李隆业做右卫率；太平公主到蒲州去住。

丁丑日（初二），让太子监督国政，六品以下任官和徒刑以下，交由太子处理。

殿中侍御史崔莅、太子中允薛昭素对唐睿宗说："斜封官都是先帝所授予的，恩德的制命早已颁布，今天却因姚元之等的意见，如果将他们全解除，说明先帝错了，为您引来尤怨。如今人们议论纷纷，遍布天下，担心出事。"太平公主也这样说，唐睿宗觉得也是。戊寅日（初三），下制书："那些由斜封敕命任用的官员，已经罢免的，一律根据才能录用。"

太平公主闻姚元之、宋璟之谋，大怒，以让太子。太子惧，奏元之、璟离间姑、兄，请从极法。甲申，贬元之为申州刺史，璟为楚州刺史。丙戌，宋王、豳王亦寝刺史之命。

中书舍人、参知机务刘幽求罢为户部尚书；以太子少保韦安石为侍中。安石与李日知代姚、宋为政，自是纲纪紊乱，复如景龙之世矣。前右率府铠曹参军柳泽上疏，以为："斜封官皆因仆妾汲引，岂出孝和之意！陛下一切黜之，天下莫不称明。一旦忽尽收斜，善恶不安，反覆相攻，何陛下政令之不一也！议者咸称太平公主令胡僧慧范曲引此曹，诳误陛下。臣恐积小成大，为祸不细。"上弗听。泽，亨之孙也。

左、右万骑与左右羽林为北门四军，使葛福顺等将之。

三月，以宋王成器女为金山公主，许嫁突厥默啜。

【译文】太平公主听到姚元之、宋璟的谋划，很生气，借此责备太子。太子恐惧，上奏说姚元之、宋璟挑拨他和姑、兄的感情，请求以极刑处置。甲申日（初九），将姚元之贬为申州刺史，宋璟为楚州刺史。丙戌日（十一日），也搁置不发布对宋王、豳王作刺史的任命。

中书舍人、参知机务刘幽求卸任，担任户部尚书。让太子少保韦安石做侍中。韦安石和李日知代替姚、宋执政，自此朝纲混乱，又像景龙时代。前右率府铠曹参军柳泽上奏，认为："斜封官都是从宫中妇仆提携的，怎么是出自中宗！陛下罢黜全部，天下人都说皇上圣明。如果重新起用，善恶无准，如此反复，可见您政令不一！反对的人都说太平公主让胡僧慧范暗地里串通这些人，欺瞒您。臣害怕积小成大，酿成祸害。"唐睿宗不同意。柳泽，是柳亨的孙子。

左、右万骑和左、右羽林做北门四军，任命葛福顺等统领。

三月，封宋王李成器的女儿做金山公主，许配给突厥默啜。

夏，四月，甲申，宋王成器让司徒；许之，以为太子宾客。以韦安石为中书令。

上召群臣三品以上，谓曰："朕素怀澹泊，不以万乘为贵，曩为皇嗣，又为皇太弟，皆辞不处。今欲传位太子，何如？"群臣莫对。太子使右庶子李景伯固辞，不许。殿中侍御史和逢尧附太平公主，言于上曰："陛下春秋未高，方为四海所依仰，岂得遽尔！"上乃止。

戊子，制："凡政事皆取太子处分。其军旅死刑及五品已上除授，皆先与太子议之，然后以闻。"

辛卯，以李日知守侍中。

壬寅，赦天下。

【译文】夏季，四月，甲申日（初九），宋王李成器辞去司徒；获准，为太子宾客。任命韦安石做中书令。

唐睿宗召集三品以上的官员，说："朕一向心性平和，不以天子位尊为贵，开始做皇位继承人，后来又做皇太弟，都推辞，现在想传位于太子，你们有什么想法？"众臣不答。太子让右庶子李景伯坚决推辞，唐睿宗不同意。亲附太平公主的殿中侍御史和逢尧，向唐睿宗进言："陛下年轻，正为百姓仰赖，怎可突然如此！"唐睿宗才作罢。

戊子日（十三日），下制书："一切政务交由太子处理。军中死刑和五品以上官员的任免，都先向太子商议，再奏。"

辛卯日（十六日），让李日知代理侍中。

壬寅日（二十七日），大赦天下。

五月，太子请让位于宋王成器；不许。请召太平公主还京师；许之。

庚戌，制："则天皇后父母坟仍旧为昊陵、顺陵，量置官属。"太平公主为武攸暨请之也。

辛酉，更以西城为金仙公主，隆昌为玉真公主，各为之造观，逼夺民居甚多，用功数百万。右散骑常侍魏知古、黄门侍郎李乂谏，皆不听。

壬戌，殿中监窦怀贞为御史大夫、同平章事。

僧慧范恃太平公主势，逼夺民产，御史大夫薛谦光与殿中侍御史慕容珣奏弹之。公主诉于上，出谦光为岐州刺史。

【译文】五月，太子请求让位于宋王李成器，不允许。请求召回太平公主，同意了。

庚戌日（初六），下制书："则天皇后父母的墓室，仍然叫昊陵、顺陵，酌情设管理官吏。"这是太平公主为武攸暨求来的。

辛酉日（十七日），将西城公主改名金仙，将隆昌换名玉真公主，分别为她们筑道观，强取许多民房，工程耗资数百万。右散骑常侍魏知古、黄门侍郎李乂建议停止，都不接纳。

壬戌日（十八日），殿中监窦怀贞做御史大夫、同平章事。

慧范和尚依仗太平公主的势力，强取百姓家产，御史大夫薛谦光和殿中侍御史慕容珣弹劾他。公主向唐睿宗诉说，将谦光调走做岐州刺史。

明遣使按察十道，议者以山南所部阔远，乃分为东西道；又分陇右为河西道。六月、壬午，又分天下置汴、齐、兖、魏、冀、并、蒲、鄘、泾、秦、益、绵、遂、荆、岐、通、梁、襄、扬、安、淮、越、洪、潭二十四都督，各纠察所部刺史以下善恶，惟洛及近畿州不隶都督府。太子右庶子李景伯、舍人卢俌等上言："都督专杀生之柄，权任太重。或用非其人，为害不细。今御史秩卑望重，以时巡察，奸宄自禁。"其后竟罢都督，但置十道按察使而已。

秋，七月，癸巳，追复上官昭容，谥曰惠文。

乙卯，以高祖故宅枯柿复生，赦天下。

己巳，以右御史大夫解琬为朔方大总管。琬考按三城戍兵，奏减十万人。

庚午，以中书令韦安石为左仆射兼太子宾客、同中书门下三品。太平公主以安石不附己，故崇以虚名，实去其权也。

九月，庚辰，以窦怀贞为侍中。怀贞每退朝，必诣太平公主第。时修金仙、玉真二观，群臣多谏，怀贞独劝成之，身自督役。时人谓怀贞前为皇后阿𨞔，今为公主邑司。

【译文】那时，派使者去巡视十道，议论的人觉得山南道所辖地区过于宽，因此分为东西二道，再分陇右为河西道。六月，壬午日（初八），又重新划分，设立汴、齐、兖、魏、冀、并、蒲、鄜、泾、秦、益、绵、遂、荆、岐、通、梁、襄、扬、安、淮、越、洪、潭（州）二十四都督，各纠察所属刺史之下官吏的善恶，只有洛阳和近畿州不归都督府。太子右庶子李景伯、舍人卢俌等上奏："都督有生杀大权，权力过重，如果用人不当，为害很大。现御史品位俸禄都很低，但是有很高的声望，定时巡察，奸宄自然就禁绝。"之后就废除都督，只设立十道按察使。

秋季，七月，癸巳日（十一日），将上官昭容的职位追复，谥号惠文。

乙卯日（七月无此日），因为高祖旧宅枯柿又活了，大赦天下。

己巳日（七月无此日），任命右御史大夫解琬做朔方大总管。解琬考核按察三城守城士兵，上奏裁员十万人。

庚午日(七月无此日),任命中书令韦安石做左仆射兼任太子宾客、同中书门下三品。因安石不附从太平公主,所以表面上升他官,实则降他权力。

九月,庚辰日(初八),任命窦怀贞做侍中。每次怀贞退朝,都要拜访太平公主。那时修金仙、玉真两道观,多数人奉劝不要,只有怀贞劝唐睿宗建,自己监工。那时人们都说怀贞以前是皇后的阿奢,如今是公主的邑司。

【乾隆御批】 自古有治人,无治法。李景伯等所云御史秩卑望重,可以巡察奸究。秩卑则无实权,望重是取虚声。明代抚按相持,动辄偾事,非其明验乎。

【译文】 自古以来只有善于治理的人,没有总能奏效的法律。李景伯等人所说的御使官品卑微而声望很高,可以巡察奸邪不正的人。官品卑微就没有实权,名望高是取他的虚名。明代巡抚、巡按并设持,动不动就败坏大事,这不就是明显的验证吗?

冬,十月,甲辰,上御承天门,引韦安石、郭元振、窦怀贞、李日知、张说宣制,责以“政教多阙,水旱为灾,府库益竭,僚吏日滋;虽朕之薄德,亦辅佐非才。安石可左仆射、东都留守,元振可吏部尚书,怀贞可左御史大夫,日知可户部尚书,说可左丞,并罢政事”。以吏部尚书刘幽求为侍中,右散骑常侍魏知古为左散骑常侍,太子詹事崔湜为中书侍郎,并同中书门下三品;书中侍郎陆象先同平章事。皆太平公主之志也。

象先清净寡欲,言论高远,为时人所重。湜私侍太平公主,公主欲引以为相,湜请与象先同升,公主不可,湜曰:“然则湜亦不敢当。”公主乃为之并言于上。上不欲用湜,公主涕泣以请,乃从之。

【译文】冬季，十月，甲辰日（初三），唐睿宗到承天门，率韦安石、郭元振、窦怀贞、李日知、张说宣布制书，责道："政教多失，水旱成灾，国库亏空，官员日多，虽然我的德行不厚，还因为辅佐大臣不称职。安石应该做左仆射、东都留守，元振应该担任吏部尚书，怀贞应该担任左御史大夫，日知担任户部尚书，说应为左丞；全部罢权。"任吏部尚书刘幽求做侍中，右散骑常侍魏知古做左散骑常侍，太子詹事崔湜做中书侍郎，都是同中书门下三品；中书侍郎陆象先做同平章事。这些都是太平公主的意见。

陆象先清心寡欲，言论高远，为世人敬重。崔湜因为太平公主升官，公主想举荐他做宰相，崔湜请求和象先一起提升，公主不允许，崔湜说："如果这样，我不敢做宰相。"因此公主替他们一并向唐睿宗说，唐睿宗不想任用崔湜，公主哭泣请求，才允许。

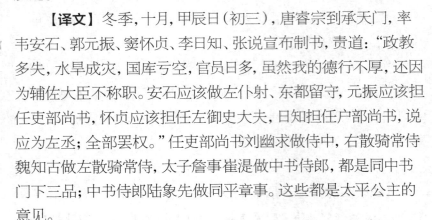

右补阙辛替否上疏，以为："自古失道破国亡家者，口说不如身逢，耳闻不如目睹；臣请以陛下所目睹者言之。太宗皇帝，陛下之祖也，拨乱返正，开基立极；官不虚授，财无枉费；不多造寺观而有福，不多度僧尼而无灾，天地垂祐，风雨时若，粟帛充溢，蛮夷率服，享国久长，名高万古。陛下何不取而法之！中宗皇帝，陛下之兄，弃祖宗之业，徇女子之意；无能而禄者数千人，无功而封者百馀家；造寺不止，费财货者数百亿，度人无穷，免租庸者数十万，所出日滋，所入日寡；夺百姓口中之食以养贪残，剥万人体上之衣以涂土木，于是人怨神怒，众叛亲离，水旱并臻，公私俱罄，享国不永，祸及其身。陛下何不惩而改之！自顷以来，水旱相继，兼以霜蝗，人无所食，未闻赈恤，而为二女造观，用钱百馀万缗。陛下岂可不计当今府库之蓄积有几，中外之经费有几，而轻用百馀万缗，以供无用之役乎！陛下族韦氏之家而不去韦氏之恶，忍弃太宗之法，不忍弃中宗之政乎！且陛下与太子当韦氏用事之时，日夕忧危，切齿于群凶；今幸而除之，乃不改其所为，臣恐复有切齿于陛下者也。然则陛下又何恶于群凶而诛之！昔先帝之怜悖逆也，宗晋卿为之造第，赵履温为之葺园，殚园财，竭人力，第成不暇居，园成不暇游，而身为戮没。今之造观崇侈者，必非陛下、公主之本意，殆有宗、赵之徒从而劝之，不可不察也。陛下不停斯役，臣恐人之愁怨，不减先朝之时。人人知其祸败而口不敢言，言则刑戮随之。如韦月将、燕钦融之徒，先朝诛之，陛下赏之，岂非陛下知直言之有益于国乎！臣今所言，亦先朝之直也，惟陛下察之。"上虽不能从，而嘉其切直。

【译文】右补阙辛替否上奏疏，认为："古来施政无道，国破家亡的事，口说难以和亲身经历比，耳闻不如目睹。臣从您看到的说：太宗皇帝是陛下的祖父，攘除奸凶，平定天下，建立国家法度，不轻易任命官职，不白白浪费钱财，没有建造很多寺庙却很有福祉，没有供养很多的僧尼也没有灾害，上天保佑，风调雨顺，物产富足，四夷相服，在位日久，享誉古今。陛下为什么不效仿他呢？中宗皇帝是您的哥哥，抛弃祖宗的制度，听从子女，给予无能者官禄的有几千人，给无功的人封爵户的一百多家；不停地兴建寺庙，耗资巨大，不断地给人剃度，免几十万赋税，天天增加支出，天天减少收入；拿人们的口粮养贪污残忍的人，剥百姓的衣服去装饰建筑的寺观，因此民怨日甚，众叛亲离，水旱灾发生了，国家及人民困顿，在位短暂，祸降本身。为什么陛下不引以为戒？目前，水旱灾相继发生，加上霜害蝗灾，人民无食，也未闻救济抚恤，却为两个女儿建道观，用一百多万贯钱。陛下怎么不算算国库积蓄，朝廷、地方的经费有多少，而率性使用一百多万贯，去做无用的事？陛下将韦氏的家族灭了，却不改韦氏的过错，抛弃太宗的法制，却不抛弃中宗的政治措施吗？并且在韦氏掌权的时代，陛下和太子，日夜忧患，对凶恶的政要深恶痛绝，幸运的是现在能除掉他们，竟然不改变他们的措施，臣害怕还有人怨恨您。像这样那么您当初为什么要杀那些人呢？以前先帝爱悖逆（安乐公主），宗晋卿为她建造府第，赵履温为她修花园，耗尽国库，竭尽民力，没来得及住新房子，没来得及游花园，就被杀了。如今建造道观，崇尚奢侈，肯定不是陛下、公主的本意，大概是有宗、赵之流的意见，这个得明察啊！如果陛下不停止，我担心人们积怨，不比先帝的时代少。人们都知道这件事的坏处，却不敢说，说了便会被杀。韦月将、燕钦融等人，前朝将他们杀了，现在您追赠他们，难道不是因为您知道直言进谏对国家大有裨益吗？臣现在所说的，就像以前的人所为，请陛下明察。"唐睿宗虽然没有采纳，但嘉奖他恳切直言。

御史中丞和逢尧摄鸿胪卿，使于突厥，说默啜曰："处密、坚昆闻可汗结昏于唐，皆当归附。可汗何不袭唐冠带，使诸胡知之，岂不美哉！"默啜许诺，明日，襆头、衣紫衫，南向再拜，称臣，遣其子杨我支及国相随逢尧入朝，十一月，戊寅，至京师。逢尧以奉使功，迁户部侍郎。

壬辰，令天下百姓二十五入军，五十五免。

【译文】御史中丞和逢尧代理鸿胪卿，到突厥做使臣，劝说默啜："处密、坚昆听到可汗和唐通婚，都表示顺服。您怎么不穿唐朝衣冠，让各胡族知道，不是很好吗？"默啜同意了，第二天，戴了襆头，穿上紫衣，南面拜了又拜，自称臣，派遣他的儿子杨我支和国相随从逄尧入朝，十一月，戊寅日（初八），抵京。逄尧因为奉命出使有功，调任户部侍郎。

壬辰日（二十二日），下令所有二十五岁的服兵役，五十五岁的免除兵役。

十二月，癸卯，以兴昔亡可汗阿史那献为招慰十姓使。

上召天台山道士司马承祯，问以阴阳数术，对曰："道者，损之又损，以至于无为，安肯劳心以学术数乎！"上曰："理身无为则高矣，如理国何？"对曰："国犹身也，顺物自然而心无所私，则天下理矣。"上叹曰："广成之言，无以过也。"承祯固请还山，上许之。

尚书左丞卢藏用指终南山谓承祯曰："此中大有佳处，何必天台！"承祯曰："以愚观之，此乃仕宦之疾径耳！"藏用尝隐终南，则天时徵为左拾遗，故承祯言之。

【译文】十二月，癸卯日（初三），任命兴昔亡可汗阿史那献为招抚十姓的使臣。

唐睿宗与天台山道士司马承祯见面，询问阴阳数术，答："道是减之又减，直到心静，哪里需要费心学习？"唐睿宗说："用无为修身很高明，怎么治国呢？"答说："国如身，顺其自然，心不存私，天下便治。"唐睿宗叹道："广成子之言，也难比啊。"承祯多次请归，唐睿宗同意了。

尚书左丞卢藏用指着终南山对承祯说："其中大有妙处，哪里要到天台山！"承祯说："据我看，这是做官的捷径吧！"藏用曾经在终南山隐居，则天时征他做左拾遗，因此承祯这样说。

【康熙御批】 阴阳术数，道士且不屑为，况人主日御万几，何暇及此？睿宗之问为失言矣，承祯应对确有至理，固请还山尤见高致。

【译文】 阴阳术数，真正的修道之士都不屑于去做，更何况君主每天日理万机，哪有工夫研究这些？睿宗之问实在失言了，司马承祯的回答确有其理，坚决请求还山尤其可以看出他的高洁。

玄宗至道大圣大明孝皇帝上之上

先天元年（壬子，公元七一二年）春，正月，辛巳，睿宗祀南郊，初用谏议大夫贾曾议合祭天地。曾，言忠之子也。

戊子，幸浐东，耕藉田。

己丑，赦天下；改元太极。

乙未，上御安福门，宴突厥杨我支，以金山公主示之；既而会上传位，昏竟不成。

以左御史大夫窦怀贞、户部尚书岑羲并同中书门下三品。

【译文】 先天元年（壬子，公元712年）这年八月将年号改为先天。春季，正月，辛巳日（十一日），唐睿宗在南郊祭天，始据谏议大夫贾曾的建议合祭天地。贾曾，是贾言忠之子。

戊子日（十八日），唐睿宗亲临浐水东岸，耕藉田。

己丑日（十九日），大赦天下，将年号改为太极。

乙未日（二十五日），唐睿宗至安福门，设宴款待突厥杨我支，让金山公主出来见面；后来逢唐睿宗传位，没能通婚。

任命左御史大夫窦怀贞、户部尚书岑羲都做同中书门下三品。

二月，辛酉，废右御史台。

蒲州刺史萧至忠自托于太平公主，公主引为刑部尚书。华州长史蒋钦绪，其妹夫也，谓之曰："如子之才，何忧不达！勿为非分妄求。"至忠不应。钦绪退，叹曰："九代卿族，一举灭之，可哀也哉！"至忠素有雅望，尝自公主第门出，遇宋璟，璟曰："非所望于萧君也。"至忠笑曰："善乎宋生之言！"遂策马而去。

幽州大都督薛讷镇幽州二十馀年，吏民安之。未尝举兵出塞，虏亦不敢犯。与燕州刺史李琎有隙，琎毁之于刘幽求，幽求荐左羽林将军孙佺代之。三月，丁丑，以佺为幽州大都督，徙讷为并州长史。

【译文】二月，辛酉日（二十二日），废除右御史台。

蒲州刺史萧至忠主动亲附太平公主，公主荐他做刑部尚书。华州刺史蒋钦绪，是他的妹夫，对他说："以尔才，何忧不至显贵！不要做非分之想。"至忠不回答。钦绪告退感叹："九代大臣的家族，败于一件错事，可悲呀！"至忠一直有声望，曾从公主府第门出来时，遇到宋璟，宋璟说："不希望您这样。"至忠笑说："宋先生说得好听。"立即策马而去。

幽州大都督薛讷镇守幽州二十多年，人民安居乐业，没有发过兵，敌人也未敢犯。和燕州刺史李琎有梁子，琎对刘幽求说讷不好，幽求推荐左羽林将军孙佺取代他。三月，丁丑日（初八），任命孙佺做幽州大都督，将薛讷调为并州长史。

夏，五月，益州獠反。

戊寅，上祭北郊。

辛巳，赦天下，改元延和。

六月，丁未，右散骑常侍武攸暨卒，追封定王，上以节愍太子之乱，岑羲有保护之功，癸丑，以羲为侍中。

庚申，幽州大都督孙佺与奚酋李大酺战于冷陉，全军覆没。

【译文】 夏季，五月，益州獠人叛变。

戊寅日（初九），唐睿宗在北郊祭天地。

辛巳日（十二日），大赦天下，将年号改为延和。

六月，丁未日（初九），右散骑常侍武攸暨死，将他追封为定王。

因节愍太子作乱之时，岑羲护驾有功，癸丑日（十五日），任命岑羲做侍中。

庚申日（二十二日），幽州大都督孙佺和奚人酋长李大酺在冷陉交战，全军覆没。

是时，佺帅左骁卫将军李楷洛，左威卫将军周以悌发兵二万、骑八千，分为三军，以袭奚、契丹。将军乌可利谏曰："道险而天热，悬军远袭，往必败。" 佺曰：薛讷在边积年，竟不能为国家复营州。今乘其无备，往必有功。" 使楷洛将骑四千前驱，遇奚骑八千，楷洛战不利。佺怯懦，不敢救，引军欲还，虏乘之，唐兵大败。佺阻山为方陈以自固，大酺使谓佺曰："朝廷既与我和亲，今大军何为而来？" 佺曰："吾奉敕来招慰耳。楷洛不禀节度，辄与汝战，请斩以谢。" 大酺曰："若然，国信安在？" 佺悉敛军中帛，得万馀段，并紫袍、金带、鱼袋以赠之。大酺曰："请将军南还，勿相惊扰。" 将士惧，无复部伍，虏追击之，士卒皆溃。佺、以悌为虏所擒，献于突厥，默啜皆杀之；楷洛、可利脱归。

【译文】 那时，孙佺率领左骁卫将军李楷洛、左威卫将军周以悌，带领两万士兵、八千骑兵，分三军袭击奚族、契丹。将军乌可利谏说："路险且天热，孤军深入，必败。" 佺说："薛讷在边镇多年，竟不能收复营州。现攻其不备，必成。"派遣楷洛率骑兵四千为先锋，和八千奚人骑兵交战，失利。佺胆小，不敢救，想带兵返回，敌人乘势攻击，大败之。佺依山险列成方阵来防守，大酺派人对佺说："既然朝廷已与我和亲，为何有大军前来？"佺说："我奉敕命来招抚慰问。楷洛不以命令，就和你斗，我愿意将他斩首向你告罪。"大酺说："这样说的话，国家的信物在哪里？"佺将军中的帛斗收上来，一万多段，连同紫袍、金带、鱼袋送给他。大酺说："请你向南退到镇守地，不要来扰我。"将士恐惧，不成行伍，敌人追击，士兵败散。佺、㑲被虏捉，献给突厥，默啜全杀了。楷洛、可利脱险返回。

秋，七月，彗星出西方，经轩辕入太微，至于大角。

有相者谓同中书门下三品窦怀贞曰："公有刑厄。"怀贞惧，请解官为安国寺奴；敕听解官。乙亥，复以怀贞为左仆射兼御史大夫、平章军国重事。

太平公主使术者言于上曰："彗所以除旧布新，又帝座及心前星皆有变，皇太子当为天子。"上曰："传德避灾，吾志决矣。"太平公主及其党皆力谏，以为不可，上曰："中宗之时，群奸用事，天变屡臻。朕时请中宗择贤子立之以应灾异，中宗不悦，朕忧恐，数日不食。岂可在彼则能劝之，在己则不能邪！"太子闻之，驰入见，自投于地，叩头请曰："臣以微功，不次为嗣，惧不克堪，未审陛下遽以大位传之，何也？"上曰："社稷所以再安，吾之所以得天下，皆汝力也。今帝座有灾，故以授汝，转祸为福，汝何疑邪！"太子固辞。上曰："汝为孝子，何必待枢前然后即位邪！"太子流涕而出。

【译文】秋季，七月，彗星现于西天，过轩辕星入太微星界，抵大角星。

有位相士告诉同中书门下三品窦怀贞："你大祸将至。"怀贞害怕，请求辞职做安国寺奴。准。乙亥日（初八），又任怀贞做左仆射兼御史大夫、平章军国大事。

太平公主叫星相家告诉唐睿宗："彗星象征除旧立新，因为帝星和心前星都有变，皇太子应该当皇帝。"唐睿宗说："将皇位传于有才者，就这么定了。"太平公主和她的同党都争谏，认为不可。唐睿宗说："中宗时，奸臣当道，天屡现异象。朕当时请求中宗选贤子立为太子以应灾祥，中宗不高兴，朕忧心恐惧，寝食难安。怎么那时候可以说，现在不可以做呢？"太子听闻，紧急入朝，跪伏在地，叩头请求："臣因立小功，承蒙擢立为太子，害怕不能担任，不知您现在急着传位干吗？"唐睿宗说："国家之所以能够安定，我之所以能得天下，都是因为你。现帝座有灾象，因此传位，希求变祸为福，你担心什么！"太子多次推辞。唐睿宗说："你是孝子，为什么偏要等我死后登位？"太子流着泪出来。

壬辰，制传位于太子，太子上表固辞。太平公主劝上虽传位，犹宜自总大政。上乃谓太子曰："汝以天下事重，欲朕兼理之邪？"昔舜禅禹，犹亲巡狩。联虽传位，岂忘家国！其军国大事，当兼省之。"

八月，庚子，玄宗即位，尊睿宗为太上皇。上皇自称曰朕，命曰诰，五日一受朝于太极殿。皇帝自称曰予，命曰制、敕，日受朝于武德殿。三品以上除授及大刑政决于上皇，馀皆决于皇帝。

【译文】壬辰日（二十五日），下制书传位于太子，太子上表请辞。太平公主劝唐睿宗即使卸任，还应该将大权总揽。唐睿宗竟然对太子说："你还想用天下事繁多重大，和我一起治理吗？古时舜禅禹，还亲去巡守。我虽传位，怎能忘国家！军国大事，应该兼省视。"

八月，庚子日（初三），唐玄宗李隆基登基，尊睿宗为太上皇。太上皇自称"朕"，命令为"诰"，每五日临太极殿接受朝见。唐玄宗自称"予"，命令为"制""敕"，在武德殿每天受朝见。三品以上官员的去留和重大刑案政事由太上皇定夺，剩下的由皇帝决定。

壬寅，上大圣天后尊号曰圣帝天后。

甲辰，赦天下，改元。

乙巳，于漠州北置渤海军，恒、定州境置恒阳军，妫、蔚州境置怀柔军，屯兵五万。

丙午，立妃王氏为皇后，以后父仁皎为太仆卿。仁皎，下邽人也。戊申，立皇子许昌王嗣直为郯王，真定王嗣谦为郢王。

以刘幽求为右仆射、同中书门下三品，魏知古为侍中，崔湜为检校中书令。

【译文】 壬寅日（初五），改大圣天后尊号称圣帝天后。

甲辰日（初七），大赦天下，将年号改为先天。

乙巳日（初八），在漠州北部建立渤海军，恒、定州境内建立恒阳军，妫、蔚州境内建立怀柔军，驻扎五万人。

丙午日（初九），将王氏妃立为皇后。任命国丈王仁皎为太仆卿。仁皎，下邽人。戊申日（十一日），册立皇子许昌王李嗣直为郯王，真定王李嗣谦做郢王。

任命刘幽求做右仆射、同中书门下三品，魏知古做侍中，崔湜做检校中书令。

初，河内王琚预于王同皎之谋，亡命，佣书于江都。上之为太子也，琚还长安，选补诸暨主簿，过谢太子。琚至廷中，故徐行高视，宦者曰："殿下在帘内。"琚曰："何谓殿下？当今独有太平公主耳！"太子遽召见与语，琚曰："韦庶人弑逆，人心不服，诛之易耳。太平公主，武后之子，凶猾无比，大臣多为之用，琚窃忧之。"太子引与同榻坐，泣曰："主上同气，唯有太平，言之恐伤主上之意，不言为患日深，为之奈何？"琚曰："天子之孝，异于匹夫，当以安宗庙社稷为事。盖主，汉昭帝之姊，自幼供养，有罪犹诛之。为天下者，岂顾小节！"太子悦曰："君有何艺，可与寡人游？"琚曰："能飞炼、诙嘲。"太子乃奏为詹事府司直，日与游处，累迁太子中舍人；及即位，以为中书侍郎。

【译文】起初，河内人王琚参加了王同皎（杀武三思）的谋划，逃亡，在江都替人抄写糊口。唐玄宗做太子了，琚回长安，选任为诸暨主簿，到太子宫面谢。到廷中，故意慢步昂头，宦官说："殿下在帘子后。"琚说："殿下？现在唯有太平公主！"太子立即召见，与之交谈。琚说："韦庶人弑君叛逆，人心向背，杀她简单；太平公主是武后的女儿，凶狠狡诈，大臣多听她行事，我心担忧。"太子延请他同榻而坐，流着泪说："与皇上同胞的，现在也只剩下太平公主了，说呢，怕伤皇上的心，不说，又害怕出事，该怎么办啊？"琚说："天子的孝，难比百姓，应以国家社稷为重。盖主，是汉昭帝的姐姐，从小备受礼遇，犯罪了尚且要杀；治理天下，怎能拘泥小节？"太子大喜："您有什么才能，能和我同游？"琚说："可以炼丹，诙谐讽喻。"因此太子上奏让他担任詹事府司直，形影不离，以资历当太子中舍人。等到太子登位，任为中书侍郎。

是时，宰相多太平公主之党，刘幽求与右羽林将军张暐谋以羽林兵诛之，使暐密言于上曰："窦怀贞、崔湜、岑羲皆因公主得进，日夜为谋不轻。若不早图，一旦事起，太上皇何以得安！请速诛之。臣已与幽求定计，惟俟陛下之命。"上深以为然。暐泄其谋于侍御史邓光宾，上大惧，遽列上其状。丙辰，幽求下狱。有司奏："幽求等离间骨肉，罪当死。"上为言幽求有大功，不可杀。癸亥，流幽求于封州，张暐于峰州，光宾于绣州。

初，崔湜为襄州刺史，密与谯王重福通书，重福遗之金带。重福败，湜当死，张说、刘幽求营护得免。既而湜附太平公主，与公主谋罢说政事，以左丞分司东都。及幽求流封州，湜讽广州都督周利贞，使杀之。桂州都督景城王晙知其谋，留幽求不遣。利贞屡移牒索之，晙不应，利贞以闻。湜屡逼晙，使遣幽求，幽求谓晙曰："公拒执政而保流人，势不能全，徒仰累耳。"固请诣广州，晙曰："公所坐非可绝于朋友者也。晙因公获罪，无所恨。"竟逗遛不遣。幽求由是得免。

【译文】这个时候，宰相大多是太平公主的同伙，刘幽求和右羽林将军张暐想用羽林军将她杀死，派张暐秘奏："窦怀贞、崔湜、岑羲都是靠公主上位，整天为她献计。应该提前准备，一旦事发，太上皇怎可安居？请将她杀死！臣已跟幽求定计，只等陛下下令。"唐玄宗同意了。张暐将这计策透露给侍御史邓光宾，唐玄宗恐惧，立马对太上皇陈奏。丙辰日（十九日），幽求被捕。主管官员上报："幽求等离间亲情，依法当死。"唐玄宗替他说情，说幽求有功绩，不可杀。癸亥日（二十六日），将幽求流放到封州，张暐到峰州，光宾到绣州。

起初，崔湜任命为襄州刺史，私下里和谯王李重福通信，重福将金带送给了他。重福失败后，湜按理说应该被处死，还

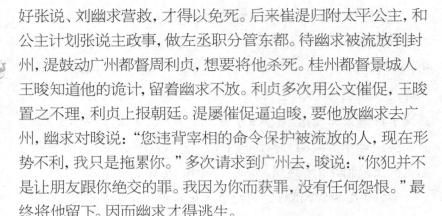

好张说、刘幽求营救，才得以免死。后来崔湜归附太平公主，和公主计划张说主政事，做左丞职分管东都。待幽求被流放到封州，湜鼓动广州都督周利贞，想要将他杀死。桂州都督景城人王晙知道他的诡计，留着幽求不放。利贞多次用公文催促，王晙置之不理，利贞上报朝廷。湜屡催促逼迫晙，要他放幽求去广州，幽求对晙说："您违背宰相的命令保护被流放的人，现在形势不利，我只是拖累你。"多次请求到广州去，晙说："你犯并不是让朋友跟你绝交的罪。我因为你而获罪，没有任何怨恨。"最终将他留下。因而幽求才得逃生。

九月，丁卯朔，日有食之。

辛卯，立皇子嗣升为陕王。嗣升母杨氏，士达之曾孙也。王后无子，母养之。

冬，十月，庚子，上谒太庙，赦天下。

癸卯，上幸新丰，猎于骊山之下。

辛酉，沙陀金山遣使入贡。沙陀者，处月之别种也，姓朱邪氏。

十一月，乙酉，奚、契丹二万骑寇渔阳，幽州都督宋璟闭城不出，虏大掠而去。

上皇诰遣皇帝巡边，西自河、陇，东及燕、蓟，选将练卒。甲午，以幽州都督宋璟为左军大总管，并州长史薛讷为中军大总管，朔方大总管，兵部尚书郭元振为右军大总管。

【译文】九月，丁卯朔日（初一），日食。

辛卯日（二十五日），把皇子李嗣升立为陕王。嗣升的母亲杨氏，是杨士达的曾孙女。王皇后没有儿子，把他当儿子抚养。

冬季，十月，庚子日（初四），唐玄宗祭拜太庙，大赦天下。

癸卯日（初七），唐玄宗大驾新丰，在骊山下狩猎。

辛酉日（二十五日），沙陀金山派遣使者前来朝贡。沙陀，是处月的支种，姓朱邪氏。

十一月，乙酉日（二十日），奚族、契丹有两万寇骑侵入渔阳，幽州都督宋璟关闭城门不出战，敌人大肆抢掠离开。

太上皇降下诰书，差遣唐玄宗去巡察边防，西从河、陇，东到燕、蓟，挑选将领，训练士兵。甲午日（二十九日），任命幽州都督宋璟担任左军大总管，并州长史薛讷担任中军大总管，朔方大总管、兵部尚书郭元振担任右军大总管。

十二月，刑部尚书李日知请致仕。

日知在官，不行捶挞而事集。刑部有令史，受敕三日，忘不行。日知怒，索杖，集群吏，欲捶之；既而谓曰："我欲捶汝，天下人必谓汝能撩李日知嗔，受李日知杖，不得比于人，妻子亦将弃汝矣。"遂释之。吏皆感悦，无敢犯者，脱有稽失，众共谪之。

【译文】 十二月，刑部尚书李日知恳请退休。

日知在职，不需要鞭策就能把事情办成。刑部有位官员，收到唐玄宗敕命三天，忘了去办理。日知生气，让人把杖拿来，聚集僚属要处罚他；不久后说："我要是打你，天下人定然说你可以惹得我生气，受到我的杖责，为人所不齿，妻子儿女也将会远离你了。"因此放了他。群吏全部都感动高兴，不敢延误，只要有耽搁的，大家一起指责他。

【乾隆御批】 当官集事，固不必专事捶挞立威，然令史受敕不行，杖岂为过？乃曲意原贷，弋取宽厚长者之称，冀人感悦，不但煦妪市恩，抑且伏柔废法矣。

【译文】 当官要使事情成功，固然不必专门杖击鞭打他人立威，然而令史接受皇帝敕令不去执行，杖责他难道过分了吗？却委曲自己的心意，用宽恕的办法要取得宽厚长者的称号，希望别人能感激喜悦，这不但是以私惠取悦于人，而且是宽容到废止法律了。

开元元年（癸丑，公元七一三年）春，正月，乙亥，诰："卫士自今二十五入军，五十免；羽林飞骑并以卫士简补。"

以吏部尚书萧至忠为中书令。

皇帝巡边改期，所募兵各散遣，约八月复集，竟不成行。

二月，庚子夜，开门然灯，又追作去年大酺，大合伎乐。上皇与上御门楼临观，或以夜继昼，凡月馀。左拾遗华阴严挺之上疏谏，以为："酺者因人所利，合醵为欢。今乃损万人之力，营百戏之资，非所以光圣德美风化也。"乃止。

【译文】 开元元年（癸丑，公元713年）是年十二月方更改年号为开元。春季，正月，乙亥日（十一日），下诰书："卫士从今年起二十五岁服兵役，五十岁除役；羽林飞骑都从卫士中选拔。"

任命吏部尚书萧至忠担任中书令。

唐玄宗巡察边防改变日期，招募来的兵士分别遣散，大概在八月再聚集，后来竟然没有去成。

二月，庚子日（初七），夜晚，开门点燃千百个灯，又追行去年（即位之时赐天下）大宴饮，大合演伎乐。太上皇和唐玄宗驾临门楼上欣赏，有的时候夜以继日，总共一个多月。左拾遗华阴人严挺之上奏疏规谏，觉得："宴饮是依靠人民有盈利，凑钱喝酒助欢乐。如今竟然消耗万民的劳动成果，来供给各种戏艺的花销，不是光大圣德、美正风教的做法。"因此取消。

初，高丽既亡，其别种大祚荣徙居营州。及李尽忠反，祚荣与靺鞨乞四比羽聚众东走，阻险自固。尽忠死，武后使将军李楷固讨其馀党。楷固击乞四比羽，斩之，引兵逾天门岭，逼祚荣。祚荣逆战，楷固大败，仅以身免。祚荣遂帅其众东据东牟山，筑城居之。祚荣骁勇善战，高丽、靺鞨之人稍稍归之，地方二千里，户十馀万，胜兵数万人，自称振国王，附于突厥。时奚、契丹皆叛，道路阻绝，武后不能讨。中宗即位，遣侍御史张行岌招慰之，祚荣遣子入侍。至是，以祚荣为左骁卫大将军、渤海郡王；以其所部为忽汗州，令祚荣兼都督。

庚申，敕以严挺之忠直宣示百官，厚赏之。

【译文】那时，高丽被消灭之后，它的支族大祚荣搬到营州居住。等到李尽忠造反，祚荣和靺鞨酋长乞四比羽聚集部众向东离去，依靠险要的地势自卫。尽忠死后，武后差遣将军李楷固去讨平李尽忠的余党。楷固攻打乞四比羽，杀了他，率领士兵越过天门岭，进逼祚荣。祚荣迎战，楷固大败，勉强逃跑。祚荣于是就带领他的部众占据了东牟山，筑城而居。祚荣骁勇善战，高丽、靺鞨人渐有归附，两千平方里土地，十多万户，几万名强兵，自称振国王，依附突厥。那时奚、契丹都反叛唐朝，交通阻断，武后没有办法征讨。中宗即位，差遣侍御史张行岌招抚慰劳他。祚荣也差遣他的儿子入朝廷做事。到了这个时候，命祚荣为左骁卫大将军、渤海郡王；以他所辖的地方为忽汗州，任命祚荣兼任都督。

庚申日（二十七日），下敕书，由于严挺之忠直，晓谕众官，大大嘉赏了他。

三月，辛巳，皇后亲蚕。

晋陵尉杨相如上疏言时政，其略曰：“炀帝自恃自强，不忧时政，虽制敕交行，而声实舛谬，言同尧、舜，亦如桀、纣，举天下之大，一掷而弃之。”又曰：“隋氏纵欲而亡，太宗抑欲而昌，愿陛下详择之！”又曰：“人主莫不好忠正而恶佞邪，然忠正者常疏，佞邪者常亲，以至于覆国危身而不寤者，何哉？诚由忠正者多忤意，佞邪者多顺指，积忤生憎，积顺生爱，此亲疏之所以分也。明主则不然。爱其忤以收忠贤，恶其顺以去佞邪，则太宗太平之业，将何远哉！”又曰“夫法贵简而能禁，罚贵轻而必行；陛下方兴崇至德，大布新政，请一切除去碎密，不察小过。小过不察则无烦苛，大罪不漏则止奸慝，使简而难犯，宽而能制，则善矣。”上览而善之。

先是，修大明宫未毕，夏，五月，庚寅，敕以农务方勤，罢之以待闲月。

【译文】三月，辛巳日（十八日），皇后亲自祭祀先蚕。

晋陵县尉杨相如上奏疏提出对时政的建议，大概是说：“炀帝自认为国家强盛，不忧虑当时的政事，虽然政令多次下达，而言辞与实际不同，话说得像圣君，行事竟然像暴君，将大好的江山，一下子抛弃。”又说：“隋帝纵欲而使国家灭亡，太宗控制欲望而强盛，恳请陛下仔细考察而挑选效法！”又说：“国君没有不喜欢忠正的人而讨厌邪佞小人的，可是忠正的人常常被疏离，佞邪的人经常被亲近，因此导致国家灭亡、本身危险而不醒悟，是什么原因呢？实是因为忠正的人多数是不顺从君意，佞邪的人大多是顺从君意，违背阻止多了君主便憎恨他们，顺从多了君主就会产生喜爱他的心，这就是亲疏分别的原因。圣明的君主便不会这样。喜欢违逆的意见就可以获得忠贤的臣子，讨厌顺从的意见便可以排除佞邪的小人。如此达到太宗太平之治，也就不远了！"还说："法律最难能可贵的是简易却可以禁止暴乱，惩罚最珍贵的是轻宽而可以执行；陛下现在刚开始推崇至高的道德，广泛开展新的政策，恳请去除一切琐碎繁密的法令，不要过分追究一些小过错。小的错误不追究深察，就不会有烦琐苛刻的政令，大的罪责不错漏，奸邪作恶的事情就会得到遏制，使得法令虽然简易却不会触犯，政策疏宽却可以纠恶，这样就非常好了。"唐玄宗看过之后大为赞赏。

在这之前，修筑大明宫还没有完工，夏季，五月，庚寅日（二十八日），下敕书由于农事正忙碌，停工以等待农闲时再继续。

六月，丙辰，以兵部尚书郭元振同中书门下三品。

太平公主依上皇之势，擅权用事，与上有隙，宰相七人，五出其门。文武之臣，太半附之。与窦怀贞、岑羲、萧至忠、崔湜及太子少保薛稷、雍州长史新兴王晋、左羽林大将军常元楷、知右羽林将军事李慈、左金吾将军李钦、中书舍人李猷、右散骑常侍贾膺福、鸿胪卿唐晙及僧慧范等谋废立，又与宫人元氏谋于赤箭粉中置毒进于上。晋，德良之孙也。元楷、慈数往来主第，相与结谋。

王琚言于上曰："事迫矣，不可不速发！"左丞张说自东都遣人遗上佩刀，意欲上断割。荆州长史崔日用入奏事，言于上曰："太平谋逆有日，陛下往在东宫，犹为臣子，若欲讨之，须用谋力。今既光临大宝，但下一制书，谁敢不从？万一奸宄得志，悔之何及！"上曰："诚如卿言。直恐惊动上皇。"日用曰："天子之孝在于安四海。若奸人得志，则社稷为墟，安在其为孝乎！"请先定北军，后收逆党，则不惊动上皇矣。"上以为然。以日用为吏部侍郎。

【译文】六月，丙辰日（二十四日），任命兵部尚书郭元振为同中书门下三品。

太平公主凭借着太上皇的势力，专权干政，与唐玄宗有怨，宰相七人里面，有五位是由她提拔起来的。文武群臣，大多数附和她，和窦怀贞、岑羲、萧至忠、崔湜以及太子少保薛稷、雍州长史新兴王晋、左羽林大将军常元楷、主管右羽林将军的李慈、左金吾将军李钦、中书舍人李猷、右散骑常侍贾膺福、鸿胪卿唐晙，还有和尚慧范等谋划废除唐玄宗另立，又和宫人元氏谋划在赤箭粉中下毒进献给唐玄宗服用。王晋，是王德良的孙子。元楷、慈经常到公主府第，互相结盟商量讨论。

王琚对唐玄宗谏言道："事情已经非常急迫，不得不赶快采取行动。"左丞张说从东都差遣人赠送佩刀给唐玄宗，意思是让唐玄宗当机立断。荆州长史崔日用入朝奏事，对唐玄宗说："太平公主策划造反已经很长时间了，陛下之前在东宫的时候，还是臣下的身份，假使想讨伐她，一定要用智力。现在已经即位，仅仅需要下一道制书，谁敢不遵守呢？假如外奸内宄得如心愿，后悔就来不及了！"唐玄宗说："按照你的话去做，恐怕会惊动太上皇。"日用说："天子的孝道在于安定天下，如果小人得志，那么国家就毁灭了，孝道又在哪里？恳请先控制北军，再收拾叛党，便不至于惊动太上皇了。"唐玄宗觉得很对。任命崔日用为吏部侍郎。

秋，七月，魏知古告公主欲以是月四日作乱，令元楷、慈以羽林兵突入武德殿，怀贞、至忠、羲等于南牙举兵应之。上乃与岐王范、薛王业、郭元振及龙武将军王毛仲、殿中少监姜皎、太仆少卿李令问、尚乘奉御王守一、内给事高力士、果毅李守德等定计诛之。皎，蓍之曾孙；令问，靖弟客师之孙；守一，仁皎之子；力士，潘州人也。

甲子，上因王毛仲取闲厩马及兵三百馀人，与同谋十馀人，自武德殿入虔化门，召元楷、慈，先斩之，擒膺福、猷于内客省以出，执至忠、羲于朝堂，皆斩之。怀贞逃入沟中，自缢死，戮其尸，改姓曰毒。上皇闻变，登承天门楼。郭元振奏，皇帝前奉诰诛窦怀贞等，无它也。上寻至楼上，上皇乃下诰罪状怀贞等，因赦天下，惟逆人亲党不赦。薛稷赐死于万年狱。

【译文】秋季，七月，魏知古向唐玄宗报告，公主准备在本月四日造反，差遣常元楷、李慈率领羽林兵猛然进入武德殿，怀贞、至忠、羲等在南牙发兵接应。唐玄宗因此和岐王李隆范、薛王李隆业、郭元振还有龙武将军王毛仲、殿中少监姜皎、太仆少卿李令问、尚乘奉御王守一、内给事高力士、果毅李守德等决心计划谋杀她。姜皎，是姜蓍的曾孙；令问，是李靖弟弟客师的孙子；守一，是王仁皎的儿子；力士，是潘州人。

甲子日（初三），唐玄宗依靠王毛仲取闲厩中的马及士兵三百多人，从武德殿进入虔化门，召入元楷、李慈，先将他两人杀死。在内客省抓捕膺福、猷出来，在朝堂内擒获至忠、羲，全部都杀了。怀贞逃跑到沟里，自杀而死，割斩他的尸体，改姓为毒。太上皇听闻有事变，登上承天门楼。郭元振上前奏说："皇帝仅仅奉诰书杀窦怀贞等人，没有其他的意图。"唐玄宗没多久就来到承天门楼上。太上皇因此下诰书列明怀贞等人的罪行，于是大赦天下，只有作乱的众人的亲族党羽没有赦免。薛稷在万年县监狱中赐死。

乙丑，上皇诰："自今军国政刑，一皆取皇帝处分。朕方无为养志，以遂素心。"是日，徙居百福殿。

太平公主逃入山寺，三日乃出，赐死于家，公主诸子及党与死者数十人。薛崇简以数谏其母被挞，特免死，赐姓李，官爵如故。籍公主家，财货山积，珍物侔于御府，厩牧羊马、田园息钱，收之数年不尽。慧范家产亦数十万缗。改新兴王晋之姓曰厉。

初，上谋诛窦怀贞等，召崔湜，将托以心腹。湜弟涤谓湜曰："主上有问，勿有所隐。"湜不从。怀贞等既诛，湜与右丞卢藏用俱坐私侍太平公主，湜流窦州，藏用流泷州。新兴王晋临刑叹曰："本为此谋者崔湜，今吾死湜生，不亦冤乎！"会有司鞫宫人元氏，元氏引湜同谋进毒，乃追赐死于荆州。薛稷之子伯阳以尚主免死，流岭南，于道自杀。

【译文】乙丑日（初四），太上皇下诰书："从今日起，军事以及国事的政令、刑罚，全部由皇帝决定。朕喜欢无为清净以此来养心，以达平生愿望。"当天，搬迁到百福殿居住。

太平公主逃到山中寺庙里面，三天才出来，在府里将她赐死；公主的几个儿子以及党羽被杀的有几十人。薛崇简由于多次奉劝阻止他的母亲而被打，特别下令免除死刑，赐姓李，官爵和之前一样。抄没公主的家产，财货像山一样多，宝物不少于皇帝的府库，厩养的羊马，田地的利息，收了几年还没有收完。慧范家中也有数十万贯。改新兴王晋的姓为厉。

那时，唐玄宗策划杀灭窦怀贞等人，召见崔湜，把重任托付给他，湜的弟弟涤对湜说："皇上询问你，不要隐藏。"湜不顺从。怀贞等被杀，湜跟右丞卢藏用都犯了私下附从太平公主的罪行，湜流放到窦州，藏用流放到泷州。新兴王晋等到被杀时哀叹："本来计划的是崔湜，如今我死掉而湜反而得以生存，不是非常冤枉吗？"后值主管司法官审讯宫女元氏，元氏供出湜为一起计划进献毒药的人，因此追令在荆州赐死他。薛稷的儿子伯阳，由于娶公主而豁免死刑，流放到岭南，在途中自杀。

初，太平公主与其党谋废立，窦怀贞、萧至忠、岑羲、崔湜皆以为然，陆象先独以为不可。公主曰："废长立少，已为不顺；且又失德，若之何不去？"象先曰："既以功立，当以罪废。今实无罪，象先终不敢从。"公主怒而去。上既诛怀贞等，召象先谓曰："岁寒知松柏，信哉！"时穷治公主枝党，当坐者众，象先密为申理，所全甚多；然未尝自言，当时无知者。百官素为公主所善及恶之者，或黜或陟，终岁不尽。

丁卯，上御承天门楼，赦天下。

己巳，赏功臣郭元振等官爵、第舍、金帛有差。以高力士为右监门将军，知内侍省事。

【译文】那时候，太平公主和她的党羽计划废除唐玄宗另立，窦怀贞、萧至忠、岑羲、崔湜都认同，只陆象先反对。公主说："（如今）废除长子而立少子（唐玄宗），已经是不合乎常理；况且他又没有德行，为何不废黜他？"象先说："既然（唐玄宗）是因为有功而得立，应当由于他有罪而罢黜。如今既没有罪行，我象先终究不敢赞同。"公主大怒而离去。唐玄宗已经杀了怀贞等人，召见象先对他说："岁寒然后知松柏（的不凋），的确是这样！"当时全力追究公主的党羽，应该获罪的人非常多，象先暗自替他们理清，保全了许多人的性命，然而没有说怎么替人脱罪，当时没有人了解。众官中一向被公主善待或者被公主所讨厌的，有的降官有的升官，到年尾还没有完。

丁卯日（初六），唐玄宗驾临承天门楼，大赦天下。

己巳日（初八），赏赐功臣郭元振等人官爵、府第、金银、布帛不等。任命高力士为右监门将军，主管内侍省的事务。

【乾隆御批】 象先于穷治私党时，从中密赞，外人岂能与闻？既未尝言，则其申理之事，何由得传于后？纪载家阿其所好，自相矛盾，大率如是。

【译文】 陆象先在玄宗李隆基寻根溯源整治太平公主私党时，从中秘密为一些人申诉，外人岂能得知？既然他没有说出，那么申诉的事，怎么能传给后人呢？记载的人迎合他人的爱好，自相矛盾，大概就是如此。

初，太宗定制，内侍省不置三品官，黄衣廪食，守门传命而已。天后虽女主，宦官亦不用事。中宗时，嬖幸猥多，宦官七品以上至千馀人，然衣绯者尚寡。上在藩邸，力士倾心奉之，及为太子，奏为内给事，至是以诛萧、岑功赏之。是后宦官稍增至三千馀人，除三品将军者浸多，衣绯、紫至千馀人，宦官之盛自此始。

壬申，遣益州长史毕构等六人宣抚十道。

乙亥，以左丞张说为中书令。

庚辰，中书侍郎、同平章事陆象先罢为益州长史、剑南按察使。八月，癸巳，以封州流人刘幽求为左仆射、平章军国大事。

丙辰，突厥可汗默啜遣其子杨我支来求昏；丁巳，许以蜀王女南和县主妻之。

【译文】 以前，太宗定制，内侍省没有设置三品官，只穿黄色官服供给廪食，守卫宫门传达诏命而已。天后虽然是女皇帝，宦官也不可以当权。中宗时，爱宠的人非常多，宦官七品以上的有一千多人，可是穿红色官服的仍然很少。唐玄宗在王位时，高力士尽心奉承，等到做太子时，上奏荐他任内给事，到现在由于参与杀萧、岑等有功而赏赐他。从这时候起宦官稍为增加到三千多人，任命三品将军的日渐增多，穿红、紫官服的达到一千多人，从此宦官的势力开始强盛起来。

壬申日（十一日），差遣益州长史毕构等六人去宣慰十道。

乙亥日（十四日），任命左丞相张说担任中书令。

庚辰日（十九日），中书侍郎、同平章事陆象先免职，任命益州长史、剑南按察使。八月，癸巳日（初二），任命流放封州的刘幽求为左仆射、平章军国大事。

丙辰日（二十五日），突厥可汗默啜差遣他的儿子杨我支前来求婚，丁巳日（二十六日），答应把蜀王的女儿南和县公主嫁给他做妻子。

中宗之崩也，同中书门下三品李峤密表韦后，请出相王诸子于外。上即位，于禁中得其表，以示侍臣。峤时以特进致仕，或请诛之，张说曰："峤虽不识逆顺，然为当时之谋则忠矣。"上然之。九月，壬戌，以峤子率更令畅为虔州刺史，令峤随畅之官。

庚午，以刘幽求同中书门下三品。

丙戌，复置右御史台，督察诸州，罢诸道按察使。

【译文】中宗去世时，同中书门下三品李峤秘密上表给韦后，建议把相王的几个儿子调到各个地区。唐玄宗即位，在内宫找到奏章，给亲近的臣子看。李峤此时是以特进的品位退休的，有人建议把他杀掉，张说说："峤纵然不知道什么是顺什么是逆，可是当时的策划也算是忠心耿耿。"唐玄宗觉得是这样的。九月，壬戌日（初二），任命李峤的儿子率更令李畅为虔州刺史，命李峤跟随李畅上任所居住。

庚午日（初十），任命刘幽求为同中书门下三品。

丙戌日（二十六日），再设立右御史台，督察各州，免除各道的按察使。

冬，十月，辛卯，引见京畿县令，戒以岁饥惠养黎元之意。

己亥，上幸新丰；癸卯，讲武于骊山之下，征兵二十万，旌旗连亘五十余里。以军容不整，坐兵部尚书郭元振于纛下，将斩之。刘幽求、张说跪于马前谏曰："元振有大功于社稷，不可杀。"乃流新州。斩给事中、知礼仪事唐绍，以其制军礼不肃故也。上始欲立威，亦无杀绍之意，金吾卫将军李邈遽宣敕斩之。上寻罢邈官，废弃终身。时二大臣得罪，诸军多震慑失次，惟左军节度薛讷、朔方道大总管解琬二军不动，上遣轻骑召之，皆不得入其陈。上深叹美，慰勉之。

【译文】冬季，十月，辛卯日（初一），召见京畿县令们，告诉他们年岁饥荒要赈养人民。

己亥日（初九），唐玄宗驾临新丰。癸卯日（十三日），在骊山下进行军事演练，征兵二十万，旌旗连在一起有五十多里长。由于军容不齐整，在大旗下捆绑兵部尚书郭元振，要斩他。刘幽求、张说跪在马前劝告阻止："元振对国家有大的功劳，不应该杀他。"因此流放到新州。杀给事中、管理礼仪事务的唐绍，因为他治军不严。唐玄宗刚开始为了树立威严，也没有杀绍的意向，金吾卫将军李邈马上宣敕令斩了他。唐玄宗不久罢免了李邈的官职，终身不得录用。此时两位大臣获罪，各军大多数由于恐惧而失去了常度。只有左军节度薛讷、朔方道大总管解琬两个军队不为所动，唐玄宗差遣骑兵去召集他俩，都没有进入他们的营地。唐玄宗为此非常欣赏，嘉奖鼓励他们。

甲辰，猎于渭川。上欲以同州刺史姚元之为相，张说疾之，使御史大夫赵彦昭弹之，上不纳。又使殿中监姜皎言于上曰："陛下常欲择河东总管而难其人，臣今得之矣。"上问为谁，皎曰："姚元之文武全才，真其人也。"上曰："此张说之意也，汝何得面欺，罪当死！"皎叩头首服，上即遣中使召元之诣行在。既至，上方猎，引见，即拜兵部尚书、同中书门下三品。

元之吏事明敏，三为宰相，皆兼兵部尚书，缘边屯戍斥候，士马储械，无不默记。上初即位，励精为治，每事访于元之，元之应答如响，同僚皆唯诺而已，故上专委任之。元之请抑权幸，爱爵赏，纳谏诤，却贡献，不与群臣亵狎；上皆纳之。

【译文】甲辰日（十四日），唐玄宗到渭川狩猎。想用同州刺史姚元之为宰相，张说讨厌他，让御史大夫赵彦昭弹劾他，唐玄宗没有听从。又让殿中监姜皎对唐玄宗说："陛下曾经想任命河东总管却没有找到合适的人才，臣如今发现了。"唐玄宗询问是谁，姜皎说："姚元之文武全才，真是合适的人。"唐玄宗说："这是张说的想法，你怎么可以欺君，可以判死刑了！"姜皎磕头自首服罪。唐玄宗马上差遣了宫中使臣去召元之来见驾。元之到了后，唐玄宗正在狩猎，接见了他，立时任命他为兵部尚书、同中书门下三品。

姚元之政务明察、反应快速，三次任宰相，兼兵部尚书，沿边塞的屯守谍报，兵马粮械，没有不暗暗记在心中的。唐玄宗刚开始即位，励精图治，每次有事询问元之，元之对答如同钟的应声，同僚只答"是"而已，因此唐玄宗一心委任他。元之建议压制权贵亲宠，看重爵禄赏赐，接受规谏，拒绝人贡献财物，不跟臣下玩乐；唐玄宗全部采纳。

乙巳，车驾还京师。

姚元之尝奏请序进郎吏，上仰视殿屋，元之再三言之，终不应；元之惧，趋出。罢朝，高力士谏曰："陛下新总万机，宰臣奏事，当面加可否，奈何一不省察！"上曰："朕任元之以庶政，大事当奏闻共议之；郎吏卑秩，乃一一以烦朕邪？"会力士宣事至省中，为元之道上语，元之乃喜。闻者皆服上识君人之体。

【译文】乙巳日（十五日），唐玄宗车驾返回京师。

姚元之曾经上奏建议依照顺序升迁中低级官吏，唐玄宗仰头只看宫殿的瓦顶；元之多次说，唐玄宗总是不回答。元之惶恐，快速走出去。散朝后，高力士谏言："陛下亲理万机，宰相奏事，应当当面决定，怎么可以全部都不理不睬？"唐玄宗说："朕任用元之总理各项政务，大事应当奏上来一起商议；中下级官吏的品级事，都要来打扰朕吗？"后来等到力士到省去宣旨，顺便跟元之谈唐玄宗这话，元之这才高兴。听闻此事的人都钦佩唐玄宗懂得治天下的道理。

左拾遗曲江张九龄，以元之有重望，为上所信任，奏记劝其远谄躁，进纯厚，其略曰："任人当才，为政大体，与之共理，无出此途。而向之用才，非无知人之鉴，其所以失溺，在缘情之举。"又曰："自君侯职相国之重，持用人之权，而浅中弱植之徒，已延颈企踵而至，谄亲戚以求誉，媚宾客以取容，其间岂不有才，所失在于无耻。"元之嘉纳其言。

新兴王晋之诛也，僚吏皆奔散，惟司功李捴步从，不失在官之礼，仍哭其尸。姚元之闻之，曰："栾布之俦也。"及为相，擢为尚书郎。

己酉，以刑部尚书赵彦昭为朔方道大总管。

【译文】左拾遗曲江人张九龄，由于元之有崇高的威望，被唐玄宗所信任，致书劝告他远离谄媚浮躁的人，推荐纯洁厚道的人。大概是说："用人要依据才学，为政的大原则，是和群僚共治，没有第二条路，然而之前所任用的才能，并不是没有知人之明，之所以有缺失，是因为由于感情而引进官吏。"还说："从阁下担负宰相重任，掌握用人的权力以来，胸中肤浅，学识浅薄的人，已经急切地到来，对你亲戚们说谄言，期盼他们向阁下延誉，向门下的宾客献媚，希望得到阁下喜欢，其中肯定有富有才干的人，不足之处在于无耻。"元之称赞而采用他的建议。

新兴王晋被杀之时，部属都逃跑了，唯独司功李捴步行跟随，没有失去部属的礼数，依然在尸前哭吊。姚元之听闻这件事，就说道："他是栾布一类的人啊！"及至元之当了宰相，升任他做尚书郎。

己酉日（十九日），任命刑部尚书赵彦昭担任朔方道大总管。

【乾隆御批】姚崇以十事坚上意，史书为之艳称。今就其事核之：日不幸边功，而薛讷、王晙何以屡致败衄？日宦竖不与政事，而高力士、杨思勖何以宠任不衰？且崇于元宗之不应，惧而退出，赖高力士为之周旋，更私出道上语，崇心乃安，则崇之所要、与元宗之所谓能行者，果安在？而崇岂真能不结内侍者哉？

【译文】姚崇以十件事坚定玄宗的心意，历代史书都羡慕他。如今就姚崇所提的十件事加以核实：说不宠信边防有功人员，而薛讷、王晙为什么屡次招致挫败？说宦官不参与政事，而高力士、杨思勖为什么受宠信一直不衰？而且姚崇对于玄宗的不作声，害怕而赶紧退出朝，依赖高力士为他周旋，更有高力士私自讲出玄宗的话，姚崇的心才安定下来，那么姚崇所要求的与玄宗所谓能做到的，实际结果在哪里呢？而姚崇真能不结交内侍吗？

十一月，乙丑，刘幽求兼侍中。

辛巳，群臣上表请加尊号为开元神武皇帝；从之。戊子，受册。

中书侍郎王琚为上所亲厚，群臣莫及。每进见，侍笑语，逮夜方出；或时休沐，往往遣中使召之。或言于上曰："王琚权谲纵横之才，可与之定祸乱，难与之守承平。"上由是浸疏之。是月，命琚兼御史大夫，按行北边诸军。

【译文】十一月，乙丑日（初五），刘幽求兼任侍中。

辛巳日（二十一日），群臣上表章请求加尊号为开元神武皇帝。照准。戊子日（二十八日），接纳册书。

中书侍郎王琚是唐玄宗最信任看重的人，众臣都不能到这个程度。每次进见，陪伴唐玄宗谈笑，等到夜晚才出来。有时休假，唐玄宗经常派遣宫中使臣去召他。有人对唐玄宗说："王琚有权变诡谲谋略策士的才干，可以和他平定祸乱，不易于和他守治和平。"唐玄宗于是慢慢远离他。于是就任命他兼御史大夫，按察北边防守各军。

【乾隆御批】人君敕几图治，惟当务实，岂在崇尚虚名。无论其献媚贡谀，不可为训，即以君上之尊，而使臣下妄加称谓，以为荣，亦复成何治体，况尊号乃高宗以来弊政。明皇方锐意帷新，顾于此仍循旧辙，盖不待天宝改元，已萌不克自持之几矣。

【译文】人君颁布政令几乎都是想办法把国家治理好，只应当务实，哪里能崇尚虚名。无论他们是献媚还是贡谀，都不能当作法则，就拿君王的尊号来说，让臣下妄加称谓，以此为荣，这又成为治理天下的什么体统？况且给皇上加尊号是高宗李治以来的弊政。唐明皇李隆基正在锐意维新，看到这种情况，仍因循守旧，大概不用等到改元天宝的时候，已经萌发不能自持的危险了。

【申涵煜评】琚以草泽亡命，赞决秘谋，其人类范睢蔡泽之俦。或言于上谓其权诡纵横，不可与守承平，虽赞词，实是知己疏斥不为寡恩。

【译文】 王琚以一个荒野逃亡的人，参与政变的密谋，和战国时期的范睢遇到蔡泽之辈有点类似。有人说唐玄宗说他深知诡诈纵横之术，不可与他相守于和平时期，虽然是赞美之词，实际上也是知道自己应该疏远他，而不是对他缺少恩德。

十二月，庚寅，赦天下，改元。尚书左、右仆射为左、右丞相；中书省为紫微省；门下省为黄门省，侍中为监；雍州为京兆府，洛州为河南府，长史为尹，司马为少尹。

甲午，吐蕃遣其大臣来求和。

壬寅，以姚元之兼紫微令。元之避开元尊号，复名崇。

敕：“都督、刺史、都护将之官，皆引面辞毕，侧门取进止。”

姚崇即为相，紫微令张说惧，乃潜诣岐王申款。他日，崇对于便殿，行微蹇。上问：“有足疾乎？”对曰：“臣有腹心之疾，非足疾也。”上问其故。对曰：“岐王陛下爱弟，张说为辅臣，而密乘车入王家，恐为所误，故忧之。”癸丑，说左迁相州刺史。右仆射、同中书门下三品刘幽求亦罢为太子少保。甲寅，以黄门侍郎卢怀慎同紫微黄门平章事。

【译文】十二月，庚寅日（初一），赦免天下，更改年号为开元。尚书左、右仆射改为左、右丞相。更改中书省为紫微省。门下省为黄门省，侍中为监。更改雍州为京兆府，洛州为河南府，长史为尹，司马为少尹。

甲午日（初五），吐蕃差遣大臣来求和。

壬寅日（十三日），任命姚元之兼紫微令。元之避开元尊号，恢复原名为崇。

下敕书："都督、刺史、都护，即将上任，全部引入向唐玄宗面辞，完毕，从侧门进退。"

姚崇已经任宰相，紫微令张说恐惧，于是私下去拜访岐王表达诚意。一天，姚崇在便殿回答唐玄宗的话，走路有一点跛，唐玄宗询问道："脚有病吗？"回答说："臣有心里的病，不是脚有疾病。"唐玄宗问他原因。回答说："岐王是陛下的爱弟，张说作为辅政大臣，而悄悄坐车进入王府，害怕为他所陷害，因此忧虑。"癸丑日（二十四日），张说贬为相州刺史。右仆射、同中书门下三品刘幽求也罢免职位，担任太子少保。甲寅日（二十五日），任命黄门侍郎卢怀慎同紫微黄门平章事。

【乾隆御批】元之改名，真所谓不通经义。夫开元乃年号，非讳名可比。且尊号有嗣世递加者，势必至无名可取，又岂直韩愈二名嫌名之讥足以书之？

【译文】姚崇改名，真所谓不通经义。开元是年号，不是皇帝的名讳能相比的。况且尊号是由后世子孙继承并依次递加，势必导致无名可取，又岂是韩愈《讳辩》中对两个姓名字音相近的字的讥讽足以写尽的？